भारतीय साहित्य

भारतीय साहित्य

डॉ. लक्ष्मीकान्त पाण्डेय
भूतपूर्व अध्यक्ष : हिन्दी विभाग
पी.पी. एन. कॉलेज, कानपुर

डॉ. प्रमिला अवस्थी
भूतपूर्व अध्यक्षा : हिन्दी विभाग
पी.पी. एन. कॉलेज, कानपुर

लोकभारती प्रकाशन

लोकभारती प्रकाशन
पहली मंजिल, दरबारी बिल्डिंग, महात्मा गाँधी मार्ग
प्रयागराज-211 001
वेबसाइट : www.lokbhartiprakashan.com
ईमेल : info@lokbhartiprakashan.com
शाखाएँ : 1-बी, नेताजी सुभाष मार्ग, दरियागंज
नयी दिल्ली-110 002
अशोक राजपथ, साइंस कॉलेज के सामने
पटना-800 006 (बिहार)
1, अनमोल सोराबजी संतुक लेन
मरीन लाइंस, मुम्बई-400002

प्रथम संशोधित एवं परिवर्द्धित संस्करण : 2016
चतुर्थ संस्करण : 2024

मूल्य : ₹ 695

सुपर माधव ग्राफिक
प्रयागराज द्वारा मुद्रित

BHARTIYA SAHITYA
by Dr. Lakshmikant Pandey
Dr. Pramila Awasthi
ISBN : 978-93-5221-078-7

भूमिका

श्रीमद्भगवद्गीता में भगवान् श्रीकृष्ण ने परमात्मा की तुलना समुद्र से की है—

यथा नदीनां बहवोऽम्बुवेगाः समुद्रमेवाभिमुखा द्रवन्ति

भारतीय साहित्य का आशय समझने के लिए इसी पंक्ति का आश्रय लेना पड़ता है। विविध भाषाओं की साहित्यिक धाराएँ भारतीय साहित्य रूपी समुद्र में समाहित होती रही हैं और निरन्तर उसमें लय हो रही हैं। इसलिए विश्व के प्राचीनतम साहित्य-वेद से लेकर वर्तमान तक का भरतवंशीय साहित्य भारतीय साहित्य है। भारतीय साहित्य किसी एक भाषा, एक क्षेत्र, एक जाति या एक काल का साहित्य नहीं है। भारतीय संस्कृति की भाँति यह बहुआयामी है, विविधवर्णी है, लेकिन इस विविधता का लक्ष्य एक है—

रुचीनांवैचित्र्याद् ऋजुकुटिलनानापथजुषां
नृणाम्येकोगम्यः त्वमसिपयसामर्णव इव।।

भारतीय साहित्य की परा और पश्यन्ती समान है, वैखरी पृथक् है। इस एकता को केन्द्र में रखकर ही विश्वविद्यालय अनुदान आयोग ने भारतीय साहित्य की अन्तर्धारा में स्नात कराने के लिए स्नातकोत्तर में भारतीय साहित्य के अध्ययन को अनिवार्य पाठ्यक्रम के रूप में रखा है। राष्ट्रीय एकता के लिए यह एक व्यापक दृष्टिकोण है। नये संचार माध्यमों और अनुवादों के माध्यम से विविध भाषाओं के ग्रन्थ पहले से लोकप्रिय रहे हैं लेकिन उनके इतिवृत्त से हमारा परिचय कम रहा है। कुछ सरकारी अकादमिक प्रयासों के अतिरिक्त किसी ने समेकित इतिहास लेखन का प्रयास नहीं किया। 'साहित्य अकादमी' ने 'भारतीय साहित्य का इतिहास' कई खण्डों में लिखवाया है, किन्तु यह इतिहास भारतीयों के लिए नहीं विदेशियों, विशेषतः अंग्रेजी भाषियों के लिए है। भारतीय साहित्य के समेकित इतिहास के अभाव के बावजूद पृथक्-पृथक् भाषाओं के इतिहास उन भाषाओं के विद्वानों द्वारा लिखे जाते रहे हैं। अकादमी ने उनके अनुवाद भी प्रकाशित किये हैं। पत्रिकाओं के विशेष अंक भी परिचय देते रहे हैं लेकिन ये भाषाओं के अपने इतिहास हैं। इन्हें भारतीय साहित्य का इतिहास कैसे कहा जा सकता है?

'भारतीय साहित्य' की मूलभूत एकता का प्रतिपादन करने में विशिष्ट योगदान दो भाषावैज्ञानिकों का है—डॉ. रामविलास शर्मा और डॉ. कैलाशचन्द्र भाटिया। दोनों विद्वानों ने भाषिक एकता का प्रतिपादन कर भारतीय साहित्य के अध्ययन की आवश्यकता पर बल दिया है। शर्मा जी ने भारत की राष्ट्रीयता के स्थान पर बहुजातीयता का प्रश्न उठाया है और साहित्य की मूलभूत एकता का प्रतिपादन सैद्धान्तिक आधार पर किया है।

प्रस्तुत पुस्तक के लेखन में भारतीय साहित्य की संकल्पना का प्रयास पहली बार किया गया है। विभिन्न भाषाओं के साहित्य के इतिहास को संक्षेप में प्रस्तुत करना भी जटिल कार्य रहा है। इसके साथ ही हिन्दी साहित्य के परिप्रेक्ष्य में उनका अध्ययन भी दुरूह प्रक्रिया है। यू. जी. सी. का उद्‌देश्य विभिन्न भाषाओं के साहित्य का परिचय कराना और राष्ट्रीय साहित्य के निर्माण में रुचि जागृत करना है। इसलिए हमने विश्वविद्यालय अनुदान आयोग के उद्‌देश्यों के अनुरूप ही पुस्तक-संरचना का प्रयास किया है।

भारतीय साहित्य के इतिहास के अभाव में पृथक्-पृथक् इतिहास ही उपलब्ध हैं और ऐसी स्थिति में कोई भी इतिहास उन विद्वानों के अपनी भाषा के इतिहास के आधार पर ही लिखा जा सकता है। अतः यह कहने में संकोच नहीं कि प्रस्तुत पुस्तक में विभिन्न भाषाओं के विद्वानों के इतिहास ग्रन्थों और लेखों को ही आधार बनाया गया है। ऐसे इतिहासकारों में मीनाक्षिसुन्दरम् (तमिल़), को. रामकोटीश्वर राव (तेलुगु), प्रो. वि. कृ. गोकाक (कन्नड़), डॉ. सी. कुञ्जन् राजा (मलयालम), डॉ. विरंचिकुमार बरुआ (असमिया), डॉ. मायावर मानसिंह (उड़िया), काजी अब्दुल वदूद (बाँग्ला), मंगेश विट्ठल राजाध्यक्ष (मराठी), प्रो. पृथ्वीनाथ 'पुष्प' (कश्मीरी), भ. ह. राजूरकर, राजमल बोरा और प्रभाकर माचवे प्रमुख हैं। साहित्य अकादमी और नीलकण्ठ शास्त्री के भी हम हार्दिक आभारी हैं, जिन्होंने इस दिशा में प्रारम्भिक प्रयास किये।

ग्रन्थ की प्रस्तुति, लेखन, संयोजन एवं सम्पादन में सहयोग के लिए डॉ. कंचन और डॉ. आशीष को स्नेहाशीष।

भारतीय साहित्य के इस संसूचनात्मक ग्रन्थ से विज्ञ प्राध्यापकों, पाठकों और अध्येताओं को लाभ हुआ तो यही श्रम की सार्थकता होगी। 'सिअनि सुहावनि टाट पटोरे' की पंक्ति को चरितार्थ करती इस कृति में किसी ज्ञान बघारने का दावा किये बिना परिष्कार हेतु विज्ञ प्राध्यापकों के सुझाव का हम स्वागत करेंगे।

15 अगस्त, 2015 ई.

डॉ. लक्ष्मीकान्त पाण्डेय
डॉ. प्रमिला अवस्थी

अनुक्रमणिका

खण्ड-घ

खण्ड-ङ

1

खण्ड-क भारतीय साहित्य का स्वरूप

(क) भारतीय भाषाएँ

सामान्यतः यह धारणा बद्धमूल हो गयी है कि भारत एक बहुभाषा-भाषी राष्ट्र है। भाषावार प्रान्तों के गठन के साथ ही इस धारणा को भी बल मिला कि ये भाषाएँ अपने क्षेत्र का प्रतिनिधित्व करती हैं और एक के विकास से दूसरे का सम्बन्ध नहीं है। जब हम भारतीय साहित्य की बात करते हैं तो हमारे सामने सम्पूर्ण भारत का मानचित्र उभरता है किन्तु जब भारतीय भाषा का प्रश्न उठाते हैं तो भारत का पृथक्-पृथक् रूप उभरता है। क्या यह सम्भव है? भारतीय साहित्य की एकता और भाषाओं की विविधता—यह एक विरोधाभासी प्रश्न है। साहित्य की अभिव्यक्ति का माध्यम भाषा है। भारत जैसे वृहत् राष्ट्र में भारत के बाह्य स्वरूप में तो अन्तर आ सकता है लेकिन उनके भीतर एकता का सूत्र होना अनिवार्य है, अन्यथा भारतीय साहित्य और भारतीय भाषाओं जैसे विशेषणों का प्रयोग होता रहेगा।

जब हम भारतीय साहित्य की अन्तर्धारा को एक मानते हैं तो वहाँ हमारी दृष्टि एक विचार और एक संवेदना पर होती है, देश-काल और वातावरण पर नहीं। तमिल साहित्यकार उसी संवेदना को भिन्न परिवेश में प्रस्तुत करता है और डोंगरी भिन्न। भाषाओं में यह भी अन्तर नहीं है। वस्तुतः एकता की दृष्टि से भारतीय भाषाएँ अधिक निकट हैं और उनमें पार्थक्य केवल भौगोलिक और वैज्ञानिक कारणों से है जबकि साहित्य में निरन्तर बाहरी हस्तक्षेप होता रहा है अतः उसकी प्रवृत्तियों में अन्तर आता गया है।

प्रश्न यह है कि भारतीय भाषाओं के स्वतन्त्र अस्तित्व की बात आयी कहाँ से। निस्सन्देह यह प्रश्न अंग्रेजों की देन है। अंग्रेजों ने बहुभाषा-भाषी राष्ट्र, अशिक्षित राष्ट्र-साहित्य विहीन जैसे विशेषण दिये। ब्रिटिश राज्य के पूर्व गुरु नानक, तुकाराम, चैतन्य, जयदेव, सरहपा के साहित्य में भाषा भेद नहीं था। शब्दों का आदान-प्रदान होता रहता था। अंग्रेजों के पहले उर्दू-हिन्दी का अन्तर नहीं था लेकिन ग्रियर्सन के भाषा सर्वेक्षण ने न केवल भारतीय भाषा क्षेत्रों वरन् हिन्दी के ही अनेक भाषा रूपों की कल्पना कर डाली और उसके बाद से ग्रियर्सन का अनुधावन होता आया है तथा भारतीय प्राचीन सन्दर्भों की उपेक्षा कर दी गयी है।

भाषावैज्ञानिकों के अनुसार भारत में आर्य परिवार, द्रविड़ परिवार और आग्नेय परिवार की भाषाएँ बोली जाती हैं। इसमें द्रविड़ परिवार एवं आर्य परिवार की भाषाएँ ही प्रमुख हैं। आधुनिक भारत में दक्षिण के चार प्रान्तों की भाषाएँ द्रविड़ परिवार से आती हैं और शेष भारत में आर्य परिवार की। यदि इसे ही दृष्टि में रखें तो यह सिद्ध हो जाता है कि वर्तमान

भारतीय भाषाओं के दो स्रोत हैं—संस्कृत और द्रविड़। जहाँ तक द्रविड़ भाषा परिवार की बात है उसकी चार भाषाएँ हैं—तमिल, तेलुगु, कन्नड़ और मलयालम। इनमें मलयालम, कन्नड़ और तेलुगु की शब्दावली का स्रोत संस्कृत है और व्याकरण तमिल का। अतः इनमें अधिकांश भाषाएँ संस्कृत से प्रभावित हैं। तमिल द्रविड़ परिवार की मूल भाषा है और इसका विकास संस्कृत के समान्तर हुआ है। अतः यह माना जा सकता है कि भारत में प्रारम्भ से द्रविड़ (तमिल) और संस्कृत दो भाषाएँ थीं। अब यह देखना है कि इनमें से दो भाषाओं के सूत्र एक हैं या पृथक्। साथ ही इनमें भारतीय मूल की भाषा कौन है। इस दृष्टि से तमिल कथाओं को अधिक महत्त्वपूर्ण माना जा सकता है।

आर्य और द्रविड़भाषा की एकता : अगस्त्य की कथा

तमिल कथाओं में द्रविड़ भाषा का विकास अगस्त्य से माना गया है। अगस्त्य ही उत्तर भारत से दक्षिण गये और तमिल का व्याकरण लिखा। तमिल परम्परा के अनुसार संस्कृत और द्रविड़ भाषाओं का स्रोत एक है। कथा है कि शिव-पार्वती के विवाह के समय दक्षिण और उत्तर के सभी ऋषि-मुनि हिमालय पर एकत्रित हुए जिससे पृथ्वी का सन्तुलन बिगड़ गया। तब देवताओं ने शिव से प्रार्थना की कि एक ऐसा तपस्वी दक्षिण भेजें जिनके आकर्षण से लोग दक्षिण जा सकें। भगवान् शिव ने अगस्त्य को दक्षिण दिशा में जाने का निर्देश दिया। अगस्त्य ने कहा कि मैं दक्षिण दिशा की भाषा नहीं जानता वहाँ जाकर क्या करूँगा। इस पर शिव जी ने अपनी बायीं ओर अगस्त्य को और दक्षिण की ओर पाणिनि को खड़ा कर डमरू पर थाप दी। बायीं ओर की थाप से तमिल और दायीं ओर की थाप से संस्कृत व्याकरण बना। अगस्त्य ने उसी नाद के आधार पर तमिल व्याकरण अगस्त्यम् लिखा जिस पर तमिल व्याकरण तुलकाप्पियम् की रचना अगस्त्य के शिष्य ने की। तमिल वैयाकरण अगत्तियार अगस्त्य ही हैं।

अगस्त्य की दक्षिण यात्रा का उल्लेख उत्तर भारतीय कथानकों में भी मिलता है। अगस्त्य के दक्षिण जाते समय विन्ध्य द्वारा प्रणाम और अगस्त्य के वापस होने तक भूमि पर रहने की कथा उत्तर भारतीय ग्रन्थों में मिलती है। तमिल शास्त्र के अनुसार अगस्त्य ही गंगा की धारा से कावेरी को निकालकर ले गये जिसे दक्षिण की गंगा कहा गया है। अगस्त्य प्राचीन ऋषि हैं। ऋग्वेद में भी उनका उल्लेख है। अगस्त्य नामक तारा दक्षिण में ही माना जाता है।

इस प्रकार तमिलों ने आर्य और द्रविड़भाषा को प्राचीन काल से एक ही उद्गम से विकसित माना है। तमिल और संस्कृत में शब्दों का आदान-प्रदान भी होता रहा है। एक महत्त्वपूर्ण बात यह है कि द्रविड़ की समस्त लिपियों का ब्राह्मी से विकास हुआ है। इसीलिए अशोक के अभिलेख दक्षिण में ब्राह्मी में मिलते हैं। दक्षिण में प्रचलित जैन परम्परा के अनुसार ऋषभदेव ने इस लिपि का विकास किया। तमिल जैनियों ने ब्राह्मी को ऋषभदेव की पुत्री माना है।

समग्रतः यह कहा जा सकता है कि जिसे हम भारतीय साहित्य कहते हैं वह मूलतः किसी एक भाषा के साहित्य का विस्तार है। आज भले ही उसे अनेक भाषाओं के रूप में प्रस्तुत

किया जाता है लेकिन किसी युग में न केवल आर्य परिवार वरन् आर्य और द्रविड़ परिवार एक भाषा, एक संस्कृति और एक विचार के वाहक थे। इसलिए भारतीय साहित्य की एकता बनी हुई है। रामायण एवं महाभारत की कथाओं, जैनों, बौद्धों और वैष्णव कवियों ने पूरे भारत को एक साथ प्रेरणा दी है। देश भेद से भाषा का जातीय स्वरूप विकृत नहीं होता। शंकराचार्य पर जितना गौरव बोध एक साहित्यकार के रूप में संस्कृत को है उतना ही प्रत्येक मलयालम भाषी को भी क्योंकि ये उसके जातीय गौरव को प्रकट करते हैं। आज भारतीय उपमहाद्वीप में तीन राष्ट्र हैं। उर्दू के साहित्य का इतिहास पाकिस्तानी उर्दू साहित्य को लेकर पूरा होता है। इसी प्रकार बाँग्ला साहित्य का इतिहास बंगाल और बाँग्लादेश को लेकर पूरा होता है। इसलिए भाषा भेद देश भेद को नहीं मानता किन्तु पाकिस्तान के उर्दू साहित्य को भारतीय साहित्य नहीं कहा जा सकता। भाषा का गौरव बोध समस्त जातीय समुदाय (भाषिक समुदाय) से सम्बद्ध है। आज का अंग्रेजी साहित्य केवल ब्रिटेन का नहीं है। अंग्रेजी साहित्य ने अपने विस्तार के लिए हर क्षेत्र को चुना है। इसके बावजूद भाषा की गति निरन्तर विकास की ओर होती है। आर्य और द्रविड़भाषा से आगे के विकासक्रम में आज प्रान्तीय भाषाओं का विकास हुआ है। प्रत्येक युग में भाषाओं में भेद होने के बावजूद समाज सम्पर्क भाषा का निर्माण भी करता चलता है। भारत में आर्य और द्रविड़भाषाओं के विकासक्रम में भी संस्कृत सम्पर्क भाषा बनी रही। इसी प्रकार आधुनिक आर्यभाषाओं के उदय काल में भी क्षेत्रीय भाषाओं ने अपने क्षेत्र में साहित्य में उन्नति के बावजूद सम्पर्क भाषा के रूप में बाहर पैर नहीं पसारा। मध्यदेश की भाषा के रूप में हिन्दी ने संस्कृत का उत्तरदायित्व विरासत में प्राप्त किया और सभी भारतीय भाषाओं की प्रतिनिधि के रूप में विदेशी भाषाओं से संघर्ष करती रही। सरहिन्द से कलकत्ता तक और कश्मीर से कोचीन तक हिन्दी ने इतर प्रान्तीय भाषा-भाषियों को एक सूत्र में जोड़ा। हिन्दी का प्रादेशिक स्वरूप नहीं बना। इससे स्पष्ट है कि भारतीय भाषाएँ एक मूल की विविध शाखाओं का समूह हैं और उसमें भारतीय चेतना विद्यमान है। इस दृष्टि से भाषाओं में हिन्दी का महत्त्व जानने लिए इस तालिका को देखा जा सकता है।

भारतीय भाषाओं का विवरण

भारतीय भाषाओं के बोलनेवालों की संख्या

	भाषा	संख्या	प्रतिशत
1.	हिन्दी	337272114	39.85
2.	बँगला	69595738	8.22
3.	तेलुगु	66017615	7.80
4.	मराठी	62481681	7.38
5.	तमिल	53006368	6.26
6.	उर्दू	43406932	5.13
7.	गुजराती	40673814	4.81
8.	कन्नड़	32753676	3.87

9.	मलयालम	28061313	3.59
10.	उड़िया	28061313	3.59
11.	पंजाबी	23378744	2.76
12.	असमिया	13079696	1.55
13.	सिन्धी	2122848	0.35
14.	नेपाली	2076645	0.25
15.	कोंकणी	1760607	0.21
16.	मणिपुरी	1270216	0.15
17.	कश्मीरी	3176975	0.46
18.	संस्कृत	49736	0.01

उपर्युक्त तालिका से यही संकेत मिलता है कि देश में लगभग 40% संख्या में मातृभाषा के रूप में हिन्दी का प्रयोग होता है। इस चालीस प्रतिशत से सम्पर्क रखने के लिए अन्य भाषाओं ने जिनकी कुल संख्या 60 प्रतिशत है किन्तु स्वतन्त्र रूप से कोई भाषा 10 प्रतिशत भी नहीं है सम्पर्क भाषा के रूप में हिन्दी को अपनाया है। यही स्थिति साहित्य की है। साहित्यकार किसी भाषा के लिए नहीं लिखता वह भाषा को माध्यम बनाता है पर उसका उद्देश्य मानवमात्र है। इसलिए हर साहित्यकार हर मनुष्य तक पहुँचना चाहता है। हिन्दी ही वह भाषा है, जिसमें प्रस्तुत होकर साहित्यकार पूरे देश का प्रतिनिधि बनता है। इसलिए अनुवाद के माध्यम से या मौलिक रूप से हर साहित्यकार हिन्दी में साहित्य प्रस्तुत करने के लिए उन्मुख है और यही कारण है कि आज के अनेक साहित्यकार अपनी मूल भाषा से अधिक हिन्दी में पढ़े जा रहे हैं।

इस प्रकार आज भी हिन्दी सार्वदेशिक साहित्य की प्रतिनिधि भाषा है। उसके साथ मिलकर क्षेत्रीय भाषाएँ विकसित हो रही हैं। जन भाषाओं में मूलभूत एकता विद्यमान है। उसके मुख्य कारण इस प्रकार हैं–

1. भारत एक इकाई है, जिसकी एक संस्कृति है।

2. किसी राष्ट्र में नाना धर्मों की उपस्थिति संस्कृति के विकास का प्रतीक है, न कि विभाजन का। सम्प्रदाय संस्कृति का विभाजन नहीं करते।

3. भारत में प्राचीनकाल में समाज का विभाजन नहीं था। जो विभाजन मिलता है, वह कार्यों का विभाजन था, जिसका उद्देश्य राष्ट्र का निर्माण था।

4. जहाँ तक भाषा का प्रश्न है भारत में चार परिवारों की भाषाएँ मिलती हैं। डॉ. रामविलास शर्मा ने माना है कि राष्ट्र के निर्माण और विकास से भाषा परिवारों की भिन्नता का कुछ भी सम्बन्ध नहीं है।

5. सभी भारतीय भाषाओं के साहित्य का मूल स्वर एक है। प्राचीन काल से आधुनिक काल तक भारतीय साहित्य में राष्ट्र निर्माण एवं विकास, समाज-सुधार एवं व्यवस्था के प्रति समान विचार मिलता है। भाषा, क्षेत्र, जाति, धर्म से उसका कोई सम्बन्ध नहीं है।

यहाँ यह उल्लेखनीय है कि साहित्य के क्षेत्र में जहाँ हम भाषाओं का प्रश्न उठाते हैं, वहीं अन्य क्षेत्रों-संगीत, शिल्प में उसे वर्गों में नहीं बाँटा जाता। अंग्रेज इतिहासकारों और उनके अनुयायियों ने जान-बूझकर आधुनिक भारत को भाषाओं में विभाजित किया और इतिहास को बौद्धकाल, जैनकाल, मुस्लिमकाल जैसे नाम दिये। इस सन्दर्भ में डॉ. रामविलास शर्मा का मत है—"हिन्दू संगीत और मुस्लिम संगीत की जगह हिन्दुस्तानी संगीत और कर्णाटक संगीत, भारतीय संगीत के ये दो रूप प्रसिद्ध हैं। हिन्दुस्तान और कर्णाटक जातीय प्रदेश हैं। जातीय शब्द पर आपत्ति हो तो भौगोलिक इकाई मान लीजिये। संगीत में साम्प्रदायिक विभाजन नहीं हुआ।"

अन्य क्षेत्रों में पार्थक्य न दिखाने का कारण उन विधाओं का लोक पर सीधा प्रभाव न पड़ना है। भाषा के सम्बन्ध में अंग्रेजों ने विभाजन की नीति प्रारम्भ से ही उत्पन्न कर दी थी। ब्रिटिश साम्राज्य की स्थापना के पश्चात् उन्होंने यह अनुभव किया कि भारत में क्षेत्रीयता को बढ़ावा देने का साधन भाषा ही है। अंग्रेजी को राजकीय प्रयोजनों के लिए प्रयुक्त करने के साथ ही हिन्दी-उर्दू का विवाद साम्प्रदायिक आधार पर कर दिया गया। इसके साथ ही क्षेत्रीय भाषाओं को हिन्दी के विरुद्ध तैयार कर जनमत को मोड़ने का प्रयास किया गया। जो लोग अंग्रेजों को भारत की एकता का श्रेय देते हैं वे यह भूल जाते हैं कि भारत में सन्तों और समाज-सुधारकों की भारत यात्रा अनवरत जारी रही। भारत में सामन्ती शासन हो या कबीलाई-तीर्थ यात्राएँ, धार्मिक संगमन अनादि काल से चले आ रहे हैं। रामेश्वरम् से बदरिकाश्रम की यात्राएँ लगातार हो रही हैं। प्रारम्भ में भले ही संस्कृत ने मानक भाषा के रूप में यह कार्य किया हो शंकराचार्य के युग तक संस्कृत जनभाषा नहीं रह गयी थी और उस समय हिन्दी ने संस्कृत का स्थान लेना प्रारम्भ कर दिया था। भारतीय लोकमानस ने उत्तर-दक्षिण को जोड़ने के लिए हिन्दी का प्रयोग प्रारम्भ कर दिया था। एक विचार, एक चेतना का जो रूप मध्यकाल में मिलता है, उसके पीछे हिन्दी का योगदान है। हिन्दी ही वह भाषा है जो फारसी से संघर्ष कर उसे हिन्दुस्तानी जामा पहना रही थी और हिन्दी की एक नयी शैली विकसित होने लगी थी। इसी के समान्तर हिन्दी संस्कृत और भारतीय भाषाओं के शब्दों को मिलाकर एक नयी सम्पर्क भाषा बन रही थी। मध्ययुग में हिन्दी की शाखा ब्रजभाषा के रूप में कविता की भाषा बनकर प्रस्तुत हो रही थी। संगीत और काव्यभाषा के रूप में ब्रजभाषा बंगाल से केरल तक प्रतिष्ठित हो गयी थी। ऐसे में क्षेत्रीय भाषाओं के संघर्ष का प्रश्न ही नहीं था किन्तु अंग्रेजों ने भारतीय भाषाओं के इस आदान-प्रदान को महत्त्व न देकर आर्य-अनार्य भाषा का प्रश्न प्रस्तुत कर दिया।

वास्तव में आर्य एवं द्रविड़ परिवार में जो इतना अधिक पार्थक्य दिखाया गया है वह अंग्रेजों की बुद्धि की देन है। श्री अरविन्द ने 'आन द वेद' ग्रन्थ में स्पष्टतः कहा था—

"तमिष् संख्यावाची ही आर्यभाषा के भी प्राचीन संख्यावाची रहे हैं जिनका संस्कृत ने परित्याग कर दिया पर जिन्हें आज भी वेद में ढूँढ़ा जा सकता है अथवा जो विभिन्न आर्यभाषाओं में बिखरे या दबे पड़े हैं, और तमिष् सर्वनाम भी इसी प्रकार आदिम आर्यभाषा के भी निर्देशक रहे हैं जिसके चिह्न इस प्राचीन भाषा में आज तक बने रह गये हैं जिन्हें शुद्ध तमिष् माना जाता है, पर जो सामूहिक रूप में, भले ही इकाइयों के रूप नहीं, आर्य परिवार के शब्द-समूहों से अभिन्न हैं।"

इसी ग्रन्थ में अन्यत्र कहा गया है कि–

"तमिष् भाषा के शब्दों की परीक्षा करने पर वे संस्कृतीकृत शब्दों में रूप और प्रवृत्ति से इतने भिन्न प्रतीत होते हैं फिर भी संस्कृत तथा इसकी दूरस्थ भगिनी नातिन के बीच, और कभी-कभी ग्रीक और संस्कृत के बीच, नये सम्बन्ध स्थापित करने में मुझे निरन्तर ऐसे शब्दों या शब्द-समूहों से मार्गदर्शन मिलता रहा जिन्हें विशुद्ध तमिष् माना जाता है और इस द्रविड़ भाषा के माध्यम से ही मैं सर्वप्रथम उस तत्त्व का साक्षात्कार कर सका हूँ जो मुझे आर्यभाषाओं का ध्रुव नियम प्रतीत होता है, जिसमें ही आर्यभाषाओं के उद्‌भव के स्रोत छिपे हैं मानो हम इन्हें रूपाकार ग्रहण करते देख रहे हों।"

महर्षि संकेत करते हैं कि आर्यभाषाएँ और द्रविड़भाषाएँ दो भिन्न भाषा-परिवारों की भाषाएँ नहीं हैं, अपितु उनका विकास एक ही भाषिक स्तर पर हुआ है और मात्र भारतीय भौगोलिक परिवेश में इनका विकास हुआ है। इस विषय में सुप्रसिद्ध आलोचक डॉ. रामविलास शर्मा का कथन है–

"इनकी सामान्य विशेषताएँ इतनी ज्यादा हो गयी हैं अथवा परस्पर आदान-प्रदान इतना बढ़ रहा है कि आर्य-द्रविड़ परिवारों की जगह एक ही भारतीय भाषा-परिवार की कल्पना करना उचित होगा–अभी नहीं तो कुछ दिन बाद यह भारतीय भाषा-परिवार ऐतिहासिक भाषाविज्ञान की अकाट्य सच्चाई बन जायगा।"

उनकी स्थापना है कि आर्यों से द्रविड़ों ने मुख्यतः शब्द उधार लिये हैं और आर्यों ने द्रविड़ भाषाओं सें संरचनात्मक तत्त्व। इस दिशा में ब्रिटिश विद्वान् बरो और अमरीकी विद्वान् एमेनो के कार्य उल्लेखनीय हैं जो संस्कृत के विद्वान् होते हुए भी द्रविड़ भाषाओं के विशेषज्ञ हैं। काल्डवेल ने भी यह अनुभव किया कि दोनों परिवार वस्तुतः एक स्रोत के हो सकते हैं–

I now proceed to point out the existence of another class of Sanskrit affinities in the Vocabularies of Dravidian languages. The words contained in the following list are true. Underived Dravidian roots, yet they seem to be so closely allied to certain Sanskrit words, that they may reasonably be concluded to be the common property of both families of tongues.

इस दृष्टि से शब्द भण्डार के स्तर पर आर्य और द्रविड़ भाषाओं का पारस्परिक साम्य इतना स्पष्ट तथा गहन है कि गहनता के साथ अध्ययन तुलनात्मक कोश में ही किया जा सकता है।

डॉ. रामविलास शर्मा के अनुसार कुछ निष्कर्ष इस प्रकार हैं–

1. भारत में आर्य-द्रविड़ भाषा-परिवारों का विकास परस्पर एक-दूसरे के सम्पर्क से ही हुआ है।

2. इन परिवारों ने पूरी तरह विकसित हो जाने के बाद एक-दूसरे पर प्रभाव डालना आरम्भ ही नहीं किया वरन् परिवार रूप में इनका विकास ही एक-दूसरे के सम्पर्क में हुआ है।

3. दोनों (भाषाओं) परिवारों के समानार्थक शब्दों में केवल ध्वनि साम्य नहीं, वरन् उनके अर्थ-विकास की प्रक्रिया भी मिलती-जुलती है और यह प्रक्रिया उनके परस्पर सम्पर्क की धारणा को पुष्ट करती है।

अन्ततः घोषणा की कि 'आर्य-द्रविड़ परिवारों का विकास उनके सम्पर्क का परिणाम है, अलगाव का नहीं।'

"इन शब्दों की कोई सीमा नहीं है और जब इन समान शब्दों की खोज हिन्दी की उपभाषाओं से होती है तो और भी अधिक समानता स्पष्टतः दृष्टिगोचर होती है। आधुनिक बोलियों को लेकर कोई शोधकार्य नहीं हुए।" श्रीभगवान सिंह ने अपने ग्रन्थ 'आर्य-द्रविड़-भाषाओं की मूलभूत एकता' में इस तुलना में लगभग सवा सौ शब्दों को लिया है। समान शब्दावली के आधार पर उनका निष्कर्ष इस प्रकार है–

"बहुत अधिक शब्द एक ही बुनियादी संकल्पना से, समानान्तर, पर सर्वथा समान नहीं, विकसित होते हुए देखने में आते हैं तो यह मानने के अतिरिक्त कोई चारा नहीं रह जाता कि दोनों भाषाओं का उत्स कभी एक रहा हो सकता है और इस प्रकार के बुनियादी शब्दों की ओर उनसे व्युत्पन्न शब्द भण्डार की संख्या वृद्धि के साथ यह सम्भावना एक निश्चय में बदलने लगती है।"

भारतीय भाषाओं में समान तत्त्व

ध्वनियाँ–सभी भारतीय भाषाओं में निम्न ध्वनियाँ समान रूप से पायी जाती हैं–

1. स्वर - अ, आ, इ, ई, उ, ऊ, ए, ऐ, ओ, औ, अं, अः। ऋ का प्रभाव संस्कृत के कारण है किन्तु पंजाबी, तमिल, उर्दू, कश्मीरी में यह ध्वनि प्रयोग बाह्य है।

2. **व्यंजन** - क, ख, ग, घ, ङ, च, छ, ज, झ, ञ, ट, ठ, ड, ढ, ण, त, थ, द, ध, न, प, फ, ब, भ, म, य, र, ल, व, श, ष, स, ह।

1. पार्श्विक व वैदिक ध्वनि है जिसका प्रयोग द्रविड़भाषाओं में होता है।

2. ट, ठ, ड, ढ आर्यभाषाओं को द्रविड़ों की देन माना जाता है।

शब्दावली–भारतीय भाषाओं की शब्दावली का अध्ययन यदि संस्कृत को आधार मानकर करते हैं तो लगभग सभी भाषाओं में थोड़े परिवर्तन से प्राप्त होती है, जो तालिका से स्पष्ट है–

समान शब्दों के उदाहरण

संस्कृत	हिन्दी	उर्दू	कश्मीरी	पंजाबी	सिन्धी	गुजराती	मराठी	बंगला	असमी	उड़िया	तमिल	तेलुगु	कन्नड़	मलयालम
मुद्रिका अंगुलीयम्	अंगूठी	अंगूठी	वोज	मुंदरी	मुंडी	वीटी	अंगठी	आंटी	आङुठि	मुदी	लुंगरु	म् मोदिरम्	उन्गुर	अंगुलीयम्
कंकण	कंगन	कंगन	कोर	कंगण	कंगणु	कंकण कंगड़ी	कांकण	कंकण	खारु	कंकण	वकै	कंकणमु	कंकण	कंकणम्
बलय	चूड़ी	चूड़ी	बुंगुरे	चूड़ी	चूड़ी	चूड़ी	बांगड़ी	चुड़ि	चुरी	चूड़ी	बलैवल्	गाजुलु	बलै	बल
चातक पपीहा	पपीहा चातक	पपीहा	फशिबल	पपीहा	पपीहो	पपैयो चातक	चातक	पापिया	पामीपिया	शारी	इरापपाडि	वानकोयिल	चातक	चातकम्
चेटक पक्षी	चिड़िया	चिड़िया	चेर	चिडी	झिर्की	चकलो	चिमणो	पाखो	चरई	पिखो	पंख	पिट्ट	पक्षि	पखं
काक	कौआ	कौवा	काव	कॉ	कांउं	कागड़ो	कावला	काक	काउरा	काउ	कागम्	ककि	कागं	काक्क
कोकिल	कोयल्	क़ोयल	कुकिल	कोइल	कोइलि	कोयल	कोकिल	कोकिल	कुलि	कोंइलि	कुयिल्	कोकिल	कोगिले	कुयिल्
टीका	टिकुली	टीका	टिंकु	टिका	टिकिडो	तिलक	बिन्दी	टिक्लि	फोट	टीका	पोट्टु	तिलक्मु	कैतलेमणि	पोट्टुं

भारत की प्रमुख भाषाओं का परिचय और हिन्दी से उनका सम्बन्ध

भारत में बोली जानेवाली भाषाएँ मुख्यतः दो परिवारों से आयी हैं। विश्व की जिन भाषाओं का पता अब तक भाषावैज्ञानिकों को मिल सका है, उनको पारिवारिक वर्गीकरण की दृष्टि से सात भाषा-परिवारों में विभाजित किया जाता है। उनमें से एक परिवार की भाषा विशुद्ध रूप से भारत में बोली जाती है, जबकि दूसरे परिवार की भाषाओं का प्रचलन उत्तर भारत, मध्य एशिया और सम्पूर्ण यूरोप में है। इसीलिए इस परिवार को भारोपीय परिवार कहा जाता है। सम्प्रति भारत में इसी आर्य परिवार और द्रविड़ परिवार की भाषाएँ प्रचलित हैं। इन दोनों परिवारों में द्रविड़ परिवार की चार प्रमुख भाषाएँ हैं, जिनका दक्षिण भारत में प्रयोग होता है। उत्तर-पूर्व तथा मध्य भारत में आर्य परिवार की भाषाएँ बोली जाती हैं, जिनका विकास भारत में संस्कृत से हुआ है। इस प्रकार साम्य की दृष्टि से आर्यभाषा परिवार की भाषाएँ अधिक निकट हैं, जबकि द्रविड़ परिवार की भाषाएँ अलग प्रतीत होती हैं। आर्यभाषाओं का संस्कृत काल में एक ही रूप था परन्तु बाद में उनका क्षेत्रीय स्वरूप विकसित होता गया अपभ्रंश काल तक भाषा के विविध रूप प्रचलित हो गये और उनके आधार पर आधुनिक भारतीय आर्यभाषाओं का वर्गीकरण किया गया। इस वर्गीकरण में हिन्दी की अनेक उपभाषाओं के अतिरिक्त भारतीय आर्यभाषा से उत्पन्न अनेक हिन्दीतर भाषाएँ विकसित हुई। इस प्रकार आधुनिक काल में जो भाषाएँ भारत में प्रचलित हैं, उनको दो रूपों में वर्गीकृत किया जा सकता है। इनका आधार मानक हिन्दी को बनाकर इस क्रम में रखा जा सकता है–

1. हिन्दीतर आर्यभाषाएँ
2. हिन्दीतर अनार्यभाषाएँ

1. हिन्दीतर आर्यभाषाएँ–इस प्रकार हैं–मराठी, पंजाबी, सिन्धी, गुजराती, असमी, उड़िया, बँगला।

2. हिन्दीतर अनार्यभाषाएँ–इनकी अनेक शाखाएँ हैं परन्तु इनमें प्रमुख हैं–तमिल, तेलुगु, कन्नड़ और मलयालग। ये द्रविड़ परिवार की भाषाएं हैं।

भारत के इन विविध रूपों के आधार पर ही भारतीय प्रान्तों का विभाजन भी हुआ है। संविधान के अन्तर्गत इन्हें क्षेत्रीय भाषाएँ कहा गया है। संविधान की अष्टम अनुसूची के आधार पर हिन्दी के अतिरिक्त जिन भाषाओं का उल्लेख हुआ है, सम्प्रति वही भारत की प्रमुख भाषाएँ मान ली गयी हैं।

संविधान की अष्टम अनुसूची में उल्लिखित भाषाएँ इस प्रकार हैं–

1. असमिया, 2. उड़िया, 3. उर्दू, 4. कन्नड़, 5. कश्मीरी, 6. गुजराती, 7. तमिल, 8. तेलुगु, 9. पंजाबी, 10. बँगला, 11. मराठी, 12. मलयालम, 13. संस्कृत, 14. हिन्दी, 15. सिन्धी।

उपर्युक्त पन्द्रह भाषाओं में चार द्रविड़ परिवार की हैं, संस्कृत मूल-भाषा है और उर्दू हिन्दी की एक शैली है, जिसको राजनीतिज्ञों ने अलग भाषा बनाकर प्रकारान्तर से फारसी को ही बनाये रखा है। यहाँ भारतीय भाषाओं और उनके साहित्य का विवेचन करते हुए यह जानना अभीष्ट है कि उन भाषाओं अथवा भाषा क्षेत्रों का हिन्दी से सम्बन्ध बना हुआ है। सुविधा की दृष्टि से क्रम में अष्टम अनुसूची की अपेक्षा आर्य और अनार्यभाषाओं को यथाक्रम रखना युक्तियुक्त है।

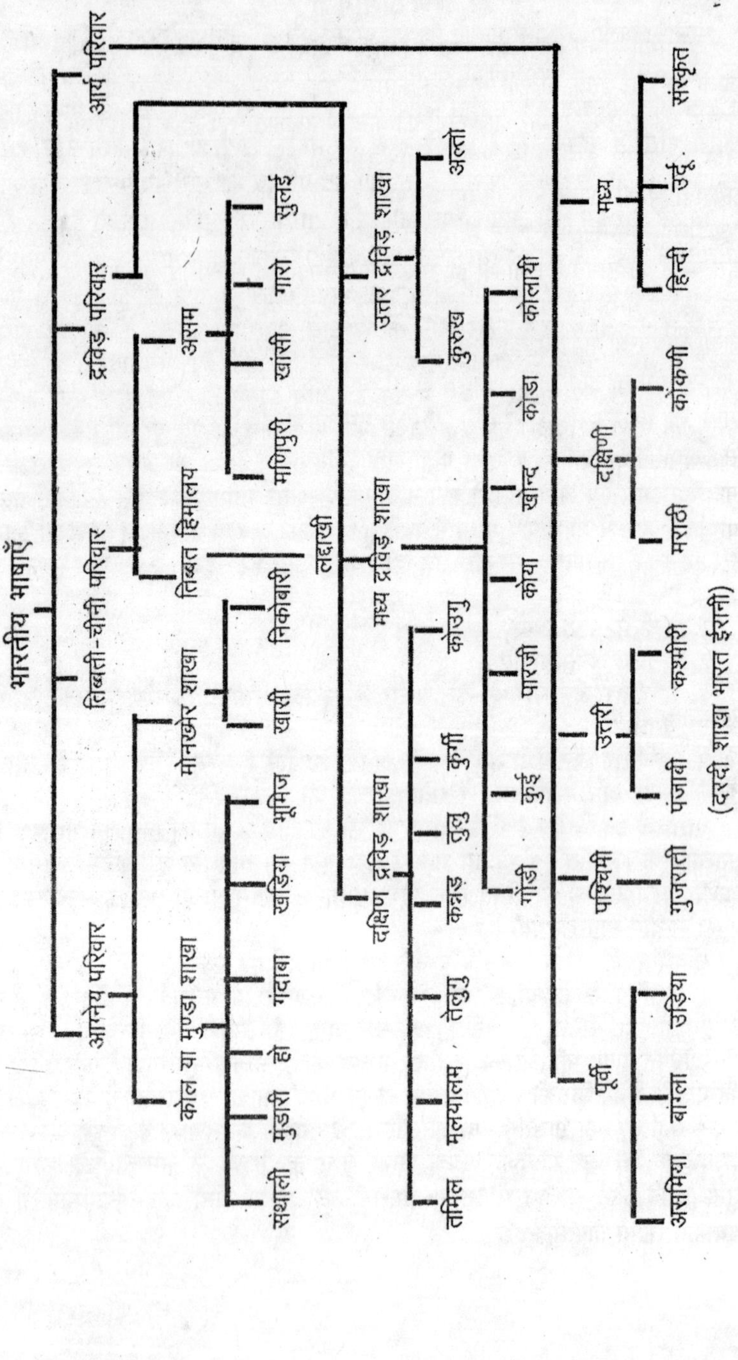
भारतीय भाषाएँ
आर्य परिवार
द्रविड़ परिवार
तिब्बती-चीनी परिवार
आग्नेय परिवार
कोल या मुण्डा शाखा
मोनख्मेर शाखा
तिब्बत हिमालय
असम
संथाली
मुंडारी
हो
गंदाबा
खड़िया
भूमिज
खासी
निकोबारी
लद्दाखी
मणिपुरी
खासी
गारो
लुशेई
दक्षिण द्रविड़ शाखा
मध्य द्रविड़ शाखा
उत्तर द्रविड़ शाखा
तमिल
मलयालम
तेलुगु
कन्नड़
तुलु
कुर्गी
कोडगु
गोंडी
कुई
पारजी
कोया
खोन्द
कोंडा
कोलामी
कुरुख
अल्तो
पूर्वी
पश्चिमी
उत्तरी
दक्षिणी
मध्य
असमिया
बांग्ला
उड़िया
गुजराती
पंजाबी
कश्मीरी
मराठी
कोंकणी
हिन्दी
उर्दू
संस्कृत
(दरदी शाखा भारत ईरानी)

असमिया

असमिया असम प्रान्त की भाषा है। प्राचीन काल में इस प्रदेश को प्राग्ज्योतिषपुर कहा जाता था और इसके दक्षिणी भाग को कामरूप कहा जाता था। कामरूप और कामाख्या के कारण यह तन्त्र-मन्त्र और जादू-टोनों का केन्द्र माना जाता रहा है। तेरहवीं शती में इरावती नदी के तट पर शान जाति आकर बसी। इसी की एक शाखा आहोमो ने पाटकोई दर्रे से प्रवेश करके इस प्रदेश पर आधिपत्य जमाया। इसलिए असम शब्द के विकास में कुछ लोग 'आहोमो' नाम को महत्त्व देते हैं, जबकि कुछ विद्वान् इसे असम अर्थात् समतल न होने से इस प्रदेश को मानते हैं। जो भी हो, असम नाम 100 वर्षों से अधिक पुराना नहीं है। असम का उल्लेख पौराणिक ग्रन्थों में अनेकशः हुआ है। ब्रह्मपुत्र और कामरूप संस्कृत साहित्य से लेकर नाथपन्थी साहित्य तक चर्चा के केन्द्र रहे हैं। 'कमरुकमच्छा' के रूप में कामाख्या को पूरे भारत में महत्त्व मिला है। असमिया संविधान द्वारा स्वीकृत 14 भाषाओं में है। असमिया भाषा का विकास संस्कृत से हुआ है। जिस मागधी से बिहारी हिन्दी का जन्म हुआ है, उसी से असमी भी विकसित हुई है। चीनी यात्री ह्वेनसांग के युग में यहाँ जन भाषा का रूप मध्यदेश के अनुरूप था। सम्प्रति इस भाषा पर तिब्बती-चीनी परिवार का भी प्रभाव पड़ा है परन्तु यह मूलतः बँगला के निकट है। इसकी शब्दावली संस्कृत से अधिक मिलती है परन्तु उसमें आदिवासियों के शब्दों की संख्या भी बहुत अधिक है। यह कोमल श्रुति मधुर और विभिन्न भाषाओं के शब्दों से सम्पन्न भाषा है। बँगला और असमी तो इतनी समान हैं कि प्रारम्भ में विद्वानों ने इन्हें एक ही भाषा माना है। बँगला की भाँति अ को ओ, य को ज, व को ब और ण को न असमिया में भी होता है। परन्तु च छ का स और स का ह या ख बँगला से अलग है। असमिया में ट और ड का उच्चारण त, द की तरह होता है। ड़, ढ़ का र, रह बोला जाता है। असमिया की पहले कई लिपियाँ प्रचलित थीं परन्तु अब केवल बँगला लिपि को थोड़े परिवर्द्धन के साथ अपना लिया है।

असमिया भाषा का विकास प्रकृति के सुरम्य अंचल में हुआ है, जहाँ लोकनृत्यों एवं लोकगीतों की ललित परम्परा रही है। इसलिए असमिया में लोकगीत बहुत मिलते हैं। इसमें मानक साहित्य का विकास 13वीं शती से मिलता है। प्राचीन कवियों में माधव, हेम कन्दली, शंकरदेव, दामोदरदेव आदि उल्लेखनीय हैं। मध्यकाल में मुख्यतः इतिहास, भक्ति और रीति ग्रन्थों का प्रणयन हुआ है। आधुनिक काल के प्रसिद्ध साहित्यकारों में लक्ष्मीनाथ बरुआ, रघुनाथ चौधरी, चन्द्रकुमार अगरवाला, देवकान्त बरुआ, हेम बरुआ, नीलमणि, अतुलचन्द और ज्योतिप्रसाद उल्लेखनीय हैं।

हिन्दी से सम्बन्ध

असमी भाषा का हिन्दी से घनिष्ठ सम्बन्ध रहा है। प्राचीन पौराणिक कथाओं का असमी पर प्रभाव पड़ा है। कृष्ण की पत्नी रुक्मिणी असम की मानी जाती हैं। अनिरुद्ध का विवाह यहीं के शोणितपुर के राजा की पुत्री उषा से हुआ था। अर्जुन की पत्नी चित्रांगदा मणिपुर की थी। हिन्दी भाषा के प्रचार की दृष्टि से भी असम का योगदान अविस्मरणीय है।

सन् 1794 ई. में ही तुलसी के रामचरितमानस का अनुवाद असमिया में हुआ है। असमी के प्रख्यात साहित्यकार शंकरदेव (1449-1568 ई.) ने वरगीत की रचना हिन्दी में की थी। उनकी बोली व्रज प्रभावित असमिया है जिसे व्रजवुलि कहा जाता है। यथा—

अथिर धन जन जीवन यौवन
अथिर एहु संसार।
पुत्र परिवार सबही असार।

शंकरदेव के अतिरिक्त अन्य प्राचीन कवियों पर भी हिन्दी का प्रभाव रहा है। चूँकि मध्यकाल की शौरसेनी का प्रभाव पूरे उत्तर प्रदेश पर था और मागधी से असमिया का विकास हुआ है, इसलिए असमिया में परवर्ती बोलियों के तत्त्व भी आ गये हैं। हिन्दी बोलियों में व्रजभाषा और मैथिली का प्रभाव भी असमिया पर रहा है। 1926 ई. में जब महात्मा गाँधी ने हिन्दी के प्रचार के लिए दक्षिण में प्रयास प्रारम्भ किया, तब असम में गर्ग ने मानक हिन्दी के प्रचार हेतु प्रयास प्रारम्भ किया। बनारस और बिहार से हिन्दी प्राध्यापक बुलाये गये। 1934 ई. में बाबा राघवदास असम आये और उन्होंने पूरे प्रदेश में हिन्दी के प्रचार का व्यापक अभियान चलाया। स्वतन्त्रता आन्दोलन के समय महात्मा गाँधी की प्रेरणा से हिन्दी के प्रचारकों का दल असम जाता रहा। 3 नवम्बर, 1938 को असम हिन्दी प्रचार समिति की स्थापना हुई और गोपीनाथ बरदले उसके अध्यक्ष चुने गये। कालान्तर में काका कालेलकर के प्रस्ताव पर समिति का नाम 'असम राष्ट्रभाषा प्रचार समिति' कर दिया गया। स्वतन्त्रता के बाद असम में भी हिन्दी का प्रचार जारी रहा। सन् 1970 से असम में उच्च शिक्षा के अध्ययन के लिए गुवाहाटी विश्वविद्यालय का हिन्दी विभाग खोला गया। लेकिन 1973 से हिन्दी केवल सातवीं कक्षा तक अनिवार्य रखी गयी। असम से लगभग 30 हिन्दी पत्र-पत्रिकाएँ प्रकाशित होती हैं। असमी के अनेक साहित्यकारों ने हिन्दी साहित्य को समृद्ध किया है। आधुनिक असमी हिन्दी साहित्यकारों में छगनलाल जैन, नवारुण वर्मा, लोकनाथ भराली, मोती मदरासी, भूपेन्द्रनाथ राय चौधरी प्रमुख हैं। इन साहित्यकारों ने हिन्दी साहित्य की हर विधा का संस्पर्श किया है। इस प्रकार असमिया भाषा जहाँ क्षेत्रीय आधार पर विविध भाषाओं के सम्पर्क के कारण समृद्ध हो रही है, वहीं हिन्दी के विकास में भी असम का प्रमुख योगदान रहा है और उसमें निरन्तर प्रगति हो रही है। पूर्वाञ्चल के राज्यों में असम, मणिपुर, नागालैण्ड, मिजोरम में हिन्दी के विस्तार का व्यापक विवरण डॉ. हरेराम पाठक ने अपने शोध ग्रन्थ में दिया है।

बाँग्ला

भारत की जिन भाषाओं का अधुनातन साहित्य विश्व के उत्कृष्टतम साहित्य के समक्ष रखा जा सकता है, उनमें बाँग्ला भाषा प्रमुख है। बाँग्ला बंगाल की भाषा है। बंगाल के नाम पर ही इसका नाम बँगला पड़ा है। इसके भी दो रूप हैं पश्चिमी बाँग्ला जो भारत में बोली जाती है और पूर्वी बाँग्ला जो आधुनिक बाँग्ला देश की भाषा है। बाँग्ला भारतीय आर्यभाषा परिवार की आधुनिक भाषा है। इसका विकास मागधी से हुआ है। बँगला का विकास हिन्दी के समान्तर ही हुआ है। बँगला का तद्भव शब्द भण्डार संस्कृत की तत्सम शब्दावली के

अधिक निकट है। संस्कृत की अधिकांश प्रवृत्तियाँ आधुनिक भाषाओं में ही सुरक्षित हैं। यही कारण है कि बँगला में हिन्दी के कारक परसर्गों की अपेक्षा संस्कृत की भाँति शब्द परिवर्तन ही मिलता है यथा—रामेर (राम का)। बंगाल में ही अंग्रेजों ने अपने शासन का सूत्रपात किया था अतः बँगला पर अंग्रेजी का प्रभाव भी पड़ा है और अंग्रेजी शब्दावली बहुलता से गृहीत हुई है। बँगला भाषा-भाषियों की संख्या 1991 की जनगणना के अनुसार सात करोड़ पचास लाख के लगभग थी।

बँगला का साहित्य प्राचीन काल में 1300 ई. से प्रारम्भ हुआ है। चैतन्य महाप्रभु से बँगला का साहित्यिक स्वरूप निखरा। बँगला के प्रारम्भिक साहित्यकारों में चण्डीदास, बौद्ध और सिद्धकवि, कृत्तिवास रहे हैं। कुछ बँगला भाषावैज्ञानिकों ने विद्यापति को भी बँगला का कवि माना है, जो युक्तियुक्त नहीं है। चैतन्य के युग तक बँगला पर कृष्ण भक्तिकाव्य का प्रभाव पड़ा। इसके परिणामस्वरूप बँगला साहित्य पर ब्रजभाषा का प्रभाव दिखलायी पड़ने लगा। ब्रजभाषा के इस प्रभाव के कारण ही मध्यकालीन बंगाली कृष्ण भक्तिकाव्य को ब्रजबुलि साहित्य भी कहा जाता है।

आधुनिक बँगला साहित्य की सबसे बड़ी देन गद्य का विकास है। पाश्चात्य प्रभाव के कारण बँगला में आधुनिक गद्य विधाओं का विकास सबसे पहले हुआ है। उपन्यास, नाटक, कहानी, कविता, निबन्ध और आलोचना के क्षेत्र में बँगला साहित्य अत्यन्त समृद्ध है। आधुनिक काल में बँगला की सबसे बड़ी उपलब्धि विश्व-कवि रवीन्द्रनाथ टैगोर हैं, जिनकी 'गीतांजलि' को 'नोबेल प्राइज' मिल चुका है। टैगोर के अतिरिक्त शरच्चन्द्र, बंकिमचन्द्र चट्टोपाध्याय, बिमल मित्र, ताराशंकर बन्द्योपाध्याय, शंकर, आशापूर्णा देवी, विभूतिभूषण मुखोपाध्याय जैसे रचनाकार बँगला के ही नहीं भारतीय साहित्य के प्रतिष्ठापक बन गये हैं।

हिन्दी से सम्बन्ध

हिन्दी और बँगला का सम्बन्ध बहुत प्राचीनकाल से है। चैतन्य के युग में ब्रजभाषा और बँगला का घनिष्ठ सम्बन्ध था। आधुनिक युग में भी हिन्दी पर बँगला गद्य साहित्य का व्यापक प्रभाव पड़ा है। बँगला साहित्यकारों ने भी हिन्दी से बहुत-कुछ ग्रहण किया है। गुरुदेव कबीर साहित्य से प्रभावित थे। हिन्दी के आधुनिक काल का विकास भी बंग भूमि से प्रारम्भ हुआ। बंगाल में ही **फोर्ट विलियम कॉलेज** की स्थापना हुई थी जहाँ हिन्दी गद्य का प्रारम्भ हुआ। 1815 ई. में राजा राममोहन राय ने हिन्दी में वेदान्तसार को प्रस्तुत किया। उन्होंने हिन्दी का प्रचार सार्वदेशिक भाषा के रूप में किया। 1926 में 'बंगदूत' हिन्दी पत्र भी राजा राममोहन राय ने कलकत्ता से निकाला। ईश्वरचन्द्र विद्यासागर, केशवचन्द्र सेन, नवीनचन्द्र राय, सुभाषचन्द्र बोस जैसे हिन्दी के समर्थक बंगाल के ही थे। बिहार में हिन्दी के लिए संघर्ष करनेवाले भूदेव मुखोपाध्याय बंगाली थे। 'सरस्वती प्रेस' की स्थापना करके 'सरस्वती पत्रिका' को जन्म देनेवाले चिन्तामणि घोष भी बंगाली भाषा-भाषी थे। बंगाल के नेताओं ने हिन्दी को राष्ट्रीय एकता की संवाहिका के रूप में सदैव देखा है। योगी अरविन्द ने तो यहाँ तक कहा है—"भाषा के भेद से देश की एकता में बाधा नहीं पड़ेगी। सब लोग अपनी मातृभाषा की

रक्षा करते हुए हिन्दी को साधारण भाषा के रूप में अपनाकर इस भेद को नष्ट कर देंगे।" हिन्दी में बँगला का साहित्य अनूदित रूप में मिल जाता है। वस्तुतः हिन्दी और बँगला का साहित्य इतना निकट हो गया है कि बहुत-से बंगाली लेखकों का साहित्य हिन्दी में इस तन्मयता से पढ़ा जाता है कि अब उन्हें हिन्दी से अलग मानना ही असम्भव हो गया है। हिन्दी भाषा और भारतीय आर्यभाषाओं का भाषावैज्ञानिक अध्ययन करनेवाले डॉ. सुनीतिकुमार चटर्जी बंगाल की देन हैं। समग्र रूप से चैतन्य से लेकर आज तक हिन्दी और बँगला का सम्बन्ध घनिष्ठ होता गया है।

उड़िया

'उड़िया' आधुनिक उड़ीसा राज्य की भाषा है। प्राचीन काल में इस प्रदेश का नाम कलिंग था। इसका एक नाम उत्कल भी है। भारतीय पौराणिक ग्रन्थों में इसका कलिंग नाम ही मिलता है। सम्राट् अशोक की कलिंग विजय एक ऐतिहासिक घटना है, जिससे अशोक का हृदय-परिवर्तन हुआ था और उसने बौद्ध धर्म स्वीकार कर लिया था। पुराणों में कलिंग यात्रा को मुक्ति का हेतु कहा गया है। कलिंग का ओडिशा नाम तमिल प्रभाव है। तमिल उत्तर में आर्यों के प्रभाव के कारण दक्षिण की ओर हटने लगे। उनकी एक शाखा यहाँ रुक गयी। द्रविड़, कृषिप्रधान संस्कृति के थे। उनकी जो शाखा यहाँ रही उसे ओड़ (कृषि करना) कहा जाता था और इसी से उड़ीसा या ओडिशा का नामकरण हुआ।

उड़िया भाषा का विकास आधुनिक काल में मागधी अपभ्रंश से हुआ है। कुछ लोग प्राचीन काल में पालि को भी उड़ीसा की भाषा मानते थे। वस्तुतः आधुनिक उड़िया मागधी से विकसित हुई है। इसका स्वरूप बँगला से मिलता है। बहुत दिनों तक इसे बँगला की ही एक बोली माना जाता रहा है। उड़िया के ऊपर तेलुगु और मराठी का भी बहुत प्रभाव है क्योंकि बहुत दिनों तक यहाँ के लोगों का शासन उड़ीसा पर रहा है। उड़ीसा में जगन्नाथपुरी वैष्णव तीर्थ है तथा कोणार्क सूर्य मन्दिर है। अतः हिन्दुओं का विशिष्ट तीर्थ होने के कारण यहाँ प्रायः हर क्षेत्र के लोग आते रहते हैं। अतः प्राचीन काल से ही उड़ीसा में विविध भाषा-भाषियों के आगमन के कारण उड़िया में अन्य भाषाओं की शब्दावली मिलती है। उड़िया की अपनी लिपि है जो देवनागरी से मिलती है। उच्चारण सम्बन्धी विशेषताएँ बँगला के समान हैं। उड़िया में व्याकरणगत लिंग नहीं हैं, केवल स्वाभाविक लिंग हैं। बहुवचन के लिए मन अथवा लोक जोड़ा जाता है। उड़ीसा में माणुसवा, थलिया जैसी पूर्वी हिन्दी के प्रयोग भी मिलते हैं। उड़िया बोलनेवालों की संख्या 1991 की जनगणना के अनुसार तीन करोड़ थी।

साहित्यिक दृष्टि से उड़ीसा का प्रारम्भ बौद्ध ग्रन्थों से होता है। 15वीं शती में उड़िया का प्रथम महाकाव्य रामविभा (अर्जुनदास) लिखा गया। इस युग का अधिकांश साहित्य वैष्णव भक्ति से जुड़ा है। कालान्तर में चैतन्य महाप्रभु के प्रभाव के कारण 16वीं शती तक उड़िया में कृष्णभक्ति का प्रभाव बढ़ गया। उस युग के प्रमुख साहित्यकारों में अनन्तदास, विप्रनारायणदास, अच्युतानन्ददास, मधुसूदन आदि हैं आधुनिक काल में उड़ीसा में गद्य विधाओं का विकास हुआ। आधुनिक काल के उड़िया साहित्यकारों में फकीर मोहन सेनापति

का अप्रतिम योगदान है। उन्होंने महाकाव्य और उपन्यास लिखे हैं। उड़िया साहित्य में उपन्यासों के क्षेत्र में फकीर मोहन का स्थान प्रेमचन्द के समकक्ष है। फकीर मोहन के अतिरिक्त राम शंकरराय, गोपालवल्लभ, चिन्तामणि आचार्य, कुन्तलाकुमारी, चिन्तामणि महन्ति, रामचन्द्र महापात्र आदि विविध विधाओं के अन्यतम रचनाकार रहे हैं।

हिन्दी से सम्बन्ध

उड़िया पर हिन्दी का प्रभाव अधिक मिलता है। सहजयानी चर्या पद उड़िया भाषा से मिलते हैं। कमार, कहाणी, राति, सुआर आदि शब्द पूर्वी हिन्दी और उड़िया में थोड़े उच्चारण भेद के साथ प्रयुक्त होते रहे हैं। 17वीं शती में मराठों के शासन के कारण हिन्दी और उर्दू को यहाँ की राजकीय भाषा बनाया गया। इसके अतिरिक्त द्रविड़ भाषा का भी उड़िया पर व्यापक प्रभाव रहा है। उड़िया की लेखन-शैली हिन्दी के अधिक निकट है तथा बँगला से भिन्न है। ग्रियर्सन ने लिखा है–

"The Maithili and Bengali alphabates are derived from buhles proto Bengali. The Oriya alphabates are on the conrary, derived from Nagari and probably reached Orissa directly from the West."

उड़िया भाषा ही नहीं उड़ीसा के निवासियों का भी हिन्दी से घनिष्ठ सम्पर्क रहा है। 15वीं शती में राय रामानन्द पट्टनायक, प्रतापरुद्रदेव हिन्दी कवि रहे हैं। 16वीं शती के उड़ीसा निवासी हिन्दी कवियों में दीनकृष्णदास, बलरामदास, अनन्तदास, पुरुषोत्तम अनंग भीमदेव उल्लेखनीय हैं। आधुनिक काल के साहित्यकारों में डॉ. कुन्तला कुमारी साबत, बनमालीदास, तारिणीचरणदास, डॉ. अजय कुमार पट्टनायक प्रमुख हैं। उड़ीसा में रहकर हिन्दी साहित्य की श्रीवृद्धि करनेवालों में कानपुर के श्री योगेश्वर त्रिपाठी 'योगी' का भी महत्त्वपूर्ण स्थान है। उड़ीसा में हिन्दी का राष्ट्रभाषा के रूप में प्रचार महात्मा गाँधी की प्रेरणा से हुआ था। उड़ीसा के प्रथम मुख्यमन्त्री हरेकृष्ण महताब ने स्कूलों में हिन्दी शिक्षा को 1947 से ही अनिवार्य कर दिया था। उड़ीसा के विश्वविद्यालयों में स्नातकोत्तर तक उच्च शिक्षा की व्यवस्था है। उत्कल राष्ट्रभाषा प्रचार सभा का भी हिन्दी प्रचार की दृष्टि से विशेष योगदान है।

मराठी

मराठी आधुनिक महाराष्ट्र की भाषा है। बम्बई, पूना, बरार, नागपुर तथा मध्यप्रदेश के पश्चिमी भाग में यह भाषा प्रचलित है। यह अत्यन्त सम्पन्न भाषा है। इसके बोलनेवालों की संख्या लगभग साढ़े चार करोड़ है। इस भाषा की लिपि देवनागरी है जिसे 'बाल बोध' कहा जाता है। मराठी में संस्कृत की तत्सम शब्दावली का बाहुल्य है। इसका उच्चारण भी हिन्दी के निकट है तथा कुछ ध्वनिगत विशेषताएँ हो मिलती हैं यथा ऋ का र, न का ण और स का श मिलता है। च, ज, झ, क्रमशः स्म, दूज, ध्झ हो गये हैं। मराठी में संस्कृत की भाँति तीन लिंग होते हैं पर वचन दो हैं। कारक परसर्गों में भी हिन्दी से समानता है। क्रियाओं में वर्तमान–तु, भूतकालिक-ल और भविष्यत् लू भी हिन्दी की अलग-अलग बोलियों के समान है। भोजपुरी का आइल, गइल रूप मराठी में भी मिलता है।

मराठी का विकास 10वीं शती से ही मिलने लगता है। इसका विकास हिन्दी के समान्तर हुआ है और दोनों भाषाओं में साहित्यिक प्रवृत्तियों में भी समानता है। सन्त ज्ञानदेव और नामदेव मराठी के श्रेष्ठ कवियों में हैं। उनके अतिरिक्त तुकाराम, एकनाथ और रामदास भी मराठी के प्रमुख सन्त कवि रहे हैं। इन कवियों ने मराठी ही नहीं हिन्दी में भी पदों की रचना करके राष्ट्रीय एकता के लिए हिन्दी का महत्त्व स्वीकार किया था। आधुनिक काल में मुम्बई भारत का श्रेष्ठतम महानगर बना और पूरे देश से यहाँ लोग आने लगे। इसके परिणामस्वरूप मराठी भाषा और साहित्य पर भी प्रभाव पड़ा। संस्कृति, शिक्षा एवं साहित्य का केन्द्र बनने के साथ ही मराठी साहित्य में गद्य का विकास भी हुआ। गद्य विधाओं में मराठी नाटक और उपन्यास बहुत प्रसिद्ध हैं। मराठी के उपन्यासकारों में हरिनारायण आप्टे और विष्णु सखाराम खाण्डेकर भारत के प्रमुख उपन्यासकार माने जाते हैं। सम्प्रति मराठी का गद्य पद्य साहित्य अत्यन्त समृद्ध है तथा उसका विकास भी तीव्रगति से हो रहा है। राजनीतिक और सांस्कृतिक केन्द्र होने के कारण मराठी में ज्ञान-विज्ञान का भी लेखन हुआ है।

हिन्दी से सम्बन्ध

मराठी का अन्य भाषाओं से व्यापक सम्पर्क रहा है। दक्षिण भारतीय और हिन्दी का मराठी के साथ मिला-जुला रूप मुम्बई में मिलता है। हिन्दी के प्रचार-प्रसार की दृष्टि से महाराष्ट्र का योगदान उल्लेखनीय है। भारतीय राष्ट्रीय कांग्रेस की बम्बई प्रान्तीय शाखा के पुणे अधिवेशन में ही महात्मा गाँधी ने सर्वप्रथम हिन्दी का कांग्रेस के मंच पर प्रयोग किया था। इसके पूर्व सन्त ज्ञानेश्वर और नामदेव ने हिन्दी में उपदेश दिये थे। शिवा जी और मराठा शासकों के दरबार में हिन्दी का प्रयोग होता रहा है। हिन्दी मुद्रण के लिए देवनागरी टाइप का विकास महाराष्ट्र के बाल गंगाधर तिलक ने किया था। तिलक के मराठी समाचार-पत्र 'केसरी' का हिन्दी संस्करण निकालनेवाले माधवराव सप्रे मराठी थे। महाराष्ट्र के तीन विद्वान् हिन्दी साहित्य सम्मेलन के अध्यक्ष रहे हैं—माधवराव सप्रे, सयाजीराव गायकवाड़ और बाबूराव विष्णु पराड़कर। हिन्दी के राष्ट्रीय स्वरूप के प्रचारकों में आचार्य विनोबा भावे, काका साहेब कालेलकर, दादा धर्माधिकारी, श्रीपाद जोशी, निर्मल देशपाण्डे और यदुनाथ थत्रे मराठी भाषी हैं। हिन्दी के प्रतिनिधि साहित्यकारों में गजानन माधव मुक्तिबोध और प्रभाकर माचवे मराठी हैं। हिन्दी की विश्व यात्रा के नियामक अनन्त गोपाल शेवडे मराठी रहे हैं। इसके अतिरिक्त सैकड़ों ऐसे उच्चकोटि के रचनाकार हैं, जिन्होंने हिन्दी के प्रचार-प्रसार में मौलिक योगदान किया है। हिन्दी की प्रसिद्ध पत्र-पत्रिकाएँ आज मुम्बई से निकल रही हैं। हिन्दी चलचित्रों का केन्द्र मुम्बई है। अतः यह कहने में अत्युक्ति नहीं है कि मराठी भाषा-भाषियों ने मराठी साहित्य की श्रीवृद्धि करते हुए भी राष्ट्रभाषा के रूप में हिन्दी को न केवल स्वीकार किया है वरन् उसे प्रतिष्ठित करने का पूरा प्रयास किया है। आज महाराष्ट्र के हर ग्राम-नगर में हिन्दी के शिक्षण की व्यवस्था और लेखन हो रहा है।

गुजराती

गुजरात प्रदेश की भाषा गुजराती है। गुजरात के अतिरिक्त मुम्बई नगर के भाषा-भाषियों की बहुत बड़ी संख्या गुजराती है। प्राचीन गुर्जर जाति के नाम के आधार पर इस प्रान्त का

नाम गुजरात पड़ा है। गुजराती आर्यभाषा है। इसका विकास 10वीं शताब्दी में हुआ है। गुजराती का लेखन 17वीं शती तक देवनागरी में होता था परन्तु अब उसकी अपनी लिपि है जिसका स्वरूप कैथी से मिलता है। इसका विकास अपभ्रंश से हुआ है। अपभ्रंश साहित्य का विकास गुजरात में ही अधिक हुआ है। गुजराती का स्वरूप राजस्थान की मारवाड़ी से अधिक मिलता है। मारवाड़ी और गुजराती में समानता भी बहुत अधिक है। गुजराती बोलनेवालों की संख्या 1991 की जनगणना के अनुसार 5 करोड़ के लगभग थी। गुजराती में शब्दों की प्रकृति संस्कृत से उसी तरह परिवर्तित हुई है, जिस प्रकार हिन्दी में। व्यंजन द्वित्व में एक व्यंजन लुप्त हो जाता है और उसके स्थान पर क्षतिपूरक दीर्घीकरण होता है यथा-पृष्ठ-पीठ धृष्ट-धीठ। बोलचाल की गुजराती में क, ख, ग का क्रमशः च, छ, ज मिलता है--लाग्यो--लाज्यो इसी प्रकार च, छ का स हो जाता है--पाँच पाँस। गुजराती में दो वचन और तीन लिंग होते हैं। संज्ञा रूप बुन्देली और राजस्थानी से मिलते हैं। विशेषणों का व्यवहार भी हिन्दी की तरह होता है। क्रियाएँ राजस्थानी से बहुत मिलती हैं।

गुजराती का साहित्य अपभ्रंश के आचार्य हेमचन्द्र के काल से ही मिलने लगता है। भक्तिकाल में नरसी मेहता गुजराती के प्रमुख भक्त कवि थे। नरसी मेहता के हिन्दी पद भी मिलते हैं। नरसी मेहता कृष्णोपासक कवि थे। मध्यकाल के अन्य कवियों में रणछोड़, मुक्तानन्द, प्रेमानन्द और प्रेमसखि का उल्लेख प्रमुख रचनाकारों के रूप में किया जा सकता है। आधुनिक काल में गुजराती का गद्य साहित्य विकसित हुआ। उपन्यास विधा के क्षेत्र में गुजराती को विशेष सम्पन्नता मिली। गोवर्द्धनराम त्रिपाठी, रमणलाल, पन्नालाल पटेल, कन्हैयालाल माणिकलाल मुन्शी गुजराती के प्रतिनिधि कथाकार हैं। दलपतराम और नर्मदाशंकर गुजराती के प्रतिनिधि नाटककार रहे हैं। गुजराती के अन्य प्रमुख साहित्यकारों में श्री सुन्दरम्, उमाशंकर जोशी, मनसुखलाल झवेरी प्रमुख हैं। धर्म, दर्शन, साहित्य, संस्कृति और इतिहास के ग्रन्थ भी गुजराती में बहुत लिखे गये हैं। गुजराती का विपुल लोक साहित्य है, जिसका संकलन झबेर चन्द्र गेधाणी ने किया है।

हिन्दी से सम्बन्ध

गुजराती का हिन्दी से घनिष्ठ सम्बन्ध रहा है। गुजराती आधुनिक भारतीय आर्यभाषाओं में हिन्दी के बहुत निकट है। स्वामीनारायण सम्प्रदाय और वल्लभ सम्प्रदाय के प्रभाव के कारण गुजरात में इन दोनों सम्प्रदागों के कवियों ने हिन्दी का प्रयोग किया है। जैन साहित्य गुजरात में अधिक लिखा गया है। इन जैन कवियों की भाषा भी हिन्दी है। गुजरात के राजाओं के दरबारों में भी हिन्दी कविता को पर्याप्त सम्मान प्राप्त था। आधुनिक काल में हिन्दी को गुजरात ने अनेक साहित्यकार दिये हैं लेकिन गुजरात का प्रमुख योगदान हिन्दी के राष्ट्रीय स्वरूप के विकास से जुड़ा है। स्वामी दयानन्द गुजराती थे जिन्होंने आर्यसमाज का प्रचार हिन्दी माध्यम से किया था। महात्मा गाँधी ने हिन्दी के प्रसार के क्षेत्र में जो कार्य किया है, वह अविस्मरणीय है। राष्ट्रभाषा प्रचार समिति वर्धा, महात्मा गाँधी की देन है। गुजरात के सभी विश्वविद्यालयों में हिन्दी के उच्च अध्ययन की सुविधाएँ हैं। गुजरात के तीन विद्वान् हिन्दी साहित्य सम्मेलन

के अध्यक्ष रहे हैं—महात्मा गाँधी, के. एम. मुन्शी और मुनि जिनविजय। इस प्रकार महात्मा गाँधी के कारण पूरे देश में हिन्दी का जो विकास हुआ है उसके लिए हिन्दी इस प्रान्त की ऋणी है।

पंजाबी

पंजाबी पूरे पंजाब की भाषा है। इसकी एक बोली लहँदा पश्चिमी पंजाब (अब पाकिस्तान में है), में बोली जाती है। पंजाब आर्यों का मूल स्थान रहा है। अतः पंजाबी के भाषा रूप बहुत प्राचीन हैं, परन्तु जो पंजाबी आज प्रचलित है, उसका विकास आधुनिक भारतीय आर्यभाषाओं के साथ हुआ है। पंजाबी बोलनेवालों की कुल संख्या एक करोड़ पचास लाख के लगभग है। इसकी लिपि गुरुमुखी है। पंजाबी अम्बाला से लाहौर, हिमाचल प्रदेश और जम्मू तक बोली जाती है। पंजाबी में सघोष महाप्राण ध्वनियों में भी अधिक महाप्राणता पायी जाती है। क, च, ट, त, प, को क्ह, च्छ, ट्ह, त्ह, प्ह बोला जाता है। संयुक्त व्यंजनों में स्वर भक्ति विद्यमान है यथा क्रोध-करोध, प्रेम-परेम, मित्र-मित्तर आदि। संयुक्ताक्षरों के लोप के बावजूद पंजाबी में दीर्घीकरण नहीं हुआ है, यथा अक्षि-अक्ख-अख (हिन्दी आँख)। लिंग भेद पंजाबी में हिन्दी की भाँति है। स्त्री प्रत्यय में इनकी जगह अन का प्रयोग होता है, शेष रूप यथावत् हैं। हिन्दी—'ओ' के स्थान पर 'ऑ' बहुवचन के मूल और विकारी दोनों रूपों में मिलता है यथा लड़कों—अच्छियाँ लड़कियाँ। क्रिया में ता, ते, ती की जगह दा, दे, दी मिलता है। न का ण मिलता है।

पंजाबी का साहित्य 12वीं शती से मिलता है। पंजाबी के पहले कवि बाबा फरीद रहे हैं। पंजाबी का क्रमबद्ध साहित्य सिख गुरुओं से प्रारम्भ होता है। गुरु नानक पंजाबी के प्रमुख कवि थे। सिख गुरुओं में गुरु अर्जुन, भाई गुरुदास, गुरु गोविन्दसिंह प्रमुख रहे हैं। बीसवीं शती में अंग्रेजी के प्रभाव के कारण पंजाबी में गद्य एवं नयी साहित्यिक विधाओं का विकास हुआ। पंजाबी के आधुनिक साहित्यकारों में प्रीतमसिंह, मोहनसिंह, सुरेन्द्रसिंह नरुला, बलवन्त गार्गी, अमृता प्रीतम, करतारसिंह दुग्गल प्रमुख हैं।

हिन्दी से सम्बन्ध

पंजाबी का भारत की जिन प्रमुख साहित्यिक शैलियों से जुड़ाव रहा है उनमें हिन्दी और उर्दू प्रमुख हैं। प्राचीन काल में गुरु नानक ने हिन्दी में कविता लिखी थी। गुरु गोविन्दसिंह ब्रजभाषा के श्रेष्ठ कवियों में हैं। पंजाब में पूरा पंजाबी साहित्य मिश्रित भाषा में लिखा गया है। महाराजा रणजीतसिंह के दरबार में हिन्दी कविता को पर्याप्त सम्मान प्राप्त था। रीतिकाल के प्रमुख कवि ग्वाल रणजीतसिंह के दरबारी कवि थे। उर्दू के सआदत हसन मण्टो पंजाब के थे। आधुनिक काल में पंजाब में हिन्दी का व्यवहार पंजाबी से कम नहीं है। पंजाबी पर उर्दू, हिन्दी और अंग्रेजी की शब्दावली का प्रभाव बहुत अधिक है। पंजाबी रचनाकारों को भी हिन्दी में लोकप्रियता मिली है। चन्द्रधर शर्मा गुलेरी, स्वामी श्रद्धानन्द, भाई परमानन्द, सत्यदेव परिव्राजक, इन्द्र विद्यावाचस्पति, यशपाल, उपेन्द्रनाथ अश्क, देवेन्द्र सत्यार्थी, भीष्म साहनी, मोहन राकेश, कृष्णा सोबती, कृष्ण बलदेव वैद, रजनी पनिक्कर, सुदर्शन चोपड़ा, त्रिलोकदीप,

स्वदेश दीपक, सतीश जमाली, चन्द्रगुप्त विद्यालंकार, देवेन्द्र इस्सर, महीपसिंह, रवीन्द्र कालिया, द्रोणवीर कोहली, कुलदीप बग्गा, इन्दुबाली, राजी सेठ, मणिका मोहिनी, देवराज दिनेश, कुमार विमल, नरेन्द्र मोहन, बलदेव वंशी, नरेन्द्र कोहली, अध्यापक पूर्णसिंह, इन्द्रनाथ मदान जैसे साहित्यकार इस बात के प्रमाण हैं कि पंजाबी भाषा-भाषियों का एक बहुत बड़ा वर्ग हिन्दी साहित्य से जुड़ा है और वास्तविकता तो यह है कि पंजाबी भाषा-भाषियों ने हिन्दी साहित्य को इस तरह अपना लिया है कि पंजाबी साहित्य बहुत पीछे छूट गया है। पंजाब के साहित्यकारों ने स्वतन्त्रता आन्दोलन के युग से ही हिन्दी को अपनी भाषा मानकर विकास किया है। पूरे पंजाब में हिन्दी अध्ययन, अध्यापन की सुविधा है। हिन्दी कथा-साहित्य के विकास का अद्यतन युग पूरी तरह पंजाबी भाषा-भाषियों का ऋणी है। हिन्दी के प्रकाशनों में भी पंजाबी भाषियों के योगदान को नहीं भुलाया जा सकता। हिन्दी के सभी प्रतिष्ठित प्रकाशन पंजाबियों की देन हैं।

कश्मीरी

कश्मीरी कश्मीर घाटी की भाषा है। इसके बोलनेवालों की संख्या 25 लाख के लगभग है। यह शारदा लिपि में लिखी जाती है। भारतीय भाषाओं में कश्मीरी दरदी से विकसित हुई है जो भारत-ईरानी परिवार से जुड़ी है। इसीलिए कश्मीरी वर्णमाला में भी अन्तर मिलता है। कश्मीरी में 6 स्वर हिन्दी के अतिरिक्त हैं। कश्मीरी का शब्द भण्डार भी भारतीय आर्यभाषा से इतर है। कश्मीरी में सघोष महाप्राण ध्वनियाँ भी नहीं मिलतीं। भारतीय आचार्यों ने कश्मीरी को पैशाची से विकसित माना है। इसीलिए कश्मीरी का विकास 10वीं शती से बहुत पहले हो गया था। प्राकृत अपभ्रंश काल में भी इस भाषा का उल्लेख मिलता है। इस भाषा के रचनाकारों में शितिकण्ठ सबसे प्राचीन हैं। कश्मीरी के श्रेष्ठ कवियों में ललद्यद का उल्लेख किया जाता है। उनका काल 14वीं शताब्दी है। 16वीं शती में हव्वा खातून तथा बाद में अरणिमाल की कविताओं में विरह की अनुभूति मिलती है। इसके अतिरिक्त कश्मीरी में वेदनापूर्ण लोकगीतों की परम्परा भी रही है। आधुनिक काल के साहित्यकारों में महजूर, फाजिल, फानी, काफूर प्रमुख हैं। गद्य साहित्य के विकास में सोमनाथ जुत्शी, उमेश कौल, दीनानाथ 'नादिम', नूर मुहम्मद रोशन प्रमुख हैं।

हिन्दी से सम्बन्ध

कश्मीर के दरबार में संस्कृत का महत्त्व रहा है। कल्हण-विल्हण, जल्हण जैसे संस्कृतज्ञ कश्मीर के थे। हिन्दी के विकास में भी कश्मीर आगे रहा है। बीसवीं शती के उत्तरार्द्ध से ही कश्मीर घाटी से हिन्दी पत्रिकाएँ निकलती रहीं। उर्दू को शिक्षा का माध्यम बनाये जाने से यह प्रचार केवल संस्थागत ही रहा है। इस समय कश्मीर में स्नातकोत्तर स्तर तक की शिक्षा की व्यवस्था है। कश्मीर उर्दू का केन्द्र है फिर भी हिन्दी के अनेक साहित्यकार कश्मीर से आये हैं। वस्तुतः कश्मीर की राजनीतिक स्थिति इस प्रकार परिवर्तनशील रही है कि वहाँ मानक हिन्दी का प्रचार व्यापक रूप से नहीं हुआ परन्तु वहाँ की बोलचाल की भाषा उर्दू है जो पूरी तरह हिन्दुस्तानी से मिलती है। कश्मीर में उर्दू का व्यापक प्रभाव होने के कारण कश्मीरी भाषा

का साहित्य भी अधिक नहीं बढ़ सका है। चन्द्रकान्ता, पद्मा सचदेव हिन्दी की वरिष्ठ लेखिकाओं में हैं।

तमिल

द्रविड़ परिवार की भाषाओं में प्राचीनता, व्याप्ति एवं साहित्यिक सम्पन्नता की दृष्टि से तमिल प्रमुख है। भारत में बोली जानेवाली भाषाओं में तमिल ही ऐसी भाषा है, जिस पर संस्कृत का न्यूनतम प्रभाव पड़ा है और इसके बावजूद यह अत्यन्त समर्थ भाषा है। तमिल भाषा का क्षेत्र पचास हजार वर्गमील में विस्तृत है। इसके बोलनेवालों की संख्या 1991 की जनगणना के अनुसार पाँच करोड़ के लगभग थी। तमिल में बारह स्वर और अठारह व्यंजन हैं तथा हिन्दी की भाँति महाप्राण और तृतीय अक्षर नहीं है। उदाहरण के लिए क से म तक के अक्षरों में प्रत्येक वर्ग के केवल पहले और पाँचवें अक्षर मिलते हैं जैसे क, ङ, च, ञ, ट, ण, त, न, प, म अन्य वर्ण हैं—य, र, ल, व ये हिन्दी के समान हैं। तमिल के अन्य 4 अक्षर हैं ल, ळ (ठक), र (दक), न (ढक)। तमिल की लिपि भी देवनागरी से भिन्न है। विद्वानों का मत है कि तमिल लिपि का विकास ब्राह्मी से ही हुआ है। तमिल साहित्य का पता ईसा पूर्व पाँचवीं शती से ही मिलने लगता है। पाण्ड्य राजाओं ने साहित्य संघम् की स्थापना करके साहित्य-रचना को प्रोत्साहन दिया था। तोलकाप्पियम् तमिल की उपलब्ध प्राचीनतम रचना है, जो तमिल व्याकरण है। ईसा पूर्व 150 ई. में तमिल का साहित्य अत्यन्त सम्पन्न था। इस युग को तमिल भाषा का स्वर्ग युग माना जाता है। ईसा की पहली शताब्दी में जैन कवि इलंगो ने तमिल के प्रथम महाकाव्य सिलप्पधिकारम् की रचना की। 607 से 900 ई. तक का काल तमिल साहित्य का भक्तिकाल रहा है। इस युग में आलवार सन्तों का उदय हुआ था, जिनका प्रभाव हिन्दी पर भी पड़ा है। 12वीं शती में तमिल रामायण कम्बन ने लिखा जिसे कम्ब रामायण कहा जाता है। 19वीं शती तक तमिल में गद्यलेखन भी प्रारम्भ हो गया था। इसी काल में संस्कृत के विविध ग्रन्थों के अनुवाद होने लगे। नयी गद्य विधाओं का विकास भी इसी काल में हुआ। आधुनिक काल के प्रमुख तमिल साहित्यकारों में श्री सुन्दरम् पिल्लै, सुब्रह्मण्य भारती, नामाक्कल रामलिंगम पिल्लै, मुदालियर, कुप्पुस्वामी, मुदालियर, जी.एस.मणि, सी. राजगोपालाचारी, अखिलन, रंगनाथन, रस्वती अम्माल, सोमसुन्दर भारती, मीनाक्षी सुन्दरम् प्रमुख हैं। तमिल भाषा का प्रधान केन्द्र मद्रास है। तमिलों में अपनी जाति और भाषा के प्रति अनुराग है।

हिन्दी से सम्बन्ध

तमिल द्रविड़ कुल की भाषाओं में वैसे ही सम्मानित है, जैसे भारतीय आर्यभाषाओं में संस्कृत। दक्षिण भारतीय भाषाओं से उसका गहरा सम्बन्ध है। तमिल और संस्कृत का भी सम्बन्ध रहा है। तोलकाप्पियम् पर भी संस्कृत का प्रभाव देखा जा सकता है। संस्कृत की मूर्द्धन्य ध्वनियों को तमिल प्रभाव माना जाता है। आधुनिक काल में तमिल क्षेत्र हिन्दी विरोध के लिए प्रख्यात है परन्तु स्वाधीनता आन्दोलन के समय तमिल में हिन्दी को स्वराज्य भाषा कहा जाता था और वहाँ हिन्दी के प्रति उत्कट निष्ठा थी। सी. राजगोपालाचारी हिन्दी के

समर्थक थे। महात्मा गाँधी की प्रेरणा से मद्रास में दक्षिण भारतीय हिन्दी प्रचार के लिए भेजा जहाँ श्रीमती एनीबेसेण्ट के सहयोग से हिन्दी का अध्ययन 1918 ई. से प्रारम्भ हुआ। 1937 में राजा जी ने छठीं से आठवीं कक्षा तक हिन्दी पढ़ाने पर बल दिया था। उस युग तक वहाँ हिन्दी के लिए व्यापक प्रचार हुआ परन्तु स्वतन्त्रता के बाद तमिलनाडु में अचानक अंग्रेजी के प्रति मोह जागा। सरकारी नौकरियों के बहाने तमिलनाडु की क्षेत्रीय पार्टियों ने उत्तर और दक्षिण का विवाद उठाकर हिन्दी का विरोध करते हुए तमिलनाडु को राष्ट्रीय धारा से अलग करने की धमकी दे दी। भाषा विवाद वहाँ सत्ता का प्रतीक बन गया। हिन्दी के विरोध में आन्दोलन भड़काये गये। इसके बावजूद तमिल क्षेत्रों में हिन्दी का प्रयोग बढ़ता रहा और शोध एवं मौलिक लेखन के क्षेत्र में भी तमिलनाडु के साहित्यकार आगे आये। आम जानता में अब भी हिन्दी के प्रति जागरूकता है जैसा कि द्रमुक द्वारा चलाये जा रहे 1977 के आन्दोलन के समय वहाँ के लोकप्रिय दैनिक हिन्दू के सम्पादक एम.आर. षडमुखम् ने लिखा था—"अंग्रेजी बहुत दिनों तक हिन्दी का विकल्प नहीं रह सकती। अहिन्दी भाषी क्षेत्रों के वासियों के लिए सर्वोत्तम उपाय यही है कि वे हिन्दी से कतराना छोड़कर उसे स्वेच्छा और खुशी से पढ़ें। जो भी हो, लेकिन यह सही है कि तमिल के राजनीतिक दलों ने भाषायी आन्दोलन को प्रमुखता देकर हिन्दी विरोध को सत्ता से जुड़ने की राह ढूँढ़ निकाली है।

तेलुगु

तेलुगु द्रविड़ भाषाओं में प्रमुख है। यह आधुनिक आन्ध्र प्रदेश में बोली जाती है। इसका केन्द्र तेलंगाना, दक्षिण-पूर्वी हैदराबाद है। इसकी एक बोली उड़ीसा के जंगलों में रहनेवाले आदिवासियों में औरांवें नाम से तथा वरम् के पश्चिम में कोलामी नाम से प्रचलित है। द्रविड़ परिवार में तेलुगु सबसे ललित भाषा है। इसमें शब्द स्वरान्त होते हैं। यही कारण है कि इसे पूर्व की इटैलियन कहा जाता है। तेलुगु पर संस्कृत का प्रभाव बहुत अधिक है। हैदराबाद गें गुरालमानों का शासन भी बहुत दिनों तक रहा है अतः यहाँ हिन्दी या हिन्दवी का भी प्रभाव रहा है। यहाँ के शासक सातवाहन राजाओं ने संस्कृत साहित्य के प्रसार में बहुत योग दिया है। इस प्रकार द्रविड़ और आर्यभाषाओं के मध्य होने के कारण इस भाषा के शब्द भण्डार में बहुत वृद्धि हुई है। तेलुगु बोलनेवालों की कुल संख्या चार करोड़ पचास लाख के लगभग है।

तेलुगु का साहित्य 600 ई. से लिखा जाने लगा था, परन्तु इस काल में नन्नय ही प्रमुख रहे हैं। 1000 ई. से 1500 ई. तक तेलुगु में संस्कृत ग्रन्थों का अनुवाद हुआ। अतः इसे पौराणिक काल कहा जाता है। 1501 ई. से 1630 ई. तक तेलुगु का स्वर्ण युग प्रारम्भ होता है। विजय नगर साम्राज्य की स्थापना के साथ ही तेलुगु साहित्य में भी वृद्धि हुई। विजय नगर के महाराज कृष्ण देवराय स्वयं संस्कृत और तेलुगु के श्रेष्ठ साहित्यकार थे। 19वीं शती से तेलुगु में गद्य, पद्य एवं भाषा व्याकरण तक लिखे गये। आधुनिक काल के प्रमुख साहित्यकारों में राममूर्ति पुटुल, अप्पाराव, श्रीरामप्रोलु सुब्बाराव, विश्वनाथ सत्यनारायण, जोबुआ वेंकट शास्त्री, श्री श्रीपाद कृष्णमूर्ति प्रमुख हैं।

हिन्दी से सम्बन्ध

तेलुगु का सम्बन्ध भारतीय आर्यभाषाओं से अधिक रहा है। सातवाहन राजाओं के युग में संस्कृत का व्यापक प्रचार हुआ। हिन्दी में भी आन्ध्र के कवि प्राचीन काल से ही साहित्य से जुड़े हैं। आचार्य वल्लभ ने सगुण कृष्णभक्ति शाखा को विकसित किया तो पद्माकर ने ब्रजभाषा को कलात्मक परिपूर्णता प्रदान की है। 1684 में शाह जी ने हिन्दी कविता लिखी थी। 1880 ई. में तेलुगु में रामचरितमानस का अनुवाद हो चुका था। 1884 में मछली पट्टणम के नादेल्ल पुरुषोत्तम कवि ने 32 हिन्दी नाटकों की रचना की थी। आन्ध्र में उच्च कक्षाओं में हिन्दी का ही अध्ययन नहीं होता था वरन् 1936 में बी. काम. में हिन्दी माध्यम अनिवार्य कर दिया गया था। स्वाधीनता संग्राम के युग में हिन्दी का आन्ध्र प्रदेश में व्यापक प्रचार हुआ था। उर्दू का दक्खिनी हिन्दी के नाम से प्रारम्भ ही हैदराबाद में हुआ है। आन्ध्र के निवासी हिन्दी के आधुनिक साहित्यकारों में सरगु कृष्णमूर्ति, सुब्बाराव, डॉ. पी. आदेश्वरराव प्रमुख हैं। प्रसिद्ध हिन्दी कहानीकार आरिगपुडि उल्लेखनीय हैं। आन्ध्र की लोकगीत शैली बुर्रकथा को हिन्दी में लानेवाले राधाकृष्णमूर्ति आन्ध्र के हैं। बालशौरि रेड्डी, इब्राहीम शरीफ, चलसानि सुब्बाराव, रामशेषय्या, कर्णराजशेष गिरिराव आदि हिन्दी के प्रमुख साहित्यकार हैं। आन्ध्र के सभी विश्वविद्यालयों में हिन्दी शिक्षण की उच्चस्तरीय व्यवस्था है। सैकड़ों आन्ध्रवासियों को हिन्दी में शोध उपाधि मिल चुकी है। हिन्दी-तेलुगु अनुवाद के क्षेत्र में भी पर्याप्त कार्य हुआ है। वस्तुतः दक्षिण भारत में आन्ध्र प्रदेश हिन्दी के विकास की दृष्टि से प्राचीन काल से ही केन्द्र बना हुआ है, जिसका प्रभाव पूरे दक्षिण भारत पर पड़ा है। हिन्दी अकादमी, हैदराबाद से प्रकाशित संकल्य का प्रकाशन कर डॉ. टी. मोहन सिंह और डॉ. गोरखनाथ तिवारी सराहनीय कार्य कर रहे हैं।

कन्नड़

आधुनिक कर्नाटक की भाषा कन्नड़ है। इसका क्षेत्र कुर्ग के पूर्वी भाग, पूरे कर्नाटक, मद्रास के पश्चिमी भाग और हैदराबाद तथा महाराष्ट्र के कुछ भागों में है। इसकी अनेक बोलियाँ हैं जिनमें बडगा, गोलरी, कुरूवा, तुलु कोडगु, तोड़ा और कोटा प्रमुख हैं। कन्नड़ को द्रविड़ परिवार की सबसे प्राचीन भाषा माना जाता है। इसके बोलनेवालों की संख्या 1971 की जनगणना के अनुसार तीन करोड़ थी। कन्नड़ तमिल भाषा से मिलती-जुलती भाषा है परन्तु इसकी लिपि तेलुगु के निकट है। कन्नड़ का प्राचीनतम रूप 450 ई. के शिलालेखों में मिल जाता है।

साहित्यिक दृष्टि से कन्नड़ की पहली रचना कविराज मार्ग है। इसके रचयिता राजा नृपतुंग हैं। इस ग्रन्थ की प्राप्ति के पहले 942 ई. के पन्थ कवि को कन्नड़ का आदिकवि माना जाता था। कन्नड़ काव्य का उत्कर्ष काल 1200 ई. तक रहा है। उस युग के प्रमुख कवियों में रन्न, चामडैराय, नाग वर्मा प्रमुख हैं। इस काल में संस्कृत रचनाओं का कन्नड़ में अनुवाद भी हुआ है। इस काल तक के कन्नड़ साहित्य में संस्कृत शब्दों की भरमार रही है परन्तु इसके बाद से कन्नड़ शब्दों का प्रयोग अधिकता से होने लगा। बारहवीं शती और उसके बाद कवियों

में हरिहर और कुमार व्यास लोकप्रिय रहे हैं। आधुनिक काल में गद्य और पद्य दोनों विधाओं का विकास भारत की अन्य भाषाओं की भाँति कन्नड़ में भी हुआ है। इस काल के प्रमुख साहित्यकारों में वैंकटाचार्य, शिवरामकारन्त, अ. न. कृष्णराय, बेन्द्रे, पुरप्पा श्री प्रमुख हैं।

हिन्दी से सम्बन्ध

जैसा कि पहले कहा जा चुका है कन्नड़ का सम्बन्ध तमिल और संस्कृत से बहुत अधिक रहा है। लिपि की दृष्टि से कन्नड़ तेलुगु के निकट है। मराठी भाषा से भी कन्नड़ का सम्बन्ध रहा है। हिन्दी और कन्नड़ के सम्बन्ध का आधार कर्नाटक का उत्तर से घनिष्ठ सम्बन्ध है। अलाउद्दीन खिलजी के दरबार में रहनेवाले संगीतकार गोपाल नायक कर्नाटक के हिन्दी कवि थे। अपभ्रंश के स्वयम्भू कर्नाटक के थे। कुछ लोगों ने गोरखनाथ की जन्मभूमि भी कर्नाटक ही मानी है। बीजापुर राज्य में भी हिन्दी या हिन्दवी की रचनाएँ प्रणीत होती रही हैं। आधुनिक काल में स्वदेशी आन्दोलन के फलस्वरूप कर्नाटक में भी हिन्दी का प्रसार प्रारम्भ हुआ। 1938 ई. में मैसूर विश्वविद्यालय में हिन्दी का अध्यापन प्रारम्भ हुआ। स्वतन्त्रता के बाद हिन्दी शिक्षा की व्यवस्था प्रत्येक विश्वविद्यालय में हो गयी। इसके परिणामस्वरूप कर्नाटक में न केवल हिन्दी के सन्दर्भ में शोध कार्य हुए वरन् हिन्दी और कन्नड़ का तुलनात्मक अध्ययन भी होने लगा। अनेक साहित्यकार भी कर्नाटक के हुए, जिन्होंने हिन्दी साहित्य के विकास में योगदान किया। हिन्दी के कन्नड़ भाषी साहित्यकारों में एम.एम. कृष्णमूर्ति, के.एस. वेंकटरामय्या, प्रो. नागप्पा, डॉ. कृष्ण स्वामी आयंगर, डॉ. एम. राजेश्वरय्या, डॉ. हिरण्यम प्रमुख हैं। कन्नड़भाषी क्षेत्र के डॉ. एस.बी. ज़म्बूनाथन ने हिन्दी-कन्नड़ कोश ही नहीं हिन्दी-उर्दू कोश और हिन्दी मुहावरा कोश लिखकर हिन्दी को कन्नड़-क्षेत्र में सुगम बनाया है। अनुवादों के रूप में भी हिन्दी और कन्नड़ साहित्य एक-दूसरे के निकट आये हैं। कन्नड़ के प्रख्यात उपन्यासकार शिवराम कारन्त के उपन्यास हिन्दी में अनूदित हुए हैं। इस प्रकार आधुनिक युग तक हिन्दी और कन्नड़ में पारम्परिक सम्बन्ध बहुत बढ़ा है। हिन्दी और कन्नड़ में इस समय वैसे ही सम्बन्ध हैं, जैसे पहले कन्नड़ और संस्कृत में रहे हैं।

मलयालम

केरल भारत का दक्षिण तटवर्ती दूरस्थ प्रान्त है। यहाँ की मूल भाषा द्रविड़ कुल की है और उसे मलयालम कहा जाता है। यह क्षेत्र पौराणिक भार्गव क्षेत्र कहा जाता है। नीले सागर और हरीतिमायुक्त नारियल के दूध गाछों से घिरे इस तटवर्ती प्रदेश में गोकर्ण पहाड़ियाँ एवं कन्याकुमारी का मन्दिर अतीत के भारत की याद दिलाती हैं। तीर्थस्थल एवं ट्रावनकोर तथा कोचीन जैसे समृद्ध हिन्दू राज्यों के कारण केरल हिन्दुओं का केन्द्र रहा है। सागर तट के बन्दरगाह कालीकट यहीं हैं। केरल प्रारम्भ से ही शिक्षित प्रान्तों में अग्रणी रहा है। प्रारम्भ में यहाँ संस्कृत का व्यापक प्रभाव था और केरल में संस्कृत विद्वानों की संख्या बहुत अधिक थी। यद्यपि यहाँ की मूल भाषा मलयालम रही है पर केरल राष्ट्रीय धारा से जुड़ने में सदैव आगे रहा है। मलयालम वस्तुतः तमिल की एक शाखा है, जो नवीं शती के लगभग अलग भाषा बन गयी। यह पूरे मालाबार तट और लक्षद्वीप में बोली जाती है। केरल में बोली

जानेवाली मलयालम पर संस्कृत का प्रभाव इतना अधिक है कि वह दक्षिण भारतीय भाषाओं से एकदम अलग प्रतीत होती है। इसकी बोली मेरव है जो मूल रूप में है, जबकि साहित्यिक भाषा संस्कृतगर्भित है। इसके बोलनेवालों की संख्या 1991 की जनगणना के अनुसार तीन करोड़ के लगभग है। केरल पर कालान्तर में अंग्रेजी और फ्रेंच का प्रभाव भी पड़ा है। कन्याकुमारी की यात्रा के कारण भारतीय आर्यभाषाओं का प्रभाव मलयालम पर पड़ता रहा है।

मलयालम का साहित्य पन्द्रह सौ वर्ष पुराना है। केरल में मलयालम की दो साहित्यिक शैलियाँ रही हैं—1. संस्कृत प्रभावित, 2. द्रविड़ प्रभावित। संस्कृत शैली को मणि प्रवाल कहा जाता था। मलयालम का प्रथम प्राप्त ग्रन्थ रामचरित है जिसे ट्रावनकोर के राजा राम वर्मा ने लिखा था। नवीं शती में मलयालम में वाल्मीकि रामायण, भागवत और गीता का अनुवाद हुआ। संस्कृत का लगभग पूरा साहित्य मलयालम में प्राचीन काल में ही अनूदित हो गया था। मलयालम में रामकथा पर आधारित रामायण तुञ्चत रामानुजाचार्य ने लिखा, जिन्हें तुलसी की भाँति लोकप्रियता मिली है। अन्य प्रमुख साहित्यकारों में कुञ्चन नम्बियार, के.सी. केशव पिल्लै, केरल वर्मा और ए.आर. राजाराम वर्मा प्रमुख हैं। राजाराम वर्मा को केरल का पाणिनि कहा जाता है। वल्लतोल केरल के प्रख्यात महाकवि हैं जिनकी देशभक्ति की कविताएँ बहुत लोकप्रिय हैं। लेखकों में जी. शंकर कुरुप, वेण्णिकुलम, ओलप्पमाणा, एन.वि. कृष्णवारियर, अप्पन तप्पुरान, तकषी, केशवदेव, पोट्टेकाट प्रमुख हैं।

हिन्दी से सम्बन्ध

तीर्थस्थान होने के कारण केरल में हिन्दी का प्रभाव भी प्राचीन काल से ही है। प्रारम्भ में संन्यासियों द्वारा हिन्दी का प्रचार होने के कारण इसे गुसाईं भाषा कहा जाता था। टीपू सुलतान के आक्रमण के बाद केरल पर उर्दू का भी प्रभाव पड़ा। मलयालम में सैकड़ों शब्द अरबी-फारसी के मिल जाते हैं। केरल के राजघरानों में भी हिन्दी का प्रचार था अतः केरल में प्रारम्भ से ही हिन्दी साहित्य का प्रणयन भी होने लगा था। केरल में महाराज स्वाति तिरुनाल ने ब्रजभाषा में पदों की रचना की थी। 1922 से केरल में हिन्दी का व्यापक प्रचार हुआ। स्व. दामोदरन उण्णि केरल में हिन्दी प्रचारक के रूप में प्रशंसनीय रहे। 1933 में केरल प्रान्तीय हिन्दी प्रचार सभा की स्थापना हुई। चन्द्रहासन ने केरल में हिन्दी पाठ्यक्रम की व्यवस्था प्रारम्भ की। इसके परिणामस्वरूप केरल में प्राथमिक से लेकर विश्वविद्यालय स्तर तक हिन्दी शिक्षा की व्यवस्था है। केरलवासियों ने हिन्दी साहित्य का सृजन भी आधुनिक काल में बहुलता से किया है। आधुनिक काल के मलयालम भाषी हिन्दी कवियों में लक्ष्मीकुट्टि देवी, टी.के. गोविन्दन तथा विमल 'केरलीय' प्रमुख हैं। इनके अतिरिक्त वासुदेवन पिल्लै, श्री पी. नारायण देव, एम. श्रीधर मेनन, एन. चन्द्रशेखरन नायर, पी.वी. वर्गीस प्रमुख कवियों में हैं। अन्य हिन्दी साहित्यकारों में, एम.पी. माधव कुरल, पी.के. केशवन नायर, माधवि कुट्टि, डॉ. एन. रामन नायर, अब्दुल करीम, पी. के. भास्कर वर्मा, डॉ. भास्करन नायर, डॉ. रामचन्द्र देव उल्लेखनीय हैं। डॉ. विश्वनाथ अय्यर, प्रो. अरविन्दाक्षन, डॉ. आर. सरेन्द्रन (आरस), डॉ. तंकमणि अय्यर,

के.जी. बालकृष्णन, विनोद कोवप्रत, प्रो. पी. कृष्णन्, पी. श्रीधरन नम्बियार, सुधा बालाकृष्णन्, गोविन्द शेनाय समकालीन हिन्दी लेखक हैं। डॉ. आरसु ने नवनिकष (कानपुर) से केरल पर विशेषांक निकालकर महत्त्वपूर्ण कार्य किया है। केरल में हिन्दी शोध के क्षेत्र में काफी कार्य हुआ है। अनूदित साहित्य भी मलयालम और हिन्दी में बहुत हुआ है।

संघ भाषा और एकता

भारत बहुभाषा-भाषी देश है। भारतीय संविधान के अनुसार 26 जनवरी, 1950 से हिन्दी को संघीय प्रशासन की मुख्य राजभाषा की मान्यता मिली है जबकि सहभाषा के रूप में अंग्रेजी चल रही है। संविधान की अष्टम अनुसूची में भारत राष्ट्र की पन्द्रह भाषाएँ स्वीकृत हैं। भाषायी दृष्टि से विश्व के राष्ट्रों को तीन भागों में विभाजित कर सकते हैं–

1. वे राष्ट्र जहाँ राष्ट्रभाषा और राजभाषा एक ही है, साथ ही केन्द्रीय शासन है, जैसे इंग्लैण्ड, फ्रान्स आदि।

2. वे राष्ट्र जहाँ राष्ट्रभाषाएँ कई हैं और सभी भाषाएँ, राजभाषा के रूप में मान्य हैं। शासनप्रणाली संघीय अथवा एकतन्त्रीय हो सकती है। ऐसे देश हैं–कनाडा, स्विटजरलैण्ड।

3. तीसरे वर्ग में वे राष्ट्र लिये जा सकते हैं जहाँ संघीय शासनप्रणाली हो और अनेक राष्ट्रभाषाएँ-राज्यभाषाएँ उस राष्ट्र में प्रचलित हों पर उनमें से मात्र एक को राजभाषा के रूप में मान्यता दी जाय, जैसे रूस, अमेरिका आदि।

भारत इस दृष्टि से तीसरे वर्ग में आता है और इसमें भी रूस (यू.एस.एस.आर.) से अधिक समानता इस दृष्टि से कि दोनों देशों में राज्यों की भाषाएँ भिन्न-भिन्न हो सकती हैं पर केन्द्रीय राजभाषा एक है।

देश में अनेक भाषाओं का प्रयोग देश की एकता में क्या बाधक है? यह विचारणीय प्रश्न है। पहली बात तो यह है कि उस विशाल भूभाग में उत्तर से दक्षिण या पश्चिम से पूर्व की यात्रा करें तो एकदम यह नहीं कह सकते कि यहाँ अमुक भाषा-क्षेत्र समाप्त हो गया और यहाँ से अमुक भाषा प्रारम्भ हो गयी और अब नयी भाषा समझ में नहीं आ रही। भाषाओं की आपसी बोधगम्यता ही इस बात का प्रमाण है, कि दो भिन्न भाषाएँ परस्पर बहुत अधिक समीप हैं अथवा भाषाओं का एक-दूसरे पर इतना अधिक प्रभाव है कि उनके बीच में विभाजन रेखा खींचना प्रायः कठिन ही नहीं, असम्भव है? भाषाओं की अनेकता बाधक होती है यह विचार ऊपरी दृष्टि से ही आतंकित करता है। वास्तव में भारतीय सन्दर्भ में भाषाओं की अनेकता के मूल में एकता के लक्षण विद्यमान हैं।

भारतवर्ष में राष्ट्रीय एकता का श्रेय अंग्रेजों को दिया जाता है। अगर यह वास्तविकता है तो स्वाभाविक प्रश्न उठता है कि अंग्रेजों से पूर्व क्या भाषायी एकता नहीं थी। व्यक्ति दूसरे व्यक्ति को समझ नहीं पाते थे। धार्मिक तथा सांस्कृतिक स्थलों पर देश के विभिन्न भागों से व्यक्ति को समझ नहीं पाते थे। धार्मिक तथा सांस्कृतिक स्थलों पर देश के विभिन्न भागों से व्यक्ति पर्याप्त संख्या में आवागमन के कष्टकर साधन होते हुए भी जाते थे और आज

भी इन स्थलों पर जाकर इस भ्रान्ति का निराकरण आप ही हो जाता है कि भाषायी कठिनाई होती है। उत्तर में बदरीनाथ से लेकर सुदूर दक्षिण रामेश्वरम् तथा पूर्व में जगन्नाथपुरी से पश्चिम में द्वारिका तक जाने की प्रथा प्राचीन काल से चली आ रही है। इसके मूल में देशाटन के माध्यम से देश-दर्शन का भाव ही प्रधान है। इन स्थानों पर 'बहुभाषिकता' प्राप्त होती है और यात्रियों की भाषा की विभिन्नता के कारण कष्ट नहीं उठाना पड़ता। भारतवासियों के इष्टदेव राम और कृष्ण की जन्मस्थली अयोध्या और मथुरा दोनों ही हिन्दी प्रदेश में स्थित हैं। देश के कोने-कोने से प्रतिवर्ष लाखों व्यक्ति इन नगरों में आते हैं पर भाषा की विभिन्नता एकता में बाधक सिद्ध नहीं होती वरन् इसके विपरीत भाषायी आदान-प्रदान से अलौकिक सुख प्राप्त होता है। जो भाषाएँ यहाँ बोली जाती हैं, उनमें पर्याप्त भिन्नता होते हुए भी समता के तत्त्व हैं। संस्कृत और परम्परागत मध्यदेशीय भाषाएँ पालि, प्राकृत, अपभ्रंश की कड़ी में ही आज हिन्दी विद्यमान है।

भारतीय भाषाओं के मूल में समान तत्त्व और एकता के अनेक कारण हैं—

1. प्राचीन काल में संस्कृत का भारतीय भाषाओं पर प्रभाव। आर्यभाषाएँ तो संस्कृत के विभिन्न रूपों से विकसत हुई हैं पर द्रविड़भाषाएँ भी संस्कृत से कम प्रभावित नहीं हुई। संस्कृत की अन्तर्धारा ही समस्त भाषाओं में व्याप्त होने के कारण बाह्य रूप से पृथक्-पृथक् भाषाओं में एकता के तत्त्व समाहित हैं।

2. प्राचीन काल से ही आर्य, मुण्डा तथा द्रविड़ संस्कृतियों तथा उसके सम्बद्ध भाषाओं का एक-दूसरे पर पर्याप्त प्रभाव पड़ा जिससे ध्वन्यात्मक तथा शब्दावली के स्तर पर काफी आदान-प्रदान बढ़ा।

3. मध्यकाल में मुस्लिम संस्कृति तथा राजभाषा अरबी-फारसी का भारत की भाषाओं पर समान प्रभाव पड़ा।

4. आधुनिक काल में यूरोप की भाषाओं, विशेषतः अंग्रेजी भाषा और साहित्य का आधुनिक भारतीय भाषाओं पर अत्यधिक प्रभाव पड़ा।

5. धार्मिक, सामाजिक, राजनैतिक कारणों के अतिरिक्त प्रेस का विकास, साक्षरता का प्रसार, शिक्षा के प्रति अभिरुचि के फलस्वरूप भारतीय भाषाओं में समान शब्दावली, मुहावरों तथा कहावतों की संख्या में पर्याप्त वृद्धि हुई है।

राज्यों के तेजी से विकास के साथ, राज्यों की राजभाषाओं का विकास भी तेजी से हो रहा है। फलस्वरूप नवीन तत्त्व इतने समाहित होते जा रहे हैं कि पुरानी भिन्नताएँ क्षीण होती जा रही हैं। मुख्यतः संस्कृत के व्यापक प्रभाव के कारण और गौणतः अंग्रेजी तथा अरबी-फारसी से आदान-प्रदान के कारण भारतीय भाषाओं में समान तत्त्व पर्याप्त मात्रा में बढ़ते जा रहे हैं।

मध्यदेशीय भाषा हिन्दी, उर्दू शैली को समाहित कर, इस समय समस्त भारतवर्ष का 49 प्रतिशत क्षेत्र है जिसके समझने-बोलनेवाले भारत की जनसंख्या के पैंतालीस प्रतिशत हैं। भाषाओं का आपसी लेन-देन निरन्तर बना रहा। पारम्परिक विवाह-सम्बन्ध, असंख्य तीर्थस्थल,

देवालय, निरन्तर भ्रमणशील साधु-संन्यासी और उनके प्रवचन, धार्मिक पीठों के आचार्य-शंकर, निम्बार्क, माधव, चैतन्य, वल्लभ आदि और उनके अखिल भारतीय प्रवास, स्वतन्त्रता आन्दोलन के समय सामाजिक व राजनैतिक नेताओं के भाषणों के फलस्वरूप हमारे देश में कोई भी विचारधारा किसी सीमा में आबद्ध न रहकर आसेतु हिमाचल व्याप्त रही। इन्हीं सब कारणों से समानता के तत्त्व आज विद्यमान हैं।

(ख) भारतीय साहित्य की विशेषताएँ

भारत एक बहुभाषा-भाषी राष्ट्र है। यहाँ बोली जानेवाली अनेक भाषाओं के बोलनेवालों की संख्या विश्व के अनेक राष्ट्रों की जनसंख्या से अधिक है। हिन्दी को छोड़ दें तो भारत की अनेक प्रान्तीय भाषाओं को बोलनेवाले यूरोप और अफ्रीकी देशों की जनसंख्या से अधिक हैं। यहाँ बोली जानेवाली भाषाओं में से संविधान की अष्टम अनुसूची में उल्लिखित भाषाओं का स्वतन्त्र साहित्यिक स्वरूप है। यही नहीं अनेक ऐसी भाषाओं का भी अपना साहित्य है जिनका उल्लेख अष्टम अनुसूची में नहीं हुआ है। भारतीय भाषाओं का यह साहित्य गुणवत्ता एवं प्रभाव की दृष्टि से विश्व की किसी भी भाषा के समकक्ष रखा जा सकता है। यदि केवल वर्तमान भारतीय भाषाओं के साहित्य को सूचीबद्ध किया जाय तो वह सम्पूर्ण यूरोप के साहित्य से कम नहीं होगा। इसमें यदि प्राचीन साहित्य संस्कृत, प्राकृत, अपभ्रंश को भी सम्मिलित कर लें तो वह विश्व-साहित्य के समकक्ष सिद्ध होता है। भारतीय भाषाओं के साहित्य की इस विराटता के बावजूद उसकी अन्यतम विशेषता है—एकसूत्र होकर भी अपनी आंचलिक सभ्यता और प्रादेशिक चेतना को सुरक्षित रखने की कला। इसी कला के कारण भारतीय साहित्य प्रादेशिक भाषाओं के प्रति उस भाषा के बोलनेवालों के मन में गौरव की अनुभूति कराता है। इस अनुभूति के बावजूद भारतीय साहित्य में एक अन्तर्धारा प्रवाहित है जो यह सिद्ध करती है कि भाषागत विभाजन के बावजूद भारतीय संस्कृति को एक सूत्र में जोड़े हुए है। भारतीय साहित्य का उद्गम एक स्रोत से ही हुआ है। इस प्रकार भारतीय साहित्य के कुछ बिन्दु ऐसे हैं, जो भारतीय साहित्य की अनेकता में एकता को प्रतिपादित करते हैं—

1. कुछ भारतीय भाषाओं में निकटतम साम्य होने पर भी उनका स्वतन्त्र भाषिक और साहित्यिक स्वरूप विद्यमान है, जैसे—असमी-बँगला, गुजराती-मराठी, हिन्दी-उर्दू, तमिल और अन्य द्रविड़ भाषाएँ।

2. अनेक भारतीय साहित्यकार दो मिलती-जुलती भाषाओं में समान रूप से महत्त्वपूर्ण हैं, जैसे गुरु नानक-हिन्दी-पंजाबी, अमीर खुसरो, प्रेमचन्द, इन्शा अल्लाखाँ- हिन्दी-उर्दू।

3. भारतीय साहित्य में भाषिक विभेद के बावजूद हर युग में मूल-स्वर एक रहा है।

4. सभी आधुनिक भारतीय भाषाओं के साहित्य का विकास लगभग एक ही साथ हुआ है और उनकी प्रवृत्तियाँ भी समान हैं। केवल तमिल भाषा का साहित्य प्राचीन है।

5. पुरानी तमिल मूल रूप से द्रविड़ है जिसका साहित्य संस्कृत के समान्तर विकसित हुआ है।

6. भारतीय साहित्य की एकता के बावजूद उनकी प्रादेशिकता सुरक्षित है।

7. भारतीय भाषाओं के प्रादेशिक स्वरूप के बावजूद मध्यदेश की भाषा हिन्दी और प्राचीन काल में संस्कृत का साहित्य पूरे भारत में लिखा जाता रहा है। इस प्रकार राष्ट्रीय और प्रादेशिक भाषाओं का समन्वय सदैव से रहा है।

8. प्रादेशिक भाषाओं के साहित्य के साथ केन्द्रीय साहित्य की भाषा मध्यदेश की भाषा ही रही है।

उपर्युक्त बिन्दु इस बात के संकेतक हैं कि भारतीय साहित्य में अनेकता के बावजूद एकता विद्यमान है। इसका कारण भारतीय संस्कृति है।

भारतीय साहित्य का अर्थ

सामान्यतः भारतीय साहित्य का अर्थ भारतीय भाषाओं का साहित्य है। चूँकि भाषा का स्वरूप पृथक् है, अतः साहित्य का स्वरूप भी लोग अलग मान लेते हैं और अंग्रेजी, फ्रेंच, अमरीकी साहित्य की भाँति भारत की विभिन्न भाषाओं के साहित्य को अलग-अलग मानते हैं। लेकिन साहित्य के सन्दर्भ में यह विभाजन उचित नहीं है। भारतीय भाषाओं के भेद के बावजूद साहित्य में अनेकता नहीं मिलती। साहित्य का सम्बन्ध भाषा से नहीं समाज से होता है। साहित्य समाज का दर्पण माना गया है। जब हम भारतीय साहित्य की बात करते हैं तो हमारा आशय होता है भारतीय समाज का साहित्य। भारतीय समाज का अर्थ है भारत के लोक-जीवन के विविध रूप। भारतीय समाज के सन्दर्भ में कुछ मान्यताएँ प्राचीन हैं। उदाहरण के लिए युगों से भारत को कृषिप्रधान, धर्मप्राण, त्याग एवं उदारता की प्रतिमूर्ति माना जाता रहा है। यही भारतीय समाज की विशेषता है।

जब हम भारतीय साहित्य पर विचार करते हैं तो उस समय हमारा उद्देश्य भारतीय भाषाओं में अभिव्यक्त भारतीय जनमानस का चित्र होता है। भाषा केवल अभिव्यक्ति का माध्यम है। भारतीय साहित्य की सृजन प्रक्रिया भारतीय परिवेश का रेखांकन ही करती है उसमें विदेशी सभ्यता एवं संस्कृति का वर्णन नहीं हो सकता। इसका सबसे बड़ा प्रमाण भारतीय अंग्रेजी साहित्य है। भारतीय अंग्रेजी लेखकों ने जिस अंग्रेजी साहित्य को समृद्ध किया है, उसकी आत्मा भारतीय है। उसमें भारतीय जन-जीवन की अभिव्यक्ति हुई है। इसलिए आज भारतीय अंग्रेजी साहित्य को अंग्रेजी साहित्य के दायरे के स्थान पर भारतीय साहित्य के रूप में परिगणित किया जाता है। इसी प्रकार फारसी से विकसित उर्दू भाषा लिपि में भिन्न होने पर भी फारसी नहीं बनी वरन् उसका परिवेश भारतीय रहा। जिस परिवेश और समाज का चित्रण भारतीय कथा-साहित्य में मिलता है अरबी लिपि में प्रस्तुत होने पर भी उर्दू साहित्य उससे भिन्न नहीं है। भारतीय उर्दू साहित्य भारत की चेतना का प्रतीक है, न कि अरब का।

अतः भारतीय साहित्य का अर्थ है भारतीयों द्वारा भारतीय लोकमानस की अभिव्यक्ति। यह प्रादेशिकता उसकी एक विशिष्टता है। अतः कहा जा सकता है कि भारतीय साहित्य की आत्मा एक है। भारतीय जनता की चित्तवृत्तियों, परम्पराओं, लोकविश्वासों, राजनीतिक-सामाजिक परिवर्तनों और समस्याओं का चित्रण सभी भारतीय भाषाओं में समान रूप से और समान युगों में हुआ है। इसलिए जब हम भारतीय साहित्य के अध्ययन का प्रयास करते हैं तो सभी

भाषाओं में एकरूपता पाते हैं। हर भारतीय भाषा में राम और कृष्ण लोकनायक के रूप में विद्यमान हैं। हर भाषा में मध्ययुग में सन्तों की वाणी गूँजी है और आधुनिक काल में महात्मा गाँधी और उनके नेतृत्व में लड़े जा रहे स्वतन्त्रता-संघर्ष की गाथा विद्यमान है। छत्रपति शिवाजी हिन्दी और मराठी के लोकनायक हैं। एक राष्ट्र, एक भूमि, हिमालय और कन्याकुमारी, गंगा, यमुना का वर्णन प्रत्येक भाषा के साहित्य में मिलता है। हिमगिरि पर गर्व जितना हिमालयवासी करता है, उतना ही केरल का समुद्र तटवर्ती मनुष्य भी। पन्नालाल पटेल, फकीर मोहन सेनापति और प्रेमचन्द समान समस्याओं को लेकर संघर्ष करते लक्षित होते हैं।

इसलिए भारतीय भाषाओं में अभिव्यक्त भारतीय साहित्य में मूलभूत एकता विद्यमान है। इस सन्दर्भ में यह भी उल्लेखनीय है कि सभी भारतीय भाषाओं के साथ एक सार्वदेशिक भाषा का साहित्य भी समान्तर रूप से विकसित हुआ है। केरल के राज-दरबारों में द्रविड़भाषा के साथ संस्कृत का सम्मान निरन्तर होता रहा। जब तमिल में कम्बन रामायण की रचना कर रहे थे तब भी वहाँ संस्कृत ग्रन्थों का अध्ययन हो रहा था। मध्यकालीन सन्तों और आचार्यों में रामानुज, वल्लभ, निम्बार्क दक्षिण भारत की विभूति थे। आदि शंकराचार्य केरल के निवासी थे। नदिया बंगाल में संस्कृत शिक्षा का केन्द्र रहा है। इस प्रकार संस्कृत का विकास केन्द्रीय भाषा के रूप में हुआ तो क्षेत्रीय भाषाओं के माध्यम से सन्तों ने आम आदमी को प्रबोधित किया। दक्षिण के आचार्यों ने भक्ति का जो बीज वपित किया उसका परिणाम क्षेत्रीय भाषाओं पर पड़ा। आलवारों, मराठी सन्तों, पंजाब में गुरुनानक और उत्तर भारत में सन्तों पर उनका प्रभाव पड़ा और क्षेत्रीय भाषाओं में भक्ति का स्वरूप प्रकट हुआ है। श्रीमद्भागवत में भक्ति ने स्वयं नारद से कहा है कि मेरा जन्म दक्षिण में हुआ और गुर्जर प्रदेश से होते हुए वृन्दावन आयी। कबीर ने भी भक्ति का विकास दक्षिण से माना है।

भक्ति द्राविड़ी ऊपजी, लाये रामानन्द।
परगट किया कबीर ने, सप्तद्वीप नौ खण्ड।।

समग्र रूप से हम जिसे भारतीय साहित्य कहते हैं, वह क्षेत्रीय भाषाओं और केन्द्रीय भाषा का सम्मिलित साहित्य है। यहाँ उल्लेखनीय है कि आज जिन भाषाओं का साहित्य उपलब्ध है पहले यह 14 भाषाओं का साहित्य न होकर केवल दो भाषाओं द्रविड़ और संस्कृत का साहित्य था। संस्कृत का प्रयोग-प्रसार वृहत्तर भारत में था और द्रविड़ का क्षेत्र दक्षिण भाषा थी। मध्यकाल तक क्षेत्रीय भाषाओं का उदय हुआ और संस्कृत से उत्तर भारतीय भाषाओं और द्रविड़ से दक्षिण भारतीय आधुनिक भाषाओं का जन्म हुआ। आधुनिक भारतीय भाषाओं का उदय 7वीं-8वीं शती से प्रारम्भ हुआ और लगभग सभी भाषाओं में साहित्य की रचना भी थोड़े अन्तराल के साथ प्रारम्भ हुई। प्रारम्भ में मध्यदेश की भाषा हिन्दी या उसके साहित्यिक रूप ब्रजभाषा का प्रयोग हुआ। इसीलिए मध्यकाल में मानक भाषा के रूप में ब्रजभाषा काव्य की रचना केरल के राजदरबारों से लेकर बँगला के चण्डीदास के पदों तथा असम के शंकरदेव की कविताओं तक मिलती है। महाराष्ट्र में शिवाजी के दरबार में भूषण का सम्मान सर्वविदित है। हिन्दी के प्रथम कवि सरहपाद उत्कल प्रदेश के निवासी थे। इस प्रकार आज की भारतीय भाषाओं का साहित्य 7वीं-8वीं शती से प्रारम्भ होता है। केवल तमिल

भाषा का साहित्य प्राचीन काल से मिलता है। वास्तव में तमिल का प्राचीन साहित्य द्रविड़ का ही साहित्य है। तमिल द्रविड़ का प्राचीनतम रूप है। इस प्रकार भारतीय साहित्य के मूल स्वरूप और उनकी प्रवृत्तियों को समझने के लिए संस्कृत और प्राचीन तमिल के साहित्यिक स्वरूप को समझना आवश्यक है।

संस्कृत और प्राचीन तमिल

1. संस्कृत को अमर भाषा कहा जाता है। तमिल के सन्दर्भ में भी यही मान्यता है।

2. तमिल व्याकरण तुलकाप्पियम् की रचना 1000 ई.पू. हुई थी। यह व्याकरण सूत्रबद्ध है। पाणिनि की अष्टाध्यायी की भाँति तमिल में इसका महत्त्व है।

3. तमिल और अष्टाध्यायी के वैयाकरणों अगत्तियर और पाणिनि को व्याकरण की शिक्षा भगवान् शिव ने दी थी।

4. दोनों वैयाकरणों ने अपने ग्रन्थ में पूर्व साहित्यिक परम्परा का उल्लेख किया है। पाणिनि के पूर्व वैदिक परम्परा और तुलकाप्पियम् के पूर्व संगम साहित्य विद्यमान था।

दक्षिण भारतीय भाषाओं में तमिल साहित्य संस्कृत का समकालीन है। तमिल से इतर दक्षिण भारतीय भाषाओं और उत्तर भारत की भाषाओं का विकास मध्यकाल में हुआ है। इसी प्रकार तमिल से इतर अन्य दक्षिण भारतीय भाषाओं तेलुगु, कन्नड़ और मलयालम तथा सभी अन्य भारतीय भाषाओं की शब्दावली मूलतः संस्कृत का तद्भव है। दक्षिण भारतीय भाषाओं में मलयालम पर संस्कृत का विशेष प्रभाव है लेकिन व्याकरण की दृष्टि से सभी भाषाएँ तमिल से प्रभावित हैं।

जहाँ तक आधुनिक भारतीय भाषाओं के साहित्य का प्रश्न है आज का भारतीय साहित्य लगभग समान प्रवृत्तियों का द्योतन करता है। आधुनिक भारतीय भाषाओं के साहित्य को पृथक् कर उनकी स्वतन्त्र पहचान द्योतित करनेवाले तत्त्व इस प्रकार हैं—

1. तमिल का संगम साहित्य।
2. तेलुगु की द्विअर्थी काव्य-परम्परा।
3. मलयालम का सन्देश काव्य, वीरगीत और मणि प्रवालम्।
4. मराठी के पवाड़े।
5. गुजराती के आख्यान और फागु।
6. बँगला मंगल काव्य।
7. असमिया के बड़गीत और बुरंजी साहित्य।
8. पंजाबी के रम्याख्यान और वीरगीत।
9. उर्दू ग़ज़ल।
10. इसी प्रकार प्रत्येक भाषा की अपनी छन्दगत विशिष्टता है, जैसे—हिन्दी-कवित्त, उर्दू-ग़ज़ल, बाँग्ला-पयार, तेलुगु-अष्टवधान व शतावधान, मराठी-अभंग, गुजराती-ओवी आदि।

ये ऐसे तत्त्व हैं जो प्रत्येक भाषा के साहित्य की अपनी पहचान सिद्ध करते हैं। भाषा भेद और काव्य रूप के इस अन्तर के अतिरिक्त भारतीय साहित्य की अन्तरंगता में कोई अन्तर

नहीं है। भारतीय राजनीतिक और सामाजिक स्थिति का प्रभाव सभी भाषाओं पर समान रूप से पड़ा है। इस सन्दर्भ में डॉ. नगेन्द्र का यह मत अवलोकनीय है—

"जिस प्रकार अनेक धर्मों, विचारधाराओं और जीवन-प्रणालियों के रहते हुए भी भारतीय संस्कृत की एकता असन्दिग्ध है, इसी प्रकार और इसी कारण से अनेक भाषाओं और अभिव्यंजना पद्धतियों के रहते हुए भी भारतीय साहित्य की मूलभूत एकता का अनुसन्धान भी सहज सम्भव है।

भारतीय साहित्य की एकता की पृष्ठभूमि

1. उद्भव—भारतीय साहित्य में तमिल एवं उर्दू के अतिरिक्त सभी भाषाओं का जन्मकाल समान है। तमिल पूर्ववर्ती है और उर्दू सबसे परवर्ती।

2. प्रवृत्तियाँ—सभी भारतीय भाषाओं के प्रवृत्तिपरक विभाजन में समानता है। आदिकाल 15वीं शती तक, मध्यकाल 18वीं शती तक और ब्रिटिश राज्य की स्थापना से सभी भारतीय भाषाओं के साहित्य का आधुनिक काल प्रारम्भ हो जाता है।

3. राष्ट्रीय चेतना—राजनीतिक विकास का प्रभाव समान रूप से बड़ा है। मुस्लिम साम्राज्य के पूर्व आदिकाल में सभी भारतीय भाषाओं पर हिन्दू राज्य का प्रभाव, मुगलकाल तक मुस्लिम शासन और कालान्तर में ब्रिटिश राज्य का आधिपत्य रहा। इस प्रकार सामन्तवाद और विदेशी शासन का प्रभाव सभी भारतीय भाषाओं के साहित्य पर समान रूप से पड़ा है।

4. संस्कृति—सांस्कृतिक दृष्टि से भारतीय भाषाओं के साहित्य की एकता अधिक दृढ़ है। बौद्धों, जैनों, नाथों और सिद्धों का प्रभाव सभी भारतीय भाषाओं के साहित्य पर आदिकाल में पड़ा है। शैव-शाक्त एवं नाथपन्थी साहित्य केरल से तिब्बत तक प्राप्त होता है। मध्यकाल में सूफी प्रेमाख्यानक परम्परा का प्रभाव तथा सन्तों की वाणी का प्रभाव सभी भाषाओं में मिलता है। इसके उपरान्त वैष्णय काव्य-परम्परा सभी भाषाओं के साहित्य में मिलती है जिसमें राम और कृष्ण के सगुण अवतार की उपासना हुई है। आधुनिक काल में पुनर्जागरण और स्वाधीनता-संग्राम का प्रभाव सभी भाषाओं के साहित्य पर पड़ा है।

5. साहित्यिक पृष्ठभूमि—सभी भारतीय भाषाओं को साहित्यिक रिक्थ संस्कृत से मिला है। रामायण, महाभारत, पुराण एवं कालिदास, भवभूति आदि की अमर कृतियों का प्रभाव भारत की भाषाओं के साहित्य पर समान रूप से पड़ा है। वेदों, पुराणों, उपनिषदों, स्मृतियों ने सम्पूर्ण भारतीय समाज को प्रभावित किया है। तीर्थ, कर्मकाण्ड, पूजन में वैदिक मन्त्रों ने सम्पूर्ण भारतीय जनमानस को एक पद्धति से बाँध रखा है। इसी प्रकार काव्यप्रकाश, नाट्यशास्त्र के काव्य सिद्धान्तों का प्रभाव सभी भाषाओं के काव्यशास्त्र पर पड़ा है।

इस प्रकार समान राजनैतिक, सामाजिक, सांस्कृतिक और साहित्यिक पृष्ठभूमि के कारण विकसित होने के कारण भारतीय साहित्य में एकता निर्विवाद रूप से विद्यमान है।

भारतीय साहित्य की समान्य प्रवृत्तियाँ

उपर्युक्त विवेचन से यह स्पष्ट हो जाता है कि भारतीय भाषाएँ माध्यम के रूप में जहाँ भौगोलिक कारणों से पृथक् हैं, वहीं उनकी साहित्यिक प्रवृत्तियाँ समान हैं। भारतीय आर्यभाषाएँ

तो मूलतः संस्कृत और उसकी परवर्ती विकासधारा की देन हैं किन्तु आर्येतर भाषाएँ भी समान सांस्कृतिक-राजनैतिक परिवेश के कारण समान साहित्यिक प्रवृत्तियों के द्वारा विकसित हुई हैं। मध्यदेश की भाषा हिन्दी है जिसकी सीमाएँ आर्य एवं आर्येतर भाषाओं का संस्पर्श करती हैं। हिन्दी साहित्य की प्रवृत्तियों को केन्द्र में रखकर जब हम भारतीय भाषाओं की साहित्यिक प्रवृत्तियों का अनुशीलन करते हैं तो उनमें अद्‌भुत साम्य लक्षित होता है। हिन्दी साहित्य का विकास निम्नलिखित क्रम में हुआ है–

1. नाथ-सिद्ध परम्परा
2. चारण काव्य
3. सूफी प्रेमाख्यान
4. सन्त काव्य
5. सगुण भक्ति–राम एवं कृष्ण काव्य
6. श्रृंगारिक काव्य एवं काव्याचार्यत्व
7. नवजागरण
8. छायावाद
9. राष्ट्रीय काव्य
10. प्रगतिवाद
11. प्रयोगवाद एवं नयी कविता
12. समकालीन साहित्य

1. नाथ-सिद्ध परम्परा–चौरासी सिद्धों एवं नौ नाथों को हिन्दी का प्रारम्भिक कवि माना जाता है। सरहपा हिन्दी के प्रथम कवि हैं। नाथ मूलतः शैव थे। भारतीय तन्त्रसाधना में शिव को आदिनाथ कहा जाता है। नाथों और सिद्धों का मूलतः प्रसार पूर्वी भारत में था। गोरखपुर से कामरूप और उत्कल तक उनका केन्द्र था। दक्षिण भारत में शिव का महत्त्व था। शैव भक्तों की परम्परा उस काल में दक्षिण में विकसित हुई। दक्षिण भारत में शिव की भक्तिपरक उपासना होती थी जबकि उत्तर में तन्त्र-साधनापरक। इसके बावजूद नाथों से सम्बद्ध साहित्य उस काल में पूरे भारत में लिखा गया। नाथों एवं सिद्धों का प्रभाव सम्पूर्ण भारत पर था। तमिल के नायनमार, कन्नड़ के वीरशैववादी वसवेश्वर-शैव कवि थे। तेलुगु में नवनाथ चरित्रम् में नाथों का वर्णन है। बंगाल, उड़ीसा और असम नाथों के केन्द्र थे। मराठी में गोरखनाथ ने स्वयं लिखा है। इस प्रकार नाथ और सिद्ध काव्यधारा का प्रभाव एक ही समय में पूरे भारतीय क्षेत्र पर लक्षित होता है।

2. चारण काव्य–आदिकाल की दूसरी काव्य-परम्परा चारण काव्य-परम्परा है। चारण काव्य परम्परा की दृष्टि से सबसे प्राचीन साहित्य तमिल में मिलता है। तमिल का संगम साहित्य मूलतः चारण काव्य है। हिन्दी चारण काव्य के समान्तर मराठी के पवाड़े और गुजराती में अनेक चारण रचनाएँ मिलती हैं। राजप्रशस्तिपरक ये रचनाएँ सामन्तकालीन प्रत्येक समाज में व्याप्त रही हैं। तमिल के सिलप्पदिकारम्, तेलुगु के पलनाटिवीर चरित्रम्, मलयालम के

पझयपाट्टकल्, गुजराती का रणमल्लछन्द और कान्हड़दे प्रबन्ध वीरकाव्य परम्परा के प्रसिद्ध ग्रन्थ हैं।

3. सन्त काव्य-परम्परा—मध्यकाल की हिन्दी काव्य परम्परा सन्त काव्य से प्रारम्भ होती है। हिन्दी सन्त काव्य पर दक्षिण का प्रभाव स्वयं कबीर ने स्वीकार किया है। तमिल के अट्ठारह सिद्ध सन्त कवि थे। तेलुगु में वेमन, कन्नड़ के सर्वज्ञ, मराठी के नामदेव, ज्ञानदेव, एकनाथ तथा वारकरी सम्प्रदाय के कवि, गुजराती में सहजानन्द, बँगला के बाउल गीत गायक, पंजाबी के गुरुनानक तथा हिन्दी के कबीर, दादू, भीखा, रविदास इस परम्परा के कवि हैं।

4. प्रेमाख्यानक परम्परा—सम्पूर्ण भारतीय साहित्य में प्रेमाख्यानक काव्य की प्रशस्त परम्परा मिलती है। प्रेमाख्यानकों में एक विशेष तथ्य यह है कि उनमें समान काव्य रूढ़ियाँ विद्यमान हैं और कुछ प्रेमाख्यान तो अनेक भाषाओं में स्वतन्त्र रूप से मिलते हैं। प्रेमाख्यानकों की सबसे प्रशस्त परम्परा पंजाबी में मिलती है। पंजाबी में यूसुफ जुलेखा, गोपीचन्द, मृगावती, माधवानल कामकन्दला, हीर-राँझा, लैला-मजनूँ, शीरी-फरहाद, नल-दमयन्ती, सोहनी-महिवाल, पद्मनी जैसी प्रसिद्ध कृतियाँ मिलती हैं। अन्य भारतीय भाषाओं में तेलुगु में राजशेखर चरित्रम्, प्रभावती-प्रद्युम्नम्, गुजराती में हंसावलि, विद्याविलासिनी, ढोला मारू, माधवानल कामकन्दला, बँगला में विद्यासुन्दर तथा हिन्दी और उर्दू की प्रशस्त काव्य-परम्परा विद्यमान हैं।

5. वैष्णव काव्य-परम्परा—भारतीय काव्य की सर्वाधिक महत्त्वपूर्ण परम्परा वैष्णव काव्य है। भगवान् कृष्ण के माधुर्य भाव की उपासना सभी भाषाओं में मिलती है। तमिल का भक्ति-काव्य नालायिर प्रबन्धम्, इस दृष्टि से उल्लेखनीय है जिसके रचनाकार 12 आलवार सन्त हैं। तेलुगु में वैष्णव काव्य-परम्परा में राम और कृष्ण से सम्बन्धित रचनाएँ अधिक हैं। तेलुगु की रामकाव्य परम्परा अन्य प्रदेशों से अधिक प्रसिद्ध हैं। प्रसिद्ध भक्त त्यागराज रामभक्त हैं। इसके अतिरिक्त रंगनाथ रामायण, भास्कर रामायण और रामायणम् प्रसिद्ध रामकाव्य हैं। कुम्मरि मोल्ल कृत भागवतम् कृष्णकाव्य परम्परा का प्रसिद्ध ग्रन्थ है। कन्नड़ में मौलिक ग्रन्थों के अतिरिक्त रामायण एवं भागवत के अनुवाद किये गये। मलयालम में कृष्ण काव्य परम्परा का प्रसिद्ध ग्रन्थ है। कन्नड़ में मौलिक ग्रन्थों के अतिरिक्त रामायण एवं भागवत के अनुवाद किये गये। मलयालम में कृष्ण गाता नानक ग्रन्थ लिखा गया। राम काव्य की दृष्टि से मलयालम में कण्णश्श रामायणम्, अध्यात्म रामायण (रजुत्तच्चन) प्रमुख हैं। मराठी में तुकाराम के अभंग प्रसिद्ध हुए हैं। गुजराती में नरसी मेहता, विष्णुदास, प्रेमानन्द प्रसिद्ध कवि हैं। बँगला में चण्डीदास के बाद चैतन्य महाप्रभु हुए। चैतन्य से बँगला कृष्ण काव्य का महत्त्व असमी और उड़िया तक व्याप्त हो गया और बँगला और ब्रज के मिश्रित रूप ब्रजबुलि का उदय हुआ। 50 वर्षों तक कृष्ण काव्य पर चैतन्य की परम्परा का प्रभाव रहा। उस परम्परा में कृष्णकाव्य की दो प्रवृत्तियाँ विकसित हुईं—1. गीति काव्य और चरित काव्य। मुरारिगुप्त, नरहरि सरकार, वासुदेव घोष और रामानन्द बसु गीतिकाव्य के प्रणेता हैं। बँगला के सहजिया सम्प्रदाय में प्रेम साधना की उत्कटता मिलती है जहाँ हर पुरुष में कृष्णत्व और हर स्त्री में राधा का दर्शन किया गया हो। बँगला में चैतन्य महाप्रभु के कारण कृष्णकाव्य का व्यापक रूप मिलता है,

जिसका प्रभाव हिन्दी पर भी पड़ा। रामकाव्य की दृष्टि से भी बँगला साहित्य का महत्त्व है। बँगला की कृति व्यास रामायण, रामकथा परम्परा का प्रसिद्ध ग्रन्थ है। असमी में शंकरदेव और माधवदेव ने रामकथा को विस्तार दिया। माधवदेव ने असमिया रामायण की रचना की। पंजाबी में गुरु गोविन्दसिंह ने राम और कृष्ण की भक्ति पर बल दिया।

भारतीय लोकनाट्य परम्परा

भारत में लोकनाट्य परम्परा भी पूरे भारतीय साहित्य में समान रूप से मिलती है। हिन्दी प्रदेश में रासलीला और रामलीला की भाँति लोकनाट्यों की परम्परा पूरे भारत में विद्यमान थी। तेलुगु और कन्नड़ में यक्ष गान, मलयालम में आट्ट कथा, मराठी में ललित, बँगला में यात्रा प्रसिद्ध नाट्य रूप हैं।

आधुनिक काल

आधुनिक काल तक यातायात के साधन अधिक विकसित हो गये थे। 1857 के संघर्ष के पश्चात् भारत पर विदेशी शासन स्थापित हो गया। अंग्रेजों के शासन में समान कानून, पश्चिमी सभ्यता के प्रभाव, शिक्षा-पद्धति पर अंग्रेजी के दबाव का प्रभाव पूरे भारत पर पड़ा। 1858 से 1947 तक देश में पुनर्जागरण, राष्ट्रीय-सांस्कृतिक भावना, रोमानी सौन्दर्य और प्रगतिवादी चेतना-साहित्य की चार प्रवृत्तियाँ मुख्य रूप से मिलती हैं। ये प्रवृत्तियाँ केवल हिन्दी नहीं वरन् समस्त भारतीय भाषाओं के साहित्य में लक्षित होती हैं। हिन्दी में भारतेन्दु की भाँति तमिल के रामलिंग स्वामीगल पुनरुत्थान के कवि हैं। उन्होंने सांस्कृतिक एकता और समन्वय पर बल दिया। सुब्रह्मण्य भारती में राष्ट्रीय चेतना का उत्कर्ष मिलता है। तेलुगु में वीरेश तिलंगम् ने पुनर्जागरण का कार्य किया। कन्नड़ में श्री कण्ठैया, गोविन्द पै, वेन्द्रे, शंकर भट्ट ने राष्ट्रीय काव्यधारा को आगे बढ़ाया। मलयालम में केरल वर्मा, वेनमणि, राजराज वर्मा यदि पुनर्जागरण के नेता हैं तो वल्लतोल का राष्ट्रीय काव्यधारा में भारत में विशिष्ट स्थान है। महाराष्ट्र में पुनर्जागरण काल में लोकमान्य तिलक, महादेव गोविन्द रानाडे, गोपाल कृष्ण गोखले जैसे राष्ट्रवादी नेता थे जिनका प्रभाव साहित्य पर पड़ा। सावरकर राष्ट्रीय काव्यधारा के कवि ही नहीं क्रान्तिकारी भी थे। गुजरात में एक ओर स्वामी दयानन्द थे तो दूसरी ओर महात्मा गाँधी, जिनके सुधारों का प्रभाव पूरे भारत पर पड़ा। भारतेन्दु के समकालीन नर्मद भारतेन्दु के सहकर्मी भी थे। गाँधी जी के प्रभावस्वरूप जो गुजराती साहित्यकार आये उनमें के.एम. मुन्शी, काका कालेलकर, नान्हालाल, प्रो. ठाकरे प्रमुख हैं। भारतीय भाषाओं में बँगला का आधुनिक साहित्य बहुत प्रसिद्ध है। पुनर्जागरण आन्दोलन का तो केन्द्र ही बंगाल था। उन्नीसवीं शती में राजा राममोहन राय, महर्षि देवेन्द्रनाथ ठाकुर, ईश्वरचन्द्र विद्यासागर जैसे समाज-सुधारक बंगाल में हुए। समाज सुधार के लिए व्यापक प्रचार की दृष्टि से पत्रकारिता का विकास भी बंगाल से हुआ। ईश्वर गुप्त, मधुसूदन दत्त ने साहित्य के माध्यम से पुनर्जागरण किया। पुनर्जागरण एवं राष्ट्रीय काव्यधारा के द्वितीय चरण में रवीन्द्रनाथ ठाकुर, शरच्चन्द्र चट्टोपाध्याय, बंकिमचन्द्र चट्टोपाध्याय जैसे साहित्यिक महारथी सामने आये जिनका प्रभाव पूरे समाज पर पड़ा। इसी प्रकार असमिया में आनन्दराम फूकन, कमलाकान्त भट्टाचार्य,

हेमचन्द्र बरुआ, उड़िया में फकीर मोहन सेनापति, राधानाथ और मधुसूदन का नाम लिया जा सकता है। राष्ट्रीय काव्यधारा के साथ ही सभी भारतीय भाषाओं में छायावादी काव्य की भाँति रोमानी परम्परा का व्यापक प्रभाव है जिसका विवेचन भारतीय साहित्य के पृथक् इतिहास में किया गया है। स्वयं रवीन्द्रनाथ ठाकुर राष्ट्रीय चेतना और रोमानी काव्य दोनों का प्रतिनिधित्व करते हैं। भारतीय साहित्य के तीसरे चरण में साम्यवादी विचारधारा का प्रभाव सभी भाषाओं पर पड़ा है और केरल से कश्मीर और बंगाल से गुजरात तक साम्यवाद से प्रभावित साहित्य का सृजन हुआ है। बंगाल और केरल की मुख्य धारा तथा हिन्दी साहित्य आज भी साम्यवादी चित्रण से प्रभावित है।

आधुनिक काल का दूसरा चरण स्वतन्त्रता के बाद से आरम्भ होता है। स्वतन्त्रता की प्राप्ति के पश्चात् प्रान्तों का गठन भाषायी आधार पर हुआ। अतः क्षेत्रीय स्वाभिमान विकसित हुआ। सत्य एवं अहिंसा के बल पर प्राप्त इस मुक्ति का स्वागत पूरे भारत ने किया। राष्ट्र निर्माण, समाज निर्माण एवं विश्वमैत्री का स्वर इस काल का प्रमुख स्वर है। भारतीय साहित्य में स्वतन्त्रता के प्रथम चरण में यह स्वर सभी भाषाओं में मिलता है। स्वतन्त्रता के कुछ वर्षों बाद समाज के विभिन्न वर्गों के विकास की बात आयी। आज समस्त भारतीय साहित्य में युवा आक्रोश, स्त्री-मुक्ति आन्दोलन और दलित चेतना का स्वर समान रूप से सुनायी पड़ता है। दूसरी ओर राजनीतिज्ञों के प्रति अनादर, भ्रष्टाचार के विरुद्ध आक्रोश का स्वर भी सभी भारतीय भाषाओं के साहित्य में समान रूप से मुखर है।

आधुनिक काल की एक प्रमुख विशेषता गद्य-साहित्य का विकास है। भारतीय भाषाओं के साहित्य में गद्य का विकास भी समान रूप से हुआ है। सभी भारतीय भाषाओं में उपन्यास, कहानी, नाटक, निबन्ध की सृजन प्रक्रिया आधुनिक काल में ही विकसित हुई। काव्यरूपों की दृष्टि से भी सभी भारतीय भाषाओं का साहित्य समान है। संस्कृत काव्यशास्त्र का प्रभाव सभी भाषाओं के साहित्य पर है। भारत की सभी भाषाओं में काव्य के रूप में महाकाव्य, खण्डकाव्य और मुक्तक मिलते हैं। चरित काव्य, पद, रास, प्रेम गाथा तथा लोक छन्दों, दोहा-चौपाई, पयार, अभंग, ओवी का प्रयोग सभी भारतीय भाषाओं में मिलता है। अंग्रेजी के प्रभाव से आ गये काव्यरूपों का प्रयोग यहाँ तक कि मुक्त छन्द की भाषा सभी भारतीय भाषाओं ने समान रूप से की है।

भारतीय साहित्य की मूलभूत एकता का आधार वे प्रारम्भिक ग्रन्थ हैं, जिसका प्रभाव सभी भारतीय भाषाओं पर समान रूप से पड़ा है। ये दो ग्रन्थ हैं—रामायण और महाभारत। विभिन्न भाषाओं में रामायण की परम्परा इस प्रकार है—

तमिल	-	कम्ब रामायण
तेलुगु	-	रंगनाथ रामायण, भास्कर रामायण
कन्नड़	-	पम्प रामायण
मलयालम	-	अध्यात्म रामायण
मराठी	-	रामकथा

बँगला	-	कृत्तिवास रामायण
असमिया	-	माधव कन्दलिकृत रामायण
उड़िया	-	विलंका रामायण, बलरामदासकृत रामायण
हिन्दी	-	तुलसी रामायण

महाभारत की परम्परा

तेलुगु	-	नन्नय, तिक्कन और एर्रन के महाभारत हैं।
कन्नड़	-	पम्पकृत महाभारत, कुमार व्यासकृत महाभारत
मलयालम	-	एजतुच्चनकृत महाभारत
मराठी	-	श्रीधरकृत पाण्डव-प्रताप
बँगला	-	महाभारत के तीस अनुवाद—काशीरामदासकृत महाभारत
उड़िया	-	सारलादासकृत महाभारत
पंजाबी	-	कृष्णलाल का अनुवाद
हिन्दी	-	सबल सिंह चौहान का पद्यानुवाद

इसी प्रकार भागवत का अनुवाद सभी भाषाओं में समान रूप से उपलब्ध है। इसके अतिरिक्त नाट्यशास्त्र, ध्वन्यालोक, काव्यप्रकाश, रस गंगाधर और साहित्य दर्पण के अनुवाद प्रायः सभी भाषाओं में प्राप्त होते हैं।

इस प्रकार भाषा भेद के बावजूद भारतीय साहित्य का जो स्वरूप मिलता है वह एक ही विचार की नाना रूपों में अभिव्यक्ति प्रतीत होता है। यदि हम विभिन्न भाषाओं के ग्रन्थों को पढ़ते हैं तो सहज में विश्वास नहीं होता कि ये अन्य भाषाओं की रचनाएँ हैं। बंकिम, शरद्, रवीन्द्रनाथ टैगोर, शिवाजी सामन्त, प्रेमचन्द, बिमल मित्र हों या प्राचीन साहित्यकार वे मूलतः जिस कथानक को प्रस्तुत करते हैं, वह भारत का चित्र होता है। इसलिए भारतीय साहित्य को समझने के लिए सभी भारतीय भाषाओं के सूत्रों को जोड़ने से ही उनका सर्व स्वरूप समझा जा सकता है। सूर के वात्सल्य वर्णन की परम्परा हिन्दी में नहीं मिलती पर अन्य भाषाओं में विद्यमान है। तुलसी ने कम्बन का रामायण काशी में सुनकर प्रेरणा ली थी। इससे स्पष्ट है कि भारतीय साहित्य में निरन्तर आदान-प्रदान होता रहा है और समग्र भारतीय साहित्य को केन्द्र में रखकर अनुसन्धान करने से ही किसी विचारधारा के मूल का पता लगाया जा सकता है।

2

भारतीय साहित्य के अध्ययन की समस्याएँ

साहित्य का अस्तित्व भाषा पर निर्भर है और भाषा का मानव-समुदाय पर। मानव-समुदाय के बिना न भाषा का अस्तित्व है और न साहित्य का। अतः सृष्टि के विकास की वास्तविक यात्रा जिसे हम इतिहास के रूप में जानते हैं मानव-समुदाय के विकास के साथ प्रारम्भ होती है। इस इतिहास को प्रस्तुत करने का माध्यम है भाषा और जो प्राप्त होता है, उसे साहित्य कहते हैं। इतिहास कभी स्थिर नहीं रहता कठिन यात्रा की भाँति इतिहास की यात्रा भी अबाध गति से प्रवहमान् है। इस प्रवाह की पं. जवाहरलाल नेहरू ने दो स्थितियाँ मानी हैं। वे लिखते हैं–

"इतिहास के अन्दर हम दो सिद्धान्तों को काम करते देखते हैं। एक तो सातत्य का सिद्धान्त है और दूसरा परिवर्तन का। ये दोनों सिद्धान्त परस्पर विरोधी-से लगते हैं, परन्तु ये विरोधी हैं नहीं। सातत्य के भीतर भी परिवर्तन का अंश है। इसी प्रकार परिवर्तन भी अपने भीतर सातत्य का कुछ अंश लिये रहता है।"

यह परिवर्तन कभी तीव्र और कभी मद्धिम रहता है। कभी-कभी भूगर्भीय परिवर्तन के भूकम्प की भाँति अतितीव्र हो जाता है, जिसे हम क्रान्ति कहते हैं। यह क्रान्ति भी परम्परा के आवरण में हो रहे परिवर्तन का ही परिणाम है जिस समाज में यह परिवर्तन अत्यन्त मन्थर या लगभग क्षीण हो जाता है, वह जाति पराधीन हो जाती है। इस प्रकार समाज के सन्दर्भ में दो बातें महत्त्वपूर्ण हैं–

1. समाज के विकास की प्रक्रिया निरन्तर चलती रहती है।
2. प्रत्येक परिवर्तन में सनातनता के बीज विद्यमान रहते हैं।

इस परिवर्तन में जो सातत्य निहित है, वह समुदाय का उदात्त तत्त्व होता है जिसे कोई समुदाय अपने जातीय गौरव एवं स्वाभिमान के लिए और अपनी नयी पीढ़ी के लिए प्रदेय के रूप में उपलब्ध कराता है। यह उदात्त ही संस्कृति है जिसका सतत संस्कार होता रहता है। हर युग में सत्य, अहिंसा के आचरण की समीक्षा होती है और उन मूल्यों को नया समाज अपने ढंग से ग्रहण करता है। इस प्रकार सातत्य के तत्त्व संस्कृति के रूप में जीवन्त रहते हैं और पुरातनता से वर्तमान तक उस उदात्त को सम्पृक्त करने का कार्य साहित्य करता है। साहित्य के माध्यम से समाज के परिवर्तनों और सनातन मूल्यों के अन्तःसम्बन्धों को विवेवित

किया जा सकता है। लघु मानव समुदायों और एकजातीय देशों में परिवर्तन की प्रक्रिया क्रमिक रहती है और सहजता से दृष्टिगोचर हो जाती है। उनमें परिवर्तन होते हैं तो एक साथ हो जाते हैं लेकिन बड़े राष्ट्रों में इसकी प्रक्रिया जटिल हो जाती है। सम्भव है एक छोर पर पूरा परिवर्तन हो जाय और दूसरे छोर तक उस परिवर्तन की प्रक्रिया का प्रभाव पड़ने तक पहले क्षेत्र में फिर नया परिवर्तन आ जाय। इसीलिए बड़े देशों में एक साथ कई प्रवृत्तियाँ विकसित हो जाती हैं और वे विरोधाभासी प्रतीत होती हैं।

भारत एक बड़ा राष्ट्र है। वृहत्तर भारत की परिकल्पना करते हैं तो आज के भारत से भी बड़ा राष्ट्र जब इसकी सीमाएँ मध्य एशिया से टकराती थीं। ऐसे में भारतीय साहित्य और संस्कृति की परिकल्पना एक जटिल प्रक्रिया है क्योंकि जब हम किसी काल में किसी एक विचारधारा की बात भारत के सन्दर्भ में करते हैं तो भारत के एक भूभाग में उसका अस्तित्व ही नहीं मिलता। इसलिए भारतीय साहित्य के अध्येता को समान प्रवृत्तियाँ नहीं मिलतीं। किसी एक भाषा के साहित्य में आदिकाल की प्रवृत्ति कुछ है तो दूसरी भाषा की प्रवृत्ति कुछ और तीसरी भाषा के साहित्य का विकास ही प्रारम्भ नहीं होता। अगर इन भाषाओं को पृथक्-पृथक् मान लिया जाय और उनको भारतीय साहित्य न कहा जाय तो भारतीय साहित्य किसे कहा जायगा और यदि किसी एक भाषा के साहित्य को भारतीय साहित्य कहा जाय तो अन्य भाषाओं के साहित्य को किस श्रेणी में रखा जायगा। यह भारतीय साहित्य में अध्ययन की एक जटिल समस्या है। इस समस्या के अनेक कारण हैं, जिन्हें हम निम्नलिखित वर्गों में विभाजित कर सकते हैं—

1. बहुभाषिकता की समस्या
2. भौगोलिक समस्या
3. सामाजिक संरचना की समस्या
4. राजनीतिक समस्या
5. विदेशी प्रभाव की समस्या
6. राष्ट्रीयता की समस्या।

मोटे तौर पर ये विभाजन भारतीय साहित्य के अध्ययन में व्यवधान उपस्थित करते हैं। लेकिन इन समस्याओं पर विचार करने के पूर्व इस प्रश्न पर विचार करना आवश्यक है कि हम इसे भारतीय कहें ही क्यों? जो जिस रूप में उपलब्ध है, उसे उसी रूप में क्यों न प्रस्तुत कर दिया जाय जैसे बाँग्ला साहित्य, संस्कृत साहित्य, तमिल साहित्य। यूरोप में भारत की एक-एक भाषा के क्षेत्र से छोटे-छोटे राष्ट्र हैं और उनका अपना साहित्य है और उसे उसी रूप में जाना जाता है। उन देशों और उनके साहित्य की अपनी इयत्ता है। छोटे राष्ट्र होने के कारण वहाँ जातीय साहित्य और राष्ट्रीय साहित्य में भेद की स्थिति नहीं रहती किन्तु उस मानक पर भारतीय साहित्य का विवेचन नहीं हो सकता क्योंकि यहाँ की अनेक भाषाओं के बोलनेवालों का क्षेत्र अनेक छोटे राष्ट्रों को मिलाकर बने क्षेत्र से भी व्यापक है।

दूसरा प्रश्न यह है कि यदि इन्हें भारतीय कहकर एक इकाई माना जाय तो उस भारत का स्वरूप क्या होगा? आज के इतिहासकार तो सीधा निर्णय देते हैं कि भारतीयता का विकास राष्ट्रीय आन्दोलन से प्रारम्भ हुआ और राष्ट्रीयता का उदय पाश्चात्य सभ्यता का प्रभाव है। अंग्रेजों के आगमन के पूर्व भारत में मुस्लिम साम्राज्य था और उसके पूर्व छोटे-छोटे राजा थे, जिनमें निरन्तर युद्ध होता रहता था। इस प्रकार अंग्रेजों ने भारत में स्वाधीनता की सीख दी और उनके विरुद्ध राष्ट्रीय एकता की लहर आयी। आज भारत संवैधानिक दृष्टि से एक संघ है। यदि राष्ट्रीयता या भारतीयता को आधुनिकता से जोड़ें तो आज की उस भाषा को राष्ट्रभाषा मानें, जिसे संघ स्वीकार करता है। चूँकि भारत में राष्ट्रभाषा है ही नहीं अतः अभिजन की भाषा को ही महत्त्व देकर भारतीय लेखकों के अंग्रेजी साहित्य को भारतीय साहित्य मान लेना चाहिए, जिसका पाठक वर्ग दो प्रतिशत भी नहीं है। ये समस्याएँ किसी-न-किसी रूप में भारतीय साहित्य की संकल्पना में आती हैं। अतः इन समस्याओं पर विचार करने के पूर्व 'भारतीय' शब्द पर विचार आवश्यक है।

भारत को प्राचीन काल में वर्ष कहा जाता था। इसलिए इस देश का नाम भारतवर्ष पड़ा और निवासी भरतवंशी। इस प्रकार भारत एक राष्ट्र है। राष्ट्र की अवधारणा के लिए भिन्न-भिन्न दृष्टिकोण है। सामान्यतः देश या राष्ट्र का अर्थ है जन और भूमि। राष्ट्र से भू और जन दोनों का बोध होता है। ऐसी भूमि जिसका प्रत्येक जन उसे अपनी जन्मभूमि मानता है, वह उन लोगों का राष्ट्र है। भारत में जिस भूमि को समाहित माना जाता है, उसका उल्लेख वायुपुराण में किया गया है–

उत्तरे यत्समुद्रस्य हिमाद्रेश्चैव दक्षिणम्।
वर्ष तद्भारतं नाम भारती यत्र सन्ततिः।।

अर्थात् समुद्र के उत्तर और हिमगिरि से दक्षिण का क्षेत्र भारत और वहाँ के लोग भारतीय। इस जाति की यह जन्मभूगि है, जिरा पर उसे गौरव बोध होता है। गह गौरत बोध वाल्मीकि रामायण में स्वयं राम ने कराया है–

नेयं स्वर्णमयी लंका रोचते मम लक्ष्मणः।
जननी जन्मभूमिश्च स्वर्गादपि गरीयसी।।

इस प्रकार राष्ट्र शब्द भूमि और जन दोनों की एकता का बोधक है। अंग्रेजी में राष्ट्र का पर्याय नेशन माना गया है लेकिन नेशन शब्द केवल जन का बोधक है। भूमि से उसका सम्बन्ध नहीं है। इसीलिए जहाँ राष्ट्र से बने राष्ट्रीयता में सब भारतीयों को लिखते हैं नेशनलिटी में बहुवचन का प्रयोग होता है अर्थात् नेशनलिटीज। अर्थात् एक नेशन में नेशनलिटीज हो सकती है। हिन्दी में एक राष्ट्रीयता में अनेक राष्ट्रीयताएँ नहीं हो सकतीं इसे हम अनेक जातियाँ कहते हैं। 'जाति' का यह रूप वर्तमान Caste का पर्याय नहीं है वरन् जाति अर्थात् एक समुदाय। यह Race से या नस्ल से व्यापक है। जाति की परिभाषा इस प्रकार है–

"सामान्य आवासभूमि, सामान्य संस्कृति, सामान्य भाषा, सामान्य ऐतिहासिक परम्परा माननेवाले लोग एक जाति या नेशन हैं। स्पष्ट है कि जाति और राष्ट्र में मानने और होने

का अन्तर है। इस परिभाषा के आधार पर एक राष्ट्र में कई जातियाँ हो सकती हैं पर एक जाति के अनेक राष्ट्र नहीं। विश्व में ऐसे अनेक राष्ट्र हैं, जहाँ अनेक जातियाँ हैं और ऐसे भी राष्ट्र हैं जहाँ एक ही जाति है। इंग्लैण्ड जैसे राष्ट्र में स्काट, आयरिश और केल्ट जातियाँ हैं। भारत एक विशाल राष्ट्र है लेकिन वहाँ प्राचीन काल से राष्ट्र और राष्ट्रीयता, भारत और भारतीयता का बोध कराया गया है।

आधुनिक इतिहासकारों ने प्राचीन भारत को अलग-अलग खण्डों में प्रस्तुत कर यह निष्कर्ष निकाला कि भारत कभी एक राष्ट्र था ही नहीं। उनके तर्क इस प्रकार हैं–

1. भारत में उत्तर और दक्षिण दो भौगोलिक खण्ड रहे, जिनका प्राचीन काल में एक-दूसरे को ज्ञान नहीं था।

2. भारत में आर्य और द्रविड़ दो जातियाँ थीं और आर्य विजेता और द्रविड़ विजित थे।

3. भारत में आर्य संस्कृति ने द्रविड़ संस्कृति को नष्ट किया।

4. भारत में एक भाषा नहीं रही। जब संस्कृत का प्रभाव था तब भी संस्कृत और द्रविड़ दो भाषाएँ थीं।

5. राजनैतिक दृष्टि से भारत में एकता का प्रश्न ही नहीं उठता क्योंकि यहाँ सैकड़ों राजा थे जो परस्पर लड़ते रहते थे।

6. भारत में धार्मिक एकता भी नहीं थी। हिन्दूधर्म, बौद्धधर्म, जैनधर्म जैसे कितने ही धर्म प्रचलित थे।

इस प्रकार अंग्रेजी इतिहासकारों ने भारत के अतीत को विखण्डित सिद्ध कर यह बताने का प्रयास किया कि अंग्रेजों ने भारत का राजनैतिक दृष्टि से समीकरण किया और यह राष्ट्रीयता आधुनिक युग में केवल राजनैतिक कारणों से हुई। अंग्रेजों के विरुद्ध एकीकृत भारत की एकता नकारात्मक थी। अतः उनके जाने के बाद उसका कोई महत्त्व नहीं है।

भारतीयता का यक्ष प्रश्न

अंग्रेज इतिहासकारों ने भारतीय इतिहास के 'भारतीय' शब्द पर ही प्रश्न चिह्न लगा दिया। जब 'भारतीय' तत्त्व नहीं है तो भारतीय साहित्य, संस्कृति, कला, शिल्प का क्या अस्तित्व। यूरोपीय इतिहास में जाति को नेशन मानने की प्रवृत्ति और एक सभ्यता या जाति को आरोपित करने की वृत्ति के कारण यूरोप के इतिहासकारों ने भारत में भी उसी पद्धति का प्रयोग करके एक के पतन और दूसरे के उत्थान का संकेत दिया जो भारतीय परम्परा के विपरीत है क्योंकि भारतीय ग्रन्थों में कहीं भी ऐसे संघर्षों का उल्लेख नहीं मिलता। आधुनिक इतिहासकारों ने एक नयी बात यह की कि क्रमिक विकास को भी पृथक् सिद्ध कर दिया जैसे वैदिक युग से निरन्तर विकसित कला को बौद्ध कला, जैन मूर्तिकला, मुस्लिम कला जैसे नाम दे दिये।

इसलिए भारतीय किसे कहा जाय? यह प्रश्न गम्भीर हो जाता है। वास्तव में भारतीय 'जननी जन्मभूमिश्च' की भावना प्राकृतिक और सांस्कृतिक है। भारत ने कभी राजनैतिक एकता का प्रश्न ही नहीं उठाया। राजन्य वर्ग का उद्देश्य केवल शासन तक सीमित था और कभी अनेक राजा हो जाते थे और कभी चक्रवर्ती। लेकिन धर्म, कला और संस्कृति से उनके

युद्धों का कोई सम्बन्ध नहीं था। विदेशी आक्रमणकारियों के अतिरिक्त भारतीय राजाओं के संघर्ष में कभी मन्दिर तोड़ने, पुस्तकालयों को जलाने, शिक्षा संस्थानों को नष्ट करने, जनता पर बलात् धर्म लादने के प्रयास भारत में पारस्परिक युद्धों में नहीं हुए। सत्ता-संघर्ष अपनी जगह था और राष्ट्र की सांस्कृतिक एकता अपनी जगह। यहाँ तक कि भारत में किसी व्यक्ति ने धर्म प्रवर्तन का श्रेय नहीं लिया। जिस हिन्दू धर्म की बात की जाती है, उसका प्रवर्तक कौन था? यह दावा कोई नहीं करता। ईसाई धर्म के प्रवर्तक हजरत ईसा हैं। इस्लाम के प्रवर्तक मुहम्मद साहब हैं पर हिन्दू धर्म का प्रवर्तक कौन है? भारत में धर्म, कला और संस्कृति के व्याख्याता तो हुए लेकिन प्रवर्तक नहीं। स्वयं गौतमबुद्ध ने नये धर्म का प्रवर्तन करने का श्रेय नहीं लिया। ज्ञान प्राप्त कर उन्होंने काशी में साधना की, ज्ञान के प्रसार का श्रेय लिया।

इसलिए जब हम 'भारतीय' शब्द का प्रश्न उठाते हैं, तो निश्चित रूप से हमारा सम्बन्ध राजनैतिक एकीकरण से नहीं होता, सांस्कृतिक चेतना से होता है। संस्कृति का स्वरूप साहित्य में संरक्षित होता है। अतः भारतीय साहित्य का आशय निश्चित रूप से उस साहित्य से है, जिसमें भारतीयता का द्योतन हो।

भारतीय शब्द का आधुनिक सन्दर्भ

जो विद्वान् 'भारतीय' की आधुनिक व्याख्या करते हैं, उनका तर्क स्पष्ट है। अंग्रेजों ने पूरे उपनिवेश को भारत कहा और उसके लिए एक कानून बनाया। एक कानून एक वाइसराय और एक शासन-पद्धति के आधार पर उन्होंने तर्क दिया कि भारत पहले एक नहीं था। इसीलिए लार्ड माउण्टबेटन ने जाते-जाते ब्रिटिश इण्डिया और देशी राज्यों को अलग-अलग स्वतन्त्रता दी। अंग्रेजों ने 600 देशी रियासतों को स्वतन्त्र किया जिनका विलय कालान्तर में भारत में हुआ। इसी तर्क के आधार पर कहा जाता है कि 'भारत संघ' स्वतन्त्रता के बाद बना। भारतीय की परिकल्पना में वे निम्न तर्क देते हैं—

1. देश का एक संविधान जो 26 जनवरी, 1950 से लागू हुआ।
2. पूरे देश के लिए एक कानून।
3. पूरे देश की समान नागरिकता।
4. पूरे देश का एक ध्वज और राष्ट्रगान।
5. पूरे देश की एक राजभाषा।

इस तर्क को आधार मानकर 'भारतीय' राष्ट्रीयता को आधुनिक काल की देन माना जाता है। यदि इस तर्क को आधार मानकर भारतीय साहित्य के अध्ययन का प्रयास करें तो यह समस्या खड़ी होती है कि नागरिकता, ध्वज, संविधान की भाँति एक राष्ट्रभाषा भी होनी चाहिए, जिसे उस देश की राष्ट्रभाषा कहा जाय और उसके साहित्य को भारतीय साहित्य।

भारतीय साहित्य कौन?

इस तर्क के आधार पर किस भाषा के साहित्य को भारत का प्रतिनिधि साहित्य कहा जाय, यह प्रश्न विचारणीय है। यूरोप में इसका आधार स्पष्ट है। जर्मन का साहित्य जर्मनी में है,

फ्रान्स में फ्रेंच, इंग्लैण्ड में अंग्रेजी इस आधार पर भारतीय साहित्य किसे कहा जाय? इस सन्दर्भ में डॉ. रामबिलास शर्मा ने कुछ प्रश्न उठाये हैं, जो विचारणीय हैं। वे कहते हैं—

''क्यों न ऐसा माना जाय कि भारतीय साहित्य नाम की कोई वस्तु नहीं है? किसी समय भारत का बहुत-सा साहित्य संस्कृत में रचा गया था। चाहें, तो उसे भारतीय साहित्य की संज्ञा दे सकते हैं। उसके रचनेवाले अनेक प्रदेशों के लोग थे और ये सब प्रदेश अधिकांशतः उत्तर भारत में हैं। यहाँ संस्कृत साहित्य थोड़े-से पढ़े-लिखे लोगों की भाषा में रचा गया था। ऐसे संकुचित आधारवाले साहित्य को भारतीय साहित्य अर्थात् राष्ट्रीय साहित्य की संज्ञा कैसे दी जा सकती है।''

शर्मा जी का आशय स्पष्ट है। उनका तर्क है कि भारत को एक इकाई मानकर यदि पाश्चात्य देशों की तरह उसका एक साहित्य माना जाय तो अनेक विरोधी तत्त्व सामने आते हैं। उन्होंने प्राचीनकाल से वर्तमान युग तक यह स्पष्ट किया है कि ऐसी कोई भाषा नहीं है, जो भारतीय जन का प्रतिनिधित्व करे। इस विषय में संविधान सभा में भी गम्भीर बहस हुई थी कि किस भाषा को राष्ट्रभाषा माना जाय और अन्ततः राष्ट्रभाषा के प्रश्न को अनुत्तरित रखा गया था। आज संवैधानिक दृष्टि से भारत की कोई राष्ट्रभाषा नहीं है। अतः राष्ट्रीय साहित्य की बात का कोई महत्त्व नहीं है।

डॉ. रामविलास शर्मा कहते हैं कि यदि संवैधानिक राष्ट्रभाषा के स्थान पर किसी एक लोक सम्पर्क भाषा के साहित्य को भारतीय सम्पर्क माना जाय तो भी समस्या बनी रहती है। संस्कृत का प्रसार यदि अभिजन में था तो पालि लोकभाषा थी। पालि लोकभाषा होने पर भी साहित्यिक भाषा नहीं थी। उसका साहित्य केवल एक धर्म-विशेष तक सीमित था। आगे चलकर किसी एक लोकभाषा का रूप भी स्थिर नहीं माना जा सकता।

आधुनिक काल में अंग्रेजी को एकता का वाहक माना जाता है। अंग्रेजी को कुछ लोग बनाये रखने की बात करते हैं। ऐसे लोग कहते हैं कि प्राचीन काल में संस्कृत और वर्तमान में अंग्रेजी ही कुछ अंशों तक भारत के राष्ट्रीय साहित्य होने का दावा कर सकती है। यहाँ उल्लेखनीय है कि दोनों भाषाएँ अभिजन की भाषाएँ थीं जन भाषा कभी नहीं रहीं। इन्हें राष्ट्रीय साहित्य की भाषा मानने का अर्थ है अभिजन को महत्त्व और जन की उपेक्षा। 2 प्रतिशत की भाषा के साहित्य को राष्ट्रभाषा मानना कहाँ का तर्क है।

ऐसे में भारत के इतिहास का पुनरावलोकन ही राष्ट्रीय साहित्य या भारतीय साहित्य का सही उत्तर हो सकता है। इस दृष्टि से निम्न बिन्दु विचारणीय हैं। भारत सदैव एक राजा के शासन में नहीं रहा। यहाँ अनेक राज्य रहे हैं क्योंकि अनेक समूहों के लोग रहते आये हैं। ये समूह अपने ढंग से संचालित होते थे फिर भी भारत में उन समूहों का शासन प्रजातान्त्रिक था उसमें जन की सहभागिता थी। वैदिक युग में जनपदों का विकास हुआ। गौतम बुद्ध के युग में सोलह महाजनपदों का उल्लेख मिलता है। ये जनपद स्वतन्त्र तो थे लेकिन वे राष्ट्रीयता का दावा कभी नहीं करते, जातीयता का दावा अवश्य करते हैं। भारत में यूरोप की तरह अलग-अलग राष्ट्रीयता नहीं थी, अलग-अलग जातीयता अवश्य थी। मागध, आन्ध्र, पुलिन्द,

आर्य, द्रविड़, समुदाय का उल्लेख तो मिलता है। लेकिन अलग राष्ट्र का निवासी इनमें से किसी ने स्वयं नहीं कहा है। इसलिए जो लोग भारत को एक राष्ट्र नहीं मानते उनको भ्रम है। भारत में भ्रमवश बहुराष्ट्रीयता अवश्य रही है। अंग्रेजी के नेशन का अनुवाद राष्ट्र मानने के कारण यह भ्रम पैदा हुआ क्योंकि यूरोप में राष्ट्र और जाति अन्योन्य है। भारत में बहुजातीयता रही है किन्तु बहुराष्ट्रीयता नहीं। इसलिए जिसे हम विभिन्न प्रदेशों का साहित्य कहते हैं वह जातीय साहित्य है न कि अंग्रेजी की तरह राष्ट्रीय साहित्य।

बहुजातीयता, राष्ट्र और राष्ट्रीयता

बहुजातीय राष्ट्रों में नेशन शब्द उस समूह का प्रतीक है, जो समान आवासभूमि, समान जीवन और समान पद्धति से रहता है। उसकी जातीय विशेषताएँ उसके नृत्य, संगीत साहित्य में भी देखी जाती है। इनके अपने जनपद होते हैं जहाँ राजतन्त्र, प्रजातन्त्र या सामन्तीय स्वरूप हो सकते हैं। प्राचीन भारत में ऐसे जनपद, महाजपनद और लघु जनपद होते थे। ऐसा भी नहीं है कि इन जनपदों की भाषा भिन्न ही हो। हिन्दी प्रदेश स्वयं जनपदों का समूह है। काशी, कोशल, मगध, कुरु, पांचाल, अवन्ति, मालव, शूरसेन—ये सभी जनपद हिन्दी प्रदेश में ही हैं। स्पष्ट है कि 'जाति' का अर्थ है वह समुदाय जो किसी एक वंश या शाखा का संगठित क्षेत्र है। यह समुदाय स्थानान्तरित हो सकता है लेकिन राष्ट्र का आशय इससे भिन्न है। राष्ट्र का आशय है—"वह भूमि, जिस पर कोई मानव-समुदाय रहता है और स्वयं वह मानव-समुदाय।" इस प्रकार 'राष्ट्र' एक समुदाय का भी हो सकता है और अनेक गण समुदायों का भी। एक जनपद का भी राष्ट्र हो सकता है और अनेक जनपदों का भी। जो एक जनपद के राष्ट्र हैं य जहाँ एक ही जाति का राज्य है, वहाँ निश्चित रूप से एक भाषा और एक साहित्य का अस्तित्व होगा लेकिन जहाँ अनेक जनपदों का समूह है, वहाँ भाषागत, जीवन शैलीगत, वैविध्य स्वाभाविक है। यूरोप के छोटे-छोटे देशों के विद्वानों ने भारत जैसे विशाल राष्ट्र के इस नैनिध्य को नहीं समझा।

भारत में विभिन्न जनपदों का अस्तित्व है। ये जनपद शासन की इकाइयों के रूप में विद्यमान थे। दण्ड व्यवस्था, सामाजिक वर्ग भिन्न थे। भाषाएँ भी भिन्न थीं एक थी तो केवल संस्कृति। राज्य-सत्ता के परिवर्तन से संस्कृति पर कोई प्रभाव नहीं पड़ता था।

यहाँ भाषा का प्रश्न भी विचारणीय है। भाषा साहित्य की अभिव्यक्ति का माध्यम भले ही हो लेकिन राष्ट्र की परिधि के बाहर लिखा गया साहित्य उस भाषा के मूल राष्ट्रीय साहित्य का प्रतीक नहीं हो सकता है। क्योंकि भाषा राष्ट्र का अंग तो है प्रतीक नहीं। उदाहरण के लिए जो अंग्रेजी विश्वभाषा होने का दम्भ भरती है, उसका अमरीका में लिखा गया साहित्य अंग्रेजी साहित्य तो है पर इंग्लैण्ड का राष्ट्रीय साहित्य नहीं है। अमरीकन लिटरेचर के रूप में ही वह मान्य है अंग्रेजी साहित्य के रूप में नहीं। न तो वह इंग्लैण्ड को स्वीकार्य है और न अमरीका को। अंग्रेजी में लिखित होने पर भी वह अमरीका का राष्ट्रीय साहित्य है। अमरीका का भी राष्ट्रीय साहित्य इसलिए है क्योंकि अमरीकन अंग्रेजी साहित्य से इतर अमरीकी साहित्य की परम्परा नहीं रही। इसी प्रकार श्रीलंका का तमिल साहित्य, बाँग्ला देश का बाँग्ला साहित्य,

पाकिस्तान का उर्दू साहित्य वहीं का राष्ट्रीय साहित्य हो सकता है। यह भारत का राष्ट्रीय साहित्य नहीं हो सकता।

ऐसे में यह प्रश्न सामने आता है कि भारत का साहित्य किसे माना जाय? सभी भारतीय भाषाओं का साहित्य या किसी एक भाषा का साहित्य। राजभाषा की बात भिन्न है। राजभाषा शासक के अनुरूप रहती आयी है। फारसी और अंग्रेजी शासकों की सुविधा थी, जनता की नहीं क्योंकि वह निरंकुश शासन था, विजेताओं का शासन था। विजेताओं के शासन में भाषा और संस्कृति को नष्ट करना भी उद्देश्य रहता है। फारसी को राजभाषा बनाने का आशय भारतीय भाषाओं को समाप्त करना ही था लेकिन न भारतीय भाषाएँ नष्ट हुईं और न साहित्य। क्योंकि उनका सम्बन्ध संस्कृति से था। इसके बदले विजेताओं के साहित्य को भी स्वीकार नहीं किया गया। किसी देश की राष्ट्रीय चेतना का यह सबसे बड़ा प्रमाण है कि विजेताओं को साहित्य न स्वीकार करे। पूरे मुस्लिमकाल में किसी मुस्लिम शासक को राष्ट्रनायक मानकर किसी भाषा के किसी साहित्यकार ने वर्णन नहीं किया, उसके बदले भारतीय लोकनायकों को केन्द्र में रखकर पूरे देश के साहित्य में संस्कृति की पुनर्व्याख्या हुई। यह राष्ट्रीय संस्कृति की एकता का प्रमाण है, जिसका साक्ष्य पूरे मध्यकालीन साहित्य में उपलब्ध है। यही स्थिति ब्रिटिश युग में हुई। जब अंग्रेजी को रोजी-रोटी से जोड़ा गया तो अंग्रेजी शिक्षा एक ओर रही लेकिन पूरे देश की भाषाओं में एक स्वर से भारतीय संस्कृति की पुनर्व्याख्या हुई और राष्ट्रीय चेतना का स्वर सभी भाषाओं के साहित्य में एक साथ प्रकट हुआ इसलिए भारतीय साहित्य का स्वरूप भाषा-वैभिन्य से परिवर्तित नहीं हुआ।

स्पष्ट है कि भारतीय साहित्य हम उसे कह सकते हैं, जो भारतीय एकता, भारतीय गौरव, राष्ट्रीय एकता और राष्ट्रीय अस्मिता को प्रस्तुत करे। उसमें जाति भेद, भाषा भेद और काल भेद नहीं होता। इस दृष्टि से जब भारतीय साहित्य का अध्ययन करते हैं, तो निम्न समस्याएँ सामने आती हैं, जिनका उल्लेख डॉ. रामविलास शर्मा ने अपनी पुस्तक 'भारतीय साहित्य के अध्ययन की समस्याएँ' में किया है।

भारतीय साहित्य की प्रमुख समस्याएँ

1. प्राचीन काल से भारत में अनेक परिवारों की भाषाएँ बोली जाती रही हैं। अतः किस एक भाषा के साहित्य को भारतीय साहित्य कहा जाय, यह निश्चित नहीं हो पाता।

2. यदि सम्पूर्ण भारत में उपलब्ध साहित्य को आधार बनाया जाय तो प्राचीन काल में संस्कृत का साहित्य उपलब्ध होता है किन्तु संस्कृत कभी जनभाषा नहीं रही केवल शिक्षितों की भाषा रही। इसलिए संस्कृत को भारतीय साहित्य का मानक बनाना जनभाषा का तिरस्कार होगा और अभिजन की भाषा को भारतीय साहित्य मानने से आज अंग्रेजी साहित्य को भारतीय साहित्य मानना पड़ेगा जो अव्यावहारिक है।

3. संस्कृत काल में जनभाषा पालि थी। यदि पालि साहित्य को भारतीय साहित्य माना जाय तो उसका साहित्य एक धर्म तक सीमित है। अतः पालि बौद्ध साहित्य का प्रतीक तो है, भारतीय साहित्य का नहीं।

4. दक्षिण भारतीय भाषाओं का क्षेत्र प्राचीनकाल से एक विशेष क्षेत्र तक सीमित था। दक्षिण की कोई भाषा अपने किसी काल में क्षेत्र के बाहर प्रचलित नहीं रही है। अतः उसके साहित्य को भारतीय साहित्य नहीं कहा जा सकता।

5. आधुनिक आर्यभाषाओं में बाँग्ला संस्कृत से सर्वाधिक प्रभावित है। उसका साहित्य भी समृद्ध है लेकिन बाँग्ला भाषा कभी बंगाल के बाहर प्रचलित नहीं रही। ब्रिटिश युग में भी बाँग्ला को सम्पर्क भाषा नहीं माना गया। अतः बाँग्ला को भारतीय साहित्य की भाषा नहीं माना जा सकता। बाँग्ला देश में उसे अवश्य राष्ट्रीय साहित्य कहा जायगा।

6. मध्यदेश की भाषा होने के कारण तथा सम्पूर्ण देश में सम्पर्क सूत्र की भाषा होने के कारण हिन्दी साहित्य भारतीय साहित्य का दावा कर सकता है पर हिन्दी को कभी राष्ट्रभाषा नहीं माना गया तथा प्रत्येक काल में इसकी जनपदीय बोलियों का साहित्य महत्त्वपूर्ण रहा है। अंग्रेजों के युग में हिन्दी के स्वरूप को लेकर विवाद हुए। हिन्दी, हिन्दुस्तानी और उर्दू इसके तीन रूप हैं। अतः हिन्दी साहित्य को भारतीय साहित्य मानने में भी विरोध की स्थिति है।

उपर्युक्त विश्लेषण से स्पष्ट है कि भारत जैसे विशाल राष्ट्र में बहुजातीय स्वरूप प्राचीन काल से रहा है। अतः किसी एक जाति, समूह, समुदाय या कालखण्ड में भारतीय साहित्य किसी एक को माना जाय यह निश्चित नहीं हो सकता। बहुभाषिकता से जातीय विशेषताएँ उद्‌घाटित हो सकती हैं लेकिन राष्ट्रीयता बाधित नहीं हो सकती। यह आवश्यक नहीं कि बहुभाषा-भाषी राष्ट्र में किसी एक भाषा के साहित्य को राष्ट्रीय साहित्य माना जाय और अन्य भाषाओं में साहित्य को क्षेत्रीय।

ऐसे में भारतीय साहित्य के निर्धारण के लिए कुछ मानक संरचनाओं का अनुशीलन करना पड़ता है। भारत में बहुजातीयता रही है। यहाँ नाना धर्मों, जातियों, वर्णों, भौगोलिक परिस्थितियों के कारण विभिन्नताएँ रही हैं। साहित्य में उनका वर्णन मिलता है लेकिन साहित्य की अन्तर्धारा में अनेकता नहीं मिलती। अतः इन तत्त्वों को रेखांकित करना आवश्यक है, जो भारतीय साहित्य को अन्य राष्ट्रों के साहित्य से अलग करते हैं। भारतीय साहित्य का स्पष्ट आशय किसी भाषा के साहित्य को भारतीय मान लेना नहीं है। भारतीय मानस को चित्रित करनेवाला भारतीय रचनाकार साहित्य ही भारतीय साहित्य है। जिस प्रकार भाषा के किसी क्षेत्र में रहनेवाला, कोई परिधान धारण करनेवाला व्यक्ति भारतीय है वैसे ही भारत को प्रतिच्छवित करनेवाला साहित्य वह भारत में किसी भाषा गें लिखा जाय भारतीय साहित्य ही होगा लेकिन उसी भाषा में किसी अन्य देश में लिखा गया साहित्य भारतीय साहित्य नहीं होगा। पाकिस्तान का उर्दू साहित्य पाकिस्तान का राष्ट्रीय साहित्य हो सकता है भारत का नहीं।

अतः संक्षेप में उन विशेषताओं का अवलोकन आवश्यक है जो भारतीय साहित्य का मानक निर्धारित करते हैं। वे तत्त्व इस प्रकार हैं–

1. भारत की सभी भाषाओं में रामकथा और कृष्णकथा को समान महत्त्व मिला है। सम्पूर्ण भारतीय साहित्य में राम और कृष्ण ही लोकनायक के रूप में चित्रित हुए हैं।

2. रामायण और महाभारत के अनुवाद प्राचीन काल से सभी भाषाओं में उपलब्ध हैं और अनेक भाषाओं में अनुवादों से ही साहित्य का प्रारम्भ हुआ है।

3. सभी भारतीय भाषाओं में काव्यशास्त्रीय मानक एक हैं। भरत के नाट्यशास्त्र और काव्यानन्द की प्रतिष्ठा सभी भाषाओं में मिलती है। मम्मट, भरत, विश्वनाथ का प्रभाव सभी रचनाओं पर पड़ा है।

4. सभी भारतीय भाषाओं में जैन चरित काव्य और बौद्ध काव्य समान रूप से लिखे गये हैं।

5. भक्ति आन्दोलन और माधुर्य भक्ति का विकास सभी भाषाओं के साहित्य में मिलता है।

6. सभी भारतीय भाषाओं के साहित्य में रचनाकारों ने जिस भारत का वर्णन किया है वह आसमुद्र हिमालय है। अखण्ड भारत की परिकल्पना केरल से कश्मीर तक प्राचीन काल से मिलती है। किसी कवि ने खण्डित भारत भूमि या क्षेत्र-विशेष को ही महत्ता नहीं दी है।

7. भारत की कल्पना मातृभूमि के रूप में सभी कवियों के काव्य में मिलती है।

8. समाज सुधार-पुनर्जागरण एवं राष्ट्रीयता का प्रवाह सभी भाषाओं के साहित्य में एक साथ हुआ है जिससे स्पष्ट है कि एक युग में एक विचारधारा पूरे देश में रही है।

9. सभी भारतीय भाषाओं ने वर्णन शैली में लोक प्रवाह को समान रूप से ग्रहण किया है। लोक तत्त्व की प्रधानता भारतीय साहित्य की अन्यतम विशेषता है।

10. भारतीय साहित्य में अनुवाद की परम्परा प्राचीन है। सभी भारतीय भाषाओं का साहित्य एक-दूसरे को सदैव उपलब्ध रहा है। काशी में तमिल रामायण और केरल में भागवत कथा सदैव से होती आयी है।

अतः भारतीय साहित्य हम उसे कह सकते हैं, जिसमें अखण्ड भारत और उसकी संस्कृति का वास हो। भारतीय परम्परा में सभी भाषाओं का निर्बाध विकास हुआ है। सजनीतिक विभेद ने साहित्य की अन्तर्धारा को प्रभावित नहीं किया। अतः भारतीय साहित्य को भाषा-विशेष में न बाँधकर हम भारतीय साहित्य उसे स्वीकार करेंगे जो भारतीय भाषाओं में भारतीयों द्वारा भारतीय संस्कृति को व्यक्त करने के लिए विरचित हुआ है।

उपर्युक्त विवेचन में कुछ समस्याओं और भारतीय साहित्य के मानकों का विवेचन किया गया है। इसका जो निष्कर्ष निकलता है, वह विविधता में एकता का है। यद्यपि भारतीय साहित्य के सन्दर्भ में विचार करते समय इतिहासकारों के समक्ष अनेक समस्याएँ आती हैं। उसके अनेक कारण भी हैं। संक्षेप में वे इस प्रकार हैं—

प्रथम कारण तो यह है कि भारत का साहित्य अत्यन्त प्राचीन है और अनेक भाषाएँ ऐसी हैं, जो स्वयं को दैवी सिद्ध करते हैं और अपने साहित्य को अनादि। अनादि के बावजूद उनका वर्तमान शिथिल है। दूसरी विडम्बना यह है कि भारतीय भाषाओं का स्वरूप ही नहीं विकसित हुआ है उनके नाम में भी परिवर्तन होता आया है। संस्कृत और आधुनिक भाषाओं को पृथक् नामों से जाना जाता है न कि प्राचीन संस्कृत और आधुनिक संस्कृत जैसा कि यूरोपीय भाषाओं में मिलता है। भारतीय भाषाओं के सन्दर्भ में तीसरी स्थिति यह है कि वे अनेक भिन्न परिवारों से विकसित हुई हैं, न कि एक भाषा-परिवार से। इसके साथ ही भारतीय जीवन भी विहंगम और व्यापक है, जहाँ नागर, ग्राम्य और वन्य सभ्यताएँ साथ-साथ विद्यमान रही हैं। इसके

साथ ही यहाँ भौगोलिक परिस्थितियाँ भी पृथक् रही हैं समुद्र तटीय, पर्वतीय, हिमाच्छादित, मरुस्थलीय और मैदानी वातावरण ने भारत को भिन्न-भिन्न परिस्थितियाँ दी हैं, जिनका चित्रण साहित्य में होना अनिवार्य है। पर्यावरण, प्रकृति एवं समुदाय-वैविध्य ने भारतीय साहित्य को सदैव प्रभावित किया है। इस प्रकार भारत बहुजातीय राष्ट्र है।

आचार्य शुक्ल ने साहित्य को उस जाति की जनता की चित्तवृत्तियों का प्रतिबिम्ब माना है। भारत के सन्दर्भ में देखें तो यहाँ अनेक जातियाँ विद्यमान रही हैं। ध्यातव्य है कि यहाँ जाति एक विशेष समुदाय का प्रतीक है, न कि वर्तमान जाति-व्यवस्था का। जाति की पहचान भाषा से होती है। एक जाति के अनेक धर्म हो सकते हैं किन्तु एक धर्म एक जाति का नहीं हो सकता। ईसाई एक धर्म है किन्तु ईसाई धर्म माननेवालों की एक जाति नहीं है पर भाषा का सम्बन्ध जाति से होता है। यदि कभी कोई जाति किसी अन्य भाषा को स्वीकार भी कर ले तो निश्चित रूप से उस जाति की भाषा नष्ट हो जाती है। जाति या अनेक जातियों से राष्ट्र का निर्माण होता है। जाति से राष्ट्र की स्थिति में केवल इतना विस्तार होता है कि जब वह समुदाय अपनी भूमि से भी जुड़ जाता है तो वह राष्ट्र बन जाता है। इस प्रकार जाति मानव-समुदाय है और राष्ट्र मानव और भूमि।

भारत में प्राचीन काल से अनेक भाषाओं का अस्तित्व रहा है अतः स्वाभाविक है कि भारत में अनेक जातियों का अस्तित्व रहा है। अनेक जातियों के कारण अनेक भाषाएँ और अनेक भाषाओं के कारण अनेक भाषाओं का साहित्य। एक जाति, एक भाषा और एक राष्ट्र में जातीय, भाषिक और राष्ट्रीय साहित्य में अभेद स्थिति रहती है। बहुभाषिकता और बहु-जातीयता में यह अभेद नहीं रह पाता क्योंकि बहुराष्ट्रीयता नहीं हो सकती। राष्ट्रीयता एक ही हो सकती है। ऐसी बहुभाषिकता की स्थिति में अनेक ऐसे तत्त्व उभर आये हैं जो भाषाओं में सन्तुलन स्थापित कर एक भाषा को सम्पर्क भाषा के रूप में स्वीकार कर लेते हैं। यह कार्य पारस्परिक आदान-प्रदान से निरन्तर होता रहता है और सामान्यतः मध्यदेश की भाषा इस दायित्व का निर्वहण करती है जैसा संस्कृत-पालि और हिन्दी ने किया है। इस आदान-प्रदान की प्रक्रिया से निर्मित भाषा का क्षेत्र अवश्य व्यापक हो जाता है किन्तु अन्य भाषाओं का साहित्य उपेक्षित नहीं होता। समस्या केवल यह होती है कि ऐसे बहुजातीय राष्ट्र की किस भाषा को राष्ट्रीय साहित्य की भाषा माना जाय? उसका आधार क्या हो प्राचीनता, आधुनिकता या व्यापकता? साथ ही अन्य भाषाओं के साहित्य को किस वर्ग में रखा जाय?

यह तो सहज समस्या है? इसके साथ ही एक जटिल समस्या उस समय उत्पन्न होती है, जब ऐसी विघटनकारी शक्तियाँ कार्यरत हों जो बहुजातीयता को प्रबोधित कर राष्ट्रीयता को खण्डित करना चाहती हों। लगातार विदेशी शासन के कारण भारत में विघटनकारी तत्त्वों का योगदान भी रहा है, जिन्होंने न केवल जातीय आधार पर भाषाओं के विरोध को जीवन्त किया वरन् धर्म के आधार पर भी भाषाओं का विभांजन कराया, जैसा हिन्दी-उर्दू के सन्दर्भ में देखा जा रहा है।

इन समस्याओं के कारण महत्त्वपूर्ण प्रश्न भारतीय साहित्य का हो जाता है। राष्ट्रीय साहित्य किसी एक भाषा के साहित्य को कहा जाय या सभी भाषाओं को मिलाकर राष्ट्रीय साहित्य

की परिकल्पना की जाय या किसी एक धर्म के आधार पर राष्ट्रीय साहित्य की परिकल्पना हो या उस देश की राजभाषा को साहित्य की भाषा भी स्वीकार किया जाय।

जहाँ तक राष्ट्र की परिकल्पना का प्रश्न है ऊपर कहा जा चुका है कि जातियाँ अपनी विशेषताओं को सुरक्षित रखकर जब भूमि से जुड़ जाती हैं तो बहुजातीयता राष्ट्रवाद में परिगणित हो जाती है और उन्हें बहुजातीय होने पर भी एक राष्ट्र का माना जाता है। इससे उनका जातीय स्वरूप नष्ट नहीं होता किन्तु जब वे जातीय गौरव को राष्ट्र के ऊपर मानते हैं तो राष्ट्र का विघटन होने लगता है। जब जातियाँ राष्ट्र गौरव को सर्वोपरि मानती हैं तो उनका साहित्य भी राष्ट्र को ही व्यक्त करता है और भाषा वैभिन्य के बावजूद साहित्य का स्वर समान होता है। ऐसे में बहुभाषिकता के बावजूद बहुसाहित्यिकता का महत्त्व नहीं होता और सभी भाषाओं का साहित्य मिलकर राष्ट्रीय साहित्य के रूप में प्रतिष्ठित होता है।

अभी तक के विवेचन से स्पष्ट है कि तमाम अन्तर्विरोधों के बावजूद भारत की सभी भाषाओं के साहित्य में जातीय बोध की अपेक्षा राष्ट्रीय बोध ही आदिकाल से मिलता है। अतः जब भारतीय साहित्य का प्रश्न उठाते हैं तो समस्त भारतीय भाषाओं का साहित्य ही हमारे अध्ययन का विषय होता है किसी एक भाषा का साहित्य नहीं क्योंकि सभी भाषाओं के साहित्य में राष्ट्र का स्वरूप विभिन्नताओं के बावजूद समान रूप में प्रतिच्छवित होता है।

अतः जब भारतीय साहित्य का अध्ययन किया जाता है तो हमारे कवि वाल्मीकि, व्यास, कालिदास, तुलसी, सूर, कबीर, जयशंकर प्रसाद ही नहीं ललद्यद, वसवराज, रवीन्द्रनाथ ठाकुर, सुब्रह्मण्य भारती और वल्लतोल एक साथ सामने आते हैं। जैसे कुचीपुड़ि, ओडिसी, भरतनाट्यम्, कत्थक, गरबा और भाँगड़ा पूरे भारत की ललित कला के प्रतीक हैं, वैसे ही साहित्य भी एक है। किसी विशेष भाग को साहित्यिक दृष्टि से महत्त्वहीन नहीं माना जा सकता क्योंकि किसी भाषा के साहित्य का विकास एक-दूसरे के विरोध में नहीं हुआ वरन् एक स्वर को अधिक मुखर बनाने के लिए हुआ है।

3

भारतीय साहित्य में आज के भारत का बिम्ब

भारतीय साहित्य का स्वरूप बताते हुए यह स्पष्ट किया जा चुका है कि प्राचीन काल से ऐसी अनेक सामान्य प्रवृत्तियाँ मिलती हैं, जिनको समस्त भारतीय भाषाओं के साहित्य में देखा जा सकता है। आधुनिक युग के पूर्व सम्पूर्ण भारतीय साहित्य पर रामकथा और कृष्णकथा का समान प्रभाव रहा है। इसी प्रकार मध्यकालीन साहित्य पर भक्तिकाव्य का प्रभाव सार्वदेशिक है। भारतीय साहित्य की यह समानता उस युग में विद्यमान रही है, जब भारतीय जनमानस की एकात्मता और समरसता में प्राकृतिक और राजनैतिक अवरोध विद्यमान थे। अंग्रेजों के आगमन के पश्चात् देशी रजवाड़े समाप्त होने लगे और एक शासन-पद्धति का विकास हुआ। इसी के साथ यातायात के साधन भी सुगम हुए। वैज्ञानिक विकास, समान कानून और केन्द्रीय शासन-पद्धति ने ब्रिटिश राज्य की स्थापना से आज तक भारतीय जनमानस को इतना निकट ला दिया कि पूरा देश एक चेतना और एक समस्या से जुड़ा हुआ है। सूचना क्रान्ति के इस युग में घटनाएँ पूरे राष्ट्र को समान रूप से प्रभावित करने लगी हैं। यातायात के सुगम साधनों और महानगरों में जीविका की तलाश ने भी क्षेत्रीय बन्धन तोड़ दिये हैं। ऐसे में आज के भारतीय साहित्य में सम्पूर्ण भारत का बिम्ब मिलता है। उदयशंकर भट्ट यदि मुम्बई के मछुआरों का वृत्तान्त लिख सकते हैं तो रांगेय राघव कंजड़ों की जीवनी पर समान अधिकार से लिख सकते हैं। बिमल मित्र और महाश्वेता देवी के कथा-साहित्य का प्रभाव पूरे भारत के मानस पर पड़ता है। अतः आज के साहित्य में, वह चाहे जिस भाषा में लिखा जा रहा हो, उसका प्रभाव पूरे देश पर पड़ता है। मराठी उपन्यास छावा और मृत्युंजय के पाठक पूरे देश में मिल जाते हैं। इसलिए आज के भारतीय साहित्य को किसी विशेष भाषा के दायरे से हटकर भारतीय परिप्रेक्ष्य में मूल्यांकित करना होगा।

प्रश्न जब आज के भारतीय साहित्य का उठता है तो उसका अर्थ मूलतः आधुनिक युग से है। आधुनिक काल की दो महत्त्वपूर्ण घटनाएँ हैं—**1. भारत का स्वाधीनता संघर्ष और 2. स्वतन्त्रता के पश्चात् लोकतन्त्र की स्थापना।** लोकतन्त्र की स्थापना के पश्चात् देश की संसद् में समस्त भारत की महापंचायत ने राष्ट्रीय समस्याओं को एक साथ मिल-बैठकर तय करने की व्यवस्था की। सूचनातन्त्र के माध्यम से पूरा राष्ट्र उन समस्याओं से जुड़ा है। इसलिए उन घटनाओं पर समान प्रतिक्रिया स्वाभाविक है। स्वतन्त्रता के पश्चात् प्रथम

निर्वाचन के पूर्व महात्मा गाँधी की हत्या, चीनी आक्रमण, बाँग्लादेश का उदय, आपातूकाल, बावरी विध्वंस, रामजन्मभूमि आन्दोलन, आतंकवाद, इन्दिरा गाँधी की हत्या जैसी राजनीतिक-सामाजिक घटनाएँ हुईं जिनका प्रभाव सम्पूर्ण भारतीय राजनीति एवं जनसामान्य पर पड़ा। वर्तमान में अन्ना हजारे के अनशन की त्वरित प्रक्रिया पूरे देश में हुई। नये संचार माध्यमों ने पल-भर में किसी घटना की तीव्र प्रतिक्रिया को प्रस्तुत कर दिया है। भ्रष्टाचार आज पूरे देश के साहित्य का केन्द्रीय विषय है। साहित्य समाज का दर्पण है। अतः इन घटनाओं से साहित्य असम्पृक्त नहीं रहा। आज के भारतीय साहित्य में इन घटनाओं की समान अभिव्यक्ति हुई है। इसके साथ ही हिन्दी की प्रवृत्तियों के समान ही समस्त भारतीय भाषाओं की प्रवृत्तियों में भी समान रूप से परिवर्तन हुए हैं।

अतः आज के भारतीय साहित्य में सम्पूर्ण भारत की आत्मा की आवाज भाषा भेद, क्षेत्र भेद के बावजूद लक्षित होती है। इस सम्बन्ध में निम्नलिखित तथ्य समानता का संकेत देते हैं।

1. आधुनिकता का उदय—भारत की समस्त भाषाओं का आधुनिक काल 1857 के स्वाधीनता संघर्ष से प्रारम्भ होता है। 1857 के स्वाधीनता संघर्ष ने भारतीय चेतना को झकझोरा। यद्यपि बंगाल और दक्षिण भारत में विदेशी शासन उत्तर भारत से पहले प्रारम्भ हो चुका था तथा पाश्चात्य सभ्यता का प्रभाव वहाँ पड़ने लगा था किन्तु पुनर्जागरण एवं आधुनिक युग का साहित्यिक-स्वरूप 1857 के बाद ही लक्षित होता है।

2. पुनर्जागरण—भारतीय साहित्य में 1857 के पश्चात् पुनर्जागरण की प्रक्रिया समस्त भारतीय भाषाओं में मिलती है। यदि भारतेन्दु हरिश्चन्द्र ने हिन्दी पुनर्जागरण का श्रीगणेश किया तो बंगाल में राजा राममोहन राय, तमिल में रामलिंग स्वामीगल, तेलुगु में वीरेशलिंगम् ने इस आन्दोलन को बल दिया। मराठी क्षेत्र में लोकमान्य तिलक, गोपाल कृष्ण गोखले, रानाडे, बाल शास्त्री आदि प्रारम्भ से ही पुनर्जागरण के पुरस्कर्त्ता थे जिनका प्रभाव साहित्य पर पड़ा। गुजराती में भारतेन्दु के समकालीन नर्मद ने पुनर्जागरण का सूत्रपात किया। बँगला में राम मोहनराय, ईश्वरचन्द्र विद्यासागर, देवेन्द्रनाथ ठाकुर, ईश्वर गुप्त, मधुसूदन दत्त, बंकिमचन्द्र प्रभृति नेताओं और साहित्यकारों ने उसी काल में पुनर्जागरण आन्दोलन को विस्तार दिया। इस प्रकार पुनर्जागरण की चेतना समस्त आधुनिक भारतीय साहित्य में उपलब्ध है।

3. राष्ट्रीय चेतना—भारतीय साहित्य की आधुनिक युग की दूसरी महत्त्वपूर्ण विशेषता है समस्त भाषाओं में राष्ट्रीय चेतना और स्वतन्त्रता का समान रूप से विकास। हिन्दी में जब राष्ट्रीय भावना से ओत-प्रोत साहित्य लिखा जा रहा था, तभी समस्त भारतीय भाषाओं में राष्ट्रीय आन्दोलन की भावना सजग थी। तमिल कवि सुब्रह्मण्य भारती ने भारत की स्वतन्त्रता ही नहीं व्यक्ति की स्वतन्त्रता का भी समर्थन किया। उनके अतिरिक्त तमिल के चिदम्बरम् पिल्लई, वी.वी.एस. अय्यर राष्ट्रीय काव्यधारा के कवि रहे हैं। कन्नड़ में श्रीकण्ठैया, गोविन्द शंकर भट्ट, मलयालम में केरल वर्मा, वेनमणि, राजराज वर्मा राष्ट्रीय चेतना के साहित्यकार थे। केरल में राष्ट्रीय कवि के रूप में ख्यात वल्लतोल इस दृष्टि से भारतीय राष्ट्रीय काव्य के प्रतिनिधि कवि हैं। मराठी में केशव सुत, कुन्ते, कुसुमाग्रज और सावरकर प्रमुख

राष्ट्रीय कवि हैं। गुजरात महात्मा गाँधी की जन्मभूमि है। वहाँ का जन-जन राष्ट्रीय आन्दोलन से प्रभावित था। गाँधी जी के अतिरिक्त, नान्हालाल ठाकोर, काका कालेलकर, आनन्द शंकर ध्रुव, उमाशंकर, कन्हैयालाल माणिकलाल मुन्शी राष्ट्रीय साहित्य के उन्नायक हैं। इसी प्रकार बँगला में रवीन्द्रनाथ टैगोर, असमी में आनन्दराय फूकन, कमलाकान्त भट्टाचार्य, हेमचन्द्र बरुआ, चन्द्रकुमार अग्रवाल, लक्ष्मीनाथ बेजबरुआ, हेमचन्द्र गोस्वामी राष्ट्रीय काव्यधारा के प्रतिनिधि कवि हैं। उड़िया में फकीर मोहन सेनापति, राधानाथ और मधुसूदन ने राष्ट्रीय भावना को विकसित किया। उत्तर भारत में हिन्दी में पुनर्जागरण भारतेन्दु-युग से हुआ। उस काल में हिन्दी-उर्दू गद्य का विकास समान्तर रूप से हो रहा था। उर्दू शायर इकबाल राष्ट्रीय चेतना के अग्रदूत थे तो पंजाबी में गुरुमुख सिंह मुसाफिर, हीरा सिंह दर्द का नाम राष्ट्रीय कवियों में अग्रगण्य है।

साम्यवादी प्रभाव—1936 में भारतीय प्रगतिशील लेखक संघ की स्थापना हुई। प्रगतिशील आन्दोलन मूलतः सोवियत क्रान्ति का परिणाम है। सोवियत क्रान्ति के प्रभाव के साथ भारत में भी साम्यवादी विचारधारा का विकास हुआ और सम्पूर्ण भारतीय साहित्य पर उसका समान प्रभाव पड़ा। हिन्दी प्रगतिवादी आन्दोलन और अन्य भाषाओं के आन्दोलन प्रायः साथ ही प्रारम्भ हुए। केरल, बंगाल और तेलुगु क्षेत्र पर इसका विशेष प्रभाव पड़ा लेकिन उस युग में भारत की कोई भाषा ऐसी नहीं है जिस पर साम्यवादी आन्दोलन का प्रभाव न पड़ा हो।

स्वाधीनता और उसके बाद—भारतीय इतिहास की सर्वाधिक महत्त्वपूर्ण घटना 15 अगस्त, 1947 को भारत की स्वतन्त्रता है। स्वतन्त्रता के पश्चात् राष्ट्र-निर्माण और लोकतन्त्रीय शासन की स्थापना का ध्येय प्रमुख रहा। स्वतन्त्रता की विजयगाथा का वर्णन भारत की सभी भाषाओं में समान रूप से किया गया और एक नये भारत और विश्व-स्वतन्त्रता की कामना सभी भाषाओं के साहित्यकारों ने की। स्वतन्त्रता के पश्चात् भारत में 26 जनवरी, 1950 को गणतन्त्र की स्थापना हुई। स्वतन्त्रता, समानता और समग्र विकास की भावना का समादर राष्ट्र के सभी भाषाओं के कवियों ने किया। आज भारतीय साहित्य का मुख्य स्वर केरल से कश्मीर और असम से कच्छ तक की राष्ट्रीय सांस्कृतिक एकता है। विघटनकारी शक्तियों ने यद्यपि राजनीतिक उथल-पुथल को लगातार प्रश्रय दिया किन्तु साहित्य की मूल भावना राष्ट्रीय सांस्कृतिक एकता की स्थापना है। भारतीय साहित्य में यह एकात्मता विद्यमान है। स्वतन्त्रता के पश्चात् भारतीय भाषाओं के विकास के लिए अनेक संस्थाओं का उदय हुआ और सभी भारतीय भाषाओं का साहित्य दूसरी भाषाओं को जाननेवाले पाठकों के लिए सुलभ हो गया। इसके परिणामस्वरूप आज किसी भी भाषा में लिखा गया साहित्य हर क्षेत्र में समादृत है। के.एम. मुन्शी, रवीन्द्रनाथ ठाकुर, सुब्रह्मण्य भारती, प्रेमचन्द, फकीर मोहन सेनापति, शरच्चन्द्र, अमृता प्रीतम क्षेत्रीय भाषाओं के साहित्यकार नहीं हैं। महाश्वेता देवी और शिवा जी सामन्त के पाठक बाँग्ला और मराठी से अधिक हिन्दी में हैं। अनुवाद ने भाषायी साहित्य का भेद मिटा दिया है। इसके परिणामस्वरूप आज के भारतीय साहित्य में सम्पूर्ण भारत का बिम्ब सरलता से मिल जाता है। चूँकि भारतीय साहित्य सबके

लिए सुलभ है अतः लेखकीय दृष्टि में भी विस्तार हुआ है और प्रायः सभी लेखकों ने राष्ट्रीय पृष्ठभूमि को साहित्य में चित्रित किया है।

आज का भारत और भारतीय साहित्य

स्वतन्त्रता के पश्चात् भारतीय जन-जीवन में व्यापक परिवर्तन हुए। आजादी के बाद की पीढ़ी जब युवा हुई तो उसका लोकतन्त्र और उसके नेतृत्व से मोहभंग होने लगा था। परम्परागत समस्याएँ तो विद्यमान थीं ही युवा पीढ़ी को नयी समस्याओं से भी जूझना पड़ा। भारतीय जनमानस पर इसकी गम्भीर प्रतिक्रिया हुई। अशिक्षा, बेरोजगारी, निर्धनता जैसी आर्थिक समस्याएँ दहेज, नारी शोषण, दलितों का शोषण जैसी सामाजिक समस्याएँ तथा भ्रष्टाचार, लूट, अराजकता, नेतृत्व का दोमुँहापन, आतंकवाद, लूट-हत्या जैसी समस्याएँ भारतीय समाज के समक्ष यथावत् रहीं। देश की युवा पीढ़ी अर्थहीन हो गयी। शिक्षा और नैतिक मूल्यों का कोई महत्त्व नहीं रहा। ऐसे में समग्र भारतीय साहित्य का इन समस्याओं से अछूता रहना सम्भव नहीं था। आज के भारत का यह चित्र किसी क्षेत्र-प्रान्त और भाषा का नहीं है। यह समग्र भारतीय साहित्य में मिलता है। आज के भारतीय साहित्य में इसीलिए बहुत-सारी प्रवृत्तियाँ यथावत् विद्यमान हैं। देश-काल भेद से केवल नाम और परिवेश परिवर्तित हुआ है किन्तु विवेचन उन्हीं तत्त्वों का हुआ है जो सार्वदेशिक हैं। नारी विमर्श, दलित चिन्तन, मोहभंग और सन्त्रास जैसे शब्द हिन्दी में ही नहीं सभी भारतीय भाषाओं के युवा लेखन में उभरे हैं। देश में जो भी ऐतिहासिक घटनाएँ हुई हैं, उनकी गूँज सभी भाषाओं के साहित्य में मिलती है। यही नहीं समान प्रवृत्तियों के चित्रण की पद्धति भी समान है। कविता हर भाषा के साहित्य में पृष्ठभूमि में है और कथा-साहित्य को केन्द्रीय विधा के रूप में सभी भाषाओं में देखा जा सकता है।

आज के भारत की समस्याओं का चित्रण समकालीन भारतीय साहित्य में न केवल देखा जा सकता है वरन् ये कहानी लेखक, एक-दूसरे को प्रभावित कर रहे हैं। साहित्य अकादमी और नेशनल बुक ट्रस्ट के माध्यम से सभी समकालीन उत्कृष्ट रचनाएँ अपनी मूल भाषा और अन्य भाषाओं में समान्तर रूप से प्रवाहित हो रही हैं जिससे सभी भाषाओं के लोग समकालीन भारतीय साहित्य से परिचित हो रहे हैं जिनमें अनेक अनुवाद मूल से भी अधिक अनूदित रचना के रूप में पढ़े जा रहे हैं। लगान व्यवस्था और जनजागृति के महत्त्वपूर्ण पहलुओं से परिचित करता तकषी शिवशंकर पिल्लै का उपन्यास 'रस्सी' सभी भाषाओं में उपलब्ध है। इसी प्रकार स्त्री शिक्षा की प्रगति से जुड़ा नारी जागृति का उपन्यास अनचला डगर उड़िया का महत्त्वपूर्ण ग्रन्थ है। नारीवादी विमर्श की दृष्टि से आज अनेक आन्दोलन हो रहे हैं। इस दृष्टि से न केवल हिन्दी वरन् अन्य भाषाओं में भी अनेक कृतियाँ आयी हैं। उनमें सु. समुक्तिरण की एक डेरे से बाहर, एस.एल. भैरप्पा की एक कन्नड़ रचना गृहभंग, जयमोहन की तमिल कृति बदलते चेहरे प्रमुख हैं।

आज के लेखकों ने भारतीय जन-जीवन को ही नहीं हर क्षेत्र में व्याप्त विकृतियों को सहजता से प्रस्तुत किया है। इस दृष्टि से मलयालम उपन्यास 'दवा' का उल्लेख किया जा

सकता है जिसके लेखक पुनत्तिल कुंजरब्दुल्ला हैं। इस उपन्यास में चिकित्सा की दुनिया के अविश्वसनीय खोखलेपन और विद्रूप का चित्रण किया गया है।

स्त्री-विमर्श और दलित-विमर्श, आतंकवाद, भ्रष्टाचार, नक्सलवाद आज पूरे देश के साहित्यकारों के विमर्श के केन्द्र में हैं। वस्तुतः आज का भारतीय साहित्य एक समान उत्स से प्रेरणा पा रहा है। स्वतन्त्र भारत में राष्ट्रीय एकता के मूल मन्त्र, एक संघीय व्यवस्था और सूचना क्रान्ति तथा नये जन माध्यमों के प्रभाव ने भारतीय भाषाओं के मध्य दूरी को कम किया है। अतः पारस्परिक आदान-प्रदान की स्थिति बनी है। राजभाषा के रूप में हिन्दी का प्रसार सार्वदेशिक है। वहीं विभिन्न भाषाओं के बोलनेवालों में निकटता बढ़ी। महानगरीय संस्कृति के विकास के कारण पूरे भारत में हर प्रदेश के निवासी और बोलनेवाले मिल जाते हैं जिससे हर भाषा की शब्दावली दूसरी भाषा को प्रभावित करती है। हिन्दी की अधिकांश तद्भव शब्दावली संस्कृत से विकसित हुई है। इसी संस्कृत से भारत की द्रविड़ेतर सभी भाषाओं की शब्दावली संस्कृत से विकसित हुई है। इसी संस्कृत से भारत की द्रविड़ेतर सभी भाषाओं की शब्दावली विकसित हुई है। इसके परिणामस्वरूप भाषिक आदान-प्रदान में कठिनाई भी नहीं आती। द्रविड़ भाषाओं पर भी संस्कृत का समान प्रभाव है। पूरे देश में केन्द्रीय भाषा के रूप में हिन्दी प्रतिष्ठित है जिसका प्रभाव सभी क्षेत्रों में है। सिनेमा, दूरदर्शन, आकाशवाणी के माध्यम से हिन्दी का प्रयोग हर क्षेत्र में बढ़ा है जिसका परिणाम यह है कि हिन्दी में भारतीय भाषाओं के शब्द बढ़े हैं तथा हिन्दी शब्दावली का प्रयोग अन्य भाषाओं में बढ़ा है। जनगणना के आँकड़ों के अनुसार भारत में हिन्दी बोलनेवालों की संख्या का प्रतिशत 39.85 है। हिन्दी का साहित्य सम्पूर्ण भारत के लोगों द्वारा समृद्ध हो रहा है। वहीं भारतीय साहित्य को भी हिन्दी के माध्यम से लोकप्रियता मिल रही है। बँगला और मराठी के साहित्य के जितने पाठक मूल भाषा में हैं, उससे अधिक हिन्दी में हैं। अमृता प्रीतम, बिमल मित्र, शिवा जी सामन्त, तकषी शिवशंकर पिल्लै, पद्मा सचदेव अब क्षेत्रीय भाषा के रचनाकार नहीं हैं, इनकी रचनाएँ हिन्दी में उतनी ही लोकप्रिय हैं, जितनी मूल भाषा में। 8 प्रतिशत बँगला में कोई प्रतिष्ठित नहीं होता 40 प्रतिशत हिन्दी पाठक वर्ग से ही राष्ट्रीय पहचान बनती है। इस प्रकार आज का भारतीय साहित्य न केवल क्षेत्रीय साहित्य का संघ है वरन् हिन्दी साहित्य का भी अंग है। भारतीय संघ की भाँति भारतीय साहित्य भी क्षेत्रीय होने के साथ राष्ट्रीयता के विकास में संघीभूत होकर एक भाषा, एक विचार एक संस्कृति का उद्घोष कर रहा है। यही अनेकता में एकता का स्वर है। लगभग 1600 बोलियोंवाले इस राष्ट्र में सभी बोलियों की अपनी-अपनी विशेषताएँ हैं।

भारत जैसे विशाल राष्ट्र में भाषाओं की विविधता के बावजूद किसी प्रादेशिक भाषा के बोलनेवालों की संख्या किसी देश की जनसंख्या से अधिक है। इसके साथ ही भारतीय समाज भी विविधतापूर्ण है। जाति, नस्ल, रीति-रिवाज, परम्परा भी भारतीय समाज में पृथक्-पृथक् है। भारत पर सुदीर्घकाल तक विदेशी शासन रहा। अतः विदेशी भाषाओं और धर्मों का भी व्यापक प्रभाव भारत पर पड़ा। फारसी और अंग्रेजी का समान प्रभाव भारत पर पड़ा है और

दोनों भाषाओं का अलग स्वरूप भारत में दिखलायी पड़ता है। इसके साथ ही ईसाई और इस्लाम धर्म को माननेवालों की एक बड़ी संख्या भारत में विद्यमान है। इस विविधता के कारण ही संविधान निर्माताओं ने आज के भारत के निर्माण के लिए एक सर्वमान्य भाषा के साथ क्षेत्रीय भाषाओं की महत्ता को रेखांकित किया था। संविधान की धारा 351 में स्पष्ट निर्देश है–

"संघ का कर्त्तव्य होगा कि वह हिन्दी भाषा का प्रचार बढ़ाये, उसका विकास करे, जिससे वह भारत की सामाजिक संस्कृति के सभी तत्त्वों की अभिव्यक्ति का माध्यम बन सके और उसकी प्रवृत्ति में हस्तक्षेप किये बिना हिन्दुस्तानी में और आठवीं सूची में विनिर्दिष्ट भारत की अन्य भाषाओं में प्रयुक्त रूप, शैली और पदों को आत्मसात् करते हुए जहाँ आवश्यक या वांछनीय हो वहाँ उसके शब्द-भण्डार के लिए मुख्यतः संस्कृत से और गौणतः अन्य भाषाओं से शब्द ग्रहण करते हुए उसकी समृद्धि सुनिश्चित करे।"

आदान-प्रदान की प्रक्रिया–निकटवर्ती भाषाओं में आदान-प्रदान की प्रक्रिया निरन्तर चलती रहती है। यह प्रक्रिया प्रत्यक्ष और अप्रत्यक्ष दोनों रूपों में चलती है। विभिन्न महानगरों में ऐसी भाषाओं का प्रयोग आज व्यापक रूप से देखने में आ रहा है। कलकत्ता, चण्डीगढ़, मुम्बई और बनारस की हिन्दी का अन्तर स्पष्ट रूप से देखा जा सकता है। भारत की प्रत्येक भाषा पर अन्य देशी-विदेशी भाषाओं के शब्दों का और लोकोक्तियों, मुहावरों और ध्वनियों का प्रभाव बढ़ा है। यह प्रभाव आधुनिक युग की देन नहीं है। आदान-प्रदान की यह प्रक्रिया प्राचीन है जो कभी-कभी इतनी गहरी हो जाती है कि भाषा भेद मिट जाता है।

सूचना क्रान्ति के आधुनिक युग में घटनाएँ पूरे देश को एक साथ प्रभावित करती हैं। इसलिए आज का भारतीय साहित्य किसी क्षेत्र की समस्या को लेकर नहीं वरन् राष्ट्रीय समस्याओं को एक साथ प्रस्तुत करने में समर्थ है। इसीलिए समकालीन भारतीय साहित्य को पढ़ते समय प्रादेशिकता के स्थान पर समग्रता का बोध होता है। आधुनिक काल में भाषान्तरण मात्र से साहित्य का समान रूप उपलब्ध हो जाता है। मन्नू भण्डारी का महाभोज, अरुण सन्धू का बम्बई दिनांक, चाणक्य सेन का मुख्यमन्त्री, बदी उज्माँ का 'एक चूहे की मौत' एक ही कहानी कहते प्रतीत होते हैं। दूरदर्शन धारावाहिक 'मालगुडी डेज' केरल की नहीं भारत की कहानी है। रामायण और महाभारत धारावाहिक भाषा भेद नहीं रखते। इसलिए आज के भारत को जानने के लिए भारतीय साहित्य देखना होगा न कि किसी एक भाषा का साहित्य।

समग्र रूप से कहा जा सकता है कि भारतीय साहित्य की प्राचीन काल से दो मुख्य भाषिक धाराएँ रही हैं–1. द्रविड़ कुल और 2. आर्य कुल। भाषिक धाराओं की विभिन्नता के बावजूद साहित्यिक धाराएँ दोनों कुलों की समान रही हैं। द्रविड़ कुल के आदि आचार्य अगस्त्य संस्कृत परिवार के सम्मानित सदस्य और भगवान् राम के आराधक रहे हैं। अतः साहित्यिक धाराएँ मूलतः राम, कृष्ण, शिव को केन्द्र में रखकर प्रारम्भ हुईं। कालान्तर में बौद्ध और जैनधर्म की रचनाएँ सभी भाषाओं में मिलती हैं। आज के भारतीय साहित्य की परम्पराएँ भी समान हैं। आज की भारतीय भाषाओं के साहित्य का विकास प्रायः एक साथ हुआ। सभी भारतीय

भाषाओं के साहित्य पर नाथों और सिद्धों का प्रभाव है। इस प्रकार भक्ति का उन्मेष सभी भारतीय भाषाओं में साथ-साथ हुआ। स्वतन्त्रता-संघर्ष का उद्घोष भी सभी भारतीय भाषाओं के साहित्य में साथ-साथ हुआ। प्रगतिशील आन्दोलन भी एक साथ विकसित हुआ। आधुनिक हिन्दी गद्य की भाँति सभी भारतीय भाषाओं में गद्य विधाओं का विकास अंग्रेजों के आगमन के पश्चात् ही प्रारम्भ हुआ। भारतीय साहित्य की एक विशेषता साहित्यिक अस्मिता भी है। भारतीय भाषाओं में अपने साहित्य के प्रति गौरव बोध है। विद्यापति भाषा की दृष्टि से भले ही हिन्दी के माने जाते हैं लेकिन मिथिला के लोग उन्हें मैथिली का कवि मानने में गर्व का अनुभव करते हैं। बँगला की व्रजबुलि मूलतः ब्रजभाषा है किन्तु बंगाल के लोग चण्डीदास को अपना कवि मानने में गर्व का अनुभव करते हैं। द्रविड़ परिवार की आज चार भाषाएँ ही हैं। उनमें परस्पर नैकट्य है। द्रविड़ तमिल का ही प्राचीन रूप है किन्तु आज कन्नड़ और मलयालम के साहित्यकार द्रविड़ का नहीं कन्नड का साहित्यकार कहलाने में गौरव का अनुभव करते हैं। इस प्रकार भाषायी गौरव बोध विकसित होने के कारण उन भाषाओं के स्वतन्त्र अस्तित्व की चिन्ता बढ़ी है, जिनका उल्लेख संविधान की अष्टम अनुसूची में नहीं हुआ है। आज के समग्र भारतीय साहित्य के विकास का यह महत्त्वपूर्ण आधार है।

समग्र रूप से आज के भारतीय साहित्य का मूल्यांकन करने पर जो प्रमुख बिन्दु सामने आते हैं, वे इस प्रकार हैं–

आज के भारतीय साहित्य की सामान्य विशेषताएँ

1. आज की सभी भाषाओं के साहित्य में सामाजिक परिवर्तन का स्वर समान रूप से मिलता है।

2. सभी भारतीय भाषाओं के साहित्य में दलित-चिन्तन की विचारधारा और दलित विमर्श केन्द्रीय तत्त्व है।

3. आज के भारतीय साहित्य में नारीवादी विमर्श का स्वर समान रूप से मिलता है।

4. सभी भारतीय भाषाओं के साहित्य में केन्द्रीय विधा के रूप में कथा-साहित्य का महत्त्व कविता से अधिक बढ़ा है। हिन्दी ही नहीं बँगला, पंजाबी, मराठी, तमिल, तेलुगु, कन्नड़ और मलयालम में उपन्यास एवं कहानी को प्रमुखता मिली है।

5. भारतीय भाषाओं के साहित्य में भ्रष्टाचार, राजनीतिज्ञों के विरुद्ध वातावरण तथा पूँजीवादी शक्तियों के विरुद्ध आक्रोश मुखर है।

6. स्थान भेद एवं भाषा भेद के बावजूद भारत की सभी भाषाओं के साहित्य में व्यवस्था के प्रति विद्रोह, भ्रष्टाचार, बेरोजगारी और आम आदमी की स्थिति का चित्रण मिलता है।

7. सभी भाषाओं के साहित्य में राष्ट्रीय चेतना का स्वर समान रूप से मुखरित हो रहा है।

8. सभी भारतीय भाषाओं का साहित्य अनुवाद के कारण दूसरी भाषा के साहित्य को प्रभावित करने में अधिक समर्थ है और अनेक साहित्यकार अपनी मूल भाषा से अधिक अनुवाद भाषा में प्रसिद्ध हुए हैं।

9. आज के भारतीय साहित्य में सामाजिक क्षेत्र का विस्तार हुआ है और हर भाषा की शब्दावली यहाँ तक कि अंग्रेजी शब्दावली का प्रयोग बहुलता से हो रहा है।

स्वातन्त्र्योत्तर भारतीय साहित्य की मूल प्रवृत्तियाँ

स्वातन्त्र्योत्तर काल में राजनीतिक स्वतन्त्रता का सुख गाँधी की हत्या, देश-भर में मारकाट, हाय-हत्या के साथ विभाजन, आर्थिक विषमताओं की बढ़ती गति और सांस्कृतिक मूल्यों के विघटन के कारण नहीं आ सका। संविधान और पंचवर्षीय योजनाओं का उल्लास भी नव्य सामन्तवाद-पूँजीवाद के उदित होने से खिन्नता में बदलता चला गया। विदेशी मानसिकता के भारतीय बुद्धिजीवियों ने स्वाधीनता के बाद भारत को भाषा-संस्कृति से, भारतीय परम्पराओं-विचारधाराओं से जोड़ने में ढील बरती और वे पश्चिमी आधुनिकता, भौतिकता और टेक्नोलॉजी की ओर ही अन्धे होकर भागते रहे। फलतः हमारी अधूरी स्वाधीनता, नंगी आधुनिकता की चिन्तनधारा को तमाम रिक्तियों ने घेर लिया। देश के टूटते स्वप्नों से एक ऐसा परिवेश जन्म ले उठा जिसमें विश्वास, आस्था-संकल्प, मूल्य-संस्कार का स्थान विद्रूपता, आत्मनिर्वासन, अकेलापन, अँधेरा, मृत्युबोध, पीड़ा, यन्त्रणा, कुण्ठा, विकृत यौन भोग, रिक्तता, विसंगति, विघटन आदि ने ले लिया। शताब्दियों से भारत को अखण्ड रूप से धारण करनेवाली आस्था, रक्षित करनेवाले सन्त-सुधारकों के वचन, सांस्कृतिक नवजागरण के योद्धाओं के त्याग, उदारता, मानव की व्यापक कल्याण-भावना के भाव, 1950 के बाद के भारतीय सृजन में प्रभावहीन हो उठे। बँगला के जीवनानन्ददास, प्रेमेन्द्र मित्र, बुद्धदेव बसु, सुधीन्द्रनाथ दत्त, विष्णु दे, हिन्दी के अज्ञेय, मुक्तिबोध, धर्मवीर भारती, शमशेर बहादुर सिंह, सर्वेश्वरदयाल सक्सेना, भवानीप्रसाद मिश्र, मराठी के मर्ढेकर, शरच्चन्द्र मुक्तिबोध, उड़िया के अनन्त पट्टनायक, रमाकान्त रथ, असमिया के नवकान्त बरुआ, नीलमणि फूकन, उर्दू के जिगर मुरादाबादी, असर लखनवी, कैफ़ी आजमी, मंजर सलीम, कन्नड़ के द.रा. बेन्द्रे, एम. गोपाल कृष्ण अडिग, विनायक कृष्ण कोका, कश्मीरी के दीनानाथ नादिम, रहमान राही, तमिल के अ. कि. परन्दामनार, चिदम्बरम, तेलुगु के दाशरथि, विश्वनाथ सत्यनारायण, पंजाबी की अमृता प्रीतम, हरभजनसिंह, मलयालम के नम्बूतिरि, गोविन्दन नायर आदि भारत के कवियों ने अपनी रचनात्मक जरूरतों के सन्दर्भ में भारतीय काव्य-परम्परा के साथ वैसा श्रम नहीं किया जैसा कि टी.एस. इलियट, पाउण्ड आदि ने पश्चिम में किया। इनका परम्परा-विद्रोही व्यक्तित्व पश्चिमी आधुनिकता के नारों-वादों-प्रवृत्तियों, खण्डित बिम्बों की अभिव्यक्तियों से आक्रान्त बना रहा। ऐसी स्थिति में भारतीय नयी कविता की प्रमुख प्रवृत्तियों पर विचार करते ही आगे दिये हुए महत्त्वपूर्ण तथ्य उभरते हैं—

परिस्थिति-परिवेश की अभिव्यक्ति

भारतीय साहित्य के नये कवि नवीनता, तात्कालिकता और समसामयिकता की प्रवृत्तियों से इतने अधिक आक्रान्त रहे हैं कि भारतीय सृजनात्मकता के मूल स्रोतों को त्याग दिया। नतीजा यह हुआ कि रवीन्द्रनाथ टैगोर, सुब्रह्मण्यम भारती, जयशंकर प्रसाद के सांस्कृतिक स्रोतों का उपयोग ही कर सके। ये नये कवि अपने परम्परा-विद्रोही सृजन में देश और काल की समस्याओं से जूझते हुए वर्तमान के ऊपर ही दौड़ते रहे। गाँधी के बाद की राजनीति आनन-फानन में सत्ता की राजनीति में रूपान्तरित हो गयी जिसे जवाहरलाल नेहरू, लोहिया

और जयप्रकाश कोई सही दिशा नहीं दे सके। हमारे बुद्धिजीवियों और रचनाकारों को भी समाज की निरन्तर बिगड़ती हुई हालत के कारण अपने पैरों तले की जमीन खिसकती हुई जान पड़ी। नयी पीढ़ी में अहिंसा के स्थान पर पनपनेवाली हिंसा, क्रूरता, असहिष्णुता के विसंवादी स्वर तेजी से उभरे। इसी स्थिति की अभिव्यक्ति बँगला की विद्रोही कविता और हिन्दी की अकविता जैसे काव्य-आन्दोलनों में हुई। कवि भूख और यौन-क्रान्ति के गीत गाने लगा। बँगला में मलय चौधरी, गुजराती में श्रीकान्त शाह और हिन्दी में श्याम परमार ने भूख, युयुत्सा, यौन-क्रान्ति की कविताओं का अम्बार लगा दिया। विष्णु दे, धूमिल, रघुवीर चौधरी, शरच्चन्द्र मुक्तिबोध आदि कवि आक्रोश एवं खीझ की कविताएँ लिखते रहे जिन्हें अनुभूति की प्रामाणिकता का नाम देकर यथार्थ-जीवन का चित्रण स्वीकार कर लिया गया।

काव्य-संवेदना और मानव-मूल्यों के बदलाव की चेतना

सभी भारतीय साहित्यकारों ने नये काव्य के बदलते हुए काव्य-तत्त्वों को रचना और आलोचना में परिभाषित करने का प्रयत्न किया। नयी-नयी काव्यभूमिकाओं से काव्य सृजन-दृष्टि की चिन्ता और महत्ता को स्पष्ट किया। हिन्दी में 'सप्तकों' की भूमिकाएँ, गुजराती में 'कृति', 'कविता', 'रे' जैसी पत्रिकाओं के प्रकाशन, बँगला-मराठी के वाक्य आन्दोलन-सूत्र, नवीनवादियों-अकवितावादियों की काव्य घोषणाओं ने नये रचनाकारों के लिए नया पाठ भी तैयार किया। सभी भारतीय कवियों ने सबसे पहले युग-परिवर्तन के साथ बदलते हुए रागात्मक सम्बन्धों को रेखांकित किया। यह बात बार-बार कही गयी कि वस्तुओं को देखने की हमारी दृष्टि के बदलने के साथ-साथ हमारा सौन्दर्य-बोधानुभव या राग-बोध भी बदल गया है। इसलिए नयी कविता काव्य-संवेदना में रागात्मक सम्बन्ध के बदलाव के साथ मानव-मूल्यों के बदलाव की भाव-दीप्त चेतना है। ऐसी स्थिति में विष्णु दे, नादिम, अमृता प्रीतम, मुक्तिबोध, सुकान्त भट्टाचार्य जैसे कवियों की कोशिश यही रहती है कि सामाजिक यथार्थ के प्रति अधिकाधिक जागरूक रहा जाय और वैज्ञानिक तरीके से समाज को समझा-समझाया जाय। नयी कविता का कवि बौद्धिकता का दावा करता है और पुराने रस-शास्त्र में उसकी कोई आस्था दृष्टिगत नहीं होती। काव्य की जटिल सम्प्रेषणीयता के लिए साधारणीकरण-सिद्धान्त को हिन्दी में अज्ञेय, मराठी में बा.सी. मर्ढेकर, प.द. भावे, गुजराती में सुरेश जोशी, प्रियकान्त मणियार, आदिल मन्सूरी, उर्दू के फ़िराक गोरखपुरी, बँगला के सुकान्त मणीन्द्रराय, नीरेन्द्रनाथ चक्रवर्ती जैसे कवियों का समर्थन मिला है।

प्रेम और प्रकृति के प्रति नयी सौन्दर्य दृष्टि

भारतीय नयी कविता में काव्य-संवेदना के बदलाव से प्रेम और प्रकृति जैसे विषयों के प्रति जीवनानन्ददास, बुद्धदेव वसु, उमाशंकर जोशी, अमृता प्रीतम, अज्ञेय, नादिम आदि कवियों में नयी प्रतिक्रिया हुई है। वास्तव में इस दृष्टिकोण को बंगाल की भूखी पीढ़ी और हिन्दी की अकविता आदि ने और जोर देकर स्थापित किया कि यौन-भावना के प्रति पवित्रता का दृष्टिकोण न होकर भोगने-जीने का होना चाहिए। हिन्दी में गिरिजाकुमार माथुर, पंजाबी में अमृता प्रीतम, उर्दू में कैफ़ी आजमी, मराठी में पसन्द बाण्ट, मंगेश पाडगाँवकर, गुजराती में सुरेश दलाल, मलयालम में सुगत कुमारी, बालामणियम्मा, कन्नड़ में माव्यनन्द,

वि. एच. श्रीधर आदि ने प्रेम में मानव-तत्त्व की प्रतिष्ठा की। मलयालम, तेलुगु, कन्नड़, तमिल की कविता में प्रकृति-वर्णन का बहुत विस्तार है जबकि हिन्दी, मराठी, बँगला, उड़िया, उर्दू, असमिया की नयी कविता में प्रकृति का प्रवेश लगातार कम होता गया है। कन्नड़ में 'मल बन्तु', 'पानी बरसा' जैसी कविताओं के कवि वि.सी. रामचन्द्र वर्मा और हिन्दी में भवानी प्रसाद मिश्र का गीत 'पानी बरसा री' अपनी अर्थ-ध्वनियों में बड़ी उपलब्धियाँ हैं। अज्ञेय ने 'असाध्य वीणा', कश्मीर के कवि जमीन कामिल ने 'दूर चमका एक तारा', फानी कवि ने 'रे केसर के फूल', उड़िया में मोहन मिश्र 'मोर परिचय' ने असमिया के वीरेश्वर बरुआ की कविता 'गारो पाहार', बँगला में सुकान्त ने 'प्रार्थी' आदि कविताओं में प्रकृति के आदिम उल्लास के चित्र खींचे हैं। पर इन भारतीय कवियों में जब विक्षोभ, क्रोध की ज्वाला फूटी है तो साफ कहा गया है—

हे महाजीवन, आर एकाव्येनय
एबार कठिन, कठो गद्ये आनो,
पद लालित्य-जंकार मुद्दे जाको
गद्येर कड़ा हातुड़िके आज जानो।
प्रयोजन नेई कवितार स्निग्धता-
कविता तोमाय दिलाम आज के छुटि
पूर्निमा चाँद जेनो झलसानो रूटि।

(सुकान्त, 'हे महाजीवन')

आधुनिकता-परम्परा और प्रयोग

बँगला में नयी आधुनिकता का आरम्भ बुद्धदेव बसु, कन्नड़ में विनायक कृष्ण गोकाक, गुजराती में उमाशंकर जोशी, पंजाबी में अमृता प्रीतम और हिन्दी में अज्ञेय आदि से शुरू होता है। इन सभी कवियों ने नयी कविता को नयी दिशा-दृष्टि देकर प्रतिष्ठित किया है। नयी कविता को प्रतिष्ठित करने के दौर में इन कवियों ने प्रहार भी बहुत झेले पर ये डटे रहे। बुद्धदेव वसु और अज्ञेय, मर्ढेकर और गोकाक ने भावभाषा के नये-से-नये प्रयोग किये और कविता को जड़ लीकों से छुटकारा दिलाया। बँगला में बुद्धदेव बसु, अचित्यकुमार सेन, प्रेमेन्द्र मित्र की त्रयी, हिन्दी में अज्ञेय, शमशेर, भवानीप्रसाद मिश्र की त्रयी, गुजराती में उमाशंकर जोशी, सुरेश जोशी, भोलाभाई की त्रयी, कन्नड़ में विनायक कृष्ण गोकाक, कर्वेषु, के. एस. नरसिंह स्वामी की त्रयी काफी तुलनीय है। जीवनानन्ददास की तुलना हिन्दी के कवि ग. मा. मुक्तिबोध, मराठी के कवि शरच्चन्द्र मुक्तिबोध से करने पर तीनों ही जटिल-युग की यन्त्रणाओं के खिलाफ लड़ते दृष्टिगत होते हैं। ग. मा. मुक्तिबोध फन्तासी से यथार्थ रचते हैं पर जीवनानन्ददास कमायी हुई काव्यात्मक उग्रता से झकझोर देते हैं। इनमें सामाजिक भावना और साम्यवाद के प्रति झुकाव हिन्दी के कवि मुक्तिबोध की भाँति ही प्रबल है। यही अग्नि-सूर्य मराठी के शरद् मुक्तिबोध में उग पड़ा है। प्रभाकर माचवे और मर्ढेकर, असर लखनवी और बाला मणियम्मा में विचित्रताओं के रंगारंग वाक्य-प्रयोग हैं। इस प्रकार नये

भारतीय कवियों ने परम्परा, आधुनिकता और प्रयोग की शक्ति से एक नया काव्यात्मक मुहावरा विकसित किया है। काव्य-वस्तु में धनी-गरीब का भेदभाव नहीं है। उदात्त नायक का स्थान यहाँ 'आम आदमी' ने लिया है। प्रेमचन्द मित्र ने साफ कहा है :

मैं लुहारों, ठठेरों, बढ़इयों का
कुली और मजदूरों का कवि हूँ
मैं सभी परायों का कवि हूँ।

(प्रथमा काव्य संग्रह)

अज्ञेय ने कहा है :

पीड़ित श्रमरत मानव
अविजित दुर्जेय मानव
कमकर, श्रमकर, शिल्पी, स्रष्टा...
उसकी मैं कथा हूँ।

(इन्द्रधनु रौंदे हुए ये)

व्यक्ति केन्द्रित अहंभाव ने अधिकांश नये कवियों को प्रयोगों की चादर में लपेटा हुआ है। इन्होंने 'लघुमानव सिद्धान्त' का रोग-राग भी उचाला है हालाँकि मार्क्सवाद रुझानों के नये कवि इस 'लघुमानव सिद्धान्त' की बीमारी के खिलाफ आवाज उठाते रहे हैं। ग.मा. मुक्तिबोध, जीबनानन्ददास ने, व्यक्तिकेन्द्री अहंभाव का साथ कभी नहीं दिया। कारण है :

मेरे इस साँवले चेहरे पर कीचड़ के धब्बे हैं,
दाग हैं
और इस फैली हुई हथेली पर जलती हुई है
अग्नि विबेक की।

(चाँद का मुँह टेढ़ा है)

सन्त्रास और यन्त्रणा बोध

सामाजिक परिवेश की भ्रष्टता ने सन्त्रास और यन्त्रणा को नयी कविता की सृजनात्मकता में अनिवार्य स्थान दिया है। सन्त्रास, यन्त्रणा और कुण्ठा इस कविता के स्थायीभाव कहे जा सकते हैं। आत्मपरायन, आत्म-निर्वासन, अकेलेपन, विवशता, शोषित, तिरस्कृत, मोहभंग के सर्प ने डँसा हुआ है। विद्रूपता और विसंगति-बोध इसी परिवेश के नरक से उपजा है। भूख, बेरोजगारी, महँगाई, आर्थिक शोषण, सांस्कृतिक मूल्यों के विघटन ने अनास्था को दृढ़ किया है। विश्वयुद्ध की पीड़ा, मानव-सम्बन्धों की धुरीहीनता और जटिलता ने मानव को पीस डाला है। युगीन भावबोध में यन्त्र और पूँजी के आतंक ने, निरन्तर बढ़ती अमानवीयता, सम्बन्ध-हीनता ने मानव को असहाय बना दिया है। इन कविताओं में सुब्रह्मण्य भारती, वीरेशलिंगम, निराला, प्रसाद, रवीन्द्रनाथ आदि का सौन्दर्य-लोक गायब है। जीवन के माधुर्य और लालित्य का स्थान यहाँ यन्त्रणा-बोध ने ले लिया है। ग.मा. मुक्तिबोध, जीवनानन्ददास, फिराक

गोरखपुरी, श्रीकान्त शाह आदि सभी भारतीय कवियों ने अन्धे युग की अनास्था और अवसाद को व्यक्त किया है। ग.मा. मुक्तिबोध की लम्बी कविता 'अँधेरे में', धर्मवीर भारती का 'अन्धायुग', उमाशंकर जोशी का 'छिन्न-भिन्न हूँ', प्रियकान्त मणि पार का 'स्पर्श', बसन्त बापट का 'बिजली', शरच्चन्द्र मुक्तिबोध का 'यान्त्रिक' कविताओं का लोक आज के जीवन की भयावह तस्वीरें आँकता है। बुद्धदेव बसु कहते हैं–

आमि भुष्क निशाचर, अन्धकारे मोर सिंहासन
आमि हिंस्र, दुरन्त, पाशव
सुन्दर फिरिया जाय अपमाने, असहय लज्जाय।

(शापभ्रष्ट)

पश्चिमी विचारधाराओं का प्रयोग

1940 से पहले की भारतीय कविता में विदेशी अनुगूँजें सुनायी देने पर भी उसका केन्द्रीय चिन्तन वैष्णव-बौद्ध चिन्ताधाराओं से अनुशासित-नियन्त्रित रहा। किन्तु परिस्थितिवश द्वितीय विश्वयुद्ध के आस-पास पुरानी चिन्तनधाराएँ या तो अपनी सार्थकता खो बैठीं या उनका भीतरी तेज चुक गया है। वैष्णव संस्कारों में रँगी गुजराती की कविता नयी कविता में बदलते ही पश्चिमी आधुनिकता और अतियथार्थवादी घेरे में घिरकर बहने लगी। कविता के केन्द्र से ईश्वर खिसक्कर किनारे बैठ गया और मानव केन्द्र में महत्त्व-प्रतिष्ठा पाने लगा। मार्क्सवाद तथा मनोविश्लेषणशास्त्र के मौलिक चिन्तन ने अरविन्द और गाँधी को पीछे धकेलकर अपना रास्ता बनाया। भारतीय नयी कविता के चिन्तन पर सबसे जोरदार हमला अस्तित्ववाद का हुआ। क्षणवाद, लघुमानववाद, अनास्थावाद इसी के भीतर से जन्मा और पुष्ट हुआ। हेडेगर, किर्केगार्द, कामू, सार्वा और नीत्से के विचार प्रस्तोता यहाँ तेजी से उभर पड़े। यह प्रचारित किया गया कि ईश्वर एबकार और निरर्थक परिकल्पना है। हिन्दी-बंगाली, गुजराती, तेलुगु, उर्दू, तमिल की कविता में अस्तित्ववादी चिन्तन में सतत विस्तार पाया जबकि मराठी, असमिया, कन्नड़, मलयालम, सिन्धी, कश्मीरी की नयी कविता में इसके हलके झटके ही महसूस किये गये। अस्तित्ववादी चिन्तन ने भारतीय नयी कविता में वैयक्तिकता पर विशेष आग्रह रखा। हिन्दी में अज्ञेय, धूमिल, विजयदेव नारायण साही, श्रीकान्त वर्मा, बँगला में बुद्धदेव बसु, मलयालम में इटश्शेरि गोविन्दन नायर, मराठी में आ.ना. पेडणेशर, तेलुगु में दाशरथि, तमिल में मुडियरशन, गुजराती में मनसुखलाल झावेरी, कश्मीरी में रहमान राही, मुहम्मद मुजफ्फर 'आजिम', उर्दू में शमीम करहानी, फिराक गोरखपुरी, उड़िया में श्रीवत्सनायक, मायाधर मानसिंह आदि कवि अस्तित्ववादी चिन्तन की ओर दृष्टिगत होते हैं। भारतीय नयी कविता में सन्त्रास, मृत्युबोध, ईश्वर की सत्ता में अविश्वास, परायेपन के बोध आदि की जीवन-विरोधी प्रवृत्तियाँ अस्तित्ववाद के प्रभाव से ही उभरी हैं। कुँवर नारायण की प्रबन्ध कृति 'आत्मजयी' का नचिकेता, गुजराती में 'रे' पत्रिका में प्रकाशित लाभशंकर ठाकुर, आदित मन्सूरी की कविताएँ इसी अस्तित्ववादी अँधेरे की झन्कारें हैं।

भारतीय नयी कविता के साम्यवादी रुझान के कवियों ने निराशा-सन्त्रास-कुण्ठा की परिवेशगत स्थितियों को शब्दमुक्त करते हुए भी अनास्था और पराजय-बोध को नहीं अपनाया

है। हिन्दी में ग.मा. मुक्तिबोध, शमशेर, नेमिचन्द्र जैन, बँगला में जीवनानन्ददास, विष्णु दे, सुभाष मुखोपाध्याय, प्रेमेन्द्र मित्र, उर्दू में कैफ़ी आजमी, पंजाबी में अमृता प्रीतम, गुजराती में उमाशंकर जोशी, कन्नड़ में विनायक कृष्ण गोकाक आदि कवि जीवन में आस्थावादी राग के कवि हैं। यहाँ हर अँधेरे के खिलाफ विचार सूर्य की लड़ाई जारी है। सुभाष मुखोपाध्याय के शब्दों में :

कामरेड, आज नवयुग आनबे ना?
कुयाशा कठिन वासन जे सम्मुखे।

(पदादिक)

इधर की समस्त भारतीय नयी कविता पर मनोविश्लेषणशास्त्र का प्रभाव गहराया है। फ्रायड, एडलर और युंग की विचार-प्रतिपत्तियों ने 'फन्तासी' के नये काव्य-रूप को ही यहाँ प्रतिष्ठित कर दिया है। भूखी पीढ़ी की कविता, अकविता पर अतियथार्थवाद की दृष्टियों से यौन-क्रान्ति मुद्रा दिखायी है। अतः भारतीय नयी कविता में अनेक विचारधाराएँ मिल-मिलकर काव्य-संसार रचती हैं।

अनिश्चय की भावना और एकाकीपन की अनुभूति

आजाद होने के बाद देश में आजादी का उल्लास बहुत जल्दी ही ठण्डा पड़ गया। बाढ़, युद्ध, पंचवर्षीय योजनाओं की विफलता, मानवद्रोही और टुच्ची राजनीति तथा स्थापित व्यवस्था के बड़े-बड़े तन्त्रों, महानगरों की सम्बन्धहीन जिन्दगी में मानव एकदम अकेला, विवश, असहाय पड़ गया। बंगाल की 'नूतन कविता', हिन्दी की 'नयी कविता' और मलयालम की 'वचन कविता' ने इस स्थिति की भारतीय भाषाओं में प्रबल ढंग से अभिव्यक्ति की है। हिन्दी के कवि सर्वेश्वरदयाल सक्सेना ने लिखा :

फिर भी मैं चलता हूँ मजबूरियाँ गति में साधे।
अपनी मंजिल का धुआँ अपनी नजर में बाँधे। (काठ की घण्टियाँ)

मणीन्द्र राय लिखते हैं :

तबू गान गाइ
जीवनेर साड़ा ताते नाइ
राशि राशि श्मशानेर छाइ
गाये मारिव, वातासे उड़ाइ।

(कविता)

संक्षेप में, भारतीय नयी कविता में अनिश्चय और अकेलापन शत-शत रूपों, भयावह आकृतियों और निष्ठुर-निर्मम साँसों के साथ झाँकता मिलता है।

लोक सम्पृक्ति की भावात्मक झन्कार

स्वाधीनता के बाद साहित्य ने आदर्शवाद की भूमि से उतरकर यथार्थवाद का पल्ला पकड़ा है। लोक-जीवन और लोक-व्यथा का ऐसा कोई पक्ष नहीं है जो इनकी सृजनात्मकता की धार से उजागर न हुआ हो। सामाजिक चेतना की इतनी प्रखर अभिव्यक्ति इस काव्य-जगत् में मिलती है कि यह लोकजागरण और लोक चित्तवृत्ति की भाव-मुद्राओं को बिम्बित करनेवाली कविता कही जा सकती है। शमीम करहानी 'कोशिका' कविता में कहते हैं—

फिर मुझे वक्त जगाता है कि उठ अय राही
रास्ता ढूँढ़ जमाने को बदलने के लिए।
ऐसी ममता से थपक देती है परबत की हवा
अपनी धरती से गले मिल के मैं सो जाता हूँ।

दुरूहता और जटिलता तो नयी कविता की एक विशेषता ही है। किन्तु इसके साथ-साथ इस कविता में मिथकों का नये अर्थ में प्रयोग हुआ है। कवियों ने इतिहास-पुराण की भारतीय कथाओं को नया सन्दर्भ दिया है। इस दृष्टि से बुद्धदेव बसु में द्रौपदी, दमयन्ती, रमा और अपर्णा की भरमार है, तो जीवनानन्ददास में विदिशा और श्रावस्ती की पुकार। हिन्दी के कवि धर्मवीर भारतीकृत 'अन्धायुग', 'कनुप्रिया', नरेश मेहताकृत 'संशय की एक रात', भवानी प्रसाद मिश्रकृत 'कालजयी' की युग-सन्दर्भ गाथा है। विदेशी मिथक और इतिहास-कथाएँ सुधीन्द्र नाथ दत्त, अमिय चक्रवर्ती, विष्णु दे जैसे पश्चिमी ज्ञान-सम्पन्न कवियों में धड़ल्ले से आती हैं। देश-विदेश की इस मिथक और इतिहास-यात्रा से भारतीय नयी कविता ने विश्व-दृष्टि और विश्व-चेतना विकसित की है।

अनुभूति की प्रामाणिकता

अनुभूति में विस्तार और गहराई के लिए भारतीय नयी कविता फिराक गोरखपुरी, जीवनानन्ददास, अज्ञेय, मुक्तिबोध, धूमिल, निरंजन भगत, अमृता प्रीतम, नादिम, भारतीदासन् आदि कवियों की विशेष ऋणी है। इन कवियों की कविता अपनी जमीन, अपने परिवेश और अपनी काव्यभाषा, उपमान योजना, छन्द-लय-विधान, बिम्ब-प्रतीकों से जीवन-रस पीकर बढ़ती-फूलती-फलती है। संवेगों की ईमानदारी, समय की ईमानदारी और काव्य-माध्यम की ईमानदारी ने इस कविता के प्रति पाठक का भरोसा अर्जित किया है। ज्यादातर कवि व्यंग्य-वक्रोक्ति, विसंगति-विडम्बना के प्रयोग में माहिर हैं और स्वातन्त्र्य तथा दायित्व का भीतरी संश्लेष करते रहते हैं। यहाँ वैयक्तिक अनुभूति को सामाजिक अनुभूति या कलानुभूति में रूपान्तरित करने की क्षमताओं का विकास दृष्टिगत होता है। नये कवि को यह अच्छी तरह ज्ञात है कि स्वचेतना के इस युग में निर्वैयक्तिकता और तटस्थता की स्थिति को प्राप्त किये बिना कला-सृजन की सार्थकता नहीं है। नया कवि प्रासंगिकता, अर्थवत्ता, प्रतिबद्धता, सन्दर्भगत स्थिति को ठीक से समझकर ही नये सृजन में प्रवृत्त हुआ है। यह तथ्य भारतीय नयी कविता के लगभग सभी समर्थ कवियों के सृजन से साफ जाहिर है। कविता में भावावेग या रोमाण्टिक स्थिति का होना आज जरूरी नहीं है क्योंकि नयी कविता का कवि गैर-रोमाण्टिक काव्य-सृजन के भीतर से ही जीवन की यथार्थ सम्भावनाओं को उजागर करने की क्षमता विकसित करता है।

नये शिल्प की तलाश

नया कवि, परम्परागत घिसी-पिटी काव्यभाषा को चुनौती के स्तर पर छोड़कर एक नयी काव्यभाषा की सृजनात्मक सम्भावनाओं को विकसित करता है जिसमें बोलचाल की भाषा के

शब्दों के नये अर्थ-संस्कार स्थान पाते हैं या पुराने शब्दों में नया अर्थ भरा जाता है या फिर कवि प्रचलित अति-परिचित शब्द में नया अर्थ-चमत्कार उत्पन्न कर देता है या कलात्मकता से रचना है। बुद्धदेव बसु, अज्ञेय, उमाशंकर जोशी, अमृता प्रीतम और विनायक कृष्ण गोकाक जैसे काव्य-प्रवर्तक कवियों में व्यक्तित्व और अस्तित्व की चेतना काफी तीखी हुई है तो उसके साथ-साथ भाषा-प्रयोग में रचनात्मकता का उत्कर्ष-उठान भी बढ़ा है। बोलचाल की भाषा ने लोक-लय, लहजे, वचन-भंगिमा, वाक्य-वक्रता की आन्तरिकता को भी तराशा है। बासी, निष्प्राण, अर्थहीन, अर्थक्षीण शब्दों की अभ्यास-जड़ लीकों से हटाकर नये भाषा-प्रयोगों को अपनाया है। नयी कविता की नयी काव्य भाषा के लिए हिन्दी में अज्ञेय और मराठी में मर्ढेकर, गुजराती में निरंजन भगत तथा उर्दू में फिराक साहब ने अपने-अपने ढंग से महत्त्वपूर्ण योगदान किया है। इसमें शब्द और लय की मौलिक टकराहट से नयी अर्थापत्ति हुई है। नयी कविता में यह बात सर्वमान्य रही है कि बोलने और रचने की भाषा में दूरी नहीं होनी चाहिए। देशज, तद्भव शब्दों के साथ प्रचलित विदेशी शब्द यहाँ मजे से खप गये हैं। इस प्रकार भारतीय नयी कविता की काव्यभाषा ने भाषा की सृजनात्मकता का विस्तार किया है और उसकी शक्ति काव्यभाषा की एकाग्र-संरचना में लगी है। नया कवि शब्दों के लोकतन्त्र में परहेज किसी से नहीं करता—जो शब्द उसे भा जाता है, सृजन में आदर से आ बैठता है। भाषा की इस कला के लिए अज्ञेय की 'असाध्य वीणा', बुद्धदेव बसु की 'कंकावती', 'शीत रात्रि प्रार्थना', उमाशंकर जोशी की 'प्राचीना', 'निशीथ', राजेन्द्रशाह की 'शान्त कोलाहल', शरच्चन्द्र मुक्तिबोध की 'यात्रिक', उड़िया के मनोजदास की 'बूढ़ा', उर्दू में मुहम्मद अलवी की 'खौफनाक कमरा', नामक्ल रामलिंगम् की 'नमक सत्याग्रह', मोड़ अक्कित्त की 'बीसवीं शताब्दी का इतिहास' जैसी महत्त्वपूर्ण कविताएँ उल्लेखनीय हैं। इनकी भीतरी यात्रा करने पर स्पष्ट हो जाता है कि कैसे-कैसे परिवेश की रगड़ खाकर भारतीय भाषाओं ने नयी अर्थापत्ति की है।

भारतीय नयी कविता के सभी समर्थ कवियों ने अभ्यास-जड़ प्रतीकों बिम्बों के प्रति विद्रोह किया है। नयी काव्य-संवेदना को मूर्त करने के लिए नया कवि नयी उपमान-योजना खोजकर प्रयुक्त करता है। बदले हुए रागात्मक सम्बन्धों ने कवि-कर्म को कठिन बनाने के साथ शिल्पगत चुनौतियाँ पैदा की हैं। परम्परागत उपमान निरन्तर घिसने के कारण अपना अर्थ-चमत्कार खो बैठते हैं और विषय-शक्ति प्राणहीन हो जाती है। इस बात को सिद्धान्त के रूप में हिन्दी के नवीन काव्य के प्रवर्तक कवि अज्ञेय ने स्पष्ट कहा है :

अगर मैं तुमको/ललाती साँझ के नभ की अकेली तारिका/अब नहीं कहता/या शरद् के भोर की नीहार-न्हाई कुँई/टटकी कली चम्पे की वगैरह, तो/नहीं कारण कि मेरा हृदय उथला या कि सूना है/या कि मेरा प्यार मैला है।/बल्कि केवल यही-/ये उपमान मैले हो गये हैं।

यहाँ कवि रोमानी बिम्बों और उपमानों का खोखलापन दिखाता हुआ नये भाव-बोध के आधार पर नये उपमानों के ग्रहण की प्रासंगिकता को स्पष्ट करता है। वह 'बिछली घास' और 'हवा में लहलहाती बाजरे की छरछरी कलगी' को नयी मनःस्थिति के अनुकूल मानकर

ग्रहण करता है। भारतीय कविताओं में एक विशेष बात और करने की यह है कि नये कवियों ने बिम्ब को जिन उपकरणों से बनाया है, वे प्रायः पुराने हैं पर बिम्ब को राग-दीप्त करनेवाली काव्य-संवेदना एकदम नयी है जिससे बिम्ब में नयी ताजगी और अर्थवत्ता आ गयी है। नया कवि, परिचित को अपरिचित और अपरिचित को परिचित बनाने की कला में बड़ा दक्ष है। बुद्धदेव बसु का एक नूतन प्रयोग देखिये—

बाइरे बर्फेर रात्रि। डाइनि हावार कनकने चाबुक।
गालेर मांस छिड़े नेय, चांदड़ा के कागजेर मतो टुकरो करे।

(शीत रात्रिर प्रार्थना : वसन्तेर उत्तर)

हिन्दी-बँगला, उर्दू, मराठी, तमिल, कन्नड़ आदि भाषाओं में पुराने प्रतीकों-बिम्बों को लेकर जितना तीव्र विरोध दृष्टिगत होता है उतना अन्य भारतीय भाषाओं की नयी कविता में नहीं मिलता। उदाहरण के लिए गुजराती की नयी कविता में ऐसा विद्रोह बहुत कम है—हालाँकि प्रयोगों में नवीनता है, जैसे—

लुब्र ना खण्डजपेरी माँ
आज तो उष्मो छे गाँडो थई
लीओ नार्दो वीन्सी
अने सामे-मंगार माँ इसी रहीं छै मोनालीसा।

(क्षिति : मणिलाल देसाई)

मनोवैज्ञानिक-सामाजिक-सांस्कृतिक-राजनीतिक-धार्मिक प्रतीकों के साथ भारतीय नयी कविता में यौन-प्रतीकों की भरमार बढ़ी है और नये प्रतीकों को अकवितावादी रुझानों ने काफ़ी बढ़ावा दिया है।

भारतीय नयी कविता में बिम्बों की नवीनता का कारण है—समाजशास्त्र, मनोविश्लेषणशास्त्र, नृतत्त्वशास्त्र, खगोलशास्त्र आदि ज्ञान के अनुशासनों में नयी-नयी खोज-उपलब्धियाँ। नये काव्य-सृजन में खण्डित अनुभूतियों ने खण्डित-जटिल बिम्बों को जन्म दिया है। सरल बिम्बों का स्थान जटिल जीवन के प्रभाव से संश्लिष्ट अमूर्त जटिल बिम्बों ने ले लिया है। हालाँकि रूप, रस, स्पर्श, घ्राण, श्रव्य सभी प्रकार के बिम्ब वैविध्यमय जीवन से चुने गये हैं, किन्तु इन पर पश्चिम के प्रतीकवादी-बिम्बवादी काव्य-आन्दोलनों की धमक भी जगह-जगह सुनायी दे जाती है। ज्यादातर बिम्बों में नये रोजमर्रा के जीवन का कोलाहल ही भरा हुआ है। देखा जाय तो सभी भारतीय नये कवियों का बिम्ब-विधान एक-दूसरे से अनूठा है। खुरदरी भाषा में आतंक और भय का बिम्ब देखिये—

गगन में करफ़्यू है
धरती पर चुपचाप जहरीली छिः थू है।
पीपल के खाली पड़े घोंसलों में पन्थियों के
पैठे हैं खाली हुए कारतूस।

(ग. मा. मुक्तिबोध : चाँद का मुँह टेढ़ा है)

लोक-लयों और छन्दों के प्रयोग में नयी कविता ने बड़ी क्रान्ति की है। गद्यवत् जीवन की लय ने काव्यात्मकता को तोड़ा है और सपाटबयानी बढ़ी है। हाइकू छन्द ने लगभग सभी कवियों को लुभाया है और कोष्ठक तथा ज्यामितिक आकृतियों का आलेखन अनुभव के यथार्थ निरूपण के लिए किया गया है। नया कवि गीत, सॉनेट, ग़ज़ल, मुक्तक, ओड (सम्बोधगीत) जैसे काव्य-प्रकारों में नये-से-नये प्रयोग कर रहा है। इधर का नया कवि चित्रकला की प्रवृत्तिगत भंगिमा को शिल्प में स्थान देता रहा है। रंगों के प्रयोग में प्रभाववादी चित्रकला का प्रभाव चमकता है। शमशेर, मुक्तिबोध, जीवनानन्ददास, अमृता प्रीतम, नादिम और श्रीकान्त शाह की कविताओं में इन्द्रियगत रंग-चेतना बड़ी प्रभावी है।

संक्षेप में, भारतीय नयी कविता स्वातन्त्र्योत्तर भारतीय जन-मानस की सच्ची अभिव्यक्ति है। आरम्भ में स्वतन्त्रता-प्राप्ति का उल्लास और नवरोमानवाद की झलक मिलती है। यहाँ काव्य-स्वर आशा और उल्लास का है जिसमें सुखद भविष्य की कल्पनाएँ हैं। किन्तु शीघ्र ही राजनीतिक अस्थिरता, सामाजिक आर्थिक-विपन्नता ने इन कवियों में अनिश्चय, सन्त्रास, कुण्ठा, वेदना, निराशा, अकेलापन, ऊब जैसी प्रवृत्तियों को जन्म दिया है। कविता में गद्य का प्रवेश हुआ और वह कोमल-प्राण न रह सकी। नयी काव्य-संवेदना के जीवनानुभवों ने नये उपमान, नयी भाषा, नये प्रतीक, नये बिम्ब, नये लय-छन्द आदि को सृजनात्मकता में स्थान दिया है। नये ज्ञान-विज्ञान से देश-काल बदलने लगा। फलतः इस कविता ने इस विश्वदृष्टि को ग्रहण किया है।

नयी कविता में अनेक विचारधाराएँ और शैलियाँ विकसित हुई हैं किन्तु अस्तित्ववादी विचार-चिन्तन इसके केन्द्र में रहा है। मार्क्सवाद-मनोविश्लेषणवाद भी यहाँ अपने ढंग से सक्रिय रहा पर प्रधान भूमिका अस्तित्ववादी नवमानववाद की ही रही है। ध्यान देने की बात यह है कि अलग-अलग भारतीय भाषाओं में लिखे जाने पर भी इसका केन्द्रीय स्वर और केन्द्रीय संवेदना, स्वभाव, प्रक्रिया लगभग एक-सी रही है। इस नयी भारतीय कविता ने हमारी काव्य-परिधि और काव्य-समझ को बढ़ाया है। कथ्य और रूपतन्त्र के नये प्रयोगों से नया सृजन-द्वार खोला है।

इस प्रकार न केवल प्राचीन साहित्य, वरन् वर्तमान भारतीय साहित्य का अध्ययन करने से यह स्पष्ट हो जाता है कि आज का भारतीय साहित्य अपने भाषिक रूप में पृथक् होकर भी मूलतः एक है। साहित्य का बहिरंग बदला है पर उसकी आत्मा एक है।

4

भारतीयता का समाजशास्त्र

भारतीयता की अवधारणा

'भारतीयता' शब्द जितना प्राचीन है, उतना भारतीयता का अर्थ प्राचीन नहीं है। भारतीयता की अवधारणा पर आधुनिक विद्वानों ने अधिक विचार किया है। आज के अधिकांश विद्वान् तर्क देते हैं कि 'भारतीयता' का विकास आधुनिक युग में अंग्रेजों के आगमन के पश्चात् हुआ। अंग्रेजों के आगमन के पूर्व देश में मुसलमानों का शासन था और उसके पूर्व सामन्तवाद। उन दोनों युगों में भारतीयता के स्थान पर सामन्तों को अपने राज्य की चिन्ता थी और वे परस्पर युद्धरत रहते थे। निरन्तर के आपसी संघर्षों के कारण उनका राज्य ही उनके लिए सब-कुछ था और समग्र भारत की कोई कल्पना नहीं थी। ऐसा विचार आधुनिक भारतीयता के पोषकों का है। किन्तु जब सामन्तवाद के पूर्व वैदिक और महाभारतकालीन ग्रन्थों का अध्ययन किया जाता है तो वहाँ भारतीयता की स्पष्ट अवधारणा मिलती है। राष्ट्र की परिकल्पना वेदों में उपलब्ध है। ऐसे में भारतीयता को आधुनिकता से जोड़ना युक्तियुक्त नहीं है पर इस मान्यता के अपने तर्क हैं।

सामन्तवादी प्रवृत्ति में जहाँ सत्ता ही सब-कुछ है, सामन्तों को अपने राज्य की चिन्ता थी पर पूँजीवादी प्रवृत्ति राज्य की अपेक्षा अर्थ को महत्त्व देती है। अतः अंग्रेजों की पूँजीवादी सभ्यता में सामन्तों को शक्तिहीन करके उनके स्थान पर सारे आर्थिक आधार को एकदेशीय बनाया गया। कालान्तर में उस पूरे एक देश की आजादी का संघर्ष प्रारम्भ हुआ और स्वाधीनता-संघर्ष और उसके बाद की राजनीतिक एकता का सम्बन्ध भारत से जोड़ा जाता है। वर्तमान राजनीतिक एकता से विकसित भारतीयता को ही आज के विद्वान् महत्त्व देते हैं किन्तु यह ध्यान देने योग्य बात है कि वर्तमान राजनीतिक एकता भी पचास वर्षों में ही क्षेत्रीयता के जाल में उलझ गयी है और प्रान्तीय शक्तियाँ भारतीयता पर भारी पड़ रही हैं। संघीय सत्ता पर क्षेत्रीय दलों का प्रभुत्व बढ़ता जा रहा है। भले ही ये दल राजनीतिक हों, उनका एक संविधान हो लेकिन उनकी मनोवृत्ति क्षेत्रीयता और प्रान्तीय भावना से ही नहीं जुड़ी है वरन् अन्य क्षेत्रों से विरोध की भी है। अतः भारतीयता को राजनीति से नहीं जोड़ा जा सकता। ऐसे में भारतीयता या राष्ट्रीयता के सूत्र खोजने होंगे।

भारत जैसे नाना जातियों, नाना भाषाओंवाले विशाल देश में भारतीयता का स्वरूप एक दिन में नहीं बना और न इसे किसी राजा के आदेश या संविधान के निर्देश से बनाया गया।

आदिम युग से इस भावना का प्रसार होता गया और धीरे-धीरे भारतीयता की भावना विकसित हुई। यह जनभावना का, सांस्कृतिक विकास का परिणाम है। राज्यों के संघर्ष चलते रहे और उनकी सीमाएँ घटती-बढ़ती रहीं किन्तु भारतीयता उससे मुक्त रही क्योंकि राजनीतिक सम्बन्धों के बनने-बिगड़ने से सांस्कृतिक सम्बन्ध नहीं मिटते।

प्रश्न यह है कि भारतीयता का अर्थ क्या है? अपनी सीमाओं में हम व्यक्ति नाम, ग्राम, नगर, प्रान्त से चलकर देश तक पहुँचते हैं। भारत में भारतीयता का कोई अर्थ नहीं है। भारतीयता का सम्बन्ध भारत के बाहर है। भारतीयता का सम्बन्ध किससे है? राष्ट्रीयता से। आपकी राष्ट्रीयता क्या है—भारतीय। छोटे देशों में जहाँ एक जाति, एक समूह का वास है वहाँ राष्ट्रीयता, अपने देश, अपनी जाति और अपनी भाषा को जर्मन, अंग्रेज कहकर स्पष्ट कर देता है, लेकिन एक भारतीय के लिए यह सम्भव नहीं है। वह तमिल भी है, हिन्दू भी है लेकिन भारतीय भी। इस प्रकार भारतीयता एक व्यापक शब्द है अंग्रेज, जर्मन, पाकिस्तानी या बाँग्लादेशी से। इसका कारण भारत में बहुत-सी जातियों, धर्मों, सम्प्रदायों, भाषाओं, परम्पराओं की विद्यमानता है। इन सबके रहते सर्वोपरि एकता है भारतीयता जिसका सम्बन्ध राष्ट्रीयता से है। भारत एक देश नहीं, एक राष्ट्र है, राष्ट्र से भी बढ़कर वर्ष है। इसीलिए भारत को भारतवर्ष कहा जाता है।

जो देश, जाति, समूह या भाषा किसी एक का प्रतिनिधित्व न करके विभिन्न जातियों, समूहों और भाषाओं के जन का प्रतिनिधित्व करते हैं, उनका एकदेशीय नाम नहीं हो सकता। तमिल, कन्नड़, बँगला, अंग्रेजी, जर्मन, रूसी नाम एक देश या जाति या भाषा के प्रतीक हैं किन्तु संस्कृत या हिन्दी, पालि जैसे नाम किसी क्षेत्र, देश के प्रतीक नहीं हैं। इनका सम्बन्ध व्यापक है। हिन्दी कहने से व्यापक जन का बोध होता है किसी प्रान्त का नहीं। भारतीयता इन सबसे व्यापक शब्द है, जिसका सम्बन्ध भाषा, जाति, धर्म, क्षेत्र और यहाँ तक कि राजनीतिक व्यवस्था से भी ऊपर है। जो लोग इस भारतीयता की अवधारणा को आधुनिक युग की देन मानते हैं, उन्हें भारतीयता के इस समाजशास्त्र को प्राचीन काल के ग्रन्थों से खोजना है। आज जब कहा जाता है कि हम सबसे पहले भारतीय हैं उन्हें राष्ट्र की अवधारणा को समझना चाहिए क्योंकि राष्ट्रीयता का सम्बन्ध भारतीयता से है।

राष्ट्र—सामान्यतः राष्ट्र का प्रतीक वह मानव-समुदाय और वहाँ की भूमि है, जिस पर वह मानव-समाज रहता है। वह मानव-समुदाय उस भूमि को अपना माने। वह मानव-समुदाय एकगण-समुदाय भी हो सकता है और अनेक गणों का समुदाय भी। यहाँ प्रमुख तथ्य गण है। गण का अर्थ जन है—जाति है न कि व्यक्ति। राजा द्वारा भूमि को अपना मानने का अर्थ इससे भिन्न है। यहाँ गण का अर्थ है, उस भूमि पर रहनेवाला मानव-समुदाय।

भारत में वैदिक काल से ही ऐसे गणों का विकास होने लगा था। बौद्धकाल में षोडश महाजनपदों का उल्लेख मिलता है। ये महाजनपद वैदिक काल के जनपदों के वृहत् रूप हैं। यातायात के विकास और प्रसार के साथ उत्तर-पथ और दक्षिणापथ के माध्यम से जन का विस्तार होता गया। इस प्रकार जनपदों महाजनपदों का यह समवाय ही राष्ट्र है। संस्कृत में 'वर्ष' शब्द का प्रयोग इसी उद्देश्य से किया गया है।

देश में जब सामन्तशाही थी और छोटे-छोटे राजा अपने राज्य के लिए या अन्य कारणों से निरन्तर युद्धरत रहते थे तब भी भारत में राष्ट्रीयता का अर्थ यही था। भारतीय समाज यातायात के साधनों के अभाव, आर्थिक विभेद, सामाजिक विभेद, उत्तर-दक्षिण की भाषाओं के पार्थक्य और एक-दूसरे की भाषा न समझने की विवशता के बावजूद भारतीयता या भारतीय संस्कृति की दृष्टि से एक था। यूरोप में जहाँ छोटे-छोटे देश कभी एक राष्ट्रीयता का विकास नहीं कर पाये वहीं भारतीय साहित्य में यह भावना मिलती है। यद्यपि तब का भारत आज के भारत से भी वृहत्तर था। उस समय अफगानिस्तान तक भारत में परिगणित होता था। इसके बावजूद भारतीयता की भावना विद्यमान थी।

इसका मूल कारण सांस्कृतिक सीमाओं की स्थिरता थी। भारत में राज्यों की सीमाएँ घटती-बढ़ती थीं किन्तु कभी-कभी प्रतापी राजा एक वृहत् भारत का संगठन भी करते रहते थे। इस प्रकार राजनीतिक विभेदीकरण और एकीकरण की प्रक्रिया में भी मूलभूत आवश्यकताएँ नहीं बदलती थीं क्योंकि भारतीय समाज की कुछ ऐसी व्यवस्था थी, जिसने पूरे देश को एक सूत्र में सांस्कृतिक आधार पर बाँध रखा था। ये सूत्र इस प्रकार हैं—

1. राजतन्त्र की अपेक्षा जनपदों की महत्ता—भारतीय समाज की संरचना में जनपदों की महत्त्वपूर्ण भूमिका रही है। राजा को उस जनपद का शासक माना जाता था और दण्ड और न्याय-व्यवस्था तक उसका दायित्व था। राजा एक प्रकार के सामन्त थे। राजा को वहाँ का जन सम्मान तो देता था लेकिन उससे अधिक सम्मान राजसत्ता से बाहर रहनेवाले मनीषियों का था। राजा के लिए तो महाभारत में कुत्ता तक कहा गया है, और उसे लोभी पशु माना गया है। अतः राज्यों के मध्य युद्ध से आम आदमी के जीवन का सम्बन्ध नहीं था। वह सत्ताधारियों का आपसी संघर्ष था और राजाओं की जय-पराजय का प्रभाव जनता पर नहीं पड़ता था। युद्ध के मैदान में हार-जीत का फैसला होता था और पराजित राजा को हराकर विजयी राजा उसका दायित्व सँभाल लेता था।

2. आर्थिक ढाँचा—प्राचीन काल में राज्य की सीमाओं से आर्थिक सीमाएँ बड़ी थीं। राज्य-सत्ता किसी की हो पूरा भारत एक व्यापारिक इकाई था। पूरे देश में यातायात के साधन विकसित होते रहे। यही कारण है कि नाना राज्यों में विभाजित होने के बावजूद उत्तर से दक्षिण और पूर्व से पश्चिम तक निर्बाध यातायात की व्यवस्था थी और भारत के व्यापारी न केवल भारत वरन् यूरोप तक व्यापार के लिए स्वतन्त्र थे। आर्थिक स्वतन्त्रता के कारण भारतीय जन एक-दूसरे से एक सूत्र से जुड़े हुए थे और उनमें सामंजस्य बना हुआ था।

3. सांस्कृतिक सम्बन्ध—भारत में प्राचीन काल में सांस्कृतिक सम्बन्धों की सीमा आर्थिक से भी बड़ी थी। वेद, पुराण, उपनिषद् का अध्ययन पूरे देश में होता था। उन कथाओं को पढ़कर सुनाया जाता था। विभिन्न भाषाओं में उनका अर्थ समझाया जाता था। भारतीय ऋषि-मुनि पूरे देश को शिक्षा देते थे। तक्षशिला, विक्रमशिला या नालन्दा में देश के ही नहीं विदेश के लोग भी शिक्षा प्राप्त करते थे। राजा कोई हो, गुरुकुलों की रक्षा, संस्कृति की रक्षा और प्रचार उसका दायित्व था। बिना शस्त्रबल के देश में बौद्धधर्म का प्रसार या पौराणिकों का विस्तार इसका प्रमाण है। इस प्रकार सांस्कृतिक एकता ने भारतीयता को सदैव सुदृढ़

किया। मेलों, व्रतों, उत्सवों और विराट्, विद्वत्-संगमनों ने देश में एकता की भावना को बलवान् बनाया।

4. सामाजिक स्थिरता—भारतीय समाज की एक मुख्य विशेषता उसकी अपरिवर्तनशीलता है। भारतीय समाज परम्परागत है और क्रमशः इसका विकास होता गया है। जन से गण और गण से वर्ण-व्यवस्था तक विकास की गति धीरे-धीरे बढ़ी है। ऐसा नहीं है कि एक व्यवस्था के आने के बाद पुरानी व्यवस्था समूल नष्ट हो गयी हो। आश्रम, ग्राम, नगर तक का विकास सभ्यता के साथ क्रमशः हुआ। आर्थिक दृष्टि से सब स्वतन्त्र थे और कृषक, सैनिक, व्यापारी, कर्मकार और शिल्पकार परम्परागत होते थे। जीविका के साधनों के लिए संघर्ष और प्रतिस्पर्द्धा नहीं थी। बड़े उद्योगों की अपेक्षा छोटे और परम्परागत उद्योगों के कारण समाज में संघर्ष नहीं था। आधुनिक काल में जब बड़े उद्योग सामने आये और परम्परागत उद्योग नष्ट हो गये, जीविका के अन्य साधन खोजे जाने लगे तब जातीय नामों से हीन भावना उत्पन्न हुई क्योंकि जाति नाम और कर्म में कोई सम्बन्ध नहीं रह गया। प्राचीन काल में सामन्ती व्यवस्था के प्रारम्भिक चरण में परम्परागत उद्योगों के समय कोई काम छोटा-बड़ा नहीं होता था क्योंकि वे समाज के एक अंग की पूर्ति करते थे। उनके बिना समाज का कार्य नहीं होता था और समाज में उनके अतिरिक्त कोई उस कार्य को कर नहीं सकता था। अतः सामाजिक समरसता बनी हुई थी। भारतीय समाज ग्रामीण समाज था पर कृषि और उद्योग एक ही व्यक्ति के हाथ में नहीं थे। दोनों अलग-अलग थे और एक-दूसरे पर आश्रित थे क्योंकि उद्योग व्यवस्था ही कृषि-आधारित थी। इसलिए सामाजिक सम्बन्धों में स्थिरता विद्यमान रही। सामाजिक टकराव न होने के कारण भारतीय समाज संघर्ष की अपेक्षा समन्वय पर बल देता था। जब समाज में बिखराव नहीं होता तो मातृभूमि के प्रति लगाव बना रहता था। भू-सम्पदा पर सबका समान अधिकार रहता है और लोगों का पोषण अपने-अपने ढंग से होता है। सामाजिक स्थिरता के कारण मातृभूमि के प्रति प्रेम और उससे भारतीयता का विकास हुआ।

5. धार्मिक चेतना—भारतीय समाज की मुख्य विशेषता धार्मिकता है। पुनर्जन्म एवं कर्मवाद के सिद्धान्त के कारण लोक और परलोक की चिन्ता सबको रहती थी। भारतीय समाज की युगों से दो विशेषताएँ रही हैं—कृषिप्रधान देश और धर्मप्राण राष्ट्र। भारतीय धार्मिक चेतना का विकास भी प्रकृति के माध्यम से हुआ? प्राकृतिक सम्पदा को दैवीय माना गया। नदियों, पर्वतों, वनों, सूर्य, चन्द्रमा, वायु, वर्षा, समुद्र, वृक्ष, भूमि और यहाँ तक कि पशुओं को दैवीय आधार प्रदान किया। गोमाता, शिववाहन (वृषभ), सिंह को दैवी सत्ता से जोड़ा गया। इस प्रकार समुद्र सबका है, वायु देवता है, जल देवता है, भूमि देवता है, गंगा, गोदावरी देवियाँ हैं। यह दैवी सत्ता उन्हें सामन्तों के नियन्त्रण से मुक्त करती रही। आदिम युग में देवता का वास मन्दिरों में नहीं जल तीर्थों, नदी तीर्थों, वनों, वृक्षों, पर्वतों में था।

अतः ये शून्य, पवित्र और स्वतन्त्र रहे। राजसत्ता के परिवर्तन के बावजूद तीर्थों, नदियों का सम्बन्ध जन से बना रहा। प्रकृति के प्रति इस धर्मप्राण भावना ने पूरे देश को एक सूत्र में बाँधा। कावेरी और गोदावरी कहीं बहें, वे सबकी हैं, गंगा सबके लिए पवित्र है। हिमालय सबका है। इस प्रकार धार्मिकता के कारण भारतीय समाज में भारत की सम्पूर्ण प्रकृति के

प्रति रागात्मक ही नहीं आस्थापरक भावना का उदय हुआ। भारतीयता के विकास में इस चेतना की महत्त्वपूर्ण भूमिका है।

6. बाह्य आक्रमणों का प्रभाव—भारत अपनी प्राकृतिक सम्पदा और सम्पन्नता के कारण विदेशियों के लिए सदैव आकर्षण का केन्द्र रहा। भारत में आना एक विराट् भूखण्ड पर आना था जो धन-धान्य से सम्पन्न था। अतः प्रारम्भ से ही विभिन्न जातियों और समूहों के आक्रमण होते रहे। निरन्तर के आक्रमणों ने भी भारतीय जन को एक सूत्र में बाँधा। भारतीय जीवन-मूल्यों पर आक्रमण करनेवाले ऐसे तत्त्वों के विरुद्ध पूरा जन उठ खड़ा होता था।

7. राजसत्ता के स्थान पर भारतीयता की परिकल्पना—भारतीयता के विकास का एक बड़ा कारण यहाँ के लोगों द्वारा राजसत्ता की अपेक्षा भारत के भौगोलिक स्वरूप को महत्ता देना है। साहित्य में जब भी देश का वर्णन मिलता है तो रचनाकारों ने देश को अपना राज्य या नगर तक सीमित नहीं माना। उन्होंने अपने राजा द्वारा विजित राष्ट्र को महत्त्व नहीं दिया। वे भले किसी छोटे-से जन के सदस्य हों, साहित्य में उन्होंने विराट् भारत की परिकल्पना की है। उस विराट् भारत में भी अपने समूह की नहीं उसके हर जन की गणना की है। भारत का यह विराट् स्वरूप भारतीयता के उदय में सहायक है। पुराणों में भारत का जो चित्र मिलता है, वह किसी राजा के राज्य का चित्र नहीं है वह आज के भारत से भी विराट् भारत का चित्र है। महाभारत में धृतराष्ट्र संजय से पूछते हैं कि कौरव और पाण्डव किस भारत के लिए लड़ रहे हैं? वह भारतवर्ष क्या है? कौरव और पाण्डव हस्तिनापुर के लिए युद्ध कर रहे थे। धृतराष्ट्र स्वयं वहाँ के राजा थे। वह युद्ध कुरु जनपद का युद्ध था। उस युद्ध में नाना जनपदों के राजा आये थे और वे सब स्वतन्त्र थे लेकिन संजय ने या संजय के माध्यम से महाभारत के रचनाकार ने जिस्र भारतवर्ष का वर्णन किया है वह भारत युद्ध के कुरु जनपद से भिन्न था। संजय कहते हैं—

"इस देश में गंगा, सिन्धु, सरस्वती, गोदावरी, नर्मदा, वितस्ता, सरयू, गोमती, कावेरी आदि नदियाँ प्रवाहित हैं। इसमें कुरु-पांचाल, शूरसेन, कोसल, कलिंग, विदर्भ, पुण्ड्र, निषाद, निषद, कश्मीर, गान्धार, सिन्धु-सौबीर, द्रविड़, केल, कर्नाटक, चोल, चुलिक, पुलिन्द, कुलिन्द, कोडुण, आन्ध्र आदि जनपद हैं। इस देश में आर्य और म्लेच्छ दोनों रहते हैं। यवन-चीन और कम्बोज भी इसी भारत में हैं।"

भारत की यह परिकल्पना महाभारत-काल से रही है। इसे ही राष्ट्र कहा गया है। कवियों, साहित्यकारों, ऋषियों ने भारत के जन को राजसत्ता से पृथक् भारतीयता के प्रति समर्पित रहने का सन्देश दिया। राजसत्ता का कर्मकाण्ड अलग है लेकिन राजसत्ता से इतर समाज के नायकों ने भारत की एकता को महत्त्व दिया और यह एकता है भारत की सांस्कृतिक एकता। विष्णुपुराण में जिस भारत का वर्णन है उसकी सीमा है समुद्र के उत्तर और हिमालय के दक्षिण तथा इस भारत की सन्तति है—भारती। विष्णुपुराणकार लिखते हैं—इस देश के पूर्वी भाग में किरात, पश्चिम में यवन रहते हैं। इसमें शतद्रु, चन्द्रभागा, गोदावरी और ताम्रपर्णी नदियाँ बहती हैं। इसमें कुरु, पांचाल, कोसल, कामरूप, पुण्ड्र, कलिंग, मगध, सौराष्ट्र आदि जन रहते हैं।

ये सब मिलकर रहते हैं। वह देवताओं से भी भाग्यशाली हैं, जिसे इस भारत भूमि पर जन्म मिलता है। भारतीयता की यह भावना भू का जन से अटूट सम्बन्ध जोड़ती है।

भारतीयता की यह चेतना मध्यकाल में गोस्वामी तुलसीदास में मिलती है–

भलि भारत भूमि भले कुल जन्म समाज सरीर भलो लहि कै।
करषा तजिकै परुषा बरसा हिम मारुत घाम सदा सहि कै।
जो भजै भगवान् समान सोई तुलसी हठ चातक ज्यौं गहि कै।
नतु और सबै बिष बीज बये हर हाटक कामदुहा नहि कै।

हिन्दी ही नहीं मलयालम के कवि भारतभूमि का मन करते हुए कहते हैं–

भारतमेनेन पेरू केट्टालू अभिमानपूरितमाकणमेन्नंतरंगम्।
केरलमेन्नुकेट्ट् टालो तिलक्कणं चोरा मनुक्कूञ्ञरबुंकलिलू।।
भारत नाम श्रवण करते ही उर में हो अभिमान।
उष्ण रक्त हो शिरा-शिरा में सुन केरल का नाम।।

इसी प्रकार एम.पी. अप्पन ने भारत की एकता पर कहा है–

भारत में पुण्यराज्यं
भारत में मातृराज्यं
वेषमेत्र विळङ्ङ्ट्टे
भाषयेत्र मुषङ्ङ्ट्टे
वेरतिरिञ्ञु ढिलक्किल्ला
नामोरम्मा मक्कल्।
(पुण्य राज्य है भारत मेरा।
मातृराज्य है भारत मेरा।
वेश भले ही भिन्न-भिन्न हों।
भाषा चाहे अलग-अलग हों।
हम न पृथक् कभी हो सकते।
एक मातृ सन्तान।)

भारतीयता की इसी भावना ने राष्ट्र को एक सूत्र में संग्रथित किया है। इस प्रकार जब हम भारतीयता को समाजशास्त्रीय दृष्टि से देखते हैं तो भारतीय समाज की प्रमुख विशेषताएँ इस प्रकार लक्षित होती हैं–

1. सामासिकता
2. अनेकता में एकता
3. सहिष्णुता
4. राजनीतिक एकता के स्थान पर भावात्मक एकता

1. सामासिकता—भारत एक विशाल राष्ट्र है। विश्व के अनेक राष्ट्रों से विशाल एक-एक प्रान्त हैं। इसीलिए भारत को एक उपमहाद्वीप की संज्ञा दी जाती है। भू-भाग की इस विराटता के कारण प्राकृतिक दृष्टि से भी भारत का एक क्षेत्र दूसरे क्षेत्र से सर्वथा भिन्न है। भाषा, भूगोल और जन की इस विविधता के बावजूद मानव-मूल्यों की दृष्टि से एक वैचारिक एकता विद्यमान है। विशेषता में यह सामासिकता अलग-अलग को एक-दूसरे से जोड़े रहती है जैसे समास में पदों की पृथक्ता के बने रहने पर भी एक नया पद बन जाता है, उसी प्रकार भारतीय संस्कृति भी सामासिक है जहाँ, रहन-सहन, आचार-विचार, रीति-रिवाज, राजनीतिक-आर्थिक आधार में विभिन्नता होते हुए भी भारतीय होने का गौरव बोध होता है। अपनी जातीय चेतना के प्रति यह गौरव बोध ही वह सामासिक सूत्र है, जिसने भारत और भारतीयता को संजीवनी दी है। केरल के शंकराचार्य और गान्धार के पाणिनि एक भाषा बोलते हैं या द्रविड़ देश में उपजी भक्ति वृन्दावन में ग्राह्य होती है। आचार्य दक्षिण से आते हैं और उनके सन्देश जनता तक लोकभाषाओं के माध्यम से पहुँचते हैं।

2. अनेकता में एकता—भाषा, रंग, रूप, जाति, धर्म, जीविकोपार्जन के साधन हैं, त्योहार, वस्त्र-विन्यास अर्थात् प्रकृति और सभ्यता के नाना रूपों का दर्शन भारत में मिलता है। पूरे विश्व में जितने प्रकार की जलवायु है, वह अकेले भारत में है। निरन्तर वर्षाकुल प्रदेश, हिम से आच्छादित पर्वत प्रदेश, मरुस्थल और समुद्र तक से घिरे क्षेत्रों के साथ नदी घाटियों के प्रदेश सबके दर्शन भारत भूमि में होते हैं। विभिन्न आकृतियों, वर्गों के लोग यहाँ रहते हैं। नाना जातियों और धर्मों का यहाँ आविर्भाव-तिरोभाव होता आया है। इसके बावजूद भारतीय समाज में कभी सामाजिक तनाव या संघर्ष नहीं हुए। सदैव राज्य-सत्ता ने संघर्ष किया है। जन का जन से विरोध कभी नहीं हुआ। इसका कारण यह है कि भारतीय समाज का नियमन, उसकी आचारसंहिता, राजाओं और पूँजीपतियों ने नहीं किया। भारतीय समाज की व्यवस्था करनेवाले सन्त थे जो देश, काल, जाति, धर्म से ऊपर उठकर समाज का मार्गदर्शन करते थे। उनकी वाणी लोकवाणी थी, उनका आदर्श लोकादर्श था। यह ध्यान देने योग्य है कि भारतीय समाज का नायक उसे माना गया है जो त्याग का प्रतीक है। यहाँ सन्तों को लोकनायक कहा गया है। अकबर के सामने तुलसी को जनता ने स्वीकार किया। राम के त्याग को आदर्श माना गया, अखण्डराज्य करनेवाले रावण को नहीं। इसी त्याग की भावना ने विविधवर्णी भारतीय समाज को एक में बाँधा। अनेकता में एकता का आधार भाषा ने भी माना। भारत में अनेक परिवारों की भाषाएँ बोली जाती हैं लेकिन उन भाषाओं के मध्य कोई-न-कोई भाषा ऐसी विकसित हो जाती है, जो देश में सम्पर्क भाषा का कार्य करती है। प्रारम्भ में संस्कृत और कालान्तर में मध्यदेश की भाषाओं ने यही कार्य किया। भारतीय जन के सारे कर्मकाण्ड संस्कृत में होते हैं। केरल से कश्मीर तक रीति-रिवाज और पद्धति में परिवर्तन होने पर भी 'गंगे यमुने चैव गोदावरि सरस्वती' की ध्वनि गूँजती है। एक-दूसरे के उदात्त स्वरूप को सबने स्वीकार किया है। अगर एक कश्मीरी में रामेश्वरम् की दर्शन लालसा है तो केरलीय में अमरनाथ की दर्शन लिप्सा बनी हुई है। अनेकता में एकता का यह उदाहरण अन्यत्र दुर्लभ है।

3. सहिष्णुता—भारतीय समाज सहिष्णु रहा है। यहाँ विजेता और विजित का भाव नहीं रहा है। भारत में नाना जातियों, कबीलों के लोग आते गये और उन्हें भारत में सहजता से आत्मसात् कर लिया गया। धर्म के विरुद्ध बोलनेवाले आस्तिकों और नास्तिकों को समान रूप से जनता ने सुना। धार्मिक कट्टरता भारत में कभी नहीं रही। इसी प्रकार सामाजिक दृष्टि से भारत में रूढ़िवादिता नहीं रही। स्मृतियों के माध्यम से निरन्तर परिष्कार होता रहा। यहाँ धर्म प्रवर्तक या सभ्यता के निर्माण का श्रेय किसी ने नहीं लिया। धार्मिक, सांस्कृतिक, राष्ट्रीय चेतना के प्रयास बार-बार हुए लेकिन उसे पुनर्जागरण ही कहा गया।

4. राजनीतिक एकता के स्थान पर भावात्मक एकता—भारतीय संस्कृति की सबसे बड़ी विशेषता राजनीतिक महत्त्वाकांक्षा के स्थान पर भावात्मक एकता का प्रयास है। राजनीतिक दलों के तमाम कुप्रयासों और क्षेत्रवाद को भड़कानेवाले नारों के बीच राष्ट्र का जनमानस अपनी समस्याओं और सद्‌भावनाओं को एक ही मानता है। यही कारण है कि राजनीतिक दृष्टि से मतैक्य भले न हो लेकिन समस्या को लेकर जूझते महाराष्ट्र के अन्ना हजारे को जनमानस ने अपना लोकनायक मान लिया। दलित और स्त्री के उत्थान के लिए पूरे देश का स्वर एक है। आतंकवाद का दंश विस्फोट किसी नगर में हो पूरे देश को सालता है। भावात्मक दृष्टि से इसी एकता का स्वर साहित्य का स्वर है और यही कारण है कि आदिवासियों की पीड़ा जितनी महाश्वेता देवी में है, उतनी राकेश कुमार सिंह में। भारतीय साहित्य इसी भावात्मक एकता का साक्षी है।

●

5

हिन्दी साहित्य में प्रतिबिम्बित भारतीय मूल्य

साहित्य का सम्बन्ध मानव-मूल्यों से है। मानव-समाज की स्थापना से ही मूल्यों पर विचार किया जाता रहा है क्योंकि ये मूल्य ही समाज को संगठित एवं निर्देशित करते हैं। मानव के बिना मूल्यों का अस्तित्व नहीं है और न भाषा का। भाषा का अस्तित्व मानव-समाज से है और साहित्य का भाषा से। भाषा के बिना साहित्य का अस्तित्व नहीं है। साहित्य मानव के उदात्त भावों एवं विचारों की अभिव्यक्ति है। अतः साहित्य का सन्दर्भ मानव-मूल्यों से है। इसलिए साहित्य में मूल्यों की अभिव्यक्ति होती है। मानव समाज के विकास में मूल्यों की महत्त्वपूर्ण भूमिका होती है और साहित्य मूल्यों को संरक्षण प्रदान करता है। पूरे विश्व के सामाजिक ढाँचे को देखें तो सामाजिक गठन का रूप बदलता हुआ लक्षित होता है, पर उसकी गति एक होती है। डॉ. रामविलास शर्मा के अनुसार समाज का गठन इस रूप में हुआ है--"पूँजीवादी समाज, उससे पहले सामन्ती समाज और उससे भी पहले कबीलाई समाज—इनमें सामाजिक गठन के रूप अलग-अलग तरह के होते हैं। किसी भी भाषा के साहित्य का इतिहास लिखना हो, इस बात पर विचार करना आवश्यक होगा कि इस भाषा के व्यवहार करनेवाले मानव समाज के गठन का रूप कौन-सा है।"

शर्मा जी के मत से स्पष्ट है कि साहित्येतिहास की संरचना सामाजिक गठन के आधार पर ही हो सकती है। सामाजिक संरचना के विभिन्न स्तरों पर समाज जो मूल्य निर्धारित करता है, उनकी ही अभिव्यक्ति साहित्य में होती है। जो लोग साहित्य को धर्मों, सम्प्रदायों, भाषाओं और क्षेत्रों में विभाजित कर इतिहास लिखने के अभ्यस्त हैं, उन्हें प्रत्येक भाषा में अलग-अलग बिन्दु मिल जायेंगे। यह इसलिए स्वाभाविक है कि सभ्यता का स्वरूप, बाह्य आचार-विचार कुछ-न-कुछ बदलता रहता है किन्तु मूल्य समाज की अन्तर्धारा है, उनमें एकता बनी रहती है। उदाहरण के लिए पुनर्जागरण काल को ले सकते हैं—"पुनर्जागरण काल में हिन्दी में समाज सुधार, कुरीतियों पर प्रहार हुए। हिन्दी में भारतेन्दु-युग से यह स्थिति मिलती है, बंगाल में सती-प्रथा के विरुद्ध आन्दोलन हुए। क्या ये आन्दोलन इन्हीं दो प्रान्तों में हुए? पुनर्जागरण पूरे भारत में हुआ किन्तु सर्वत्र इसके बाह्य रूप में अन्तर था।" मूल स्वर अवश्य एक था। पूरे आदिकालीन साहित्य से समकालीन साहित्य तक मूल्यों की अभिव्यक्ति में भारतीय भाषाओं में एकता का स्वर मिलता है।

प्रश्न यह है कि मूल्यों की इस अभिव्यक्ति का केन्द्रीय मानदण्ड कौन है? जब आर्य और द्रविड़ दो भाषाएँ थीं तब सामाजिक संरचना में धर्म, अध्यात्म, दर्शन, योग एवं ज्ञान-विज्ञान के विविध क्षेत्रों का साहित्य संस्कृत में सुलभ था। संस्कृत ने संस्कारों की भाषा के रूप में ऐसी प्रतिष्ठा अर्जित कर ली कि सम्पूर्ण भारत की भाषाओं के रहते हुए भी संस्कार संस्कृत के माध्यम से ही सम्पन्न होते थे। इसके बावजूद एक लोकभाषा परम्परा विद्यमान थी भले ही उसका लोक साहित्य ही रहा हो। आज भी कर्मकाण्डों में संस्कृत के साथ प्रत्येक कर्मकाण्ड से जुड़े लोकगीतों का प्रचलन बना हुआ है। क्षेत्रीय भाषा के साथ संस्कृत का यह विस्तार मानक भाषा या सार्वदेशिक सम्पर्क भाषा का उदाहरण है। संस्कृत के विकास के साथ क्षेत्रीय भाषाओं का विकास होता रहा है। संस्कृत के परवर्ती रूप उसका स्थान लेते रहे और सार्वदेशिक भाषा के रूप में बौद्ध साहित्य, जैन साहित्य का प्रसार क्षेत्रीय भाषाओं और मूल भाषा में होता रहा। प्रायः प्रत्येक क्षेत्रीय भाषा में बौद्ध और जैन साहित्य मिलता है किन्तु पालि और प्राकृत का प्रचार कम नहीं रहा। बौद्ध साहित्य पालि में मिलता है लेकिन भारत की हर भाषा में बौद्ध और जैनधर्म के ग्रन्थ और तीर्थङ्करों के जीवन चरित्र पाये जाते हैं।

सामन्ती युग में पुराणों की रचना हुई। संस्कृत काव्य, नाटक प्रस्तुत हुए। इनका प्रभाव पूरे भारत के साहित्य पर पड़ा। पुराणों के अनुवाद तथा पुराण-लेखन परम्परा सभी भाषाओं में मिलती है। भारतीय साहित्य के दो आधार ग्रन्थ रामायण और महाभारत के न केवल अनुवाद हुए वरन् सारा भारतीय साहित्य उन्हीं के आस-पास घूमता रहा है। पुराणों में विष्णु-पुराण और स्कन्दपुराण ने राष्ट्रीय एकता को सुदृढ़ किया। कावेरी, गोदावरी नदियों के वर्णन और दक्षिण भारत के राजाओं के कथानक पुराणों में मिलते हैं।

आधुनिक भारतीय आर्यभाषाओं और सामन्तों का उदय समकालीन है। ये देशी राजा पूरे भारत में विद्यमान हैं। दक्षिण भारतीय चोल, चेदि राजवंश उत्तर के लिए नये नहीं रहे। राजेन्द्र चोल और पुलकेशिन् जैसे सम्राटों के प्रभाव या राष्ट्रकूटों के उदय ने दक्षिण और उत्तर के राजाओं की संघर्ष गाथा और सन्धियों को एक कर दिया। इसी कारण में आधुनिक आर्यभाषाओं का उदय हुआ। इस युग की मुख्य विशेषता यह है कि संस्कृत का केन्द्र उत्तर से हटकर दक्षिण हो गया क्योंकि उत्तर में एक नयी सार्वदेशिक भाषा का उदय होने लगा था। दक्षिण में जहाँ आदि शंकराचार्य और उनके परवर्ती रामानुजाचार्य, मध्व, निम्बार्क का प्रभाव एक नये रूप में उत्तर की ओर संस्कृत के माध्यम से बढ़ रहा था वहीं उत्तर गें जिरा नयी भाषा का उदय हो रहा था, उसे हम हिन्दी नाम से जानते हैं।

हिन्दी का उदय—हिन्दी का उदय आकस्मिक घटना नहीं है। उत्तर-पश्चिमी भारत से मुस्लिम आक्रमण प्रारम्भ होने लगे थे और पेशावर से दिल्ली तक का क्षेत्र मुस्लिम आक्रमणकारियों से सन्त्रस्त था। इन आक्रमणकारियों का प्रभाव हिन्दी क्षेत्र पर पड़ा। मुस्लिम आक्रमणकारियों ने ही हिन्दी जाति और हिन्दी की परिकल्पना की। हिन्दुस्तान, हिन्दी और हिन्दवी उनके लिए भारत के पर्याय थे क्योंकि पेशावर से दिल्ली तक उन्हें भाषा का एक रूप ही देखने को मिला था। मुस्लिम शासकों ने भारत में राज्य करने और रहने के लिए इसी भाषा को चुना क्योंकि हिन्दी के माध्यम से ही वे पूरे भारत से सम्पर्क कर सकते थे। इस प्रकार हिन्दी का उदय संघर्षों से हुआ। उदय के साथ ही संघर्ष का इतिहास सँजोये हिन्दी

आज तक भारत की जनता की प्रतिनिधि है। भारत के 40 प्रतिशत क्षेत्र की भाषा और समग्र भारत में समझ की स्थिति के कारण हिन्दी में भारतीय एकता का स्वर प्रारम्भ से था।

भारतीय भाषाओं में हिन्दी का क्षेत्र व्यापक है। इस व्याप्ति के बावजूद हिन्दी उद्भव-काल से विरोधाभासों से युक्त है। हिन्दी का पहला अन्तर्विरोध स्वयं हिन्दी प्रदेश है। हिन्दी 18 बोलियों का प्रतिनिधित्व करती है। प्रारम्भिक चरण में सम्पूर्ण भारतीय भाषाओं की भाँति हिन्दी प्रदेश की क्षेत्रीय बोलियों में साहित्य की रचना हुई लेकिन धीरे-धीरे मध्यदेश की भाषा का एक स्वरूप निश्चित हो गया। विदेशी आक्रमणकारियों के आगमन के समय भारत में एक सर्वमान्य सम्पर्क भाषा का निर्माण हो चुका था जिसे न केवल हिन्दी बोलियों वरन् सम्पूर्ण भारत की क्षेत्रीय भाषाओं के क्षेत्र में स्वीकृति मिल चुकी थी। मुस्लिम साम्राज्य की स्थापना के समय उसी भाषा के माध्यम से देश में मुस्लिम शासकों ने भारत के विभिन्न क्षेत्रों से सम्पर्क किया तथा इसे ही उन्होंने हिन्द की भाषा माना। हिन्दुई, हिन्दवी, हिन्दुस्तानी—नाम चाहे जो दिये गये लेकिन हिन्दी ही उन्हें उस भाषा के रूप में मिली जिसका प्रसार पूरे भारत में था। इस प्रकार 9वीं-10वीं शती तक सम्पर्क भाषा के रूप में हिन्दी ने उत्तर भारत में अपना महत्त्व सिद्ध कर दिया था। इसके साथ ही मुस्लिम साम्राज्य का ज्यों-ज्यों दक्षिण में विस्तार होता गया, सम्पर्क भाषा के रूप में हिन्दी का प्रयोग वहाँ भी बढ़ता गया। हिन्दी की एक बोली 'ब्रजभाषा' साहित्यिक क्षेत्र में पूरे देश में प्रचलित थी और केरल से कश्मीर और बंगाल से महाराष्ट्र तक ऐसा कोई क्षेत्र नहीं था जहाँ ब्रजभाषा के कवियों का सम्मान नहीं था। इस प्रकार पश्चिमी हिन्दी की दो बोलियों ब्रजभाषा और खड़ीबोली का संस्कार हिन्दी के रूप में साहित्यिक और सम्पर्क भाषा के रूप में पूरे देश में होने लगा था जो संस्कृत के विकल्प के रूप में उभरा था। इस सहज विकास में कोई अन्तर्विरोध नहीं था। क्षेत्रीय भाषाओं का अपना साहित्य और प्रयोग क्षेत्र समृद्ध हो रहा था। क्षेत्र से बाहर के सम्पर्क के लिए हिन्दी का प्रयोग जनसामान्य में स्वीकार्य था।

'हिन्दी' के इस सार्वदेशिक स्वरूप का आधार भारतीय लोकमानस है। भारतीय संस्कृति मूल्यों पर आधारित है। आज हम समाज की बात करते हैं। भारतीय समाज या जनसमुदाय का उल्लेख आज के चिन्तकों का प्रिय शब्द है लेकिन भारतीय संस्कृति में 'जन' या जनता का उल्लेख नहीं मिलता। भारतीय संस्कृति में लोक का उल्लेख मिलता है। भारत में प्रारम्भ से ही केवल दो सूत्र मिलते हैं लोक और वेद। 'वेद' लोक और लोकोत्तर मूल्य की प्रतिष्ठा करते हैं और वेद से इतर ग्रन्थ लोक के कल्याण की भावना से प्रेरित हैं। गीता में भगवान् श्रीकृष्ण ने लोक और वेद का उल्लेख अनेकशः दिया है—

अतोस्मि लोकेवेदे च प्रथितः पुरुषोत्तमः।

गोस्वामी तुलसीदास ने भी लोक-वेदसम्मत आचरण को ही महत्त्व दिया है। जब हम मूल्यों की चर्चा करते हैं तो लोक का अर्थ समझना आवश्यक है। भारतीय चिन्तन समाजशास्त्रियों की आधुनिक अवधारणा को महत्त्व नहीं देता। समाजशास्त्र केवल मनुष्यों के विकास की चर्चा करता है। लोक सम्पूर्ण चेतन सृष्टि से सम्बद्ध है। चर-अचर जगत् से तादात्म्य भाव लोक से सम्बन्ध रखता है। आधुनिक समाजशास्त्री जाति, धर्म, सम्प्रदाय के विकास का उल्लेख करते हैं। भारतीय चिन्तन-परम्परा में प्राणिमात्र का उल्लेख हुआ है। वहाँ जाति (Race), राष्ट्र

(Nation), राष्ट्रीयता (Nationality), धर्म (Religion) का उल्लेख नहीं मिलता। वहाँ मानव-समाज का भी उल्लेख नहीं है, वहाँ सबको एक शब्द 'लोक' से बाँधा गया है। जब हमारे मनीषी अहिंसा की प्रतिष्ठा करते हैं तो उनका उद्देश्य प्राणिमात्र की हिंसा से विरत होना है। यही नहीं हिंसा की प्रवृत्ति पर भी नियन्त्रण है। इस प्रकार भारतीय चिन्तनधारा में मूल्यों की प्रतिष्ठा का अर्थ है, उन गुणों का विकास जिनके माध्यम से मानवता की प्रतिष्ठा हो, मनुष्यमात्र का कल्याण हो, लोक की प्रतिष्ठा हो। मूल्यों की संक्षिप्त किन्तु सोद्देश्य व्याख्या गोस्वामी तुलसीदास ने मानस में की है। भगवान् राम का धर्म रथ ही वह आदर्श है, जिसे हम मूल्य कह सकते हैं–

सौरज धीरज तेहि रथ चाका। सत्य सील दृढ़ ध्वजा पताका।।
बल बिबेक दम परहित घोरे। छमा कृपा समता रजु जोरे।।
ईस भजनु सारथी सुजाना। बिरति चर्म संतोष कृपाना।।
दान परसु बुधि सक्ति प्रचंडा। बर बिग्यान कठिन कोदंडा।।

गोस्वामी जी ने आसुरी प्रवृत्तियों के विनाश के लिए जिन मूल्यों का उल्लेख किया है, वे ही मानव-मूल्य हैं जिनकी प्रतिष्ठा समग्र भारतीय साहित्य में हुई है। इन मूल्यों का विकास भारतीय संस्कृति के प्रारम्भ से मिलता है और सम्पूर्ण भारतीय साहित्य की यही मूल भावना है। इस दृष्टि से सर्वप्रथम हम उस दृष्टिकोण को लेते हैं, जो मूल्यों की प्रतिष्ठा हेतु साहित्यकारों ने स्वीकार किया है। भारतीय साहित्य में मूल्यों की प्रतिष्ठा के निम्नलिखित सिद्धान्त सभी भाषाओं के साहित्यकारों में मिलते हैं–

1. लोकदृष्टि
2. मानवता
3. निजी अनुभव से मुक्ति
4. जनतन्त्र की भावना
5. आभिजात्य से मुक्ति
6. कृषि-सभ्यता
7. अवतारवाद की परिकल्पना
8. अनासक्त कर्मयोग
9. उच्चादर्शों का अनुपालन
10. सौन्दर्य आधार-शील
11. निषेध और स्वीकृति
12. जीवन-यथार्थ

भारत के हर भाषा के साहित्य में उपर्युक्त प्रवृत्तियाँ विद्यमान हैं। इस परम्परा का विकास कहाँ से हुआ और साहित्य में मूल्य चिन्ता के कारण क्या हैं? यह प्रश्न विचारणीय है। भारत में आदिम युग से दो जातियों या समूहों की परिकल्पना की गयी है–आर्य-समुदाय और द्रविड़। आधुनिक इतिहासकारों ने उनके सम्बन्ध में पाश्चात्य प्रभाव के कारण अनेक विचित्र प्रस्थापनाएँ की हैं और देशी-विदेशी का नारा दिया है किन्तु जब हम साहित्य के माध्यम से प्राचीन काल का अध्ययन करते हैं तो ये प्रस्थापनाएँ मिथ्या प्रतीत होती हैं। विभिन्न समूहों

में विकसित प्रारम्भिक भारतीय समाज से ही मूल्य चिन्ता लक्षित होती है। आर्यों और द्रविड़ों का आदिम साहित्य वेदों से प्रारम्भ होता है। वेदों में ही राष्ट्र की परिकल्पना की गयी है। अहं राष्ट्री संगमनी वसूनां या राष्ट्रे राजन्यः शूर इषव्यो जैसी उक्तियाँ वेदों से मिलती हैं। वेद युग आरण्यक युग था जब राष्ट्र कबीलों में विभक्त था। उनकी अपनी विशेषताएँ थीं लेकिन संस्कार और संस्कृति का स्वरूप समान था। वेदों के पश्चात् जनपद-युग तक कर्मकाण्ड और पुरोहितवाद का प्राबल्य हुआ। भारतीय लोकमानस इस एकाधिकार को अधिक नहीं सह पाया और बौद्धों और जैनियों के अनीश्वरवादी चिन्तन ने पुरोहितवाद को चुनौती दी। कर्मकाण्डों की भाषा के स्थान पर जनसाधारण की भाषा का प्रभाव बढ़ा। पुराण काल तक भारतीय संस्कृति का पुनर्सृजन हुआ। पुराणों में भारत के विराट् स्वरूप की ही नहीं नवागत जातियों की चर्चा भी हुई। नाना धर्मों, जातियों, समुदायों, वर्गों, वर्णों और आश्रमों में विभाजित विभिन्न श्रेणियों को एक साथ रखा गया। भारत भूमि को देवदुर्लभ माना गया–

गायन्ति देवाः किल गीतकानि
धन्यास्तु ते भारत भूमि भागे।।

गंगा और कावेरी की यह एकता भारत की एकता का प्रतीक है। पुराणों से ही ब्रह्म और मुक्ति की वैदिक परम्परा और यज्ञ तथा कर्मकाण्ड की पुरोहित परम्परा के स्थान पर वैष्णव भक्ति का विकास हुआ। भारत में पाँच देव सम्प्रदाय माने गये हैं–वैष्णव, शैव, शाक्त, सौर और गाणपत्य। इनमें वैष्णव, शैव और शाक्त सम्प्रदाय व्यापक रूप से प्रचलित हुए। वैष्णव सम्प्रदाय का विस्तार सम्पूर्ण भारत में हुआ। श्रीमद्भागवत इस सम्प्रदाय का आधार ग्रन्थ है। भागवत में ब्रह्म के अवतार राम और कृष्ण की प्रतिष्ठा हुई। वैष्णव सम्प्रदाय का सम्बन्ध विष्णु से है। वेदों में विष्णु की महिमा कम है। विष्णु इन्द्र के सखा हैं। वेदों के देवता इन्द्र हैं। इन्द्र का वर्णन अधिनायकवादी है। वे राजा हैं, शासक हैं। विष्णु की कल्पना लोकनायक के रूप में हुई। विष्णु के अवतार राम और कृष्ण लोकनायक हैं। वे कर्म का उपदेश नहीं देते। वे कर्मनिष्ठ हैं, लोकनिष्ठ हैं, मानवता के विकास के लिए अवतरित होते हैं। वे वर्ण, जाति का भेद नहीं मानते, वे स्त्री-पुरुष का भेद नहीं मानते। वैष्णव धर्म के उदय ने देश की एकता को गति दी। इसी वैष्णव धर्म का प्रभाव सम्पूर्ण भारतीय साहित्य पर पड़ा। राम और कृष्ण का सम्बन्ध हिन्दी प्रदेश से है। अतः राम और कृष्ण के चरित्र के साथ हिन्दी का प्रसार भी बढ़ा। वैष्णव भक्ति के रिक्थ पर ही हिन्दी साहित्य का विकास हुआ।

हिन्दी साहित्य का प्रारम्भ–हिन्दी साहित्य का इतिहास आधुनिक भारतीय भाषाओं के इतिहास के साथ या कुछ पहले प्रारम्भ हुआ। इसीलिए अनेक साहित्यकारों के सम्बन्ध में विवाद है कि उनकी भाषा हिन्दी है या इतर है। गुरु नानक को हिन्दी सन्त परम्परा में सम्मान मिलता है किन्तु पंजाबी का विकास भी उन्हीं से माना जाता है। इन्शा अल्ला खाँ, विद्यापति, चण्डीदास, नामदेव, नरसी मेहता, मीराँबाई को क्रमशः उर्दू, बँगला, मराठी, गुजराती, राजस्थानी से भी जोड़ा जाता है और हिन्दी से भी। यह आधुनिक भाषाओं का अभ्युदय काल था और साहित्यकार भाषा को केन्द्र में रखकर नहीं अभिव्यक्ति को केन्द्र में रखकर चल रहे थे। मिलन बिन्दु भाषा नहीं वह चेतना थी, जिसने उन्हें प्रेरणा दी थी। यह प्रेरणा नयी वैष्णव भक्ति थी और उसके विरुद्ध था कर्मकाण्ड का निषेध। पूरे भारत में यह एक जनान्दोलन का रूप ले

चला था। इसके लिए सभी साहित्यकारों ने एक भावना और एक उद्देश्य को लेकर सृजन प्रारम्भ किया था। इसके पूर्व कर्मकाण्ड के विरोधी धर्म जैन और बौद्ध स्वयं उसी रोग से ग्रस्त हो चुके थे। आचार्य शंकर का मायावाद दक्षिण भारत में ही घोर विरोध का सामना कर रहा था। इसलिए पूरे भारत में एक ही चेतना कार्य कर रही थी नये मूल्यों की खोज जिसमें सामन्तवादी प्रवृत्तियों के स्थान पर लोक की प्रतिष्ठा हो। हिन्दी साहित्य के विकास से कुछ पूर्व दक्षिण में यह आन्दोलन प्रारम्भ हो चुका था। दक्षिण में कर्मकाण्ड का प्रभाव भी अधिक था। आचार्य शंकर के विरुद्ध स्वर भी वहीं से उठा और इसी क्रम में वैष्णव भक्ति का प्रारम्भ ही दक्षिण से हुआ। पल्लव सम्राटों के शासनकाल (6वीं शती से नवीं शती) के मध्य आलवार सन्तों ने भक्ति को एक नया आयाम दिया। इन आलवार सन्तों में सभी वर्णों एवं वर्गों के लोग थे। 12 आलवारों में सन्त तिरुप्पन जैसे अन्त्यज थे और आण्डाल जैसी नारी थी। नाथ मुनि ने आलवार सन्तों के पदों का संकलन 'दिव्य-प्रबन्धम्' के रूप में कराया। आलवारों के युग से ही आचार्यत्व की सीमाएँ टूटीं और भक्ति का प्रवेश जनसामान्य में हुआ। देवभाषा, देवत्व और आचार्यत्व की परम्परा पर यह आघात कालान्तर में सार्वदेशिक हुआ। आलवारों के आश्रय कृष्ण हैं पर उन्होंने राम को भी स्वीकृति दी। उल्लेखनीय है कि इसी युग में नायनमारों ने शैव भक्ति पर बल दिया किन्तु उसे आलवारों जैसा जनसमर्थन नहीं मिला। भागवत की परम्परा भी दक्षिण में नये रूप में विकसित हुई। दाक्षिणात्य आचार्यों ने प्रस्थान त्रयी की पुनर्व्याख्या की और शंकराचार्य से असहमति प्रकट की। रामानुज, मध्व, निम्बार्क और विष्णुस्वामी की दार्शनिक निष्पत्तियाँ भिन्न थीं। उन आचार्यों ने उत्तर भारत की यात्रा की, नये सम्प्रदाय बने किन्तु लोकमानस उनसे न जुड़ा। उत्तर भारत में छठी शती से ही सिद्धों ने पुरोहितवाद के विरुद्ध लोकभाषा में आभिजात्य का विरोध प्रारम्भ कर दिया था जिसका व्यापक प्रभाव जनमानस पर था। सिद्धों और नाथों का एक पक्ष जहाँ अभिजात वर्ग का था, वहीं अधिकांश निम्न वर्गों से थे। इसके बावजूद आचार्यत्व एवं कर्मकाण्ड का निषेध वहाँ था पर उन्होंने साधना को महत्त्वपूर्ण माना था। सिद्ध-साधना भी एकान्तिक नहीं थी। सिद्धों की साधना सामूहिक थी। बाह्याचारों के वे विरोधी थे और सबसे बड़ी बात उनकी साधना में जाति, वर्ण भेद नहीं था। सिद्ध कुलीन तन्त्र और अभिजात भाषा के विरोधी थे। जनसाधारण पर उनका प्रभाव कम नहीं था। आगे चलकर नाथों, विशेषतः गोरखनाथ ने पूरे भारत में कठोर साधना एवं उच्च-आदर्शों की प्रतिष्ठा की। सिद्धों में जहाँ निषेध है, वहीं गोरखनाथ में निषेध के साथ स्वीकृति का विकल्प भी। गोरखनाथ का प्रभाव मध्यदेश पर पड़ा। उसके पश्चात् स्वामी रामानन्द की परम्परा आती है। स्वामी रामानन्द की उदारवादी दृष्टि में मनुष्यमात्र के प्रति समभाव था। उन्होंने आचार्यत्व के व्यामोह से मुक्त होकर कबीर ऐसे विद्रोही को भक्ति की प्रेरणा दी। कबीर पर जहाँ एक ओर नाथों की कट्टरता का प्रभाव है, वहीं वे वैष्णव प्रपत्ति के भी प्रतिष्ठापक हैं। मध्यकाल के सामन्ती वातावरण में हर जाति और वर्ग के समान अधिकार का प्रयास रामानन्द की महत्त्वपूर्ण उपलब्धि है।

मानव-मूल्य और मध्य युग—जिसे मध्यकाल में वैष्णव काव्य कहा जाता है और जिस युग को साहित्येतिहास में भक्तिकाल कहकर सम्बोधित किया जाता है, वह क्या उदासीन निजता की व्यथा है? यह एक विचारणीय प्रश्न है। ऊपर के विवेचन से यह तो सत्य है कि

भक्ति आन्दोलन का जनता से जुड़ाव इस्लाम के पहले से प्रारम्भ हो चुका था। अभिजन की भाषा, अभिजन की चिन्ता और सामन्तवादी मनोवृत्ति की अस्वीकृति और लोक की चिन्ता, लोकभाषा के माध्यम से अभिव्यक्ति और मानव मैत्री वैष्णव भक्ति का लक्ष्य था। इसलिए भक्तिकाव्य को हताशा का काव्य मानना कुतर्क है। जिस वैष्णव भावना ने यज्ञ, कर्मकाण्ड, मूर्तिपूजा, तीर्थाटन और ब्राह्मणवाद को स्वीकृति नहीं दी और ईश्वर को सीधे सम्बोधित किया उसे हताशा का काव्य नहीं माना जा सकता। वैष्णव धर्म ईश्वर की अलौकिकता को भी महत्त्व नहीं देता। उसमें केन्द्रीयता उस ईश्वर को मिलती है जो मानव बनकर आये और जिसे मानवता प्रिय हो। मानव धर्म भारतीय साहित्य का आधार है, इसे प्रारम्भ से लेकर आज तक प्रतिष्ठा मिली है। इस मानव धर्म का व्यापक चित्रण हिन्दी के मध्यकालीन साहित्य में मिलता है। वैष्णव भक्ति में ईश्वर को कर्मयोगी माना गया। जाति-पाँति का निषेध किया गया। मानवेतर प्राणियों को भी भक्ति में स्नात कराया गया—

पाई न केहि गति पतित पावन राम भजि सुनु सठ मना।
गनिका अजामिल व्याध गीध गजादि खल तारे घना।।

मनुष्य और प्रकृति के मध्य यह सम्बन्ध वैष्णव भक्ति को लोकधर्मी बनाती है। वर्ण, जाति, सम्प्रदाय, वर्ग की अस्वीकृति को यदि वैष्णव भाषा ने महत्त्व दिया तो आधुनिक साहित्य का मानव-धर्म या प्रगतिशीलों का धर्म उससे भिन्न कहा है। आधुनिक कविता में रवीन्द्रनाथ टैगोर कबीर से प्रभावित थे। गीतांजलि के केन्द्र में मनुष्य है पर वैष्णव भावना का भी उस पर व्यापक प्रभाव है। गुजराती सन्त नरसी मेहता ने तो वैष्णव की परिभाषा ही मनुष्य से जोड़ी है—

वैष्णव जन तो तेणें कहिये जे पीर पराई जाणें रे।

आधुनिकता और मूल्य—आधुनिक युग में महात्मा गाँधी ने नरसी की इसी पंक्ति को अपने चिन्तन का आधार बनाया। इस प्रकार मध्यकालीन हिन्दी वैष्णव काव्य मानव-मूल्यों का ऐसा समुच्चय है, जो लोक से जोड़ता है। भारतीय जागरण, रामकृष्ण परमहंस, स्वामी विवेकानन्द पर इसका व्यापक प्रभाव है। आधुनिक हिन्दी कविता में भारतेन्दु, मैथिलीशरण गुप्त, छायावादी काव्य और नरेश मेहता तक यह प्रवृत्ति मिलती है।

वैष्णव भावना में उच्चतर मानव-मूल्यों का इतना आग्रह है कि कबीर ने उसे शाक्तों से श्रेष्ठ माना क्योंकि शाक्त हिंसक थे। कबीर ईश्वर को आत्मस्थ मानते हैं किन्तु आत्मस्थ होकर भी प्राणिमात्र को देखते हैं। वे आत्मा को देखते हैं अहं का त्याग करते हैं। आत्मस्थ स्वाभिमानी होता है अहंकारी नहीं। अहं में बाहर का त्याग है और आत्मस्थ में सम्पृक्ति। भारतीय जीवन-मूल्यों में दो महत्त्वपूर्ण स्वीकृतियाँ हैं त्याग और निषेध। त्याग अहं का, स्वीकृति आत्मा की। इसी को मुक्तिबोध ने 'आत्मसंघर्ष' कहा है। अहं का त्याग कर जिस उदार वैष्णव व्यक्तित्व का निर्माण होता है जिसे वर्तमान भाषा में कहा जाय तो स्वाभिमान सहित विश्वबन्धुत्व के लिए प्रयास कह सकते हैं। गाँधी जी का यही सन्देश है। भारतीय वैष्णव मूल्य अन्याय को नहीं सह सकता अन्यायी को सह सकता है। भारतीय साहित्य में गीता से लेकर इसी जीवन-मूल्य की प्रतिष्ठा हुई और इसीलिए राष्ट्रीय आन्दोलन के दो आधार बने—गीता का कर्मयोग और वैष्णवों की मूल्य निष्पत्ति। राष्ट्रीय काव्यधारा में यह भावना बार-बार उभरती है—

किसके शरण होकर रहें? अब तुम बिना गति कौन है?
हे देव! वह अपनी दया फिर एक बार दिखाइये।।

(मैथिलीशरण गुप्त)

मेरे हृदय में गुलामी और भय ने घर कर लिया है।
उन्हें दूर करने मैं तुम्हारी शरण आया हूँ।।

(सुब्रह्मण्य भारती तमिल)

यही नहीं बाँग्ला के क्रान्तिकारी कवि काजी नजरुल इस्लाम भी यही बात करते हैं।

इस प्रकार आधुनिक भारतीय कविता के अनेक आयामों में मानवकेन्द्रित आध्यात्मिकता लक्षित होती है। इसका सम्बन्ध उच्चतर मानव मूल्यों से है केवल मध्यकाल में उसमें विधाता की जो उपस्थिति है, उसका निषेध आज की कविता में किया गया है।

कर्ममार्ग—भारतीय साधना कर्ममार्गी है। प्राचीन काव्य में भी वैराग्य की अपेक्षा कर्म की प्रधानता है केवल कर्म का रूप बदला है—निष्काम कर्म, अनासक्त प्रवृत्ति। भक्तों ने समर्पण पर बल दिया पर किसके प्रति समर्पण? यह समर्पण राम के प्रति है। राम कोई देवता या राजा नहीं—मूल्य समुच्चय हैं। समस्त मूल्यों से उनके व्यक्तित्व का निर्माण हुआ है। वह लोकरंजक और लोकरक्षक हैं। वह उपदेष्टा नहीं कर्त्ता हैं। उसमें सब समाहित होते हैं।

मानवता—इस प्रकार भारतीय जीवन में मूल्य चेतना का अर्थ मानव मार्ग है जिसका पूर्ण परिपाक वैष्णव काव्य में मिलता है। हिन्दी कविता के इस वैष्णव मार्ग का प्रभाव न केवल प्राचीन भारतीय साहित्य पर पड़ा वरन् आधुनिक काल भी उससे अप्रभावित नहीं है।

यथार्थबोध—इसमें सन्देह नहीं कि भक्तिकालीन कवि प्रतिभाशाली थे। तत्कालीन सामन्तों के दरबारों में विद्यमान कवियों से वे श्रेष्ठ थे। राज्याश्रय उन्हें सुलभ हो जाता। उनके युग में सामन्ती समाज भी प्रभावशाली था। भारत में मुस्लिम साम्राज्य का उदय हो गया था और उसका लाभ यहाँ के सामन्त उठा रहे थे। भारत की पराधीनता से सामन्तों का स्वभाव नहीं बदला। वे क्रीतदास होकर मुस्लिम साम्राज्य के संरक्षण में संवर्द्धित हो रहे थे। राष्ट्रीय अस्मिता से उनका कोई सम्बन्ध नहीं था। पराधीन हुई थी जनता? जिसकी चिन्ता करनेवाला कोई नहीं था। उसके जीवन और विश्वास पर संकट था? इस यथार्थ को सीधे कवियों ने चित्रित किया। उन्होंने लोक को वाणी दी। तुलसीदास ने कलियुग के माध्यम से युग के यथार्थ को चित्रित किया। उनमें जहाँ कालजयी स्वर है, वहीं युगीन यथार्थबोध भी। सामन्तीय अभिजात जीवन के विरुद्ध एक ओर सूर ने कृषि संस्कृति का महत्त्व प्रतिपादित किया। गोपियों का भ्रमर गीत प्रसंग केवल निर्गुण पर सगुण की विजय गाथा नहीं है। गोपियाँ कंचन की नगरी मथुरा से ब्रज को श्रेष्ठ सिद्ध करती हैं कोई कितना भी अपना हो, यदि वह कंचन की नगरी मथुरा जाता है तो गोपियों के लिए अग्राह्य है। उन्हें ब्रजचन्द से प्रेम है। भारतीय समाज के दो महत्त्वपूर्ण आधार हैं—धर्म प्राणत्व एवं कृषि। सूर ने दोनों की रक्षा की है। उस युग में जनसामान्य की दुरवस्था का जो मार्मिक चित्र तुलसी ने प्रस्तुत किया है, वह आज के स्वतन्त्र समाचार चैनल भी नहीं देते। तुलसी कहते हैं—

किसबी किसान कुल बनिक भिखारी भाट,
चाकर चपल नट चोर चार चेटकी।
पेट को पढ़त गुन गढ़त चढ़त गिरि
अटत गहन-मन अहन आखेट की।
ऊँचे-नीचे करम धरम-अधरम करि
पेट को ही पचत बेचत बेटा बेटकी।
तुलसी बुझाइ राम-घन स्याम ही तें आगि
बड़वागि तैं बड़ी है आगि पेट की।।

यथार्थ के वस्तुपरक चित्रण से हटकर भी तुलसी ने वास्तविकता का वर्णन कलिकाल के सन्दर्भ में किया है। चरमराती वर्णव्यवस्था, श्रुतिवंचक द्विज, मिथ्याचारी दम्भी, कुटिल समाज, कामी और लोलुप लोग, उदरपूरक धर्म, मूल्यहीन समाज का वर्णन गोस्वामी जी ने किया है। कबीर इसी पाखण्ड को व्यंग्य के माध्यम से व्यक्त करते हैं।

हिन्दी साहित्य के सन्दर्भ में एक महत्त्वपूर्ण तथ्य यह है कि किसी युग में रचना के वैयक्तिक प्रयत्न नहीं हुए। इसका मूल कारण यह है कि कवियों ने किसी राजा के आदेश या निर्देश पर काव्य प्रणयन नहीं किया। सम्पूर्ण भारतीय काव्य-परम्परा में काव्य-चेतना सामाजिक दबाव का परिणाम है। कुछ कवि ऐसे हो सकते हैं लेकिन सामान्यतः शासक वर्ग की अपेक्षा साहित्यकार सदैव जनता से आये हैं। औरंगजेब की अपेक्षा शिवाजी और छत्रसालों को सदैव तरजीह मिली है। जब रचना पर वैयक्तिक प्रभाव नहीं होता, तब सामाजिक संरचना को समझे बिना उसकी आलोचना भी नहीं हो सकती। सामाजिक संरचना मूल्यों के स्खलन के कारण परिवर्तित होती रहती है। साहित्यकार उन स्थितियों का चित्रण करते हुए मूल्यों की पुनर्स्थापना पर बल देते हैं। जनसाधारण का स्वर हिन्दी कविता का प्रधान स्वर है। सिद्धों, नाथों, वैष्णव कवियों से लेकर भारतेन्दु-युग, छायावाद, प्रगतिवाद और समकालीन कविता तक साहित्य का निर्माण वैचारिक आन्दोलनों से जुड़ा रहा है। ऐसे में हर युग में साहित्यकार अपने युग में संघर्ष भी करते रहे और युग का अतिक्रमण भी। रचनाकार मूल्य-चिन्ता के लिए वृहत्तर काल का स्पर्श करते हैं।

हिन्दी साहित्य में मूल्यों की प्रतिष्ठा जिन महानायकों के माध्यम से की गयी है, वे हैं—राम और कृष्ण। राम और कृष्ण हिन्दी के ही नहीं सम्पूर्ण भारतीय काव्य के नायक हैं। जब-जब साहित्य में मूल्यों की बात आती है, तब-तब आदर्श चरित्र के रूप में यही दो नाम आते हैं। स्वाभाविक है कि मुख्य लीलाभूमि हिन्दी प्रदेश होने के कारण हिन्दी साहित्य पर उसका व्यापक प्रभाव है। राधा और कृष्ण पौराणिक नायक हैं लेकिन उनके लीला संसार को कवियों ने अपने ढंग से सँवारा है। वाल्मीकि के चक्रवर्ती राम तुलसी के मर्यादा पुरुष हैं। महाभारत के श्रीकृष्ण सूर के रसिक शिरोमणि हैं। ये परिवर्तन केवल वैचारिक नहीं हैं और न केवल भावाकुल हैं। वैचारिक परिवर्तन करनेवाले आचार्यों को जनसामान्य ने महत्त्व नहीं दिया। भाव एवं विचार को हिन्दी कविता ने प्रायोगिक का व्यावहारिक रूप दिया है। समय की माँग के अनुरूप व्यवहार में परिवर्तन कराया है। कथा के साथ वर्तमान को जोड़ा है। सूर और तुलसी के काल में राम और कृष्ण की कथा में लोग की उपस्थिति है। तुलसी ने राम को मध्यकालीन सन्तों

के विकल्प के रूप में प्रस्तुत किया है। उन्होंने नानापुराणनिगमागमसम्मत गाथा को समय-सापेक्ष बना दिया क्योंकि उन्हें नैतिक मूल्यों के ह्रास के युग में सारे विकल्प देना था, वह राम के माध्यम से वर्णित हो सकता था। अतः समाज के हर क्षेत्र की उपस्थिति आवश्यक थी। इतना ही नहीं हिन्दी कवियों ने लोक की उपस्थिति सुनिश्चित करने के लिए लोकगाथा, लोकभाषा, लोकगीत, लोकोत्सव, लोकोक्तियों तक को प्रयुक्त किया। एक ओर सूर ने कृष्ण के माध्यम से ब्रज संस्कृति को प्रारूपित किया तो तुलसी ने अवध क्षेत्र की कृषि संस्कृति का सम्मिलन किया। चक्रवर्ती सम्राट् दशरथ के पुत्र राम के हर कार्य में लोक की हिस्सेदारी थी। ऐसी हिस्सेदारी जिसमें लोक आलोचना करता हुआ खड़ा रहता है। सूर ने तो एक कदम आगे चलकर गायों, बछड़ों को भी कृष्ण के वियोग में दुःखी दिखाया। इस प्रकार हिन्दी कविता ने लोकजीवन को महत्त्व दिया। राम की अयोध्या से लंका तक की यात्रा में अयोध्यावासी साथ नहीं हैं पर स्थानीय लोक सर्वत्र उपस्थित है। चित्रकूट, दण्डकवन, किष्किन्धा और लंका तक में राम के चरित्र के अनुसर्त्ता मिल सकते हैं। रावण जैसे शासक की प्रजा में भी आलोचक मिल जाते हैं। लोक का यह दबाव हिन्दी कविता की विशेषता है। लोकधर्मिता का यह स्वरूप हिन्दी साहित्य में आधुनिक काल तक में मिल जाता है।

इस प्रकार हिन्दी साहित्य ने मानव को सर्वोपरि महत्त्व दिया है। हिन्दी साहित्य प्रारम्भ से व्यक्तिवादी नहीं लोकवादी रहा है। उसमें क्षेत्रीयता या आंचलिकता का स्वर नहीं समग्र संस्कृति और जीवन-दर्शन है, जो प्राणिमात्र के लिए आचारसंहिता का कार्य करता है। हिन्दी साहित्य में विचार नहीं व्यवहार है। भारतीय कविता का यही आदिम स्वर है। कवि चण्डीदास कहते हैं–

सुनहु मानुष भाई
सबार ऊपर मानुष सस
ताहार ऊपर नाई

आधुनिक कवि पन्त कहते हैं–

सुन्दर है प्रकृति सुमन सुन्दर
मानव, तुम सबसे सुन्दरतम।

जायसी की पद्मावती अपने आध्यात्मिक सौन्दर्य का रूपान्तरण कर देती है–

सरवर रूप विमोहा, हिये हिलोरहि लेइ।
पाँव छुवै मकु पावौं, एहि मिस लहरहिं देइ।।

हिन्दी कविता अन्याय पर न्याय की विजय कराकर रामराज्य की स्थापना पर बल देती है जहाँ मूल्य और मर्यादा उपस्थित हो।

'बहुजन हिताय बहुजन सुखाय' हिन्दी कविता में आकर व्यापक हुआ। 'सुरसरि सम सब कर हित होई।' कविता का लक्ष्य स्पष्ट था। मध्यदेश के लोकनायक राम और कृष्ण को प्रतिष्ठित करने का यह प्रभाव पड़ा कि केरल से कश्मीर तक कृष्ण लोकदेवता के रूप में प्रतिष्ठित हुए। रसखान लकुटी और कामरिया लेकर भटकने के लिए तैयार हो गये। तमिलनाडु में वृन्दावन की परिकल्पना की गयी। चैतन्य महाप्रभु ने वृन्दावन को ही वैकुण्ठ माना। हिन्दी

साहित्य की यह विशेषता है कि उसमें लोकनायक ही कथानायक हुआ है। रीतिकाल में भूषण के आचार्यत्व का सम्मान मुस्लिम सामन्तों के मध्य भी होता किन्तु भूषण ने दक्षिण भारत जाकर शिवाजी को ही राष्ट्रनायक का सम्मान दिया अशर्फी देनेवाले औरंगजेब के सामन्तों को नहीं। आधुनिक काल में हिन्दी के नायक महात्मा गाँधी जैसे व्यक्तित्व रहे। भगत सिंह, स्वामी विवेकानन्द, चन्द्रशेखर आजाद को ही साहित्य ने लोकनायक माना है। प्रेमचन्द ने कृषि संस्कृति को ही जीवन्त किया है।

समग्र रूप से हिन्दी साहित्य में या तो मानव-मूल्यों को प्रतिष्ठा मिलती है या उनके प्रतिष्ठापकों को। सत्तातन्त्र और पूँजीतन्त्र से साहित्य सदैव विरत रहा। पचास प्रतिशत जन की भाषा होने के कारण हिन्दी के मूल्यवादी साहित्य ने सदैव समाज को प्रेरणा दी है। हिन्दी साहित्य केवल कला-कला के लिए सिद्धान्त का अनुगमन नहीं करता। शिवेतरक्षतये की शास्त्रीय कल्पना के साथ सांस्कृतिक मूल्यों का समुच्चय, परम्परा से सम्पृक्ति और जीवन-मूल्यों की सुरक्षा हिन्दी साहित्य का ध्येय है।

1

खण्ड-ख

दाक्षिणात्य भाषा वर्ग

1. तमिल साहित्य का इतिहास

भारत की वर्तमान भाषाओं में तमिल सर्वाधिक प्राचीन है। तमिल का साहित्य संस्कृत साहित्य के समान्तर प्रारम्भ हुआ और आज तक लिखा जा रहा है। अतः तमिल की शब्दावली द्रविड़ भाषाओं में सर्वाधिक सुरक्षित है। इसके बावजूद संस्कृत और तमिल में आदान-प्रदान होता रहा है। जिस प्रकार आर्यभाषाओं का मूल रूप संस्कृत में प्राप्त होता है, उसी प्रकार द्रविड़ का तमिल में। अतिप्राचीन भाषा होने के कारण तमिल साहित्य विस्तृत है। वास्तव में भारतीय संस्कृति का स्वरूप संस्कृत और तमिल में सुरक्षित है। तमिल का प्राचीनतम साहित्य 500 ई.पू. से प्राप्त होता है। यद्यपि संस्कृत का साहित्य उससे प्राचीन है किन्तु तमिल की विशेषता यह है कि 500 ई.पू. से आज तक उसकी साहित्यिक धारा अक्षुण्ण है। जहाँ वर्तमान भारतीय भाषाओं का साहित्य छठीं शती ई. से प्रारम्भ होता है, वहीं तमिल का साहित्य उससे 1000 वर्ष पुराना है।

तमिल साहित्य का प्रारम्भ—तमिल की प्राचीनतम उपलब्ध रचना 'तुलकाप्पियम्' एक व्याकरण ग्रन्थ है। इसका रचनाकाल 1000 ई.पू. है। तुलकाप्पियम् की रचना अगस्त्य के किसी शिष्य ने की थी। तुलकाप्पियम् में दिये उदाहरणों से पता चलता है कि तमिल में साहित्य-सृजन उससे पूर्व हो रहा था। साहित्यिक धारा के रूप में जिस काव्यधारा का उल्लेख तमिल में किया जाता है, वह है संगम साहित्य।

संगम युग (500 ई.पू. से 200 ई.)—संगम साहित्य तमिल का प्राचीनतम साहित्य है। इसका समय 500 ई.पू. से 200 ई. तक माना जाता है। इस काल की अधिकांश रचनाएँ सुरक्षित नहीं हैं। तीसरी-चौथी शती में उन्हें सुरक्षित रखने का प्रयत्न किया गया। संगम युग का साहित्य इन्हीं संकलनों में उपलब्ध है। इन संकलनों में 473 कवियों के नाम मिलते हैं जिनमें 30 स्त्रियाँ हैं।

संगम साहित्य दो वर्गों में विभाजित है—अखम् और पुरम्। अखम् में प्रेम का निरूपण है और पुरम् में शासकों और उनके युद्धों का। संगम साहित्य आठ संग्रहों में उपलब्ध है जिनमें पत्तुप्पाट्टु, पुरनानूरु, नट्टिरिने प्रमुख हैं।

तिरक्कुरल—जिस समय संगम साहित्य का संग्रह किया जा रहा था, उसी के साथ संगम काल की परवर्ती रचनाओं का भी संकलन हुआ। परवर्ती होने के कारण इन 18 रचनाओं को गौण कृतियाँ माना गया। संगम साहित्य के आठ संग्रहों के अतिरिक्त इन अठारह गौण कृतियों को भी रखा गया। इन 18 कृतियों में सर्वाधिक चर्चित कृति 'तिरक्कुरल' है जिसके रचनाकार प्रसिद्ध नीति कवि तिरवल्लुबर हैं। तिरक्कुरल भारत की श्रेष्ठ नीति रचना है, जिसके लिए श्वेट्जर ने लिखा है—"संसार में शायद ही कोई ऐसी पुस्तक हो जिसमें इतनी उत्तम नैतिक सूक्तियों का संकलने हो।"

महाकाव्य युग—200-300 ई. में जब संगम साहित्य का संकलन हो रहा था उसी काल में तमिल में दो महाकाव्य लिखे गये—'शिप्पदिकारम्' और 'मणिमेखलै'। संस्कृत के रामायण और महाभारत की भाँति इनका प्रसार तमिल में है। 'शिप्पदिकारम्' के रचनाकार चेर सम्राट् के पुत्र थे जो तपस्वी हो गये थे उन्हें 'इलंगो अडिगल' कहा जाता है। 'शिप्पदिकारम्' का अर्थ है नूपुरकथा। इसमें तमिलनाडु और लंका में गौरी के रूप में पूज्य 'कत्रगी' की मार्मिक कथा का वर्णन है। 'मणिमेखलै' के रचनाकार छात्तनार हैं। छात्तनार कट्टर बौद्ध हैं। अतः इसमें बौद्ध दर्शन का प्रतिफलन हुआ है।

चूँकि संगम साहित्य का संकलन इसी काल में हुआ इसलिए संगम साहित्य से मणिमेखलै तक के साहित्य को संगम युग ही माना जाता है।

भक्ति युग : शैव नायनार और वैष्णव आलवार

अनेक शैव 'नायनारों' तथा वैष्णव 'अलवारों' ने हिन्दू धर्म के व्यापक पुनरुत्थान के लिए साथ मिलकर जो प्रयास किया उसके फलस्वरूप लोकप्रिय भक्ति-साहित्य के विकास को जबरदस्त प्रोत्साहन मिला। प्रचुरता तथा जन-जीवन पर प्रभाव दोनों ही दृष्टियों से यह अत्यन्त ही महत्त्वपूर्ण सिद्ध हुआ। प्रमुख नेताओं के नेतृत्व में भक्तों के दल नगर-नगर और मन्दिर-मन्दिर तीर्थयात्रा के क्रम में रचित भजनों को गाते हुए घूमते थे। फलस्वरूप वे सरल शैली तथा कर्णप्रिय धुनों का प्रयोग करते थे। नम्बी आण्डार नम्बी द्वारा शैव तथा नाथमुनि द्वारा वैष्णव सम्प्रदाय के लिए दसवीं सदी में संकलित भजनों के नियमानुसार संस्करणों में इस प्रकार जितना साहित्य सुरक्षित है, तमिल हिन्दूवाद के इस स्वर्ण युग में अवश्य ही इससे कहीं अधिक साहित्य का निर्माण हुआ होगा। उदाहरणस्वरूप, नानासम्बदार का एक भजन नियमानुसार प्रकाशित संग्रह में नहीं मिलता है, पर तंजौर जिले में तिरुविडोयवायिल के मन्दिर में एक पत्थर पर खुदा हुआ है।

सम्भवतः इस समूह में सबसे प्राचीन लेखक जिसकी रचना शैव मत में दाखिल हुई वह है कारइक्काल अम्मई की 'कारइक्काल कोनारो'। परम्परागत कथा के अनुसार वह एक सबसे प्राचीन 'आवार' पुदम की समकालीन थी और इन दोनों का 'काल' 550 ई. माना जा सकता है। अम्मई तिरुबालंगादु में—जहाँ वह शिव का नृत्य देखा करती थी—देवता की स्तुति गाती थी। उसकी अन्य काव्य-कृतियों में से एक है, बीस-पदी 'तिरु इराटइ-मणि-मलाई' जिसमें प्रत्येक पद में एक 'कलित्तरई' और एक 'वेणवा' छन्द है और 'दूबूतातु, तिरुवन्दादि' जिसमें 100 वेणवा छन्द हैं। इन दो काव्य-कृतियों से ही तमिल में प्रबन्ध-साहित्य का प्रारम्भ हुआ।

इसके बाद, एवडिगल काडवर्कोन का नाम आता है जिसके बारे में कहा जाता है कि अपने राज्य का शासन अपने पुत्र के हाथों में सौंपकर वह स्वयं धार्मिक जीवन बिताने लगा। उसकी रचना 'क्षेत्रत्ति रुवेणवा' एक प्रकार की 'अन्दादि' (ऐसी कविता इसके प्रत्येक पद का अन्तिम शब्द या शब्दांश अगले पद के प्रारम्भ में आता है) है, इसमें 21 शैव-मन्दिरों की सूची दी गयी है। इस सूची में उज्जैन (महाकालम्) के शैव-मन्दिर का भी उल्लेख है जिसकी उस समय ख्याति थी। अप्पर के 307 'पदिगम' (स्तोत्र) शैव मत की ग्रन्थावली के चौथे, पाँचवें और छठे खण्ड में संगृहीत हैं।

तिरुमुलर की 'तिरुमन्दिरम' 3000 पद्यों में शैव अध्यात्म-विद्या की पुस्तक है। शैव ग्रन्थावली की यह दसवीं पुस्तक यद्यपि शोक्किलार से पहले, ऐसा लगता है, किसी लेखक ने इसके नाम का उल्लेख नहीं किया है। तिरुमुलर के उपाख्यान के बारे में एक विचित्र उपाख्यान प्रचलित है। कहते हैं, शिव के निवास स्थान कैलास से एक सिद्ध अपने मित्र अगस्त्य से मिलने दक्षिण भारत में आया। तिरुवाडुतुराई के पास उसने देखा कि मवेशियों के झुण्ड का चरवाहा मर गया है, उसे मवेशियों पर दया आ गयी। वह चरवाहे के मृत शरीर में प्रवेश कर गया और सन्ध्या समय मवेशियों को घर ले आया। इसके बाद उसने गड़ेरियों के परिवार का परित्याग कर दिया और प्रायश्चित्तस्वरूप वह 300 वर्षों तक एक वृक्ष के नीचे बैठकर प्रत्येक वर्ष एक-एक स्तोत्र की रचना करता रहा। लगभग मुक्तिहीन अस्पष्टता के बावजूद तमिल शैव इसे बड़ी श्रद्धा की दृष्टि से देखते हैं।

सुन्दरमूर्ति 'देवारम' के तीन भजनकारों में अन्तिम था। उसने 100 भजनों की रचना की जो शैव मत की सातवीं पुस्तक है। ईश्वर के प्रति उसकी भक्ति एक घनिष्ठ मित्र जैसी थी और वह 'ताम्बिराम लोलन' (ईश्वर का मित्र) नाम से विख्यात था। कहते हैं, एक बार किसी अन्य स्त्री के साथ क्षणिक सम्बन्ध के कारण सुन्दरमूर्ति की पूर्व प्रेयसी उससे नाराज हो गयी तो उसने देवता को ही दूत बनाकर उसे मनाने के लिए भेजा। तिरुवानुर में 'अडियारों' के समक्ष उसके द्वारा रचित 'तिरुत्तोण्डत्तगई' का गायन होता था। शैव सन्तों की यह प्राचीन सूची—व्यक्तिगत और सामूहिक है जिसमें कवि के माता-पिता सहित 62 नाम दिये गये हैं। इसमें स्वयं सुन्दरमृर्ति का नाम जोड़ देने से सुविख्यात 63 'नायनारों' की सूची पूरी हो जाती है। इन्हीं 63 नायनारों की जीवनगाथा दसवीं सदी में नम्बी आण्डार नम्बी ने संक्षेप में और बारहवीं सदी में शोक्किलार ने महाकाव्यात्मक विस्तार के साथ लिखी। सुन्दर का मित्र चेरमान पेरुमाल ने अन्य उच्चकोटि की भक्तिरसपूर्ण पुस्तकें लिखीं। इसमें एक है 'तिरुवालुर मुमाणिक-कोवल' जिसमें तीन-तीन पदों के दस समूह हैं और प्रत्येक पद्य के छन्द भिन्न प्रकार के हैं—पहला पद्य 'अहवल' छन्द में है, दूसरा 'वेणवा' में और तीसरा 'कलितुरई' में है। चेरमान पेरुमाल की दूसरी कृति है 'पौनवत्रत्तन्दादि' जिसमें 100 पद्य हैं। उसकी तीसरी कृति 'तिरुक्कलाय-नान डला' के बारे में कहा जाता है कि वह इस वर्ग की पहली कविता है और जब सुन्दरमूर्ति के साथ वह कैलास पहुँचा तो इस पवित्र पर्वत से उसका उद्घोष किया।

इस युग के शैव सन्तों में माणिक वाशगर सबसे अन्तिम था, पर वह किसी से कदापि कम महत्त्वपूर्ण नहीं था। तमिल जनता के हृदय तथा साहित्य में उसने अनन्तकाल के लिए अपना स्थान बना लिया है। उसकी रचना 'तिरिवाशगम' शैवमत ग्रन्थावली की आठवीं पुस्तक

है। इसके साथ कुछ लोग उसकी रचना 'तिरिक्कोवई' भी जोड़ देते हैं। सन्त ने 'तिरुवाशगम' में मार्मिक उदगारों की जो धारा बहायी है उसकी पारदर्शी निष्कपटता का पाठकों के मन पर गहरा प्रभाव पड़ता है। अपने-अपने विचित्र काल्पनिक संकेतों के बावजूद 'तिरुवाशगम' के 51 भजन माणिक वाशगर को अनुराग तथा अज्ञान बन्धन से निकलकर प्रकाश तथा प्रेम की ओर अग्रसर होनेवाली आत्मा के सजीव, धार्मिक अनुभव के सच्चे अभिलेख के रूप में प्रस्तुत करते हैं। इसका मुख्य विषय है आत्मा की मुक्ति के लिए ईश्वरीय कृपा की सर्वोपरि शक्ति।

आलवार साहित्य

शैव नायनारों के साथ-साथ वैष्णव आलवार भी उसी ढंग से हिन्दुत्व के पुनरभ्युदय के लिए परिश्रमपूर्वक चेष्टा कर रहे थे। इनके अन्तिम संग्रह 'चार हजार धार्मिक गीत'—नलयीर दिव्यप्रबन्धम्—में उनके भक्ति-गीत संगृहीत हैं। सबसे प्रारम्भ के तीन आलवारों में प्रोयगई, पूडम और पेय थे और बाद की परम्परागत कथाओं में कहा गया है कि पूडम कराइक्कल अक्मई का समसामयिक था। इन सन्तों में से हरेक की एक प्रतिनिधि रचना एक सौ वेणवाओं की अनादि है जो अपने उदार दृष्टिकोण और भक्ति-भावना की शुद्धता के कारण उल्लेखनीय है। उसके बाद तिरुमलिशाई हुआ जो महेन्द्रवर्मन प्रथम का समसामयिक था। उसकी रचनाएँ—नाममुगन्तिरुवण्डाडि और तिरुक्चन्दविरुत्तम—का स्वर प्रथम तीन आलवारों की रचनाओं की तुलना में अधिक विवादपूर्ण है। कहते हैं कि वैष्णव योगी होने के पूर्व उन्होंने जैन और बौद्ध धर्म दोनों को अपनाकर देखा था। इससे उनके समय में धर्म की स्थिति और उनकी कविताओं के स्वर का रहस्य स्पष्ट होता है। तिरुमंगई (आठवीं शताब्दी) ने बहुत अधिक लिखा है और अपने लेखक के सिलसिले में अनेक विवादों को उठाया है। समूचे कविता-संग्रह में एक तिहाई उनकी ही कविताएँ हैं जिससे एक कवि और एक भक्त के रूप में उनका स्थान सुनिश्चित हो जाता है। साहित्यिक गुण और भावना की दृष्टि से उनकी रचनाएँ सांबँदर की रचनाओं के सदृश हैं। वह जैनों और बौद्धों और कुछ अंश तक शैवों पर भी कटाक्ष करता है। पेरियालवार और उसकी पुत्री आण्डाल ने मिलकर 650 कविताओं का एक संग्रह प्रकाशित कराया। पुत्री का दावा था कि, श्रीरंगम के भगवान् उसके प्रेमी हैं और उसकी कविताओं में भगवान् का सान्निध्य प्राप्त करने की तीव्र इच्छा है। कहा जाता है उसे अपनी पत्नी के रूप में कृष्ण ने स्वीकार किया था और उसकी तथा उसके पिता की कविताओं को सिद्धान्त के रूप में सर्वप्रथम स्थान दिया जाता है। आण्डाल की रचनाओं में श्रोता की भक्ति-भावना जगाने के लिए कृष्ण की कहानियों का बहुत प्रभावी ढंग से उपयोग किया गया है और विभिन्न पारिपार्श्विक वातावरणों के साथ इन कहानियों का जो उल्लेख है उसके कारण उसकी रचनाओं के प्रति हिन्दुओं को कम आकर्षण नहीं होता। आण्डाल का वह गीत, जो वारण्य-ऐयरम (एक हजार हाथियों) शब्द के साथ आरम्भ होता है और जिसमें स्वप्न में विष्णु के साथ हुए उनके विवाह की चर्चा है, आज भी वैष्णव-ब्राह्मणों के विवाह में गाया जाता है। इसके बाद तिरुप्पन और तोण्डर-अडीपपीडि का स्थान आता है। प्रथम का केवल एक गीत है और द्वितीय के दो, तिरुमलाइ और तिरुपल्लिये लुच्चि। अन्तिम गीत में यह मान लिया गया है कि मन्दिरों में देवता के प्रति राजकीय सम्मान के साथ पुजाराजोपचार

की व्यवस्था रहती है, यह एक ऐसा गीत है जिसमें दिन शुरू होने पर देवता को नींद से जगाने की चेष्टा की गयी है। कहते हैं कि तिरुमंगई, तोण्डर-अडीप-पाण्डि और कुलशेखर समसामयिक थे, पर यह संशयास्पद है। अपनी कविताओं में कुलशेखर अपने को कोंगर, कूडल और कोली का राजा बतलाया है। वह अत्यन्त उल्लेखनीय संस्कृत कविता 'मुकुन्दमाला', का रचयिता और साथ ही 105 तमिल कविताओं का प्रणेता भी है जो वैष्णवों के तमिल सिद्धान्तों में पेरुमाल तिरुमोली कहे जाते हैं। बेल्लाल सन्त नम्मालवार, जिसे शठकोप भी कहा जाता है और उसके ब्राह्मण शिष्य मधुर कवि के नाम बाद के आलवारों में आते हैं। नम्मालवार को सर्वाधिक समादृत स्थान प्राप्त है क्योंकि ऐसा विश्वास है कि उनकी रचनाओं में उपनिषदों द्वारा बतलाये गये महानतम दार्शनिक सत्यों का समावेश है। तिरुवायमोली के 1,101 छन्दों को समावृत स्थान प्राप्त है और उस सम्बन्ध में विशिष्टाद्वैत दर्शन के परवर्ती व्याख्याओं ने व्यापक रूप से ठीक की है। तिरिवाशिरियम, तिरुविरुत्तम और तिरुवण्डाडि अन्य रचनाएँ हैं जिनमें सब मिलाकर 200 से कम छन्द हैं। उनमें प्रायः तीस तीर्थ स्थानों के देवताओं की चर्चा है जिनमें पाण्ड्य और चेर देशों में केवल छह पाये जाते हैं। नाम्मालवार एक योगी थे और उनके तिरिवायमोली में उनके रहस्यपूर्ण अनुभवों के विश्वसनीय वर्णन भरे पड़े हैं। अन्य आलवारों की भाँति वे भी विष्णु के अवतारों और उनकी कृतियों के बारे में सोचने में आनन्द अनुभव करते हैं। राम और कृष्ण के जीवन के सम्बन्ध में कुछ कथाओं को कुछ बहुत मनोहारिणी बाल-कथाओं में अभिव्यक्ति मिली है। इस प्रकार न केवल एक दार्शनिक और रहस्यवादी के रूप में बल्कि एक विशुद्ध साहित्यिक कलाकार के रूप में भी नाम्मालवार का बहुत ऊँचा स्थान है। बादवाले युग के प्रथम आचार्य नाथमुनि ने, जो नाम्मालवार का शिष्य बतलाया जाता है, 4000 गीतों का पूरा सिद्धान्त उसने प्राप्त किया। दूसरे शिष्य मधुर कवि ने, जो खुद एक आलवार था केवल एक गीत लिखा और सो भी अपने गुरु की प्रशंसा में।

जैन एवं बौद्ध परम्परा

साहित्य के क्षेत्र में तीन अत्यधिक महत्त्वपूर्ण रचनाएँ जैन और बौद्ध लेखकों की हैं। शिलप्पदिकाव्य एक अद्वितीय रचना है यद्यपि उसके लेखक और रचना के समय के बारे में अनेक प्रकार के संशय हैं। यह रचना अनेक अर्थों में सम्पूर्ण तमिल साहित्य में अनुपमेय है और इसमें दृश्यों का जैसा सुस्पष्ट चित्रण है तथा छन्दों का जैसा दक्षतापूर्ण प्रभाव है वैसा अन्य किसी रचना में नहीं मिलता। इसकी कहानी के लोकप्रिय कथा पर आधारित है–एक व्यापारी राजकुमार कोवलन की कथा जो अपनी पत्नी कण्णगी की उपेक्षा करता है और अपनी उपपत्नी पुहार भी माधवी के प्रेम के चलते अपनी सम्पत्ति से हाथ धो बैठता है। प्रेमियों के बीच झगड़े के फलस्वरूप कोवलन पुनः अपनी विवाहिता पत्नी के पास वापस आता है और दोनों पुहार से मदुरा चले आते हैं और वहाँ के कण्णगी के गहनों की बिक्री से प्राप्त धन से एक नयी जिन्दगी शुरू करते हैं। इन गहनों में उसकी बहुमूल्य पायल (शिलाम्बु) विशेष रूप से उल्लेखनीय है जिसके ही नाम पर कविता का नाम पड़ा है। राजवंश के सुनार के षड्यन्त्र के फलस्वरूप कोवलन पर सन्देह किया जाता है कि उसने महल से रानी का पायल

चुराया है और उसे राजा के अफसर मदुरा की सड़कों पर तलवार से काट डालते हैं। जब कण्णगी यह खबर सुनती है तो वह तुरन्त अपने दूसरे पायल के साथ महल में उपस्थित होकर कोवलन की निर्दोषिता का सबूत पेश करती है। राजा अपने अन्याय को महसूस करता है और दिल टूट जाने की वजह से मृत्यु का शिकार होता है। कण्णगी मदुरा को आग की लपटों में झोंककर बदला लेती है और चेर देश में चली जाती है वहाँ उसकी मृत्यु होती है और स्वर्ग में वह अपने पति से मिलती है। शैनगुट्टुबन उसे पवित्रता की देवी के रूप में मान्यता देता है। यद्यपि उसमें कुछ अलौकिक बातों का उल्लेख है पर फिर भी यह एक अत्यन्त मानवीय कहानी है जिसे शक्तिशाली ढंग से कहा गया है और इसमें वर्णित घटनाओं के स्थल तमिल देश के तीनों राज्यों में पड़ते हैं। कहते हैं कि इसका लेखक इलानगो आडिगल (राजकुमार संन्यासी) था जिसे चेर सम्राट् शैनगुट्टुबन का भाई कहा जाता है।

कोंगू-बेखीर की पेरुंगडाई (संस्कृत वृहत् कथा) एक दूसरा महान् काव्य है जिसे एक जैन लेखक ने लिखा है और अब जिसके कुछ हिस्से ही उपलब्ध हैं। इसमें कौशाम्बी के प्रसिद्ध उदयन के पुत्र नरवाहनदत्त के साहसिक कार्यों की कहानी है और स्पष्टतः संस्कृत मूल पर आधारित है जो कि पैशाची बोली में गुणाढ्य की प्रसिद्ध कविता का रूपान्तर था। कहते हैं कि पश्चिमी गग राजा दुर्विनीत ने छठी शताब्दी के अन्त में उस कविता का संस्कृत रूपान्तर किया था।

नन्दिक्का सम्बकम, जिसके लेखक का नाम ज्ञात नहीं है, अनेक क्षेपकों के साथ अब तक उपलब्ध है। यह प्रायः एक ऐतिहासिक कविता है जिसमें, विविध छन्दों में, अन्तिम महान् पल्लव सम्राट् के शासन की घटनाओं का वर्णन है।

चोल सम्राटों का युग (850-1200) तमिल संस्कृति का स्वर्ण युग है। इसमें साहित्य का व्यापक सृजन हुआ और साहित्यकारों को संरक्षण भी मिला। साहित्य में प्रबन्ध रूप को प्रमुख स्थान प्राप्त हुआ और दार्शनिक निबन्धों और ग्रन्थों में शैव सिद्धान्त का सुव्यवस्थित प्रतिपादन होनेवाला महान् शिव मन्दिर नये सिरे से बनाये गये और पूर्ववर्ती अवधि के भक्ति गीतों के आधार पर नये लेखकों (जिनमें एक राजकुमार भी था) द्वारा लिखे गये भक्ति-गीतों में उन मन्दिरों की प्रशस्ति गायी गयी। इसके साथ ही शोक्किलर द्वारा रचित एक महान् पुराण में शैब धर्म पर लिखे गये ग्रन्थों का मानकीकरण हुआ। एक अच्छे परिणाम में वैष्णव भक्ति साहित्य का सृजन हुआ तथा उस सिद्धान्त पर अनेक टीकाएँ भी प्रस्तुत की गयीं। इसके साथ ही जैन और बौद्ध लेखक भी लेखन-कार्य करते रहे पर अब उनकी पहले जैसी बड़ी संख्या न थी।

जैन संन्यासी और कवि तिरुत्तक्कदेवर के जीवक-चिन्तामणि की रचना दसवीं शताब्दी में हुई। यह नौवीं शताब्दी के परवर्ती काल के संस्कृत मूलों के आधार पर है। इनमें एक आदर्श नायक जीवन की कहानी है जो युद्ध और शान्ति दोनों की कलाओं में समान रूप से पारंगत है तथा जो पूरी तरह सन्त है और साथ ही एक मोहक प्रेमी भी। अपने तूफानी यौवन में जीवन के अनेक साहसिक कार्य किये और जीवन के उदय काल में वह एक बड़े राज्य का सम्राट् हो गया। इसके बाद अपनी आठ रानियों के साथ वह आनन्द की जिन्दगी बिताता

है, काव्य का दूसरा नाम मण-नूल 'विवाह की पुस्तक' है क्योंकि उसमें जीवन के हरेक साहसिक कार्य का, जिसका अन्त एक सुखद विवाह में होता है, वर्णन है।

चोल दरबार का एक और राजकवि औट्टाक्कुटन था जो कुलोत्तुंग के तीन उत्तराधिकारियों (अर्थात् विक्रम चोल, कुलोत्तुंग द्वितीय और राजराज द्वितीय) के शासनकाल में रहा और उनमें से हरेक की 'उला' लिखी जो वाणी के चमत्कार से पूर्ण है। वह चोल देश के एक गाँव मलरी में एक गरीब सेनगुन्दर (जुलाहा) परिवार में पैदा हुआ था। कुट्टन ने शंकरन के अधीन सेवा शुरू की जो अधिक विख्यात लेखक कन्दन के संरक्षक शाडैयन का पिता था। कुडन के अन्य संरक्षक गांगेय, जिसकी उसने 'नालायिरक्कोवैई' में प्रशंसा की, और त्रिभुवनी का सोमन था। जब उसकी प्रसिद्धि बढ़ी तो वह सम्राट् के दरबार में बुलाया गया और एक के बाद एक होनेवाले उपर्युक्त तीन सम्राटों ने कविचक्रवर्ती के रूप में उसे सम्मानित किया। तीन 'उलाओ' के अलावा उसने विक्रम चोल के कलिंग युद्ध पर एक परणी लिखी जो अब उपलब्ध नहीं है और साथ-ही-साथ कलोत्तुंग द्वितीय पर 'पिल्लईत्तामिल' (नायक की बाल्यावस्था पर कविता) भी। अन्तिम रचना प्रवाहपूर्ण शैली, माधुर्य और सुन्दर कल्पना के कारण उनकी सर्वश्रेष्ठ रचना है। उस कवि की 'तक्कया गप्परणी' जो छन्दों और शैली की दृष्टि से स्पष्टतः 'कलिंगत्तुप्परणी' की नकल है, दक्ष के त्याग की पौराणिक कथा शक्ति एवं ओज के साथ वर्णित है पर वह उससे नीचे दर्जे की रचना है। उसकी अन्य कविताएँ हैं 'सरस्वतीयन्दादि' जो देवी सरस्वती की प्रशंसा में हैं जिनकी कृपा से वह कवि बन सका था। और जो उसकी पहली रचना बतलायी जाती है तथा अरुमवैत्तोल्लायिपम् इण्ट्टियेलुपाडु और इलुप्येलुपाडु। इन कविताओं में कोई विशेषता नहीं। इनमें कल्पना-शक्ति के सहारे भयानक उपाख्यानों का वर्णन किया गया है पर दरअसल न तो इन उपाख्यानों के आविष्कर्त्ताओं और न कवि को ही कोई श्रेय दिया जा सकता है। अरिशिल नदी (तंजोर जिला) के तट पर कुट्टनूर गाँव में कवि की स्मृति को जिलाये रखा गया है। वहाँ एक सरस्वती मन्दिर है जिसमें बारहवीं शताब्दी का एक अभिलेख है। उसमें इस बात का उल्लेख है कि ओट्टक्कुटन के पौत्र कविप्परुमाल उर्फ ओवाडकूट्टर ने सरस्वती की मूर्ति स्थापित की।

कुट्टन से बड़ा कवि कम्बन है जो 'रामायणम्' या 'रामावतारम्' का सुप्रसिद्ध लेखक है। वह कुलोत्तुंग तृतीय के शासन में हुआ। यह तमिल साहित्य का सबसे बड़ा महाकाव्य है और यद्यपि कवि कहता है कि उसने वाल्मीकि का अनुसरण किया है पर फिर भी यह न तो अनुवाद है और न रूपान्तर ही।

कुलोत्तुंग द्वितीय (1133-50) के शासन के शेक्किलार ने 'तिरुत्तोण्डार-पुराणम्' या 'पेरिय पुराणम्' लिखा। यह तमिल शैव-साहित्य के इतिहास में एक बहुत महत्त्वपूर्ण पुस्तक है। उमापति शिवाचार्य ने 'शेक्किलार-नायनार-पुराणम्' नामक एक छोटे पुराण में इस घटना का उल्लेख किया है।

इस काल में वैष्णव धार्मिक साहित्य मुख्यतः संस्कृत में लिया गया। यह सम्भव है कि अन्तिम दो आलवार इस अवधि में भी रहे हों पर उनके बाद होनेवाले आचार्यों ने अपनी रचनाएँ संस्कृत में ही लिखीं। इनमें नाथमुनि, जिसने 4000 भक्ति-गीतों का सम्पादन किया, उसका पौत्र आलबण्डार या यमुनाचार्य और महान् सन्त रामानुज शामिल हैं। जो वैष्णव

आन्दोलन शैव आन्दोलन के मुकाबले कहीं अधिक लोकप्रिय रीति से आरम्भ किया गया था उसमें इस परिवर्तन को विचित्र ही माना जायगा। यहाँ तक कि प्रारम्भिक भक्ति-गीतों के टीकाकार पिल्लान, जो 'तिरिवायमोली' पर अब तक विद्यमान सबसे चोटी टीका का लेखक है, नाञ्जियार, नामविल्लई, पेरिय वाच्चान और वडकुट्टीरुवीडिप्पिल्लई ने, जो सभी अधिक विस्तृत टीकाओं के लेखक हैं, एक विचित्र शैली अपना ली जिसे 'मणिप्रवाल' (स्फटिक और मूँगा) कहते हैं। यह शैली संस्कृत शब्दों से बोझिल होती है जिसे कुछ पढ़े-लिखे लोगों को छोड़कर और कोई नहीं समझ सकता। राजानुज की प्रशंसा में उनके शिष्य तिरुवरनगत्तु अमुदनार ने रामानुज-नूड्ड़नदादि की रचना की जो स्पष्टतः उक्त प्रकार की रचनाओं में एक अपवाद है, यह सरल भक्ति-शैली में एक कविता है जो आज तक बहुत अधिक समादृत है तथा दैनिक प्रार्थना में अक्सर दुहरायी जाती है, कविता का मुख्य भाव यह है कि गुरु की कृपा के बिना मोक्ष का कोई उपाय नहीं है।

देवेन्द्र मुनीवर की रचना 'जीवसम्बोदनाई' एक जैन रचना है जिसमें आत्मा को सम्बोधन के रूप में ध्यान के बारह तरीके विस्तार से दिये गये हैं।

तमिल व्याकरण के क्षेत्र में छन्दःशास्त्र पर दो प्रामाणिक रचनाएँ 'याप्परुंगलम' और 'याप्परंगलक्कारिगई' हैं जिनकी रचना दसवीं शताब्दी के अन्त के जैन संन्यासी अमितसागर ने की, इन दोनों रचनाओं पर स्पष्ट सुन्दर टीकाएँ हैं।

उत्तर काल

इस अवधि के आरम्भ में तेरहवीं शताब्दी के पूर्वार्द्ध में मेकण्डार हुआ जिसने शिव-रणनाबोदम में शैव सिद्धान्तों को सूत्र में दिया। यह एक दर्जन सूत्रों की छोटी-सी पुस्तक है जो शायद मूल संस्कृत से अनूदित है। लेखक ने वर्त्तिकाएँ जोड़ी हैं जो हर सूत्र के तर्क को स्पष्ट करते हुए दृष्टान्त उपस्थित करती हैं।

चौदहवीं शताब्दी के अन्त और पन्द्रहवीं शताब्दी के आरम्भ में स्वरूपानन्द देशिकार और उनका शिष्य तत्तुवरायर हुआ। इन दोनों ने अद्वैत दर्शन पर दो प्रसिद्ध पद्य-संग्रह लिखे। गुरु की कृति है 'शिवप्रकाशप-परुन्दिरत्तु', जिसमें 2824 पद्य हैं तथा शिष्य की 'कुरुन्दिरत्तु' (छोटा संग्रह) जिसमें बड़े संग्रह के ठीक आधे पद्य हैं। तिल देश में जिस अवधि का शैव धर्म का रजत युग कहा जाता है उसका अधिकांश धार्मिक और दार्शनिक साहित्य इन संग्रहों में सुरक्षित है। अरुणगिरिनाथ का तिरुप्पुगल और भी अधिक लोकप्रिय सिद्‌ध हुआ जिसमें विविध छन्दों में 1300 गीत हैं जिनका रचना अत्यधिक दक्षता के साथ हुई है और जिनका लय और सुर विशेष उल्लेखनीय है। शैली संस्कृतनिष्ठ है और कल्पना सुस्पष्ट, हर गीत से प्रकट है कि हिन्दू धर्म के पवित्र ज्ञान में लेखक पारंगत है। उसने प्रौढ़रेव राय का जिक्र किया है जिससे स्पष्ट है कि वह पन्द्रहवीं शताब्दी में हुआ। उसके जीवन पर अनेक कथाएँ लिखी गयी हैं, उसके गीतों में जो चर्चा आयी है उससे प्रकट होता है कि उसने कुछ समय तक एक विजयी का जीवन बिताया था जिसके लिए बाद में उसे बड़ा पश्चात्ताप हुआ। उसने मुरुग या कार्तिकेय को सबसे बड़े देवता के रूप में स्वीकार किया तथा दर्शन में उसने शैव सिद्धान्त का अनुसरण किया। ऐसा लगता है कि वह मुरुग के सभी तीर्थों में आया था और पत्नी

के प्रति उसका विशेष आकर्षण था जिसकी चर्चा तिरुप्पुगल में बहुत काफी आयी है। कुछ और छोटी भक्ति-कविताएँ, जो मुरुग की प्रशंसा में लिखी गयी हैं, उसी की बतलायी जाती हैं। अणनन्दी के 'इरुपाव-इरुपहद' और उमापति के शिवप्रकाश पर मदुरा के शिवप्रकाशर ने मूल्यवान् टीकाएँ लिखीं। हरिदास वैष्णव कवि था जिसने विजयनगर के सुप्रसिद्ध कृष्णदेव राय के राजदरबार की शोभा बढ़ायी। उसने 'इरुसलय बिलक्कम' लिखा जो दो प्रणालियों अर्थात् शैव धर्म और वैष्णव धर्म की व्याख्या है, पर उसमें वैष्णव धर्म के प्रति कवि का पक्षपात सुस्पष्ट है। चिदम्बरम् में एक मठ में रहनेवाले कवि मड़ैणनसम्बन्दर के शिवादारुलोत्तरल (1558) में बारह खण्डों में 1200 से ऊपर पद्य हैं।

वेदान्त देशिक ने, जो एक सुप्रसिद्ध भक्त और संस्कृत में एक अच्छा लेखक था, तमिल भाषा में 'मुम्माणिक-कोवई', 'नवरत्नमालई, अर्थपंचकम' और 'अडैक्कलप्पत्तु' जैसी रचनाएँ कीं। उसके पुत्र और शिष्य नरियार आचारियार ने अपने पिता और गुरु की प्रशंसा में बीस पद्यों की एक रचना लिखी जिसका शीर्षक है 'पिलैयन्दादि'। यही नहीं, उसने धर्मशास्त्र और शास्त्रार्थ सम्बन्धी रचनाएँ भी कीं। पिता और पुत्र दोनों ही शास्त्रार्थ में पारंगत थे और धार्मिक शास्त्रार्थ के सिलसिले में अक्सर यात्रा पर रहते थे। तिरुवायमोली पिल्लई (1307) ने पेरियालवार के भक्ति-गीतों और पिल्लई लोकाचार्य के अट्ठारह रहस्यों में से एक वचन-भूषण पर टीकाएँ लिखीं। तिरुवायमोली पिल्लई के शिष्य मण्वाल महामुनि (1370) ने अपनी सैद्धान्तिक कृतियाँ और रामानुज नुड़ड़नदादि पर टीकाएँ लिखीं। वैष्णवों का एक दल तेंगलई (दक्षिण शाखा) उन्हें सर्वाधिक श्रद्धा दृष्टि से देखता है।

नल्लूर वीरकवि-रायर का 'आरिच्चन्दिर-पुराणम्' (1524) अपनी शैली और विषयवस्तु की दृष्टि से अधिक लोकप्रिय है। इसमें हरिश्चन्द्र की उन अग्नि-परीक्षाओं की चर्चा है, जिनसे होकर उन्हें गुजरना पड़ा। इस कृति में बारह खण्ड हैं तथा 1225 सरल प्रवाहपूर्ण पद्य। कहते हैं कि कवि रामनद जिले में नल्लूर का एक सोनार था। इसके बाद हम मदुरा में शिव की चौंसठ पवित्र क्रीड़ाओं पर लिखी गयी तीन महान् कृतियों की चर्चा कर सकते हैं। मदुरा के वीरप्पा नायक (1572-95) के एक सेनापति तिरुविरन्दान के अनुरोध पर अण्डारी ने 'सुन्दरपाणडियम' की रचना की; यह कविता एक अनुवाद है और इसका नाम इसके संस्कृत मूल के नाम पर ही है। इसके दो हजार से अधिक पद्यों का एक हिस्सा ही बच सका है। दो और कविता-संग्रहों में, जिन दोनों को ही तिरिबिलैयाडल कहते हैं; कुछ हेर-फेर के साथ उसी विषयवस्तु की विवेचना है; इनमें से छोटे संग्रह का लेखक है पेनयड्डाप्पुलियूर-नाम्बी जिसे कुछ कमजोर से कारणों के आधार पर तेरहवीं शताब्दी का बतलाया जाता है, पर ऐसा भी सम्भव है कि बहुत बाद में हुआ हो, बड़े संग्रह को (जिसका प्रयोजन उन पाण्ड्य राजाओं के नाम देना है जिनके शासनकाल में शिव की हरेक क्रीड़ा हुई) वेडारणयम के परणजोति ने लिखा है और सम्भवतः इसकी रचना सत्रहवीं शताब्दी के आरम्भ में हुई होगी। कच्चियप्पा शिवाचार्य का 'कन्दपुराणम्' (1625) बहुत-कुछ कम्बन की कविता के नमूने पर लिखा गया और संस्कृत के स्कन्दपुराण के एक हिस्से पर आधारित है। इस पुस्तक का अन्तिम भाग लेखक के एक शिष्य णनवरोदय पण्डारम ने पूरा किया। इसमें 3000 से अधिक पद्य हैं जिनमें

शिष्य द्वारा लिखे गये 2600 पद्य भी शामिल हैं। छोटे स्थलपुराणों में, जो इस अवधि में अन्त में लिखे गये, निम्नलिखित उल्लेख्य हैं : तुरैयूर शिवप्रकाश के शिष्य णानक कूट्टर का 'वृद्धाचलपुराणम्' कलण्डईक्कुमारन का 'तिरुवाणजीय-पुराणम्' (1616); अघोर मुनिवर के, जिसका शिष्य सुप्रसिद्ध वैयाकरण वैद्यनाथ देशिकार था, 'कुम्बकोनम्', 'वेदारणयम' और तिरुक्कानप्पेर पर लिखे गये पुराण; और पलनी के निवासी बालसुब्रह्मण्यम कविरायर का 'पलनीति तल-पुराणम्'। तमिल में भागवतम् के दो रूपान्तर हैं, एक मदुरा जिले में वेमबड्डूर के सेव्वैच्चूड्डवार ने लिखा और दूसरा नेल्लिनगर है वरदराज आयंगर ने (1543)। इनमें पहली रचना कुछ पहले लिखी गयी और वह श्रेष्ठतर भी है।

विल्लिपुत्तूरार का भारतम् (1400) एक बड़ी अच्छी कविता-पुस्तक है जिसमें 4350 सुरचित पद्यों में सम्पूर्ण महाभारत युद्ध कथा वर्णित है। लेखक की वर्णनात्मक शैली और समृद्ध भाषा से, जिसमें संस्कृत शब्दों और अभिव्यक्तियों का प्राचुर्य है, यह पुस्तक बड़ी आकार, की बन पड़ी है। लेखक को कोंगर परिवार के वरपति आटकोण्डान ने संरक्षण प्रदान किया था। विल्लिपुत्तुरार के समसामयिक दो भाई थे जिनमें से एक लँगड़ा और दूसरा अन्धा था। इनको इरट्टईप्पुलवर (जुड़वाँ कवि) कहते हैं। इन्होंने एकाभ्र-नाडर-उला और दो कलमबकमों की रचना की; ऊला में काँची के शैव तीर्थस्थल की चर्चा की गयी है जिस सिलसिले में मल्लिनाथन राजनारायण साम्बुवारायन (1350) का जिक्र भी आया है जो उत्तरी आरकट और चिंगलेपुर जिलों के शेनगेणि सरदारों में अन्तिम था।

प्रायः उसी समय तेनकाशी के पाण्ड्य राजा (1564) ने अतिवीरराम नैडादम लिखकर साहित्यिक प्रसिद्धि हासिल की। इसमें 12 पडलम और 1172 पद्य हैं जिनकी रचना उच्च शैली में हुई है जो मिथ्या पाण्डित्य-प्रदर्शन से पूर्ण है। इसे आधुनिक पाठक पसन्द न करेगा पर पण्डितों की दृष्टि में इस शैली का बहुत ऊँचा स्थान है। इसमें अन्य महान् ग्रन्थों, जैसे कि कम्बन के जीवक चिन्तामणि और रामायणम् के वाक्यांशों, मुहावरों और वर्णित भावनाओं की अनेक अनुकृतियाँ मिलती हैं।

इस शहरी कवि का एक और समसामयिक शेरई कविराजपिल्लई था जिसने राजा के अनुरोध से कालहस्ती के देवता पर 'तिरुक्कालत्ती-नादर-कटलईक्कतित्तुड़ईमालई' की रचना की। कविराजपिल्लई की अन्य रचनाएँ हैं—'तिरुक्कालत्ती-नादर-डला', 'तिरुवण्णमलियारवण्णम्', 'शेयूर-मुरुगन-उला' और 'रत्तिनगिरि-उला'। इन सभी कविता-पुस्तकों की शैली शानदार है और गहरी धार्मिक भावना से ओत-प्रोत। तिवीरराम का चचेरा भाई वरतुंगराम पाण्ड्य भी विविध विषयों पर लिखनेवाला साहित्यिक था। करुवई अर्थात् तिनेवेली जिले में करिवलम-बन्दनल्लूर के शिव-तीर्थस्थान पर उसके तीन अन्दादियों का विशुद्ध साहित्य के रूप में बहुत ऊँचा स्थान है; इनमें से एक में दस छन्दों का प्रयोग है और उसे 'पदिड्डूप्पत्तनदादि' कहते हैं और शेष दो को अपने छन्दों के कारण 'वेणबावन्दादि' और 'कलित्तुड़ई अन्दादि' कहा जाता है। उसकी धार्मिक कविता-पुस्तक 'पीरमोत्तिरकाण्डम' बारह अध्यायों में है तथा इसमें धार्मिक विषयों पर 1310 पद्य हैं। उसने 'कोक्कोह' नामक प्रेम सम्बन्धी काव्य का तमिल में संस्कृत मूल से अनुवाद किया।

कहा जाता है कि पन्द्रहवीं शताब्दी के उत्तरार्द्ध में एक महत्त्वपूर्ण पद्य-संग्रह पुड़त्तिरट्टु प्रकाशित हुआ जिसमें विषयों और अध्यायों को चुनने और सजाने-सँवारने में कुड़ल का अनुसरण किया गया। इससे इसके प्रकाशित होने के समय तक की तमिल भाषा की सभी कृतियों से 2000 से अधिक पद्य जुटाये गये; ऐसा लगता है कि कम्बन के समय के बाद की किसी कृति के पद्यों को इसमें स्थान मिला। इसका अन्तिम भाग प्रेम के सम्बन्ध में था जो सम्पूर्णतः उपलब्ध नहीं हो सका है, केवल उसका 65 पद्यों का एक सार-भाग मिल सका है।

उत्तर काल (मुस्लिम युग)

दक्षिण भारत में मुस्लिम सम्पर्क तो प्रारम्भ में ही 12वीं शती से हो गया था पर 10वीं शती से उनका प्रभाव बढ़ा। इस काल में मुस्लिम कवियों की तमिल रचनाएँ सामने आयीं जिनमें मुहम्मद साहब की गाथा—शीराप्पुराणम् (उमरु पुलवर) मुख्य है। 18वीं-19वीं शती में पाश्चात्य सभ्यता का प्रभाव तमिल सभ्यता पर पड़ा। ईसाई प्रचारकों ने तमिल में अनेक रचनाएँ कीं जिनमें बाइबिल का अनुवाद भी है। इटली के वेशी ने तो वीरमामुनिवर नाम से कई रचनाएँ लिखीं और पहला तमिल कोश बनाया। थन्नूलै विलम्कम् नाम से उन्होंने तमिल व्याकरण भी लिखा। अन्य ईसाई कवियों में वेदनायगम पिल्लै और कृष्ण पिल्लै प्रमुख हैं। वेदनायगम पिल्लै की प्रसिद्ध कृतियाँ नीदिनूल, पेनमदिमालै और सर्वन्मार्ग कीर्तनै हैं। कुत्रालक कुप्वंची एक प्रसिद्ध कृति इस काल में लिखी गयी जिसके रचनाकार यशप्प कविरायर हैं।

उन्नीसवीं शती में तमिल के प्रसिद्ध आध्यात्मिक कवि और समाज सुधारक रामलिंग स्वामिगल का उदय हुआ। स्वामिगल आध्यात्मिक सन्त थे। उनके भक्ति गीतों का संकलन अरूप्पा है। अन्य रचनाकारों में मीनाक्षी सुन्दरम् पिल्लै हैं जिन्होंने 16 पुराण लिखे। इसी काल में तमिल का पहला उपन्यास 'प्रताप मुदूलियारचरित्रम्' वेदनामगम् पिल्लै ने लिखा।

आधुनिक काल (स्वतन्त्रता पूर्व)

समस्त भारतीय भाषाओं की भाँति तमिल में भी आधुनिक काल का प्रारम्भ पाश्चात्य सभ्यता के आगमन के बाद से प्रारम्भ हुआ। 19वीं शती में रामलिंग स्वामिगल ने पुनर्जागरण प्रारम्भ किया। आधुनिक काल में ही तमिल की नयी गद्य विधाओं का विकास हुआ। इसलिए आधुनिक साहित्य की विविध विधाओं के इतिहास को पृथक-पृथक् विवेचित करना आवश्यक है।

तमिल कविता (1858 से 1947)

बीसवीं शती का तमिल काव्य मूलतः राष्ट्रीय काव्य है। तमिल के राष्ट्रीय साहित्य की दो विशेषताएँ हैं—1. भारतमाता, 2. तमिल स्वाभिमान। तमिल राष्ट्रीय कविता के शिखरस्थ कवि सुब्रह्मण्य भारती हैं। उन्होंने गद्य और पद्य दोनों में तमिल को समृद्ध किया। उनकी प्रमुख कृतियाँ कण्णन पाट्टु, कन्ननपाट्टु और कुविलपाट्टु हैं। तिल काव्य में राष्ट्रीयता का स्वर इतना मुखर है कि कनगडाब्बुरत्तिनम् ने अपने को भारतीदासन् कहा। ये क्रान्तिकारी कवि के रूप में सम्मानित हैं। उनकी कृतियों में कुडुम्ब विलक्कु, कुरिची तिट्टु (लम्बी कविता), पाण्डियनु परिथु (महाकाव्य) उल्लेखनीय है।

कथा-साहित्य—बीसवीं शती में तमिल उपन्यास लेखन का प्रारम्भ हुआ। प्रारम्भ में पाश्चात्य जासूसी उपन्यासों के रूपान्तर हुए। कालान्तर में बंकिम, शरद् और रवीन्द्रनाथ टैगोर

के उपन्यासों के अनुवाद तमिल में हुए। तमिल उपन्यासों का वास्तविक रूप कल्कि से प्रारम्भ हुआ जो ऐतिहासिक उपन्यासकार के रूप में प्रसिद्ध हुए। अलैओमै और 'शिवमियिन शब्दम्' उनके प्रसिद्ध ग्रन्थ हैं।

नाटक—तमिल रंगमंच अत्यन्त प्राचीन है। यद्यपि प्राचीन नाटकों का उल्लेख नहीं मिलता किन्तु वर्तमान में नाटक लिखे जा रहे हैं। नाटकों के क्षेत्र में सम्बन्ध मुदालियर का प्रमुख स्थान है। नारन डोरैक्कन्नन, राज गोपालन, के.एस. कृष्णमूर्ति अन्य प्रसिद्ध नाटककार हैं।

स्वातन्त्र्योत्तर साहित्य

क्षेत्रीय भाषाओं के विकास का युग स्वतन्त्रता के बाद प्रारम्भ हुआ। आज तमिल का विकास काव्य, नाटक, उपन्यास, पत्रकारिता तथा अन्य गद्य विधाओं के रूप में हो रहा है। अनुवाद के माध्यम से तमिल रचनाओं का विभिन्न भाषाओं में प्रसार बढ़ा है। तमिल आन्दोलन और तमिल स्वाभिमान को जगानेवाले तीन नायकों ने तमिल रचना को प्रेरणा दी। इनमें सुब्रह्मण्य भारती, महात्मा गाँधी और रामस्वामी नायस्कर पेरियार ने तमिलों में एक नयी चेतना का संचार किया। तमिल समाज में इस युग में क्रान्तिकारी परिवर्तन हुए जिनका प्रभाव समकालीन तमिल साहित्य पर देखा जा सकता है। सुब्रह्मण्य भारती ने तमिल कविता को एक नया रूप दिया। उन्होंने मुक्त छन्द में रचना की। भारती के पश्चात् न. पिच्चमूर्ति, कु.प. राज गपालन, सुब्रह्मण्यम, वल्लिकण्णन सामने आये। बल्लिकण्णन ने पुदुक्कु रलकन के नाम से 24 तमिल कवियों के काव्य का संकलन किया। समकालीन कविताओं का विकास पत्रिकाओं के माध्यम से हुआ। 'एलुन्तु' और 'नडै' पत्रिकाओं का इनमें विशेष योग है। 1970 में प्रकाशित 'क च ट त प र' पत्रिका ने कविता के क्षेत्र में क्रान्ति की। इस काल के कवियों में चारवाकन, ज्ञानकूत्तन प्रमुख हैं। ज्ञानकूत्तन ने अकविता की भाँति अश्लील एवं भदेस शब्दों का प्रयोग तमिल कविता में प्रारम्भ किया। प्रगतिशील तमिल कवियों में गंगैकोण्डान, सिर्पि, तमिलवाणन् शक्तिक्कलन, रवीन्द्रन प्रमुख हैं।

कथा-साहित्य—तमिल का प्रथम उपन्यास प्रताप मुदालियरचरित्रम् (1880) को माना जाता है, जिसके लेखक वेदनायकम् पिल्लै हैं। 1880 से 1947 तक उपन्यासों की शृंखला में माधवप्पा, राजम अय्यर, मुत्तु मीनाक्षी प्रमुख हैं। तमिल उपन्यास का वास्तविक रूप स्वतन्त्रता के बाद आया। इस काल में सामाजिक, ऐतिहासिक और राजनैतिक उपन्यास लिखे गये। कल्कि तिल में इतिहास और संस्कृति के अनुपम व्याख्याता हैं। उन्होंने तमिल इतिहास को जीवन्त किया है। वेदनायकम् पिल्लै युग के अन्य कथाकारों में अ. माधवय्या, राजम अय्यर, दीनदयालु प्रमुख हैं। प्रारम्भिक तिल उपन्यासों में सामाजिक जीवन का चित्रण और रूढ़ियों का विरोध मिलता है। बाल विवाह का निषेध, विधवा समस्या जैसी स्थितियाँ भावी तमिल कथा-साहित्य का संकेत देती हैं।

तमिल उपन्यासों का प्रारम्भिक चरण जहाँ सामाजिक उपन्यासों का है, वहीं दूसरे चरण में जासूसी प्रेमकथाएँ अधिक मिलती हैं। पाश्चात्य जासूसी अनुवादों के प्रभाव के कारण तमिल उपन्यासों में जिज्ञासा और मनोरंजन की प्रवृत्ति का विकास हुआ और हिन्दी में चन्द्रकान्ता जैसे उपन्यास लिखे गये। रामनुजुल नायुडु बडुवूर और कुप्पुस्वामी मुदलियार ऐसे लेखकों में प्रमुख हैं।

बीसवीं शती की राष्ट्रीय चेतना ने तमिल उपन्यास साहित्य को भी प्रभावित किया। राष्ट्रीय चेतना, समाज सुधार, नारी चेतना, कृषि से सम्बन्धित उपन्यास इस काल में लिखे गये। व.रा. ने 'सुन्दरी' उपन्यास में नारी स्वातन्त्र्य का प्रश्न उठाया है तो कोदै नायकि अम्माल ने नारी वर्ग के कल्याण का स्वर ऊँचा किया। गाँधीवादी चेतना से प्रभावित इस काल के उपन्यासों में के.एस. वेंकटरमणीकृत 'देशभक्तम् कन्दन्', मुरुगन ओरु उलवन् का विशेष महत्त्व है जिसमें गाँधीवाद और कृषक जीवन का चित्रण मिलता है। रा. कृष्णमूर्ति 'कल्कि' ऐतिहासिक उपन्यास के क्षेत्र में सामने आये। स्वातन्त्र्य युग में हिन्दी की भाँति तमिल में भी आंचलिकता की लहर आयी। वण्मुख सुन्दरम् और शंकरराम ने तमिल प्रदेश के क्षेत्र-विशेष को केन्द्र में रखकर उपन्यासों का प्रणयन किया। परवर्ती कथालेखकों में शाण्डिल्यन् जगचिर्पियन्, जानकी रामन्, न. पार्थ सारथी, अरुरामनाथन, अखिलन्, विक्रमन् तमिल के प्रसिद्ध-साहित्यकार हैं।

उपन्यासों के अतिरिक्त समकालीन कहानीकारों में भी तमिल में नयी प्रवृत्ति लक्षित होती है। आठवें-नवें दशक से आंचलिक कथा-साहित्य ग्रामांचलों से जुड़कर लिखा जा रहा है। इधर कहानी में, दलित चेतना बढ़ी है। नये कथाकारों में वण्णदासन्, वण्णनिलवन्, जयमोह, जयकान्तन्, शिवकामी, अखिलन्, कृष्णन् तथा कथालेखिकाओं में यूमा वासुकी, तिलकवती, प्रिया कल्याणरामन् का उल्लेख किया जा सकता है।

नाटक—तमिल में 20वीं शती के नाटक का श्रेय सम्बन्ध मुदालियर को है। स्वतन्त्रता के बाद तमिल नाटक में आधुनिक युगबोध और यथार्थवाद का प्रवेश हुआ। 'विलंगु मनिदन' (कलैवाणूर, एन.एस. कृष्णन) इस दृष्टि से महत्त्वपूर्ण हैं। इसके बाद के प्रमुख नाटककारों में मु. करुणानिधिकृत पराशक्ति, ओरेमुक्तम्, वाषक्कै वाषवदके (आशै तम्बि) प्रमुख रहे। परवर्ती नाटककारों में वरदराजन् (इलंगो, किम्बलम्, कडमै एंगे), अरु रामनायन् (राजराज चोलन्), शुद्धानत्र (कालत्तेर), पेरिय सामितूटन (मनक्कु) प्रमुख माने जाते हैं। समकालीन तमिल नाटककारों में गौरीराजनम्, सुजाता, परवै सेलवन, रेणुदेवी, पूवण्णन्, एस.एन. नागैवन, तामरैकण्णन् प्रमुख हैं।

अन्य गद्य विधाएँ—तमिल में आत्मकथा, जीवनी, निबन्ध, आलोचना का क्षेत्र भी व्यापक है। तमिल निबन्धकारों में श्रीनिवास पिल्लै, नायक्कर, को. वडिवेलु चेट्टियार, रामकृष्णन् भारतीदासन्, मु. वरदराजन्, परम शिवानन्दम् विमलाबन्दम्, मणियन, ए.के. चोट्टियार प्रमुख हैं। सो. रामस्वामी समकालीन प्रतिनिधि निबन्धकार हैं।

पत्रकारिता की दृष्टि से तमिल साहित्य समृद्ध है। तमिल का सर्वप्रथम पत्र 'माद दिन चरितै' को माना जाता है जिसके सम्पादक ज्ञानप्रकाशम् हैं। 1812 में इसका प्रकाशन हुआ। कालान्तर में कांग्रेस की स्थापना के बाद 'दि हिन्दू' का प्रकाशन हुआ। 1885 से प्रारम्भ वह पत्र 1889 में दैनिक बना और तब से आज तक प्रकाशित हो रहा है। दि हिन्दू अंग्रेजी पत्र है। तमिल पत्र में 1930 में प्रकाशित मणिक्कोडि का महत्त्व है। वर्तमान पत्रिकाओं में दिलमलर, दिनकरन्, विडुदुलै, मुरसीलि प्रमुख हैं। प्रसिद्ध पत्रिकाओं में तुगलक, कल्कि, कुमुदम्, कलकण्डु प्रमुख हैं।

समग्र रूप से आज का तमिल साहित्य गद्य, पद्य, नाटक, कहानी, पत्रकारिता के क्षेत्र में निरन्तर समृद्ध हो रहा है। तमिल भाषा और संस्कृति को वही जीवन्तता आज भी प्राप्त है, जो हजारों वर्ष पूर्व थी। भारत की प्राचीनतम भाषा के रूप में आज भी तमिल भाषियों में वही अनुराग है और वे तमिल भूमि से अधिक अपनी भाषा से प्रेम करते हैं।

2. तेलुगु साहित्य का इतिहास

प्रारम्भिक साहित्य

प्राचीनकाल में तेलुगु प्रदेश को त्रिलिंग कहा जाता था क्योंकि यहाँ कालहस्ती, श्रीशैलम तथा दाक्षाराम तीन लिंग प्रतिष्ठित हैं। देश तथा भाषा के नाम के रूप में तेलिंग-तेलुगु का मूल इसी शब्द को माना जा सकता है। वर्तमान आन्ध्र प्रदेश आज दो भागों में विभक्त हो गया है और तेलंगाना पृथक् राज्य बन चुका है। तेलुगु (तेलुगु) का उद्‌भव ने (मधु) या तेत्रु (प्रणाली) शब्द से हुआ है। तेलुगु भाषा का प्रारम्भ पाँचवी और छठी सदी के अभिलेखों से माना जा सकता है और इस भाषा का तमिल तथा कन्नड़ से सम्बन्ध है। प्रारम्भ से ही इस भाषा की वाक्यशैली बहुत-कुछ संस्कृत पर निर्भर रही है। छन्दःशास्त्र पर एक प्राचीन पुस्तक 'जनाश्रयन्द्स' में—जिसके छिटपुट कुछ अंश अभी हाल में ही प्रकाश में आये हैं—यद्यपि कुछ ऐसे छन्द मिलते हैं जो तेलुगु के लिए विशिष्ट हैं तथा जो संस्कृत में नहीं मिलते हैं, तथापि यह पुस्तक स्वयं सम्पूर्णतः संस्कृत में है। बहुत सम्भव है, विष्णुकुण्डी शासक माधववर्मन द्वितीय (580-620) हो, जिसकी 'जनाश्रय' की उपाधि थी, इस पुस्तक का लेखक था। इस राजवंश के अभिलेख प्राकृत तथा तेलुगु मिश्रित संस्कृत भाषा में हैं।

प्रारम्भ में तेलुगु की कन्नड़ भाषा से बड़ी समानता थी और दोनों भाषाओं के विकास में अपेक्षाकृत बाद की स्थिति तक यह सम्बन्ध कायम रहा। कन्नड़ भाषा के दो सर्वश्रेष्ठ कवि तेलुगु देश से आये थे और महान् तेलुगु कवि श्रीनाथ अपने को कर्नाटक भाषा के कवि के रूप में प्रचारित करते हैं। प्रारम्भिक तेलुगु गद्य और पद्य के रूप का पता अब सिर्फ तेलुगु-चोड तथा पूर्वी चालुक्यों के लेखों से ही चलता है। सेनापति पाण्डुरंग (845-6 ई.) का दानपत्र सुविकसित शीशा छन्द में है। निस्सन्देह इस काल में सर्वसाधारण के दैनिक जीवन को अनुप्राणित करनेवाला काफी अधिक लोकसाहित्य रहा होगा। ऐसी देशी रचनाओं में 'लीला पाटलु' (पालन गीता), 'मेलुकोलु पुनु' (प्रभावती), 'मंगल हारतुलु' (पर्वों के गीत), 'कीर्तर्नलु' (भक्ति गीत) तथा 'उड्डुपु पाटलु' (फसल काटने के गीत) शामिल रहे होंगे।

कहा जाता है कि उच्च साहित्य-जिस पर संस्कृत का जबरदस्त प्रभाव था 'मार्ग' शैली में था। इस वर्ग की कृतियों में ग्यारहवीं सदी से पहले की कोई पुस्तक बच नहीं रही है। इस शैली की रचनाओं के प्रारम्भ तथा उसके प्रारम्भिक इतिहास का अब पता नहीं चल सकता है। कुछ लोग तो पृथक् 'मार्ग' शैली के अस्तित्व के बारे में ही सन्देह प्रकट करते हैं।

आदिकाल

तेलुगु साहित्य का प्रारम्भ राजराज नरेन्द्र (1019-61 ई.) के शासनकाल में नान्नय महाभारत के अनुवाद से हुआ। राजा के कहने से नान्नय ने इस महान् कार्य को अपने हाथ में लिया। नारायण भट्‌ट नामक एक प्रतिभाशाली कवि उसका सहायक था। राजा ने नारायण

भट्ट को काफी धन देकर पुरस्कृत किया था। राजराज के शासनकाल में बड़ी अशान्ति रही और हमें पता नहीं कि इस राजनीतिक अशान्ति के कारण नान्नय को अपने कार्य में बाधा पहुँची। वह सिर्फ दो पर्वों (आदि और सभा) का अनुवाद पूरा कर सका। तीसरे पर्व (वन) का अनुवाद वह आंशिक रूप में ही कर सका। यह मूलार्थ अनुवाद नहीं था और कवि ने अपनी कल्पनाशक्ति का उपयोग करने की पूरी स्वतन्त्रता कायम रखी। बाद के अनुवादकों के लिए उसने मार्गदर्शन का कार्य किया। नान्नय की शब्दावली संस्कृतनिष्ठ है, पर उसमें कहीं भी अस्पष्टता नहीं है। महाभारत का एक अन्य अनुवादक बेड़ा प्रगड़ इससे इतना प्रभावित हुआ कि उसने नान्नय की उपमा 'भद्रगज' से दी। नान्नय सम्भवतः 'आन्ध्र-शब्द-चिन्तामणि' का भी लेखक था। यह पहला तेलुगु व्याकरण है जिसमें शब्दों और उनके प्रयोगों को प्रामाणिक रूप देकर भाषा को सुव्यवस्थित किया गया है। इस व्याकरण के लेखक को 'वागानुशासन' की उपाधि मिली।

प्रमुख तेलुगु लेखक वेमुलवाड भीम कवि नान्नय का समकालीन, किन्तु उम्र में उससे छोटा था। परम्परा के अनुसार वह पूर्वी गंगा सम्राट्, अनन्तवर्मन चोल तंग (1078-1148 ई.) से सम्बन्धित था। वह 'कवि जनाश्रय' नामक तेलुगु व्याकरण का लेखक था। 'भीमेश्वरपुराण' में उसने दाक्षाराम स्थित भीमेश्वर मन्दिर से सम्बन्धित उपाख्यानों को प्रस्तुत किया। ऐसा प्रतीत होता है कि उसने 'राघव-पाण्डवीय' भी लिखा था जिसमें नारायण तथा महाभारत दोनों की कहानी साथ-साथ दी गयी थी। सम्पूर्ण पुस्तक आदि से अन्त तक दो अर्थोंवाला था। अब यह पुस्तक विद्यमान नहीं है। भीम कवि अनेक काल्पनिक कथाओं तथा जादू भरे कारनामों का केन्द्र बन गया है, अतएव उसके जीवन एवं उसकी कृतियों के बारे में काफी अनिश्चितता है।

वीरेशैव साहित्य

बारहवीं सदी से तेलुगु लोगों के धार्मिक जीवन में वीरशैव मत एक महत्त्वपूर्ण उपादान बन गया और एक प्रकार की साम्प्रदायिक भावना अधिक-से-अधिक व्यापक होती गयी। इस काल के कवि सामान्यतः इस मत के समर्थक और प्रचारक थे। इन कवियों में नन्ने चोड के गुरु मल्लिकार्जुन पण्डित का नाम प्रसिद्ध है। उसने 'शिव तत्त्वसारम' के लगभग 500 पदों में वीरशैव मत की व्याख्या की है। पाक नाडु के चोडवल्ली के पुत्र नन्ने चोल नामक एक चोल राजकुमार ने 'कुमार-सम्भव' नामक महाकाव्य लिखा, जो अभी हाल में प्रकाश में आया है। यह कालिदास तथा उद्भट के इसी विषय की संस्कृत कृतियों पर आधारित है। इसकी रचना में लेखक ने शैव-साहित्य से भी—जहाँ तक उसका प्रदेश था—सहायता ली। अपनी कविताओं में नन्ने चोल ने तमिल तथा कन्नड़ शब्दों का प्रयोग किया, साथ ही कन्नड़ छन्दों की ओर उसका विशेष झुकाव था। लेखक की शैली की सर्वत्र प्रशंसा नहीं हुई है। अथर्वण नामक वैयाकरणों की राय में नन्ने चोल ऐसा कवि था जिसकी मृत्यु अशुभ छन्दों के प्रयोग के कारण हुई। पालकुरीकी सोमनाथ काकतीय शासक प्रतापरुद्र द्वितीय (1291-1330 ई.) का समकालीन था। सोमनाथ कट्टर लिंगायत था और उसने संस्कृत, कन्नड़ तथा तेलुगु में बहुत-सी पुस्तकें लिखीं। वीरशैव मत के समर्थन के लिए उसने अनेक लघु पुस्तिकाएँ लिखीं

तथा शास्त्रार्थों में भाग लिया। 'पण्डिताराध्य चरित', 'द्विपद वासव-पुराण' तथा 'अनुभव सार' तेलुगु भाषा में उसकी मुख्य पुस्तकें हैं। 'पण्डिताराध्य चरित' का उपयोग श्रीनाथ ने इसी नाम की एक अन्य पुस्तक लिखने के समय किया। पिण्डुपर्ती सोमनाथ (1510 ई.) ने तेलुगु पद्य में एक अन्य 'वासव-पुराण' लिखा। वासव को सम्बोधित कर लिखी गयी पालकुरीकी सोमनाथ की शतपदी 'वषाधीप शतकम' काफी लोकप्रिय हुई।

तिकन्ना (1220-1330 ई.) ने जो सम्भवतः सबसे महान् तेलुगु कवि था– महाभारत के अनुवाद का काम फिर से प्रारम्भ किया। वह नेल्लोहर से मनुमसिद्धि के दरबार में रहनेवाला एक नियोगी ब्राह्मण था। मनुमसिद्धि काकतीय शासक गणपति का अधीनस्थ सामन्त था। कवि के पितामह एक मन्त्री और कवि तथा उसके पिता और चचेरे भाई सुविख्यात योद्धा रह चुके थे। तिक्कन स्वयं एक सफल दरबारी तथा कूटनीतिज्ञ था। एक बार मनुमसिद्धि को उसका राजसिंहासन वापस दिलाने के लिए उसने गणपति की सहायता प्राप्त की। उसने एक यज्ञ किया और 'सोमयाजी' की उपाधि प्राप्त की। उसने विराट् पर्व से अनुवाद प्रारम्भ किया, स्पष्टतः वह वहाँ से नहीं प्रारम्भ करना चाहता था जहाँ नान्नय के कार्य का दुर्भाग्य-जनक रीति से अन्त हो गया था। तिक्कन ने शेष 'भारत' का पूरा-पूरा अनुवाद किया। उसकी विलक्षण विद्वत्ता तथा असीम प्रेरणा का कारण बतानेवाले अनेक उपाख्यान प्रचलित हो गये हैं। मौलिकता उसकी प्रस्तावना की विशेषता थी और इससे कुछ परम्पराएँ चल पड़ीं जिन्हें उसके उत्तराधिकारियों ने अपनाया। उसने अयोग्य कवियों की निन्दा की और सच्चे कवियों की भूरि-भूरि प्रशंसा की। उसने एक स्वप्न की बात उपस्थित की जिसमें उसके पितामह ने स्वप्न में उसको हरिहरनाथ का यह सन्देश सुनाया था कि तिक्कन अपनी पुस्तक उन्हें (हरिहरनाथ को) ही समर्पित करे। अन्ततः उसके सम्बन्ध कारक से अन्त होनेवाले प्रत्येक शब्द (षष्ठ्यन्तमुलु) के साथ उनकी स्तुति का पद जोड़ दिया। यह प्रथा तथा अन्तिम विशेषता नन्ने चोल द्वारा रचित 'कुमार सम्भव' में भी देखी जाती है। तिक्कन को अपने ठोस शब्द-विन्यास तथा सजीव चित्रण एवं वर्णन की अद्भुत क्षमता के कारण कवि ब्रह्म की उपाधि मिली। महाभारत का अनुवाद प्रारम्भ करने से पहले तिक्कन ने 'निर्वचनोत्तर रामायण' लिखा जिसमें राजतिलक के बाद रामकथा का पद्यमय वर्णन प्रस्तुत किया गया है। किसी कारणवश इस पुस्तक का अन्तिम सर्ग उसने किसी अन्य व्यक्ति द्वारा पूरा किये जाने के लिए छोड़ दिया।

एर्रना प्रगड (1280-1350 ई.) ने नान्नय तथा तिक्कन की कृतियों के बीच वन पर्व के बचे हुए अंश का अनुवाद पूरा किया। वह नेल्लोर जिले के गुदलुर नामक स्थान का रहनेवाला नियोगी ब्राह्मण था। उसका पिता श्री सूर्य संस्कृत तथा तेलुगु का कवि एवं एक योगी था। येड़ा प्रगड़ स्वयं शिव का बड़ा भक्त था और उसने 'शम्भु-दास' नाम धारण कर रखा था। वह प्रोलय देना रेड्डी के दरबार से सम्बन्धित था। नान्नय के दुर्भाग्यमूलक अनुवाद को पूरा करने के सम्भावित दुष्परिणाम की आशंका से उसने वन पर्व का अपना अनुवाद भी नान्नय के सरंक्षक राजराज नरेन्द्र को ही समर्पित किया जिससे यह नान्नय की रचना जान पड़े। उसने यह भी कहा है कि तिक्कन स्वप्न में उसके समक्ष प्रकट हुआ और उससे 'भारत' का अनुवाद पूरा करने के लिए कहा। कवि के रूप में उसकी प्रतिभा इसी बात से स्पष्ट है कि वह अपनी

रचना नान्नय की शैली में प्रारम्भ करता है और बिलकुल अगोचर ढंग से तिक्कन की शैली ले आता है। वह प्रबन्ध परमेश्वर के नाम से पुकारा जाता था। उसने 'हरिवंश' का भी अनुवाद किया जो 'भारत' के उपसंहार के रूप में है और जिसमें महायुद्ध के बाद की घटनाओं की छानबीन की गयी है। उसकी अन्य पुस्तकें हैं—'रामायण' (अप्राप्य) तथा 'लक्ष्मी नृसिंह पुराण' अथवा 'अहोबल माहात्म्य।"

महाभारत के तीनों अनुवादकों को 'कवित्रय'—तेलुगु के तीन कवियों के रूप में सर्वश्रेष्ठ सम्मान मिला है और बाद के लेखकगण सामान्यतः उसको प्रणाम करने के बाद ही अपनी रचना शुरू करते थे।

नचन सोम (1355-77 ई.) एर्रना का समकालीन था। उसने 'उत्तर हरिवंश' लिखा है, क्योंकि येड़ा प्रगड की सफलताओं से वह असन्तुष्ट था और इस विषय के अनुरूप ही एक पुस्तक तैयार करना चाहता था। सुयोग्य आलोचकों की राय में कवि अपनी लक्ष्यसिद्धि में काफी सफल रहा।

तेरहवीं और चौदहवीं सदी के दो कवियों ने रामायण का अनुवाद किया। काकतीय प्रतापरुद्र द्वितीय के एक अधीनस्थ सामन्त कोन बुधराज ने द्विपद छन्द में 'रंगनाथ रामायण' प्रस्तुत किया। अत्यन्त सरल भाषा में लिखी गयी यह पुस्तक माधुर्य तथा योग्य उपमाओं से भरी हुई है। इस काव्य के साथ रंगनाथ का सम्बन्ध कदापि स्पष्टतः नहीं है। रंगनाथ सम्भवतः दरबारी कवि था अथवा राजा का गुरु था जिसे उसने अपनी पुस्तक समर्पित कर दी। कहा जाता है कि बुधराज के पुत्रों ने 'उत्तर रामायण' जोड़कर इस कृति को पूरा किया। हुल्लकी भास्कर तथा उसके शिष्यों ने चम्पू के रूप में रामायण का एक अन्य अनुवाद प्रस्तुत किया। यह कृति समर्पित की गयी शाहिनीमार को—जिसके व्यक्तित्व की निर्विवाद रूप से पहचान नहीं हो सकी है।

तिक्कन के समकालीन लेखकों में केतन का उल्लेख आवश्यक है। केतन ने दण्डी के 'दशकुमार चरित' का अनुवाद किया जिसके कारण उसे 'अभिनव दण्डी' की उपाधि मिली। उसने 'आन्ध्र भाषा भूषण' नामक एक व्याकरण लिखा तथा विज्ञानेश्वर के 'मिताक्षरा' का तेलुगु में अनुवाद किया। तिक्कन के एक शिष्य मारन ने 'मार्कण्डेय-पुराण' लिखा जिसके आधार पर बाद में पेड्डन ने 'मनुचरित्र' लिखा। राजामुन्द्री के मंचन ने 'केथूरबाहुचरित' की रचना की। षट्सहस्त्र देश गें रुद्रमा देवी के चोल सामन्त बद्देना ने इसी काल में राजनीति पर पन्द्रह अध्यायों में 'नीतिशास्त्र मुक्तावलीओट' नामक पुस्तक लिखी।

इसके बादवाले काल की ओर बढ़ने से पहले गणित पर प्रस्तुत किये गये दो पुस्तकों की चर्चा जरूरी है। ये दोनों पुस्तकें संस्कृत से ही अनुवाद की गयी थीं। तेलुगु में वे सबसे 'प्राचीन वैज्ञानिक पुस्तकें' हैं। गुण्टूर के पास पल्लूर के एक नियोगी ब्राह्मण करणम मल्लन (1060-70 ई.) ने महावीरचार्युलु की एक गणित पुस्तक का पद्यमय अनुवाद किया। इस पुस्तक में क्षेत्रमिति, भिन्न, अंकों के सिद्धान्त आदि विषयों पर कुल अट्ठारह अध्याय हैं। अन्य लेखकों में एलुगन्ती पेड्डना ने भास्कर की 'लीलावती' का अनुवाद किया और उसे 'प्रकीर्ण गणित' का नाम दिया।

श्रीनाथ और उनका युग

कुछ लोगों की राय में श्रीनाथ (1365-1440 ई.) तेलुगु भाषा का सर्वश्रेष्ठ कवि था और 1350 ई. के बाद के डेढ़ सौ वर्षों को श्रीनाथ-युग कहा जा सकता है। अपनी महान् प्रतिभा के कारण कम आयु में ही उसे अनेक सामन्तों तथा राजाओं—कोण्डविदू के रेडियों, राजकोण्डा के बेलमों तथा विजयनगर के देवराय द्वितीय—का संरक्षण प्राप्त हो गया था। वह उनके और उनके मन्त्रियों के साथ समान स्तर पर रहा और जीवन के आनन्दों का पूर्ण रूप से उपभोग किया यद्यपि अन्त समय वह गरीबी में मरा। संस्कृत और तेलुगु भाषाओं पर उसका अद्वितीय अधिकार था और वह कहता है कि बचपन में ही उसने 'मरुत्राट चरित्र' लिखा तथा किशोरावस्था में ही 'शलिवाहन-सप्तशती' का अनुवाद किया। दुर्भाग्यवश आज दोनों में कोई भी पुस्तक विद्यमान नहीं है। 'शृंगार-नैषध' के नाम से श्रीहर्ष के 'नैषधकाव्य' का अनुवाद उसकी सर्वश्रेष्ठ कृति है। 'शृंगार-नैषध' एक ऐश्वर्य एवं गौरवशाली काव्य है जिसमें श्रीनाथ की श्रेष्ठ प्रतिभा के सभी गुणों का पूर्ण रूप से उपयोग हुआ। 'पण्डिताराध्य चरित', 'शिवरात्रि माहात्म्य', 'हरविलास', 'भीमखण्ड' तथा 'काशीखण्ड'—उसकी अन्य पुस्तकें हैं। इनमें अब सिर्फ अन्तिम चार पुस्तकें ही उपलब्ध हैं और इनसे पता चलता है कि वह कितना कट्टर शैव था। 'क्रिडाभिरामम्' नामक नाटक का लेखक भी वही बतलाया जाता है। इस नाटक की रचना के साथ तेलुगु साहित्य की एक नयी दिशा की ओर प्रगति होती है तथा 'विधिनाटक' शैली का प्रारम्भ होता है। इसमें एक व्यक्ति बारंगल की गलियों में दूसरे व्यक्ति से जो मात्र श्रोता है, अपने अनुभवों का वर्णन करता है। 'शृंगार-दीपिका' नामक काव्य पुस्तक का लेखक वैसे कुमार गिरि है, किन्तु कुछ लोगों की राय में यह श्रीनाथ की ही कृति है। वीररसपूर्ण अत्यन्त लोकप्रिय आल्हा छन्द में लिखित पालनाटिवीरचरित्र—जिसमें तेरहवीं और चौदहवीं सदी के पालनाड (गुण्टूर जिला) के योद्धाओं की वीरतापूर्ण कहानियों का वर्णन है—का लेखक भी वही माना जाता है। विविध विषयों पर अनेक 'चाटु' या फुटकर पद उसकी रचना मानी जाती है और आज भी वे अत्यन्त लोकप्रिय हैं।

बाम्मेर पोतन (1400-75 ई.) जो उम्र में श्रीनाथ से कम था, लगभग हर तरह से उसके विपरीत था। वह कुड्डपा जिला स्थित ओण्टिमिट्ट का रहनेवाला नियोगी था। उसने भागवत पुराण का अनुवाद किया। पोतन जीवन भर गरीब रहा और गरीबी में ही मरा। उसने किसी विद्यालय में शिक्षा नहीं पायी थी और उसके काव्य में, जो गहरी भक्ति की प्रेरणा से उत्पन्न है, अक्सर व्याकरण की बारीकियों की उपेक्षा की गयी है। जितानन्द नामक एक योगी से उसकी भेंट हुई जिसकी कृपा से वह भक्त बन गया और उसे कवित्व शक्ति प्राप्त हुई। पोतन का 'भागवत' मूल ग्रन्थ से अधिक बड़ा है। अपने शब्द-विन्यास, सजीव वर्णन तथा ओजपूर्ण कथाशैली के साथ-साथ लगभग प्रत्येक पद से ध्वनित प्रगाढ़ आध्यात्मिक अनुभव ने इस ग्रन्थ को 'रामायण' तथा 'महाभारत' के अनुवादों से कहीं अधिक लोकप्रिय बना दिया है। एक कथा प्रचलित है कि जब राव सिंह पोतन से अपना काव्यग्रन्थ अपने (राव सिंह के) नाम समर्पित करने के लिए कहा तो देवी सरस्वती ने स्वप्न में प्रकट होकर पोतन से प्रार्थना की कि वह उसे (सरस्वती अर्थात् काव्य ग्रन्थ की) सिंहभूपाल के हाथों में नहीं देकर उसके सतीत्व की रक्षा करे। इस प्रसंग में पोतन की एक उल्लेखनीय कविता है जो उसने, कहा जाता है,

देवी के अनुरोध के उत्तर में लिखा था। किसी भी तरह, इतना निश्चित है कि पोतन अपने जीवनकाल में अपनी महान् कृति प्रकाशित नहीं कर सका और उत्तराधिकारस्वरूप अपने पुत्र मल्लन के लिए छोड़ गया। बाद में देखा गया कि इस ग्रन्थ के कुछ अंशों को कीड़ों ने नष्ट कर दिया है, अतएव दूसरे व्यक्तियों द्वारा रिक्त स्थानों की पूर्ति की गयी। भगवान् विष्णु राजा गजेन्द्र की मुक्ति तथा रुक्मिणी-विवाह जैसे इस ग्रन्थ के कुछ प्रसंग ऐसे हैं जो निरक्षर लोगों को भी अनुप्राणित करते हैं। पोतन ने, सम्भवतः शिव की स्तुति में 'वीरभद्र विजय' की भी रचना की। कहा जाता है कि दक्ष के यज्ञ के अवसर पर शिव के प्रति उनके शत्रुओं द्वारा कहे गये दुर्वचनों को उन्होंने लेखबद्ध किया था, उसी के प्रायश्चित्तस्वरूप इस पुस्तक की रचना की।

वेमन—जिसके 'शतक' के पदों से युवा एवं वृद्ध सभी पूर्ण परिचित हैं तथा जिसका अनेक भाषाओं में अनुवाद हो चुका है, बहुत सम्भव है पन्द्रहवीं सदी के प्रारम्भ में रहता था।

परम्परा के अनुसार पिल्लमाड़ी पिन वीरभद्र श्रीनाथ का समकालीन, किन्तु पोतन से भी कम आयु का था। वीरभद्र ने 'जैमिनी भारत' का, जिसमें मूल 'महाभारत' अश्वमेध पर्व की कहानी का वर्णन है, तेलुगु भाषा में अनुवाद किया और उसे तालुव नरसिंह को समर्पित किया। कहते हैं, कवि का दावा था कि देवी सरस्वती उसकी रानी है और नरसिंह के दरबार के समक्ष इस दावे को उसने प्रमाणित कर दिखाया। उसकी एक ही रचना उपलब्ध है और वह है 'शृंगार शकुन्तला', जो कालिदास के सुविख्यात नाटक का तेलुगु रूपान्तर है। उसकी अन्य रचनाओं के सिर्फ नाम ही ज्ञात हैं। उसके पदों के विलक्षण सुरीलेपन की समालोचकों ने सराहना की है।

इस अवधि के अन्य कवि नन्दि मलय और घटम सिंगम (1480) हैं जिन दोनों ने मिलकर 'वराह पुराण' और 'प्रबोधचन्द्रोदय' की रचना की। इसमें से दूसरा ग्रन्थ प्रबन्ध रूप में है और वह श्रीनाथ के नैषध और पीन वीरभद्र की शकुन्तला के मुकाबले अपने संस्कृत मूल के प्रति अधिक सच्चा है। 'वराह पुराण' भी संस्कृत से अनुवाद है और उसे तुलुब नरेश नायक को अर्पित किया गया है। पेरम राजु जक्कन (1450) ने 'विक्रमार्क चरित' की रचना की जिसमें उज्जैन के पौराणिक सम्राट् से सम्बन्धित कहानियाँ वर्णित हैं। अन्य उल्लेख्य लेखक हैं : 'नचिकेतोपाख्यान' के लेखक दुग्गुपल्ली दुग्ग्य (1480), 'पंचतन्त्र' के लेखक दूबगुण्ट नारायण (1440), 'विष्णु पुराण' के लेखक 'वेत्रलकाण्टि सूरत्र (1460) और 'हरिश्चन्द्रोपाख्यान' का लेखक गौरन।

मध्यकाल

कृष्णदेव राय का शासनकाल जिस प्रकार राजनीति, युद्ध और कला के क्षेत्र में एक स्वर्ण युग था उसी प्रकार साहित्य के क्षेत्र में भी। सम्राट् स्वयं भी असाधारण विद्वान् और कवि थे तथा उन्होंने तेलुगु साहित्य को जो प्रोत्साहन दिया वह उसके बाद भी बहुत समय तक जारी रहा। उनके नेतृत्व में संस्कृत मूल के अनुवाद की प्रथा प्रायः छोड़ दी गयी और संस्कृत के महाकाव्य की पद्धति पर किसी पौराणिक अथवा परिकल्पित कथा पर स्वतन्त्र प्रबन्धों की रचना का सामान्यतः प्रचलन हो गया। प्रारम्भिक प्रबन्ध मौलिकता, विविधता, स्वातन्त्र्य, विषयवस्तु और शैली के सौष्ठव की दृष्टि से अवश्य ही विशिष्ट थे पर कम प्रतिभाशाली

कवियों के हाथ में पड़कर बाद के प्रबन्ध निर्जीव और नीरस हो गये जिसमें अलंकारशास्त्र के नियमों का औपचारिकता के साथ पालन तो किया जाता था पर उनमें सत्साहित्य का अभाव था।

कृष्णदेव राय का अमुक्तमालमद या विष्णुचित्तीय, जो तेलुगु के पाँच महाकाव्यों में से एक है, नये साहित्य आन्दोलन के प्रथम परिणामों में से है। यह तेलुगु साहित्य पर वैष्णववाद के प्रभाव के प्रारम्भ का द्योतक भी है। इसमें आलवार विष्णुचित्त (पेरियालवार) के जीवन, वैष्णव दर्शन पर उनकी व्याख्या और उनकी गोद ली हुई बेटी गोदा और भगवान् रंगनाथ के बीच प्रेम का वर्णन है। शैली गहरापन लिये हुए है और साथ ही जटिल भी और उपमाएँ कहीं-कहीं दूर से खींचकर लायी मालूम पड़ती हैं फिर भी महाकाव्य का प्रभाव शानदार और उत्कृष्ट है। तेलुगु में शायद ही ऐसा कोई ग्रन्थ हो जिसमें भावनाओं के अनवरत प्रवाह ने भाषा में इस प्रकार तीव्रता से अभिव्यक्ति पाने की चेष्टा की हो। भाषा अत्यन्त समृद्ध है पर पूर्ण एवं पर्याप्त अभिव्यक्ति की दिशा में अद्वितीय रीति से सक्षम भी। इसमें मानव प्रकृति के सम्बन्ध में लेखक की पैनी दृष्टि स्पष्टतः लक्षित है और पकड़ में न आनेवाले भावों को जिस प्रकार मार्मिक वाक्य-खण्डों के माध्यम से कागज पर उतारने की सफल चेष्टा की गयी है उसमें कृष्णदेव राय से उत्कृष्टतर तो निश्चय ही कोई नहीं है, हाँ शायद मुश्किल से समान क्षमता का कोई लेखक मिल सके।

विक्रमादित्य के दरबार में नौ रत्नों के समान ही कृष्णदेव राय के दरबार के अष्टदिग्गज (चारों कोनों के आठ हाथी) उपाख्यानों में प्रसिद्ध हैं। दोनों ही मामलों में वास्तव में एक बड़े नाम को ऐतिहासिक सत्य के मूल पर बढ़ा-चढ़ाकर पेश करने की चेष्टा की गयी है। पर इसमें कोई सन्देह नहीं कि कृष्णदेव राय के दरबार की शोभा बढ़ानेवाले अनेक महान् कवि थे जिनमें सर्वप्रमुख अल्सानि पेद्दन जिसे सम्राट् ने **आन्ध्रकविता-पितामह** की उपाधि दी थी। वह चोक्कनामात्य का पुत्र था तब उसे युग के महान् वैष्णव शथकोयपति से साहित्यिक प्रशिक्षण मिला था। उसकी मुख्य कृति 'स्वारोचित-सम्भव' या 'मनुचरित' है। कहानी 'मार्कण्डेय पुराण' से ली गयी है। प्रवर नामक एक कट्टरपन्थी ब्राह्मण स्वर्ग की बारवनिता बरूथिनी का प्रेम स्वीकार करने को तैयार नहीं होता। एक गन्धर्व को इसकी जानकारी होती है तो वह प्रवर का रूप रखकर आता है और उसके साथ रहने लगता है। दोनों का पुत्र स्वारोचित हुआ जिससे ही द्वितीय मनु की उत्पत्ति हुई। जैसा कि कालिदास के कुमारसम्भव में हुआ है, नायक के माता-पिता के इर्द-गिर्द ही मुख्य कहानी घूमती है जिनके ही नाम पर इस पुस्तक का नाम रखा गया है। पेद्दन को प्रसिद्धि इस कारण मिली कि उसने प्रवर और बरूथिनी का चरित्र-चित्रण अपूर्व कुशलता से किया है। उसने श्रीनाथ जैसे अपने कुछ पूर्ववर्ती लेखकों से कथा-विकास के कुछ लक्षण और कन्नड़ शब्दों के प्रयोग उधार लिये हैं। मनुचरित कृष्णदेव राय को अर्पित किया गया था जिसने एक बार पेद्दन की पालकी को ढोनेवालों में शामिल होकर इस पुस्तक के प्रति अपनी प्रशंसा प्रकट की थी। पेद्दन अपने इस संरक्षक राजा से अधिक वर्षों तक जीवित रहा और उससे बिछुड़कर दुःख का जीवन बिताता रहा। कहते हैं कि उसने हरिकथा-सार की भी रचना की जो अब उपलब्ध नहीं।

कृष्णदेव राय के दरबार का दूसरा महान् कवि नन्दी तिम्मन था जिसने पारिजातहरण की रचना की जिसमें श्रीकृष्ण के जीवन की एक सुपरिचित घटना सुललित पद्य में अंकित है। कहते हैं कि इस पुस्तक की रचना का प्रयोजन अपनी एक रानी के प्रति सम्राट् के आक्रोश को खत्म करना था। रानी इसके चित्र की ओर पाँव करके सोयी हुई पायी गयी थी, कविता में कृष्ण द्वारा सत्यभामा को मनाने की चेष्टा के वर्णन हैं, विशेषतः उस दृश्य का जबकि कृष्ण उनके पाँवों पर गिर गये थे और उसने एक ठोकर देकर उनका तिरस्कार किया है।

भट्टमूर्ति का, जिसे बाद में चलकर रामराज भूषण कहा जाने लगा, एक सुदीर्घ, विशिष्ट साहित्यिक जीवन था। उसकी रचना नरसभूपालीयम् अलंकारशास्त्र पर विद्यानाथ के प्रतापरुद्रीय के अनुकरण पर लिखी गयी है और तोरगणित नासराजु को अर्पित है। उसकी 'हरिश्चन्द्र नलोपाख्यानम्' एक ऐसी कविता-पुस्तक है जिसके हर पद्य के दो मतलब हैं और इस प्रकार उसमें नल और साथ-साथ हरिश्चन्द्र की भी कहानी कही गयी है। पर उसकी प्रसिद्धि सबसे ज्यादा वसुचरित के चलते हुई जिसमें एक मामूली-सी कहानी बड़ी कुशलता के साथ वर्णित है। कथावस्तु है सूक्तिमति नदी से कोलाहल पर्वत की बेटी राजकुमारी गिरिका का राजकुमार वसु के साथ विवाह जो महाभारत की एक छोटी-सी घटना है। उसके पद्य के संगत और उसके अक्सर सुविस्तृत वर्णनों की उच्च कल्पना को आलोचकों ने बड़ा महत्त्व दिया है। इस कविता की रचना राम राय के भाई निरुमल प्रथम के शासनकाल में हुई और उसको ही यह अर्पित की गयी।

कलहस्ति के शैव कवि धूर्जटि ने अपने कलहस्ति-माहात्म्य और उसी तीर्थस्थान पर एक शतक के जरिये कृष्णदेव राय की प्रशंसा प्राप्त की। उसके पौत्र कुमार धूर्जटि ने अपने कृष्णदेव राय—विजय में सम्राट् के विजय-अभियानों में लिपिबद्ध किया। मादूय्यगरि मल्लन इस अवधि का एक अन्य दरबारी कवि था जिसका राजशेखर-चरित सालुव तिम्मा के भतीजे और कोन्दवीदु के गवर्नर नदेनदल अप्प को अर्पित है। यह कृति आदर्श प्रबन्ध है जिसमें अवन्ती के राजा राजशेखर के युद्धों और प्रेम-काण्डों का वर्णन है। ऐसा विश्वास किया जाता है कि अय्यलराजु रामचन्द्र को जिसे पिल्लल (अनेक बच्चों का) रामचन्द्र के रूप में जानते हैं, रामराज भूषण के कहने पर कृष्णदेव राय के यहाँ संरक्षण मिला। सम्राट् के अनुरोध पर उसने 'सकलकथासारसंग्रह' लिखा जो अनेक पौराणिक कथाओं का संक्षिप्तीकृत रूप था। बाद में उसने गोन्तुरी नरसराजु के संरक्षण में राम की कथा के आधार पर 'रामाभ्युदयम्' लिखा।

पिंगली सूरत्र (पंगली कृष्ण जिले में एक गाँव है) की गणना अष्टदिग्गजों में होती है पर वह कृष्णदेव राय के शासनकाल के बाद हुआ। उनके 'राघव-पाण्डवीय' में, जैसा कि इस ग्रन्थ के नाम से प्रकट है, रामायण और महाभारत की कथाएँ साथ-साथ कही गयी हैं। इसमें एक शान और सरलता है जो श्रमपूर्वक लिखी गयी रचनाओं में सर्वथा दुर्लभ है और ऐसा विश्वास है कि भट्टमूर्ति ने (जिसकी चर्चा की जा चुकी है) अपने आदर्श के रूप में इस कृति को चुना। सूरत्र का 'कलापूर्णोदयम्' प्रबन्ध के बजाय कविता में एक नाटक है और अपने प्रकार की वह एकमात्र कृति है। यह एक सुखान्त भूलों की कहानी है जो पाठक का ध्यान पूरी तरह आकृष्ट करती है।

कुछ अर्थों में इस समय का सबसे दिलचस्प व्यक्ति तेनाली रामकृष्ण था जिसने अपनी जीवन-वृत्ति कृष्णदेव राय के अधीन शुरू की पर वेंकट के शासनकाल में भी जीवित रहा। लोग उसका स्मरण एक दरबारी विदूषक के रूप में करते हैं जिसने अनेक उच्चपदस्थ व्यक्तियों का, जिनमें खुद सम्राट् भी अपवाद नहीं है, मजाक बनाया। पर इसके साथ ही यह एक प्रतिभा-सम्पन्न कवि था और उसके पाण्डुरंग-माहात्म्य की गणना तेलुगु के पाँच महाकाव्यों में होती है। यह एक उत्कृष्ट रचना है जिसमें एक ब्राह्मण की कहानी है जिसे विष्णु के गणों ने यमराज के गणों के चंगुल से छुड़ाया क्योंकि ब्राह्मण पण्डरपुर का निवासी था। रामकृष्ण ने 'उद्भटाचार्यचरित' भी लिखा और उसे कृष्णदेव राय के एक पदाधिकारी को समर्पित किया।

शंकुशल नृसिंह कवि की गणना यद्यपि अष्टदिग्गजों में नहीं होती थी पर वह निश्चय ही अपने समय का एक विशिष्ट कवि है। पेद्दन ने ईर्ष्या के कारण उसे सम्राट् के पास तक न पहुँचने दिया और किस्मत के मारे हुए गरीब कवि की अपनी कविता-पुस्तक 'कविकर्ण-रयान' बाजार में बेचनी पड़ी, उसकी एक कविता सम्राट् के पास उसकी पुत्री मोहनांगी ने पहुँचायी। कविता के सौन्दर्य से मुग्ध होकर कृष्णदेव राय ने कवि को बुलावा भेजा पर वह पहल ही श्रीरंगम के लिए रवाना हो चुका था जहाँ उसने तीर्थस्थान में देवी को अपनी कृति अर्पित की। इसमें एक काल्पनिक सम्राट् मान्धाता के जीवन की कहानी है और उसकी प्रस्तावना में कवि ने स्पष्ट रूप से कवियों और राजाओं की भर्त्सना की है।

चिन्तलपूडि इल्लम 'राधू-माधव-विलास' और 'विष्णुमायाविलास' का लेखक है, प्रथम कृति इतनी पसन्द की गयी कि कवि अपने नाम से जाना जाने लगा। इस समय की एक कवयित्री मोल्ला नीची जाति में जन्मी थी। उसने सादे और सरल तेलुगु में रामायण की रचना की जो अत्यधिक लोकप्रिय सिद्ध हुई। कमशाली रूद्रय ने 'निरंकुशोपाख्यान' लिखा जिसमें भगवान् शिव को हरानेवाले एक प्रतिभाशाली जुआड़ी की मोहक कहानी है जिसने इस प्रकार स्वर्ग की नर्तकी रम्भा को जीत लिया था। विजयी निरंकुश रम्भा के साथ रहने लगता है यद्यपि इन्द्र ने उन दोनों को एक-दूसरे से अलग करने की कोशिश की। अद्दगी गंगाधर (1570) ने 'तपतीसंवरणोपाख्यान' और पोत्रगन्ती तेलगत्र ने 'ययातिचरित' लिखा। ये दोनों पुस्तकें गोलकुण्डा के शासक इब्राहीम कुतुबशाह को अर्पित की गयीं जिसे कवियों ने अपने समर्पण में इभा-राम सौरी कहा है। वेंकटनाथ ने पंचतन्त्र का अनुवाद प्रबन्ध के रूप में किया न कि कहानियों के संग्रह के रूप में जैसा कि वह मूल में है। पिडपर्ती सोमनाथ का 'वासव-पुराण' इस अवधि की एकमात्र शैव रचना है, लेखक एक कट्टर वीरशैव था और वैष्णव धर्म के प्रति उसकी असहिष्णुता इस कृति में स्थान-स्थान पर फूट पड़ी है जो कृष्णदेव राय के सहिष्णु युग के अनुरूप नहीं है। सारंग तम्मय्य और चदलुवाद मल्लय दो 'विप्रनारायणचरितों' के लेखक थे।

सिद्धवतम (कडुप्पा जिला) का मतली अनन्त (1590-1610) और उसका पौत्र दोनों ही कवि थे और उन्होंने क्रमशः 'काकुस्थविजयम्' और 'कुमुद्वती कल्याणम्' की रचना की। प्रायः उसी समय पेम्पसानी तिम्मानायडु के अनुरोध पर तरिगोप्पुल मल्लव से एक प्रबन्ध 'चन्द्रभानु चरित' लिखा। पुष्पगिरि तिम्मन ने भर्तृहरि के नीतिशतक का तेलुगु में अनुवाद

किया और एक कविता पुस्तक 'समीरकुमारविजयम्' लिखी जिसमें हनुमान् के पराक्रम वर्णित हैं। उसके इर्द-गिर्द प्रतिभाशाली मित्रों की एक मण्डली थी जिसमें कंकती बन्दु-पापराज और नरसिंह भी शामिल थे। पापराज के 'उत्तर रामायण' की तुलना तेलुगु की अच्छी-से-अच्छी कृतियों से की जा सकती है, उसने 'यक्षगान-विष्णुमायाविलास' भी लिखा। उसके अपेक्षाकृत कम प्रसिद्ध भाई नरसिंह ने राधामाधव इल्लम् के 'विष्णुमायाविलास' नाटक का द्विपद छन्द में निर्जीव-सा अनुवाद किया। धरणीदेबुला राममन्त्री का 'दावातार चरित' इस अवधि की एक और उल्लेखनीय रचना है, पर इसमें लेखक ने अपनी विद्वत्ता के प्रदर्शन की जो चेष्टा की है उससे यह रचना आवश्यक रूप से भारी-भरकम हो गयी है। तंजोर में खुद रघुनाथ नायक ने दो मनोरंजक पुस्तकों—वाल्मीकि चरितम् और रामायणम्—की रचना की। इनमें से प्रथम इस भाषा में पहली महत्त्वपूर्ण गद्य-कृति है और दूसरी, अधूरी रहने पर भी, रघुनाथ की कला का सर्वोत्तम रूप प्रस्तुत करती है। अपने पिता विजयराव के मुकाबले रघुनाथ कम प्रतिभाशाली था। उसने कविताएँ और यक्षगान भी लिखे पर उसकी प्रसिद्धि का अधिक ठोस आधार यह है कि उसने कवियों को संरक्षण दिया। उनमें से सुप्रसिद्ध चेमकुरी वेंकटकवि ने 'सारंगधर-चरितम्' और 'विजयविलास' में क्रमशः चित्रांगी का अपने सौतेले बेटे के लिए प्यार और अर्जुन द्वारा पवित्र तीर्थों की यात्रा और नाग राजकुमारी उलूपी और श्रीकृष्ण की बहन सुभद्रा के साथ उसके विवाह का चित्रण किया है। 'विजयविलास' को ठीक ही तेलुगु का एक महान् काव्य माना जाता है। विजयराघव की रानी रंगाजम्मा ने 'मत्रारुद्रासविलास' लिखकर यक्षगान के विकास में योगदान किया। उसने सामान्य से कहीं अधिक पात्रों का उपयोग किया और संवादों में अक्सर गीत के स्थान में गद्य से काम लिया। दक्षिणी आरकट के निवासी सवरम चित्र नारायणराज ने एक उत्कृष्ट काव्य 'कुवलयाचरित' लिखा जिसका महत्त्व अपने सौष्ठव, सौन्दर्य और वाक्चातुर्य के कारण है। अन्त में श्रीरंग तृतीय के सेनापति रामराज के चचेरे भाई कदिरीपति ने 'शुकसप्तशती' की रचना की जो एक अत्यन्त उत्कृष्ट साहित्यिक रचना है जिसमें कहानी कहने की कला अपने पूर्ण रूप में पहुँच गयी है।

आधुनिक काल

गीति-काव्य—1905 के राष्ट्रीय आन्दोलन का प्रभाव और बंकिमचन्द्र तथा रवीन्द्रनाथ के रूप में बंगाली साहित्य का प्रभाव दक्षिण भारत में किसी भी अन्य भाषा-भाषी समूह से पहले तेलुगु पर पड़ा। वीरेशलिंगम् की पीढ़ी सत्रहवीं से उन्नीसवीं शती के अंग्रेजी साहित्य से मोह रखती थी और कभी-कभी संस्कृत के प्राचीन साहित्य की ओर प्रेरणा के लिए मुड़ती थी, कृष्णा शास्त्री की पीढ़ी पर उन्नीसवीं और आरम्भिक बीसवीं शती के यूरोपीय साहित्य और समकालीन बंगाली साहित्य का गहरा प्रभाव पड़ा है।

रायप्रोलु सुब्बाराव के 'तृणकंकणम्' और 'स्वप्नकुमारम्' काव्यों का विषय अरूप प्रेम है और वही विषय अब्बूरी रामकृष्ण राव की 'मल्लिकाम्बा' का भी है। इस धरती पर जन्मे एक क्षुद्र प्रेमी के मन में किसी स्वर्गीय देवांगना के प्रति उत्कट कामना और उसके विरह में तीव्र दुःख, कृष्ण शास्त्री के 'उर्वशी' और अन्य गीतों का प्रमुख स्वर है। शिवशंकर शास्त्री की 'हृदयेश्वरी' में एक जैसे मन और आत्माओं के मिलन की इच्छा व्यक्त की गयी है। 'दीपावलि' में वेदल सत्यनारायण शास्त्री यह पक्का निश्चय करते हैं कि आखिरी दम तक वे "प्रेम-समुद्र

को पार करने की तीर्थ-यात्रा पूरी करेंगे।" नायनि सुब्बाराव को यह डर है कि उनकी छोटी-सी नौका मँझधार में टुकड़े-टुकड़े न हो जाय, परन्तु बाद में इस नाव के टुकड़े उनकी चिता के काम में आयेंगे। इन सब कवियों के समूह में अकेले नायनि विजय या आशा के स्वर में अपनी रचनाओं का अन्त करते हैं। उनका प्रेम परिपूर्ण होता है और अन्ततः वे स्वर्ग और पृथ्वी को जोड़ने में सफल होते हैं।

रायप्रोलु सुब्बाराव इन कवियों में प्रमुख थे। साहिती-समिति के संस्थापक शिवशंकर शास्त्री ने इन्हें और दूसरे कवियों को एक साहित्यिक गोष्ठी में एकत्रित किया, जैसे कि बाद में महाराष्ट्र के रविकिरण-मण्डल ने या कि कर्नाटक के गेलेयर गुम्पू ने किया। शिवशंकर शास्त्री, आन्ध्र के कवियों, कहानी-लेखकों और साहित्यिक निबन्धकारों के, 'अन्नागारु' या बड़े भैया बने। गिडुगु राममूर्ति पन्तुलु ने बोली जानेवाली तेलुगु को साहित्यिक अभिव्यंजना का माध्यम बनाने का आन्दोलन शुरू किया, परन्तु साहिती-समिति ने इस माध्यम को प्रत्यक्ष उपयोग में लाकर इस आन्दोलन को सफल बनाया। द्वितीय महायुद्ध से पहले लगभग चौथाई शताब्दी तक पद्य, गीत या गद्य के क्षेत्र में जो भी स्मरणीय कृति साहित्य में मिलती है, वह प्रतिभाशाली सदस्यों और उनके प्रशंसकों तथा अनुयायियों की ही देन है, और इसका श्रेय समिति को ही देना चाहिए।

विश्वनाथ और पिंगलि

विश्वनाथ सत्यनारायण ने अपने 'कोकिलम्म पेण्ड्लि' (कोयल का विवाह) और 'किन्नेरसानि' में प्रकृति के सुकोमल भावों की रोमाण्टिक कहानी-गीत के माध्यम से वर्णित की है, जबकि दुब्बूरि रामि रेड्डी ने उसी कार्य के लिए उत्तम छन्दों का उपयोग किया। पुनर्जागरण लानेवालों में विश्वनाथ का बहुत ऊँचा स्थान है। उन्होंने प्रायः प्रत्येक साहित्यिक व्यंजना में बड़ा नाम कमाया है—शास्त्रीय पद्य, रोमाण्टिक गीत, भाव-गीत, उपन्यास, कहानी और समालोचना आदि सभी रूपों में उनके लेखन में शक्ति, समृद्धि और ऊबड़-खाबड़पन मिला हुआ है। 'गिरिकुमार' नाम से उन्होंने एक बड़ी सुन्दर प्रेम-कविता लिखी है। उनकी 'आन्ध्र-प्रशस्ति' में राष्ट्रीय काव्य अपनी भव्यता प्राप्त करता है।

पिंगलि लक्ष्मीकान्तम् और काटूरी वेंकटेश्वर राव ने अपना साहित्यिक जीवन एक छोटी-सी काव्य-पुस्तक से आरम्भ किया, जिसका नाम 'तोलकरि' था।

प्रगतिवाद : अभ्युदय कविता—1935 ई. के पश्चात् भाववादी कविता की प्रतिक्रियास्वरूप तेलुगु में 'अभ्युदय कविता' का प्रारम्भ हुआ। आर्थिक क्रान्ति और पूँजीवादी प्रवृत्ति के विरुद्ध पूरे विश्व में हो रहे संघर्ष का प्रभाव तेलुगु साहित्य पर पड़ा। देश में गरीबी, निर्धनता, शोषण एवं पराधीनता के विरुद्ध संघर्ष तीव्र हो गया जिसने कविता की गति बदल दी। इन नयी मान्यताओं को प्रतिष्ठित करते हुए तेलुगु में जो काव्यान्दोलन चला उसे अभ्युदय कविता कहा जाता है, जो मूलतः प्रगतिवाद का ही पर्याय है। इसके प्रवर्तक श्री संगम श्रीनिवासराव (श्रीश्री) माने जाते हैं। उनके संग्रह 'महाप्रस्थान' से अभ्युदय कविता का प्रारम्भ माना जाता है। श्रीश्री ने परम्परागत मान्यताओं का विरोध कर नवीन मान्यताओं को स्थापित किया। वे एक नये संसार की कल्पना करते हैं। उनकी परम्परा में जो कवि हुए, उनमें श्रीरंगम नारायण बाबू,

आरुद्र, आनिशेट्टि, सुब्बाराव, वेल्लमकोण्ड रामदास, कुन्दुर्ति आञ्जनेयलु, पुल्युरि सुब्रह्मण्यम्, दाशरथी, कालोजी नारायणराव, के.वी. रमणा रेड्डी, रेण्टाल, पुखिण्डा प्रमुख हैं। प्रगतिवादी काव्य-परम्परा के समान्तर इसी काल में राष्ट्रीय काव्यधारा भी विकसित हुई। इस धारा में वे कवि थे, जिनकी कविताओं में देश के प्रति असीम अनुराग है। इसी परम्परा के कवियों ने 'आन्ध्र पुराण', 'महान्द्रोदय', 'नागार्जुनसागर' जैसे ग्रन्थ लिखे। राष्ट्रीय काव्यधारा के कवियों में पुट्टपर्ति नारायण चार्यलु, जन्दूदालेपापय्या शास्त्री, वोइभीमन्ना, सी. नारायण रेड्डी, पल्लादुर्गयन आदि कवियों का नाम लिया जाता है।

स्वातन्त्र्योत्तर कविता—1947 में देश स्वतन्त्र हुआ। देश एक नये स्वप्न में खो गया। स्वतन्त्रता के सम्मोहन से उपजी आशावादी दृष्टि ने नये साहित्य को नयी प्रेरणा दी। विकास की प्रतीक्षा हुई किन्तु साठ के दशक तक मोहभंग की स्थिति आ गयी। जनता इस या उस की तुलना करने लगी। राजनीतिक स्वतन्त्रता ने आम आदमी को आजादी के आनन्द से वंचित कर दिया। अशिक्षा, बेरोजगारी, निर्धनता की दर घटने के बजाय बढ़ने लगी। नेतृवर्ग के प्रति विश्वास टूटने लगा। जनान्दोलन हुए और आदिवासीजन नक्सलवाद की गिरफ्त में आ गये। इस नये परिवर्तन का प्रभाव तेलुगु कविता और कथा-साहित्य दोनों पर पड़ा। तेलुगु कविता में विरोध का स्वर मुखर हुआ। 1974 में 'विरस' (विप्लव रचयितल संघम्) की स्थापना हुई। इसके प्रथम अधिवेशन में श्रीश्री ने नारा दिया—'मटला चेता माट्लडिंचि। राक्ताम चेता रागा-लापन चेयिस्तानु (ज्वालाओं से बुलाकर रक्त से रागालापन कराऊँगा)। इन पुराने कवियों के साथ नयी पीढ़ी विशेषतः विद्रोही पीढ़ी, जो नक्सलवादी और काकुलम आन्दोलनों से प्रभावित, जुड़ गयी और क्रान्तिकारी कविताओं का सृजन होने लगा। मार्क्स, लेनिन और माओ के सिद्धान्त गूँजने लगे। इसी के समान्तर इसी काल में, विशेषतः 1980 के बाद एक वर्ग उन कवियों का उभरा जो वैयक्तिक आवेगों को महत्त्व देता है। इन कवियों में इस्माइल, शेषेन्द्र शर्मा, श्रीकान्त शर्मा, वेंगुट मोहन प्रसाद, अजन्ता, याकूब आदि उल्लेखनीय हैं। नवें दशक के पश्चात् तेलुगु कविता का विकास नये सिरे से हुआ। उपभोक्तावाद, विश्व बाजार, उत्तर-आधुनिकता के दौर के साथ, क्रान्तिकारी आन्दोलनों का भी प्रभाव पड़ने लगा। स्त्रीवादी और दलित-विमर्श की परम्परा भी इसी काल में पल्लवित हुई। नारीवादी कवयित्रियों में जयप्रभा, पारिवण्डूला, रजनी, ओलगा, कोन्ड्रेपूडि, निर्मल, घटयाल निर्मला, विमला, मदवरिपुहेमवती आदि के काव्य-संग्रह आये तो दलित साहित्य के क्षेत्र में भी अनेक रचनाएँ लिखी गयीं। हिंसा, शासन के अत्याचार, अरक आन्दोलन, बुनकरों की समस्या, किसानों की आत्महत्या और दलित चेतना इक्कीसवीं शती के काव्य का केन्द्र बन गया। मिनी कविताएँ लिखी गयीं। नये कवियों में अलिसेट्टी प्रभाकर, आसुराजेन्द्र, गद्दर, मन्दिनी सिधारेड्डी, येण्डलूरि सुधाकर इन्हीं विचारधाराओं को विकसित करनेवाले कवि हैं। इस प्रकार समकालीन कवि भावुक नहीं है। वह सामाजिक यथार्थ पर गहराई से विचार करता है।

कथा-साहित्य

50 वर्ष से अधिक समय हुआ जब गुरजाड अप्पाराव ने समकालीन समाज-स्थिति के चित्रपट के नाते कहानी लिखना आरम्भ किया। परन्तु आगे के वर्षों में उसके विकास और

साहित्य में ऊँचे स्थान पर पहुँचने का श्रेय चिन्ता दीक्षितुलु और उनके अनुयायी लेखकों के दल को है। दीक्षितुलु की कहानियाँ जनसाधारण के सहानुभूतिपूर्ण चित्र व्यक्त करती हैं, उनमें सूक्ष्म उदार परिहास भी होता है। वे कर्नाटक के मास्ती वेंकटेश अयंगार की कहानियों की भाँति हैं। यद्यपि ये पड़ोस के क्षेत्रों की कहानियाँ हैं। फिर भी एक भाषा-भाषी दूसरे भाषा-भाषी की कहानियों को बहुत कम जानते हैं। दोनों कहानी-लेखक उस कला में दक्ष हैं, जिसमें कला छिपी रहती है। उनके वर्णन सरल होते हैं, मानो कहानी अपनी कहानी खुद कहती जाती है और फिर भी अन्त अनिवार्य जान पड़ता है। मुनिमाणिक्यम् नरसिंह राव ऐसे ढंग की कहानी के सूत्रधार हैं जिसमें मध्यमवर्गीय परिवारों के घरेलू जीवन का चित्र हो। आधुनिक तेलुगु कहानी का प्रारम्भ 1910 से हुआ। गुरजाड़ा अप्पाराव पन्तुलु की परम्परा के लेखक थे। उन्होंने 1910 में दिद्दुबाट्टु (सुधार) नाम से कहानी लिखी, जो आधुनिक कहानी मानी जाती है। उन्होंने तीन अन्य कहानियाँ भी लिखीं। पन्तुलु और अप्पाराव के अतिरिक्त स्वतन्त्रतापूर्व के कहानीकारों में गोपीचन्द्र, बुच्चीबाबू, उन्नव लक्ष्मीनारायण, श्रीपाद सुब्रह्मण्यम शास्त्री, कोड़बटी गण्टी कुटुम्बराव, चलम उल्लेखनीय हैं। इन कहानीकारों में उन्नव गाँधीवाद के निकट हैं पर गोपीचन्द्र की प्रवृत्ति विद्रोही है। सुब्रह्मण्यम मानवीय सम्बन्धों के कहानीकार हैं, जबकि चलम ने नारी-समस्याओं से सम्बद्ध कहानियाँ लिखी हैं। 1946 ई. से तेलंगाना आन्दोलन प्रारम्भ हुआ। इस आन्दोलन के परिणामस्वरूप तेलंगाना क्षेत्र में वट्टीकोटा आलवार स्वामी ने इस विद्रोह से जुड़ी कहानियाँ लिखीं। सातवें दशक से तेलुगु कहानी में दो कहानीकार आये, जिन्होंने आजादी के बाद उभरे असन्तोष और ग्रामीण यथार्थ को कहानियों के माध्यम से व्यक्त किया। ये कहानीकार हैं—रायकोण्डा विश्वनाथ शास्त्री और काली पटनम रामाराव। उत्तर-आधुनिकता के पश्चात् नारीवादी विमर्श और दलित-विमर्श का प्रभाव कहानी पर पड़ा। इस प्रवृत्ति के रचनाकारों में नारीवादी लेखिकाओं अब्बूरि छायादेवी, इल्लिदल सरस्वती, रंगनायकम्मा, तेन्नेटि हेमलता, वासिरेड्डी सीतादेवी, के रामलक्ष्मी प्रमुख हैं। दलित रचनाकारों में कवि पद्मराव, नगेश बाबू, कलेकूरि प्रसाद प्रमुख हैं।

समग्र रूप से तेलुगु साहित्य में कहानी विधा अधिक महत्त्वपूर्ण है। सहस्रों कहानीकार और कहानी-संग्रह प्रकाशित हो चुके हैं और निरन्तर लिखी जा रही है।

उपन्यास

तेलुगु कहानी साहित्य और उपन्यास विधा का प्रकाशन समान्तर हुआ है।

वीरेशलिंगम् तेलुगु के पहले उपन्यास लेखक थे। उनका 'राजशेखर चरित्रम्' गत शताब्दी के अष्टम दशक में प्रकाशित हुआ। वह मध्यवर्गीय ब्राह्मण परिवार का चित्र है। एक घर के मुखिया कई प्रकार की ऊँची-नीची परिस्थितियों में से गुजरते हैं, परन्तु अन्त में वे विजयी होते हैं। इस उपन्यास का एक अंग्रेज ने अंग्रेजी में तर्जुमा किया था। वीरेशलिंगम् के बाद इस क्षेत्र में चिलकमर्ति लक्ष्मी नरसिंहम् हैं, जिनके ऐतिहासिक उपन्यास बहुत लोकप्रिय बने। उनकी कीर्त्ति समकालीन आन्ध्र-जीवन पर लिखे हुए 'रामचन्द्र विजयम्' नामक उपन्यास पर आधारित है। रमेश दत्त के 'लेक ऑफ पाम्स' के उत्तम अनुवाद से आन्ध्र की उस पीढ़ी को बंगाली जीवन और आकांक्षाओं का परिचय मिला। यह श्रेष्ठ कार्य आगे वेंकट पर्वतीश्वर

कुबुल करते रहे, जिन्होंने कई बंगाली उपन्यासों का अनुवाद किया, जिनमें बंकिमचन्द्र के उत्तम ग्रन्थ भी हैं। इसके बाद बहुत-से जासूसी उपन्यास लिखे गये, जिनका कोई साहित्यिक मूल्य नहीं हैं। 1921 में वुन्नव लक्ष्मीनारायण ने 'माल पल्ली' नामक उपन्यास लिखा, जो कि गाँधी-युग का उत्तम उपन्यास है।

विश्वनाथ सत्यनारायण और अडिवि वापिराजु दो श्रेष्ठ उपन्यासकार कहे जा सकते हैं। दोनों को आन्ध्र में बड़ी लोकप्रियता मिली है। 1934 में आन्ध्र विश्वविद्यालय ने इन दोनों लेखकों को अपने श्रेष्ठ पुरस्कार दिये। विश्वनाथ का उपन्यास था–'वेयि पडगलु' (सहस्र फण) और वापिराजु का 'नारायणराव'। विश्वनाथ पुराने ढंग के जीवन के प्रेमी हैं और उनके उपन्यासों, विशेषतया 'सहस्र फण' में ऐसी जिन्दगी का वर्णन है, जो अब बहुत-कुछ मिटती जा रही है। अगली पीढ़ियों के लाभ के लिए समाज के विविध स्तरों की विचार-पद्धतियाँ और भावनाएँ, रीति-रिवाज और कई चीजें उन्होंने इस उपन्यास में चित्रित की हैं। बहुत विस्तृत पट पर कार्य करते हुए विश्वकोश जैसा ज्ञान प्रदर्शित करते हुए विश्वनाथ में कहीं-कहीं पूरे चित्रबन्ध की अन्विति नहीं मिल पाती–विविध स्वर अच्छी तरह से समन्वित नहीं हो पाते, उन्हें ज्ञानपीठ सम्मान मिला है। वापिराजु सौन्दर्य-प्रेमी और आशावादी हैं। उनके उपन्यासों का अन्त सुख और सम्पूर्ति में होता है। कलात्मक दृष्टि से उनका कार्य अधिक पक्का और सफल है।

दूसरे महत्त्वपूर्ण उपन्यासकार हैं नोरि-नरसिंह शास्त्री। उनके 'नारायण भट्टु और रुद्रम देवी' पूर्व चालुक्य-काकति-काल का जीवन व्यक्त करते हैं और सामाजिक-ऐतिहासिक उपन्यासों के नाते बहुत सफल हैं। तरुण लेखकों में सबसे प्रसिद्ध हैं 'बुच्चि बाबू'। उनका 'चिवरकु मिगिलेदि' (जो कुछ बचा रहे) आधुनिक यान्त्रिक युग के संघर्ष को व्यक्त करता है। उपनगरों के जीवन में जो छोटी-छोटी लड़ाइयाँ और बुराइयाँ चलती हैं उनका वह चित्र है। विशेष रूप से स्त्री-पुरुषों के सम्बन्ध में जो विचित्र उलझनें पैदा हुई हैं वे भी इसमें चित्रित हैं, चरित्र, संवाद, वर्णन-शैली इत्यादि में बुच्चि बाबू की रचनाएँ एक प्रकार से विशेष प्रगति व्यक्त करती हैं, यद्यपि उनके भीतर कहीं-कहीं अविश्वास और शंका की धारा विद्यमान है।

यूरोपीय भाषाओं और बंगाली तथा हिन्दी से शरच्चन्द्र एवं प्रेमचन्द के उपन्यास बड़ी संख्या में अनूदित हुए हैं। तेलुगु-गद्य के नाते यह अनुवाद उच्चकोटि के नहीं हैं।

नाटक

पुरानी सदियों के खुले रंगमंच पर नृत्य-नाटकों की तुलना में आधुनिक मंच के नाटक बड़े-बड़े शहरों में कुछ अव्यावसायिक अभिनेता सामने लाये। गद्य, पद्य और गीत बड़ी मात्रा में उपयोग में लाये गये और उनके विषय भी पौराणिक, ऐतिहासिक या सामाजिक थे। आन्ध्र देश में हरिप्रसाद राव, टी. राघवाचारी और स्थानम् नरसिंह राव जैसे बड़े अभिनेता पैदा हुए। परन्तु डी. कृष्णमाचार्लु, वेदम् वेंकटराय शास्त्री, पानुगण्टि नरसिंह राव और गुरडाड अप्पाराव जैसे प्रसिद्ध नाटककारों की मृत्यु के बाद कोई सफल लम्बा नाटक नहीं लिखा गया। हर नाटक के अन्त में ऐसा लगता है मानो कोई कहता हो–"कितना सुन्दर अभिनय है, परन्तु नाटक निम्न श्रेणी का है!" विश्वनाथ की 'नर्तनशाला' और वेलूरि चन्द्रशेखरम् की

'कंचनमाला' उत्तम साहित्यिक कृतियाँ हैं। परन्तु वे अभिनेताओं और जनता दोनों को ही प्रिय नहीं लगीं।

ज्ञान-विज्ञान का साहित्य

गद्य और पद्य में रचनात्मक साहित्य की तुलना में, ज्ञान-विज्ञान का साहित्य तेलुगु में काफी प्रगति कर चुका है। राजनीति, विज्ञान, समाजशास्त्र, अर्थशास्त्र और इतिहास आदि पर उच्च स्तर की पुस्तकें लिखी गयी हैं। इतिहास पर के.वी. लक्ष्मण राव, सी. वीरभद्र राव, भावराजु कृष्णा राव और सोमशेखर शर्मा की पुस्तकें साहित्य की कोटि में मानी जाती हैं।

श्री टी. प्रकाशम् की आत्मकथा एक मार्मिक मानवीय लेख है, एक महान् व्यक्तित्व का आत्म-प्रकटीकरण है। इसकी शैली सरल, सशक्त और आकर्षक है। तेलुगु में नये लेखकों के लिए ऊँची पत्रकारिता प्रोत्साहन का बड़ा स्रोत रही है। कई पत्रों में रचनात्मक साहित्य प्रकाशित होता रहता है, जो कि बाद में पद्य, कहानी या गीत के संकलनों के रूप में प्रकाशित होता है। आन्ध्र पत्रकारों में सबसे बड़े 'कृष्ण पत्रिका' के स्वर्गीय श्रीकृष्ण राव हैं, जिन्होंने बड़ा उत्तम गद्य लिखा है। उनके 'समीक्षा' नामक ग्रन्थ में साहित्य, दर्शन और कला-सम्बन्धी निबन्ध संकलित हैं।

समग्र रूप से तेलुगु साहित्य कविता और कथा-साहित्य की दृष्टि से समृद्ध है। तेलुगु में आन्ध्रप्रभा, आन्ध्रभूमि, आन्ध्रपत्रिका, स्वाति, आन्ध्र ज्योति जैसी प्रतिष्ठित पत्रिकाएँ निरन्तर प्रकाशित हो रही हैं। आज तेलुगु भाषा का क्षेत्र आन्ध्र और तेलंगाना दो क्षेत्रों में विभाजित है परन्तु तेलंगाना आन्दोलन 1946 ई. से ही प्रारम्भ हो गया था। इसका कारण यह है कि तेलंगाना निजाम के क्षेत्र में था और वहाँ सामन्तों के कारण अत्याचार अधिक हुए थे। जमींदारी प्रथा के कारण कृषकों का शोषण होता था, जिसके कारण सशस्त्र विद्रोह प्रारम्भ से ही हुआ। तेलंगाना आन्दोलन ने तेलुगु के कथा-साहित्य को बहुत प्रभावित किया है। तेलंगाना क्षेत्र के रचनाकारों ने इस आन्दोलन को साहित्य के माध्यम से व्यक्त किया। तेलुगु का हिन्दी पर भी गहरा प्रभाव है। हैदराबाद हिन्दी और उर्दू का भी उतना ही बड़ा केन्द्र है, जितना तेलुगु का। आन्ध्र से अनेक हिन्दी पत्रिकाएँ निकल रही हैं। स्रवन्ती, संकल्य, गोलकुण्डा दर्पण आज भी प्रकाशित हो रही हैं। कभी हिन्दी की श्रेष्ठ पत्रिका 'कल्पना' भी आन्ध्र से निकलती थी।

समग्र रूप से तेलुगु साहित्य कविता और कथा साहित्य की दृष्टि से समृद्ध है। तेलुगु में आन्ध्र प्रथा, आंध्रभूमि, आंध्रपत्रिका, स्वाति, आंध्रज्योति जैसी प्रतिष्ठित पत्रिकाएँ निरन्तर प्रकाशित हो रही है। आज तेलुगु भाषा का क्षेत्र आंध्र और तेलंगाना दो क्षेत्रों में विभाजित है परन्तु तेलंगाना आन्दोलन 1946 ई. से ही प्रारम्भ हो गया था। इसका कारण यह है कि तेलंगाना निजाम के क्षेत्र था और वहाँ सामन्तों के कारण अत्याचार अधिक हुए थे। जमींदारी प्रथा के कारण कृषकों का शोषण होता था, जिसके कारण सशस्त्र विद्रोह प्रारम्भ से ही हुआ। तेलंगाना आन्दोलन ने तेलुगु के कथा साहित्य को बहुत प्रभावित किया है। तेलंगाना क्षेत्र के रचनाकारों ने इस आन्दोलन को साहित्य के माध्यम से व्यक्त किया। तेलुगु का हिन्दी पर भी गहरा प्रभाव है। हैदराबाद हिन्दी और उर्दू का भी उतना ही बड़ा केन्द्र है, जितना तेलुगु का। आन्ध्र से अनेक हिन्दी पत्रिकाएँ निकल रही हैं। स्रवन्ती, संकल्य, गोलकुण्डा दर्पण आज भी प्रकशित हो रही हैं। कभी हिन्दी की श्रेष्ठ पत्रिका 'कल्पना' भी आन्ध्र से निकलती थी।

समग्र रूप से कहा जा सकता है कि तेलुगु साहित्य की परम्परा न केवल प्राचीन है, वरन् समकालीन तेलुगु साहित्य भी नवीन प्रवृत्तियों को प्रस्तुत करने में सक्षम है।

3. कन्नड़ साहित्य का इतिहास

द्रविड़भाषाओं में कन्नड़ तमिल के पश्चात् सर्वाधिक प्राचीन है। नवीं शती की रचना 'कविराजमार्ग' से उसके प्राचीन साहित्य का पता चलता है। कविराजमार्ग के रचनाकार नृपतुंग हैं। यह काव्यशास्त्रीय ग्रन्थ है।

प्राचीन काल : जैन काव्य-परम्परा

कविराजमार्ग अंशतः दण्डी के काव्यादर्श पर आधारित है। राष्ट्रकूट सम्राट् नृपतुंग अमोघवर्ष प्रथम ने, जो प्रत्यक्षतः इस ग्रन्थ के लेखक हैं, यदि वस्तुतः स्वयं इसकी रचना नहीं की होगी तो इसे लिखने के लिए उसने किसी को प्रेरित अवश्य किया होगा। किन्तु सबसे प्राचीन उपलब्ध पुस्तक जिसे यथार्थ रूप में साहित्य कहा जा सके वह है शिवकोटि (900 ई.) की 'बड्डाराधेन'। यह जैन परम्परा की रचना है। वास्तव में कन्नड़ का वर्तमान साहित्य जैन परम्परा से उपलब्ध है। बड्डाराधेन जैन ग्रन्थ है। इस पुस्तक में पुराने जैन सन्तों के जीवन पर प्रकाश डाला गया है। इसके बाद पम्प का नाम आता है जो वेंगी का निवासी था और वेमूलवाड के राजा अरिकेसरी द्वितीय के दरबार में रहता था। अरिकेसरी द्वितीय राष्ट्रकूट सम्राट् कृष्ण तृतीय का अधीनस्थ शासक था। पम्प के बारे में कहा जाता है कि 39 वर्ष की अपेक्षाकृत कम आयु (941 ई.) में ही उसने दो महान् काव्यों की रचना की। 'आदिपुराण' नामक पुस्तक में उसने प्रथम जैन तीर्थङ्कर की जीवन कथा का वर्णन किया है। अपनी दूसरी कृति 'विक्रमार्जुन विजय' में पम्प ने महाभारत की कथा को अपने ढंग से पेश किया है और इस कारण वह 'पम्प' भारत कहलाता है। कवि अर्जुन को 'विक्रमार्जुन विजय' का नायक बनाता है और अपने संरक्षक अरिकेसरी से उसकी उपमा देकर महाभारत की कथा के साथ-साथ समकालीन इतिहास के अनेक विवरण प्रस्तुत करता है। समालोचकों ने एकमत से पम्प को कन्नड़ कवियों में सर्वश्रेष्ठ माना है। पौन्न पम्प का समकालीन था, किन्तु उससे आयु में कम था। उसकी मुख्य कृति 'शान्तिपुराण' है जिसमें उसने सोलहवें तीर्थङ्कर के उपाख्यानों पर आधारित इतिहास प्रस्तुत किया है। उसके द्वारा रचित 'भुवनइकरामाभ्युदय' नामक पुस्तक अब सिर्फ उद्धरणों के रूप में ही उपलब्ध है। उसकी एक अन्य कृति है, 'जिनाक्षरमाले', जिसमें 'जिनों की यशगाथा पद्य में वर्णित है।' उसके परिवार का भी मूल निवास-स्थान वेंगी था। कृष्ण तृतीय ने उसे 'उभयकविचक्रवर्ती' (दो भाषाओं—संस्कृत और कन्नड़ का सर्वश्रेष्ठ कवि) की उपाधि दी थी।

कन्नड़ साहित्य को सर्वाङ्ग रूप से सुसज्जित कर रंगमंच पर लानेवाले 'तीन रत्न' हैं—पम्प, पौन्न तथा रन्न। इसमें पम्प और पौन्न की चर्चा पहले की जा चुकी है। तीसरा रत्न चालुक्यराज तैल द्वितीय और उसके उत्तराधिकारी के दरबार में रहता था। रन्न का जन्म 949 ई. में भुद्नोलल के एक लहेरी (चूड़ी बेचनेवाला) परिवार में हुआ था, किन्तु उन्नति करते-करते चालुक्य दरबार में वह 'कविचक्रवर्ती' के पद पर पहुँच गया और उसे सोने की छड़ी, चँवरी, हाथी तथा छत्र का सम्मान मिला था। उसका 'अजीत पुराण' (993) द्वितीय तीर्थङ्कर के जीवन

पर बारह 'आश्वासों' में रचित 'चम्पू' है। उसने सेनापति नागवर्मा की धर्मपरायण पत्नी अत्तिम्बे के अनुरोध पर यह काव्य लिखा। अत्तिम्बे अपने पति के निधन के कुछ वर्ष बाद तक जीवित रही और जैनधर्म के काम को कई प्रकार से आगे बढ़ाया। 'सहस भीम विजय' या 'गदा युद्ध' (982 ई.) भी दस 'आश्वासों' में रचित एक 'चम्पू' है जिसमें महाभारत की कथा विशेष रूप से अन्त में भीम और दुर्योधन के बीच हुए गदा-युद्ध का सिंहावलोकन है। साथ ही इस ग्रन्थ में इरि-वाबेडना सत्याश्रय--जिसे कवि ने 'साहस-भीम' नाम दिया--के युद्धों और सफलताओं का वर्णन है। रन्न की दो अन्य कृतियाँ--'परशुराम चरित' तथा 'चक्रेश्वर चरित' अब उपलब्ध नहीं हैं। 'रन्न-कण्ड' नामक एक शब्दकोश भी जिसमें साधारणतः प्रत्येक पद्य का अन्त 'कविरन्न' शब्द से होता है, सम्भवतः उसी की रचना है।

रन्न का एक प्रारम्भिक संरक्षक था चावण्ड राय। वह गंग राजा रायमल्ल चतुर्थ का एक अधीनस्थ सामन्त था। श्रावण बेलगोला नामक स्थान में गोमतेश्वर की एक दीर्घकाय मूर्ति प्रतिष्ठित करने के उपलक्ष्य में रायमल्ल ने उसे राय की उपाधि दी थी। 928 ई. में उसने 'चावण्ड राय पुराण' या 'त्रिशष्टिलक्षण महापुराण' की रचना की। यह कन्नड़ भाषा की सबसे प्राचीन उपलब्ध पुस्तकों में एक है। इसमें 24 तीर्थङ्करों, 12 चक्रवर्तियों, 9 बलभद्रों, 9 नारायणों तथा प्रतिनारायणों--कुल 63 से सम्बन्धित उपाख्यानों का वर्णन है। नागवर्मा प्रथम भी चावण्ड राय के ही संरक्षण में रहता था और रन्न की तरह ही वह भी अजीतसेन का शिष्य था। उसका जन्म एक ब्राह्मण परिवार में हुआ था जो पम्प की तरह ही वेंगी देश का मूल निवासी था, जिसकी 'छन्दोम्बुध' (छन्द का समुद्र), जो लेखक द्वारा अपनी पत्नी को सम्बोधित कर लिखी गयी है कन्नड़ में इस विषय पर पहली पुस्तक है। उसकी 'कर्नाटक कादम्बरी' संस्कृत गद्य में बाण की प्रसिद्ध पुस्तक पर आधारित है। इसकी मधुर तथा धाराप्रवाह शैली की समालोचकों ने बड़ी सराहना की है।

इसके बाद के लेखकों में जयसिंह द्वितीय जदेगकमल के ब्राह्मण-शैव मन्त्री दुर्गासिंह का नाम--उल्लेखनीय है। उसकी पुस्तक 'पंचतन्त्र' प्रकटतः गुणाढ्य की 'वृहत्कथा' पर आधारित एक 'चम्पू' है। यह विद्वत्तापूर्ण कृति है, किन्तु 'प्रास' (झनझनाहट या टनटनाहट ध्वनि करनेवाले) शब्दों से इतनी अधिक भरी हुई है कि आधुनिक रुचि पाठकों को भा नहीं सकती। दुर्गासिंह अपने अनेक पूर्ववर्ती तथा समकालीन कवियों का उल्लेख करता है। उसके समकालीन लेखकों में बाजीगोत्र के ब्राह्मण महापण्डित चन्द्राज का नाम उल्लेखनीय है। उसने अट्ठारह अधिकरणों में रचित 'मदनतिलक' नामक चम्पू में अपने संरक्षक और उसकी पत्नी के बीच वार्त्तालाप के रूप में प्रेम विषय पर विचार किया है। लेखक का दावा है कि उसने अपने समय की सबसे आधुनिक (पोस-कन्नड़) भाषा का प्रयोग किया है। जयसिंह के ही संरक्षण में रहनेवाले एक अन्य ब्राह्मण अद्वैत शैव चावण्ड राय ने 'लोकोपकार' नामक पुस्तक लिखी (1025 ई.)। यह पद्यमय ग्रन्थ दैनिक जीवन के मार्गदर्शन के लिए खगोल विद्या तथा फलित ज्योतिष, मूर्तिकला, भवन-निर्माण, शकुन-विचार, जड़ी-बूटी और उनके प्रयोग, सुगन्धित, पाकशास्त्र तथा विष-विद्या जैसे नाना विषयों से परिपूर्ण एक वृहत् कोश की तरह था। श्रीधराचार्य नामक एक जैन ब्राह्मण ने अपनी 'जातक-तिलक' नामक पुस्तक में वैज्ञानिक लेखक (शास्त्र-कवित्व) की अपनी प्रतिभा प्रदर्शित की। कन्नड़ में फलित ज्योतिष की यह

सबसे प्राचीन पुस्तक है। उसकी काव्य-कवित्व-शक्ति का परिचय देनेवाली पुस्तक 'चन्द्रप्रभाचरिते' अब उपलब्ध नहीं है। अद्वैत नागवर्माचार्य बनवासे के गंग राजा उदयादित्य के दरबार में रहता था (1070 ई.)। उदयादित्य सोमेश्वर द्वितीय का अधीनस्थ शासक था। उसने त्याग की आचार नीति विषय पर सरल मत्तेबा छन्द में 'चूड़ामणि-शतक' लिखी।

दूसरा महान् लेखक था नागचन्द्र (1105)। वह एक साधनसम्पन्न व्यक्ति तथा जैन मतावलम्बी था। उसने बीजापुर में उन्नीसवें तीर्थङ्कर की स्मृति में मल्लिनाथ जिनालय का निर्माण कराया जिसमें 'मल्लिनाथ-पुराण' नामक एक 'चम्पू' की रचना की। किन्तु नागचन्द्र की सबसे अधिक ख्याति 'रामचन्द्र चरित पुराण' के कारण है। इसमें सोलह भागों के एक 'चम्पू' में राम उपाख्यान का दैन-विवरण प्रस्तुत किया गया है। मुख्य कथा तीसरे भाग से प्रारम्भ हुई है। 'रामचन्द्र चरित पुराण' पम्प के 'भारत' का एक आवश्यक पूरक था, इस कारण इसके लेखक नागचन्द्र को 'अभिनव पम्प' की उपाधि मिली। वाल्मीकि की कहानी से यह बहुत-कुछ भिन्न है। इसके अनुसार राम ने 'जिनदीक्षा' ग्रहण की। वे जैन मुनि बन गये और अन्त में निर्वाण प्राप्त किया। बारहवीं सदी के पहले पचीस वर्षों में ब्रह्मशिव ने 'समय परीक्षे' तथा कीर्त्तिवर्मा ने 'गौवैद्य' नामक पुस्तकें लिखीं। 'समय परीक्षे' खण्डन-मण्डन सम्बन्धी पुस्तक है जिसमें यह प्रमाणित करने का प्रयास किया गया है कि जैनधर्म अन्य सभी धर्मों से श्रेष्ठ है। 'गौवैद्य' पशुचिकित्सा विषयक पुस्तक है जिसमें ओषधि और जादू-टोना दोनों का सम्मिश्रण है। 1145 ई. के आस-पास कर्णपार्थ ने चौदह 'आश्वासों' (भागों) की एक चम्पू 'नेमिनाथ पुराण' में बाईसवें तीर्थङ्कर की जीवनी प्रस्तुत की और चतुराई से इसमें 'महाभारत' तथा कृष्ण की कहानी का भी समावेश कर दिया। इसी समय नागवर्मा द्वितीय ने कन्नड़ व्याकरण तथा अलंकारशास्त्र पर पाँच भागों में 'काव्यावलोकन' नामक प्रसिद्ध पुस्तक लिखी। यह पद्यमय सूत्रों के रूप में है जिसमें साहित्य से उदाहरण दे-देकर समझाया गया है। व्याकरण पर नागवर्मा की दूसरी पुस्तक है 'कर्णाटक भाषा भूषण'—इसमें सूत्र तथा संक्षिप्त व्याख्या दोनों ही संस्कृत में दी गयी है तथा उदाहरण कन्नड़ साहित्य से लिये गये हैं। नागवर्मा की तीसरी कृति है 'वास्तुकोश'। यह 800 'ग्रन्थों' का अपेक्षाकृत एक छोटा कोश है जिससे संस्कृत शब्दों के समानार्थक कन्नड़ शब्द दिये गये हैं। नागवर्मा द्वितीय जगदेकमल्ल द्वितीय के अधीन 'कटकोपाध्याय' के पद पर था। जगदेकमल्ल की मृत्यु के बाद भी वह अनेक वर्षों तक जीवित रहा तथा कवि जन्न (1209 ई.) के शिक्षक के रूप में भी उसने काम किया। दण्डी के 'काव्यादर्श' के आधार पर उदयादित्य नामक एक चोल राजकुमार ने उदयादित्यालंकार नामक काव्य-रचना विषय पर एक छोटी पुस्तक लिखी। इन्हीं दिनों जगद्दल सोमनाथ नामक एक जैन लेखक ने पूज्यपाद की चिकित्सा विषयक पुस्तक 'कल्याणकारकोट' का संस्कृत से कन्नड़ में अनुवाद किया। इसमें जो नुस्खे बताये गये हैं, वे पूर्णतः शाकाहारी तथा मद्यपाननिषिद्ध है। पूविनभोग के एक जैन लेखक राजादित्य (1190 ई.) ने 'व्यवहारगणित', 'क्षेत्रगणित' तथा 'लीलावती' जैसे अनेक गणित सम्बन्धी पुस्तकों में इस विषय को सरल पद्य में प्रस्तुत करने में बड़ा कौशल दिखाया।

बादवाले होवसल राजाओं के अधीन जैन लेखकों की प्रगति जारी रही तथा तीर्थङ्करों के जीवन पर आधारित अनेक पुराण 'चम्पुओं' के रूप में लिखे गये। वीर बल्लाल के दरबारी

कवि नेमिचन्द्र ने 'लीलावती' लिखी। यह विशुद्ध रूप में एक प्रेम कहानी है जिसका घटनास्थल है बनवासे, जहाँ एक राजकुमार और एक राजकुमारी सपने में एक-दूसरे को देखते हैं, काफी विलम्ब के बाद उनका मिलन होता है और फिर सुखपूर्वक जीवन बिताने के लिए दोनों का विवाह हो जाता है। बल्लाल के एक मन्त्री के अनुरोध पर नेमिचन्द्र ने 'नेमिनाथ पुराण' लिखने का कार्य अपने हाथ में लिया, किन्तु इसे पूरा करने से पहले ही चल बसा। अतएव यह पुस्तक 'अर्द्धनेमि' (नेमि का अपूर्ण जीवन चरित) के नाम से प्रसिद्ध है। जन्न सिर्फ एक कवि ही नहीं था, बल्कि वह एक राजा का मन्त्री तथा मन्दिरों का निर्माता भी था। उसने 'यशोधरा चरिते' (1209 ई.) में एक ऐसे राजा की कथा लिखी है जो मरियमा की सेवा में दो बालकों की बलि चढ़ानेवाला था कि उन दोनों की कहानी सुनकर विचार बदल गया, उन्हें उसने मुक्त कर दिया तथा इसके बाद से किसी भी जीव की बलि नहीं चढ़ाने की उसने प्रतिज्ञा की। 'अनन्त नाथ पुराण' (1230 ई.) में जन्नम ने चौदहवें तीर्थङ्कर की कहानी लिखी है। उसकी शैली प्रौढ़त्व तथा सौष्ठव की दृष्टि से उल्लेखनीय है। बन्धुवर्मा नामक एक वैश्य ने 'हरिवंशाभ्युदय' तथा 'जीव सम्बोधन' नामक पुस्तकें लिखीं। जीव सम्बोधन में आत्मा को सम्बोधित कर नैतिकता तथा त्याग पर लिखा गया है। शिशुमायाग (1232 ई.) ने वाद्ययन्त्रों की संगत में गाये जानेवाले सांगत्य नामक एक नयी रचना शैली को जन्म दिया। इस शैली में उसने 'अंजना-चरित्र' तथा 'त्रिपुरदहन' नामक दो पुस्तकें लिखीं। 'त्रिपुर-दहन' जन्म, बुढ़ापा तथा मरण इन तीनों कालों के नाश के बारे में लाक्षणिक काव्य है। आण्डटय के 'मदन-विजय' की रचना लगभग 1235 ई. में हुई। इस पुस्तक की विशेषता यह है कि इसमें संस्कृत के तत्सम शब्दों का बिलकुल प्रयोग नहीं किया गया और सिर्फ देशी एवं संस्कृत के तद्भव शब्दों से ही काम चलाया गया है। बाद के लेखकों में इस प्रयोग को नहीं चलाया। कुमुदेन्दु (1275 ई.) ने जैन-परम्परा के अनुसार षट्पदी छन्द में रामायण लिखी। इस पुस्तक पर 'पम्प रामायण' का काफी प्रभाव था। होयसल राजाओं के समय में लिखी गयी अन्य पुस्तकें हैं—रट्टकवि की 'रट्टमाला' या 'रट्टसूत्र' (1300 ई.), नागराज का 'पुण्यसाव' (1331 ई.) तथा मंगराज प्रथम की विषविद्या विषयक पुस्तक 'खगेन्द्र मणिदर्पण' (1360 ई.)। इनमें 'रट्टमाला' में वर्षा, भूकम्प, विद्युत्, ग्रह तथा शकुन जैसी प्राकृतिक घटनाओं पर विचार किया गया है तथा 'पुण्यासव' नामक चम्पू में गृहस्थों के मार्गदर्शन के लिए संस्कृत के अनूदित बावन पौराणिक वीरों की कहानियाँ प्रस्तुत की गयी हैं।

मध्ययुग : वीरशैव एवं वैष्णव परम्परा

विजयनगर साम्राज्य (1336-1650 ई.) के दिनों में विभिन्न मत के शैवों तथा वैष्णवों के बढ़ते हुए प्रभाव के कारण जैनों की स्थिति क्षीण पड़ती जा रही थी, फिर भी कन्नड़ भाषा में तीर्थङ्करों तथा अन्य सन्तों के जीवन पर लिखना उन्होंने जारी रखा है। हरिहर द्वितीय तथा देवराय प्रथम के मन्त्रियों के संरक्षण में मधुर (1385 ई.) ने पन्द्रहवें तीर्थङ्कर के सम्बन्ध में धर्मनाथपुराण नामक पुस्तक लिखी। श्रावण बेलगोल के गोमतेश्वर की स्तुति में भी उसने एक संक्षिप्त कविता की रचना की। उसने प्राचीन जैन कवियों की शैली में रचनाएँ कीं। वृत्त

विलास ने अमित गति की संस्कृत पुस्तक 'धर्म परीक्षा' का कन्नड़ रूपान्तर प्रस्तुत किया तथा 'शास्त्रसार' नामक पुस्तक लिखी। ये दोनों ही प्रायः धार्मिक पुस्तकें हैं।

वीरशैव मत—जैनियों के बाद, कन्नड़ भाषा तथा साहित्य के विकास में सबसे अधिक काम वीरशैवों ने किया। उन्होंने कन्नड़ में अनेक धार्मिक पुस्तकें लिखीं और पद्य की अपेक्षा गद्य में लिखना अधिक पसन्द किया। वासव तथा उसके समकालीन लेखकों (बारहवीं सदी) ने नये मत को प्रचारित करने के लिए सुविचारित ढंग से तथा आसानी से सर्वसाधारण के समझने योग्य सरल गद्य में वचन-साहित्य को जन्म दिया। इनमें दो सौ से अधिक लेखक हो गये हैं जिनमें अनेक महिलाएँ थीं। अक्क महादेवी लेखिकाओं में सर्वप्रमुख हैं। ई.पी. राइस ने उनकी कृतियों का गुण-दोष निम्न शब्दों में बताया 'वचन संक्षिप्त असम्बद्ध परिच्छेदों के रूप में हैं जिनके प्रत्येक परिच्छेद का अन्त शिव के किसी-न-किसी स्थानीय नाम के साथ होता है। उनकी शैली चुटकुले जैसी, उपमावाली तथा सांकेतिक हैं। वे धन के झूठे घमण्ड, मात्र धार्मिक आचार या पुस्तक-ज्ञान की व्यर्थता, जीवन की अनिश्चयता तथा शिवभक्तों के आध्यात्मिक विशेषाधिकारों पर प्रकाश डालते हैं। वे लोगों से सांसारिक ऐश्वर्य तथा सुख की आकांक्षा छोड़ देने, संयमित तथा संसार से निरासक्त जीवन बिताने तथा शिव की शरण जाने के लिए आह्वान करते हैं। ये शायद ही कभी विवादजनक हैं; पर लगभग पूर्ण रूप से उत्साहवर्द्धक, भक्तिपूर्ण तथा प्रबोधक हैं। लिंगायत आचार्य अपने अनुयायियों के उपदेशार्थ आज भी उसका पाठ करते हैं। कुछ वचनों में कालज्ञान नामक एक अंश है जिसमें मुक्तिदाता सम्बन्धी भविष्यवाणी की गयी है और कहा गया है कि वीर वसन्त राय नामक एक आदर्श राजा जन्म लेगा तो कल्याणी का निर्माण करेगा तथा लिंगायत धर्म को पूर्ण गौरवशाली पद पर प्रतिष्ठित करेगा। वचनों के अधिकतर उनके लेखकों की मुद्राएँ (निश्चित वाक्यशैली में चिह्न) दी हुई हैं।

स्वयं वासव, जो इस प्रकार की छह कृतियों का लेखक बताया जाता है तथा उसके भतीजे चेन्ना वासव के अतिरिक्त यहाँ अत्यन्त प्रतिष्ठित शिक्षकों तथा लेखकों के दो समुदायों का विशेष उल्लेख आवश्यक है। इनमें सबसे पहले तीन 'पण्डित हैं—शिवलैंकट (शिव के अंगरक्षक) के नाम से प्रसिद्ध मंचन्न, श्रीपति पण्डित तथा मल्लिकार्जुन पण्डिताराध्य। इनके अतिरिक्त पाँच आचार्य हैं—कौल्लिपाक के रेवण सिद्ध या रेणुकाचार्य, कोल्लापुरा के मारुल सिद्ध, पण्डितराध्य (जिनका तीन में से एक पण्डित के रूप में पहले उल्लेख हो चुका है), एकांरामी तान्दे तथा विश्वेश्वराचार्य। ये सभी वासव के समकालीन थे अथवा उससे कुछ पहले अथवा कुछ बाद पैदा हुए थे। यह समय निश्चित रूप से संक्रमण काल था जिसमें कन्नड़ भाषा तथा साहित्य में कुछ उल्लेखनीय परिवर्तन हुए।

लिंगायत लेखकों में सर्वप्रथम हरिश्वर का नाम जाता है। हरिश्वर का जन्म हलेविद्र् के एक 'करनीक' (अंकेक्षक) परिवार में हुआ था और वह होयसल राजा नरसिंह प्रथम (1152-73 ई.) का समकालीन था। वह अनेक वर्षों तक हम्पी में रहा और हम्पी के शासक विरूपाक्ष की प्रशंसा में उसने 'पम्पशतक' नामक काव्य लिखा। शिव और पार्वती के विवाह पर 'गिरिजा-कल्याण' नामक उसकी कृति जैन-साहित्य की प्राचीन शैली—दस सर्गों के एक

'चम्पू' के रूप में है—सारी विशेषताएँ मौजूद हैं। इस पुस्तक में प्राचीन शैव मत के 63 सन्तों के अतिरिक्त वासव तथा अन्य भक्तों के जीवन पर भी प्रकाश डाला गया है। हम्पी निवासी राघवांक हरिश्वर का भतीजा तथा शिष्य था। सबसे पहले इसमें अनेक षट्पदी छन्दों का प्रयोग देशी शब्दों में हुआ है तथा अक्सर व्याकरण के सुनिश्चित नियमों का उल्लंघन किया गया है। 'सोमनाथ चरित' में उसने पुलिगेरे के सोमय्या का तथा 'सिद्धराम-पुराण' में उसने सोन्नलिगे के सिद्धराम का जीवन-चरित प्रस्तुत किया है। ये दोनों ही लिंगायत धर्मग्रन्थ हैं। हम्पी के हरिश्वर की प्रशंसा में उसने 'हरिहर महत्त्व' लिखा। 'वीरेश्वर चरित' तथा 'सर्भचरित' भी उसी की कृतियाँ मानी जाती हैं। केरेय पद्‌भरस नरसिंह प्रथम के अधीन एक पदाधिकारी था तब बेलूर सरोवर खुदवाने के फलस्वरूप उसे कैरेय उपाधि मिली। सेवा-निवृत्ति के बाद जब वह अवकाश के दिन बिता रहा था तो अचानक उसे वैष्णव मत के प्रचारक एक तेलुगु ब्राह्मण यात्री से मिलने के लिए बुलाया गया। शास्त्रार्थ के फलस्वरूप वैष्णव प्रचारक को शैव मत स्वीकार करना पड़ा। पद्‌भरस ने वार्त्तालाप की शैली में 'दीक्षा-बोध' लिखी जिसमें सच्चे मत के समर्थन में संस्कृत श्लोकों के उद्धरण देकर गुरु अपने शिष्य को धर्म का उपदेश दे रहा है। पद्‌भरस के एक वंशज ने उसकी ही नायक बन कर 'पद्‌भराज पुराण' लिखा (1385 ई.)। यद्यपि राघवांक और पद्‌भराज, दोनों ही, वासव के समकालीन थे, दोनों में कोई भी कहीं उसका उल्लेख नहीं करता है। पालकुरीकी सोमनाथ का जन्म गोदावरी जिले के पालकुरीकी नामक स्थान में हुआ था। उसने तेलुगु तथा कन्नड़ में वीरशैव मत पर अनेक पुस्तकें लिखीं। उपाख्यानों के अनुसार अन्य मतावलम्बियों, खासकर वैष्णवों के साथ शास्त्रार्थ में उसे अनेक सफलताएँ मिलीं और अन्ततः कैलास में उसकी मुक्ति हुई। बाद में तोण्टदार्य (1560 ई.) ने कन्नड़ में 'वासव-पुराण' लिखा। कन्नड़ भाषा में सोमनाथ की 'शिला-सम्पादने', 'सहस्रगणनाम' तथा 'पंचतन्त्र' मुख्य पुस्तकें हैं। इसके अतिरिक्त उसने अनेक 'रगलों' तथा 'वचनों' की रचना की। सम्भवतः सोमनाथ के समकालीन पुलिगोडे के एक अन्य सोमनाथ ने इन्हीं दिनों नीतिशास्त्र विषयक लोकप्रिय पुस्तक 'सोनेश्वर शतक' की रचना की। देव कवि (1200 ई.) की 'कुसुमावली' तथा सोमराज (1222 ई.) का 'शृंगारसार' इस काल की दो प्रेमविषयक पुस्तकें हैं। 'कुसुमावली' की कहानी नेमिचन्द्र की 'लीलावती' की कहानी से मिलती-जुलती है। 'शृंगारसार' को 'उद्‌भटकाव्य' कहा जाता है, क्योंकि गोरसोप्पा का शासक उद्‌भट इस कथा का नायक है।

विजयनगर काल (336-1650 ई.) के लिंगायत साहित्य को दो भागों में बाँटा जा सकता है—एक, सुधारकों एवं भक्तों की कहानियाँ और दूसरी, सिद्धान्त की व्याख्या। आराध्य ब्राह्मण भीम कवि ने 'वासव-पुराण' की रचना (1369 ई.) में पूरी की। यह एक प्रमुख तथा अत्यन्त लोकप्रिय लिंगायत धर्मग्रन्थ है। षट्पदी छन्द में लिखी गयी इस पुस्तक में वासव को नन्दी का अवतार बताया गया है जिसे पृथ्वी पर वीरशैव मत पुनर्स्थापना के लिए विशेष रूप से भेजा गया था। साथ ही इसमें विस्तारपूर्वक वासव द्वारा अपने जीवन काल में किये गये अद्‌भुत कार्यों का वर्णन है। लगभग 1500 ई. से लिखित सिगिराज की 'म्ल-वासवराज-चरितोट' है। इसमें वासव के 88 जादूगरी भरे कार्यों का वृत्तान्त तथा बिज्जल के दरबार स्थित उसके विरोधियों का परिचय दिया गया है। वासव का सहयोगी प्रभुलिंग जो अल्लम प्रभु के नाम से ही प्रसिद्ध है, प्रबुद्ध देवराय द्वितीय (1422-46) के दरबारी आराध्य ब्राह्मण कवि चामरस

द्वारा रचित 'प्रभुलिंग लीले' का नायक है। इस पुस्तक में प्रभुलिंग गणपति का अवतार माना गया है और कहा जाता है कि संसार से उसकी अनासक्ति की परीक्षा करने के लिए पार्वती ने वनवास की एक राजकुमारी का रूप धारण कर लिया था। यह देवराय को पढ़कर सुनायी गयी और उसने तेलुगु तथा तमिल में इसका अनुवाद कराया। चामरस ने राजा की उपस्थिति में वैष्णवों के साथ शास्त्रार्थ किया। कन्नड़ 'भारत' के रचयिता कुमार व्यास का वह प्रतिद्वन्द्वी था। उसके एक शताब्दी से अधिक समय बाद 'चेन्ना-वासव-पुराण' का नायक है चेन्ना वासव। सम्पूर्ण शैव साहित्य में—सन्तों की कहानियों में भी चेन्ना वासव शिव का अवतार माना जाता है और कहा जाता है कि वह अवतार सोन्नलिगे के सिद्धराम को दीक्षित करने के विशेष प्रयोजन से हुआ था। लोकप्रिय पुराणों में कहा गया है कि सूक्तिदाता वीर वसन्त राय और उसका समकालीन विजयनगर का शासक वेंकटपति राय एक ही व्यक्ति था। वेंकट पतिराय ने कुछ अभिलेखों में अपने को 'कल्याणपुर' का स्वामी लिखा है, जिसका कोई औचित्य नहीं है। इनके अतिरिक्त अनेक आचार्यों और पुरातनों के जीवनचरित भी इस काल में लिखे गये। आचार्यों में पण्डिताराध्य तथा रेवण सिद्ध सबसे अधिक लोकप्रिय थे और उनकी जीवनी को आधार बनाकर अनेक पुस्तकें लिखी गयीं।

सिद्धान्त सम्बन्धी पुस्तकों के क्षेत्र में, देवराय द्वितीय के शासनकाल में अनेक पुस्तकें लिखी गयीं। देवराय की सेवा में दो उत्साही लिंगायत मन्त्री थे। उनमें एक था लकन्ना जिसने शैव-मत के सिद्धान्त तथा आचार विषय पर 'शिव-तत्त्व-चिन्तामणि' नामक पुस्तक लिखी। दूसरे, जक्कनार्य ने न सिर्फ 'नूरोदुस्थल' (101 विषय) नामक पुस्तक लिखी, बल्कि कुमारबंक-नाथ तथा महालिंगदेव जैसे अन्य विद्वानों को भी उदारतापूर्ण संरक्षण प्रदान किया। 'सप्तकाव्य' के लेखक गुरु वासव इस काल के एक प्रमुख गुरु थे। 'सप्तकाव्य' में छह षट्पदी छन्द में तथा गुरु और शिष्य के बीच वार्त्तालाप की शैली में शैवमत के विभिन्न पहलुओं पर प्रकाश डालते हैं। 'वधूतगीते' (अनासक्ति-सम्बन्धी गाने) उसका सातवाँ काव्य है। इनके अतिरिक्त 101 जंगम उपदेशक थे जिनमें से अनेक ने शैवमत पर 'वचने' तथा पुस्तकें लिखीं। समय-समय पर लिंगायतों तथा वैष्णवों के बीच जबरदस्त प्रतिद्वन्द्विता के कारण अपने-अपने मत के ग्रन्थों के सम्मान में शहरों की सड़कों से उन्होंने संगठित जुलूस भी निकाले। इसी प्रतिद्वन्द्विता के कारण अदृश्य (1595 ई.) की 'प्रबुद्धराय चरित' की भी रचना हुई। 'भारत के ब्राह्मणवादी वृत्तान्त की ओर से देवराय द्वितीय का दिमाग मोड़ने के लिए जक्कनार्य ने उसे शैव सन्तों की कहानियाँ सुनायीं, जो इस पुस्तक में संगृहीत हैं।

विरूपाक्ष (1465-85 ई.) के समय के प्रसिद्ध शिक्षक के तौण्टद् सिद्धेश्वर सिद्धलिंग यति। एक फुलवारी में बहुत दिनों तक उन्होंने शिवयोग का अभ्यास किया और इस कारण वे फुलवारी के 'तोण्टद्' नाम से प्रसिद्ध हो गये। कुनिगल के पास येदियून नामक स्थान में उनकी समाधि पर एक मठ तथा एक मन्दिर है। उन्होंने 'षट्स्थल ज्ञानामृत' नामक 700 वचनों की एक गद्यमय पुस्तक लिखी। उनके अनेक शिष्य थे, उनमें कइयों ने भी इसी तरह की पुस्तकें लिखीं। विरक्त तोण्टार्य (1560 ई.) ने 'सिद्धेश्वर पुराण' नाम से अपने गुरु की जीवनी लिखी। निबगुण शिव-योगी पहले बेलन्दर के निकटस्थ शम्भुलिंग पहाड़ी के इर्द-गिर्द के क्षेत्रों का एक छोटा-सा शासक था। बाद में वह शिवयोगी बन गया। उसने त्रिपदी, सांगत्य तथा

रगले छन्दों में एवं गद्य में भी अनेक पुस्तकें लिखीं। इनमें 'शिव-योग-प्रदीपिका' पर उसकी टीका तथा 'विवेक-चिन्तामणि' विशेषरूप से उल्लेखनीय है। 'शिव-योग-प्रदीपिका' पर टीका उसने ऐसे लोगों के लिए लिखी जो संस्कृत नहीं जानते हैं, पर मुक्ति चाहते हैं। 'विवेक चिन्तामणि' संस्कृत शब्दों तथा वीरशैव कथाओं का एक कोश है गुब्बी का मल्लनार्य कृष्णदेव राय (1509-29) के शासनकाल में रहता था और कन्नड़ तथा संस्कृत दोनों भाषाओं में लिखता था। कन्नड़ भाषा में उसकी मुख्य पुस्तकें हैं—'भाव चिन्तारत्न' (1513 ई.), 'सत्येन्द्र चोल-कथे' तथा 'वीरशैवामृत' (1530)। इस काल के अन्य लेखकों में, विरूपराज (1519 ई.) ने राजा चेरमांग—जो एक 'पुरातन' था—का जीवन-चरित सांगत्य छन्द में लिखा तथा विरूपराज के पुत्र और राज ने वीरशैव मत तथा नीतिशास्त्र पर पाँच 'शतक' प्रस्तुत किये। इस काल के अन्तिम दिनों में सर्वज्ञ मूर्ति का नाम आता है। उनकी 'सर्वज्ञ पद गलु' त्रिपदी छन्द में है और उसके एक हजार पद आज भी प्रचलित हैं। जिस प्रकार तेलुगु में विमन की तथा मराठी में नामदेव और तुकाराम की सूक्तियाँ लोकप्रिय हैं, उसी प्रकार धर्म, आचार-नीति तथा समाज के बारे में सर्वज्ञमूर्ति के ये पद लोकप्रिय हैं।

वैष्णव परम्परा—वैष्णवमत पर कन्नड़ में सबसे प्राचीन उल्लेखनीय लेखक स्मार्त ब्राह्मण रुद्र भट्ट हैं जो वीर बल्लाल (1173-1220 ई.) के शासनकाल में रहते थे। उनकी 'जगन्नाथ-विजय' विष्णुपुराण पर आधारित तथा कृष्ण के जीवन पर लिखित एक 'चम्पू' है। इसमें बाणासुर के साथ युद्ध तक का विवरण दिया गया है। मध्य से उत्तराधिकार में तीसरे नरहरि तीर्थ ने 1281 ई. में विष्णु की स्तुति में गीतों की रचना की। किन्तु वैष्णव आन्दोलन ने कृष्णदेव राय के समय से कन्नड़ साहित्य पर जबरदस्त प्रभाव डालना शुरू कर दिया। उच्च-कोटि के संस्कृत ग्रन्थों के अनुवाद के रूप में यह नया वैष्णव साहित्य मध्ययुगीन से आधुनिक कन्नड़ में पदार्पण का सूचक है। नगाणप्पा नामक एक ब्राह्मण लेखक ने 'महाभारत' के प्रथम दस पर्वों का कन्नड़ में अनुवाद किया। नगाणप्पा को कुमार व्यास की उपाधि थी। देवराय द्वितीय के शासनकाल में वह चामरस का प्रतिद्वन्द्वी था। उसने गडग के मन्दिर में प्रतिष्ठित देवता को अपनी कृति समर्पित की थी, अतएव उसकी पुस्तक 'गडगीन भारत' के नाम से प्रसिद्ध हुई। 1510 ई. में तिम्पन्ना ने महाभारत के शेष पर्वों का अनुवाद किया और अपने संरक्षक के नाम पर अपनी कृति का नाम 'कृष्ण-राय-भारत' लिखा। इसके बाद 'तोरवे रामायण' की रचना हुई। शोलापुर जिले के तोरवे नामक स्थान में लिखे जाने के कारण ही पुस्तक का यह नाम पड़ा। कन्नड़ भाषा में यह पहला रामायण है जो ब्राह्मणों के दृष्टिकोण से प्रस्तुत किया गया है। इसका लेखक नरहरि अपने को कुमार वाल्मीकि लिखता है। उसका जीवन-काल अभी तक पूर्ण रूप से निश्चित नहीं हो सका है। सत्रहवीं सदी में किसी समय लक्ष्मीश द्वारा रचित 'जैमिनि-भारत' की चर्चा यहाँ आवश्यक है। यह पुस्तक पौराणिक जैमिनि ऋषि के संस्कृत मूल ग्रन्थ का कन्नड़ भाषा के षट्पदी छन्द में स्वतन्त्र अनुवाद है। 'विद्वान् और साधारणजन सभी इसका आदर करते हैं और सर्वत्र इसका अध्ययन होता है।' इस पुस्तक का विषय है युधिष्ठिर के अश्वमेध-यज्ञ के घोड़े का परिभ्रमण, और इस तरह महाभारत के अश्वमेध पर्व का एक अंश है; पर जहाँ तक विवरण का प्रश्न है दोनों में कोई साम्य नहीं है। चाटु विट्ठलनाथ ने 'भागवत' का अनुवाद किया। कृष्णदेव राय और फिर उसके

उत्तराधिकारी अच्युत राय ने उसको संरक्षण प्रदान किया। कुमार व्यास ने महाभारत के पवलम और आस्तिक पर्वों का अत्यन्त संक्षिप्त अनुवाद किया था। विट्ठलनाथ ने उनका अधिक विस्तृत रूपान्तर किया। यह काल कन्नड़ के लिए ही नहीं, बल्कि संस्कृत, तमिल और तेलुगु जैसी अन्य भाषाओं के विकास के लिए भी अत्यन्त महत्त्वपूर्ण सिद्ध हुआ। कृष्णदेव राय तथा अच्युत राय ने सिर्फ वैष्णवों को ही नहीं, बल्कि लिंगायतों तथा जैनों को भी पूर्ण संरक्षण प्रदान किया।

'दासों' (भिखरी गायकों) द्वारा 'रगले' छन्द में लोकप्रिय गीतों का गायन इस काल में कन्नड़ में वैष्णव का दूसरा रूप था। इन गायकों को मध्वाचार्य तथा व्यास राय से प्रेरणा मिली। 1510 ई. में वैतन्य की दक्षिण-यात्रा से भी गीतों की इस लोकप्रिय प्रणाली के विकास को बड़ा बल मिला। पुरन्दरदास इन गायकों में सबसे प्राचीन, सबसे अधिक उर्वर तथा सबसे अधिक प्रसिद्ध था। अच्युत राय के शासनकाल में उसने विजयनगर की यात्रा की और 1564 ई. में पुरन्दरपुर में उसकी मृत्यु हो गयी। उसके द्वारा रचित सभी गीतों में पुरन्दर विट्ठल शब्द लगे हुए हैं। धारवाड़ जिले के कागिनेल नामक स्थान पर कनकदास पुरन्दर का समकालीन था। पुरन्दर की तरह उसे भी सोमिले स्थित मध्वमठ के प्रधान व्यास राय से धार्मिक जीवन की प्रेरणा मिली थी। व्यास राय स्वयं भी कृष्ण की प्रशंसा में गीत लिखते थे। विष्णु की प्रशंसा में लिखे गये गीतों के अतिरिक्त कनकदास ने सांगत्य छन्द में रचित 'मोहन तरंगिनी' में कृष्ण की कहानियों को प्रस्तुत किया। उन्होंने 'नल-चरित' और 'हरिभक्तिसार' नामक दो पुस्तकें षट्पदी छन्द में भी लिखीं। 'हरिभक्तिसार' बच्चों के लिए नीति-उपदेश की लोकप्रिय पुस्तक है। रामध्यान-चरित' शीर्षक एक छोटी कविता में कनकदास ने 'रागी' नामक अन्न की श्रेष्ठता का वर्णन किया है। कर्णाटक में बहुत बड़े भाग के लोगों का अन्य अन्नों की अपेक्षा 'रागीओट' मुख्य खाद्यान्न है। कुछ विवरणों के अनुसार कनकदास व्याध जाति का था, किन्तु कुछ अन्य विवरणों के अनुसार वह 'कुरूबा' (गड़रिया) जाति का था। इन दोनों के अतिरिक्त और भी कई दास हो गये हैं।

सत्रहवीं सदी के प्रारम्भिक भाग के कुछ प्रमुख कृतियों की चर्चा के बाद कन्नड़ साहित्य के इस संक्षिप्त विवरण को समाप्त किया जा सकता है। इनमें भट्टाकलंक ने वका 'कर्णाटक शब्दानुशान' (1604 ई.) सबसे अधिक उल्लेखनीय है। 592 संस्कृत सूत्रों में—उसी भाषा में 'वृत्ति' (भाष्य) तथा व्याख्या के साथ—वह कन्नड़ का सबसे विस्तृत व्याकरण है। इसमें पूर्व के अधिकारी विद्वानों के जो उल्लेख दिये गये हैं प्रमुख कन्नड़ लेखकों की रचनाओं से जो उद्धरण प्रस्तुत किये गये हैं वे इस भाषा के विद्यार्थियों के लिए लाभदायक सिद्ध हो सकते हैं। भट्टाकलंक देव जैन था और कहा जाता है कि वह छह भाषाएँ जानता था। 1612 ई. में श्रवण-बेलगोला में गोम्मट की मूर्ति के पुनर्संस्कार का वर्णन वहाँ के कवि पंचवाण ने अपनी 'भुजवलि चरित्र' (1614 ई.) नामक पुस्तक में किया है। 1646 ई. में कारकल प्रतिमा की पुनर्प्रतिष्ठा हुई। तेलुगु देश के चतन्द्रमा ने कारकल तथा गोम्मट मूर्तियों के इतिहास को विषय बनाकर 'कारकल-गोम्मटेश्वर चरित' लिखा। 'विज्जलराज चरित' तथा 'जिन-मुनि तनय' इस काल की अन्य उल्लेखनीय पुस्तकें हैं। 'विज्जलराज चरित' में कल्याण नामक स्थान में वासव के जीवन का जैन-वृत्तान्त प्रस्तुत किया गया है। 'जिन-मुनि तनय' में जैनियों के नीति सम्बन्धी उपदेश दिये गये हैं।

यहाँ उन कहानी-संग्रहों की भी चर्चा की जा सकती है जिनकी तिथियाँ अभी तक निश्चित नहीं हो सकी हैं पर जो लगभग सोलहवीं सदी में प्रकाश में आये। इनमें 'बत्तीस-पुतलीककथे' चम्पू, त्रिपद तथा गद्य तीनों शैलियों में लिखित 'बेताल-पंच-विंशति-कथे', 'शुक्र सप्तति' आदि के नाम उल्लेखनीय हैं। 'तेनाली रामकृष्ण कथे', कृष्णदेव राय के दरबार के प्रसिद्ध विदूषक के हास्यरस के लतीफों का संग्रह है।

आधुनिक काल

भारत की अन्य भाषाओं की भाँति कन्नड़ साहित्य का आधुनिक काल भी अंग्रेजों के आगमन के पश्चात् प्रारम्भ हुआ। प्रारम्भ में कुछ विद्वानों और ईसाई मिशनरियों के लेखन में यह प्रभाव दिखायी देता है। 19वीं शती में कन्नड़ भाषा भी मध्ययुग में आधुनिक रूप और शैली से आधुनिक कन्नड़ की ओर बदल रही थी। केम्पु नारायण का 'मुद्रामंजूषा' (1823) मध्य युग से आधुनिक कन्नड़ की ओर स्थित्यन्तर का पथ-चिह्न है। यह गद्य में एक रोमांस है, जिसमें कि संस्कृत के नाटक 'मुद्राराक्षस' की कहानी को एक ऐसी भाषा में मौलिक ढंग से प्रस्तुत किया गया है, जिसमें कि मध्ययुगीन और आधुनिक व्याकरण-रूपों का विचित्र मिश्रण है। मुम्मडि कृष्णराय के नाम पर जो कन्नड़ रचना मिलती है वह मुख्यतः गद्य में है। वह स्वयं इस बात का चिह्न है कि आनेवाला युग क्या था, यानी कन्नड़ में इस काल के बाद गद्य अधिक महत्त्व प्राप्त करने लगा।

पश्चिमी प्रभाव

पश्चिमी प्रभाव के कारण गद्य के विकास के साथ कन्नड़ में नयी विधाएँ विकसित हुईं। उपन्यास, छोटी कहानी, शोकान्तिका, जीवन-चरित्र, आत्म-कथा, निबन्ध, डायरी, पत्र, गीति-काव्य या ऐसी ही और नयी साहित्यिक विधाएँ तथा उनकी आकर्षक उपशाखाएँ उनके सामने अनन्त वैविध्य और समृद्धि का कोष खोलने लगीं। उन्होंने बड़ी दिलचस्पी से शेक्सपियर और मिल्टन, एडीसन और स्विफ्ट, जॉनसन, गोल्डस्मिथ और बर्क, बर्ड्सवर्थ, शेली, कीट्स, स्कॉट, जेन आस्टीन और मैकाले, डिकन्स और बैकरे की रचनाएँ थीं। स्कॉट ने जो स्फूर्ति बँगला में बंकिम और मराठी में आप्टे को दी थी, वह इन सब उपन्यासकारों ने कन्नड़ में वैंकटाचार्य और गळगनाथ को प्रदान की।

शेक्सपियर ने कन्नड़ अतुकान्त नाटक, शोकान्तिका और ऐतिहासिक नाटकों के निर्माण को प्रभावित किया। यहाँ तक कि कन्नड़-पौराणिक नाटकों पर भी शेक्सपियर की रचना का प्रभाव है। गोल्डस्मिथ और शेरीडन ने कन्नड़ में 'कामेडी आफ मैनर्स' और शॉ के विवेचन-प्रधान नाटकों ने कन्नड़-गीति-नाट्य की उद्‌भावना की। इब्सन कन्नड़ सामाजिक नाटकों के स्फूर्तिदाता थे, और संगीतिका भी अंग्रेजी साहित्य-परम्परा से विकसित हुई। यद्यपि यह मानना होगा कि कर्नाटक की जन-परम्पराओं में उनके समान कुछ रूप पहले से ही एक जीवित शक्ति के रूप में उपस्थित थे।

आधुनिक कन्नड कविता—कन्नड कविता का आधुनिक काल 1850 से प्रारम्भ होता है। अंग्रेजी प्राध्यापक बी.एम. श्रीकण्ठय्या (1884-1945) ने 'इंग्लिश गीतगण्डु' नाम से साठ अंग्रेजी कविताओं का कन्नड में अनुवाद किया। इस रचना के प्रभाव से भावप्रधान गीतों की रचना का प्रारम्भ हुआ। इन कवियों में कुवेम्पु, बेन्द्रे. डी.वी. गुण्डप्पा, के. एस. नरसिंह-

स्वामी प्रसिद्ध हुए। ये कवि नवोदय कवि के रूप में प्रसिद्ध हुए जिनकी कविताओं में भाव-प्रवणता, काल्पनिकता, प्रणयानुभूति और प्रकृति के प्रति अनुराग का वही स्वर विद्यमान है, जो हिन्दी की छायावादी कविता में मिलता है। इन कवियों में कुवेम्पु प्रकृति और प्रेम के कवि रहे। उन्होंने कोकठु (बाँसुरी) संग्रह नाम से पहला संग्रह निकाला। 'नविलु', 'पांचजन्य', 'पक्षिकाशी', 'प्रेमकश्मीर', 'षोडशी' उनकी परवर्ती रचनाएँ हैं। 'श्री रामायण दर्शनम्' रामकथा पर आधारित महाकाव्य है, जिसके लिए उन्हें ज्ञानपीठ सम्मान प्राप्त हुआ। कुवेम्पु के पश्चात् इस नवोदय युग के प्रसिद्ध कवि हैं द.र. बेन्द्रे। बेन्द्रे लोकगीतात्मक शैली के कवि हैं। उनकी प्रमुख कृतियों में 'गरी', 'नादलीले', 'सखीगीत', 'गंगावतरण' का उल्लेख किया जाता है। लोकगीतों का माधुर्य लिये बेन्द्रे की कविताओं ने कन्नड कविता को माधुर्य दिया। गुण्डप्पा माधुर्य, उपदेशात्मकता और दार्शनिकता के कवि हैं। उन्होंने कन्नड में उमर खय्याम की रुबाइयों का कन्नड में अनुवाद किया है। 'उमरन ओसगे' नाम से संकलित यह अनुवाद कन्नड जनता में लोकप्रिय है। के. एस. नरसिंहस्वामी जीवन-सौन्दर्य के कवि हैं। उनकी प्रेम-कविताओं का संकलन 'मैसूर मल्लिगे' के नाम से प्रसिद्ध है। लोकगीतों की भाषा में सहज दृश्यात्मक कविताओं के रचयिता नरसिंहस्वामी की प्रमुख रचनाएँ—'दीपदमल्लि', 'ऐरावत', 'इस वतिंगे' हैं। नवोदय के कवि मांसल प्रेम-सौन्दर्य, प्रकृति और दर्शन के कवि हैं।

कन्नड में पर प्रगतिवाद का प्रभाव 1945 से आया। यद्यपि प्रगतिशीलता का स्वर कथा-साहित्य पर अधिक पड़ा किन्तु कुछ कवियों ने प्रगतिशील भावना की कविताएँ लिखी हैं जिनमें अर्चिक वेंकटेश और अनन्त नारायण उल्लेखनीय हैं। 1950 के पश्चात् स्वतन्त्रता के बाद भारत-निर्माण की भावना जगी। गरीबी, शोषण और अन्याय से मुक्ति का स्वर पूरे देश में गूँजा। इसका प्रभाव कन्नड कविता पर पड़ा और 'नव्यकाव्य' विकसित हुआ। नव्यकाव्य के प्रवर्तक गोपाल कृष्ण अडिग हैं। उनकी रचनाओं 'कृष्णन कोल्लु' और 'हिमगिरिय कन्दर' में नव्य कविता के माध्यम से नये भारत का स्वर मिलता है। नव्य काव्य परम्परा में वि.कृ. गोकाक उल्लेखनीय नाम है। गोकाक काव्य में नव्यता के समर्थक हैं। नव्य काव्य के प्रमुख कवियों में रामचन्द्र शर्मा (एहु सुक्तिनकोटे), यू. आर. अनन्तमूर्ति (भिक्षकरु), चन्द्रशेखर कंबार (हिकतेने केका, तकरारि नवरू), तिरुलेश (मुखवाडगकु) के.एस. निसार अहमद (नेनेदवर मनदल्लि), बुद्धण्ण हिंगमरे (होस जनांगद हाडुगलु), कुसनूर (नन्दिकोलु) और सुमतीन्द्र नाडिग (प्रेम कुन्तरिय जातक) उल्लेखनीय हैं।

नव्य युग के कवियों में एक वर्ग ऐसा भी है जो नव्यशैली में कविता लिखने के बावजूद सार्वकालिक है। ये कवि समन्वय की भावना रखते हैं। ऐसे समकालीन कवियों में जी.एस. शिवरुद्रप्पा, चेन्नवीर कणवि अपनी अलग पहचान रखते हैं। शिवरुद्रप्पा का प्रथम संकलन सामगान' है। उनके अन्य संग्रहों में 'दीपद हेज्जे', 'गोडे', 'नन्न निन्न नडुये', 'एतेतुंबि हडबेनु' और 'काडिन कलल्लि' उल्लेखनीय है। इसी प्रकार कणवि ने नगरदल्लि नेरलु, चिरन्तनदाह, और जीव ध्वनि प्रमुख हैं। नव्योत्तर कविता के अन्य हस्ताक्षर—लंकेश, चन्द्रशेखर पाटील, सिद्धलिंग पट्टनशेट्टी, वेंकटेशमूर्ति, सिद्धलिंगय्या, जयसुदर्शन, के.एल. निसार अहमद आदि हैं।

इन कवियों की रचनाओं में कन्नड कविता के परम्परागत काव्य-प्रवृत्तियों और रचना-पद्धति में आमूलचूल परिवर्तन मिलता है। अनुभव की उत्कटता, भावतीव्रता, तीक्ष्णता, छन्द वैविध्य, अभिव्यक्ति की नवीनता, नाटकीयता और भाषिक सहजता इन कवियों के काव्य की विशेषता है। इन कवियों में पी. लंकेश ने काव्यभाषा में परिवर्तन किया। उनकी काव्यभाषा में गद्यात्मकता है। उन्होंने सामाजिक विषमता और बनावटी सभ्यता के विरुद्ध गहरा आक्रोश व्यक्त किया है। कभी-कभी यह आक्रोश इतना प्रबल हो जाता है कि भाषा भदेस हो जाती है, यथा—

क्या मैंने देखा नहीं शाम के वक्त खिड़कियों से
आलिंगन करते शून्य आँखों से
इशारा करनेवालों को
क्या मैंने देखा नहीं भगवद्‌गीता की पंक्तियों के
बीच सीटी बजानेवाली असत्य आशाओं को।

निसार अहमद कन्नड भाषी न होते हुए भी कन्नड के सहज भावबोध के कवि हैं, जिन्होंने जीवन के विद्रूप को कविताओं में व्यंजित किया है। उनकी भावना को प्रतिबिम्बित करती कुछ पंक्तियों का अनुवाद अवलोकनीय है—

बकरी हैं, सर हम बकरी हैं।
जहाँ जायें
वही मंजिल है।
भीड़ में एक होकर
अपनेपन को बन्द कर
उसकी पूँछ को यह
इसकी पूँछ को वह सूँघकर
ध्वनि उतारकर, सिर झुकाकर
ढूँढ़-ढूँढ़कर घास को
भटकनेवाले हम, आप
बकरी हैं, सर बकरी हैं

समकालीन कविता की एक प्रमुख प्रवृत्ति है काम का चित्रण। नव्यतावादियों ने किसी-न-किसी रूप में काम का चित्रण अवश्य किया है। वे मानते हैं कि काम-विकृति से जो भावतीव्रता आती है वह और किसी चित्रण से नहीं आती। अतः उनके काव्य में 'काम' का वस्तुपरक चित्रण मिलता है।

इन तमाम बदलावों के बावजूद कुछ रचनाकार ऐसे भी हैं जिन्होंने कन्नड की पारम्परिक कविता को जीवन्तता प्रदान की है। साहित्य अकादमी से सम्मानित एस.वी. रंगण्णा की कृति 'रंग विन्नप' ऐसी ही कृति है जिसमें वचन रूपी मुक्त छन्द में कन्नड सन्तों की भाँति उपदेश दिये हैं। प्रो. हिरण्मय के अनुसार यह एक विश्वकोश है, जिसमें जीवन के विविध आयामों

का दार्शनिक और वैज्ञानिक वर्णन है। समकालीन कविता में एक महत्त्वपूर्ण परिवर्तन आया है मनुष्य को केन्द्र में रखकर जाति-पाँति का विरोध। कन्नड कविता में संस्कारों का विरोध करके मानवता पर बल दिया गया है।

नाटक

इस युग में टी.पी. कैलासन, हुइलगोळ, गरुड़, सन्स और आद्य आदि नाटकों के भी बहुत प्रसिद्ध लेखक हुए। विभिन्न प्रकार के नाटक बड़ी सफलतापूर्वक लिखे जाने लगे—पौराणिक नाटक (गरुड़ का 'पादुका पट्टाभिषेक और सि.के. वैंकटरामय्य का 'मण्डोदरी'), ऐतिहासिक नाटक ('सन्स' का 'सुगुण-गम्भीर' और मास्ति का 'ताळीकोटे'), सामाजिक नाटक (हुइलगोळ के 'शिक्षण-सम्भ्रम', कैलासम् के 'होमरूल' और आद्य के 'हरिजनवार') और व्यंग्य-नाटक (कारन्त के 'गर्भगुडी' और मुघलि के 'नामधारी')। तीखी ट्रेजेडी के लिए सन्स के नाटक और कैलासम् के 'कौन दोषी है?' जैसे नाटकों की ओर हमें जाना चाहिए। रोमाण्टिक सुखान्त नाटक के लिए गोकाक के 'युगान्तर' जैसे नाटक पठनीय हैं। कैलासम् आद्य और बेन्द्रे एकांकी नाटकों के अधिकारी लेखक हैं। गीति-काव्य का अपना विशेष इतिहास है, जिसमें 'श्री' के 'अदवत्यामन' और के.वि. राघवाचार के 'एण्टीगोनी' (प्राचीन यूनानी से सीधे अनूदित), अतुकान्त पद्य-नाटक जैसे शेक्सपियर के पुट्टप्प और डी.वी.जी. द्वारा रूपान्तरित और मास्ति के 'यशोधरा', 'तिरुपाणि' और पु.ति. नरसिंहाचार का 'अहल्या' जैसा संगीत-रूपक और कारन्त के 'सौमिय सीमाग्य' और 'यारो अन्दरू' (किसी ने कहा था) जैसे शोकान्त तथा सुखान्त ऑपेरा आदि। अतुकान्त पद्य कन्नड़ के 'रगळे' छन्द में से एक-से मिलते-जुलते हैं और इसी कारण नाट्य-लेखन के लिए अत्यन्त आवश्यक अतुकान्त पद्य बड़ी सरलता से कन्नड़ में प्रचलित हो गये।

साठोत्तरी कन्नड नाटककारों में प्रमुख चर्चित नाम हैं—श्रीरंग, गिरीश कार्नाड, लंकेश, जी. वी. जोशी, चन्द्रशेखर कंवार। इनगें गिरीश कार्नाड ऐसे नाटककार हैं, जिन्होंने कन्नड नाटक को भारतीय साहित्य में प्रतिष्ठा दिलायी है। गिरीश कार्नाड के नाटक 'तुगलक' को सम्पूर्ण भारतीय रंगमंच पर प्रतिष्ठा मिली है। गिरीश कार्नाड का सम्बन्ध चित्रपट से भी रहा। भारतीय नाटक, सिनेमा और रंगमंच तीनों पर कार्नाड की अपनी छाप है। संस्कार, वंशवृक्ष, काडू, अंकुर, निशान्त, स्वामी आदि उनके द्वारा निर्देशित या अभिनीत फिल्में हैं। उनके नाटकों में तुगलक के अतिरिक्त ययाति, हमवद्रन, रक्त कल्याण चर्चित रहे। व.व. काटन कन्नड के समकालीन दूसरे प्रतिष्ठित नाटककार हैं जिन्होंने राष्ट्रीय पहचान बनायी है। समकालीन कन्नड नाटककारों में चन्द्रशेखर कंवार लोकनाट्य शैली के नाटककार हैं। उन्होंने आधुनिक समस्याओं को केन्द्र में रखकर अनेक नाट्य प्रयोग किये हैं। प्रमुख नाटकों में ऋष्यशृंग, हुलिय नेटकु, अन्नतबेको नाटोलग, नामीकाने, काडुकुदरे, हरकेय कुरी, जोकमार स्वामी प्रमुख हैं। पी.लंकेश का काव्य की भाँति नाट्य साहित्य में भी बड़ा नाम है। उनके नाटक 'तेरेगलु' में नवीन संवेदना मिलती है। कन्नड में न केवल नाट्य रचना वरन् रंगमंच भी सशक्त है। वीथी नाटक, एकांकी, गीतिनाट्य के रूप में कन्नड नाटकों की परम्परा प्रवर्द्धित हो रही है।

उपन्यास

कन्नड़ उपन्यास साहित्य आधुनिक युग की प्रशस्त विधा है। व्यवस्थित उपन्यास लेखन 1900 से प्रारम्भ हुआ। इसके पूर्व एम.एस. मुद्दण्ण ने 'रामाश्वमेध' नामक महाकाव्यात्मक कृति देकर इस परम्परा का प्रारम्भ किया। 1900 से 1920 के मध्य पो. रामाराव. मुदवीडू मंगेशराव, एस. जी. नरसिंहचार तथा एस. कट्टी जैसे कथाकार सामने आये। वास्तव में कथा-साहित्य का विकास मास्ति से हुआ। मास्ति वेंकटेश अय्यंगार को कन्नड़ कहानी का पिता माना जाता है। 'छोटे राजा', 'सुब्बण्णा' उनके प्रमुख उपन्यास तथा 'परकाय-प्रवेश' (कहानी-संग्रह) विशेष प्रसिद्ध हुए। मास्ति के युग और उनके परवर्ती काल में कन्नड उपन्यास के क्षेत्र में आशातीत प्रगति हुई। एम. वीरप्पा मोयली, यू.आर. अनन्तमूर्ति, सी.के. नागराज राव, के. शिवराम कारन्त, स.लि. भैरप्पा जैसे राष्ट्रीय स्तर के तथा ज्ञानपीठ से सम्मानित कथाकार कन्नड में हुए। सी.के. नागराज राव का उपन्यास 'पट्टमहादेवी शान्तला' चार खण्डों का वृहत्काय उपन्यास है। वेटिगेरि ए.एन. कृष्णराव प्रगतिवादी विचारधारा के कथाकार हैं। भारतीय स्वतन्त्रता के पूर्व जो उपन्यासकार उभरे उनमें महत्त्वपूर्ण नाम हैं, कर्तीमणि, इनामदार कुलकुन्द शिवराव, त.रा. सुब्बाराव। यू.आर. अनन्तमूर्ति, वेटिगेरि आनन्द, गोपाल कृष्ण राव समकालीन उपन्यासों में प्रतिष्ठित हुए।

कहानी

कहानी कन्नड़ की सर्वाधिक लोकप्रिय विधा है। कन्नड़ कहानी के चार पड़ाव हैं—नवोदय धारा, प्रगतिशील धारा, नव्य धारा और नव्योत्तर धारा। नवोदय धारा से कन्नड़ के आधुनिक साहित्य का विकास प्रारम्भ हुआ। नवोदय युग मूलतः कविता का युग था किन्तु कहानी-लेखन का प्रारम्भ इस युग में हो गया और पहले कहानीकार के रूप में पंजे मंगेसराव का उदय 1900 ई. में हुआ। मास्ति कन्नड़ कहानी के स्तम्भ हैं। उन्हें कहानी का जनक कहा जाता है। उन्होंने सैकड़ों कहानियों की रचना की है। मास्ति की पीढ़ी में अन्य नाम हैं आनन्द, मिर्जा अण्णाराव, कुवेम्पु, गोरूर रामस्वामी अय्यर, द.रा. बेन्द्रे, के. शंकर भट्ट, जडभरत आदि। नवोदय युग में अनेक महिला लेखिकाओं ने भी कथा-साहित्य का सृजन किया। महिला लेखिकाओं में गौरम्मा और श्यामला देवी प्रमुख हैं। 1936 से 1942 का काल कन्नड साहित्य में प्रगतिशीलता का युग है। इस काल में प्रगतिशील विचारधारा और सोवियत संघ का प्रभाव कन्नड कथा-साहित्य पर सर्वाधिक रूप में पड़ा। कहानी कल्पना और भावुकता के लोक से हटकर यथार्थ के धरातल पर आ गयी। इस प्रकार स्थापित मूल्यों के प्रति विद्रोह की भावना कहानी-साहित्य में विकसित हुई। कन्नड़ के प्रगतिशील कहानीकारों में अ.न. कृष्णाराव, सुब्बाराव, वसवराज, कट्टीमनी, चटुरंग के नाम विशेष उल्लेखनीय हैं। कृष्णाराव प्रगतिशील आन्दोलन के पुरोधा हैं। उन्हें कन्नड़ का उपन्यास-सम्राट् माना जाता है। वे प्रगतिशील आन्दोलन के कट्टर समर्थक थे और इनकी प्रेरणा से अनेक कहानीकारों ने इस विचारधारा को अपनाया। कृष्णाराव ने अनेक उपन्यासों और कहानी-संग्रहों की रचना की जिनमें 'अग्निकन्ये' कहानी-संग्रह प्रगतिशील विचारधारा की दृष्टि से महत्त्वपूर्ण है। त.रा. सुब्बाराव प्रारम्भ में प्रगतिशील कहानीकार रहे किन्तु कालान्तर में ऐतिहासिक उपन्यासों के क्षेत्र

प्रसिद्ध हुए। कन्नड़ के प्रगतिशील रचनाकारों में वसवराज कट्टीमनी श्रेष्ठ हस्ताक्षर हैं। उन्होंने समाज के कटु यथार्थ और जीवन-संघर्ष को शिद्दत के साथ प्रस्तुत किया है। तमाम सामाजिक विषमताओं और आर्थिक शोषण के विरुद्ध उनमें विद्रोह का भाव है। 'वण्ठद वुग्गे', 'अज्ञातवास', 'जीवनकाल', 'गिरिजा कण्ड सिनेमा' उनकी प्रतिनिधि प्रगतिशील कहानियाँ हैं। इस धारा के अन्य कथाकारों में निरंजन, चेन्नबसप्पा उल्लेखनीय हैं।

1950 से कन्नड़ में नव्य आन्दोलन का प्रारम्भ हुआ। हिन्दी की नयी कहानी के समान्तर विकसित नव्य कथा आन्दोलन में वैचारिक नवीनता का आग्रह है। इन कथाकारों ने नये शिल्प का भी प्रयोग किया है। जी.एच. नायक के अनुसार–"1950 के बाद जिन नव्य कथाकारों ने लिखना प्रारम्भ किया, उनकी दृष्टि में नैतिक, धार्मिक, आध्यात्मिक विश्वास, जीवन-मूल्य संस्कार के रूप में हैं। ये कहानी वास्तव में अन्तर्मुखी हैं।" नव्य कथा आन्दोलन में अनुभवों और संवेदनाओं की बारीक अभिव्यंजना है। नव्य कथा आन्दोलन के प्रवर्तक हैं–वी.सी. रामचन्द्र शर्मा। उनकी कहानियाँ मनोविश्लेषणात्मक हैं। रामचन्द्र शर्मा मूलतः कवि थे अतः उनकी कहानियों में काव्यात्मकता भी है। 'एलनेयजीव' इनका विशिष्ट कहानी-संग्रह है। नव्य आन्दोलन के दूसरे बड़े रचनाकार डॉ. यू. आर. अनन्तमूर्ति हैं। उनकी कहानियाँ महत् उद्देश्य की कहानियाँ हैं। जीवन के लक्ष्य का शोध कर उसे रेखांकित करने की महत्त्वाकांक्षा उनकी रचनाधर्मिता में पायी जाती है। उनके कथा-साहित्य में परम्परागत मूल्यों पर प्रश्नचिह्न लगाया गया है। इनके चार कथा-संग्रह प्रकाशित हुए हैं। 'एदेन्दु मुगिमद कथे', 'प्रश्ने', 'मौनि', 'वेक्कुमत्तु आकाश' इनके कथा-संग्रह हैं। अन्य कहानीकारों में शान्तिनाथ देसाई, यशवन्त चित्ताल, पी. लंकेश, ए.के. रामानुजन, टी.जी. राघव, पूर्णचन्द्र तेजस्वी, वेसगरहल्ली, रामण्णा प्रतिनिधि हस्ताक्षर हैं।

नव्योत्तर पीढ़ी को कहानीकारों में जी. एस. सदाशिव, राजशेखर नीरमान्वी, पीणा शान्तेश्वर, श्रीकृष्णआलमहल्ली देवनूर महादेव प्रमुख हैं। इस युग के रचनाकारों में एम. के इन्दिरा, शान्ति देवी कणवी, गीता कुलकर्णी, सारा अबूबकर, अनुपमा निरंजना, भानु गुश्ताक, गंगा पादेकल चर्चित कहानी लेखिका हैं।

निबन्ध

निबन्ध आधुनिक कन्नड़-साहित्य का दूसरा महत्त्वपूर्ण विभाग है। इसका आरम्भ बहुत पहले टीका-व्याख्या और पत्र-पत्रिकाओं द्वारा हुआ। परन्तु व्यक्तिगत निबन्ध 'गप्पे' और 'चमक' जैसे निबन्धों के संग्रह से ही आगे बढ़ा और अब उसमें विविधता और व्यापकता भी कुछ संग्रहों में मिलती है, जैसे–ए.एन. मूर्तिराव का 'हगलुगनमुगळु' (तदिवा-स्वप्न), नारायण भट्ट का 'उपन्यासगळु', एन.के. कुलकर्णी का 'मुगैल पुटिगे' और आद्य का 'स्वारस्य'। एस. कृष्ण शर्मा और बेन्द्रे के 'रेखाचित्र', टी.एन. श्रीकण्ठय्या और ए.एन. कृष्णराव के 'आलोचनात्मक निबन्ध', पुट्टप्प के 'वर्णनात्मक निबन्ध', 'भावना चित्रगळु' में पु. ति. न. के 'कथात्मक निबन्ध' और गोकाक के 'पत्रात्मक और भौगोलिक-सांस्कृतिक निबन्ध' मोटे तौर पर यह दर्शाते हैं कि इस क्षेत्र में कितनी और कैसी उपलब्धियाँ हुईं। हमारे साहित्य में डी.बी. गुण्डप्पा के 'गोखले' जैसे क्लासिकल जीवन-चित्र हैं और पुट्टप्प के 'विवेकानन्द' जैसे रोमाण्टिक जीवन-चित्र भी हैं। कन्नड़ में आत्म-कथा के विविध रूप

मधुर चेन्न के 'प्रेल्यूड' जैसे आध्यात्मिक, राजरत्नम् के 'दस वर्ष' जैसे साहित्यिक, गोकाक के 'सौन्दर्य-स्वरूप' जैसे सौन्दर्यात्मक और दिवाकर के 'सेरेमने' जैसे मुख्यतः राजनयिक मिलते हैं। साहित्यिक रूप की नयी डायरी का उत्तम उदाहरण गोकाक के 'समुद्र पार से' और अस्वत्यनारायणराव के 'मुक्ति का मूल्य' में मिलते हैं। बी. सीतारामय्य, गोसावि, मानवि आदि ने बड़े मनोरंजक प्रवास-वर्णन लिखे हैं। इस काल में साहित्यिक आलोचना अधिकतर प्राचीन आन्दोलन के घोषणा-पत्र को परिभाषित करने के रूप में हैं। उसमें नवीन कन्नड़ साहित्य की विशाल समृद्धि का नया अर्थ और यूरोपीय साहित्य को संजीवनी देनेवाले आदर्श की विवेचना है। उसमें प्राचीन और नवीन का सम्मिलन है। इस सन्दर्भ में टी.एन. श्रीकण्ठय्य के 'भारतीय काव्य मीमांसे', मुगळि के 'कन्नड़ साहित्य चरित्रे', कृष्णमूर्ति के 'ध्वन्यालोक' अनुवाद और टीका और कर्की के 'छान्दोविकास' का विशेष उल्लेख किया जा सकता है। पिछले पृष्ठों में उल्लिखित कई लेखकों ने साहित्यिक समालोचना में भी योगदान दिया है। कई समालोचकों जैसे माळवाड़ और रंगण्ण ने भी इस क्षेत्र को समृद्ध बनाया। बासवनाळ और कुन्दणगार जैसे विद्वानों ने प्राचीन कन्नड़ के श्रेष्ठ ग्रन्थों के शास्त्रीय पाठवाले शुद्ध संस्करण प्रकाशित किये। कुछ प्रसिद्ध साहित्यिकों के सम्मान में प्रकाशित अभिनन्दन-ग्रन्थों में भी कन्नड़ साहित्य-समीक्षा की मूल्यवान् सामग्री देखने को मिलती है। वस्तुतः यह कहा जा सकता है कि उनमें से कइयों ने एक से अधिक साहित्यिक विधाओं में महत्त्वपूर्ण कार्य किया है।

आधुनिक कन्नड़ साहित्य के संगम में कई नदियाँ आकर मिलती हैं। ये धाराएँ सभी आधुनिक साहित्यों में पायी जाती हैं और वे इस बात का उदाहरण हैं कि भारतीय पुनर्जागरण कितना विविध और समृद्ध रहा है। नये युग के साथ-साथ इनमें से कुछ धाराएँ अधिक सक्रिय बनी हैं। कुछ धाराओं का बल बढ़ता गया। ऐसा भी लगता है कि कुछ धाराएँ एक-दूसरे के विरोध में हैं। परन्तु जीवन का यह लक्षण है कि वह परस्पर विरोधी चीजों को अपना लेता है और उनसे ऊपर उठता है तथा विरोध में अविरोध पैदा करता है। संगम-स्थान पर उन्हें देखने से यह पता लगता है कि इस नयी धारा की जटिलता एवं सर्वव्यापी एकता कहाँ है।

सबसे पहले व्यंग्य लेखकों का या यथार्थवादियों का दल है। इनके मन में कई आदर्श छिपे हुए हैं और उन्हीं के प्रकाश में वे मानवीय अपूर्णताओं को परखते और उनकी निन्दा करते हैं। ये एक तरह से उलटे हुए कवि हैं। कैलासम्, कारन्त, कस्तूरि, बीचि, आद्य, अडिग, कर्त्तीमणि और वि.जी. भट्ट जैसे लेखक हमारी महान् मूर्खताओं और अन्धश्रद्धाओं पर हँसते हैं। हमारे दैनिक जीवन के ढोंग और ढकोसलों का वे पर्दाफाश करते हैं। हमारी सामाजिक, राजनीतिक और धार्मिक संस्थाओं के झूठे विश्वासों और खोखलेपन को वे खोलकर रखते हैं।

फिर एक प्रगतिशील लेखकों का दल है जो कि मुख्यतः समाज की पुनर्व्यवस्था की समस्या से ही सम्बद्ध है। दिनकर देसाई, एस. दोड्डमणि, आर्चिक, वैकण्णा और कुलकुन्द शिवराम में एक सशक्त सामाजिक चेतना, राष्ट्रीय और अन्तरराष्ट्रीय रूप में है। उसमें से कुछ तो जबरदस्त प्रचारक हैं और वे मार्क्सवादी विचारों में डूबे हुए हैं। परन्तु मार्क्सवाद स्वयं जिन बहुत-से परिवर्तनों में से गुजरा है, उनमें 'स्टालिनवाद' और 'स्टालिनवाद-विरोध' दो प्रमुख हैं। कई लेखक अब कल्याण राज्य के आदर्श के प्रति सचेत और समुत्सुक हैं। गरीब

जीवन के असंख्य चित्र हैं, जिनमें समाजवाद के लिए जोरों से अपील की जाती है। बेन्द्रे के 'भिखारियों की बुराई', राजरत्नम् के 'नरक या न्याय' और रमाकान्त के 'कल्कि' इसके प्रमुख उदाहरण हैं। हमारे कई यथार्थवादियों और व्यंग्यकारों ने समाजवाद में एक निश्चित सम्प्रदाय पा लिया है।

समकालीन साहित्य

समकालीन कन्नड़ साहित्य अन्य भारतीय भाषाओं के साहित्य की भाँति वर्तमान सामाजिक समस्याओं, दलित चिन्तन एवं नारी समस्याओं के प्रति जागरूक है। समकालीन विधाओं में नाटक और कथा-साहित्य का प्रभाव बढ़ा है। कन्नड़ नाटकों में कुछ नाम विशेष महत्त्वपूर्ण हैं, जिनमें अनुवाद और मौलिक दोनों हैं। ब.व. काटन तथा गिरीश कार्नाड के नाटकों को राष्ट्रीय स्तर पर प्रतिष्ठा प्राप्त हुई है। कार्नाड के नाटक 'हयवदन' और तुगलक हिन्दी में भी चर्चित हुए हैं। कन्नड़ नाटककार चन्द्रशेखर कँवार ने लोकनाट्यशैली का प्रयोग कर नाटकों को मंचीय दृष्टि से नया रूप दिया है। नये चर्चित नाटकों में श्रीरंगकृत भारत भाग्य विधाता, रामदास का गरुड़ गम्ब, वेलर कृष्णमूर्ति का पुढारी पुटप्थ्या प्रमुख नाटक हैं।

समकालीन नाटक की भाँति कन्नड़ के कथाकारों ने भी नये परिवेश को उपन्यासों एवं कहानियों में रूपायित किया है। कन्नड़ के वर्तमान पीढ़ी के कथाकारों में यू.आर. अनन्तमूर्ति प्रमुख हैं। मास्ति के बाद अनन्त मूर्ति सर्वाधिक चर्चित कन्नड़ कथाकार हैं। डॉ. शान्तिनाथ देसाई, यशवन्त चित्रास, पी. लंकेश, वेसमरहल्ली रामण्णा, डॉ. वेसगर हल्ली, प्रमुख कथाकार हैं। कथालेखिकाओं में एम. के. इन्दिरा, शान्तिदेवी कणवी, गीता कुलकर्णी, अनुपमा निरंजना, भानु मुश्ताक, वैदेही के नाम उल्लेखनीय हैं।

इस प्रकार कन्नड़ का समकालीन साहित्य नये रूप और नयी चेतना से ओत-प्रोत है। साहित्य अकादमी एवं ज्ञानपीठ के माध्यम से केरल की विशिष्ट कृतियाँ हिन्दी में अनूदित होकर न केवल उपलब्ध हैं, वरन् समस्त भारत में लोकप्रिय भी हैं। कारन्त के उपन्यास और गिरीश कार्नाड के नाटक हिन्दी जनता में भी समादृत हैं।

4. मलयालम साहित्य का इतिहास

अपना पृथक् अस्तित्व कायम रखनेवाली तथा अपने साहित्य का विकास करनेवाली दक्षिण भारतीय भाषाओं में मलयालम का अन्तिम स्थान है। संघ युग में मौजूदा मलयालम क्षेत्र तमिल-भाषी क्षेत्र था यद्यपि व्याकरणविदों ने मान्यता दी है कि पहाड़ी क्षेत्र की बोली अनेक अर्थों में मानक तमिल से भिन्न है। संघ साहित्य में अनेक शब्द और अभिव्यक्तियाँ हैं जो मलयालम में अभी चलती हैं पर तमिल दोनों से एक समान उसका पृथक् अस्तित्व सिद्ध करने की जो कोशिश की जाती है उसे व्यर्थ ही माना जायगा। इसमें सन्देह नहीं कि ईसाई-युग के आरम्भ में केरल में जो 'कोडुक तमिल' का रूप प्रचलित था उसी का अनेक शताब्दियों मे जो विकास हुआ उसी को आज हम मलयालम के रूप में देख रहे हैं। कन्नड़ और तेलुगु की भाँति ही मलयालम के साहित्य की भाषा ने संस्कृत से भारी मात्रा में शब्द उधार लिये हैं। संस्कृत स्वरों की पर्याप्त रूप से अभिव्यक्ति के लिए मलयालम ने पुरानी वट्टलुटू लिपि का त्याग कर दिया और तमिल ग्रन्थ पर आधारित नयी लिपि का विकास किया। यह शायद दसवीं

शताब्दी में या उसके कुछ बाद हुआ। प्रारम्भिक शिलालेखों में तमिल मलयालम वट्टलुटू लिपि में है तथा संस्कृत शब्दों के लिए ग्रन्थ लिपि प्रयुक्त हुई है।

चौदहवीं शताब्दी के आरम्भ की एक अज्ञातनामा कविता, 'उन्नुनिली सन्देशम्', इस भाग की अब तक विद्यमान सबसे पुरानी कृति है। यह कालिदास के मेघसन्देश के नमूने पर लिखी गयी है। इस कविता में त्रिवेन्द्रम में स्थित एक प्रेमी द्वारा कोई गलूर में अपनी प्रेयसी के पास भेजा गया सन्देश वर्णित है जिसमें इन दोनों स्थानों के बीच के रास्ते का भी वर्णन है। सन्देशवाहक बादल या पक्षी नहीं, जैसा कि अन्य सन्देश-कविताओं में है, बल्कि आदित्यवर्मा नामक एक राजकुमार है। सन्देशवाहक को कहा गया है कि वह रास्ते में क्किलन के महान् राजा रविवर्मन (कुलशेखर) के प्रति अपना सम्मान प्रकट करे। कविता में अन्य समसामयिक राजाओं का भी उल्लेख है। कविता की शैली में संस्कृत शब्दों की भरमार है और मलयालम साहित्य की अधिकांश कृतियों की भाँति इसे भी दरअसल मणिप्रवालम् शैली कहा जा सकता है। इसे व्यापक रूप से मलयालम भाषा की एक अत्यन्त श्रेष्ठ कविता-पुस्तक समझा जाता है। उसी अवधि की एक और कविता-पुस्तक 'चन्द्रोत्सव' है जो संस्कृत छन्दों में है और लीलातिलक (15वीं शताब्दी) मणिप्रवालम् शैली में व्याकरण है।

प्रथम सन्देश-कविता के समय से पूर्व विविध प्रकार के अनेक लोकप्रिय गीत हैं जिनको पलैयपट्टु या पुराने गीत कहा जाता है। यद्यपि उनको अपने मौजूदा रूप में अत्याधुनिकता का जामा पहनाकर पेश किया जाता है पर समर्थ आलोचकों का विचार है कि उनमें कम-से-कम कुछ तो बहुत पुराने समय के हैं। ये जनगीत अनेक प्रकार के हैं जैसे ब्राह्मणिप-पट्टु जो शादी के अवसर पर गाये जाते हैं, देवताओं की प्रशंसा में लिखे गये भद्रकालिप-पट्टु और शास्ताप-पट्टु। इनके अलावा यात्रक्कलिप-पट्टु और तिरुवाबिरैप-पट्टु भी हैं जिनके ये नाम इसलिए पड़े कि ये विशेष उत्सवों के अवसर पर गाये जाते हैं; ऐसा ख्याल किया जाता है कि इनके साथ-साथ साधारणतः नृत्य भी चलता है। कुछ-कुछ उसी प्रकार की अपनी निरन्तर चलनेवाली कथावस्तु के कारण कलेवल में उसने लम्बी पय्यनूर पोट्टाला जैसी रचनाएँ की हैं जिनकी अब स्मृति-मात्र ही रह गयी है। प्रारम्भिक रचनाओं में संस्कृत शब्दों का कम-से-कम प्रयोग मिलता है। इन प्रारम्भिक कविता-पुस्तकों में अधिक सिलसिलेवार और सच्चे साहित्य के अधिक निकट रामचरितम् है जो रामायण के युद्ध-काण्ड की कहानी पर लम्बी छन्दोबद्ध कविता है। ऐसा विश्वास किया जाता है कि इसकी रचना दसवीं और तेरहवीं शताब्दियों के बीच किसी समय त्रावणकोर के एक पुराने राजा ने की; उसके कुछ समय बाद रामकथापट्टु की रचना अय्यिपिल्लई आशान ने की। इन दोनों रचनाओं में शब्दों और छन्दों दोनों के मामले में तमिल का जबरदस्त प्रभाव है। अज्ञातनामा कविता-पुस्तक भाषा कौटिल्य भी इसी प्रारम्भिक अवधि की है जो कौटिल्य के अर्थशास्त्र पर मलयालम टीका है, यह उसकी संस्कृत टीका जयमंगला के अनुसरण पर है और इसके पन्द्रह अधिकरणों में अब केवल छह मिलते हैं। बहुत पहले नागानन्दम और आश्चर्य-चूड़ामणि जैसै नाटकों को जनता के समक्ष पेश करने के लिए कूडीय आट्टम नामक एक सरल कला प्रचलित थी जिसमें कथा के साथ-साथ नृत्य भी चलता था। उसी से उसी प्रकार की एक और कला चकुक्कियार-कट्टू विकसित हुई जिससे तेरहवीं शताब्दी में साहित्य की बड़ी प्रेरणा

मिली। चक्कियार का भण्डार समृद्ध करने के लिए संस्कृत साहित्य की प्रेरणा से अनेक चम्पू, जो मिश्रित गद्य-पद्य में होते थे और प्रबन्ध लिखे गये। कविता में संस्कृत छन्दों का प्रयोग किया गया और गद्य-खण्ड भी विषयवस्तु और विचार की दृष्टि से सचमुच कवित्वमय हैं। इन रचनाओं की विषयवस्तु पौराणिक कथाएँ और उपकथाएँ हैं, पर अक्सर उनमें बाहरी बातें भी आ जाती हैं और चम्पुओं में समसामयिक प्रथाओं और व्यक्तियों पर व्यंग्यपूर्ण चर्चाओं की भरमार है। ये रचनाएँ अधिकांशतः नाम्बूदरी ब्राह्मणों ने लिखी हैं जो चुभनेवाले विनोद और व्यंग्य की अपनी क्षमता के लिए सुप्रसिद्ध थे और जिन्होंने अपनी इस क्षमता का इन रचनाओं में अच्छा उपयोग किया है। सम्भवतः इनमें सबसे प्रसिद्ध पन्द्रहवीं शताब्दी का पूनम नाम्बूदरी था जिसके द्वारा रचित अनेक चम्पू बतलाये जाते हैं; रामायण चम्पू निःसन्देह उसकी सबसे अच्छी रचना है। उसके बाद दूसरा स्थान मलमंगलम नाम्बूदरी का है जो सोलहवीं शताब्दी का एक अच्छा कवि था जिसमें सुस्पष्ट कल्पना एवं भाषा का सहज प्रवाह पाया जाता है। उसकी महान् कृति नेषध-चम्पू है जिसमें कुछ मार्मिक स्थितियों जैसे नल द्वारा अपना राज्य छोड़ना और उसके विरह में दमयन्ती के विलाप का प्रभावपूर्ण ढंग से चित्रण है। इस प्रथम पंक्ति के लेखकों के बाद कम प्रतिभाशाली अनुकरणशील लेखकों का स्थान है जिनमें भारत का चम्पू का रचयिता नारायणन का सर्वाधिक उल्लेख है।

इस सिलसिले में निरणम् कवियों का भी उल्लेख आवश्यक है। इन्हें इस नाम से इसलिए पुकारते हैं कि ये मूलतः मध्य त्रावणकोर में निरणम् ग्राम के निवासी थे। इन्होंने पन्द्रहवीं शताब्दी से एक स्वतन्त्र मलयालम शैली विकसित की जो तमिल और संस्कृत दोनों के ही आधिपत्य से अपेक्षाकृत मुक्त थी। इनमें सर्वप्रमुख रामायणम् का लेखक राम पणिक्कर था। रामायणम् को आमतौर पर कण्णश्श रामायणम् कहा जाता है और इसमें सम्पूर्ण रामकथा है। उसने भारतगाथा, सावित्री माहात्म्य, ब्रह्माण्डपुराण् और भागवतम् की भी रचना की। इसकी कविता-पुस्तकों में महान् वर्णन-शक्ति है और इसलिए उसे 'मलयालम का चान्सर' कहा जाता है। राम पणिक्कर के नाना माधव पणिक्कर द्वारा गीता के अनुवाद की चर्चा भी आवश्यक है। निरणम् कवियों ने एक छन्द को लोकप्रिय बनाया जिसे उनके ही नाम पर निरणवरित्तम कहा जाता है पर उसका भी मूल रूप तमिल में पाया जाता है।

कृष्णगाथा के लेखक चेरुश्शरी नाम्बूदरी (सोलहवीं शताब्दी का प्रारम्भ काल) के बारे में कहा जा सकता है कि उसने मध्य मलयालम अवधि का अन्त तक आधुनिक मलयालम साहित्य आरम्भ का शंखनाद किया। उसकी महान् कविता-पुस्तक की विषयवस्तु श्रीकृष्ण के जीवन की मनोरम कहानी है जैसी कि भागवत के दशम स्कन्ध में वर्णित है। चेरुश्शरी की गाथा को आलोचकों ने कला की एक महान् कृति घोषित किया है जो अपनी कल्पना की सम्पदा एवं अर्थ और स्वर के समृद्ध सामंजस्य से पाठक का मन लुभा लेती है।

चेरुश्शरी के बाद कुछ समय तक स्थानीय गीत और जनगीत लिखे गये जैसे वडक्कन पाट्टुकाल, अंजु तम्पूरान पाट्टु और इरबीकुट्टिपिल्ल पाट्टु। इनमें जनगीतों की पुरानी परम्परा कायम रखी गयी पर विषयवस्तु के रूप में समसामयिक घटनाएँ ली गयीं और इस प्रकार मलयालम साहित्य का अस्तित्व आरम्भ हुआ। चेरुश्शरी के बाद महान् लेखक तुणकट रामानुजन इलेतक्कन हुआ जिसने आधुनिक मलयालम साहित्य को रूप दिया। उसकी मुख्य

कृतियाँ ये हैं—अध्यात्म रामायणम्, किलिप्पाट्टु, भारत किलिप्पाट्टु, हरिनामकीर्त्तनम्, चिन्तारत्नम् जो अद्वैत वेदान्त पर एक रचना थी—मौर शायन भागवतम् किलिपाट्टु और देवीमाहात्म्यम्। यह उल्लेखनीय है कि उसने प्रायः सभी हिन्दू पौराणिक कथाओं पर रचना की, दो महाकाव्यों तथा भागवतम् को अपने ढंग से प्रस्तुत किया तथा धर्म और दर्शन को भी नहीं छोड़ा। किलिप्पाट्टु उसके हाथों उत्कृष्टता के सर्वोच्च शिखर पर ले जाया गया और यह उसी की प्रतिभा थी कि उसने साहित्यिक कला के उच्चतम प्रयोजनों के लिए जनसाधारण के दैनन्दिन उपयोग को भाषा का प्रयोग कर साहित्यिक प्रतिष्ठा प्रदान की। इलुत्तकन की तारीख के बारे में अभी अन्तिम रूप से निर्णय नहीं हो सका है पर उसका समय सोलहवीं शताब्दी के अन्त में या सत्रहवीं शताब्दी के आरम्भ में माना जा सकता है।

अब अट्टकथा या कथाकली के बारे में भी दो-एक शब्द। इस नृत्य-नाट्य का कुछ वर्षों पूर्व तक हाल में ही शुरू हुआ बतलाया जाता था या अधिक-से-अधिक उसकी उत्पत्ति दो या तीन शताब्दियों के पूर्व की न बतलायी जाती थी। हाल में कुछ शोधों से पता चला है कि प्रथम अट्टकथाएँ पन्द्रहवीं शताब्दी के अन्त में रची गयीं। कोट्टारक्कर तम्पुरान का रामन-आट्टम, जो आठ प्रदर्शनों में पूरा होने के लिए लिखा गया था। इसका समय 16वीं शती है। सत्रहवीं शताब्दी तक मलयालम साहित्यिक दृष्टि से समृद्ध भाषा हो गयी लेकिन शैली मणिप्रवालम् ही रही। सत्रहवीं शती के सर्वश्रेष्ठ कवि एषुतच्छन हुए। एषुतच्छन को केरल का तुलसीदास कहा जाता है। उन्होंने 'अध्यात्म रामायण' की रचना की, जो घर-घर में पढ़ी जाती है। एषुतच्छन ने ही 'महाभारत' की रचना भी मलयालम में की। एषुतच्छन ने भी मणिप्रवालम् को अपनाया, पर परिवर्तित रूप में।

मणिप्रवालम्—यहाँ मणिप्रवालम् पर विचार करना आवश्यक है। मणिप्रवालम् प्रारम्भिक काल में केरलीय कवियों की प्रिय भाषा रही। एक ओर जहाँ जनभाषा तमिल से प्रभावित थी, वहीं साहित्यिक दृष्टि से मणिप्रवालम् का प्रयोग विशेषतः चम्पू काव्य में होता था। मणिप्रवालम् के एक उदाहरण से स्पष्ट हो जाता है कि मलयालम पर संस्कृत का कितना प्रभाव था। ग्यारहवीं शती के वैश्विक तन्त्र की भाषा देखें—

तारुण्यमावतु सुते तरुणीजनानां
मारास्त्रमे मषनिलावतु निसमल्ला
अर्थार्जितेन मुतलकोण्टु कटक्कवेण्टु
वार्धक्यमेन्नोरू वनकप्लुण्टु मुन्पिल्।।

(पुत्री, युवावस्था मेघ जैसी है। बरसकर मिट जाता है। जो धन यौवन में कमाया जाता है, वही बुढ़ाये के सागर को पार करता है।)

अठारहवीं शती में कुंजन नम्पियार के आगमन के साथ कविता में नवोन्मेष हुआ। कुंजन नम्पियार जनकवि थे। उनके काव्य 'तुल्लल' में समाज की आलोचना थी। भक्ति से आगे बढ़कर केरलीय साहित्य समाज से जुड़ा। यद्यपि कथा का आधार पौराणिक था पर 'तुल्लल' में बाह्याडम्बरों का विरोध था। 'तुल्लल' मलयालम रचना है। मणिप्रवालम् का प्रभाव केवल

उच्च वर्ग में रह गया। उन्नीसवीं शती के प्रारम्भ में एक ओर केरल वर्मा मणिप्रवालम् में लिख रहे थे तो दूसरी ओर एक वर्ग ऐसा भी था जो जनभाषा मलयालम को अपना रहा था।

उन्नीसवीं शती

इसके साथ-ही-साथ एक नयी धारा भी लोकप्रिय हो रही थी। उनका मुख्य गुण था—साहित्यिक अभिव्यंजना के लिए जनसाधारण की भाषा का प्रयोग। इस आन्दोलन के नेता थे—कोडुण्डल्लूर के राजा और वेण्मणि नम्पूतिरिप्पाडु। कोडुण्डल्लूर कुच्चिकुट्टन् तम्पुरान् और उनके भाई दोनों ही संस्कृत के प्रकाण्ड पण्डित थे, परन्तु उन्होंने अपनी (मलयालम) रचनाओं में संस्कृत के व्याकरण रूपों का प्रयोग करने का कोई प्रयत्न नहीं किया, जबकि केरल वर्मा ने ऐसा किया था। वेण्मणि कुछ आगे बढ़े और उन्होंने अपनी कविता ऐसी भाषा में लिखी जो जनता की बोलचाल की भाषा थी और मलयालम साहित्य के इस प्रयोग को उन्होंने शक्ति और सीधापन दिया। यद्यपि उनके मूल लेखन के गुण बहुत उच्च नहीं थे, फिर भी वे मलयालम के पहले आधुनिक लेखक माने जाते हैं।

गद्य में भी ऐसी ही प्रवृत्ति दिखायी देती थी। प्राचीन मलयालम गद्य-परम्परा के कुछ अच्छे नमूने 15वीं और 16वीं शताब्दी में मिलते हैं। वे संस्कृत-रूपों से अधिक भरे हुए हैं; क्योंकि यह काल क्लासिक के पुनर्जागरण का था। यहाँ भी केरल वर्मा ने ही स्तर-निर्माण किया। उनकी आलंकारिक और अत्यन्त पण्डित शैली के बहुत कम अनुयायी मिले, फिर भी तिरुअनन्तपुरम् या दक्षिण शैली संस्कृत की ओर अधिक झुकी हुई थी। इसमें न केवल संस्कृत से शब्द अधिक लिये जाते थे, वरन् संस्कृत शब्दों के साहित्यिक शुद्ध रूप को रखने पर भी आग्रह किया जाता था जो कि एक बढ़ती हुई भाषा के लिए अस्वाभाविक था।

आधुनिक काल

नयी भावना का पहला रूप 'नलिनि' में व्यक्त हुआ। फिर भी पुरानी परम्परा को जाते-जाते बहुत वर्ष लगे। मलयालम साहित्य में काव्य की आधुनिक अवस्था आने में बहुत समय लगा। इस आन्दोलन के प्रमुख व्यक्ति हैं— वल्लत्तोल। उन्होंने भी गद्य से कविता की ओर अपने चरण 1915 में बढ़ाये, जबकि 'ओरु चित्रमू' नामक पुस्तक उन्होंने प्रकाशित की। वल्लत्तोल पुराने क्लासिक शैली के प्रसिद्ध कवि थे, जबकि नवयुग ने उन्हें परिवर्तित किया। वाल्मीकि रामायण का समश्लोकी अनुवाद उन्होंने पहले ही प्रकाशित किया था और उस युग की गति के अनुसार 'चित्रयोगम्' नामक 18 सर्गों का महाकाव्य भी लिखा था। पर महान् राष्ट्रीय आन्दोलन ने उन्हें परिवर्तित कर दिया। प्रथम महायुद्ध ने राष्ट्रीय पुनरुत्थान की शक्ति को मुक्त किया था और सब ओर जनता, नवजीवन के लिए छटपटा रही थी। इस नवजीवन की माँग के नये भाष्यकार वल्लत्तोल बने। उनके स्वर में राष्ट्रीयता का तूर्यनाद था। यह राष्ट्रीयता कोई अलग कटी हुई संकीर्ण भावना नहीं थी, वरन् रचनात्मक रूप से एक राष्ट्रीय प्रतिमा को भव्य, उदात्त और आदर्शवादी ढंग पर निर्मित किया गया था। उन्होंने परम्परित संस्कृत-छन्दों को छोड़ दिया, जिनमें वे पहले लिखते थे, और मलयालम महाकवियों की प्रारम्भिक शैली को अपनाया।

नवीन आन्दोलन तीन व्यक्तियों के साथ बढ़ा, वल्लत्तोल स्वयं, कुमारन् आशान् और उल्लूर परमेश्वर ऐय्यर। उल्लूर प्रसिद्ध विद्वान् थे और आरम्भिक दिनों में उन्होंने केरल वर्मा

की साहित्यिक टेकनीक का अनुकरण किया और एक सामान्य गुणवाला महाकाव्य 'उमाकेरलम्' नाम से लिखा। यद्यपि इसमें पुराने ही सिद्धान्त का अधिक निरूपण था, फिर भी वे नये आन्दोलन की भावना से प्रेरित हुए। लेकिन सामाजिक विषयों में वे पुनरुत्थानवादी थे, इस कारण उयग की आत्मा को नहीं पकड़ सके। वे सदा पीछे मुड़कर देखते थे और 'पिंगला' और 'कर्णभूषण'—जैसे उनके प्रमुख काव्यों में, उनका विषय प्राचीन की उद्भावना ही रहा। 'पिंगला' भी मेरी मैगडलीन की तरह एक ऐसी गणिका की कहानी थी जिसे मुक्ति मिली। उनकी भाषा भी बहुत अलंकृत और बोझिल थी; उसमें संस्कृत ढंग से समास अधिक होते थे। इस कारण उनकी रचनाएँ कभी भी अधिक लोकप्रिय न हो सकीं।

कुमारन् आशान् की बात दूसरी थी। वल्लत्तोल से भी अधिक नये आन्दोलन ने उनकी अभिव्यंजना में सहायता दी। उनके काव्य में बड़ी गहराई और शक्ति थी, इसके कारण मलयालम साहित्य में उन्हें बहुत ऊँचा स्थान मिला। उनकी सबसे प्रारम्भिक कविता 'वीण पूवु' में भी परम्परागत लीक से हटकर चलने की सजग प्रवृत्ति दिखायी देती है। उनकी आरम्भिक कृतियाँ 'नलिनि' और 'लीला' असफल प्रेम पर आधारित हैं। इनमें बहुत उच्च प्रतिभा दिखायी देती है, परन्तु जब उन्होंने सामाजिक विषयों पर लिखना आरम्भ किया, तब उनकी प्रतिभा पूर्ण पुष्पित हुई। 'दुरवस्था', 'चाण्डाल भिक्षुकी' और 'करुणा' में कुमारन् आशान् ने तीन शाहकार पैदा किये। इनमें से पहली दो रचनाओं में ऐसी जाति का दर्द प्रतिगुंजित है, जिसे बहुत लम्बे समय तक सामाजिक अन्याय सहना पड़ा था।

इन तीन महान् लेखकों द्वारा मलयालम-कविता आज की उच्च अवस्था तक विकसित हुई। जो कवि अपेक्षाकृत कम महत्त्वपूर्ण होते हुए भी रोमांचवाद के क्षेत्र में प्रमुख रहे, उनमें बी. सी. बालकृष्ण पणिक्कर का नाम सबसे पहला था। अकाल मृत्यु हो जाने के बावजूद उनका बहुत गहरा प्रभाव उनकी पीढ़ी पर पड़ा। नालप्पाटु नारायण मेनन ऐसे कवि नहीं हैं जिन्होंने अधिक लिखा हो, परन्तु उनकी कुछ कृतियों में, विशेषतः 'कण्णुनीर तुल्ली' में, जो एक विलाप-कविता है और जिसमें पत्नी की मृत्यु पर शोक व्यक्त किया गया है, स्थायी साहित्यिक गुण है।

चङ्ङम्पुषा कृष्ण पिल्लई एक अन्य प्रसिद्ध लेखक थे, जिनकी अकाल मृत्यु हो गयी और जिन्हें अपनी कविता की संगीतमयता और विषाद की भावना के कारण अपने जीवन-काल में अत्यन्त लोकप्रियता प्राप्त हुई थी। उनकी सबसे पहली प्रमुख रचना एक ग्राम-जीवन का शोक-काव्य थी, जिसका शीर्षक था—'रमणन्' चङ्ङम्पुषा ने प्रचुर मात्रा में लेखन-कार्य किया था और युवा पीढ़ी पर उनकी रचनाओं का बड़ा प्रभाव पड़ा है। उनके मित्र ईडप्पल्ली ने अधिक तो नहीं लिखा, पर उनकी कुछ कविताएँ, इतनी उच्चकोटि की हैं कि वे वर्षों तक बड़ी रुचि के साथ पढ़ी जाती रहेंगी।

आधुनिक लेखकों में सबसे अधिक बहुमुखी प्रतिभावाले लेखक हैं—सरदार का. मा. पणिक्कर। वस्तुतः वे इतने बहुमुखी हैं और अपने प्रदेश के बाहर राजदूत, इतिहासकार और अंग्रेजी लेखक के नाते इतने प्रसिद्ध हैं कि केरल के बाहर बहुत थोड़े लोग यह जानते हैं कि वे मलयालम के प्रसिद्ध लेखकों में से एक हैं। वे कवि, नाटककार, उपन्यासकार और आलोचक के नाते प्रसिद्ध हैं। साहित्य की शायद ही कोई शाखा हो, जिसे उन्होंने समृद्ध न

किया हो। उनकी काव्य-कृतियों में 'चिन्ता तरंगिणी', 'पंकीपरिणयम्' और 'अम्बापाली' विशेष उल्लेखनीय हैं। 'कुमारसम्भव', 'इणापक्षीकल' और 'पटिञ्जारेमुरि' उनके कुछ पद्यानुवाद हैं और प्राचीन क्लासिक शैलियों में लिखी गयी उनकी नाट्य पंक्तियों में 'भी, ममर', 'मण्डोदरी' और 'ध्रुवस्वामिनी' बहुत प्रसिद्ध हैं।

इस काल में जो कवि अधिक प्रसिद्ध हुए, उनमें प्रमुख जी. शंकर कुरुप्प हैं। बाद में आनेवाले युग में, उनकी काव्य-शक्ति में प्रौढ़ता आयी। गीतकार और कवि के नाते वे संकेतवाद या प्रतीकवाद को अपनी प्रमुख शैली मानते हैं और नयी पीढ़ियों के कवियों में उनका ऊँचा स्थान है।

इसी पीढ़ी के कुछ और कवि व्यक्तिगत रूप से उल्लेख योग्य हैं। कुण्डूर नारायण मेनन ने सफलतापूर्वक एक नये ढंग की वीरगाथा जैसी कविता शुरू की, जिसका कथानक लोकप्रिय गीतों से लिया गया था। उनका सबसे प्रसिद्ध ग्रन्थ 'कोमप्पन्' है। उसमें उन्हें अद्भुत सफलता मिली है। उन्होंने एक लम्बी वर्णनात्मक कविता में भी संस्कृत का शब्द न प्रयुक्त करते हुए, लिखी—यह तो एक बहुत बड़ी बात थी ही, साथ ही इस शाब्दिक कसरत के अलावा, कुण्डूर ने अपने काव्य में असामान्य ताजगी, ओज और साहित्यिक गुण अपूर्व ढंग से व्यक्त किये। कट्टक्कयत्तिलू चेरियान माप्पिला पुरानी धारा के एक दूसरे कवि थे जिनका महाकाव्य 'श्री येशु विजयम्' ओल्ड टेस्टामेण्ट और ईसा की जीवनी की प्रमुख घटनाओं पर आधारित प्रबन्ध है। वडक्कुंकूर राजराज वर्मा पुरानी शैली के उन लेखकों में हैं जिनकी साहित्यिक कृतियाँ आज भी उतनी ही सशक्त हैं। उन्होंने बहुत-से महाकाव्य लिखे, जिनमें सबसे प्रसिद्ध है—'राधावाभ्युदयम्'। इसमें वे अपनी शक्ति के सर्वोच्च शिखर पर पहुँचे हैं।

सभी युगों में मलयालम की लेखिकाएँ बराबर योग देती रहीं। अपेक्षाकृत पहले के काल में, 1915 के पहले, तोट्टक्काटर इक्कावम्मा थीं, जिनका नाटक 'सुभद्रार्जुनम्' गद्य-पद्य मिश्रित चम्पू शैली में लिखा गया था, जिसके कारण वे प्रसिद्ध हुईं। इधर आधुनिक काल में, कविता के क्षेत्र में, नालप्पाटु बालामणी अम्मा, ललिताम्बिका अन्तर्जनम्, मेरी जोन तोट्ट, मुतुकुलं पार्बति अम्मा उल्लेखनीय हैं। बालामणी अम्मा वात्सल्य रस की कवयित्री हैं, उनकी कविता में विशेष भावनात्मक गहराई तो है ही, रूप-शिल्प और शैली भी बहुत शुद्ध है।

नया मोड़

1926 के करीब मलयालम कविता ने नया मोड़ लिया। राष्ट्रीय आन्दोलन की प्रेरणा कम हो गयी थी और एक नयी पीढ़ी सामने आ रही थी, जिसे वामपन्थी राजनीति से प्रधान प्रेरणा मिलती थी। इन लेखकों में जो सशक्त आलोचक थे, उनके समर्थन से पुराने कवियों के ढोंगीपन और झूठी भावुकता का पर्दाफाश किया गया, तथाकथित प्रतिक्रियावादी साहित्य की निन्दा की गयी और इनके साथ वह नया 'प्रगतिवाद' शुरू हुआ, जिसे मलयालम में 'पुरोगमन वादम्' कहते हैं। इस धारा के अग्रणी लेखक आलोचना के क्षेत्र में ए. बालकृष्ण पिल्लई, जोसेफ मुण्डेश्शेरी और एम.पी. पॉल हैं। इस धारा ने जो कविता निर्मित की वह बहुत उच्चकोटि की थी, परन्तु कहानी और उपन्यास-क्षेत्र में इसकी सफलता निःसन्देह बहुत है। परन्तु यह मानना चाहिए कि अनेक प्रमुख लेखकों पर इस 'वाद' का प्रभाव पड़ा और इसने उन्हें एक नया दृष्टिकोण दिया। विशेषतः वल्लत्तोल और शंकर कुरुप पर 'प्रगतिवादी' विचारों

का प्रभाव बहुत स्पष्ट है। शुद्ध 'प्रगतिवादी' धारा ने हमें कुछ अच्छे कवि दिये, जिनमें ये नाम प्रमुख हैं—एन.वी. कृष्ण वारियर, अक्कीत्तम, ओलप्पमण्णा, वयलाल रामवर्मा, पी. भास्करन्, केडमंगलम् पप्पुकुट्टिट, इडकेशरी गोविन्दन नायर, ओ.एन.वी. कुरुप और अनुजन।

स्वतन्त्रता के पश्चात् मलयालम में नयी कविता का प्रारम्भ हुआ। इस युग के कवियों में श्रीधर मेनन, अय्यप्पा पणिक्कर, श्री कुंजरामन नायर, एन.पी.एम. पालूर, कक्काडु, रमाकान्तन, एम. गोविन्दन प्रमुख हैं।

मलयालम का गद्य साहित्य काव्य से अधिक प्रौढ़ रहा है। चम्पू के रूप में गद्य के उदाहरण यद्यपि प्रारम्भ से ही मिलने लगते हैं किन्तु गद्य का प्रौढ़ रूप उन्नीसवीं शती में आया। मलयालम में गद्य की समस्त विधाओं का विकास हुआ है। शिक्षा के क्षेत्र में अग्रणी और अंग्रेजी के प्रभाव के कारण मलयालम में पत्रकारिता का विकास जल्दी हुआ और गद्य की परम्परा विकसित हो गयी। मलयालम गद्य की विधाओं में पहला स्थान उपन्यास का है।

उपन्यास

गद्य-भाषा के रूप में मलयालम में पहले उपन्यास लिखे गये। 1887 ई. में अप्पुणि नेण्टुगाडी के उपन्यास 'कुन्दलता' को मलयालम का पहला उपन्यास माना जाता है। 1889 में ओ. चनुमेनन ने 'इन्दुलेखा' उपन्यास लिखा। अंग्रेजी उपन्यास-कला के तत्त्वों की दृष्टि से यह सर्वाङ्गपूर्ण औपन्यासिक कृति है। यह एक सामाजिक कृति है, जिसमें उच्चवर्ग के पतन और शोषण का वर्णन किया गया है। मलयालम का पहला ऐतिहासिक उपन्यास 'मार्तण्ड वर्मा' है, जिसका लेखन 1891 में सी.वी. रमन पिल्लै ने किया। सी.वी. ने इसके बाद अनेक ऐतिहासिक उपन्यास लिखे, जिनमें 'धर्मराजा', 'रामराजबहादुर' प्रमुख हैं। अन्य ऐतिहासिक उपन्यासकारों में अप्पन तेयुरान (भूतरायर), के.एम. पणिक्कर (केरल सिंह, पुणकोट स्वरूपम्, परकिष हथिल, धूमकेतु का उदय) प्रसिद्ध हैं। सरदार के. एम. पणिक्कर जितने प्रसिद्ध अंग्रेजी लेखन में हैं, उतनी ही ख्याति मलयालम साहित्य में भी मिली है। ऐतिहासिक उपन्यासकारों में मलयालम साहित्य में उनका विशिष्ट स्थान है। सामाजिक उपन्यासों में 'इन्दुलेखा' और 'शारदा' के पश्चात् इस परम्परा की व्यापक वृद्धि हुई। बीसवीं शती के प्रारम्भ में ही भवतातन नम्पूतिरि (अपण्टे मकल), तकषी शिवशंकर पिल्लै (तोट्टियुटे मकन, रण्टिडंगषि, चेम्मीन, कयर), केशवदेव, बशीर, एस. के पोट्टेकाटु, मुकुन्दन, एम.टी. वासुदेवन नायर, जी. विवेकान्दन उल्लेखनीय हैं। इन नामों में तकषी शिवशंकर पिल्लै और एस. के. पोट्टेकाटु भारतीय साहित्य में विशिष्ट स्थान रखते हैं। तकषी के 'तोट्टियुटे मकन' (भंगी का बेटा) में निम्न वर्गों के दैन्य का चित्रण है। भंगी का बेटा में एक पिता अपने पुत्र को इस कार्य से छुटकारा दिलाने और उच्च अधिकारी बनाने का प्रयास करता है लेकिन परिस्थितिवश उसकी मृत्यु हो जाती है और लड़का भंगी ही रह जाता है। लकषी क्रे उपन्यास 'रण्टिटूटङ्गि' (दो सेर धान) में दलदल के पास रहनेवाले भूमिहीन श्रमिकों की पीड़ा है। 'चेम्मीन' उनका बहुचर्चित उपन्यास है जिसमें दीन-हीन मछुआरों की जीवन-स्थिति का वर्णन किया गया है। चेम्मीन की गणना भारत के श्रेष्ठ उपन्यासों में की जाती है। मलयालम का तो यह श्रेष्ठ

उपन्यास है। एस. के. पोट्टेकाट्टु मलयालम के उस युग के दूसरे बड़े कथाकार हैं जिन्होंने केरलीय जीवन का चित्रण किया है। इस काल में जोसेफ मुण्डेश्शेरी का 'प्रोफेसर' एक निर्धन अध्यापक की हृदयद्रावक कहानी है। आगे चलकर उपन्यासों में व्यक्तिवादी चेतना का विकास हुआ। व्यक्तिकेन्द्रित उपन्यासकारों में एम.टी. वासुदेवन नायर, मलयाट्टूर रामकृष्णन, के. सुरेन्द्रन, सी. राधाकृष्णन्, वी. के. एन. नारायण, उण्णिकृष्णन पुतूर, एन. पी. मुहम्मद, पी. वत्सला प्रमुख हैं। इन रचनाकारों ने यथार्थ की अपेक्षा रूमानियत को महत्त्व दिया। पूँजीवाद के पतन, पारिवारिक विघटन और व्यक्तित्व के बिखराव ने इन उपन्यासों को अन्तर्मुखी बना दिया। व्यक्तिवादी उपन्यासों में वासुदेवन के 'नालकेटटु' और 'कालम्', के. सुरेन्द्रन के 'मरणम् दुर्बलम्' प्रमुख हैं।

सातवें दशक में मलयालम उपन्यास साहित्य में नया मोड़ आया। राजनैतिक मूल्यच्युति, नकारात्मकता, जीवन-मूल्यों में गिरावट और यौन विरूपताओं का चित्रण उपन्यासों में प्रारम्भ हुआ। समाज की इस कुत्सित मनोवृत्ति का चित्रण साठोत्तरी-सत्तरोत्तरी उपन्यासों में हुआ। ऐसे उपन्यासकारों में ओ.वी. विजयन, काक्कनाड्न. एम. मुकुन्दन, पुनत्तिल कुंजब्दुल्ला, माण्डपु कुंजकुट्टन, पी. पद्मराजन. माधवी कुट्टी प्रमुख हैं। विजयन के 'खसाक्किण्टे इतिहासम्' में द्रौपदी को प्रतीक बनाकर इसे व्यक्त किया गया है। इन उपन्यासों के केन्द्र में मुख्य रूप से शहरी जीवन को केन्द्र में रखा गया है। आधुनिकता की अन्धीदौड़ में भागते शहरी जीवन की विसंगतियाँ ही साठोत्तरी कथा-साहित्य के केन्द्र में हैं। काक्कनाडना, ओ. वी. विजयन और एम. मुकुन्दन (दिल्ली) ने इन विसंगतियों को बारीकी से उभारा है। 'दिल्ली' राजनीतिक पतन की महागाथा है।

नवें दशक के पश्चात् आधुनिकता का पतन पूर्ण हो चुका था। उत्तर-आधुनिकता के रूप में नये भावबोध के साथ कथा-लेखन प्रारम्भ हुआ। उत्तर-आधुनिक कथाकारों ने सामाजिक परिस्थिति पर गम्भीरता से विचार किया। इक्कीसवीं शती में जो उपन्यास लिखे गये उनमें स्त्री-विमर्श, दलित-विमर्श, संस्कृति-विमर्श, इतिहासबोध को महत्त्व दिया गया। इस युग के कथाकारों में सी.वी. बालाकृष्णन (जड़ की ओर) (आयुसिण्टे पुस्तकत्तितुम), कक्कट्टिल (मृत्युयोग), टिच्चु कोच्चु बाबा (वृद्धसदनम्), के.जी. बेबी (मावेली मण्टम्), आनन्द (गोर्वधण्टे याजकल) महत्त्वपूर्ण हैं, जिनमें उपभोक्ता संस्कृति, विश्वबाजार, अल्पसंख्यकों की समस्या, औपनिवेशिक पतन आदि समस्याओं को उठाया गया है। स्त्री-विमर्श की दृष्टि से इक्कीसवीं सदी के उपन्यासों में सारा जोसेफ कृत 'आलाहवुडे पणमक्कला', 'माटान्ती', सी. एस. चन्द्रिका कृत 'पिश', बन्दन कृत 'कुरियेड़तु तावी' प्रमुख हैं। इस काल में दलित उपन्यासों की भी रचना हुई। दलित आन्दोलन के लिए चर्चित उपन्यासों में कवियूर मुरली, अम्बिदासुतन गांगाड़, एम. मुकुन्दन, जोरा मुट्टत्तु प्रमुख हैं। इस प्रकार इक्कीसवीं शती तक केरलीय उपन्यास सामाजिक चेतना से जुड़कर विकसित हुए हैं।

कहानी

मलयालम में कहानी का विकास जल्दी हुआ और कहानी विधा अत्यन्त प्रौढ़ भी हो गयी। सभी उपन्यासकारों ने श्रेष्ठ कहानियाँ लिखी हैं। स्वयं तकषी शिवशंकर पिल्लै प्रारम्भ में

कहानीकार थे और उन्होंने उपन्यासों की भाँति कहामीकार के रूप में प्रसिद्धि प्राप्त की है। तकषी की कहानियाँ विश्वप्रसिद्ध कहानीकारों के समकक्ष रखी जा सकती हैं। मलयालम में कहानीकारों की संख्या सर्वाधिक है लेकिन श्रेष्ठ कहानीकारों में पोन कुन्नु वर्की, के. टी. मुहम्मद, बशीर, पी.सी. कुट्टीकृष्णनू, पोट्टेकाट्ट, कोवूर, कारूर, सरस्वती अम्मा, ललिताम्बिका प्रमुख हैं। बशीर, पोट्टेकाट्ट और कुट्टीकृष्णन वामपन्थी विचारधारा के कहानीकार हैं। स्वातन्त्र्योत्तर कहानीकारों में ओ.वी. विजयन, काक्कनाटन, सारा जोसफ, पी. वात्सला, के. पी. सुधीरा प्रमुख हैं। महिला कथा-लेखिकाओं के साहित्य में स्त्री-विमर्श का स्वर उभरा है। इसी क्रम में इक्कीसवीं सदी में उत्तर-आधुनिकता से प्रभावित युवा कहानीकारों की पीढ़ी अग्रसर है। मलयालम कहानीकारों में के. सुकुमारन कहानी के जादूगर माने जाते हैं। उन्हें अपार लोकप्रियता मिली। सुलोचना, किसी का बच्चा, हाथी का शिकार उनकी चर्चित कहानियाँ हैं।

समग्र रूप से मलयालम कहानी सामाजिक परिवेश से जुड़कर आगे बढ़ी है और इसी कारण उसे केरल में लोकप्रियता मिली है। जीवन से जुड़कर चलने के कारण कहानी में समय-सापेक्ष परिवर्तन होते रहे हैं। स्वतन्त्रता के बाद की पीढ़ी में ही पद्मनाभन ने व्यक्तिवादी कहानियों की परम्परा विकसित की तो ज्ञानपीठ पुरस्कार से सम्मानित एम.टी. वासुदेवन नायर ने बिखरते परिवार की वेदना को स्वर देकर सामाजिक बिखराव को कहानियों का विषय बनाया। मलयालम कहानी में माधवी कुट्टि की दुनिया अलग है। उन्होंने उलझाव-भरी कहानियाँ लिखी हैं। केरल में सेना से अवकाशप्राप्त कहानीकारों का अपना वर्ग है जिन्होंने सेना में रहकर अनुभव प्राप्त किया और भारतीय जन-जीवन को परखा तथा मलयालम में प्रस्तुत किया। सैनिक कथाएँ नाम से प्रसिद्ध इन कहानियों में पारप्पुरन्तु, कोविलय, नन्तनार प्रमुख हैं।

चौथी पीढ़ी की कहानियाँ बीसवीं शती के उत्तरार्द्ध में लिखी गयीं। देश की आजादी के साठ वर्ष बाद भी प्रगति से निराश-हताश और आधुनिकता से बोझिल समाज की ये उत्तर-आधुनिक कहानियाँ हैं। इनके रचनाकारों में ओ.वी. विजयन, सक्करिया, एम. मुकुन्दन, निर्मल कुमार, नारायण पिल्ले आदि उल्लेखनीय हैं।

नाटक

नाटक के क्षेत्र में बड़ा साहित्यिक कार्य हो रहा है। मलयालम में नाटक को साहित्य समझने की परम्परा रही है। कालिदास और भवभूति तथा अन्य नाटककारों की शैलियों में नाटक को 'दृश्यकाव्य' माना जाता है और यह परम्परा अभी तक मृत नहीं है। नये विषयों में ज्यों-ज्यों रुचि बढ़ती गयी, पश्चिमी नाटकों के ढंग के अभिनेय नाटक अधिक लोकप्रिय होने लगे, गोकि जो बहुत-से नाटक मंच पर खेलने के लिए लिखे जाते हैं, उन्हें साहित्यिक गुणयुक्त शायद ही क़हा जा सके।

इनमें सबसे प्रमुख है सी.पी. रामन पिल्लई का 'कुरुपिल्ला कळरी' (बिना मास्टर का स्कूल)। इस नाटक में नायरों की सामाजिक अराजकता का चित्रण है। इस सामाजिक सुकान्त नाटक में संक्रान्तिकालीन अनिश्चित स्थिति का बड़ा अच्छा वर्णन मिलता है। ई.बी. कृष्ण पिल्लई दूसरे ऐसे लेखक थे जिन्होंने ऐतिहासिक नाटक के द्वारा रंगमंच के विकास में सहायता

दी। कैणिक्कर पद्मनाभ पिल्लई ने ईसा के आदेश पर एक महत्त्वपूर्ण नाटक 'कालिवारिथिले कल्पपादयं' लिखा। एन. कृष्ण पिल्लई और इडामेरी गोविन्द नायर प्रसिद्ध नाटककार हैं, जिनकी कृतियों में पर्याप्त साहित्यिक गुण हैं। सफल नाटक-लेखकों में चेल्लप्पन नायर, के.टी. मुहम्मद और टी.एन. गोपीनाथ नायर हैं।

अन्य प्रसिद्ध नाटककारों में तोप्पिल भासी, पद्मनाभ पिल्लै, सी.एन. श्री कण्ठन नायर, के. रामकृष्ण पिल्लै, सी एल. जोश का नाम लिया जा सकता है, जिनकी रचनाएँ हिन्दी में भी उपलब्ध हैं।

आलोचना

इस युग में आलोचना-साहित्य में बड़ी प्रगति हुई। पुराने आलोचक प्राचीन संस्कृत साहित्य-शास्त्र से ही अधिक सम्बद्ध थे और उन्होंने स्वस्थ आलोचनात्मक परम्परा को विकसित करने में बड़ी मदद दी। इनमें पी.के. नारायण पिल्लई और के. रामकृष्ण पिल्लई सर्वप्रमुख हैं। परन्तु एम.पी. पॉल, मुण्डेश्शेरी और ए. बालकृष्ण पिल्लई के साथ-साथ मलयालम-आलोचना में नयी जान आ गयी। एम.पी. पॉल ने उपन्यासों और कहानियों के रूप का जो अध्ययन प्रस्तुत किया वह तरुण लेखकों के लिए पथ-प्रदर्शक बना। जोसेफ मुण्डेश्शेरी ने प्राचीन साहित्य के विद्वत्तापूर्ण अध्ययन के साथ अत्याधुनिक दृष्टिकोण का समन्वय किया और वे आधुनिक विचारधारा के प्रमुख उद्गाता बने। ए. बालकृष्ण पिल्लई ने मलयालम में फ्रेंच साहित्य-रूपों को प्रस्तुत किया और उनकी ही प्रेरणा से मोपासाँ का बहुत बड़ा प्रभाव केरल के साहित्य पर पड़ा। कुट्टी कृष्ण मरार और मूर्कोत्तु कुञ्जप्पा गुप्तन् नायर और अन्य आलोचकों ने नये विचारों के विकास में मदद दी और मलयालम का आलोचनात्मक साहित्य यद्यपि बहुत-कुछ प्रगतिवाद की ओर झुका है, फिर भी उसे सुपठित, सुयोग्य और विश्व की विचारधारा का उत्तम ज्ञान रखनेवाला कहा जा सकता है।

जीवनी, यात्रा-साहित्य इत्यादि

आधुनिक काल में गद्य-साहित्य की एक और विधा ने बड़ी प्रगति की है। वह है– जीवनी-साहित्य। पी.के. नारायण पिल्लई की जीवनी पी. के. परमेश्वरन् नायर ने लिखी (और उसके बाद उन्होंने सी.वी. रामन पिल्लई की जीवनी भी लिखी) और इसके द्वारा इस क्षेत्र में मानदण्ड स्थिर किया। केरल वर्मा, राजराज वर्मा और उल्लूर परमेश्वरा अय्यर जैसे व्यक्तियों की पुरानी जीवनियाँ एक तरह से प्रशस्तियाँ और स्तुति-पाठ जैसी ही थीं, उनमें कोई तटस्थता और गुण-दोष-विवेचन का प्रयत्न नहीं दिखायी देता था। परमेश्वरन् नायर ने जीवनी-लेखन की कला को गम्भीरतापूर्वक लिया और वे न केवल उसमें आलोचना और शोध की भावना लाये, वरन् उसमें साहित्यिक कला-कौशल भी जोड़ा। इस क्षेत्र में आई. सी. चाको, ए.डी. हरिशर्मा और डॉ. के. एम. जार्ज ने यथेष्ट कार्य किया है।

आत्मकथा

इस क्षेत्र में महान् ग्रन्थ हैं–'स्मरण मण्डलम्' जिसके लेखक पी.के. नारायण पिल्लई आलोचक, कवि और विद्वान् हैं, और उन्होंने वकील और जज के नाते बड़ी भारी ख्याति पायी थी। पी.के. की आत्मकथा उनके बचपन में ट्रावनकोर की सामाजिक दशा का पूरा विस्तृत

चित्र व्यक्त करती है, इसमें एक महान् लेखक की मँजी हुई शैली का पता लगता है। दूसरे महत्त्वपूर्ण ग्रन्थ के लेखक ई.बी. कृष्ण पिल्लई हैं। उनके जीवन में अनिश्चितता थी और इस कारण यह आत्मकथा अधिक रोचक बनी। प्रसंगवश यहाँ यह भी उल्लेखनीय है कि कृष्ण पिल्लई इस शताब्दी के एक प्रसिद्ध हास्य लेखक माने जाते हैं। हास्य-लेखन में दूसरा बड़ा नाम संजयन (एम.आर. नायर) का है। का.मा. पणिक्कर की 'आत्मकथा', सी. केशवन की 'जीवित-समाम्' और के.पी. केशव मेनन की 'कापिञ कालंगल' एन. चन्द्रशेखरन नायर की आत्मकथा महत्त्वपूर्ण ग्रन्थ है।

प्राचीन काल से ही मलयालम भाषा यात्रा-साहित्य के लिए प्रसिद्ध रही है। एक ईसाई पादरी ने यूरोप-यात्रा का अपना वर्णन 18वीं शती में लिखा था। 19वीं शती में यह फैशन चल पड़ा कि यात्रा-वर्णन पद्य में लिखा जाय। आधुनिक काल में साहित्यिक गुणयुक्त यात्रा-ग्रन्थ के. पी. केशव मेनन का 'बिलात्ति विशेष' है, जिसे एक प्रकार से इंग्लैण्ड की रिपोर्ट कहना चाहिए, जब वे विद्यार्थी के नाते वहाँ रहते थे। पोट्टक्काटु ने इस तरह के साहित्य में विशेषता प्राप्त की। इनके यात्रा-साहित्य में दुनिया का बहुत बड़ा हिस्सा हमें देखने को मिलता है, अर्थात् एशिया, अफ्रीका और यूरोप के वर्णन इनके साहित्य में हैं। पोट्टक्काटु की दृष्टि मनोरंजक वस्तुओं की ओर है और वे सरल प्रसादपूर्ण गद्य शैली के उस्ताद हैं। इसी सम्बन्ध में एक और उल्लेखनीय ग्रन्थ का.मा. पणिक्कर का 'आपत्करमाय यात्रा' (एक भयानक यात्रा) है। इसमें उनकी युद्धकालीन यात्रा का वर्णन है और 'चँनायिले और यात्रा' (चीन की यात्रा) से चीन का विस्तृत वर्णन है।

पत्रकारिता

मलयाला मनोरमा केरल की प्रसिद्ध पत्रिका है। उसके द्वारा साहित्य को प्रोत्साहन दिया गया। साहित्यिक रचनाओं के लिए स्तम्भ खुले थे और मनोरमा ने केरल में सबसे पहली साहित्यिक सभा बुलायी, जिसका नाम 'भाषा-पोषिणी सभा' था। इस प्रकार साहित्यिक आन्दोलन को बड़ा प्रोत्साहन मिला। उन्होंने 'भाषा-पोषिणी सभा' नामक एक साहित्यिक पत्रिका भी शुरू की, जोकि रचनात्मक साहित्य का माध्यम थी। 'विद्या विनोदिनी' और 'रसिक रंजनी' नामक दूसरे महत्त्वपूर्ण साहित्यिक पत्र कुछ विद्वानों के दल ने त्रिसूर से शुरू किये। 'आत्म-पोषिणी' के सम्पादक कुछ दिनों के लिए वल्लत्तोल थे। 'मंगलोदयम्' की प्रमुख आत्मा हैं अप्पन तम्पुरान। ऐसी साहित्यिक मासिक पत्रिका का एक उत्तम प्रयोग, जो कि केवल कविता के लिए ही, करीब 25 वर्षों के लिए वी.के. कृष्ण वारियर के सम्पादन में चलता रहा। इस पत्रिका का नाम 'कवन कौमुदी' था। इस युग का ऐसा शायद ही कोई कवि हो, जिसने इसमें न लिखा हो। 'कौमुदी' के द्वारा बहुत-से लेखकों को प्रथम अनुभव मिला। वल्लत्तोल, उल्लूर, शंकर कुरुप और अन्य लेखक इसमें बराबर लिखते रहे और 'कौमुदी' ने साहित्य में अपना स्थान बनाया, क्योंकि उसमें पहली बार कई उच्चकोटि की रचनाएँ प्रकाशित हुईं, उदाहरणतः वल्लत्तोल की 'विलास लतिका', जो कि बाद में एक क्लासिक बन गयी। समस्त केरल साहित्य परिषद् ने विशुद्ध साहित्यिक लेखों की एक पत्रिका प्रकाशित की और इसमें इतिहास, साहित्यलोचन तथा प्राचीन ग्रन्थों पर अनेकानेक निबन्ध प्रकाशित हुए।

तीसरे दशक में न केवल मासिक पत्रिकाओं ने साहित्य को आकार दिया, बल्कि साहित्यिक साप्ताहिक भी शुरू हुए, जो दैनिक पत्रिकाओं के कार्यालय से निकलते थे। कोषीकोड का 'मातृभूमि' साप्ताहिक और कोल्लं का 'मलयालं राज्यं' तरुण लेखकों का प्रमुख व्यासपीठ बन गया। इनका प्रचार अधिकाधिक संख्या में होने लगा और लेखक साहित्यिक पत्रिकाओं की अपेक्षा पाठकों की कहीं बड़ी संख्या तक पहुँचने लगे। केरला कौमुदी, वरत्तमानम्, जनयुगम्, वीक्षणम्, मंगलम्, सिराज और चन्द्रिका प्रमुख समाचार-पत्र हैं।

इस प्रकार मलयालम भाषा साहित्यिक दृष्टि से आधुनिक युग में सम्पन्न भाषा है। इसका पहला कारण तो यह है कि केरल भारत का सर्वाधिक साक्षर प्रदेश है और वहाँ साक्षरता की दर शत-प्रतिशत है। मलयालम साहित्य की प्रगति का दूसरा प्रमुख कारण है, मलयालम का संस्कृत से प्राचीन काल से सम्बन्ध। मणिप्रवालम् ने यह स्पष्ट कर दिया है कि संस्कृत वहाँ की काव्यभाषा प्राचीन काल से थी और संस्कृत साहित्य लोकप्रिय था। मलयालम और मणिप्रवालम् में भारतीय संस्कृति के सभी प्राचीन ग्रन्थ पहले ही अनुवाद के रूप में विद्यमान थे। भागवत, रामायण, शाकुन्तल आदि का अनुवाद प्रारम्भिक युग से ही मिलने लगता है। केरल की साहित्यिक समृद्धि का तीसरा बड़ा कारण है उदारता और राष्ट्रीयता। केरल भाषा के प्रति दुराग्रही नहीं रहा। हिन्दी को केरल में राष्ट्रप्रेम का दूसरा रूप माना जाता है। केरल के प्रत्येक विश्वविद्यालय में हिन्दी शिक्षा की व्यवस्था है। प्रारम्भिक स्तर पर केरल में हिन्दी अनिवार्य भाषा है। हिन्दी में शताधिक शोध केरल में हुए हैं। अतः हिन्दी तथा अन्य भारतीय भाषाओं का साहित्य मलयालम में लोकप्रिय है। प्रेमचन्द, पन्त, प्रसाद, बच्चन, महादेवी केरल को भी अपने लगते हैं। केरल में अनुवाद साहित्य इतना समृद्ध है कि केरलीय विद्वानों ने मलयालम की भी समस्त श्रेष्ठ कृतियों को हिन्दी में उपलब्ध करा दिया है। केरल में संस्कृत, हिन्दी, मलयालम की भाँति अंग्रेजी का भी वर्चस्व है। आधुनिक भारतीय लेखकों में अंग्रेजी के अनेक लेखक केरल के हैं। मलयालम की श्रेष्ठ रचनाएँ अंग्रेजी में भी उपलब्ध हैं। केरल पर लम्बे समय से मार्क्सवाद का प्रभाव बना हुआ है और प्रान्तीय सार पर कम्युनिस्ट शासन रहा है। अतः सोवियत संघ और मार्क्स के साहित्य के अनुवाद भी मलयालम में उपलब्ध हैं। डॉ. चन्द्रशेखरन नायर, डॉ. एन. चन्द्रहासन, डॉ. कमला रत्नम्, डॉ. आर. सुरेन्द्रन, डॉ. ए. अरविन्दाक्षन्, डॉ. एन.ई. विश्वनाथन अय्यर, डॉ. एन. रामन नायर, डॉ. पी. कृष्णन्, डॉ. श्रीधरन नम्बियार, डॉ. तंकमणि अम्मा, डॉ. सुधा बालाकृष्णन्, डॉ. गोविन्द शेनाय प्रभृति केरलीय साहित्यकार हिन्दी के गौरव हैं। इससे स्पष्ट है कि मलयालम साहित्य भौतिक रचनाओं और अनुवाद की दृष्टि से आधुनिक काल की साहित्यिक चेतना की दृष्टि से सजग, सचेष्ट और समृद्ध भाषा है।

इस शताब्दी के आरम्भ में साहित्य एक वर्ग-विशेष की वस्तु थी। उच्चवर्ग में और राज-दरबारी सामन्त और अमीर वर्ग में ही सहित्य की रुचि थी और वहीं वह पनपता था। इस काल के आरम्भ में केरल वर्मा, राजराज वर्मा, कुञ्जिकुट्टन् तम्पुरान् और अन्य महान् व्यक्तियों का शासक-परिवार से गहरा सम्बन्ध था। धीरे-धीरे लेखकों का क्षेत्र विस्तृत होने

लगा। 1915 से 1936 के बीच साहित्य मध्यम वर्ग की वस्तु बन गया; अधिकतर अंग्रेजी पढ़े-लिखे लोगों तक ही साहित्य सीमित था जिनकी सामाजिक इच्छाएँ और आर्थिक वृत्तियाँ साधारणतः आत्मसन्तोषवाली थीं। कुमारन् आशान् एकमात्र अपवाद थे, जिन्होंने सामाजिक अन्याय के विरुद्ध विद्रोह किया। राजनैतिक स्वतन्त्रता के पक्ष में कुछ लेखकों ने आवाज उठायी।

मलयालम के साथ हिन्दी साहित्य भी केरल में (दक्षिण में) सर्वाधिक लिखा जा रहा है। केरलीय हिन्दी साहित्य की अपनी महत्ता है। डॉ. चन्द्रशेखरन् नायर, आनन्द शंकर माधवन की परम्परा का इसलिए महत्त्व है क्योंकि केरलीय हिन्दी साहित्य मलयालम के समान्तर में विकसित हो रहा है और वहाँ की मौलिक प्रकृति को सँजोये है।

डॉ. एन.ई. विश्वनाथ अय्यर, डॉ. आरसु, डॉ. अरविन्दाक्षन, विनोद कोपव्रत, के.जी. बालकृष्ण पिल्लै, एम. अरविन्दन, डॉ. वीना ईप्पन, पी. श्रीधरन नम्बियार, प्रो. पी. कृष्णन् केरलीय हिन्दी साहित्य के समकालीन ध्वजावाहक हैं। प्रो. आरसु ने नवनिकष (कानपुर) पत्रिका के केरल विशेषांक का सम्पादन करके केरल के मलयालम और हिन्दी साहित्य को सार्वदेशिक बनाया है।

2

पूर्वाञ्चल भाषा वर्ग

1. बाँग्ला साहित्य का इतिहास

बाँग्ला पूर्वाञ्चल भाषाओं में सर्वाधिक समर्थ एवं साहित्यिक दृष्टि से समृद्ध भाषा है। संस्कृत से विकसित आधुनिक आर्यभाषाओं में बाँग्ला आज भी संस्कृत के सर्वाधिक निकट है! वर्तमान बाँग्ला भारत के बंगाल प्रान्त और बाँग्ला देश की भाषा है। बाँग्ला का विकास मागधी प्राकृत से हुआ है। उल्लेखनीय है कि इसी मागधी प्राकृत और अपभ्रंश से हिन्दी की बिहारी बोलियों का भी विकास हुआ है, जिनमें भोजपुरी, मगही और मैथिली की गणना होती है। मैथिली न केवल बाँग्ला की सीमावर्ती है वरन् उसके निकट भी है। बाँग्ला और बिहारी के अतिरिक्त असमिया और उड़िया भी मागधी से विकसित हुई हैं और इनके भाषागत एवं साहित्यिक स्वरूप पर बाँग्ला का प्रभाव है। इसीलिए इन्हें कुछ विद्वानों ने बाँग्ला की ही बोलियाँ मानने पर बल दिया है। बाँग्ला का इतिहास सर्वप्रथम डॉ. सुकुमार सेन ने 'बाँग्ला साहित्येर कथा' नाम से प्रस्तुत किया।

साहित्यिक विकास

आदिकाल

बाँग्ला साहित्य का विकास हिन्दी के समान्तर हुआ है। जिस सिद्ध-साहित्य से हिन्दी की परम्परा प्रारम्भ हुई, उसी से बाँग्ला का विकास भी हुआ है। म.म. हरिप्रसाद शास्त्री ने सिद्धों के चर्यापदों को बाँग्ला की प्रारम्भिक रचना माना है। सिद्धों का दोहा साहित्य अपभ्रंश मिश्रित हिन्दी है जिसे पुरानी हिन्दी कहा जाता है। सिद्धों ने ही पादाकुलक छन्द में आठ से सोलह पंक्तियोंवाले पद भी लिखे हैं, जिन्हें चर्यापद कहा जाता है। इनमें हर पद में रागों का निर्देश भी मिलता है। नेपाल के संग्रहालय से प्राप्त इन पदों को ही बाँग्ला का प्रारम्भिक साहित्य माना जा सकता है। ये पद चौरासी सिद्धों के परवर्ती कवियों द्वारा विरचित हैं तथा इनमें सहजिया सम्प्रदाय के सिद्धान्तों का वर्णन है। इसका प्रकाशन 'बौद्ध गान ओ दोहा' के रूप में हुआ है। इस प्रकार यह कृति मूलतः धर्म-साधना से जुड़ी है किन्तु इसमें साहित्यिकता का अभाव नहीं है। दार्शनिक सिद्धान्तों के साथ उन कवियों ने साहित्यिक रूढ़ियों, उपमाओं, रूपकों का प्रयोग भी किया है साथ ही बंगाल के जन-जीवन की झलक भी उनमें मिल जाती है। सहजिया बौद्धों की साधना रहस्यमयी है अतः उन्होंने अपनी साधना को कूट शैली में

प्रस्तुत किया है। ऊपर से उसका अर्थ सामान्य है लेकिन साधनात्मक दृष्टि से उसका कुछ और ही अर्थ है। इन पदों का रचनाकाल 10वीं से 12वीं शती के मध्य का है। सिद्ध साहित्य का प्रारम्भ हिन्दी में छठीं-सातवीं शती से होने लगा था। डॉ. डी.सी. सेन ने इनके अतिरिक्त बाँग्ला साहित्य के आदिकाल में डाक की कहावतों, लोकगाथाओं और नाथ साहित्य की गणना की है। इनमें अधिकांश लोकपरम्परा की रचनाएँ हैं, जिनका मूल रूप अनुपलब्ध है। जहाँ तक नाथ साहित्य का प्रश्न है बाँग्ला नाथ साहित्य मूलतः लोकवाणी में सुरक्षित रहा है। नाथ और सिद्ध समकालीन रहे हैं। नाथों में अनेक सिद्धों में भी परिगणित रहे हैं। नाथों का जो साहित्य बाँग्ला का माना जाता है, वह लोकपरम्परा में उपलब्ध है। अतः उसकी भाषिक प्राचीनता या तो सन्दिग्ध है या परवर्ती है। केवल नाथों के नामोल्लेख से उसे प्राचीन नहीं माना जा सकता। सम्भवतः नाथों के प्रभाव के कारण उनके परवर्ती अनुयायियों ने उनकी रचना की हो। नाथ साहित्य के नाम पर उपलब्ध रचनाओं में स्वयं नाथों की रचनाओं का उल्लेख बाँग्ला में नहीं है। नाथों के चरित का वर्णन बाँग्ला में मिलता है। उनमें गोरखनाथ, भरथरी और गोपीचन्द की कथाओं का वर्णन है। ये लोकगाथाएँ सभी भारतीय भाषाओं में मिलती हैं। इसलिए बाँग्ला साहित्य के आदिकाल में चर्यापद ही प्रामाणिक हैं। परवर्ती आदिकाल में एक ग्रन्थ का उल्लेख अवश्य मध्यकालीन साहित्य के लिए विवेचनीय है। इस ग्रन्थ ने मध्यकालीन बाँग्ला और हिन्दी साहित्य को समान रूप से प्रभावित किया है। 12वीं शती में बंगाल के वैष्णव राजा लक्ष्मण सेन के आश्रित कवियों में संस्कृत कवियों का समादर था, उमापति धर, गोवर्द्धनाचार्य, धोयी और जयदेव उसके प्रश्रय में थे। इनमें जयदेव का गीत गोविन्द परवर्ती वैष्णव काव्य का आधार ग्रन्थ है। गीत गोविन्द से श्रीकृष्ण की भक्ति के माधुर्य भाव एवं पद शैली का विकास हुआ जिसका प्रभाव हिन्दी में विद्यापति, बाँग्ला के चण्डीदास पर समान रूप से पड़ा। कुछ लोग जयदेव के गीत गोविन्द को बाँग्ला की कृति स्वीकार करते हैं जिसका संस्कृत में रूपान्तर हो गया है। बाँग्ला के आदिकाल का रूप यहीं तक मिलता है।

मध्यकाल

14वीं शती तक बंगाल में मुस्लिम शासन स्थापित हो गया। इस काल तक सम्पूर्ण बंगाल में जयदेव का प्रभाव पड़ चुका था। 14वीं शती में बाँग्ला समाज में तीन कवि समादृत थे। पूरा वैष्णव समाज गीत गोविन्द, विद्यापति के पदों और बडु चण्डीदास के पदों से अनुप्राणित था। इनमें चण्डीदास मूलतः बाँग्ला कवि थे। चण्डीदास के पद लोक कण्ठ पर विद्यमान थे। चण्डीदास का जीवन-परिचय जनश्रुतियों पर आश्रित है। उनका नाम अनन्तबडु चण्डीदास या चण्डीदास मिलता है। उनके पदों का संग्रह 'श्रीकृष्ण कीर्त्तन' नाम से उपलब्ध है जिनमें 1000 पदों का संग्रह है। चण्डीदास के अतिरिक्त विद्यापति के पदों का भी बंगाल में गायन होता आया। विद्यापति के मैथिली गीत बाँग्ला के कण्ठ से मिलकर हिन्दी और बाँग्ला को नया रूप देने लगे। प्रारम्भ में उसकी भाषा को लेकर सन्देह हुआ क्योंकि वह न बाँग्ला थी और न हिन्दी। फलतः उसे ब्रजबुलि नाम दिया गया। चण्डीदास और विद्यापति के पद मूलतः लोकपरम्परा में गाये जाते रहे। अतः इनमें परवर्ती गायकों ने भी अपने पद जोड़कर उनके नाम से प्रचारित कर दिये हों तो अत्युक्ति नहीं किन्तु यह स्पष्ट है कि बाँग्ला का मध्यकालीन

वैष्णव काव्य इन दोनों कवियों का ऋणी है। वैष्णव धर्म की प्रतिष्ठा होने के कारण इस काल में न केवल पदों की रचना हुई वरन् संस्कृत वैष्णव साहित्य के अनुवाद भी हुए जिनका उल्लेख आवश्यक है।

कृत्तिवास ओझा—वैष्णव ग्रन्थों की दृष्टि से कृत्तिवास ओझा (16वीं शती) के रामायण की चर्चा आवश्यक है। बाँग्ला रामायण कृत्तिवास रामायण के नाम से प्रसद्धि है। कृत्तिवास रामायण संस्कृत के किसी एक रामायण का अनुवाद नहीं है वह संस्कृत रामायण ग्रन्थों के आधार पर बाँग्ला में प्रस्तुत रामायण है जिसकी मौलिकता असन्दिग्ध है। बंगाल की लोकप्रिय कृतियों में कृत्तिवास रामायण की गणना की जाती है।

मालाधर बसु—संस्कृत अनुवाद परम्परा में दूसरी कृति 'गोविन्द विजय' या 'श्रीकृष्ण विजय' है जो श्रीमद्भागवत का बाँग्ला में अनुवाद है। इसके रचयिता मालाधार बसु हैं। मालाधार बसु कुलीन ग्राम (बर्दवान) के निवासी थे, जो वैष्णव धर्म का केन्द्र था। इस ग्रन्थ की सबसे बड़ी विशेषता यह है कि इसकी रचना बंगाल के एक मुस्लिम शासक रुकनुद्दीन बरबक शाह के आश्रय में हुई थी। इन दो ग्रन्थों के अनुवाद ने बंगाली वैष्णव काव्य को नयी ऊर्जा दी जिसका प्रभाव चैतन्य के उदय से हुआ।

मंगल काव्यपरम्परा—बंगाल शक्ति उपासना का केन्द्र है। मध्यकाल में ही इन देवियों के उपाख्यानों के आधार पर लम्बी गाथाएँ लिखी गयीं जिन्हें मंगल काव्य परम्परा कहा जाता है। देवीपरक कथाओं की यह परम्परा बाँग्ला साहित्य की निजी विशेषता है। मंगल काव्य में किसी देवी-देवता द्वारा अपने प्रतिद्वन्द्वी पर विजय की कथा वर्णित रहती है। प्रमुख मंगल रचनाओं में जिन देवी-देवताओं की कथा मिलती है, वे हैं—मनसा मंगल (मनसा देवी), चण्डी मंगल, चण्डी देवी के प्रथम कवि मानिक दत्त हैं, धर्म मंगल(धर्म ठाकुर—एक लोक देवता)। प्रसिद्ध मंगल काव्यों में विजय गुप्त और नारायण देव का मनसा मंगल उल्लेखनीय है। मंगल काव्य 17वीं शती तक मिलते हैं जिनमें मुकुन्दराम चक्रवर्ती, माधवाचार्य प्रमुख हैं। इनमें मुकुन्दराम सर्वोपरि हैं।

उत्तर मध्यकाल

बाँग्ला समाज और साहित्य पर मध्यकाल में सर्वाधिक प्रभाव डालनेवाले हैं—चैतन्य महाप्रभु। चैतन्य का युग 1486 से 1533 तक माना जाता है। चैतन्य अपने युग ही नहीं तिरोभाव के पश्चात् भी बाँग्ला समाज के लोकनायक रहे और उनके चरितगायन की परम्परा विकसित हुई। इस प्रकार 16वीं शती से अट्ठारहवीं शती तक बाँग्ला साहित्य चैतन्यकेन्द्रित रहा जिसे बाँग्ला मध्यकाल का उत्तरकाल कहा जा सकता है। चैतन्य वैष्णव काव्य के मध्य हैं। अतः चैतन्य पूर्व और चैतन्य परवर्ती बाँग्ला काव्य की दो मध्यकालीन काव्यधाराएँ सामने आती हैं। यहाँ चैतन्य के युग पर निक्षेप आवश्यक है। चैतन्य नवद्वीप (नदिया) के थे। नवद्वीप संस्कृत एवं दर्शन का केन्द्र था। दर्शन के नव्य न्याय का विकास यहीं से हुआ। मध्यकाल में काशी, दरभंगा और नवद्वीप दार्शनिकों के गढ़ थे। आचार्य वासुदेव सार्वभौम, रघुनाथ शिरोमणि, रघुनन्दन भट्टाचार्य जैसे प्रकाण्ड विद्वानों का केन्द्र नवद्वीप था। चैतन्य स्वयं व्याकरण के प्रकाण्ड विद्वान् थे। उनका एक नाम निमाई था। गौर वर्ण के कारण वे

गौरांग भी कहे जाते थे। ऐसे धुरन्धर विद्वान् ने कर्कश ज्ञान मार्ग का परित्याग कर जब भक्ति मार्ग को स्वीकार किया और संस्कृत के स्थान पर चण्डीदास के पदों का गायन किया तो प्रारम्भ में उनका विरोध हुआ किन्तु कालान्तर में उन्हें अवतार माना गया और महाप्रभु कहा गया। चैतन्य वैष्णव मत के बंगाल में प्रतिष्ठापक हैं। उन्होंने भक्ति का सहज मार्ग उपलब्ध कराया और वृन्दावन के छह गोस्वामियों ने उसकी व्याख्या की जिनमें सनातन गोस्वामी, रूप गोस्वामी और जीव गोस्वामी ने चैतन्य मत का प्रचार किया। 'उज्ज्वल नील मणि' के रूप में शृंगार की प्रतिष्ठा भक्ति के रूप में हुई। कालान्तर में चैतन्य मत का प्रभाव सम्पूर्ण उत्तर भारत पर पड़ा। उत्तर मध्यकाल की वैष्णव बाँग्ला काव्य परम्परा में दो प्रवृतियाँ मिलती हैं–

(क) गीतिकाव्य–चैतन्य के उपदेशों से प्रभावित होकर जिन कवियों ने भक्तिप्रवण गीतों की रचना की है, वे गीति काव्य परम्परा में आते हैं। ऐसे कवियों में मुरारि गुप्त, नरहरि सरकार, वासुदेव घोष, समानन्द बसु प्रमुख हैं। उनके अतिरिक्त ज्ञानदास, गोविन्ददास, बलरामदास, राय शेखर के नाम प्रमुख हैं। इस परम्परा में अनेक मुस्लिम कवि भी आते हैं।

(ख) चरित काव्य–चैतन्य के शिष्यों ने चैतन्य को महाप्रभु माना है। अतः उनके चरित पर भी पृथुल रचनाएँ लिखी गयी हैं। चैतन्य के अतिरिक्त उनके आराध्य कृष्ण का चरित भी अनेक रचनाकारों ने वर्णित किया है जिसमें लीला के स्थान पर चरित-वर्णन है। अनेक कवियों ने चैतन्य का चरित कृष्ण मानकर किया है और चैतन्य लीला का वर्णन किया है। चैतन्य चरित बाँग्ला, संस्कृत और हिन्दी में लिखे गये। संस्कृत में परमानन्द सेन 'कविकर्णपूर' ने चैतन्य-चरितामृत और चैतन्य चन्द्रोदय लिखा। बाँग्ला में वृन्दावनदास ने 'चैतन्य भागवत' की रचना की। इसके अतिरिक्त लोचनदास कृत–'चैतन्य मंगल, जयानन्द–'चैतन्य मंगल' तथा कृष्णदास कविराज का चरित्र ग्रन्थ है।

अन्य परम्पराएँ–इस युग में मुकुन्दराम चक्रवर्ती का चण्डी मंगल, मयूर भट्टकृत धर्म मंगल प्रसिद्ध मंगल काव्य हैं। 16वीं शती में कवीन्द्र परमेश्वर ने 'पाण्डव विजय' नाम से महाभारत कथा लिखी। इसी प्रकार श्रीधर नन्दी ने महाभारत का अश्वमेध अध्याय लिखा। काशीरामदास का महाभारत 17वीं शती में लिखा गया। इस प्रकार रामायण, महाभारत और भागवत के अनेक अनुवाद 17वीं-18वीं शती के मध्य हुए।

18वीं शती तक बंगाल पर मुस्लिम शासन था। अंग्रेजों का पहला प्रभाव बंगाल पर ही पड़ा। 18वीं शती में मुस्लिम शासन पतनोन्मुख था और ब्रिटिश प्रभाव बढ़ रहा था। अतः बंगाल अशान्त था। इसका प्रभाव साहित्य पर भी पड़ा। 18वीं शती के उत्तरार्द्ध में भारत चन्द्र ने प्रेम कथाओं का लेखन किया। भारत चन्द्र में अलंकृत शैली मिलती है। फारसी प्रभाव, शृंगारिकता और आलंकारिक शैली ने विद्या सुन्दर की कथा को नया रूप दिया है। कलात्मक दृष्टि से भारत चन्द्र श्रेष्ठ बाँग्ला कवि हैं। उनके अतिरिक्त रामप्रसाद सेन प्रमुख कवि हैं।

आधुनिक काल (गद्य युग)

हिन्दी की भाँति बाँग्ला में आधुनिक काल अंग्रेजों के आगमन से प्रारम्भ हुआ। वास्तविकता तो यह है कि हिन्दी में आधुनिक काल का प्रारम्भ भी बंगाल से हुआ। फोर्ट

विलियम कालेज ही वह संस्थान है, जहाँ से हिन्दी और बँगला गद्य का प्रारम्भ हुआ। विलियम कैरे और मृत्युञ्जय विद्यालंकार ने प्रारम्भ में पाठ्य-पुस्तकें लिखकर बँगला गद्य का प्रारम्भ किया लेकिन प्रशस्त गद्य का प्रारम्भ राजा राममोहन राय की लेखनी से हुआ। राजा राममोहन राय भारतीय समाज के सुधार के लिए सजग धर्म, दर्शन और समाजसेवा में अग्रणी थे। इसलिए उन्होंने नीति, समाज और धर्म के साथ शिक्षा पर अनेक पुस्तकों का प्रणयन किया जो प्रशस्त गद्य का उदाहरण है। बंगाल ही नहीं सम्पूर्ण उत्तर भारत में पुनर्जागरण पर राजा राममोहन राय का प्रभाव है। एक ओर उन्होंने सामाजिक कुरीतियों को दूर करने के लिए जन-जागरण किया तो दूसरी ओर आधुनिक शिक्षा का द्वार खोला और 1817 में कलकत्ता में हिन्दू कालेज की स्थापना करके अंग्रेजी और विज्ञान की शिक्षा की व्यवस्था की। उसी हिन्दू विद्यालय के छात्रों से 'तरुण बंगाल' का गठन हुआ। आधुनिक बँगला साहित्य 'तरुण बंगाल' के सदस्यों से ही विकसित हुआ और बंगाल को एक महाकवि मिला जिसे हम माइकेल मधुसूदन दत्त के नाम से जानते हैं। माइकेल मधुसूदन दत्त की व्रजांगना, वीरांगना प्रसिद्ध कृतियाँ हैं किन्तु सर्वाधिक चर्चा हुई 'मेघनादवध' महाकाव्य से। माइकेल मधुसूदन दत्त के अतिरिक्त इस काल के अन्य कवियों में ईश्वर गुप्त, हेमचन्द्र, नवीनचन्द्र प्रमुख हैं। कविता के साथ इसी काल में उपन्यास विधा का भी विकास हुआ और बँगला साहित्य में बंकिमचन्द्र चट्टोपाध्याय का उदय हुआ। यद्यपि इसके पूर्व बँगला में उपन्यास लिखा गया था, परन्तु उपन्यास-कला की दृष्टि से सर्वाङ्गपूर्ण उपन्यास 1865 में बंकिमचन्द्र चट्टोपाध्याय द्वारा लिखा गया 'दुर्गेशनन्दिनी' है। बंकिमचन्द्र की राष्ट्र के प्रति गहन आस्था थी और वे देश की दुर्दशा से चिन्तित थे। अतः उनके उपन्यासों ने बंगाल पर कुछ समय के लिए ही सही व्यापक प्रभाव डाला। राज सिंह, आनन्द मठ, विषवृक्ष, कृष्णकान्तेर बिल उनकी प्रमुख औपन्यासिक कृतियाँ हैं जिनमें 'आनन्द मठ' की चर्चा इसलिए है क्योंकि भारतीय स्वाधीनता संग्राम की अलख जगानेवाला और स्वतन्त्र भारत में राष्ट्रगीत के लिए स्वीकृत कविता 'वन्दे मातरम्' इसी कृति की देन है। बंकिमचन्द्र चट्टोपाध्याय मूलतः राष्ट्रभक्त साहित्यकार थे और उनसे प्रेरित होकर रमेशचन्द्र दत्त, नवीनचन्द्र और हेमचन्द्र ने बँगला साहित्य की श्रीवृद्धि की। इनमें रमेशचन्द्र दत्त ऐतिहासिक और सामाजिक उपन्यासों के क्षेत्र में अधिक चर्चित हुए। उपन्यास के अतिरिक्त बँगला कविता के क्षेत्र में बंकिम-युग में दो नाम आये बिहारीलाल चक्रवर्ती और सुरेन्द्रनाथ मजूमदार जिनमें बिहारीलाल चक्रवर्ती का प्रभाव कालान्तर में बँगला कविता, विशेषतः रवीन्द्रनाथ टैगोर पर व्यापक रूप से पड़ा।

रवीन्द्र-युग

हिन्दू जागरण के इसी वातावरण में रवीन्द्रनाथ टैगोर का आविर्भाव बँगला साहित्य की युगान्तरकारी घटना है। रवीन्द्रनाथ टैगोर बंगाल के कुलीन, सम्पन्न और सुधारक परिवार में जन्मे और आध्यात्मिक वातावरण में पले-बढ़े। 7 मई, 1861 ई. को रवीन्द्रनाथ ठाकुर का जन्म हुआ। पिता देवेन्द्रनाथ ठाकुर उदारवादी समाज सुधारक थे। संगीत और साहित्य को प्रश्रय देने में परिवार अग्रणी था। ऐसे राजसी वैभव में पले रवीन्द्रनाथ टैगोर की अध्यात्म और राष्ट्रप्रेम में गहरी आस्था हुई और उनके लेखन में ये दोनों तत्त्व समाहित हो गये। रवीन्द्रनाथ टैगोर ने कविता, कहानी, उपन्यास, नाटक, निबन्ध, व्यंग्य सभी विधाओं में रचनाएँ

कीं। 'गीतांजलि' जैसी विश्वप्रसिद्ध रचना के साथ उन्होंने सान्ध्य संगीत, बलाका, शेष लेखा, मानसी, सोनतरी, प्रभात संगीत जैसी काव्य रचनाएँ कीं। उनकी औपन्यासिक कृतियों में बहूरानी का हार, राजर्षि, नौका डूबी, गोरा, चतुरंग, घरे बाहरे, योगायोग, शेषेर कविता प्रख्यात हैं। रवीन्द्रनाथ टैगोर भारतीय भाषाओं के प्रमुख नाटककारों में हैं। उन्होंने अपने नाटकों में लोकजीवन को बेबाकी से उठाया है। संस्कृत नाटकों और बँगला के जात्रा का उन पर गहरा प्रभाव है। उनके प्रमुख नाटकों में वाल्मीकि प्रतिभा, कालमृगया, रुद्रचन्द, विसर्जन, चित्रांगदा आदि प्रसिद्ध हैं।

विविध विधाओं में लिखे गये रवीन्द्र साहित्य से बाँग्ला में एक नये युग का उदय हुआ जिसे हम रवीन्द्र-युग के नाम से जानते हैं। वस्तुतः रवीन्द्रनाथ प्रकृति के कवि हैं। उनके काव्य में प्रकृति के साथ बुद्ध की करुणा और उपनिषदों के दर्शन का प्रभाव है। इस प्रकार बंकिमचन्द्र चटर्जी के युग में रूमानी राष्ट्रवाद और हिन्दू समाज के सुधार के स्थान पर रवीन्द्र-युग में आस्था और मानवतावाद का स्वर प्रखर हुआ।

बँगला साहित्य : बीसवीं सदी

बँगला साहित्य की बीसवीं सदी का प्रारम्भ रवीन्द्रनाथ टैगोर से प्रारम्भ हुआ। उनके 100 गीतों के संकलन 'नैवेद्य' से बीसवीं शती का प्रारम्भ माना जा सकता है। 'नैवेद्य' के प्रकाशन के समय बंगाल एक गम्भीर विभीषिका से जूझ रहा था। लार्ड कर्जन ने बीसवीं शती के प्रारम्भ में ही 1905 में बंग-भंग करके पूर्वी बंगाल और पश्चिमी बंगाल को अलग कर दिया। बंगाल में इसका घोर विरोध हुआ और बंगाली मानस उद्वेलित हो गया। 'आमार सोनार बाँग्ला' की यह पीड़ा दोनों भागों में व्याप्त थी। रवीन्द्रनाथ टैगोर ने जहाँ अपने व्याख्यानों से इसका विरोध किया वहीं प्रकृति और दर्शन से आपूरित गीतों के द्वारा भावात्मक स्तर पर भी मातृभूमि के प्रति प्रेरणा दी। बिना साम्राज्यवाद का नाम लिये केवल मातृभूमि और प्रकृति के माध्यम से व्यक्त यह पीड़ा जनमानस को प्रेरित और ऊर्जस्वित करने में सफल रही। रवीन्द्रनाथ टैगोर अपनी रचनाओं के माध्यम से जिस मानवीय प्रेम को जाग्रत करना चाहते थे, बंगाल में वह धीरे-धीरे उग्रता की ओर बढ़ता गया। प्रकृति और ईश्वरीय प्रेम के कवि के मानस को इससे झटका लगा और उनका एकान्त उन्हें उस उच्च धरातल पर ले गया जहाँ बंगाल या भारतीयता के साथ विश्वबन्धुत्व की भावना बलवती हुई। अब वे मानव-प्रेम के कवि हो गये। रवीन्द्रनाथ टैगोर का प्रभाव तत्कालीन बंगीय कवियों पर पड़ा और बंगाल में उस परम्परा के अनेक कवि हुए, जिनमें देवेन्द्रनाथ सेन, अक्षयकुमार बऊल, द्विजेन्द्रलाल राय, सत्येन्द्रनाथ दत्त, करुणानिधान बनर्जी, जितीन्द्रनाथ सेनगुप्त और मोहितलाल मजूमदार प्रमुख हैं। इसी प्रकार कथा-साहित्य के क्षेत्र में प्रभात कुमार मुखर्जी, चारुचन्द्र बनर्जी और सोरीन्द्र मोहन मुखर्जी का नाम लिया जा सकता है।

शरत् चन्द्र चटर्जी और यथार्थवाद—रवीन्द्रनाथ टैगोर के बाद बँगला में जिस लेखक ने युग परिवर्तन किया, वे हैं शरत् चन्द्र चटर्जी। बँगला साहित्य की त्रयी में बंकिम, रवीन्द्र और शरत् गिने जाते हैं। शरत् पर रवीन्द्रनाथ टैगोर के मानवतावाद का गहरा प्रभाव है परन्तु उन्होंने जिस दुःख और वेदना को अपनी कहानियों में व्यक्त किया वह बंगाली समाज की अपनी पीड़ा थी और इसीलिए शरत् बंगाल के जनमानस में बस गये। 1913 में उनकी पहली

रचना के प्रकाशन के बाद उनकी मृत्यु तक वे बंगाल के लिए मिथक बन गये, जिसका विस्तार से वर्णन विष्णुप्रभाकर की जीवनीपरक कृति 'आवारा मसीहा' में मिलता है। शरत् से बँगला कथा-साहित्य में यथार्थवादी दृष्टि का उदय माना जाता है। यथार्थवाद के कारण ही उनका तत्कालीन आलोचकों ने विरोध भी किया। बँगला साहित्य में अपने युग में शरत् को विरोध भी सहना पड़ा किन्तु जनमानस में निरन्तर बढ़ती लोकप्रियता ने धीरे-धीरे आलोचकों का मुँह बन्द कर दिया और शरत् अपने समय में बँगला के सर्वाधिक लोकप्रिय कथाकार बन गये। यह अलग बात है कि उनकी मृत्यु के पश्चात् विद्वत्समाज में आलोचना हुई और बौद्धिक समाज में उनके यथार्थ को एकांगी, रूमानी और नाना नाम दिये गये। वे यथार्थवादी कम और भावुक लेखक अधिक माने गये। तमाम आलोचनाओं के बावजूद शरत् की लोकप्रियता यथावत् रही क्योंकि उन्होंने बंगाल के मानस का संस्पर्श कर दुःख को यथार्थ की भूमि पर लाने में सफल रहे थे। एक ओर शरत् यथार्थ की गहरी पकड़ रखते थे और उसे व्यक्त करने में संकोच नहीं करते थे तो दूसरी ओर उनके साहित्य के केन्द्र में मनुष्य ही प्रतिष्ठित है। मानवता का आदर्श शरत् को सर्वाधिक प्रिय था। बँगला में शरत् के समकालीन यथार्थवादी लेखकों में नरेशचन्द्र सेनगुप्त का नाम लिया जाता है। उन्होंने यथार्थवादी विचारधारा के आधार पर पात्रों की रचना की, लेकिन इस युग के रचनाकारों में जो व्यक्ति आगे चलकर सर्वाधिक प्रसिद्ध हुआ वे थे काजी नजरुल इस्लाम। बीस वर्ष की अवस्था में ही अपनी कहानियों से चर्चित होनेवाले काजी नजरुल इस्लाम स्वाधीनता-संग्राम में अपने गीतों और कविताओं से बंगाली जनता के मध्य सर्वाधिक समादृत हुए।

काजी नजरुल इस्लाम के युग में भारतीय स्वाधीनता-संग्राम चरम पर था। एक ओर महात्मा गाँधी के नेतृत्व में सत्याग्रह और स्वदेशी का अहिंसक आन्दोलन चल रहा था तो दूसरी ओर क्रान्तिकारी संगठन भी राष्ट्र की मुक्ति के लिए सशस्त्र आन्दोलन कर रहे थे। बंगाल में क्रान्तिकारियों का प्रभाव युवकों पर था। काजी पर दोनों का प्रभाव था और उन्होंने उसका समर्थन भी दिया। काजी नजरुल इस्लाम ने जहाँ गाँधी जी की नीति से ग्रहण किया वहीं क्रान्तिकारियों के लिए प्रेरक कविताएँ भी लिखीं। वीररस और ओजप्रधान कविताओं ने बंगाली युवकों में जोश जगाया। 1921 में उनकी कविता 'विद्रोही' प्रकाशित हुई। इस कविता ने बंगाल के क्रान्तिकारियों में इतना जोश भर दिया कि काजी बँगला के सर्वाधिक लोकप्रिय कवियों में हो गये और इसी के साथ उन्हें ब्रिटिश सरकार का कोपभाजन बनना पड़ा और जेल जाना पड़ा। जेल यात्रा के बावजूद उनकी ओजस्वी रचनाओं की धार कम नहीं हुई और वे जनकवि बन गये। यद्यपि उन्होंने प्रेमगीत, ग़ज़लों और कहानियों की भी रचनाएँ की हैं किन्तु बाँग्ला और वर्तमान में बाँगला देश में वे एक क्रान्तिकारी कवि के रूप में ही बँगला साहित्य में पहचाने जाते हैं।

पहले कहा जा चुका है कि हिन्दी और बँगला साहित्य का आधुनिक काल साथ-साथ विकसित हुआ और हिन्दी साहित्य में नयी विचारधाराओं के उदय में बँगला साहित्य का प्रभाव हो या न हो बंगाल का योगदान रहा है क्योंकि हिन्दी के प्रचार-प्रसार का साहित्यिक केन्द्र कलकत्ता ही था। अतः युगीन प्रवृत्तियों का विकास साथ-साथ हुआ। जब काजी नजरुल इस्लाम की क्रान्तिकारी कविताएँ पूरे बंगाल के युवकों में जोश भर रही थीं उन्हीं दिनों कुछ

बंगाली युवकों ने अत्याधुनिक विचारों से जुड़कर एक नये दल का गठन किया जो अपने को दलितों का कवि मानता था। इस दल के प्रमुख लेखकों में गोकुलनाथ, प्रेमेन्द्र मित्र, जीवनानन्ददास, बुद्धदेव बसु और अचिन्त्य सेनगुप्त का नाम लिया जाता है। वे स्वयं को दलितों का कवि (आमि कवि जत इतरेर) कहा है। इनमें अनेक लेखक, विशेष रूप से बुद्धदेव बसु और अचिन्य सेनगुप्त, फ्रायड के मनेविश्लेषणवाद से प्रभावित थे। अति-आधुनिकता के इस दौर का विरोध तत्कालीन परम्परागत लेखकों ने भी किया। स्वयं रवीन्द्रनाथ टैगोर को भी यह विचारधारा प्रिय नहीं लगी और उसका विरोध भी उन्होंने किया किन्तु अति-आधुनिकों पर उसका कोई प्रभाव नहीं पड़ा। इन नव आधुनिकों में जीवनानन्ददास और प्रेमेन्द्र मित्र अधिक चर्चित हुए। जीवनानन्ददास में प्रकृति के प्रति प्रेम और सन्तुलन है। इस युग के अन्य कवियों में सुधीन्द्रनाथ दत्त, विष्णु दे, मिय चक्रवर्ती, नरेश गुह, दिनेशदास और गोविन्द चक्रवर्ती उल्लेखनीय हैं।

शरत् परवर्ती कथा-साहित्य में जो नाम चर्चित हुए उनमें विभूति भूषण बनर्जी उल्लेखनीय रहे, जो परम्परा के वाहक रहे हैं किन्तु परवर्ती लेखकों में अति-आधुनिक और वामपन्थी रचनाकारों का प्रभाव रहा है। अति-आधुनिक वर्ग के लेखकों में शैलजानाथ मुखर्जी, वनफूल, अन्नदाशंकर राय, प्रेमेन्द्र मित्र, ताराशंकर बन्धोपाध्याय, सरोज रायचौधरी, विभूति भूषण मुखोपाध्याय, सुबोध घोष, सतीनाथ भादुड़ी, नारायण गंगोपाध्याय, नरेन्द्र मित्र और आशापूर्णा देवी प्रसिद्ध हैं। वामपक्ष के लेखकों में माणिक वन्द्योपाध्याय, अमरेन्द्र घोष, समरेश बसु, सुकान्त भट्टाचार्य, सुभाष मुखोपाध्याय, मणीन्द्र राय, पूर्णेपती प्रमुख हैं।

जहाँ तक परवर्ती कथा-साहित्य के प्रभाव का प्रश्न है, बँगला समाज पर परम्परावादियों का प्रभाव अधिक रहा है क्योंकि वे शरत्-युग से ही लोक को केन्द्र में रख रहे थे। सतीनाथ भादुड़ी ने जहाँ आंचलिकता को प्रमुखता दी जिसका प्रभाव आंचलिक कथाकार रेणु पर माना जाता है, वहीं ताराशंकर बन्धोपाध्याय ने बंगाल के जन-जीवन और लोक-परम्पराओं को विस्तार दिया है और यही कारण है कि उन्हें सर्वाधिक सम्मान मिला है। 'गणदेवता' उनकी सर्वाधिक चर्चित कृति है। शैलजानन्द आदिवासी जीवन और बंगाली ग्रामीण जीवन को चितेरे रचनाकार हैं। महिला लेखिकाओं में उस युग में प्रसिद्ध आशापूर्णा देवी बंगाल के मध्यवर्गीय जीवन की सृजनकर्त्री हैं। छोटे-छोटे दुःखों, विडम्बनाओं, पारिवारिक स्थितियों को व्यापक रूप से प्रस्तुत करनेवाली आशापूर्णा देवी के नारी-हृदय को अभिव्यक्ति दी और कालान्तर में बाँग्ला में महिला कथा-लेखन की एक परम्परा ही विकसित हो गयी।

स्वतन्त्रता के पश्चात् बँगला भाषा और साहित्य दो भिन्न परिस्थितियों में रचा गया। पूर्वी पाकिस्तान (वर्तमान बाँग्ला देश) और पश्चिमी बंगाल की साहित्यिक धारा अलग हो गयी। स्वातन्त्र्योत्तर साहित्यकारों में बिहार रंजन गुप्ता, आशुतोष मुखोपाध्याय, कमल कुमार मजूमदार, सुनील गंगोपाध्याय, नवनीता देव सेन, सैय्यद मुस्तफा सिराज, शीर्षेन्दु मुखोपाध्याय, समरेश बसु, सन्दीपन चट्टोपाध्याय, शक्ति चट्टोपाध्याय, विमलकर, नारायण गंगोपाध्याय, सुचित्रा भट्टाचार्य, वामी बसु, बुद्धदेव गुप्त, अब्दुल जब्बार, अमर मित्रा, सत्यजित रे चर्चित रचनाकार हुए जिनका व्यापक प्रभाव शरदोत्तर साहित्य पर रहा। इस युग में साहित्य की विविध विधाओं का पल्लवन हुआ।

स्वातन्त्र्योत्तर उपन्यास

स्वतन्त्रता के पश्चात् बँगला में लघु कथाओं और उपन्यासों की रचना में तीव्रता आयी। राजशेखर बसु व्यंग्य लघु कहानियों के लिए चर्चित हुए। इसी काल में गम्भीर लेखन के क्षेत्र में सुकुमार सेन, सुनीति कुमार चटर्जी और प्रमथनाथ बिशी सामने आये।

भूखी पीढ़ी—हंगरिलिज्म के नाम पर बंगाल में एक नये वाद का जन्म स्वतन्त्रता के पश्चात् हुआ। इस वाद के रचनाकारों ने पूरी परम्परा को तोड़ा। मलयराय चौधुरी, शक्ति चट्टोपाध्याय, विनयं मजूमदार, समीर रायचौधरी, फाल्गुनी राय, त्रिदिव मित्र इस परम्परा के कवि और कथाकार थे।

आज बँगला साहित्य कविता, कहानी, लघुकहानी, निबन्ध, पत्रकारिता, उपन्यास और नाटकों की दृष्टि से अत्यन्त समृद्ध और सृजनशील है। नक्सलवाद से लेकर लोकजीवन तक बँगला साहित्य में सृजन हो रहा है।

2. उड़िया साहित्य का इतिहास

पूर्वांचल का तटीय भूभाग वर्तमान ओडिशा प्राचीन काल से संस्कृति का केन्द्र रहा है। सप्त मोक्षदायिनी पुरियों और चार धामों में ओडिशा के जगन्नाथ धाम की चर्चा होती आयी है। प्राचीन काल में इसके उत्कल, कलिंग और उड्र नाम रहे हैं। सम्राट् अशोक को अहिंसा का बोध कलिंग से ही हुआ था। जिन तीन प्राचीन राज्यों को प्राचीन काल में मान्यता थी, वे अंग, बंग और कलिंग थे। ओडिशा की आबादी लगभग साढ़े चार करोड़ है और वहाँ की भाषा उड़िया है। ओडिशा को मठों और मन्दिरों का राज्य माना जाता है। सागर-तट पर अवस्थित पुरी के जगन्नाथ जी और कोणार्क के सूर्य मन्दिर विश्वप्रसिद्ध हैं। इनके अतिरिक्त सहस्रों प्राचीन मन्दिर ओडिशा में विभिन्न नगरों में हैं और भुवनेश्वर को तो मन्दिरों का शहर ही माना जाता है। ओडिशा की भाषा ओडिआ है, जो बाँग्ला से मिलती-जुलती है क्योंकि ओडिशा की भाषा का विकास उसी मागधी प्राकृत से हुआ है, जिससे बाँग्ला विकसित हुई है। उड़िया पर बाँग्ला के अतिरिक्त तेलुगु और हिन्दी का प्रभाव सीमावर्ती होने के कारण पड़ा है क्योंकि ओडिशा की सीमाएँ आन्ध्र, छत्तीसगढ़ और झारखण्ड से जुड़ी हैं। उड़िया की अपनी लिपि भी है। उड़िया लिपि का विकास भी ब्राह्मी लिपि से हुआ है। प्राचीन काल से उड़िया साहित्य और संस्कृति का केन्द्र रहा। जगन्नाथ जी पूरे ओडिशा के आराध्यदेव हैं। उड़िया में महाभारत और रामायण की रचना हुई है, जिससे इन कथाओं का महत्त्व प्रतिपादित होता है। काव्य, नाटक, कहानी, उपन्यास, निबन्ध, पत्रकारिता-प्रत्येक क्षेत्र में उड़िया सम्पन्न साहित्यिक भाषा है। उड़िया की प्राचीन परम्परा संस्कृत से जुड़ी थी और भाषा के रूप में उड़िया आधुनिक भारतीय आर्यभाषाओं के साथ छठीं-सातवीं शती में विकसित हुई और प्रारम्भिक उड़िया में लोक साहित्य तथा सिद्धों के चर्यापद लिखे गये। चूँकि ओडिशा में वनक्षेत्र अधिक है अतः वहाँ आदिवासी समुदाय अधिक मिलता है, जिनकी अपनी आदिम भाषा और जन-संस्कृति है।

साहित्यिक विकास

प्रारम्भ से ओडिशा बौद्ध धर्म का केन्द्र रहा। अतः बौद्ध धर्म के सहजिया सम्प्रदाय की रचनाएँ ही ओडिशा में प्रारम्भ में मिलीं। बौद्धों के चर्यापद ही उड़िया के प्रारम्भिक साहित्य के रूप में प्रसिद्ध हैं, जिनका रचनाकाल छठीं शती से दसवीं शती तक है। चौरासी सिद्धों में लुइपा, कान्हपा, भुसुकपा और शबरपा जैसे प्रसिद्ध सिद्ध साहित्यकारों का सम्बन्ध ओडिशा से था और उनकी रचनाओं को उड़िया की प्रारम्भिक रचना माना जाता है। बौद्ध गान में संगृहीत लुइपा के पदों और आधुनिक उड़िया में उसके रूपान्तर से यह स्पष्ट हो जाता है कि ये कवि उड़िया के हैं। यथा–

लुइपा	उड़िया
अपणे रचि रचि भव निर्माण	आपणे रचि रचि भव निर्माण
मिद्द लोए बन्धवए अपण	मिद्द लोक बन्धवाए आपण
जैसो जाम मरण हि तैसो	यिस जनम मरन हि निम
जाम मरण भव कइसन होइ	जन्म मरण भव केसन होई

आदिकालीन साहित्य में बौद्ध गान-ओ दोहा के सिद्धों की रचना ही उपलब्ध है।

भक्तिकाल

उड़िया साहित्य का क्रमिक विकास तेरहवीं-चौदहवीं शती से प्रारम्भ हुआ और उस साहित्य पर भक्ति आन्दोलन का पूरा प्रभाव था। ओडिशा में सन्तों की पूरी परम्परा मध्यकाल में विकसित हुई। चौदहवीं शती में उड़िया में सारलादास ने महाभारत की रचना की। सारला महाभारत यों तो महाभारत का अनुवाद माना जाता है किन्तु वास्तव में सारला महाभारत अपने-आप में एक मौलिक रचना है क्योंकि संस्कृत महाभारत के अनेक पर्व इसमें नहीं हैं तथा अनेक नये उपाख्यान जोड़े गये हैं। सारला महाभारत उड़िया की प्रसिद्ध कृति है, जिसका महत्त्व हर घर में है अन्य भाषाओं में भी उसका अनुवाद हुआ है। सारला महाभारत को ओडिशा की भाँति ही बाँग्ला में प्रतिष्ठा मिली है। वस्तुतः सारलादास उड़िया के आदि कवि हैं। उन्होंने चण्डीपुराण, विलंकारामायण और महाभारत की रचना की किन्तु महाभारत ही उनकी ख्याति के लिए पर्याप्त है। कटक जिले के झंकड़ गाँव में उत्पन्न सारलादास भक्त थे। सारलादास के महाभारत की भाँति उनकी कृति विलंकारामायण भी मूल रामायण से भिन्न है और इस पर अद्‌भुत रामायण का प्रभाव है। 'चण्डीपुराण' उनकी तीसरी प्रमुख कृति है। उड़िया भाषी 'सारला महाभारत' को श्रद्धा, आदर और गौरव के साथ स्वीकार करते हैं। सारलादास के पश्चात् उड़िया का मध्यकालीन मूलतः सन्तों का साहित्य बन गया। सारलादास के अतिरिक्त मध्यकाल में वात्सादास, राम रामानन्द, बलरामदास, जगन्नाथदास, यशोवन्तदास, अच्युतानन्ददास, शिशु अनमादास, परशुराम बिहारी, मार्कण्डदास, माधवीदासी, अर्जुनदास, महादेवदास, चैतन्यदास, पीताम्बरदास, दिवाकरदास, वृन्दावतीदासी, द्वारिकादास, भीमा भोई तक सन्तपरम्परा चलती रही। इनमें उन्नीसवीं शती में प्रारम्भ महिमा धर्म और उसके प्रमुख कवि भीमाभोई सम्मिलित हैं। उड़िया की यह सन्तपरम्परा मूलतः मध्यकालीन वैष्णव भक्ति का परिविस्तार है और अधिकांश सन्तकवि उड़िया में वैष्णव भक्तिगीतों की रचना कर रहे

थे। चूँकि ओडिशा में जगन्नाथ जी शैव, शाक्त, वैष्णव, बौद्ध, जैन सबके आराध्य रहे, अतः वैष्णव भक्ति के केन्द्र में जगन्नाथ जी ही विद्यमान हैं। भक्ति के इस प्रवाह पर मध्यकालीन उत्तरभारतीय सन्तों और चैतन्य का प्रभाव है। ओड़िआ सन्तों की इस परम्परा में वैसे तो सभी कवि एवं भक्त रहे लेकिन जिन्हें काव्य-जगत् में पर्याप्त प्रतिष्ठा मिली, उनमें जगन्नाथदास प्रमुख हैं। जगन्नाथदास ने 'उड़िया भागवत' की रचना की, जिसकी प्रतिष्ठा ओडिशा में 'सारला महाभारत' की भाँति है। जगन्नाथदास उड़िया के प्रतिभाशाली रचनाकार हैं। भागवत के अतिरिक्त उन्होंने 58 अन्य कृतियों की रचना की है। उत्तर भारत में जिस प्रकार 'रामचरितमानस' घर-घर में मिलता है, उसी प्रकार ओडिशा में 'भागवत' की प्रतिष्ठा है और हर घर में उसको पूजा के लिए प्रतिष्ठित किया जाता है।

मध्यकाल में उड़िया की परम्परा मूलतः सन्तकाव्य परम्परा है और इसका प्रभाव उन्नीसवीं शती के पूर्वार्द्ध तक रहा जब भीमाभोई जैसे सन्त कवि हुए जब भारत में आधुनिकता का उदय हो चुका था।

आधुनिक काल

उन्नीसवीं शती से भारत में आधुनिकता का प्रभाव पड़ा। लम्बे समय तक ओडिशा बंगाल से जुड़ा रहा जिससे उत्तर मध्यकाल तक वहाँ की साहित्यिक उन्नति बाधित रही। 1938 ई. में ओडिशा स्वतन्त्र राज्य बना। बंगाल की प्रभुता से मुक्त होने के उपरान्त उड़ियाभाषियों ने अपनी भाषा और साहित्यिक प्रतिभा को विकसित करना आरम्भ किया लेकिन इसका यह अर्थ नहीं है कि उन्नीसवीं शती में उड़िया में साहित्यिक रचनाएँ नहीं हुईं। उन्नीसवीं शती में एक ओर महिमा धर्म और भीमाभोई की आध्यात्मिक रचनाएँ थीं तो दूसरी ओर ऐसे कथाकार का उदय हुआ, जिसको उड़िया के आधुनिक साहित्य का भीष्म पितामह माना जाता है और जिसके द्वारा उड़िया साहित्य की राष्ट्रीय पहचान बनी। ये रचनाकार थे—फकीर मोहन सेनापति (1843-1908)। फकीर मोहन सेनापति का जन्म 1843 ई. में बालेश्वर में हुआ था। फकीर मोहन प्रारम्भिक शिक्षा गाँव में प्राप्त करने के बाद बन्दरगाह पर अपने ताऊ के साथ काम करने लगे। फकीरमोहन कुछ दिनों बाद शिक्षक हो गये और मिशन स्कूल में पढ़ाने लगे। 1871 से उन्होंने लेखन प्रारम्भ की और पुस्तक छपाने का प्रयास किया। उसमें सफलता न मिलने पर उन्होंने स्वयं अपना प्रेस लगाया, जो बालेश्वर का पहला प्रेस था। यहीं से उन्होंने 'बोधदायिनी' पत्रिका और 'बालेश्वर संवाद वाहिका' का प्रकाशन प्रारम्भ किया। बालेश्वर के जिलाधीश बीम्स उनके विद्या-व्यसन से प्रभावित थे। उन्होंने फकीर मोहन को नीलगिरि के दीवान के पद पर नियुक्त कर दिया। इसी पद पर सेवानिवृत्ति तक कार्य करते रहे। इस प्रकार फकीर मोहन लेखक, शिक्षक, पत्रकार, प्रशासक सभी क्षेत्रों में अग्रणी रहे परन्तु उनकी सम्पूर्ण कीर्त्ति का आधार उनका कथा-साहित्य है, जिसने उन्हें उड़िया के प्रेमचन्द का सम्मान दिया। यह अलग बात है कि प्रेमचन्द उनसे परवर्ती हैं और भारतीय कृषक जीवन को उपन्यासों में प्रस्तुत करनेवाले फकीर मोहन पहले भारतीय कथाकार हैं।

उपन्यासकार के नाते 'सेनापति' आधुनिक भारतीय साहित्य में सचमुच अद्वितीय हैं। जनता के लेखक होने के नाते वे इसी क्षेत्र के अन्य कई लेखकों के स्फूर्तिदाता और अग्रदूत

थे। जबकि बंगाल के प्रसिद्ध बंकिमचन्द्र अत्यधिक संस्कृतमयी शैली में नवाबों, बेगमों, राजाओं, राजकुमारियों, उच्च-मध्यवर्गीय और भद्रवर्गीय बंगालियों के बारे में लिख रहे थे, तब यह उड़ीसा का अज्ञात उपन्यासकार, सीधे-सादे अशिक्षित जुलाहों, नाइयों और किसानों के बारे में, उन गाँवों के चौकीदारों के बारे में जो कि खुद डाकुओं से मिलकर बदमाशी कराते हैं, शहरों और गाँवों में पायी जानेवाली निर्लज्ज और दुष्ट नौकरानियों के बारे में, अंग्रेज मजिस्ट्रेटों के यहाँ काम करनेवाले लोभी क्लर्कों, घमण्डी वकीलों, पुराने खानदानों के उन युवक बेटों के बारे में जो कि अंग्रेजी शिक्षा के पहले घूँट से ही मदमत्त हो गये थे और अपने-आपको तथा अपने माँ-बाप को बड़ी कठिनाइयों में डाल रहे थे, उन सबके बारे में फकीर मोहन ने लिखा है। फकीर मोहन को अंग्रेजी में कोई विधिवत् शिक्षा नहीं मिली थी। यह एक तरह से बड़ा लाभ ही हुआ। वह मुख्यतः जनता के आदमी थे। जनसाधारण की घरेलू सशक्त भाषा, जिसमें गाँवों की गलियों की सही गन्ध आती हो; धान के खेत और तालाब, जहाँ गाँव की स्त्रियाँ अपने कपड़े लेकर धोने के लिए और दैनिक गप-शप के लिए आन जुटती हों—यह सब फकीर मोहन का स्वाभाविक विषय था। इन सबका उपयोग उन्होंने अपनी कहानियों तथा उपन्यासों में बहुत ही आकर्षक और प्रभावशाली ढंग से किया है। इन सारी चीजों को उन्होंने ऐसे असाधारण साहित्यिक महत्त्व और सहृदयता के साथ चित्रित किया है कि यदि वे ऐसा न करते, तो आज वे सब असम्भव जान पड़तीं।

फकीर मोहन के उपन्यासों और कहानियों में हमें स्त्री और पुरुषों की ऐसी सजीव चरित्र-मालिका मिलती है कि उनकी यथार्थवादिता और सप्राणता के साथ-साथ उनमें एक दिव्य स्फुलिंग है जो कि महान् साहित्यकार ही अपनी रचनाओं में निर्दिष्ट कर सकते हैं और जिनके कारण वे पात्र अमर हो जाते हैं, और सारे जीवित स्त्री-पुरुषों की अपेक्षा अधिक प्राणवान् जान पड़ते हैं। उड़िया-समाज के सभी स्तरों की एक राष्ट्रीय चित्रशाला का जैसा निर्माण फकीर मोहन ने किया है, उससे मुझे बार-बार महान् सर्वान्तीस के 'दोन किखोते' नामक इस्पहानी क्लासिक ग्रन्थ की याद हो आती है, जिसमें कि स्पेन की आत्मा का स्पष्ट और कलात्मक प्रतिबिम्ब है, ऐसा कहा जाता है।

उनका उपन्यास 'छमाण आठगुण्ठा' (छह एकड़ और आठ गुण्ठा) एक ऐसे सरल, शिशु-विहीन जुलाहे दम्पति की कथा है, जिसे कि एक गाँव के साहूकार ने अपनी क्रूरता से बहुत अधिक शोषित किया था। इस पुस्तक में सेनापति का ग्रामीण यथार्थवाद अपनी अन्तिम सीमा पर है। यह उपन्यास सबसे पहले 'उत्कल-साहित्य' नामक पत्र में क्रमशः प्रकाशित हुआ। ऐसा कहते हैं कि उस उपन्यास में हत्या का जो मुकदमा आता है उसकी खोज-बीन और पूर्व के वर्णन इतने सजीव थे कि दूर-दूर से गाँव के लोग यह देखने के लिए कटक आते थे कि यह मुकदमा सचमुच कैसे हो रहा है, और वे इस उपन्यास के पात्रों को सजीव मानकर चलते थे।

राधानाथ और मधुसूदन

शहरों और गाँवों की दशा और शान्त सामाजिक जीवन के नीचे जो मानवीय वासनाओं का अशंकित नाटक चल रहा है उसे फकीर मोहन ने सारे देश के सामने खोलकर रख दिया। 'मधुसूदन' (1853-1912) ने अपने भव्य काव्य में विश्व के साथ पवित्र जीवन और मानवीय

आत्मा के आध्यात्मिक मिलन की गाथा गायी है। उनके विषय हिमालय के सुन्दर हिमजड़ित ऊँचे शिखरों से लेकर द्वन्द्वमय जीवन की साधारण छोटी-छोटी घटनाओं तक बिखरे हुए हैं। उन्होंने कभी भी साहित्यिक कीर्त्ति के लिए कोई सचेष्ट प्रयत्न नहीं किया। उनकी रचनाओं में छोटे-छोटे गीत, भाव-कविता, गीति-वाय, सूत्र और सॉनेट असंख्य मात्रा में बिखरे हुए हैं। उन सबमें एक उच्च जीवन का वातावरण मिलता है। इनमें से कुछ, जैसे कि दस-बारह सॉनेट, 'नदी प्रतिओट', 'आकाश प्रतिओट' और 'ध्वनि', उनके सूक्त और उनकी दो गीतात्मक कविताएँ 'हिमाचले उदयोत्सव' और 'ऋषिप्राणे देवावतरण' ऐसी हैं जो कि किसी भी साहित्य के लिए अमूल्य कृति की तरह मानी जायेंगी। उड़ीसा की शालाओं और हॉस्टलों में हजारों बालक प्रतिदिन सायंकाल को उनके रचे हुए भजन गाते हैं। उड़ीसा के राष्ट्रीय जीवन में नहीं, तो कम-से-कम साहित्य में तो उनकी कविता एक सशक्त तथा चैतन्ययुक्त, नैतिक और आध्यात्मिक बल के रूप में अभी भी चल रही है।

राधानाथ (1848-1908) एक सच्चे कवि और सौन्दर्य-द्रष्टा थे। उन्होंने—सेनापति ने जो गद्य में किया, उसकी पूर्ति कविता के रूप में की। उन्होंने उड़िया-भाषियों के लिए एक सच्चा साहित्य निर्मित किया। यह धरती का साहित्य था और धरती के बेटों के लिए था; और फिर भी उसमें ऐसा सौन्दर्य और चमत्कार था जो कि अभूतपूर्व था। उड़िया-कविता में जो नवीनता राधानाथ के द्वारा आयी, उसकी दोनों दिशाएँ स्पष्ट हैं। उन्होंने ही उड़िया पद्य को शाब्दिक कसरत से मुक्त किया। यह अलंकारप्रियता उपेन्द्र भंज और उनके अनुयायियों के प्रभाव से मध्ययुगीन कविता के एक अनिवार्य अंग के नाते चल रही थी। अनुप्रासों का अनुपात कम करके तथा शैली पर विशेष ध्यान देकर राधानाथ ने अपने पद्य को सरल वेश-भूषा में इतना आकर्षक बना दिया कि वह किसी भी प्राचीन कवि की रचना के समकक्ष जान पड़ती है। शब्द और अर्थ के बीच में जो घनिष्ठ सम्बन्ध है उसके प्रति एक गहरा सम्मान उन्होंने सबसे पहले अपने पद्य में आरम्भ किया। इस विषय में यानी वागर्थ के संश्लेषण अर्थात् सही शब्दों और सही विशेषणों को चुनने में वे अपने गुरु 'कालिदास' का अनुकरण करते जान पड़ते हैं।

परवर्ती लेखक

राधानाथ, फकीर मोहन और मधुसूदन के पीछे-पीछे उनके कई अनुयायी आये। स्थानाभाव के कारण उन सबका या उनमें से कुछ का भी पूरा विवेचन करना यहाँ असम्भव है, फिर भी कम-से-कम उनमें से दो लेखकों का संक्षिप्त उल्लेख आवश्यक है, क्योंकि एक में तो उसके अत्यल्प लेखन में भी मौलिकता के दर्शन होते हैं और दूसरे की काव्य-शक्ति में विलक्षण कुशलता दिखायी देती है।

नन्दकिशोर बल राधानाथ और मधुसूदन के अनुकरण में ही बहुत-कुछ लिखते थे। उन्होंने अपनी कविताओं में उड़ीसा के गाँवों का चित्रण किया है। लोक-गीतों और लोक-धुनों को वह आधुनिक भावगीतों के क्षेत्र में लाये। उनके 'पल्ली-चित्र' नामक काव्य में ऐसी गहरी भावनाएँ व्यक्त हैं, जो कि प्रत्येक उड़िया व्यक्ति के हृदय में, अपने शान्त, सुन्दर, स्वयंपूर्ण तथा पवित्र ग्रामीण वातावरण की ओर लौट जाने के लिए होती है और अब वहाँ का ग्रामीण वातावरण इतना बदल गया है कि वे वापस लौटकर नहीं आ सकते। उस पर भी आधुनिक

सभ्यता का क्रूर आघात हुआ है। उनका 'नाना बाया-गीत' (कुछ शिशु छन्द) उड़िया में अभी भी बच्चों की कविता का एक महत्त्वपूर्ण संग्रह माना जाता है।

गंगाधर मेहेर सम्बलपुर के एक गरीब जुलाहे कवि थे, जो कि अपनी काव्य-कुशलता के लिए प्रसिद्ध हैं। कम पढ़े-लिखे होने के कारण उनका क्षेत्र भी बहुत छोटा है, परन्तु प्राचीन पुराण-गाथाओं के विषयों में वे एक नवीन जादू और रस लाये। उनकी पंक्तियों में नवीन संगीत और उनके छन्दों में नया मँजाव है। उनके चित्रों में एक विशेष दृष्टि और वास्तविकता है, जो कि उड़ीसा में पहले न तो कभी देखी गयी, और न सुनी गयी। सम्बलपुर के उस विश्वविख्यात हाथ से बुने कपड़े की तरह, जो कि यह वंश-परम्परा से अपने जीवन-यापन के लिए पैदा करते थे, मेहेर ने कविता को भी एक सजीव, रंगीन और सचित्र कला का रूप दिया। उनका एक-एक काव्य चीनी चित्र-कला के नमूने की तरह है। उनमें भावनाएँ, रंग और घटनाएँ बोलती हैं। उनका क्षेत्र सीमित था, परन्तु उस छोटी-सी दुनिया में, उन्होंने अनेक छोटे-छोटे स्वर्ग निर्मित किये। उनके कई छन्द और श्लोक अब जनसाधारण की बोल-चाल के भाग हो गये हैं, और उनकी छन्द-रचना उड़ीसा में अब तक सर्वोत्तम काव्य-कला का मापदण्ड मानी जाती है। प्राचीन और आधुनिक सभी भारतीय काव्यों में उनके प्राप्त काव्य सबसे पुराने और संगीतमय माने जाते हैं। उनका प्रसिद्ध काव्य 'तपस्विनी' सीता के नारी-आदर्श का एक बहुत ऊँचा नमूना है।

सत्यवादी शाखा

1903 से प्रथम महायुद्ध के अन्त तक, और गाँधी जी के आगमन और उनके असहयोग आन्दोलन तक उड़िया लोगों का यह सबसे बड़ा स्वप्न और सबसे महत्त्वपूर्ण आकांक्षा थी। यह प्रादेशिक राष्ट्र-प्रेम आधुनिक भारत के जिस एक बहुत बड़े सपूत के रूप में अभिव्यक्त हुआ वे थे पण्डित गोपबन्धु दास (1877-1928)। उनके गद्य, पद्य और भाषणों ने उड़ीसा की जनता को इस तरह से अनुप्राणित कर दिया, जैसा न तो कभी पहले हुआ और न बाद में ही। ऐसा लगता था कि मानो उनके शब्द समूची जनता के हृदयों से-अन्तरात्मा से-आ रहे हों। उन्होंने पुरी के पास साखीगोपाल नामक स्थान पर एक 'बिहार' स्थापित किया, जहाँ अनेक बड़े-बड़े विद्वान् (जैसे पण्डित नीलकण्ठ दास, पण्डित गोदावरीश मिश्र और पण्डित कृपासिन्धु मिश्र) बहुत छोटी-छोटी आय पर काम करते रहे। उन्होंने विदेशी स्वामियों के नीचे बड़े-बड़े वेतनवाली नौकरियाँ ठुकरा दीं। वे चाहते तो ऐसी नौकरियाँ उन्हें सहज ही मिल सकती थीं। यह 'बिहार' नाम की शाला प्रायः बारह वर्ष तक चलती रही और यही था उड़ीसा का सांस्कृतिक केन्द्र। इस शाला के सब अध्यापक पण्डित गोपबन्धु के प्राणदायक नेतृत्व के नीचे शिक्षा और साहित्य की सेवा तथा पुनर्निर्माण में जुट गये। यद्यपि वस्तुतः यह एक पुनर्जीवनवादी आन्दोलन था, जो कि जनता को फिर से वैदिक संस्कृत की ओर ले जाने की माँग करता था, फिर भी उनके आदर्श थे सादा जीवन और उच्च विचार। प्रत्येक व्यक्ति के जीवन को देश की सेवा में निरन्तर बलि देने का और गीतों में बतलायी हुई मानवता का वे प्रचार करते थे। परन्तु उनके महान् नेता गोपबन्धु दास के जीवन को छोड़कर यह आदर्श व्यवहार में बहुत कम दिखायी देता, इसलिए देश के जीवन में नैतिक शक्ति के नाते इस संस्था

ने कोई बहुत बड़ा प्रभाव नहीं छोड़ा। उसका कुछ स्थायी रूप, इस संस्था के छोटे-से जीवन में निर्मित उत्तम साहित्य में मिलता है। वे 'सत्यवादी' नाम का एक मासिक पत्र निकालते थे और 'साप्ताहिक समाज' की स्थापना भी उन्होंने ही की थी। इन पत्रों के पृष्ठों में गोपबन्धु ने अपनी पूरी भावनाएँ, आकांक्षाएँ और उमंगें ऐसी गद्य शैली में व्यक्त कीं, जो कि अपनी भव्यता, शुद्धता, व्यंजना-चातुर्य, विचारों की शिष्टता और सच्चे काव्य-रस से भरी हुई हैं। यह गद्य-शैली अब उड़िया में देखने को नहीं मिलती। उनकी 'बन्दी का आत्म-चिन्तनोट' नामक कृति उड़ीसा में लोक-गीतों की भाँति अत्यन्त लोकप्रिय है।

'सबूज' दल

जब 'सत्यवादी' दल समाप्त हो चुका था, तब कटक के कुछ थोड़े-से अण्डर-ग्रेजुएट नवयुवक एक नया साहित्यिक सगूफा लेकर बढ़ रहे थे, जिस पर बंगाल का ट्रेडमार्क लगा हुआ था। उस समय रवीन्द्रनाथ ठाकुर अपनी कीर्त्ति और लोकप्रियता के शिखर पर थे। यह सच है कि उनका प्रभाव अदम्य है, परन्तु उस प्रभाव में उस समय के युवकों के पैर लड़खड़ाने लगे, और सिर चक्कर खाने लगा। 'ठाकुर' की कविता और विवेक के महान् भण्डार में से यह तरुण कोई बहुत महत्त्वपूर्ण चीज अपने साथ नहीं लाये। उन्होंने केवल कुछ बाह्य गौण बातों का ही अनुकरण किया, ऐसे कि तुकों या तर्क और संगति के अभाव का और कुछ रहस्यप्रियता के नाम पर अर्थहीन रचना का; जो कि हमें कभी-कभी ठाकुर की कविता में भी मिलती है। यह लोग अपने-आपको 'सबूज' कहते थे। यह नाम भी उधार लिया गया था, क्योंकि शुरू में 'ठाकुर' और प्रमथ चौधरी ने यह नाम, बंगाल में उस समय के रूढ़िबद्ध और सनातन विचारों के विरोध में एक आन्दोलन चला था उसके लिए प्रयुक्त किया था। और बंगाल के 'सबूज' पत्र की तरह से इन लोगों ने भी एक अपनी पत्रिका निकाली, जिसका नाम था 'युग-वीणा'।

उड़ीसा के साहित्यिक जगत् में इस दल ने एक नया आन्दोलन शुरू कर दिया। पाँच-छह वर्ष तक वे बहुत-सी नयी-नयी चीजें उड़िया साहित्य में लाये। यद्यपि प्रत्येक व्यक्ति यह जानता था कि ये चीजें उन्होंने बाहर से आयात की हैं, और उनकी जड़ें उड़ीसा की मिट्टी में नहीं हैं। इन लोगों ने अपना प्रकाशन-गृह भी शुरू किया। आश्चर्य की बात है कि बहुत जल्दी यह 'सबूज' (हरे) पीले पड़ गये।

गत दो दशाब्दियों में तरुण पीढ़ी पर 'सबूज' दल का बहुत गहरा प्रभाव पड़ा। रवीन्द्रनाथ ठाकुर की प्रास-रचना को उन्होंने उड़िया साहित्य में प्रतिष्ठित किया और उसके साथ-साथ वे देशज छन्द-रचना भी लाये। अन्नदाशंकर राय और बैकुण्ठनाथ पटनायक की कई कविताएँ, जो कि उन दिनों के आरम्भ में लिखी गयी थीं, सभी समीक्षकों के द्वारा उड़िया साहित्य के भण्डार के लिए स्वागत योग्य मानी गयी हैं।

स्वातन्त्र्योत्तर साहित्य

स्वतन्त्रता के पूर्व उड़िया साहित्य में राष्ट्रीय चेतना व्याप्त थी। राष्ट्रीय स्वाधीनता-संग्राम का प्रभाव उड़िया साहित्य पर व्यापक रूप से पड़ा। लक्ष्मीबाई से लेकर महात्मा गाँधी और असहयोग आन्दोलन से 'भारत छोड़ो आन्दोलन' तक की चर्चा उड़िया साहित्य में हुई है।

स्वतन्त्रता मिलने के पश्चात् उड़िया साहित्य का बहुआयामी विकास हुआ। काव्य, नाटक, उपन्यास, कहानी, पत्रकारिता, निबन्ध—हर क्षेत्र में उड़िया साहित्य समृद्ध हुआ।

कविता

स्वतन्त्रता के पश्चात् उड़िया कविता में प्रयोगवादी प्रवृत्ति के दर्शन होते हैं। सच्चि राउतराय, गुरुप्रसाद महान्ति, हरप्रसाद दास, सुनील पृष्टि इस परम्परा के प्रमुख कवि हैं। सातवें और आठवें दशक में रमाकान्तरथ, सीताकान्त महापात्र, सौभाग्य मिश्र, दीपक मिश्र उड़िया की नयी धारा के कवि के रूप में ख्यात हुए। इन कवियों में गुरुप्रसाद महान्ति की कृति 'कालपुरुष' टी.एस. इलियट से प्रभावित है। उड़िया के महान् कवियों में स्वतन्त्रता के पश्चात् सच्चि राउतराय का नाम लिया जाता है। सच्चि बिम्बों और प्रतीकों के कवि हैं। सच्चि की प्रारम्भिक रचनाओं पर मार्क्सवाद का प्रभाव है। उन्होंने कविता, कहानी, उपन्यास, आलोचना और जीवनी लिखे हैं। उनकी काव्य कृतियों में 'पाथेय', 'पल्लि श्री', 'पूर्णिमा', 'रक्तशिखा', 'बाजि राउत', 'पाण्डुलिपि', 'भानुमतीर देश' के अतिरिक्त अनेक काव्य-संग्रह प्रकाशित हुए हैं। 'चित्रग्रीव' उनका उपन्यास है तथा 'मशाणिर फूल', 'माठिर ताज' और 'छाइ' कहानी-संग्रह हैं। साहित्य के अनेक गम्भीर आलोचनात्मक निबन्ध-संग्रह प्रकाशित हुए हैं। रमाकान्त रथ उड़िया के स्वातन्त्र्योत्तर कवियों में प्रमुख हैं। उड़िया में स्वातन्त्र्योत्तर कविता को ही आधुनिक कविता नाम दिया जाता है। इस प्रकार आधुनिक कविता के उद्भावक सच्चि राउतराय हैं। आधुनिक कविता की प्रमुख रचनाओं में सच्चि की 'पाण्डुलिपि' पहली कृति मानी जाती है। अन्य रचनाओं में रमाकान्त रथ कृत 'केते दिनर' 'अनेक कोठरी', सन्दिग्ध मृगया, दीपक मिश्रकृत निषिद्ध ह्रद, कविता, भानुजी राओ कृत विषाद ऋतु, निर्जन नक्षत्र, सीताकान्त महापात्र कृत 'दीप्ति ओ द्युति', अष्टपदी, शब्दर आकाश, समुद्र, चित्रनदी आदि उल्लेखनीय हैं। स्वातन्त्र्योत्तर कविता की एक धारा मार्क्सवादी है। उड़िया क्षेत्र में नक्सलवाद का व्यापक प्रभाव रहा है और क्रान्तिकारी साहित्य की परम्परा बनी हुई है। कवि मनमोहन मिश्र उड़िया के विप्लवी कवि माने जाते हैं। उनके 'लाल पताका' और 'लाल सूर्य' संकलन इस दृष्टि से प्रसिद्ध हैं। कवि रमाकान्त रथ ने प्रेम को सहज अभिव्यक्ति प्रदान कर उसे सरल बना डाला। कम शब्दों में चमत्कारी कविता लिखना उनकी विशेषता है। नये शिल्प, नव्य भाषा और नयी शैली से उन्होंने साम्प्रतिक कविता को मण्डित किया है। रमाकान्त रथ को साहित्य क्षेत्र में उल्लेखनीय सेवा के लिए पद्मभूषण सम्मान प्राप्त हुआ है। उन्हें साहित्य के श्रेष्ठ समादर 'सरस्वती सम्मान' से भी सम्मानित किया गया है। कमलाकान्त लेंका जीवनानुभूति के कवि हैं। वे स्वयं अपनी कविता में काव्य नायक हैं। जर्जर सामाजिक परिवेश, जटिल जीवन-पद्धति, अकेलेपन को उन्होंने कविता में प्रस्तुत किया है। 'सुनार फसल', 'प्रीति ओ प्रतीति', 'उत्तरण' उनके काव्य-संग्रह हैं। कवि सीताकान्त महापात्र ज्ञानपीठ से सम्मानित कवि हैं। उनकी कविता में सामाजिक भाव है। प्रतिभा शतपथी कवयित्री हैं। उन्होंने नारी-जीवन को सुन्दर बिम्बों और प्रतीकों के माध्यम से प्रस्तुत किया है। शतपथी के अतिरिक्त मनोरमा महापात्र, कवयित्री के रूप में चर्चित हैं। उन कवियों के अतिरिक्त ब्रह्मोत्री महान्ति, सरोजरंजन महान्ति, जयन्त महापात्र, राजेन्द्र किशोर पण्डा, रवि सिंह, देवदास,

छोटराय, वंशीधर षड़गी, अमरेन्द्र खटुआ, ममता दास, नृसिंह प्रसाद त्रिपाठी, ब्रजनाथ रथ, श्रीनिवास उद्गाता, अमरेश पटनायक, गोपालकृष्ण रथ, प्रमोदकुमार महान्ति, विपिन नायक चर्चित कवि हैं तथा उत्कल प्रदेश में कविता के क्षेत्र में विशेष प्रगति हुई है।

कहानी

सन् 1870 ई. में फकीर मोहन सेनापति लिखित 'लछमनिया' उड़िया की पहली कहानी मानी जाती है। 1870 ई. से इक्कीसवीं शती तक आते-आते उड़िया कहानी की विकास-यात्रा निरन्तर नये भावबोध और शिल्प को अंगीकार कर प्रवर्द्धित हो रही है। स्वतन्त्रता-पूर्व की कहानियों में इतिहास चेतना, मानवता बोध, प्रेम, नैतिकता और नारी-समस्या आदि का चित्रण है।

स्वतन्त्रता-प्राप्ति के पश्चात् उड़िया कहानीकारों में अखिल मोहन पटनायक, नीलमणि साहू, कृष्णप्रसाद मिश्र, शान्तनु कुमार आचार्य का स्थान महत्त्वपूर्ण है। शैल्पिक परिवर्तन की दृष्टि से रवि पटनायक, हरप्रसाद दास, जगदीश महान्ति विशिष्ट कहानीकार हैं। उड़िया कहानीकारों की एक प्रशस्त परम्परा महिला कथा-लेखन है। महिला कथाकारों में वसन्त कुमारी पटनायक, राजेश्वरी रलबेहेरा, नन्दिनी शतपथी, वीणापाणि महान्ति, प्रतिमा राय, अर्चना नायक, सुलोचना दास, विजयिनी दास, मानसीदास, अलका चाँद, प्रफुल्लता महापात्र, यशोधरा मिश्र, पारमिता शतपथी, पुष्पा महान्ति प्रमुख हैं।

उड़िया कहानीकारों में अधिकांश कवि भी हैं। अतः उनकी कहानियों में भावुकता विद्यमान है।

उपन्यास

उड़िया कहानी की भाँति उड़िया में उपन्यास परम्परा भी प्रौढ़ है। उड़िया का गद्य साहित्य उपन्यासों से ही प्रारम्भ हुआ और फकीर मोहन सेनापति के रूप में ऐसा कथाकार प्रथम चरण में ही मिल गया, जिसने उड़िया उपन्यास को राष्ट्रीय फलक पर ला दिया। उसके पश्चात् उड़िया उपन्यासों की परम्परा विकसित हो गयी और उड़िया में राष्ट्रीय महत्त्व के अनेक उपन्यास लिखे गये जिनमें गोपीनाथ महान्ति के 'माटी मटाल', 'परजा' प्रमुख हैं। स्वतन्त्रता के पश्चात् उड़िया उपन्यासों में 'वधू निरूपमा' 'शास्ति', 'झंझा', 'प्रतिमा' प्रमुख हैं। नित्यानन्द महापात्र के हिडमाटि', 'भंगाहाड़' में नारी-जीवन की व्यथा है। अन्य रचनाकारों में राजकिशोर पटनायक, ज्ञानीन्द्र वर्मा प्रमुख हैं। स्वातन्त्र्योत्तर कथालेखन में एक विशिष्ट नाम है—प्रतिभा राय। प्रतिभा राय की प्रमुख कृतियाँ याज्ञसेनी', 'आदिभूमि', 'उत्तर मार्ग', नारी और आदिवासी जीवन को चित्रित करनेवाले उपन्यास हैं। महिला जीवन से सम्पृक्त अन्य कथालेखिकाओं में वीणापणि महान्ति (कुन्ती, कुन्तला, शकुन्तला), ज्योत्स्ना राउतराय (पराजिता सम्राज्ञी), किशोरी चरण दास (सात दिनों की सती), सुलोचना दास (नील स्वर्ग), हृषीकेश पण्डा (हिरन की पीठ पर अनजाने सूर्यास्त की ओर), अपराजिता महान्ति (टूटते साम्राज्य की आत्मकथा), रामभद्र बोहेरा, सरोजिनी साहू प्रमुख कथाकार हैं।

नाटक

उड़िया का पहला नाटक 1877 में जगन्मोहन लाल ने 'बाबा जी' नाम से लिखा। उसके बाद उड़िया नाटकों की परम्परा विकसित हुई। प्रथम चरण में जहाँ भिखारी चरण, गोदावरीश

मिश्र जैसे नाटककार हुए, वहीं परवर्ती युग में अन्नपूर्णा, राधाकृष्ण और ओडिशा थियेटर्स की स्थापना होने के बाद नाट्य-लेखन का विस्तार हुआ। अश्विनी कुमार घोष और कालीचरण पटनायक जैसे बड़े नाटककार इस युग में हुए। स्वतन्त्रता-पूर्व नाटककारों में कालीचरण ने समस्यामूलक नाटक लिखे। उन्होंने नाटकों को मंचीय बनाया। इसी क्रम में संवाद-योजना की दृष्टि से गापाल छोटराय, इतिहास और यथार्थ के समन्वय की दृष्टि से हरेकृष्ण मेहताब, नवीनता की दृष्टि से गंजकिशोर पटनायक, संस्कार चेतना की दृष्टि से रामचन्द्र मिश्र के नाटक चर्चित हुए। स्वातन्त्र्योत्तर काल मोहभंग का काल रहा है। प्राचीन मूल्य नष्ट हुए और नये मूल्यों में स्पष्टता नहीं थी। जीवन-मूल्य और आस्था खण्डित हो रही थी। मनुष्य जीवन के मानदण्ड बदलने लगे, जिसका प्रभाव नाटकों पर पड़ा। साठ के दशक तक उड़िया नाटक का स्वर्ण युग समाप्ति की ओर था। परन्तु साठ के बाद उड़िया नाटक में नयी प्रवृत्ति आयी। मनोरंजनदास ने 'आगामी' नाटक लिखा जिसे नव नाट्य आन्दोलन का सूत्रपात माना जाता है। आशावाद समाप्त हो गया। निराशा, कुण्ठा और एब्सर्ड नाट्य परम्परा का प्रारम्भ हुआ। मनोरंजनदास ने आगामी' के अतिरिक्त 'अरण्य फसल', 'अमृतस्य पुत्राः' 'शब्द लिपि', 'क्लान्त प्रजापति' नाटक लिखे। ये सभी नाटक फ्रायड से प्रभावित और बौद्धिक थे। उनके पश्चात् की पीढ़ी में विजय मिश्र, विश्वजितदास, प्राणबन्धु कर, रमेश पाणिग्राही, हरिहर मिश्र, कार्तिक चन्द्ररथ, रत्नाकर चइनि प्रमुख नाटककार हुए। 1980 के पश्चात् उड़िया नाट्य-साहित्य नये प्रयोगों के कारण जन सम्प्रेष्य नहीं रह गया। प्रतीकात्मकता, जटिलता बढ़ गयी। इस युग के रचनाकारों में रतिरंजन मिश्र, विजयकुमार शतपथी, कुंजराय, रणजित पटनायक प्रमुख हैं। अन्तिम दशक के नाटकों में दृष्टिकोण बदला और नारीवादी स्वर उभरने लगा। रतिरंजन मिश्र (सतर्क संघमित्रा, पद्मिनी पदावली, सीता), प्रसन्नकुमार दास (चतुष्टपद) नारायण साहु (अधदेखा स्वप्न) शंकर प्रसाद (बाघ बकरी खेल), सुबोध पटनायक (दो भगते), मिहिर मेहेर (सती) निवेदिता जेना (देह) स्त्रीप्रधान नाटक हैं। निष्कर्षतः उड़िया में नाट्य लेखन और रंगमंच अत्यन्त समृद्ध है।

आज उड़िया साहित्य की अपनी परम्परा है और साहित्य के प्रति उड़िया में अत्यधिक अनुराग है। नयी चेतना ने उड़िया साहित्य की प्रत्येक विधा को प्रभावित किया है। ज्ञान-विज्ञान, यात्रा, संस्मरण, जीवनी, पत्रकारिता, अनुवाद सभी क्षेत्रों में उड़िया साहित्य विकसित हो रहा है।

3. असमिया साहित्य का इतिहास

सामान्य परिचय

पूर्वोत्तर भारत को प्रारम्भ में असम प्रान्त कहा जाता था और वहाँ की भाषा असमिया थी। असमिया भारोपीय परिवार की भाषा है और उसका विकास उस मागधी प्राकृत से माना जाता है, जिससे बिहारी हिन्दी बोलियों तथा बँगला और उड़िया का जन्म हुआ है। असम का अर्थ है—जो सम न हो ऊबड़-खाबड़। असम अपनी इन्हीं परिस्थितियों के कारण दुर्गम प्रदेश माना जाता रहा। इसका परिणाम यह रहा कि असम के सुदूर पूर्वी और उत्तरी क्षेत्र जो भाषा और लोक-संस्कृति की दृष्टि से असम से भिन्न थे, उनमें असमी से कभी लगाव न रहा।

चूँकि असम की अधिकांश सीमाएँ विदेशों से जुड़ी थीं और 1964 में चीन के आक्रमण तथा 1971 में भारत-पाक युद्ध का सर्वाधिक प्रभाव इसी क्षेत्र पर पड़ा अतः सामरिक दृष्टि से भी असम महत्त्वपूर्ण हो गया। असम की मुख्य विशेषता यह है कि इसका अधिकांश क्षेत्र जनजातियों का है और उनकी अपनी भाषा और लोक-संस्कृति है। स्वतन्त्रता के पश्चात् वे अपनी पहचान के लिए प्रयत्नशील थीं क्योंकि 'असमी' कहने से उनकी अपनी अस्मिता पर चोट पहुँचती थी। अतः स्वतन्त्रता के पश्चात् जिसे असम और जहाँ की भाषा को असमिया के नाम से जाना जाता था, वह क्षेत्र आज एक छोटा-सा भू-भाग रह गया और वृहत्तर असम से असम के अतिरिक्त मेघालय, नागालैण्ड, अरुणाचल, मिजोरम, मणिपुर पाँच राज्य बन गया, जहाँ भाषा और साहित्य में भेद है। वर्तमान असम आज भी आर्यभाषा से जुड़ा है और बँगला के निकट है। आर्यावर्त्त से इसका पुराना सम्बन्ध है और उसका समीकरण पौराणिक प्राग्ज्योतिषपुर या कामरूप से माना जाता है। भाषायी भिन्नता के बावजूद जब हम असमिया साहित्य की चर्चा करते हैं तो यह पूर्वोत्तर भारत का ही प्रतीक बन जाता है क्योंकि जो नये राज्य बने हैं उनकी भाषाओं का प्रारम्भिक इतिहास केवल कबीलाई भाषा का रहा है और उनमें केवल लोकसाहित्य या जनजातीय साहित्य ही रहा है। उस समय पूर्वोत्तर क्षेत्र का जो मानक साहित्य रहा वह मूलतः असमी का ही है।

असमिया शुद्ध रूप से आधुनिक आर्यभाषा है और इसका विकास अपभ्रंश से हुआ। अतः अन्य भारतीय भाषाओं की भाँति इसका आरम्भ भी सातवीं शती से माना जाता है। प्राचीन सिंद्धों में अनेक असम के थे तथा बौद्ध चर्यापदों पर भी असमी भाषा का प्रभाव है। कामाख्या शक्तिपीठ के कारण शाक्तों की यह साधना-स्थली रहा है। अतः शाक्तों, सिंद्धों और नाथों की रचना भूमि यह क्षेत्र रहा पर वह साहित्य अपभ्रंश या पुरानी हिन्दी का धार्मिक साहित्य ही है। असमी में साहित्य रचना का दौर तेरहवीं शती से प्रारम्भ हुआ। प्रारम्भ में महाभारत और रामायण के अनुवाद या देवी से सम्बन्धित रचनाएँ लिखी गयीं जिनमें माधवकन्दली द्वारा रामायण का अनुवाद प्रमुख है। असमी की साहित्यिक परम्परा 15वीं शती से वैष्णव भक्ति के विकास के साथ प्रारम्भ हुई। इस नव वैष्णव मत के प्रतिष्ठापक शंकरदेव हैं। शंकरदेव और उनके शिष्यों ने न केवल वैष्णव भक्ति साहित्य की रचना की, वरन् उनके द्वारा असम क्षेत्र के लोकजीवन का भी वर्णन हुआ। इसी काल में रामायण, महाभारत और भागवत को आधार बनाकर अनेक रचनाएँ लिखी गयीं। धार्मिक गीतों की परम्परा में 'वरगीत' और नाटक के रूप में 'अंकिया नाट' इसी काल में लिखे गये। शंकरदेव वास्तव में लोकनायक थे। उन पर मध्यकालीन हिन्दी भक्ति आन्दोलन का प्रभाव था और भक्ति साहित्य से प्रभावित होकर असम के शाक्त क्षेत्र में वैष्णव भक्ति का आन्दोलन चलाया। शंकरदेव को यद्यपि असमी साहित्य का प्रारम्भिक कवि माना जाता है पर उनकी भाषा पर ब्रज का प्रभाव है। अतः शंकरदेव ही असम में हिन्दी के भी आदि कवि माने जाते हैं। शंकरदेव का काल सन् 1449 से 1568 तक रहा है। उनकी भाषा ब्रज, मैथिली, बँगला और असमी मिश्रित है और शंकरदेव के गीतों में प्रयुक्त इस भाषा को व्रजबुलि कहा जाता है। इस ब्रजबुलि और शंकरदेव का प्रभाव है कि सत्रहवीं शती तक असम में अधिकांश रचनाएँ ब्रजबुलि में ही लिखी जाती रहीं। इस ब्रजबुलि के स्वरूप को शंकरदेव की इस पंक्ति से समझा जा सकता है—

ईषत हासित मुख चाँद उजोर।
दसन मोतिग जैसे नयन चकोर।।
माणिक मुकुट कुण्डल गण्ड डोल।
कनक पुतली तनु नील निचोल।।

शंकरदेव ने पत्नी प्रसाद, कालिदमन, केलिगोपाल, रुक्मिणीहरण, पारिजातहरण, रामविजय नाटक तथा वरगीतों की रचना की है। शंकरदेव की परम्परा में इस काल में अन्य कवियों में माधवदेव प्रमुख हैं। माधवदेव ने ब्रजबुलि में वरगीतों के साथ असमिया में जन्म रहस्य, आदिकाण्ड, राजसूय, भक्ति रत्नावली, नामघोषा और नाममालिका का प्रणयन किया।

इस प्रकार शुद्ध असमिया साहित्य माधववेव ने लिखा। कालान्तर में अहोम राजाओं के राज्याश्रम में असमी साहित्य का प्रभाव बढ़ा और ब्रजबुलि की परम्परा समाप्त होने लगी। सत्रहवीं सदी के अहोम राजाओं के ऐतिहासिक वृत्त को गद्य में लिखा गया, जो असमिया में है। इन्हें बुरंजिया नाम से अभिहित किया गया। बुरंजिया मूलतः इतिहास-लेखन है। ग्रियर्सन ने बुरंजिया का महत्त्व बताते हुए 'भारत का भाषा सर्वेक्षण' में स्वीकार किया है कि ज्ञान की और अध्ययन की ऐसी शाखा में उन्हें सर्वाधिक सफलता मिली है जिसमें भारत के अधिकांश क्षेत्र पिछड़े हुए हैं। बुरंजियों की ऐतिहासिक रचनाएँ अगणित हैं। असम के नागरिकों के लिए बुरंजियों का ज्ञान एक आवश्यक और अनिवार्य गुण माना जाता है। इन राजदरबारों में बुरंजियों के अतिरिक्त अन्य गद्य-पद्यमय रचनाएँ भी समय-समय पर लिखी जाती रहीं पर अहोम राजाओं के पतन के पश्चात् यह परम्परा समाप्त हो गयी। एक ओर असम में इतिहास की रचना हो रही थी तो दूसरी ओर भक्ति साहित्य की। वैष्णव मठों में भक्तभाल की भाँति वैष्णव सन्तों की जीवनियों की रचना हो रही थी, जिसे चरितपुथी कहा जाता है। सत्रहवीं शती तक का असमिया साहित्य इन्हीं दो बिन्दुओं पर केन्द्रित रहा।

अठारहवीं शती से उन्नीसवीं शती के प्रारम्भिक वर्षों तक असम में अन्धकार-युग रहा। तमाम युद्धों, भौगोलिक विषमताओं के कारण शेष भारत से विलगाव के कारण असम संघर्षरत रहा। 1827 ई. में असम पर अंग्रेजों का अधिकार हो गया। अंग्रेजों के आगमन के पश्चात् असमिया भाषा का महत्त्व समाप्त कर दिया गया और वह शिक्षा का माध्यम भी नहीं रही। अंग्रेजों के आगमन के पश्चात् मिशनरियों ने असम के विभिन्न क्षेत्रों में पाँव पसारना प्रारम्भ कर दिया। 1846 ई. में ऐसी ही एक मिशनरी ने असम के शिवसागर से ईसाई धर्म के प्रचार के लिए असमी भाषा में मिशनरी साहित्य को प्रकाशित किया और यहीं से असमिया साहित्य के आधुनिक काल का प्रारम्भ हुआ।

आधुनिक काल

असमिया का आधुनिक काल 1846 ई. में प्रकाशित मिशनरी पत्रिका 'अरुणोदय' से माना जा सकता है। यहीं से असमी में पाठ्य-पुस्तकों की रचना हुई। इस प्रकार असमिया का आधुनिक काल मिशनरियों के प्रयास से ईसाई साहित्य की रचनाओं से प्रारम्भ हुआ। अनेक ईसाई धर्मप्रचारकों ने धर्मप्रधान रचनाओं को असमिया में प्रकाशित कराया तथा स्कूली शिक्षा के लिए पाठ्य-पुस्तकों की रचना की किन्तु असमिया के साहित्यिक स्वरूप का विकास अभी

दूर था। कलकत्ता उच्च शिक्षा के लिए अध्ययन केन्द्र बन चुका था और असम के कुछ छात्र शिक्षा प्राप्त करने के लिए कलकत्ता आये थे। उन्होंने कलकत्ता में शिक्षा ही नहीं प्राप्त की साहित्यिक संस्कार भी ग्रहण किये और वही आधुनिक असमी साहित्य की नींव के पत्थर बने। असम से आनेवाले ये छात्र थे—चन्द्रकुमार अग्रवाल (1858-1938), लक्ष्मीनाथ बेजबरुआ (1868-1938), हेमचन्द्र गोस्वामी (1872-1928) और पद्मनाथ गोहाँई बरुआ (1871-1946)। चारों युवकों ने 1884 में 'जोनाकी' नामक मासिक पत्रिका का प्रकाशन प्रारम्भ कर आधुनिक असमिया साहित्य का विकास किया। 'जोनाकी' में प्रकाशित रचनाओं पर अंग्रेजी की स्वच्छन्दतावादी कविता का प्रभाव रहा पर आधुनिकता को लानेवाले चारों रचनाकारों की एक विशेषता यह थी कि उन्होंने असमिया में कविता, नाटक, उपन्यास, कहानी सभी विधाओं को विकसित किया। इन कवियों की दूसरी विशेषता यह थी कि उन्होंने राष्ट्रीयता की भावना पर बल दिया और राष्ट्रीय कविताओं की रचना की। इसके साथ ही उन्होंने असम के लोक-साहित्य को प्रमुखता से सामने लाने का कार्य किया। हम संक्षेप में कह सकते हैं कि इन चारों साहित्यकारों ने सोये हुए असम समाज में पुनर्जागरण का कार्य किया। यहाँ उल्लेखनीय है कि उस समय पूरे भारत में पुनर्जागरण का दौर चल रहा था।

आधुनिक असमिया साहित्य मूल रूप से अंग्रेजी साहित्य से प्रभावित था। प्रेम और सौन्दर्य की रूमानी कविताएँ इस काल में अधिक लिखी गयीं। इन कवियों में सर्वाधिक ख्याति मिली लक्ष्मीनाथ बेजबरुआ को। लक्ष्मीनाथ ने जहाँ प्रेम और सौन्दर्य के गीत लिखे, वहीं उन्होंने असमी निबन्ध साहित्य का भी विकास किया। असमिया पत्रकारिता की आधारशिला भी बेजबरुआ ने रखी। प्रेमगीत, प्रकृति विषयक कविताएँ, आख्यान काव्य के साथ उन्होंने देशभक्तिपूर्ण वीरकाव्य की भी रचना की। 'मोर देश', अमोर जन्मभूमि, बीन बैरागी जैसी कविताओं ने असमी जनमानस में मातृभूमि के प्रति उत्कट भावना भर दी। चन्द्रकुमार अग्रवाल के गीत 'प्रतिमा' और 'बीनबैरागी' में संकलित हैं। चन्द्रकुमार अग्रवाल सुकोमल गीतकार रहे। अध्यात्म और असम की परम्परागत वैष्णव संस्कृति का उन पर प्रभाव रहा है। पद्मनाथ रोहाँई बरुआ ने नाटकों की रचना की। उन्होंने ऐतिहासिक और पौराणिक दोनों प्रकार के नाटकों की रचना की।

चार तरुणों से प्रारम्भ असमिया साहित्य में कालान्तर में नये रचनाकार आते गये और असमिया साहित्य की प्रशस्त परम्परा प्रारम्भ हुई। कविता के क्षेत्र में लक्ष्मीनाथ बेजबरुआ और चन्द्रकुमार अग्रवाल के बाद उस युग के रचनाकारों में जो नाम उल्लेखनीय हैं, उनमें कमलाकान्त भट्टाचार्य देशभक्तिपूर्ण कविता के कारण जाने जाते हैं। कमलाकान्त भट्टाचार्य दूरदर्शी कवि थे। उन्होंने रूमानी देशप्रेम के गीत नहीं गाये, न केवल सोये हुए देशवासियों को जगाने के लिए जागरण गीत गाया। अपने देशभक्तिपूर्ण गीतों के माध्यम से कमलाकान्त भट्टाचार्य ने जहाँ स्वतन्त्रता का शंखनाद किया वहीं लोकतान्त्रिक शासन की आवश्यकता पर भी बल दिया। कमलाकान्त भट्टाचार्य ने 'चिन्ता' और 'चिन्तातरंग' दो काव्य-कृतियों की रचना की। कमलाकान्त भट्टाचार्य मूलतः राष्ट्रीय भावना के कवि हैं और देश की पराधीनता से उपजी दुर्दशा को पीड़ा देने में समर्थ रहे हैं। भारत के राष्ट्रीय भावना के कवियों में उनका महत्त्वपूर्ण स्थान है।

असमिया की आधुनिक काल की आध्यात्मिक कविता में चन्द्रकुमार अग्रवाल के साथ प्रसिद्ध अन्य कवियों में नीलमणि फूकन, दुर्गेश्वर शर्मा प्रमुख हैं। नीलमणि फूकन बौद्धिकता के कारण प्रसिद्ध हुए। उनकी 'मानसी' नामक रचना दार्शनिक बोध से जुड़ी है। फूकन राष्ट्रवादी थे। 1942 के आन्दोलन में भाग लेने के कारण उन्हें जेलयात्रा करनी पड़ी जिसकी वेदना उन्होंने 'जिजिरी' नामक रचना में व्यक्त की है। हितेश्वर बरुआ इस काल के ऐसे कवि हैं, जिन पर अंग्रेजी साहित्य का व्यापक प्रभाव पड़ा। शेक्सपियर और वर्ड्सवर्थ के प्रभाव के कारण उन्होंने काव्य-शिल्प में भी अनेक प्रयोग किये और असमिया में शोक गीतों की रचना की। इसके साथ ही असमिया में मुक्त छन्द में रचना की परम्परा भी उन्होंने विकसित की। हितेश्वर बरुआ की प्रमुख काव्य कृतियों में 'कमतापुर ध्वंस' और 'युद्ध क्षेत्रत आहोम रमणी' विख्यात हैं। इस काल के अन्य कवियों में अम्बिका गिरि राय चौधरी (तुमि, 1915), यतीन्द्रनाथ दुआरा (अमरतीर्थ, 1926) प्रसिद्ध हैं। अमरतीर्थ यतीन्द्रनाथ दुआरा द्वारा किया उमर खय्याम की रुबाइयों का अनुवाद है जो अत्यधिक ललित और सुमधुर है।

इस काल की महत्ता तब तक सिद्ध नहीं होती, जब तक रघुनाथ चौधरी का उल्लेख न हो। रघुनाथ चौधरी तद्‌युगीन असमिया के सर्वश्रेष्ठ कवियों में हैं। उन्हें असमिया का विहंगी कवि कहा जाता है। उनके प्रथम कविता-संग्रह 'सादगी' में पक्षियों और फूलों के प्रति कवि की विशेष ममता दिखलायी पड़ती है। उसके बाद प्रकाशित 'केतेकी' और 'दहीकटरा' में भी पक्षी ही कविता के केन्द्र में हैं। इस प्रकार उनकी सभी रचनाओं में पक्षियों को प्रमुखता मिली, जिससे वे विहंगी कवि के रूप में ख्यात हुए। 'केतेकी' बुलबुल को कहते हैं। कवि की कल्पना है कि बुलबुल ऐसा पक्षी है, जिसके आगमन के साथ पूरी पृथ्वी और प्रकृति को नवजीवन की प्राप्ति होती है। पक्षियों के माध्यम से प्रकृति के सौन्दर्य को उद्‌घाटित करनेवाले रघुनाथ चौधरी असमिया के विशिष्ट कवि हैं। रत्नकान्त बरकाकती और देवकान्त असमिया में प्रेम के कवि माने जाते हैं। भौतिक प्रेम से जुड़ी इनकी कविताएँ प्रसिद्ध रही हैं। देवकान्त बरुआ का एक योगदान यह है कि उन्होंने छन्दों के क्षेत्र में अनेक प्रयोग किये हैं। यतीन्द्रनाथ दुआरा ने शब्द-सौष्ठव और छान्दिक विविधता के द्वारा असमिया कविता को जो सौष्ठव प्रदान किया उन्हें देवकान्त बरुआ ने प्रौढ़ता प्रदान की। देवकान्त बरुआ एकालाप की दृष्टि से भी प्रसिद्ध हैं। उन्होंने नाट्यात्मक प्रेम कविताओं के माध्यम से असमी मानस को प्रभावित किया है।

असमिया कविता के क्षेत्र में डिम्बेश्वर निओंग और विनयचन्द्र बरुआ के नामोल्लेख के बिना तद्‌युगीन कविता की चर्चा अधूरी है। इन कवियों ने जहाँ एक ओर भक्तिपूर्ण रचनाएँ की हैं वहीं असम के गौरवशाली अतीत का वर्णन कर समाज को एक नया सन्देश दिया है। प्राचीन कथानकों के माध्यम से उनकी नये सन्दर्भों में प्रतिष्ठा करके समाज को एक नया सन्देश देने में दोनों कवि सफल रहे हैं। विदेशी सत्ता के अधीन सत्ता और शोषण के चक्र में पिस रहे असम में नयी उमंग और आशा का सन्देश देने का कार्य डिम्बेश्वर निओंग ने अपनी कविताओं के माध्यम से किया है। उसी परम्परा में अनेक कवि हुए, जिनमें प्रसन्नलाल चौधरी प्रमख हैं।

असमिया साहित्य में इसी काल में अनेक कवयित्रियों का भी उदय हुआ, जिनमें नलिनी बाला देवी, धर्मेश्वरी देवी बरुआनी, सुप्रभा गोस्वामी, प्रीति बरुआ, लम्भहिरादास, शुचिव्रता रायचौधरी प्रमुख हैं। मलिनी बाला के तीन संग्रह—'सपोनर सुर', 'सन्धियार सुर', और 'परशमणि' प्रकाशित हुए हैं। नलिनी देवी विरह और वेदना की कवयित्री हैं। उनके गीतों में वेदना की विवृति मिलती है। धर्मेश्वरी देवी के 'फुलर शराई' तथा 'प्राणर परस' दो संग्रह प्रकाशित हुए। धर्मेश्वरी देवी प्रकृति से तादात्म्य स्थापित करते हुए विश्वात्मा का दर्शन करती हैं। उनमें जीवन के प्रति गहन आस्था का स्वर विद्यमान है।

बीसवीं शती के उत्तरार्द्ध में सम्पूर्ण भारत में नये विचारों का उदय हुआ। वैश्विक चेतना के कारण नये-नये विचारों का आगमन हुआ। साहित्य पर कार्ल मार्क्स और फ्रायड का प्रभाव पड़ा। इसका प्रभाव अन्य भाषाओं की भाँति असमिया कविता पर भी पड़ा। बीसवीं शती के पूर्वार्द्ध में जहाँ असमिया कविता में प्रेम, प्रकृति, भक्ति, दर्शन, राष्ट्रीयता और जागरण का स्वर विद्यमान था वहीं उत्तरार्द्ध की कविता पर मार्क्सवादी दर्शन तथा प्रतीकवाद का प्रभाव पड़ा। बँगला साहित्य के निकट होने और शिक्षा के प्रसार के कारण असम में भी क्रान्ति और संघर्ष का स्वर मुखर हुआ। असम आर्थिक दृष्टि से पिछड़ा था। अपार प्राकृतिक सम्पदा के बावजूद असमी जनता केवल कृषि और मजदूरी पर अवलम्बित थी। पूँजीपति और शासक बाहरी थे, जिनके विरुद्ध आवाज उठाने और सर्वहारा को अधिकार देने की भावना बलवती हो रही थी। अतः बीसवीं शती के उत्तरार्द्ध की कविता के स्वर और तेवर बदलने लगे। क्रान्ति और विद्रोह का स्वर कविता के माध्यम से मुखर होने लगा। वर्ग-संघर्ष, सर्वहारा की जीत, श्रमिकों की मुक्ति का स्वर साहित्य में आने लगा। बंगाल के मार्क्सवादी कवियों—जीवनानन्ददास और बुद्धदेव बसु का प्रभाव भी असमिया साहित्य पर पड़ा क्योंकि अधिकांश असमी युवा कवियों की शिक्षा कलकत्ता में हुई थी। बंगाली कविता पर मार्क्स का प्रभाव था। वहाँ के युवक क्रान्तिकारी आन्दोलनों में विश्वास रखते थे। इन सबका समवेत प्रभाव असमिया कविता पर पड़ना स्वाभाविक था। परवर्ती युग के ऐसे असमिया कवियों में हेम बरुआ, नवकान्त बोरा, महेन्द्र बोरा का उल्लेख किया जा सकता है। इन कवियों में हेम बरुआ विशेष रूप से प्रसिद्ध हुए। हेम बरुआ प्रतीकवादी कवि हैं। भाव, भाषा और रचना-विधान की दृष्टि से हेम बरुआ ने अनेक नये प्रयोग किये हैं और उनका प्रभाव परवर्ती पीढ़ी पर पड़ा है।

नाटक

नाटक और रंगमंच दोनों क्षेत्रों में असमिया की परम्परा बड़ी ही समृद्ध रही है। अकिया नाट (जो कि मध्ययुगीन नाट्य-रचना थी) अभी भी गाँवों में लोकप्रिय मनोरंजन के नाते अपना प्रभाव कायम रखे हुए है। परन्तु आधुनिक अर्थों में नाटक पश्चिम से ही आया है। असमिया में पश्चिमी ढंग के सबसे पुराने नाटककार गुणाभिराम बरुआ, हेमचन्द्र बरुआ और रुद्राम बरदलै हैं। इस कलारूप का पहला सुविकसित उदाहरण हमें लक्ष्मीनाथ बेजबरुआ और पद्मनाथ गोहाँई बरुआ में मिलता है। बेजबरुआ के नाटकों में देशभक्ति की भावना सबसे प्रधान थी। 'चक्रध्वजसिंह' में उन्होंने असम के इतिहास के एक गौरवपूर्ण अध्याय का

चित्रण किया है। यह नाटक आहोम राजा चक्रध्वजसिंह (1663-1669) के राज्य पर आधारित है। उनके राज्य-काल में असम पर बार-बार मुस्लिम आक्रमण हुए और लचित बरफूकन के सुयोग्य नेतृत्व में आक्रामकों को मार भगाया और पूरी तरह हराया। 'बेलि-मार' (सूर्यास्त), जिसमें कि असम पर बर्मा के आक्रमण (1816) की कहानी है, न केवल तत्कालीन घटनाओं को चित्रित करता है, अपितु उसमें उस समय के आहोम-राजदरबारों की उस विलास-जर्जर ह्रासोन्मुखता की भी गन्ध है, जिसके कारण असम को अपनी स्वतन्त्रता खोनी पड़ी। एक दूसरे ऐतिहासिक नाटक 'जयमती' में इतिहास का चित्रण होने के साथ-साथ एक भोली-भाली नागा लड़की डालिमी के चरित्र के आसपास रोमाण्टिक विस्मय का भाव-वलय बुना गया है। लक्ष्मीनाथ के प्रहसन खूब व्यंग्य और हास्य से भरपूर हैं।

पद्मनाथ गोहाँई बरुआ गद्य और पद्य के महान् लेखकों में से एक हैं। उन्होंने ऐतिहासिक और पौराणिक दोनों प्रकार के विषयों पर नाटक लिखे और तीन प्रहसनों की रचना की। उनके चार नाटक 'जयमती' (1900), 'गदाधर' (1907), 'साधनी' (1911) और 'लचित फूकन' (1915) आहोम इतिहास पर आधारित हैं। कथानक के विकास की दृष्टि से उनके नाटकों में संयम का सर्वथा अभाव तो दृष्टिगत होता ही है, साथ ही उसने इनमें कोई नयी दिशा या प्रकाश भी नहीं दिखाया। अति भावुकतापूर्णता, भूत-प्रेत, परलोक-विषयक वस्तुओं के अनावश्यक वर्णन, प्रकृति-प्रेम, प्रयोजनहीन संवाद और हास्य-भरे अनुचित दृश्यों के कारण इन ऐतिहासिक नाटकों में कथानक के सहज संगठित विकास में बाधा पड़ी है। गोहाँई बरुआ ने सामान्य जनता और ग्रामीण दृश्यों के चित्रण में बहुत कुशलता दिखायी है। अपनी 'गाँवबूढ़ा' नामक कृति में तो वे बहुत ही सफल हुए हैं। इस प्रहसन में उन्नीसवीं शती की अन्तिम दशाब्दी के ब्रिटिश शासन का बहुत यथार्थवादी चित्र दिया गया है। दीनबन्धु मित्र के बंगाली नाटक 'नीलदर्पण' की भाँति 'गाँवबूढ़ा' एक प्रयोजनप्रधान नाटक होने के साथ-साथ इस शताब्दी के आरम्भिक काल के नाट्य-साहित्य को एक सार्थक देन है।

चन्द्रधर बरुआ दूसरे प्रसिद्ध नाटककार हैं। उनके 'मेघनाद वध' (1904) और 'तिलोत्तमा सम्भव' नामक दो पौराणिक नाटक मुक्त छन्द में हैं और दोनों में इन्द्रजीत के वध और तिलोत्तमा के लिए सुन्दोपसुन्द के परस्पर विनाश की कथा है। कथानक के विकास और चरित्र-चित्रण दोनों में माइकेल मधुसूदन दत्त का प्रभाव स्पष्ट है। 'भाग्य-परीक्षा' नामक प्रहसन में भाग्य और लक्ष्मी के बीच में परिहासपूर्ण निर्णय दिया गया है। इस प्रहसन में लेखक ने ग्राम-जीवन के बहुत-से चित्र समुचित परिपार्श्व और जनसाधारण की भाषा में उपस्थित किये हैं। यहाँ यह भी विचारणीय है कि इस काल के बहुत-से नाटककारों को गम्भीर नाटकों की अपेक्षा प्रहसन-लेखन में अत्यधिक सफलता प्राप्त हुई। इन प्रहसनों में मित्रदेव महन्त के 'बिया विपर्यय', 'कुकुरीकनार' तथा 'अठमंगला' आदि बहुत लोकप्रिय हुए। उनकी विषयवस्तु, संवाद और दृश्य हास-परिहास से युक्त और मनोरंजक हैं।

भारत भर में स्वतन्त्रता के लिए राष्ट्रीय आन्दोलन चल रहा था। ऐसे समय में ऐतिहासिक नाटक बड़ी संख्या में लिखे गये। असम के प्राचीन इतिहास से उन्हें कथानक के रूप में बहुत-सी तैयार सामग्री प्राप्त हुई। नकुलचन्द्र भुइयाँ का 'बदन बरफूकन' प्रसन्नलाल चौधरी का 'नीलाम्बर', शैलधर राजखोवा का 'स्वर्ग देव प्रतापसिंह' और देवचन्द्र तालुकदार का

'भास्कर वर्मन' आदि कुछ ऐसे ऐतिहासिक नाटक हैं कि इस शताब्दी के प्रारम्भिक काल में लिखे गये थे। 'भास्कर वर्मन' में तालुकदार ने सचमुच ही एक धीरोदात्त वीर और विद्वान् चरित्र निर्मित करने के साथ-साथ ऐतिहासिक पार्श्वभूमि को अत्यन्त स्पष्ट और सप्राण रूप से व्यक्त किया है। अतुलचन्द्र हजारिका ने लगभग एक दर्जन पौराणिक नाटक लिखे हैं। इसके अतिरिक्त ऐतिहासिक विषयों पर भी उन्होंने अपनी लेखनी चलायी है, जैसे 'कन्नौज कुँअरी' और 'छत्रपति शिवाजी' में। यहाँ यह उल्लेखनीय है कि अतुलचन्द्र हजारिका ने असिमया रंगमंच की माँग पर अनेक नाटक लिखे, चूँकि उनके नाटकों से पहले बंगाली लेखकों की रचनाएँ ही असमिया रंगमंच पर खेली जाती थीं। असमिया साहित्य से परमुखापेक्षिता की इस प्रवृत्ति का परिमार्जन श्री हजारिका ने किया।

स्वतन्त्रता के बाद, देशभक्ति की विशेष भावना से परिपूर्ण क्रान्तिकारी ढंग के ऐतिहासिक नाटक और भी लिखे गये। चन्द्रकान्त फूकन के 'पियली फूकन' और प्रवीन फूकन के 'मणिराम दीवान' में उन्नीसवीं शताब्दी के उन दो देशभक्तों का जीवन व्यक्त है, जिन्होंने अंग्रेजों को भगाकर देश को मुक्त करने के गुप्त षडयन्त्र किये थे। दुर्भाग्य से दोनों की मन्त्रणाओं का पहले ही पता चल गया और बिना मुकदमा चलाये ही उनको फाँसी पर चढ़ा दिया गया। 1942 के अगस्त-आन्दोलन के शहीद 'कुशल कोंवर' पर लिखा गया सुरेन्द्रनाथ सैकिया का नाटक बहुत सफलता प्राप्त कर चुका है।

कमलानन्द भट्टाचार्य का 'नंगा कोंवर' और ज्योतिप्रसाद अगरवाल के 'शोनित कूँवरी' और 'कारेङ्गर लिगिरा' रोमाण्टिक ढंग के नाटक हैं। ज्योतिप्रसाद अगरवाल आधुनिक असमिया नाटक और रंगमंच के इतिहास के सबसे महत्त्वपूर्ण व्यक्ति हैं। वे उत्कट देशभक्त, प्रथम श्रेणी के कवि और गीतात्मक नाटकों के प्रणेता हैं। यूरोप में शिक्षा ग्रहण करने के कारण श्री ज्योतिप्रसाद के गीतों, धुनों और नाटकीय रचना-कौशल पर बहुत-सा प्रभाव विदेशी है।

उपन्यास

बीसवीं शती से पहले असमिया साहित्य में उल्लेखनीय उपन्यास बहुत ही कम थे। रजनीकान्त बरदले ने उपन्यासों की सृजनशील कल्पना कर गद्य-रचना का सही रूप दिया। रजनीकान्त ने अपने कथानक मुख्यतः बुरंजियों में से लिये। परन्तु उनका पहला उपन्यास 'मिरी जियरी' (मिरी बिटिया) जो 1815 में लिखा गया था; ऐतिहासिक उपन्यास नहीं था। इस उपन्यास में एक मिरी युवक और युवती की प्रेम-कहानी दुहरायी गयी है। उपन्यास की घटनाएँ सुवनसिरी नदी के किनारे पर घटित होती हैं, जो कि उस करुणापूर्ण मानव-कथा की केवल मूक पार्श्वभूमि ही नहीं, अपितु उसमें सक्रिय भाग भी लेती हैं। आरम्भिक असमिया साहित्य में आदिवासियों के प्रति ऐसा प्रेम और आंचलिक प्रकृति का ऐसा सजीव अध्ययन वास्तव में अद्‌भुत ही है। वरदले के दो और उपन्यास 'मनोमती' (1900) और 'रहदई लिगिरी' (1930) भी प्रेम-विषय को लेकर ही हैं। दोनों का निर्माण असम पर बर्मा के आक्रमण की पार्श्वभूमि पर हुआ है। तीसरी रचना 'दन्दुवा द्रोह' अट्ठाहरवीं शती के एक राजनीतिक आन्दोलन पर आधारित है। बरदलै अपने इस उपन्यास (1909) की भूमिका में यह स्वीकार करते हैं कि सर वाल्टर स्कॉट और बंकिमचन्द्र चटर्जी की रचनाओं के प्रभाव ने उन्हें अपने देश के पर्वत और घाटियों के सौन्दर्य की ओर आकृष्ट किया। फलतः उन्होंने अपने उपन्यासों

के कथानक असम के इतिहास में से ही चुने। भूतकाल के नाटकों के शौर्य और देश में प्रचलित वैष्णव धर्म के गुणों के लिए उनके मन में जो विशेष प्रेम था, उसके कारण बरदलै की रचनाएँ कहीं-कहीं प्रचारात्मक भी हो गयी हैं। परन्तु कहानी कहना ही प्रधान उद्देश्य रहने के कारण उनके उपन्यास जनता पर अपना प्रभाव कायम रख सके हैं। पद्मनाथ गोहाँई बरुआ के 'लाहरी' और भानुमती' नामक दोनों ही उपन्यास प्रेम-विषय के आसपास केन्द्रित हैं। उनमें आहोम-काल की पार्श्वभूमि है। ऐतिहासिक पार्श्वभूमि होने पर भी दोनों उपन्यासों में कोई ऐतिहासिक घटनाएँ या पात्र नहीं हैं। देवचन्द्र तालुकदार और दण्डिनाथ कलिता ने अपने उपन्यासों में स्त्री-पुरुष-सम्बन्धों की खोज करने का प्रयत्न किया है। फलतः इस दिशा में वे असमिया उपन्यास को रजनीकान्त वरदलै से आगे बढ़ा ले गये। तालुकदार ने 'आदर्शपीठ' में गाँधीवादी विचारों का प्रतिपादन किया है; और कलिता के 'साधना' में भी उसी आदर्श स्वर की प्रधानता है।

अन्य उपन्यासों में हितेश डेका के 'आजिर मानुह' (आज का मनुष्य), आथनाथ शर्मा का 'जीवनर तीन अध्याय' (जीवन के तीन अध्याय), चन्द्रकान्त गर्ग का 'सोनार नांगल' (सोने का हल), गोविन्द महन्त का 'कृषनर नीति' (कृषक के वंशज) आदि कुछ ऐसे उपन्यास हैं जिनमें सामाजिक जीवन का विशिष्ट ध्यान प्रस्तुत किया गया है। नवकान्त बरुआ का 'कपिलीपरिया' 'साधु' एक प्रेम-कथा के आस-पास गुम्फित, कपिली नदी के किनारे बसनेवाले लोगों की दुर्भाग्यपूर्ण कहानी है।

कहानी

असमिया कहानी पश्चिम के प्रभाव से विकसित हुई। लक्ष्मीनाथ बेजबरुआ कहानी को एक ऊँचे कलात्मक लोक में उठा ले गये। वह अपने जीवन-भर सम्पादक थे और सम्पादक के दृष्टिकोण से कहानी को जाँच सकते थे। जिसके पास बहुत थोड़ा स्थान हो, उसे कहानी के आकार और भाषा को संक्षिप्त करना ही पड़ता है। बेजबरुआ की सब कहानियाँ (जो कि अब 'साधुकथार कुकी', 'जोनबिरी' तथा 'सुरभि' नामक तीन संग्रहों में मिलती हैं) जीवन के अंशों को चित्रित करके उसके अनुभव और क्षणिक बिम्बों के टुकड़े व्यक्त करती हैं। शरच्चन्द्र गोस्वामी और उन्होंने मिलकर अपनी कहानियों में स्थानीय रंग को प्रमुखता प्रदान की। यथार्थवाद उनकी कहानियों का विशेष गुण है। यद्यपि गहरी मानवीय सहानुभूति, करुणा और परिहास उनके क्षेत्र से परे नहीं हैं, फिर भी अपनी मध्यवर्गीय ग्रन्थियों के कारण उनकी अभिव्यंजना कुण्ठित है। नगेन्द्रनारायण चौधरी और त्रैलोक्यनाथ गोस्वामी की कृतियों में गहरी सामाजिक चेतना देखने को मिलती है। गोस्वामी के 'अरुणा' और 'मरीचिका' नामक संग्रहों में ऐसी कहानियाँ हैं जिनमें हमारे आस-पास की जिन्दगी के यथार्थ चित्र अंकित किये गये हैं। 'अरुणा' संग्रह की 'जारज' शीर्षक कहानी बहुत ही सबल है। उसमें यह दिखाया गया है कि उसके रचन नामक एक पात्र को विवाह के कारण कितने दुःख और सामाजिक अन्याय सहने पड़े हैं। अपनी दूसरी कहानी 'विधवा' में लेखक ने यह दर्शाया है कि एक माँ और लड़की (जो दोनों दुर्भाग्यवश विधवाएँ हैं) सामाजिक उत्पीड़न की शिकार कैसे बनती हैं, और दोनों को क्या-क्या सहना पड़ता है। दूसरे महायुद्ध के साथ-साथ जो बुराइयाँ हमारे समाज में आयीं, 'मरीचिका' की कहानियाँ अधिकतर उन्हीं विषय में हैं। गोस्वामी का 'जिया मानुह'

(जीवित मनुष्य) इसी विषय पर लिखा गया एक छोटा उपन्यास है। युद्ध के कारण सामाजिक नैतिकता कैसे लड़खड़ा रही है, और उसमें कौन-से सुधार जरूरी हैं, इसका सही समाधान प्रस्तुत करना ही इस पुस्तक का मुख्य विषय है। मही वरा और लक्ष्मीनाथ फूकन की कहानियों में असमिया-परिहास उत्कृष्ट रूप में अभिव्यक्त हुआ है, और तोलाराम डेका की कहानियों में व्यंग्य का पुट अपनी विशेषता लिये हुए हैं।

असमिया में आधुनिक ढंग की कहानियाँ लक्ष्मीनाथ शर्मा ने सबसे अधिक लिखी हैं। नारी और उसकी भावनाओं को पहली बार ही उनकी कहानियों में स्थान मिला है। उनके बाद बहुत-से ऐसे लेखक इस क्षेत्र में आये, जिन्होंने आधुनिक नारी और उसके प्रेमाख्यानों के विषय में अपनी लेखनी चलायी। बीना बरुआ, रमादास इत्यादि ऐसे ही लेखक हैं। बीना बरुआ के 'पट-परिवर्तन' में अधिकतर कॉलेज की लड़कियों और उनकी चंचल भावुकतापूर्ण प्रेम-चर्चाओं की ही कहानियाँ हैं। उन्होंने ग्राम-जीवन के विषय में भी लिखा है। 'आधोनीबाई' नाम की उनकी ग्राम-कहानियों के संग्रह में प्रकाशित इसी शीर्षक की कहानी बहुत ही सशक्त बन पड़ी है। उसमें आधोनीबाई नाम की ऐसी ग्रामीण स्त्री का चित्रण किया गया है, जो अन्य ग्रामवासियों की सेवा-सहायता करती रहती है और फिर भी उसकी ऐसी दयनीय दशा है। उसमें ग्राम-जीवन के जो विशाद चित्र गुम्फित किये गये हैं उनका अंकन लेखक ने बड़ी सूक्ष्मता से किया है। रमादास के प्रति पाठक उनकी सुन्दर वर्णन-शैली और शिल्प-विधान के कारण आकर्षित होते हैं। वर्णन की स्पष्टता, संवाद की आकर्षकता, कथाकार के नाते विचारों का ठोसपन और भाषा द्वारा भावों की सूक्ष्म छटाओं को व्यंजित करने की क्षमता, असमिया की कुछ अत्यन्त श्रेष्ठ कथाओं में मिलती हैं। बहुत-सी कहानियों का आधार समाज-मान्य प्रेम-व्यापार से भिन्न प्रकार का प्रेम-व्यवहार है। इस चीज को व्यक्त करने के लिए लेखक मनोविश्लेषण और सहानुभूति का प्रयोग करते हैं। उनकी 'सेतु-बन्धन', 'वारिषा जेतिया नामे' (जब ग्रीष्म आता है) इत्यादि कहानियों में यह गुण स्पष्ट दिखायी देता है। दीनानाथ शर्मा के 'ऊषा' और 'संग्राम' नामक दो उपन्यास बहुत लोकप्रिय हुए हैं। परन्तु लेखक अपनी उन कहानियों के लिए विशेष विख्यात हैं, जो 'दुलाल' (1952), 'अकुलसरिया' (1953), 'कोआ भातुरिया ओथर तलत' (1952) और 'कल्पना अरु वास्तव' नामक संग्रहों में प्रकाशित हुई हैं। शर्मा की अधिकतर कहानियाँ प्रेम-विषयक हैं और उनमें विशेषतः नारी के कुत्सित और विश्वसनीय जीवन का चित्रण पाया जाता है। उनकी 'सोवरन' शीर्षक कहानी में एक नव-विवाहित पत्नी के सन्तुष्ट प्रेम का बड़ा ही वास्तविक चित्रण हुआ है और उन्होंने नारी मन की जटिलताओं में बड़ी कुशलता से प्रवेश किया है। उनके विषय सीमित, पुनरावृत्तिपूर्ण और अपेक्षया अधिक संकीर्ण हैं।

दूसरे महायुद्ध के बाद कहानी, कविता, नाटक, उपन्यास आदि साहित्य के सब अंगों में आमूल-चूल परिवर्तन हो गया। आज की कहानी विशेषतः मध्यवर्ग, किसान और मजदूरों की समस्या से अधिक सन्निविष्ट है। नये सामाजिक और आर्थिक परिवेश, उसकी असंगतियाँ, सन्धि तथा अवसर की विषमता आज की कहानी के विषय हो गये हैं। दूसरे महायुद्ध के कारण जो सामाजिक, राजनीतिक और नैतिक उथल-पुथल हुई है, नयी कहानी नये सामाजिक

मूल्यों को उससे नापना चाहती है। वह पुरानी समाज-व्यवस्था में रहते आये किसानों के जीवन के सुख और सन्तोष की तुलना नयी समाज-व्यवस्था में मजदूरों की असन्तुष्टि, व्यथा, शोषण-उत्पीड़न, चुनौती और घृणा के साथ करना चाहती हैं। ऐसे लेखकों में अब्दुल मलिक ने अपनी असाधारण कथानक-रचना और मनोरंजक भाषा के कारण विशेष ख्याति अर्जित की है। जोगेशदास, वीरेन्द्रकुमार भट्टाचार्य, हेमेन बरगोहाँई, भेवन्द्रनाथ सैकिया तथा अन्य कई लेखकों ने आधुनिक कहानी को अनेक प्रकार का रूप और वैविध्य प्रदान किया है।

निबन्ध

उन्नीसवीं शती में जो गद्य बहुत परिपक्व था, वह आगे जाकर निबन्ध के रूप में विकसित हुआ। लक्ष्मीनाथ बेजबरुआ ने असमिया साहित्य में व्यक्तिगत निबन्ध की प्रतिष्ठा की। असमिया के स्फुट गद्य-लेखकों में उनका नाम सबसे अग्रणी स्थान रखता है। निबन्धकार के नाते उनमें अत्यन्त दुर्लभ मनोहारिता और परिहासयुक्त उदार आलोचना मिलती है। चेस्टरटन की भाँति बेजबरुआ भी कहानी और निबन्ध के बीच का एक साहित्य-प्रकार निर्मित करने में सफल हुए। इन्हीं विशेषताओं के कारण उनके निबन्ध मनोरंजक बन पड़े हैं। दैनन्दिन जीवन की छोटी-छोटी घटनाओं और अनेक घरेलू विषयों को उन्होंने हास्य की सामग्री में परिवर्तित कर दिया है। अपने निबन्धों में उन्होंने असमिया साहित्य में सर रोजर दी कावरली के ढंग का एक चरित्र कृपावर बड़बरुआ के रूप में निर्मित किया। कृपावर की सनक में असमिया जीवन और शिष्टाचार की पद्धतियाँ सन्निहित हैं। उन्होंने 'बड़बरुआ भावर बुरबुरनी' (बड़बरुआ के विचार बुद्‌बुद) शीर्षक से जो मनोरंजक निबन्धमाला लिखी है, वह असमिया साहित्य में सुपरिचित है। अधिकतर प्रासंगिक विषयों को लेकर ही वे निबन्ध लिखे गये हैं, उनमें देश के खोखले मनुष्यों और संस्थाओं का मजाक उड़ाया गया है। उनके निबन्धों में उच्चकोटि के परिहास और निरीक्षण की सूक्ष्म शक्ति के अद्भुत समन्वय के साथ समकालीन जीवन और समस्याओं पर गम्भीर विचार किया गया है—क्योंकि प्रायः सभी निबन्ध व्यंग्य-विनोदमयी शैली में लिखे गये हैं, इसलिए वे मनोरंजक और आकर्षक हैं। बाद में हलीराम डेका और हेमचन्द्र बरुआ ने आत्म-निबन्धों की यह शैली सफलतापूर्वक अपनायी।

यद्यपि सत्यनाथ बरुआ ने अपने समकालीन सामाजिक रेखाचित्रों के 'केन्द्रसभा' नामक संग्रह में बेजबरुआ का ही अनुकरण किया है, फिर भी वे एक गम्भीर महत्त्वपूर्ण गद्य-लेखक के नाते ही अधिक सफल हुए। उनके विचारपूर्ण तथा सुनिबद्ध निबन्ध 'सारथी' और 'चिन्ताकली' नाम से प्रकाशित हुए हैं। अपने इन निबन्धों के द्वारा सत्यनाथ ने जहाँ असमिया भाषा का एक स्तर निर्मित किया वहाँ व्याकरण तथा मुहावरों को फिर से नया रूप देकर उसकी गद्य-शैली को भी निखारा। दूसरे प्रसिद्ध गद्य-शैलीकार हैं वाणीकान्त काकती। अपने विशाल अध्ययन, विषयों के व्यापक ज्ञान और विद्वत्ता के कारण वाणीकान्त इस प्रदेश के एक अत्यन्त मेधावी पुरुष बने।

इस बात में कोई सन्देह नहीं कि अंग्रेजी शिक्षा ने राष्ट्रीयता के विकास में अपूर्व सहायता ही नहीं दी, बल्कि उससे भाषा, संस्कृति तथा इतिहास में हमारी रुचि भी जागरित की। फलतः कई विद्वान् आसाम के प्राचीन साहित्य के अध्ययन में जुट गये और ऐतिहासिक निबन्धों

के लेखन की दिशा में बड़ा कार्य हुआ। हेमचन्द्र गोस्वामी के प्राच्य विश्वविद्यालय शोध-निबन्ध सुन्दर गद्य में गुम्फित हैं। सूर्यकुमार भुइयाँ के ऐतिहासिक ग्रन्थों में आहोम इतिहास की झलक स्पष्ट रूप से देखने को मिलती है। भुइयाँ हमारे साहित्य के विख्यात शिल्पी हैं और उनके ऐतिहासिक प्रबन्धों में पुरानी असमिया बुरंजियों में मिलनेवाले अनेक पुराने और अब लुप्तप्राय शब्द तथा मुहावरे प्रयुक्त हुए हैं। वेणुधर शर्मा के ऐतिहासिक निबन्ध भी बड़े ही नोरंजक होते हैं। शर्मा की शैली सर्वथा अपनी शैली है एवं विशुद्ध असमिया शब्द-रूपों के लए उनके मन में गहरा प्रेम है। सूर्यकुमार भुइयाँ ने बहुत-से पुराने ग्रन्थों के सम्पादन और काशन में अपना जीवन लगा दिया है। सर्वश्री हरिनारायण दत्त बरुआ, कालिराम मेधी, वेरिचिकुमार बरुबा, उपेन्द्र लेखारू, महेश्वर निओग, सत्येन्द्रनाथ शरआ आदि अनेक लेखक फलतापूर्वक उनका अनुगमन कर रहे हैं।

वतन्त्रता के पश्चात्

स्वतन्त्रता के पश्चात् असमिया कथा-साहित्य में नवजागरण का दौर आया। इस युग में ॉ. विरंचि कुमार बरुआ ने 'जीवनर बादल' और सेउजी पातर काहिनी' नामक उपन्यास छद्म ाम से लिखे। कालान्तर में असमिया में कथा-साहित्य की पूरी परम्परा विकसित हुई, जिनमें मुख नाम हैं—योगेशदास, महम्मद पियार, सैय्यद अब्दुल मलिक, वीरेन्द्र कुमार भट्टाचार्य, मेन बरगोहाई, पद्म बरकटकी, चन्द्रप्रसाद शैकिया, निरुपमा बरगोहाई, मामनि रायसम स्वामी। उल्लेखनीय है कि वीरेन्द्रकुमार भट्टाचार्य, मामनि रायसम गोस्वामी को ज्ञानपीठ रस्कार प्राप्त हुआ है। असमिया उपन्यास की यात्रा अधूरी रहती है, यदि इन्दिरा गोस्वामी ा उल्लेख न किया जाये। इन्दिरा जी को ज्ञानपीठ पुरस्कार से सम्मानित किया गया है। समिया की ख्यातिप्राप्त रचनाओं में मृत्युञ्जय और पाखो घोड़ा (वीरेन्द्र कुमार भट्टाचार्य), न्नमस्ता, नील कण्ठी ब्रज, अहिरन (इन्दिरा गोस्वामी), जो मन टूटा आपना (शीलभद्र) सेद्ध कृतियाँ हैं। महिला लेखिकाओं में इन्दिरा गोस्वामी के अतिरिक्त स्नेह देवी, नीलिमा र्मा का नाम उभरा है।

निबन्ध, ललित निबन्ध, नाटक, कहानी, उपन्यास, काव्य सभी क्षेत्रों में आज असमिया हित्य वृद्धि को प्राप्त है। यह अलग तथ्य है कि असमिया जो कभी पूर्वोत्तर की भाषा का तिनिधित्व करती थी, वहाँ अलग-अलग राज्यों की अपनी भाषाएँ असमिया के समान्तर चल ी हैं। निरन्तर आन्तरिक संघर्ष के कारण असमिया पर इसका प्रभाव भी पड़ा है। असम ही बोडो साहित्य की अपनी धारा बन गयी है। मणिपुरी, अरुणाचली, कार्बो, खासी, गारो, सिंग, लिम्बू,नगा, मिजो जनजातीय भाषाएँ साहित्य में पल्लवित हो रही हैं। इसके बावजूद समिया का साहित्य समृद्ध, सशक्त और भारतीयता का प्रतिनिधित्व करता है।

3

पश्चिमोत्तर भाषा वर्ग

1. मराठी साहित्य का इतिहास

उत्तर में नर्मदा और दक्षिण में कृष्णा तथा तुंगभद्रा नदियों तक के क्षेत्र को महाराष्ट्र मान जाता है। द्रविड़ परिवार की भाषाएँ मराठी की सीमा से जुड़ी हैं किन्तु मराठी आर्य परिवा की भाषा है। मराठी का राजनैतिक वर्चस्व देवगिरि के यादव राजाओं से प्रारम्भ होता है। उसक पूर्व सातवाहनों, चालुक्यों तथा राष्ट्रकूटों के शासन तक प्राकृतों और अपभ्रंशों का युग था जिस महाराष्ट्री से मराठी का विकास माना जाता है, उससे मराठी के सूत्र कम जुड़ते हैं, उस अधिक मराठी संस्कृत के निकट हैं। वस्तुतः महाराष्ट्री प्राकृत प्राकृतों में साहित्य के अधि निकट है। जिस प्राकृत साहित्य को आज हम पाते हैं, वह मूलतः महाराष्ट्री प्राकृत में है अतः पहली बात तो यह है कि महाराष्ट्री प्राकृत का सम्बन्ध मराठी से है भी या नहीं। यदि महाराष्ट्री या माहाराष्ट्री से ही मराठी का विकास हुआ तो उसके सूत्र मराठी से मिलने चाहिए इस सन्दर्भ में यह दृष्टिकोण भी सामने आता है कि महाराष्ट्री के जन भाषा रूप का विका मराठी के रूप में हुआ है और साहित्यिक महाराष्ट्री प्राकृतों के योग से काव्यभाषा के रू में प्रयुक्त होती थी जो साहित्य उपलब्ध है वह महाराष्ट्री का नहीं मानक प्राकृत का है। कु लोग यह तर्क देते हैं कि मराठी पर द्रविड़ प्रभाव के कारण अन्य आधुनिक भाषाओं से अन्त आया है। तर्क अनेक हैं किन्तु वर्तमान स्थिति यही स्पष्ट करती है कि मराठी और हिन् में इतना साम्य है कि आम बोलचाल में हिन्दी-मराठी को एक साथ मिलाकर बोला जाता जैसा कि मुम्बई में देखा जा रहा है और उसमें कोई अन्तर नहीं आता। मराठी की शब्दाव भी संस्कृत से सीधे अधिक आयी है विकृत होकर कम।

जहाँ तक मराठी के साहित्यिक विकास का प्रश्न है देवगिरि के यादव राजाओं के युग प्रारम्भ होता है। यादव शासकों के काल में ही मराठी का पहला शिलालेख (1012 ई.) मिल है। इसके पूर्व जो शिलालेख मिले भी हैं वे मराठी में नहीं हैं क्योंकि उनके पूर्व अन्य राजा का शासन था। सातवाहनों के शासनकाल में तेलुगु का प्रभाव था क्योंकि सातवाहन दक्षि भारतीय थे। इसीलिए उन्हें आन्ध्र भी कहा जाता है। इसलिए मराठी का प्रारम्भिक साहि 12वीं शती से ही उपलब्ध होता है। प्रारम्भिक काल में मराठी में दार्शनिक रचनाएँ मिल

हैं साथ ही कुछ संस्कृत रचनाओं के अनुवाद मिलते हैं। इस दृष्टि से मुकुन्दराज का 'विवेक सिन्धु' महत्त्वपूर्ण है। यह ग्रन्थ गोरखनाथ के विचारों से प्रभावित है। इसलिए मराठी का प्रारम्भ भी नाथ-सिद्धान्त से ही माना जा सकता है।

महानुभाव सम्प्रदाय–मराठी साहित्य में आदिकाल में नाथ रचनाओं के अतिरिक्त महानुभाव सम्प्रदाय का विशेष योगदान है। महानुभाव सम्प्रदाय का प्रवर्तक चक्रधर गुजरात का था। 1267 ई. में उसने संन्यास लेकर महानुभाव पन्थ चलाया। उसके उपदेशों के संकलन ही मराठी गद्य के आदि उदाहरण हैं। महानुभाव पन्थ में अनेक कवि हुए जिन्होंने चक्रधर के चरित का वर्णन किया है। लीला चरित्र (म्हाई भट्ट) इस दृष्टि से उल्लेखनीय है। सात विशाल काव्यों में संगृहीत ओवी छन्द में लिखित महानुभाव कवियों की रचनाएँ प्रसिद्ध हैं। इस काल के परवर्ती कवियों में मराठी समाज को सर्वाधिक प्रभावित करनेवाले सन्त ज्ञानदेव का उदय हुआ। ज्ञानदेव (1271-1296) मराठी के अग्रगण्य रचनाकार हैं। उनका स्थान हिन्दी में स्वामी रामानन्द के समकक्ष है। ज्ञानदेव की ज्ञानेश्वरी मराठी का पवित्र ग्रन्थ है। ज्ञानदेव ने सामाजिक रूढ़ियों एवं कर्मकाण्ड का विरोध किया। मध्यकालीन भारतीय पुनर्जागरण पर सन्त ज्ञानेश्वर का व्यापक प्रभाव है।

भक्ति आन्दोलन एवं मराठी काव्य

सन्त ज्ञानदेव से मराठी सन्त काव्य का उदय हुआ। उनके शिष्यों में नाना जातियों के लोग थे। दर्जी नामदेव (1270-1350) सावन्त माली, गोरा कुम्हार, नरहरि सुनार और चौका महार उनके शिष्य थे। ज्ञानेश्वर के शिष्यों में सर्वाधिक प्रभावशाली नामदेव हुए जिन्होंने भागवत धर्म की प्रतिष्ठा की और नये भक्ति सम्प्रदाय का प्रवर्तन किया, जिसे 'बारकरी पन्थ' कहा जाता है। ज्ञानदेव और नामदेव की सन्त एवं भक्ति परम्परा को विस्तार देनेवाले कवि एकनाथ (1533-1599) हैं। एकनाथ ने भागवत का उपदेश किया। एकनाथ कुशल अनुवादक और कवि थे। उन्होंने रामायण और भागवत की कथाओं को पद्यबद्ध किया। इस प्रकार मराठी साहित्य का प्रारम्भ सन्त साहित्य तथा भक्ति काव्य से हुआ। मराठी के प्राचीन साहित्य में सन्त काव्य की सुदीर्घ परम्परा प्रारम्भ से 16वीं शती तक मिलती है। मराठी सन्त काव्य का इतना व्यापक प्रभाव था कि 1594 में पादरी स्टीफेन्स ने मराठी में क्राइस्ट पुराण की रचना कर डाली। सत्रहवीं शती में भक्ति परम्परा को पुष्ट किया तुकाराम (1608-1649) ने। तुकाराम के अभंग भक्ति के श्रेष्ठ उदाहरण हैं। सहज भावाभिव्यक्ति और मानवीय संवेदना की दृष्टि से तुकाराम मराठी के श्रेष्ठ रचनाकार हैं। इस प्रकार महानुभावपन्थ से बारकरी पन्थ तक का साहित्य मराठी का प्रारम्भिक साहित्य है, जिसमें भक्तिकाव्य की प्रधानता है।

उत्तर मध्यकाल–सत्रहवीं शती में ही मराठा गौरव शिवाजी का भारतीय रंगमंच पर उदय हुआ। उनके गुरु समर्थ रामदास (1608-1681) एक वैष्णव भक्त कवि थे। समर्थ का कृतित्व 'दासबोध' मराठा स्वाभिमान का प्रसिद्ध ग्रन्थ है। इस काल के अन्य रचनाकारों में वामन पण्डित, नागेश, बीठल प्रमुख हैं। वामन पण्डित ने यथार्थ दीपिका, गजेन्द्र मोक्ष, सीता स्वयंवर

जैसी रचनाओं का प्रणयन किया। शिवाजी द्वारा मराठा राज्य स्थापित करने के बाद मराठी में भक्ति साहित्य के साथ पँवारों का युग आया। पँवाड़ों में वीररस का परिपाक और युद्धों का वर्णन होता है। मराठी में पँवाड़ों का प्रारम्भ अग्निदास से हुआ। उनके बाद तुलसीदास तथा अन्य कवियों ने पँवारे लिखे। शिवाजी के पश्चात् पेशवाओं के युग में निम्न प्रसिद्ध कवि हुए—कृष्ण दयासंघ, श्रीधर मोरोपन्त या मयूर पण्डित, इनमें मयूर पण्डित का विशेष महत्त्व है। उनकी प्रसिद्ध रचनाएँ हैं केकावलि और संशय रत्नमाला। इस प्रकार यादव काल से पेशवा काल तक मराठी साहित्य बहुआयामी हो गया था। इनमें सन्त, पण्डित और शाहीर प्रमुख रचनाकार हैं। सन्त काव्य में मानव मैत्री एवं भागवत धर्म की प्रतिष्ठा हुई है तथा पण्डित परम्परा में दार्शनिक ग्रन्थों का विरचन हुआ है। पँवाड़ों के रचनाकारों और गायकों को शाहीर कहा जाता है।

आधुनिक काल

पानीपत के युद्ध (1761 ई.) में पराजय के पश्चात् मराठों की शक्ति क्षीण हो गयी। पूरे भारत पर शासन करनेवाले मराठों में सिन्धिया (ग्वालियर), होल्कर (इन्दौर) और पेशवा बिठूर (कानपुर) में सीमित रहे। 1848 ई. की बसीन की सन्धि ने उन्हें पूरी तरह शक्तिहीन कर दिया। अंग्रेजों का हस्तक्षेप मराठी साम्राज्य पर कम पड़ा अतः आधुनिकता भी देर से आयी। 1834 से अंग्रेजों ने मराठी क्षेत्र में भी पाश्चात्य शिक्षा का प्रसार किया। मराठों की इस हीन स्थिति में मराठी पत्रकारिता का उदय हुआ। इनमें बाल शास्त्री जम्भेकर की पत्रिका 'दर्पण' का विशेष योगदान है। जम्भेकर के अतिरिक्त कृष्ण शास्त्री चिपूलणकर तथा गोपाल हरि 'लोकहितवादी' मराठी पुनर्जागरण के पुरोधा हैं। इसी काल में ब्राह्मणेतर लेखक ज्योतिबा फूले ने दलितोद्धार का प्रारम्भ (1841) किया। इन लेखकों ने मराठी गद्य के माध्यम से समाज को जागृत किया। अन्य लेखकों में शि.अ. परांजपे, चिन्तामणि विनायक वैद्य प्रमुख हैं। इन सारे लेखकों में शिरोमणि हैं—लोकमान्य तिलक। वस्तुतः तिलक आधुनिक मराठी साहित्य के अग्रदूत हैं।

कविता

मराठी साहित्य में 1857 की क्रान्ति के पश्चात् नये युग का सूत्रपात हुआ। मराठा साम्राज्य इस युग तक समाप्त हो गया था और कानपुर के बिठूर से महाराष्ट्र तक विस्तृत मराठा राज्य अपना अस्तित्व खो चुका था। उसके पश्चात् महाराष्ट्र में जो जागरण की चेतना आयी उसके दो बिन्दु थे—1. समाजसुधार और दलितोद्धार और दूसरा राष्ट्रीय चेतना। काव्य के क्षेत्र में नया भावबोध लेकर आनेवाले कवि थे—केशवसुत (1866-1905)। केशवसुत ने परम्परागत मराठी कविता के शिल्प में ही परिवर्तन नहीं किया, उन्होंने नयी जीवन-दृष्टि विकसित की। केशवसुत की कविता पर पाश्चात्य उदारतावाद तथा राष्ट्रवाद का प्रभाव तो था ही उनमें अतीत के प्रति रोमाण्टिक कवियों की भाँति गौरवबोध भी था। सामान्य रूप से कहें तो केशवसुत पश्चात्य विचारधारा से प्रभावित थे। पाश्चात्य विचारों से प्रभावित होने पर भी केशवसुत में भारतीयता का दर्प था और वे आधुनिक भारत को महत्त्व देते हुए कुसंस्कार

और रूढ़ियों के विरोधी थे। सम्भवतः महाराष्ट्र में चल रहे समाज-सुधार के कार्यक्रमों से भी वे प्रभावित थे, जिसे वे कविता के माध्यम से व्यक्त कर रहे थे। समग्र रूप में हम कह सकते हैं कि केशवसुत मात्र कवि नहीं जनकवि और जनजागरण के कवि हैं। केशवसुत की इस नयी चेतना का प्रभाव अन्य रचनाकारों पर भी पड़ा और यहीं से मराठी के साहित्य में आधुनिक काल का उदय हुआ। इस युग के अन्य रचनाकारों में नारायण वामन तिल (1865-1919), विनायक (1872-1909), राम गणेश गडकरी (1885-1919), हरिनारायण आप्टे (1864-1919) प्रमुख हैं। केशवसुत ने जहाँ कविता को माध्यम बनाया, वहीं गडकरी गद्यकार और नाटककार के रूप में ख्यात हुए और हरिनारायण आप्टे ने पहला उपन्यास लिखकर मराठी को समृद्ध किया। एक बात ध्यातव्य है कि ये सभी रचनाकार नयी चेतना लेकर तो आये परन्तु उनमें एक अन्तर था। केशवसुत प्रगतिशील और परिवर्तनकामी थे पर अन्य रचनाकार पुनरुज्जीवन पर बल देते थे। पुनरुज्जीवन की इस परम्परा को तिलक ने भी बढ़ावा दिया। गडकरी ने दोनों प्रवृत्तियों में रचनाएँ कीं किन्तु व्यंग्य-लेखन के कारण वे मराठी कवियों में विशेष लोकप्रिय हुए। गडकरी के प्रभाव से मराठी काव्य में नाटकीयता आयी जिसका अनुगमन परवर्ती कवियों ने किया, जिनमें बालकवि (1890-1918), नारायण मुरलीधर गुप्ते (1872-1947), भास्कर रामचन्द्र ताम्बे (1874-1941) प्रमुख रहे। कालान्तर में भास्कर रामचन्द्र ताम्बे सर्वाधिक लोकप्रिय हुए। इस युग की कविता में उपहास, वक्रोक्ति, व्यंग्य और विनोद की प्रवृत्ति मिलती है। समाज की विसंगतियों पर जितना बेबाक चित्रण इस युग में हुआ, उतना उसके पहले कभी नहीं हुआ था। इसी काल में श्रीपाद कृष्ण कोल्हरकर ने विनोदी साहित्य नामक साहित्य की नवीन विधा ही चला दी। कोल्हरकर मराठी में विनोदी साहित्य के प्रणेता माने जाते हैं। कोल्हरकर गद्य और पद्य दोनों में व्यंग्य लिखते थे। गडकरी और कोल्हरकर को मराठी मानस में व्यंग्य के कारण लोकप्रियता मिली। रामगणेश गडकरी स्वभावनिष्ठ और प्रसंगनिष्ठ विनोद से दर्शकों को आनन्दित करते हैं। इस प्रकार आधुनिक काल के प्रारम्भ में जहाँ एक ओर केशवसुत और ताम्बे की परम्परा है, वहीं दूसरी ओर कोल्हरकर और गडकरी की। 1920 ई. के आस-पास तक दोनों काव्य परम्पराएँ विद्यमान थीं। 1920 के पश्चात् कविता पर लोकमान्य तिलक का स्पष्ट प्रभाव था। पुनरुत्थानवादी प्रवृत्ति का बोलबाला था। 1925 में प्रह्लाद केशव अत्रे का उदय हुआ। अत्रे विनोदी वृत्ति के कवि थे। उनकी रचना 'झेंडूची फुले' पैरोडी काव्य है। अत्रे की पैरोडी से पैरोडी कविता की रचना मराठी में प्रारम्भ हुई। इसी युग में मराठी में 'रविकिरण मण्डल' की प्रवृत्ति विकसित हुई। यह मण्डल विशिष्ट काव्यप्रवृत्तियुक्त विशिष्ट कवियों के व्यक्तित्व से सम्पृक्त मण्डल है। इन कवियों की कविता का प्रेरक तत्त्व आधुनिकता है। रविवार के दिन चाय के लिए इकट्ठा होनेवाला समूह 'रविकिरण मण्डल' कहलाया। इस मण्डल के सदस्य आठ कवि-माधवत्र्यम्बक पटवर्धन, बा. रानडे, मनोरमा रानडे, म. त्र्यं. माडरपोलकर, द. ल. गोखले, शंकर केशव कानेटकर और विट्ठल घाटे थे। इसकी स्थापना 9 सितम्बर, 1923 को हुई। अत्रे ने 'झेंडूची फुले' में इन्हीं कवियों की कविताओं की पैरोडी की है। पैरोडी भले ही हुई हो पर मण्डल का मराठी कविता में विशेष योगदान रहा। 'रविकिरण मण्डल' के कवि कविता को सामान्य जीवन के निकट

लाने के पक्षधर थे। कविता को उन्होंने अतिसामान्य बना दिया। मण्डल के कवि कविता को मंच तक ले गये तथा काव्य-शिल्प में भी अनेक प्रयोग हुए। इन कवियों में पेंरुकर और श.के. कानेटकर कालान्तर में चर्चित हुए। रविकिरन मण्डल और अत्रे की पैरोडी ने यह अवश्य कर दिया कि कविता मनोरंजन का साधन बनती गयी। इस प्रकार 1920 के बाद के दशक में कविता उपहास का माध्यम बनी। केवल ताम्बे ऐसे कवि थे जो गीत रचना, विशेषतः प्रेमगीतों की रचना में रत थे। ताम्बे की प्रेम कविताओं का प्रभाव यह हुआ कि परवर्ती अधिकांश कवि प्रेमकविताएँ ही लिखने लगे और मराठी कविता में ऐन्द्रिकता का प्रसार हुआ। कविता शिल्पप्रधान हो गयी। ताम्बे ने जो सूक्ष्म भावबोध और संवेदनशील कविता लिखी, उसको परवर्ती कवि नहीं लिख पाये। ऐन्द्रिकता, माधुर्य और भाषा के चमत्कार द्वारा शब्दचित्र बनते रहे और प्रेम कविताओं ने मराठी जनमानस को इतना प्रभावित किया कि कविता का नशा छा गया। बौद्धिकताविहीन शरीरी कविता के इस युग में कविता ने अपनी भावप्रवणता, संवेदनशीलता और प्रभावोत्पादकता को खो दिया। रविकिरण मण्डल और ताम्बे शैली की कविताओं के बावजूद कुछ कवियों ने कविता की उदात्तता को बरकरार रखा। ऐसे कवियों में अनन्त काणेकर, आ.र. देशपाण्डे, ना. प. देशपाण्डे, वि.वा. शिखाडकर 'कुसुमाग्रज' और मनमोहन उल्लेखनीय हैं। अनन्त काणेकर का काव्य-संग्रह चाँद रात (1933) प्रकाशित हुआ जो श्रेष्ठ कविता का उदाहरण है। अनिल देशपाण्डे के तीन संग्रह फुलवात (1932), भग्नमूर्ति (1940), पेर्तेवा (1947) प्रकाश में आये। फुलवात प्रेमगीतों का संग्रह है तो भग्नमूर्ति में उपदेशात्मकता अधिक है। 'पेर्तेवा' में विचार और भावना का समन्वय मिलता है। अनिल देशपाण्डे ने ही मराठी में मुक्तछन्द की परम्परा की और रूढ़ छन्द-बन्धन से कविता को मुक्त किया। गु.ह. देशपाण्डे की कविता में आध्यात्मिकता और सन्तकाव्य जैसी सूत्रात्मकता पायी जाती है। इस काल के कवियों में कुसुमाग्रज को विशेष ख्याति मिली। यद्यपि उन्होंने साहित्य की अन्य विधाओं में भी सृजन किया है किन्तु ख्याति 1942 में प्रकाशित काव्यकृति 'विशाखा' से मिली। कुसुमाग्रज सौन्दर्य के कवि माने जाते हैं। कुसुमाग्रज के अतिरिक्त परवर्ती कवियों में विन्दा करन्दीकर, मंगेश पाडगाँवकर चर्चित रचनाकार हैं।

उपन्यास

मराठी कथा-साहित्य का प्रारम्भ हरिनारायण आप्टे से माना जाता है। मराठी में उपन्यास को कादम्बरी कहा जाता है। मराठी की उपन्यास विधा पर संस्कृत कथा-साहित्य का प्रभाव रहा है किन्तु शिल्प की दृष्टि से पाश्चात्य प्रभाव ही कादम्बरी का प्रेरक तत्त्व है। कालक्रम की दृष्टि से मराठी का पहला उपन्यास बाबा पद्म जी द्वारा लिखित 'यमुना पर्यटन' है। इसका रचनाकाल 1857 ई. है। यह एक सामाजिक उपन्यास है जिसमें हिन्दू विधवाओं की स्थिति, नारी की दयनीयता का वर्णन करते हुए ख्रिस्ती धर्म की उदात्तताओं का वर्णन है। इसीलिए कुछ लोग इसे धर्मप्रचार की कृति मानते हैं। 1861 ई. में लक्ष्मणशास्त्री ने 'मुक्तामाला' उपन्यास लिखा जो अमानुषीय शक्ति से परे एक काल्पनिक कथा है। इसे हिन्दी में चन्द्रकान्ता की परम्परा से जोड़ा जा सकता है। इसके प्रभाव से मराठी में रहस्य-रोमांच-प्रधान अनेक रचनाएँ आयीं। इसी परम्परा में कुछ ऐतिहासिक कथाएँ भी उपन्यास के रूप में लिखी गयीं।

मराठी में आधुनिक उपन्यास के रूप में पहला उपन्यास हरिनारायण आप्टे ने लिखा। आप्टे ने ऐतिहासिक और सामाजिक उपन्यासों के माध्यम से मध्यवर्गीय समाज का चित्रण किया है। उनके उपन्यासों में सुधारवादी चेतना मिलती है। आप्टे ने सामाजिक कुरीतियों का विरोध भी उपन्यासों के माध्यम से किया है। इस प्रकार हरिनारायण आप्टे पहले मराठी उपन्यासकार हैं जिन्होंने उपन्यास को मनोरंजन से हटाकर लोकजीवन से जोड़ा। उनके 'पणलक्षात्' लीन धेनामी, 'मायेचा', बाजार 'भयंकर दिव्य', 'मधली स्थिति' सामाजिक उपन्यास हैं। इसी काल में सामाजिक उपन्यासों की परम्परा के साथ बा. म. जोशी ने तात्त्विक उपन्यासों की शुरुआत की। इन उपन्यासों में अन्तर्मन और बौद्धिक संघर्ष मिलता है। अन्तर्द्वन्द्व के साथ उनके उपन्यासों में सामाजिक क्रान्ति के सूत्र भी मिलते हैं जिनमें पुनर्विवाह और द्विपतित्व जैसे प्रश्न उठाये गये हैं। ये विचार पाठकों के लिए सर्वथा नये थे। बा. म. जोशी के उपन्यासों 'आश्रम हरिणी' या 'सुशीलेचादेव' में नारी-मन का विश्लेषण मिलता है। कालान्तर में मराठी में ग्रामीण जीवन का यथार्थ चित्र वर्णित होने लगा। वरेरकर के 'फाटकी वाकल', ग.ल.ठोकल के 'गावगुडी', 'हडपाची अन्नदाता', 'उणशी' ग्रामीण जीवन का चित्रण करनेवाले उपन्यास हैं।

स्वतन्त्रता के पश्चात् मराठी उपन्यासों में दलित-चेतना का विकास हुआ। 1945 ई. में 'जंगलातील छाया' से इसका प्रारम्भ हुआ और इसी क्रम में कर्णीक का 'वाउगीण', विभावरी शिखारकर का 'बली' उपन्यास लिखा गया है। दलित उपन्यासों में दलितों के प्रश्नों, उनकी समस्याओं, सामाजिक स्थितियों पर प्रकाश डाला गया है। दलित कथा-लेखन की परम्परा के साथ साहित्यिक मूल्य बदले और आत्मकथा के रूप में उपन्यासों का प्रणयन प्रारम्भ हुआ। दलित लेखकों ने आत्मकथात्मक उपन्यासों के माध्यम से स्वानुभूति पर बल दिया और दलित आत्मकथाओं की इस परम्परा ने हिन्दी को भी प्रभावित किया। आत्मकथात्मक उपन्यासों में जयवंत दलवी का 'चक्र', लक्ष्मण गाने का 'उपरा', लक्ष्मण गायकवाड का 'उचल्या' लिखा गया। इन दलित लेखकों ने हिन्दी उपन्यास-कला को नया शिल्प और दलित सौन्दर्यशास्त्र दिया। स्वानुभूति के आधार पर लिखे गये दलित उपन्यासों ने नयी क्रान्ति की जिसमें जीवनानुभव के साथ विरोध का स्वर मुखर हुआ। समकालीन कथा-लेखन में एक बार पुनः राजनीतिक, पौराणिक और जनजीवन से जुड़े उपन्यासों का युग आया। शिवाजी सावन्त और विश्वास पाटील जैसे कथा-लेखकों ने अनेक कालजयी कृतियाँ दीं जिनमें शिवाजी सावन्त कृत 'छावा', 'युगन्धर', 'मृत्युज्जय', विश्वास पाटील कृत पानीपत, गंगाधर गाडकिल कृत 'दुर्दम्य', माडगूलकर कृत 'बनगरवाड़ी', आनन्द यादव कृत 'नटरंग', अरुण साधू कृत 'शोधयात्रा', नागनाथ ईनामदार कृत ''शाहंशाह', रणजीत देसाई कृत 'स्वामी', चन्द्रकान्त खोत कृत बिम्ब-प्रतिबिम्ब, विश्वास पाटील कृत 'सम्भाजी', शुभांगी भडभडे कृत 'राजवधू', अरुण भद्रे कृत 'वधस्तम्भ', माधव साठे कृत 'ब्रह्मावर्त', विश्वास पाटील कृत 'महानायक' प्रमुख हैं। स्वतन्त्रता के पश्चात् लिखे गये इन उपन्यासों में राजनीति, इतिहास, संस्कृति, के साथ नयी राष्ट्रीय चेतना है। युगन्धर, मृत्युज्जय जैसी कृतियाँ न केवल मराठी वरन् समग्र भारतीय साहित्य की अमर कृतियाँ हैं। समग्र रूप से हम कह सकते हैं कि मराठी का वर्तमान

उपन्यास साहित्य भारतीय भाषाओं के उपन्यास साहित्य में आज प्रमुख स्थान रखता है तथा अधिकांश कृतियों को सभी भारतीय भाषाओं में अनुवाद के माध्यम से लोकप्रियता प्राप्त हुई है।

कहानी

मराठी उपन्यास विधा की भाँति समकालीन मराठी कहानी भी निरन्तर प्रगति की ओर अग्रसर है। मराठी कहानी साहित्य का विकास वैसे तो संस्कृत के अनुवाद से हुआ पर मौलिक कहानी का लेखन हरिनारायण आप्टे से प्रारम्भ हुआ। आप्टे की कहानियाँ उपदेशात्मक और मनोरंजक हैं। उनके बाद ना.सी. फड़के ने कहानी और लघुकथा का विकास किया। फड़के जी ने कहानी के शिल्प-विधान को महत्त्व दिया। 'लघुकथा तन्त्र आभिमन्त्र' कहानी के शिल्प-विधान की दृष्टि से महत्त्वपूर्ण रचना है। 1940 के बाद मराठी कहानी में नवकथा (नयी कहानी) का उदय हुआ। इसमें कहानी के शिल्प की अपेक्षा कहानी में भावात्मकता, मनोविश्लेषण और वैचारिकता को महत्त्व मिला। इस नयी प्रवृत्ति के प्रमुख कथाकारों में गंगाधर गाडगिल प्र.भा. भावे, अरविन्द गोखले हैं, जिन्होंने कहानी को यथार्थ से जोड़ा। यहीं से मराठी कहानी की सशक्त परम्परा प्रारम्भ हुई, जिसके आधार पर आज मराठी कहानी को सर्वाधिक समर्थ विधा माना जाता है। एक अनुमान के अनुसार मराठी में प्रतिवर्ष लगभग 4000 कहानियाँ छपती हैं। स्वतन्त्रता के पश्चात् वामन घोरपड़े, जमवन्त दलवी, कुसुमावती देशपाण्डे, रत्नाकर मतकरी के नाम समकालीन कहानी से जुड़े। 1960 के बाद महाराष्ट्र राज्य का गठन हुआ और मुम्बई राज्य दो भागों गुजरात और महाराष्ट्र में विभक्त हो गया। इस काल में मराठी में ग्रामीण कहानी का विकास हुआ और ग्रामभित्तिक कहानियों की परम्परा का दौर प्रारम्भ हुआ। द.मा. मिरासदार, ग.दि. माडगुलकर, व्यंकटेश माडगुलकर, पु. शि. रेगे, सदानन्द रेगे, आनन्द यादव, रा.ई. बोराडे ग्रामीण कहानी की परम्परा को पुरस्सर करनेवाले रचनाकार हैं, जिनकी कहानियों में महाराष्ट्र के ग्रामीण अंचल के जन-जीवन की अभिव्यक्ति हुई है। 1970 ई. में मराठी कहानी में दलित-लेखन का प्रारम्भ हुआ। दलित कहानी में दलित लेखकों ने आत्मानुभूति के आधार पर दलित जीवन की विडम्बनाओं, उनके उत्पीड़न, सामाजिक बहिष्कार के दंश का चित्रण किया। बाबूराव बागुल ने 'मरण जेव्हा स्वस्त होते' से इस परम्परा को प्रारम्भ किया और कालान्तर में शंकरराव खराल, सोनकाम्बले, केशव मेश्राम, इस परम्परा से जुड़े। केशव मेश्राम के 'खखड' 'यात्रावल' और 'गाँव आणि अभाव' कहानी-संग्रह विशेष चर्चित हुए। 1980 में अमिताभ की 'पेड़' कहानी-कृति ने जातिवाद के जहर पर सीधे प्रहार किया। योगिराज बाघमारे के संग्रह 'बेगड़' में दलित पैन्थर आन्दोलन की महत्ता बतायी गयी है। मराठी में आज भी शरण कुमार लिम्बाले, योगेन्द्र मेश्राम, भीमराव विराले इस परम्परा को आगे बढ़ा रहे हैं। समकालीन मराठी कहानी में महिला रचनाकारों का उल्लेख आवश्यक है क्योंकि उनकी संख्या बढ़ी है और नारी-जीवन की व्यथा को उन्होंने स्वर दिया है। उनमें सानिया, आशा बंगे, प्रिया तेन्दुलकर, पद्मजा पाठक, दीप्त गोवारीकर, वसुधा पाटील, ज्योत्स्ना देवधर, सरिता पदकी, शकुन्तला गोगटे, इन्द्रायनी सावरकर, सुकन्या अगासे, रेखा बैजल ऐसे नाम हैं, जिनसे महिला कथा-लेखन के क्षेत्र में मराठी की परम्परा अन्य भारतीय भाषाओं से अधिक समृद्ध है।

मराठी कहानी की एक विशेषता हास्य-विनोद की कहानियाँ हैं। मराठी के प्रारम्भ में ही गडकरी आदि ने विनोदी साहित्य में लिखा था पर समकालीन कहानियाँ भी विनोद और हास्य की प्रवृत्ति बनकर लिखी जा रही हैं और उनके लेखक बहुतायत से हैं। रमेश मन्त्री, श्री. सोनटक्के इसके प्रारम्भिक रचनाकार हैं किन्तु वर्तमान में शंकर पाटील, गंगाधर गाडगिल, वसन्त फड़नीस, प्रभाकर तामणे, अनुराधा वैद्य, दीपा गोगरीकर, पद्मजा पाठक प्रमुख व्यंग्य कहानी लेखक हैं।

समग्र रूप से हम कह सकते हैं कि वर्तमान मराठी कथा-साहित्य न केवल विपुलता, वरन् लोकप्रियता में शिखर पर है और ग्रामीण, दलित, महिला मध्यवर्गीय जीवन को कहानी, व्यंग्यकहानी, दलित लेखन, लघुकथा, लम्बी कहानी जैसे विविध रूपों में जीवन को अभिव्यक्त कर रहा है।

लघुकथा

मराठी कहानी की एक विधा लघु कहानी है। 1985 से 2000 के मध्य लघु कहानियों के दौर में चिरमुले शरत् चन्द्र, श्री दा. देसाई, कमल सागर चारुता, राजाध्यक्ष विजया, देवधर, ज्याला, राजे शैलजा, चन्द्रप्रभा जोगलेकर का योगदान महत्त्वपूर्ण है। 'लघुकथा' के समान्तर लम्बी कहानी का दौर भी चला। जी.ए. कुलकर्णी ने इस विधा का आरम्भ किया। नवें दशक में लम्बी कहानी अधिक लिखी गयी। कुलकर्णी के अतिरिक्त नवें दशक के लम्बी कहानीकारों में भारत सासणे, आशा वगे, सुमेध रिसउठा तड़ावाला, राजेन्द्र बनहट्टी प्रतिनिधि हस्ताक्षर हैं।

नाटक

मराठी में बी.पी. किर्लोस्कर (1843-1885) को निर्देशक, अभिनेता और लेखक के रूप में प्रतिष्ठा मिली। किर्लोस्कर ही मराठी नाट्य परम्परा के उन्नायक माने जाते हैं। उन्होंने न केवल नाटकों की रचना की वरन् मराठी रंगमंच को भी विकसित किया। किर्लोस्कर का नाटक 'सौभद्र' 1882 में लिखा गया। प्रारम्भिक काल के नाट्य साहित्य पर तमिल, अंग्रेजी और संस्कृत का प्रभाव रहा है और अधिकांश नाटक अनुवाद के रूप में लिखे गये। स्वयं किर्लोस्कर का शाकुन्तल अनुवाद प्रतीत होता है। 'सौभद्र' पौराणिक नाटक है लेकिन यह पहला मौलिक नाटक है।

गो. बृ. देवल (1854-1916) किर्लोस्कर को अपना गुरु मानते थे, परन्तु उन्होंने अपना अलग रास्ता बनाया। देवल के साथ नाटकों में छह संस्कृत और अंग्रेजी के शुद्ध अनुवाद थे। सातवाँ नाटक 'शारदा' आज भी दर्शकों को मोहित करता है। खाडिलकर का 'कीचक-वध' (1910) अपने राजनैतिक रूपकत्व में प्रभावशाली नाट्य-गुणों से युक्त था। तिलक और लार्ड कर्जन उसमें भीम और कीचक के रूप में दिखाये गये थे। यह नाटक जब्त हुआ। उनके ऐतिहासिक नाटकों में भी वैसी ही शक्ति थी। श्रीपाद कृष्ण कोल्हटकर (1871-1934) ने व्यंग्यप्रधान रोमाण्टिक कथानकवाले सुखान्त नाटक लिखने का प्रयत्न किया, पर इसमें न तो व्यंग्य ही था और न रोमांस ही। उनका समाज-सुधार के लिए उत्साह उनके हास्यपूर्ण निबन्धों में अधिक दिखायी देता है, नाटकों में उतना नहीं। गडकरी के नाटकों की असंगतियाँ

और अतिरंजन हास्यापद जान पड़ते हैं; परन्तु उनकी चमक और सम्पूर्ण प्रभाव हँसनेवालों को चौंका देते हैं। नरसिंह चिन्तामणि केळकर (1872-1947) की प्रतिभा तुलना में कम थी। उन्होंने पाँच नाटक लिखे; जिनमें से तीन ऐतिहासिक हैं और दो पौराणिक। आधुनिक मराठी रंगमंच के प्रथम उत्थान के ये कुछ प्रसिद्ध नाटककार हैं। इन और कुछ अन्य नाटककारों ने—जिनमें शेक्सपियर के कुछ अच्छे अनुवादक भी हैं—रंगमंच को बहुत शक्ति दी; परन्तु यथार्थवाद और उच्चकोटि का यथार्थवाद इनमें से एक भी नाटककार में नहीं मिलता। रंगमंच ज्यों-ज्यों अधिकाधिक 'संगीतमय' बनता गया, त्यों-त्यों यथार्थवाद अपने बचाव के लिए दबता गया। और यों उसकी पूर्ण समाप्ति होने से रह गयी।

दूसरे दशक के छोटे नाटककार, जिन्हें कुछ समय तक थोड़ी ख्याति भी मिली—लोकप्रियता और जन-अभिरुचि के लिए, कुछ परिवर्तन के साथ, वही पुराने फार्मूले दोहराने लगे। मामा वरेरकर, जिनका पहला नाटक 1917 में खेला गया, अब आगे बढ़े। वरेरकर के जीवन-वृत्त में आधुनिक मराठी रंगमंच के विकास का बड़ा-सा भाग व्याप्त है। पौराणिक नाटकों से शुरू करके विषय और टेकनीक के निरन्तर प्रयोगकर्त्ता के नाते मामा ने अपनी इच्छानुसार रंगमंच का उपयोग सामाजिक समस्याओं के निरूपण के लिए किया। नाटकीय संवाद के नाम पर अब तक जो कृत्रिम भाषा चल रही थी, उससे उलटे वरेरकर के नाटकों में सहज खड़ी और खुली भाषा का प्रयोग किया गया। वरेरकर ने करीब 40 नाटक लिखे हैं और इधर के 'अ-पूर्व-बंगाल' (1953) और 'भूमिकन्या सीता' (1955) यह दिखलाते हैं कि उनकी नाट्य-शक्ति अभी भी कम नहीं हुई है। मराठी-रंगमंच को उन्होंने यथार्थवाद दिया और उसके क्षितिज को व्यापक बनाया, इसलिए रंगमंच को उनका आभारी होना चाहिए।

रंगमंच को सजीव बनाने के लिए सबसे बड़ा प्रयत्न 'नाट्यमन्वन्तर' ने किया, जो यूरोप के 'न्यू ड्रामा' आन्दोलन से प्रभावित था। उनका पहला नाटक और एकमात्र सफल नाटक 'अन्धळयाची शाळा' (अन्धों की पाठशाला' 1933) नार्वे के नाटककार ब्योर्नसन के नाटक का श्री.बी. वर्तक द्वारा किया हुआ रूपान्तर था। यह नाटक बहुत अच्छी तरह दिग्दर्शित किया गया था, परन्तु उसका प्रभाव बहुत सीमित था। कुछ अन्य अविकसित लेखकों ने एकांकी नाटक लिखकर फिल्मों की चुनौती का जवाब देने की कोशिश की, पर वह ज्यादा दिन न चल सका। बालमोहन कम्पनी के पुराने ढंग के दिग्दर्शन की टेकनीक और प्र.के. अत्रे के अर्द्ध-आधुनिक नाटकों को कुछ व्यावसायिक सफलता मिलती रही। अत्रे ने विशेष प्रकार के प्रहसन लिखे। कथानक उनमें बहुत थोड़े थे, चरित्र हास्यपूर्ण थे। परन्तु अत्रे की रुचि अतिरंजित नाट्य की ओर थी। इसमें उन्हें और सफलता मिली। उनके समान प्रसिद्ध हास्य लेखक जब मेलोड्रामा लिखते हैं तो यह खतरा होता है कि गम्भीर बातों को भी लोग मजाक समझने लगते हैं। इन सफलताओं के साथ अत्रे हलके व्यंग्य-नाटक की ओर झुके और विनोद, चरित्र-चित्रण और भाषा-शैली की जो कुछ शक्ति उनमें थी, उसका उन्होंने बहुत दुःखद ढंग से व्यय किया। इस दशक के अन्त में वे फिल्म और पत्रकारिता की ओर झुके और रंगमंच एकदम गिर पड़ा। चौथे दशक के आरम्भ में मो.ग. रांगणेकर नामक एक पत्रकार ने नाटककार

बनकर रंगमंच को अपनी 'नाट्य-निकेतन' नामक संस्था से पुनर्जीवित किया। परवर्ती नाटककारों में महत्वपूर्ण हुए—विजय तेन्दुलकर शंकरशेष, मुक्ताबाई, पी. एल. देशपाण्डे और अनन्त काणेकर। ये नाटककार प्रयोगधर्मी और यथार्थवादी परम्परा से जुड़े हैं।

निबन्ध और अन्य गद्य रचनाएँ

अन्य साहित्यिक विधाओं की अपेक्षा व्यक्तिगत निबन्ध अंग्रेजी से अधिक सीधा चल निकला। यह दूसरे दशक के अन्त में जम गया। फड़के और खाण्डेकर दोनों ने उसे पाठकों के लिए अधिक रोचक बनाया। फड़के के निबन्ध अधिक चुस्त-दुरुस्त और हलके-फुलके थे। खाण्डेकर के निबन्धों में भावुकता जैसे अपने अलंकार थे, और उनमें सुघड़ता कम थी। फड़के ने अपने निबन्ध-लेखन का 'तन्त्र' समझा दिया, और हर कोई समझने लगा कि वह भी अच्छा निबन्ध-लेखक हो सकता है। ना. म. सन्त को छोड़कर शायद ही किसी ने अच्छे निबन्ध लिखे। अनन्त काणेकर के निबन्धों में जनसाधारण के रूढ़ विश्वासों को उलट-पुलटकर, उनका हलके ढंग से मजाक उड़ाकर, जीवनपरक भाष्य था। यह ढंग अनुकरण के लिए बहुत आसान था; काणेकर ने स्वयं अपनी पुनरावृत्ति बहुत अधिक की; परन्तु उन्होंने इस साहित्यिक रूप को बहुत जल्दी छोड़ दिया। श्रीमती कुसुमावती देशपाण्डे का अनुकरण करना अधिक कठिन था, क्योंकि उनकी शैली में कोई सहज पहचानी जा सकनेवाली विशिष्टता नहीं थी और उनकी सुकुमारता और काव्यमय भावना सचमुच व्यक्तिगत थी।

विविध विधाओं में प्रयोग और कार्य से जीवनी-साहित्य को बल मिलना चाहिए था, परन्तु ऐसा नहीं हुआ, और वह आज तक वैसा ही बना है। पर एक बड़ी प्रसिद्ध आत्मकथा इस काल में लिखी गयी। यह है—श्रीमती लक्ष्मीबाई टिळक की 'स्मृति-चित्र' (1934-46)। लक्ष्मीबाई रेवरेण्ड ना.बा. टिळक नामक कवि की पत्नी थी। इस स्त्री को अक्षर-ज्ञान नहीं था, वाक्य-रचना तो दूर की बात है। इस युग के अधिकतर लेखकों का ध्यान छोटी छोटी बातों में उलझा रहा, फिर भी कुछ लेखकों ने गम्भीर गद्य की ओर ध्यान दिया। इनमें प्रमुख हैं—बा. म. जोशी, डॉ. केतकर, श्री.म. माटे, वि.दा. सावरकर (जिनकी कविता भी सन्देश देने की भावना से लिखी गयी थी) और शं.दा. जावड़ेकर। कुल मिलाकर पत्रकारिता जनसाधारण की रुचि से समझौता कर बैठी, और अच्छे साहित्यिक पत्र मुश्किल से चल सके।

मराठी साहित्य आज हिन्दी के समान्तर विकसित हो रहा है। महाराष्ट्र के बड़े शहरों में एक ओर आधुनिकता ने पैर पसारे और अपने वैश्विक प्रभाव के कारण इन शहरों ने पूरी तरह हिन्दी और अंग्रेजी को आत्मसात् कर लिया तो वहीं दूसरी ओर ग्रामीण महाराष्ट्र में आज भी कृषक समस्या, गरीबी, शोषण और निर्धनता व्याप्त है। एक ओर मुम्बई, पुणे, सतारा जैसे शहर हैं तो दूसरी ओर कोंकण जैसे क्षेत्र। एक बड़ी समस्या यह है कि महाराष्ट्र में अन्य भाषाओं का प्रभाव बढ़ा है। मुम्बई जैसे महानगरों की अपनी भाषा बन गयी है जो मराठी से भिन्न हिन्दी और गुजराती का मिला-जुला संस्करण है जिसे मुम्बइया भाषा कह सकते हैं। चित्रपट जगत् पर हिन्दी का प्रभाव है और अधिकांश महाराष्ट्रीय जन उससे जुड़े हैं। पूरे महाराष्ट्र में हिन्दी को जानने और समझनेवालों की भारी संख्या है। एक ओर ज्ञान-विज्ञान

और तकनीकी भाषा के रूप में अंग्रेजी का वर्चस्व बढ़ा है तो दूसरी ओर साहित्यिक शोध और समीक्षा में हिन्दी का। महाराष्ट्र के प्रत्येक विश्वविद्यालय से शताधिक छात्र प्रतिवर्ष हिन्दी में शोध कर रहे हैं और वे निरन्तर प्रकाशित हो रहे हैं। महाराष्ट्र में हिन्दी शोध और समीक्षा के सहस्रों ग्रन्थ प्रकाशित हो रहे हैं। महाराष्ट्र के साहित्यकार भी द्विभाषिक हो गये हैं। नयी-से-नयी रचना और नया-से-नया लेखक मराठी में छपने के तुरन्त बाद हिन्दी में प्रकाशित हो रहा है। मराठी के सभी उपन्यास और नाटक हिन्दी में उपलब्ध हैं और ये अनुवाद समान्तर प्रकाशित हुए हैं। मराठी में प्रकाशित छावा, युगन्धर, मृत्युञ्जय जैसे उपन्यास मराठी से अधिक हिन्दी में चर्चित, प्रशंसित और लोकप्रिय हुए हैं जिससे यह भ्रम हो जाता है कि ये मराठी के रचनाकार हैं या हिन्दी के। मराठी में इक्कीसवीं शती की सबसे बड़ी उपलब्धि दलित-लेखन है। यह सही है कि हिन्दी दलित-लेखन का आधार मराठी है। महात्मा फुले, छत्रपति शाहू जी, अम्बेडकर हिन्दी दलित-लेखन के महानायक हैं। दलित साहित्य का प्रारम्भ महाराष्ट्र में बहुत पहले हो चुका था। आज हिन्दी दलित साहित्य पूरी तरह महाराष्ट्र से प्रेरणा पाकर संवर्द्धित हो रहा है। महाराष्ट्र कभी रंगमंच का गढ़ था। यद्यपि चित्रपट ने इस मिथ को तोड़ दिया फिर भी महाराष्ट्र में नाटकों की प्रशस्त परम्परा विद्यमान है। महानगरीय बोध और आधुनिकता के कारण मराठी आज क्षेत्रीय भाषाओं के प्रभाव में अपना रूप भी बदल चुकी है।

दूसरी विधाओं के बारे में कुछ कहने लायक नहीं है। व्यक्तिगत निबन्ध को पिछली पीढ़ी के टेकनीकवादियों ने जो बिगाड़ दिया तो वह अब तक नहीं पनपा। एक ऐसे ढंग का नया निबन्ध विकसित हो रहा है जो व्यक्तिगत और गपशप के ढंग का नहीं है फिर भी जिसमें एक सूक्ष्म व्यक्तिगत रस और गम्भीर आशय है। श्रीमती इरावती कर्वे और कुमारी दुर्गा भागवत ने इस नये ढंग के निबन्ध को सफलता से प्रयुक्त किया है। रा.मि. जोशी के 'यात्रा' रेखाचित्रों में सच्चे निबन्ध के गुण हैं। हास्य का विशेष रूप से अलग वर्णन करना आवश्यक नहीं है, क्योंकि उसका जगह-जगह पर उल्लेख हो चुका है, विशेषतः नयी कहानी के प्रसंग में। पु.ल. देशपाण्डे के व्यंग्य-रेखाचित्र और ह्रास-परिहासपूर्ण नाटक विशेष उल्लखेनीय हैं। साहित्यिक समालोचना में बी.सी. मर्ढेकर की कृतियाँ आज तक कला की गहराई में अन्य आलोचना जितनी नहीं पैठी थीं उससे भी अधिक पैठती हैं। इस पर वाद-विवाद भी बहुत हुआ, परन्तु ये और अन्य वाद-विवाद—उदाहरणार्थ कलाकार और समाज के सम्बन्धों पर एक मनोरंजक वाद-विवाद-साहित्य में गम्भीर लेखन और स्वीकृत मान्यताओं तथा निष्ठाओं के पुनर्मूल्यांकन का प्रश्न प्रस्तुत करते हैं। इस प्रकार के पुनर्मूल्यांकन की ओर स्वस्थ दिशा-निर्देश करनेवालों में श्रीमती कुसुमावती देशपाण्डे, वा.ल. कुलकर्णी और दि. के. बेडेकर जैसे आलोचक हैं। जिस सतह पर यह वाद-विवाद चल रहा है, उससे आशा बँधती है कि साहित्यिक अध्ययन का भविष्य उज्ज्वल है। आत्मकथा के क्षेत्र में शरणकुमार लिम्बाले के अक्कड़माशी ने भारतीय दलित साहित्य को एक नयी दिशा दी है।

2. गुजराती साहित्य का इतिहास

वर्तमान गुजरात की भाषा गुजराती है। स्वतन्त्रता के दूसरे दशक में गुजरात स्वतन्त्र राज्य बना। इसके पूर्व बम्बई प्रान्त का अंग था। इसलिए गुजराती मराठी साहित्य के निकट रही। प्राचीन और मध्यकालीन गुजराती साहित्य का घनिष्ठ सम्बन्ध ब्रजभाषा और राजस्थानी से है। राजस्थानी और गुजराती भाषा में पर्याप्त समानता है। गुजरात में कृष्णभक्ति की प्रबलता के कारण प्राचीन गुजराती साहित्य पर ब्रज का भी प्रभाव है।

आदिकाल (1250-1456)

गुजरात भारतीय धर्म, दर्शन का केन्द्र है। सोमनाथ और द्वारका जैसे हिन्दू तीर्थों के अतिरिक्त जैनधर्म का केन्द्र भी गुजरात है। सामान्यतः गुर्जर से गुजरात का नाम जुड़ा है किन्तु गुजरात सत्ता केन्द्र चालुक्य सम्राटों के युग से बना। इस युग का सबसे प्रतापी सम्राट् जयसिंह सिद्धराज (1094-1143) था। कला और साहित्य की उन्नति इसी काल में हुई। इस काल में गुजरात में शैवमत और जैनधर्म का प्रभाव बढ़ा। इस काल के प्रसिद्ध वैयाकरण हेमचन्द्र हैं जिन्होंने अपभ्रंश व्याकरण लिखा। इस काल में अपभ्रंश साहित्य का विकास मूलतः गुजरात में हुआ जिसका प्रभाव आधुनिक आर्यभाषाओं के उदय पर पड़ा। अपभ्रंश का उपलब्ध रूप मूलतः गुजरात से प्राप्त हुआ है। महमूद गजनवी के आक्रमण और सोमनाथ मन्दिर की लूट के पश्चात् गुजरात मुस्लिम आक्रमणकारियों के निशाने पर रहा। इस काल में पाटण, सूरत जैसे नगर लूटे गये। गुजरात का वैभव नष्ट हुआ। इसके बावजूद गुजराती में साहित्य रचना चलती रही। अपभ्रंश मिश्रित गुजराती में रचित रचनाओं को राजस्थानी और गुजराती दोनों के निकट माना जाता है। इन आरम्भिक रचनाओं में दो प्रवृत्तियाँ विद्यमान हैं वीर रसात्मक और जैन रास और फागु से जुड़ी श्रृंगारिक रचनाएँ। इनमें प्रमुख हैं–श्रीधर रचित रणमल्ल छन्द, पद्मनाभी रचित 'कान्हड़ दे प्रबन्ध'। इनकी भाषा पुरानी हिन्दी के निकट है–

पूरब वीर संभारीउ आंसूड़े भीनऊ हार जी।
गुण फीटी अवगुण थमा, अम्ह कहि कारण सिणगार जी।।

जैन रास काव्यों में शालिभद्र का भारत बाहुबलि रास, जियसेन का रेवन्तगिरि रास, कांनदेव का समर रास तथा फागु कृतियों में जिन पद्म सूरि का थूलि भद्द फागु, राजशेखरकृत नेमिनाथ फागु हैं। इस काल की उत्कृष्ट कृति वसन्त विलास है। इसका रचनाकार अज्ञात है। हिन्दी और गुजराती मिश्रित एक उदाहरण द्रष्टव्य है–

नव यौवन अभिराम ति रामति करइं सुरंगि।
स्वर्गि जिस्या सुर भासुर रासु रमइ वर अंगि।।

पूर्व मध्यकाल (1456-1650)–गुजराती में पूर्व मध्यकाल हिन्दी की भाँति भक्तिकाल से जुड़ा है। नरसी मेहता इस काल के श्रेष्ठ कवि हैं। इस काल में गुजराती में भागवत

धर्म की प्रतिष्ठा हुई। नरसी मेहता और मीराँबाई के अतिरिक्त भालण, आख्यानप्रधान कवि हुए। नरसी ने गोविन्द गमन, सुरत संग्राम और सुदामा-चरित्र का प्रणयन किया। भालण की रचनाओं में कादम्बरी, नलाख्यान, राम बाल चरित्र और दशम स्कन्ध प्रमुख हैं। दार्शनिक कवि अखो भी इस युग में प्रसिद्ध हुए। अखो में व्यंग्यात्मकता विद्यमान है। चित्त विचार संवाद, अनुभव बिन्दु और अखोगीता उनकी प्रसिद्ध रचनाएँ हैं।

इस प्रकार पन्द्रहवीं शताब्दी में नरसिंह मेहता और मीराँबाई, दो बहुत प्रसिद्ध गुजराती भक्त कवि हुए। सत्रहवीं शताब्दी की बृहत्त्रयी थे—अखो, प्रेमानन्द और शामल। अखो एक सुनार थे, जो व्यंग्य-तीखी आलोचना और निर्भय दम्भ-स्फोट के आचार्य थे; प्रेमानन्द आख्यान-कवि के नाते प्रसिद्ध हैं, उन्होंने गुजराती कविता में विविध रसों का बहुत सुन्दर अंकन किया है, और शामल पुराने लेखकों में बड़े साहसी कवि थे, जिन्होंने लीक-लीक चलना छोड़कर रोमाण्टिक कथा के क्षेत्र का पूरा-पूरा उपयोग किया। अट्ठारहवीं शती के उत्तरार्द्ध में मधुर कवि दयाराम हुए, जिनकी 'गरीबों' के कारण उनका नाम गुजरात के अमर गीतकारों में लिया जाता है। इन छह श्रेष्ठ लेखकों के अतिरिक्त मध्ययुगीन गुजराती कवियों में भालण भी हुए, जिन्होंने मुक्त अनुवाद की परम्परा प्रतिष्ठित की। पद्मनाभ ने 'कान्हड़-दे-प्रबन्ध' में ऐतिहासिक वीर रस की व्यंजना की, भीम ने 'भागवत-पुराण' के ढंग पर श्रीकृष्ण की लीलाओं का वर्णन किया, धीरो और भोजो ने इस जीवन की असारता पर जोर दिया तथा स्वामी नारायण सम्प्रदाय के ऐसे कई कवि हुए जिन्होंने मानवी शरीर को ही परमात्मा एवं मुक्ति के पाने का माध्यम मानकर उसका महत्त्व वर्णित किया।

सामान्यतः कविता चार शताब्दियों की लम्बी अवधि में भौतिक यथार्थ के स्पर्श से अछूती रही। जीवन की अनन्त विविधता इन कवियों का विषय नहीं थी, वे प्रेम के गीत गाते थे, परन्तु वह प्रेम केवल दैवी राधा-कृष्ण का ही था। जो कुछ साम्प्रदायिक नहीं है वह काल्पनिक और वायवी है, ऐसा वे मानते थे। इस प्रकार से उस समय की कविता ज्ञान, भक्ति और वैराग्य की प्राचीन परम्परित लीकों में ढलकर धीरे-धीरे जम गयी और अट्ठारहवीं शती के अन्त तक वह मृतप्राय हो गयी।

गुजरात का जीवन अट्ठारहवीं शती के अन्त तक प्रायः जड़ और निरानन्द हो गया। 1799 में सूरत के नवाब की मृत्यु के बाद और उसी वर्ष श्रीरामपुर में पहला मिशनरी स्कूल खुलने के बाद पुरानी व्यवस्था बदल गयी और नयी व्यवस्था ने जन्म लिया। 1818 से 1857 तक भारत में ब्रिटिश शक्ति की जड़ें गहरी और मजबूत हो गयी थीं।

आधुनिक काल

अन्य भारतीय आर्यभाषाओं की भाँति गुजराती का साहित्य भी अंग्रेजों के आगमन के पूर्व काव्यमय और भक्तिपरक था। गुजराती में साहित्य की परम्परा मध्यकाल की अपेक्षा आधुनिक काल, विशेषतः पुनर्जागरण काल से प्रारम्भ हुई। इसका कारण है। भौगोलिक दृष्टि से गुजरात तीन सम्भागों में विभक्त है। उसके एक ओर कच्छ का रण है जिसका प्रभाव क्षेत्र

सिन्ध है तो दूसरी ओर राजस्थान और मध्यप्रदेश का हिन्दीबहुल क्षेत्र है। दक्षिण गुजरात महाराष्ट्र और मुम्बई से प्रभावित है। तीर्थों की प्रधानता होने के कारण युगों से पूरे देश के यात्रियों का वहाँ आना-जाना रहा है, तो सीमा प्रान्त होने के कारण निरन्तर विदेशी आक्रमणों का प्रभाव भी गुजरात पर रहा है जिसका प्रमाण सोमनाथ मन्दिर है। इसके बावजूद गुजरात में सर्वाधिक राजनीतिक और सामाजिक चेतना विद्यमान रही। आर्यसमाज के प्रवर्तक स्वामी दयानन्द और महात्मा गाँधी इसी गुजरात की देन हैं, जिन्होंने पूरे देश को नहीं विश्व को नयी दिशा दी। गुजराती साहित्य के विकास पर भी इन दो महापुरुषों का प्रभाव है। इसलिए गुजराती साहित्य के विकास में पुनर्जागरण काल को ही महत्त्व दिया जाता है जिसका प्रारम्भ उन्नीसवीं शती से हुआ। आधुनिक काल के प्रारम्भिक चरण में नर्मद (1833-1886) का नाम लिया जा सकता है जिन्होंने आधुनिक गद्य की सभी विधाओं में लेखन किया। नर्मद के बाद गोवर्द्धन का नाम लिया जाता है। गोवर्द्धन का काल 1855 से 1907 तक है। नर्मद पर पूर्वी और पश्चिमी संस्कृतियों का मिश्रण रहा।

गाँधी युग

गुजराती साहित्य का अत्युत्थान मूलतः महात्मा गाँधी के अफ्रीका से आगमन के पश्चात् 1914 से हुआ। इसके पूर्व गुजराती का साहित्य मूलतः धार्मिक या लोक साहित्य से जुड़ा था। गुजराती लोकनाट्य और गरबाशैली के गीतों के लिए प्रारम्भ से ही प्रख्यात रहा है। इसके अतिरिक्त जैनधर्म का केन्द्र होने के कारण गुजरात में अपभ्रंश युग से ही जैन चरित काव्य गद्य और पद्य में लिखे जाते रहे जिन पर अपभ्रंश का प्रभाव है। आधुनिक काल में नर्मदाशंकर ने आधुनिकताबोध की कविताएँ ही नहीं गद्य का भी विकास किया। गद्य की दृष्टि से इस काल की सर्वप्रसिद्ध कृति 'सरस्वती चन्द' की रचना चार खण्डों में गोवर्द्धन राम त्रिपाठी ने की। गोवर्द्धन राम त्रिपाठी का गुजराती साहित्य पर व्यापक प्रभाव पड़ा और गुजराती गल्प की परम्परा चल पड़ी। इस प्रकार काव्य के क्षेत्र में नर्मद और दलपत राम जैसे कवि हुए तो गल्प में गोवर्द्धन। उन्नीसवीं शताब्दी के उत्तरार्द्ध में ये कवि और रचनाकार ही विशेष रूप से उल्लेखनीय हैं।

कथा-साहित्य

गुजराती साहित्य के बीसवीं शती में साहित्य पर गाँधी जी का प्रभाव बढ़ा। गुजरात में सांस्कृतिक चेतना और देशभक्ति का स्वर उभरा। कथा-साहित्य के क्षेत्र में इसी काल में अतीत का गौरवबोध करानेवाले कथाकार कन्हैयालाल माणिकलाल मुन्शी का उदय हुआ, जिन्होंने अपनी नवल कथाओं (उपन्यासों) से गुजरात के स्वर्णिम अतीत को पुनरुज्जीवित किया। पाटण की प्रभुता, जय सोमनाथ जैसे ऐतिहासिक-सांस्कृतिक उपन्यासों ने न केवल गुजरात वरन् पूरे भारत को गुजराती साहित्य से जोड़कर राष्ट्रीय साहित्य में गुजराती को प्रतिष्ठा दिलायी। के.एम. मुन्शी प्रतिभाशाली लेखक थे। हिन्दी कथाकार प्रेमचन्द के सहयोग से उन्होंने हंस पत्रिका निकाली थी। उन्होंने स्वप्नद्रष्टा उपन्यास की रचना कर एक ऐसे राज्य की परिकल्पना की जिसका प्रतिफलन भारतीय लोकतन्त्र के रूप में हुआ। गाँधी के अनुयायी और

स्वतन्त्रता संग्राम सेनानी होने के साथ ही वे गुजरात के प्रतिष्ठित विधिवेत्ता थे। के.एम. मुन्शी की नवल कथाओं ने गुजरात के कथा-साहित्य को अपूर्व समृद्धि प्रदान की। के. एम. मुन्शी के पश्चात् गुजराती कथा-साहित्य में चुन्नीलाल शाह, धूमकेतु, रमणलाल देसाई, पन्नालाल पटेल जैसे प्रख्यात कथाकार हुए। पन्नालाल पटेल को उनकी रचनाधर्मिता के लिए ज्ञानपीठ पुरस्कार मिला। 'गूँजे सुर बाँसुरी के' उनका कहानी-संग्रह है। पन्नालाल पटेल ग्रामीण जीवन के कथाकार हैं। उनके कथा-साहित्य में ग्रामीण परिवेश, कृषकों का दुःख-दर्द, प्रेम-द्वेष, ग्रामीण संस्कार, रीति-रिवाज पूरी भावुकता के साथ चित्रित है। वास्तव में पन्नालाल पटेल ने अपने कथा-साहित्य में गाँव को जिया है और उनकी दो औपन्यासिक कृतियाँ 'जीवी' और 'मानवीयों का नाटक' भारतीय साहित्य की अमर रचनाएँ हैं। दर्शक (मनुभाई पंचोली) विचारक रचनाकार हैं और उन्होंने कथा-साहित्य के माध्यम से अपना जीवन-दर्शन व्यक्त किया है। गुजराती उपन्यासकारों में ऐतिहासिक कथाभित्ति पर के.एम. मुन्शी के पश्चात् चर्चित नाम धूमकेतु का है। धूमकेतु ने ऐतिहासिक कालखण्डों के माध्यम से वर्तमान जीवन की समस्याओं और विसंगतियों को जोड़ा। यद्यपि इस जुड़ाव में उन्होंने ऐतिहासिक तथ्यों की अनदेखी की है जिससे उनके उपन्यासों में अतिरंजना मिलती है।

गुजराती कथा-साहित्य का 20वीं शती के उत्तरार्द्ध तक व्यापक विस्तार हुआ। परवर्ती कथाकारों में केशुभाई देसाई प्रसिद्ध हैं। 'लेडीज हास्टल', 'धर्म युद्ध', 'दाह', 'हराभरा अदाल' उनके प्रसिद्ध उपन्यास हैं। अन्य उपन्यासकारों में किशोरसिंह सोलंकी (अरावली), हरीन्द्र दवे (माधव कहीं नहीं है), रघुवीर चौधरी (अमृता), विशिष्ट लेखक हैं।

कविता

आधुनिक गुजराती काव्य में भारतीय ज्ञानपीठ पुरस्कार प्राप्त उमाशंकर जोशी एक सम्मानित है और उनकी काव्यकृति 'निशीथ' राष्ट्रीय महत्त्व रखती है। राजेन्द्रशाह (साम्प्रत मैं चिरन्तन) गुजराती के चर्चित कवि हैं। सुन्दरम् का 'यात्रा' संग्रह मराठी की चर्चित कृति है। उमाशंकर जोशी जहाँ प्रकृति के कवि हैं और उनकी कविता में प्रकृति के नाना रंग बिखरे हैं, वहीं सुन्दरम् रहस्यवादी अनुभवों के बिम्ब चित्रित करने में सफल रहे हैं। उमाशंकर जोशी धरती के सौन्दर्य को गीतात्मक अभिव्यक्ति देते हैं पर सुन्दरम् उस सौन्दर्य में दर्शन खोज लेते हैं। ये दोनों कवि गुजराती की अमूल्य निधि हैं। स्वतन्त्रतापूर्व के अन्य कवियों में स्नेहरश्मि, पूजालाल, करसनदास मानेक और कृष्णलाल श्रीधराणी महत्त्वपूर्ण हैं तो परवर्ती कवियों में राजेन्द्र शाह, निरंजन भगत, बालमुकुन्द दवे, वेणीभाई पुरोहित चर्चित हैं। गुजराती काव्य में नाट्य रूपक और नृत्य रूपक की अपनी परम्परा रही है।

कहानी

गुजराती कहानी का विकास परवर्ती है। यद्यपि संस्कृत की कृतियों का अनुवाद प्रारम्भिक गुजराती में हुआ है परन्तु कहानी-लेखन की परम्परा और मौलिक रूप में बाद में प्रवर्तित हुई। नाटक और उपन्यास तो आधुनिक काल के प्रारम्भ से ही लिखे जाने लगे। कहानी-लेखन के क्षेत्र में जो नाम आये, उनमें झबेरचन्द्र मेधाणी, रामनारायण पाठक और धूमकेतु प्रमुख हैं। धूमकेतु ने 'चिन्गारिया' नाम से दो कहानी-संग्रह प्रकाशित किये किन्तु कालान्तर में उनका

क्षेत्र नवलकथा (उपन्यास) का हो गया। स्वतन्त्रतापूर्व लेखकों में इन कहानीकारों के अतिरिक्त धनसुख लाल मेहता, के.एम. मुन्शी, उमाशंकर जोशी और सुन्दरम् ने भी कहानियाँ लिखी हैं। यद्यपि उनका क्षेत्र भी बाद में उपन्यास या काव्य हो गया। गुलाबदास ब्रोकर और पन्नालाल पटेल निरन्तर कहानी के क्षेत्र में सक्रिय रहे। परवर्ती कहानीकारों ने जयन्ती दलाल, विनोदिनी नीलकण्ठ, ईश्वर पेटलीकर, चुनीलाल मडिया, किसनसिंह चावड़ा, केतन मुन्शी, वेणीभाई पुरोहित, रमणलाल नाइक और शिवकुमार जोशी प्रमुख हैं।

बाद के आये हुए लेखकों में जयन्ती दलाल में पैनी गहरी दृष्टि और तीखा व्यंग्य है। वे अभी भी आशय और अभिव्यक्ति के क्षेत्र में साहसिक प्रयोग करते हैं। विनोदिनी नीलकण्ठ के व्यक्ति-चित्र अनुपम होते हैं, ईश्वर पेटलीकर की सादगी हृदयस्पर्शी है और इस दल के सबसे अधिक लिखनेवाले चुनीलाल मडिया में शब्द-चित्र का कमाल है, किसनसिंह चाबड़ा में सौन्दर्य के प्रति अदम्य आकर्षण है; ये नाम इस क्षेत्र में विशेष रूप से लिये जा सकते हैं।

लेखकों में केतन मुन्शी का नाम अवश्य लिया जाना चाहिए, जिनकी 1956 में अकाल मृत्यु हो गयी। इसके अतिरिक्त और जो तीन नाम उल्लेखनीय हैं, वे हैं—वेणीभाई पुरोहित, रमणलाल पाठक और शिवकुमार जोशी के।

छोटी कहानी की टेकनीक का अनुकरण करते हुए गुजराती में पिछले कुछ वर्षों में सत्यकथा भी प्रचलित हो गयी। यह यथार्थ जीवन की नाटकीयता को बड़े कलात्मक रूप से व्यक्त करती है। इस तरह की सत्यकथाएँ झबेरचन्द मेघाणी, किसनसिंह चाबड़ा, गुलाबदास ब्रोकर और डी.वी. मावलंकर आदि लेखकों ने लिखी। यह सिर्फ सनसनी पैदा करने के लिए, नहीं अपितु मनुष्य के स्वभाव के कल्याणकारी और उच्चतर पक्ष को व्यक्त करने के लिए लिखी गयी हैं।

परवर्ती पीढ़ी

नयी पीढ़ी के कवियों में निम्न कवियों का उल्लेख करना आवश्यक है--राजेन्द्र शाह, निरंजन भगत, बालमुकुन्द दबे, वेणीभाई पुरोहित और उशनस्। राजेन्द्र अपनी प्रतिभाओं की समृद्धता और दृष्टि की स्पष्टता के लिए, निरंजन अपनी लय की असाधारण भावना और वस्तु तथा शैली के प्रति मुक्त साहसिक झुकाव के लिंए, बालमुकुन्द अपनी मधुरता के लिए, वेणीभाई संगीतमय प्रवाह के लिए और उशनस् अपनी चित्रोपमता के लिए गुजराती कविता के नवयुग के प्रतिनिधि कवि हैं। समकालीन कविता पर अन्यान्य कवियों के साथ ही मार्कण्ड दवे, प्रजाराम, जयन्त पाठक, पिनाकिन ठाकोर और प्रियकान्त मणियार की भी छाप पड़ी है।

गुजराती कवि, ऐसा कोई विषय न पाकर कि जिसमें वह अपना पूरा हार्दिक उत्साह लगा सके, फिर प्रेम और प्रकृति के पुराने विषयों की ओर मुड़ गया है। उसका प्रेम यौवन से भरा है, अतः बहुत उत्कट, मधुर और ताजा है। इस प्रेम को किसी प्रकार का दुःख, अनुत्तरित या अमूर्त प्रेम की वेदना ज्ञात नहीं है। उसे अभी भी मानवीय हृदय की अन्तरतम गहराई में डुबकी लगानी है।

उसकी शब्दावली समृद्ध और रचना प्रौढ़ है। परन्तु संस्कृत शब्दों के प्रयोग में वह कई बार लड़खड़ाता है; या अधूरे तथा प्रत्ययहीन शब्दों का प्रयोग करता है। कभी-कभी वह केवल उक्ति-चमत्कार दिखलाता है और उसकी कविता शब्दों का खिलवाड़ बनकर रह जाती है। कभी-कभी उसकी कविता निरी लयकारी होने के अतिरिक्त और कुछ नहीं होती। कभी-कभी उसकी काव्यदृष्टि सहसा समाप्त हो जाती है और वह अपनी पूरी परिपक्वता पर नहीं पहुँच पाती। कभी-कभी उसके लिए एक मुक्तक से परे जाना भी कठिन जान पड़ता है। लम्बी सुगठित कविता, जिसमें विचार, कल्पना-चित्र और दृष्टि भरी हुई हो, ऐसी वस्तु है जो कि साहित्य में प्रतिदिन निर्मित नहीं होती। इसलिए समकालीन गुजराती कविता में उनके अभाव पर हमें चिन्ता नहीं करनी चाहिए। परन्तु इस बात पर ध्यान दिये बिना नहीं रहा जा सकता कि वर्तमान कविता अधिकतर संक्षिप्त, मधुर, संगीतमयी और प्रवाहपूर्ण होती जा रही है। आज की कविता को गहराई, चौड़ाई और लम्बाई यह तीनों आयाम अभी प्राप्त करने हैं। जहाँ तक दार्शनिक दृष्टि का सम्बन्ध है, इस पीढ़ी ने कोई नयी जमीन नहीं छुई है।

आजकल जो कई साहित्य-विधाएँ विकसित हो रही हैं उनमें सबसे महत्त्वपूर्ण है 'नाट्य-रूपक'। नाट्य-रूपक न तो नाटक है, और न केवल लम्बी कविता। उसमें सार्थक और जीवन की रहस्यमयता से गर्भित एक नाटकीय स्थिति मुख्य विषय रहती है और पद्य-संवादों के रूप में उसे व्यक्त किया जाता है। उमाशंकर जोशी ने अपने 'प्राचीना' में इस विधा के कुछ बहुत सुन्दर नमूने दिये हैं।

फिर एक दूसरी विधा है नृत्य-रूपक। गुजराती में इसे इसी नाम से अभिहित किया जाता है। यह भी एक नवीनतम साहित्य-रूप है। इसमें कई गीतों को गद्य या अनुष्टुप् जैसे छन्दों से जोड़ा जाता है। ऐसे 'बैले' के लिए जो विषय चुने जाते हैं वे अधिकतर पौराणिक, ऐतिहासिक या लोक-गाथा के रूप में होते हैं। गीत इस तरह से रचे जाते हैं कि उनमें विविध मानसिक वृत्तियाँ या कथानक के विकास की महत्त्वपूर्ण अवस्थाएँ व्यक्त की जाती हैं। ऐसे 'बैले' की सफलता उनके अन्तर में निहित काव्य-गुणों पर इतनी आश्रित नहीं होती जितनी कि मानवीय रूपों और संगीत के लय-सौन्दर्य पर। आजकल सांस्कृतिक समाजों और शिक्षा-संस्थाओं के वार्षिकोत्सवों में नृत्य-रूप खेलना एक साधारण फैशन बन गया है। उनका सीधा उद्देश्य जन-मन-रंजन होता है, इसी कारण उनमें से बहुत कम ऐसे होते हैं, जिनमें नृत्य या संगीत का क्लासिक रूप व्यक्त किया जाता हो।

गुजराती दलित कहानी

गुजराती साहित्य में दलित साहित्य का उद्भव 1975 के आस-पास हुआ। 1980 के बाद गुजराती कहानी के विकास के साथ मुख्य रूप से दो धाराएँ प्रवाहित हुईं—दलित कहानी और परिष्कृत कहानी। परिष्कृत कहानी घटना और कला का संयोजन होने से कहानी के रूप में प्रतीत होती है। दलित कहानी में आवश्यक तत्त्वों का भी विशेष महत्त्व है। दलित कहानी अपनी संवेदना, भावबोध तथा मूल्यबोध प्रकट करती है। 1980 के बाद उत्तर-आधुनिक कहानी का जन्म हुआ। उत्तर-आधुनिक कहानी में परिष्कृत और दलित चेतना के साथ-साथ ग्राम चेतना, आम आदमी की समस्याएँ, नगर जीवन की विविध समस्याएँ आदि वर्ण्य विषय

पर कहानी सर्जन हुआ। उत्तर-आधुनिक कहानी-विधा में दलित चेतना की कहानी में अपनी निजी समस्याओं के कारण अलग संवेदना उभरती है। दलितों के रीति-रिवाज, अन्याय, असमानता, अरमान, आकांक्षा, पीड़ा, वेदना आदि आज तक के उपेक्षित विषयों ने साहित्य में अपनी पहचान के साथ धमाकेदार प्रवेश किया। गुजराती दलित कहानी का प्रारम्भ सामाजिक वर्णव्यवस्था और असमानता के सामने आक्रोश और विद्रोह जगाने के रूप में हुआ। इससे उत्तर-आधुनिक कहानी की विचारधारा में भी परिवर्तन आया। विषय का व्याप बढा। बोली का प्रयोग परिस्थिति अनुसार हुआ। हाशिये के उपेक्षित आदमी की व्यथा-पीड़ा का निरूपण सबल रूप में हुआ। दलित कहानी को सबल कहानीकार मिले। इन कहानीकारों की अलग दृष्टि, व्यथा कथा स्वयंसंवेद्य और भोगे हुए सत्य के कारण कहानी में विशेष निखार और सूझ-बूझ का सर्जन हुआ।

1980 के बाद गुजराती कहानी का रुख बदला जिसमें दलित कहानी का अनन्य योगदान है। गुजराती कहानी में ग्रामीण शैली और बोली का विनियोग भी दलित कहानी का योगदान है। दलितों के प्रश्न और अनगिनत अन्यायों के सामने संघर्ष करने की प्रेरणारूप दलित कहानी का जन्म हुआ। दलित कहानी नयी ताजगी के साथ नयी दिशा खोलती है। 1995 में अजित ठाकोर और राजेन्द्र जाड़ेजा के द्वारा सम्पादित 'दलित गुजराती कहानी' में तेरह कहानी हैं, जिसमें दलित जन समाज का स्वाभाविक चित्रण, शोषण, दमन, संघर्ष औरं परिवेश है। इन कहानियों में कथ्य, कथन-केन्द्र, कथन-रीति, भाव, भाषा, दलित वास्तव और दलित चिन्तन की विविध सम्भावनाएँ उल्लिखित हैं। आज की संवेदना का यह एक महत्त्वपूर्ण अंश है। 1997 में हरिश मंगलम द्वारा सम्पादित 'प्रतिनिधि दलित कहानी' संग्रह में बारह कहानी हैं। कहानी का विषय एवं सर्जक दलित है, जो कला के द्वारा अभिव्यक्त हुआ है। सन् 2000 में दलपत चौहाण द्वारा सम्पादित 'अनछूइ कहानियों' (वणबोटी वार्त्ताओ) में पैंतीस कहानियाँ हैं, जिसमें अछूत समाज की कथा है, उसी समाज के सुख-दुःख, व्यथा-कथा और समाज-चित्रण तक ले आते हैं। ग्रन्थस्थ कहानियाँ हाशिये के जन समाज की व्यथा-कथा का चित्रण है।

कहानी में दलित परिवेश हो, दलित समाज के रीति-रिवाज, रहन-सहन आदि बातें हों पर दलितों की मूलभूत समस्याओं का निरूपण न हो तो दलित संवेदना प्रकट करने में दुविधा होगी, इन तत्त्वों का संयोजन जितना सर्जनात्मक होगा, दलित कहानी उतनी ही बलिष्ठ बनेगी। इस सन्दर्भ में जोसेफ मेकवान की 'छगन को न समजे जानेवाले सवाल' (छगना ने न समजाता सवालो) प्रविण गढ़वी की 'जी साहब', धरमाभाइ श्रीमाली की 'नर्क', दशरथ परमार की 'जात' राघवजी माधड की 'विश्वासघात', दलपत चौहाण की 'दरबार', भी.न. वणकर की 'धारावइ', हरिश मंगलम की 'दलो उर्फ दलसिंह', बी. केशर शिवम् की 'गन्दगी' मावजी महेश्वरी की 'अलाव' और मोहन परमार की 'लगन' (रढ) कहानी अपने रचना-कौशल और वर्ण्य-विषय की विविधता के कारण उत्तम बन पड़ी है। तदुपरान्त जोसेफ मेकवान की 'बैटरी', भी.न. वणकर की 'सायक्लोन', दशरथ परमार की 'गीधानुभूति', धरमाभाई श्रीमाली की 'भोग', दलपत चौहाण की 'तिलक', बी. केशरशिवम् की 'जोगणी', हरिश मंगलम की 'दाइ' (दायण), राघवजी माधड़ की 'होली', मावजी महेश्वरी की 'अदृश्य दीवारें', मधुकान्त कल्पित की

'लच्छन' (लाखु), नैकल गांगेरा की 'आघात', अनिज वाघेला की 'लोभ', संजय चौहाण की 'अपराध', मोहन परमार की 'थली' (थळी) कहानी इस प्रकार की कहानियों के उत्तम उदाहरण हैं।

कहानी के क्षेत्र में श्री मोहन परमार ऐतिहासिक महत्त्व रखते हैं। 'कोलाहल', 'निष्कलंक' और 'बैठक' (कुम्भी) और टाँडा-मोठग्रहों के बाद उन्हें काफी प्रतिष्ठा मिली। अपने जीवन के प्रारम्भिक काल में लिखा हुआ मोहन परमार का 'कोलाहल' कहानी-संग्रह ज्यादा आर्कषण नहीं जमा पाया। उसके बाद 'निष्कलंक' और 'बैठक' (कुम्भी) दो कहानी-संग्रह उत्तम कहानियों को लेकर आये। मोहन परमार उत्तर गुजरात के बुनकर समाज और उनके जीवन-परिवेश को उनकी भाषा में, बोली में अवतरित करते हैं। उनमें दलित साहित्य की ओर झुकाव दिखता है।

'थली', 'बगारी' जैसी कहानियों में उच्चवर्ण के प्रति आक्रोश मुखर होता है। सामाजिक यथार्थ में अलग-अलग सन्दर्भों से कथानक के चित्त में उठनेवाले विद्रोह का सुन्दर बयान 'थली' में दिखता है। 'थली' में गाँव के दरबार मानसिंह की कामुकता का नित्य शिकार बनी रेवा इसमें से मुक्त होने के लिए प्रयत्न करती है। वह खेत में जाते-जाते निर्णय बदलकर हिंसा के बदले अहिंसा का आश्रय लेकर मानसिंह दरबार को घर बसाने के लिए कहती है। यह सुन मानसिंह काँप उठता है क्योंकि यह उनके सामाजिक रुतबे को ठेस पहुँचानेवाली घटना थी। यहाँ दो सामाजिक सन्दर्भों को एक साथ जोड़कर विद्रोह सर्जित किया है। कहानी में सवर्णों के द्वारा दलित स्त्रियों पर होते अत्याचार तथा शोषण दयनीय हैं।

नाटक और रंगमंच

गुजरात में अव्यावसायिक रंगमंच ने जो प्रगति की, वह बहुत ही आश्चर्यजनक है। जहाँ तक अभिनय की प्रतिभा का सम्बन्ध है, उसका स्तर बहुत ऊँचा है। दिग्दर्शन का स्तर भी काफी ऊँचा हो रहा है। दर्शकों की अभिरुचि भी अधिक विवेकपूर्ण और औचित्य-भरी होती जा रही है। इस अव्यावसायिक रंगमंच के समय की सबसे बड़ी बाधा है, अच्छे नाटकों का अभाव। स्कूल और कालेज की संस्थाएँ दूसरी भाषाओं से अनुवाद और रूपान्तर पर अधिक निर्भर रहती हैं। मूलतः गुजराती में लिखे हुए उच्चकोटि के नाटकों का प्रायः अभाव है और जो अनुवाद तथा रूपान्तर भी होते हैं वे साहित्य की श्रेष्ठ रचनाओं के नहीं होते। गुजरात में अव्यावसायिक रंगमंच की प्रतिभा और साधन-सम्पन्नता देखते हुए उन्हें अधिक अच्छे नाटक मिलने चाहिए।

साहित्यिक नाटकों में अब लम्बे नाटक का लिखना प्रायः समाप्त हो गया है। 1914 में प्रकाशित 'राईनी पर्वत' (राई का पर्वत) नामक नाटक के बाद सचमुच ऊँचे साहित्यिक गुणों का एक भी नाटक गुजरात ने पैदा नहीं किया। गीति-नाट्य जिसे कि नानाहाल ने शुरू किया, गुजरात की जमीन में नहीं पनप सका। पद्य में भी नाटक लिखने के कुछ अच्छे प्रयत्न अवश्य हुए, लेकिन गुजरात में नाट्य-साहित्य का सबसे समृद्ध अंश है—एकांकी। बण्टुभाई उमरवाड़िया, यशवन्त पण्ड्या और प्राणजीवन पाठक ने सबसे पहले गुजराती साहित्य में जब एकांकी

लिखना शुरू किया, तब से अब तक इस विशिष्ट विधा ने बड़ी मात्रा में सफलता प्राप्त की है। रूप-शिल्प और विषय-वस्तु में एकांकी अब बहुत समृद्ध विविधता प्रेषित करता है। उमाशंकर जोशी ने 'सापना भारा' नामक एकांकी में समूचे गुजराती गाँव को उसकी छाया और प्रकाश के साथ व्यक्त किया है और नारी के जीवन की शोकान्तिका दिखलायी है। आज की सभ्यता, ढोंगीपन और कुरूपता को उन्होंने अपनी 'शहीद अने बीजाँ नाटक' (शहीद और अन्य नाटक) पुस्तक में व्यक्त किया है। गुलाबदास ब्रोकर ने मनोविश्लेषणात्मक ढंग से मानवमन की रहस्यात्मकता को खोलकर दिखाया है। जयन्ती दलाल ने विशिष्ट व्यंग्यमयी शैली में समकालीन सामाजिक, राजनैतिक खोखलेपन को व्यक्त किया है। चुनीलाल मडिया ने भाषा पर सशक्त अधिकार करने के साथ-साथ कभी पाठकों को रोमांस के क्षेत्र में और कभी नग्न यथार्थवाद के क्षेत्र में ले जाने का काम किया है। इस प्रकार से गुजराती के एकांकी नाटकों में हास्य और करुणा के सभी रूप पूरी तरह अभिव्यक्त हुए हैं।

आत्मकथा और जीवनी

स्वतन्त्रता के बाद के गुजराती साहित्य में आत्मकथा का रूप बहुत विकसित हुआ। इस भाषा के सभी ज्येष्ठ लेखकों—जैसे मुन्शी, रमणलाल देसाई, धूमकेतु, धनसुखलाल मेहता—ने आत्मकथाएँ लिखी हैं। चन्द्रवदन मेहता और चांपशी उदेशी ने भी अपने बारे में बहुत विस्तार से बतलाया है। यह सब आत्मकथाएँ बड़ी मनोरंजक हैं। उनमें से कुछ उनकी विषय-वस्तु के कारण और कुछ उनकी अभिव्यंजना-पद्धति के कारण विशिष्ट हैं। परन्तु तीन बहुत ही अच्छी आत्मकथाएँ हैं। नानाभाई के 'षड्तर अने चणतर' मर्मस्पर्शिता, सादगी, स्पष्टवादिता और प्रामाणिकता से भरा उत्तम ग्रन्थ है। इन्दुलाल याशिक की आत्मकथाएँ यद्यपि साहित्यिक शैली का आदर्श नहीं हैं, फिर भी 1892 से 1921 तक के गुजरात का सूक्ष्म चित्र उपस्थित करती हैं। इन्दुलाल स्वयं इस काल की सभी हलचलों से सम्पृक्त थे, इस कारण ऐसी पुस्तक लिखने का उन्हें समुचित अधिकार है। उनके कुछ व्यक्तिगत संस्मरण, विशेषतया अपनी पत्नी के विषय में, उनकी श्रेष्ठ आत्मविश्लेषण शैली के उत्तम उदाहरण हैं। इसकी तुलना गाँधी जी के 'सत्य के प्रयोग' के कुछ स्थलों से की जा सकती है, पर इन तीनों में सर्वश्रेष्ठ है प्रभुदास गाँधी की 'जीवननुं परोढ़'। यह भी केवल विस्तार से लेखक के जन्म और विकास की कहानी है, परन्तु यह पाठक को फ़िनिक्स आश्रम के उन दिनों में ले जाती है, जब गाँधी जी ने सत्य और अहिंसा के प्रयोग शुरू किये थे, जिनके कारण वे इतने महान् बने।

जीवनी-साहित्य भी अब गुजराती में विकसित होने लगा है। गाँधी जी की जीवनी पर बहुत-सी पुस्तकें लिखी गयी हैं। नरहरि परीख की 'सरदार वल्लभभाई', कान्तीलाल शहर की 'ठक्कर भापा' और बबलभाई मेहता की 'रविशंकर महाराज' आदि पुस्तकें विशेष उल्लेखनीय हैं।

समकालीन साहित्य का एक महत्त्वपूर्ण भाग डायरियाँ भी हैं। नरसिंहराव दिवेटिया की डायरी उस जीवन की कुछ झलक हमें देती है जो कि एक दृष्टि से घटनाहीन होते हुए भी

दूसरी दृष्टि से निर्मम नियति के आघातों की निरन्तरता के विरुद्ध वीरतापूर्ण प्रतिकार व्यक्त करती थी। मनुबेग गाँधी ने अपनी डायरी लिखी है, जो कि आगा खाँ महल और नोआखाली में गाँधी जी के प्रतिदिन के कार्यक्रम का लेखा देती है। डायरी-विषयक इन सब पुस्तकों में 'महादेव भाईनी डायरी' गुजराती में सबसे प्रसिद्ध है। यह पाँच खण्डों में है और एक भव्य पुस्तक है, क्योंकि इसमें एक साथ तीन व्यक्तियों का सजीव चित्रण है। गाँधी जी का साक्षात्कारी व्यक्तित्व, सरदार पटेल का निष्ठापूर्ण बेपरवाह और हँसोड़ व्यक्तित्व तथा स्वयं लेखक का मिष्टभाषी, विनम्र और अत्यन्त सुसंस्कृत व्यक्तित्व।

निबन्ध और पत्रकारिता

गुजरात के रचनात्मक साहित्य में आत्म-निबन्ध सबसे कमजोर अंग है। काका कालेलकर और अन्य कुछ लेखकों के बाद यह साहित्य-रूप प्रायः उपेक्षित रहा है। वर्तमान पीढ़ी ने एक भी ऐसा लेखक निर्मित नहीं किया, जिसने कि उच्चकोटि के व्यक्तिगत निबन्ध लिखे हों।

हास्यरसात्मक निबन्धों के बारे में यह बात सच नहीं है। यह सच है कि गुजरात में हास्य रस के बहुत अधिक लेखक नहीं हैं, पर जो भी थोड़े-बहुत हैं, उनमें काफी ऊँची प्रतिभा है। पुराने लेखकों में ज्योतीन्द्र दबे का नाम लिया जा सकता है और अपेक्षया नवीन लेखकों में बकुल त्रिपाठी और नवनीत सेवक विशेष उल्लेखनीय हैं। इधर ज्योतीन्द्र दबे अपने को दोहरा रहे हैं और बिखर रहे हैं; फिर भी वे निश्चित रूप से गुजराती में अब तक के हास्य रस लेखकों में श्रेष्ठ हैं। वे सौम्य, सहिष्णु, बहुमुखी प्रतिभावाले और किसी प्रकार का दुराग्रह न रखनेवाले लेखक हैं। हास्य, व्यंग्य और विच्छित्ति (विट) के लिए उनकी विशेष पैनी दृष्टि है। वे सबसे निचले से सबसे ऊँचे ढंग के हास्य के स्तर पर लिख सकते हैं। बकुल त्रिपाठी के हास्य में ताजगी और किसी वस्तु या स्थिति को गलत दृष्टिकोण से देखने से पैदा होनेवाली विचित्रता है। नवनीत की 'सप्ततन्त्रनी वातो' नामक पुस्तक एक उत्तम व्यंग्य रचना है, जो कि समकालीन समाज-स्थिति पर एक अर्द्ध-गम्भीर व्यंग्य है।

गुजराती में पत्रकारिता भी साहित्य को अप्रत्यक्ष रूप से बड़ी मूल्यवान् सहायता दे रही है। प्रायः उत्तरदायी दैनिक और साप्ताहिक बड़े अर्से से साहित्यिक वाद-विवाद और साहित्य-समालोचना के लिए नियमित पृष्ठ देते रहे हैं। इन नियमित प्रकाशनों से पाठक में साहित्य के प्रति उत्साह जागा है। मासिक पत्रिकाओं और त्रैमासिकों ने भी बड़ी सेवा की है। उनकी अपनी-अपनी स्वतन्त्र नीतियाँ हैं। आज की पत्रिकाओं में 'संस्कृति' सबसे अधिक सांस्कृतिक और साहित्यिक पत्रिका है। 'कुमार' केवल मासिक पत्रिका ही नहीं, एक शैक्षणिक संस्था भी है। गत 30 वर्षों से पाठकों की एक पीढ़ी के मन और चरित्र को उसने आकार दिया है। 'अखण्ड आनन्द' का भी उल्लेख उचित रूप से किया जा सकता है क्योंकि दस वर्ष पूर्व उसका जो प्रसार था, उसकी अपेक्षा अब उसके पाठकों की संख्या बहुत अधिक बढ़ गयी है। साथ ही एक दैनिक 'जन्मभूमि' का भी उल्लेख करना चाहिए, जिसमें कि विवेकपूर्ण और गम्भीर नीति के कारण गुजरात की आज की राजनैतिक चेतना और समझदारी विकसित हुई है।

ज्ञान-विज्ञान

गुजराती में गद्य की अन्य विधाओं में भी गम्भीर और विचारपूर्ण साहित्य की रचना हुई है। महात्मा गाँधी के प्रभाव के कारण गुजराती में ज्ञान-विज्ञान और दर्शन की उन्नति हुई। पुरानी पीढ़ी के विद्वानों डॉ. आनन्द शंकर ध्रुव, रमण भाई नीलकण्ठ, केशव ह. ध्रुव, कमला शंकर त्रिवेदी, बलवन्त रावणकोर, विष्णुप्रसाद त्रिवेदी, डोलर राय मांकड, प्रो. रामनारायण पाठक, नवलराम त्रिवेदी, विजमराव वैद्य ने विविध ज्ञान क्षेत्रों में निबन्ध और लेख लिखे हैं। इतिहासकारों में डॉ. भगवान लाल इन्द्र, बल्लभ जी हरिदत्त आचार्य, मुनि जिनविजय, दुर्गाशंकर, रसिक लाल पारिख, रत्नमणि राजजोटे प्रमुख हैं। झबेरचन्द्र मेघाणी गुजराती लोक साहित्य के प्रसिद्ध संग्रहकर्त्ता और विवेचक हैं। दर्शनशास्त्र के विद्वानों में सुखलाल संघवीशास्त्री, जैनमुनि पुण्य विजय प्रमुख हैं तो बेचरदास दोशी, प्रो. मघुसूदन मोदी, केशवराम शास्त्री, डॉ. भोगीलाल, डॉ. मंजुलाल मजूमदार, कान्तिलाल व्यास, हरिवल्लभ भावाणी प्रसिद्ध भाषावैज्ञानिक हैं। गुजराती में रामकथा और भागवत व्यासों की अपनी परम्परा है जिन्होंने रामचरितमानस और भागवत पर प्रवचनात्मक ग्रन्थ लिखे हैं। ऐसे रचनाकारों में रामचन्द्र डोंगरे, मोरारी बापू, प्रणव भाई प्रमुख हैं।

वर्तमान समय में गुजरात में गुजराती और हिन्दी का विकास समान्तर हो रहा है। उद्योग और व्यापार के क्षेत्र में गुजराती के अग्रणी होने के कारण आज गुजराती भाषा का वैश्विक स्वरूप बना है। पूरे गुजरात में हिन्दी के रचनाकार मिल जाते हैं। ब्रजभाषा और गुजराती का मिला-जुला रूप तो ब्रजभाषा काल अर्थात् मध्यकाल से ही चला आ रहा है, वर्तमान में गुजराती के साथ खड़ीबोली की भी रचनाएँ अनवरत लिखी जा रही हैं। गुजरात में हिन्दी अब केवल शोध और समीक्षा की भाषा नहीं साहित्य की भाषा भी बनती जा रही है और हिन्दी रचनाएँ गुजराती कथाकारों और कवियों द्वारा लिखी जा रही हैं।

लेखिकाएँ

समकालीन गुजराती साहित्य को जिन स्त्रियों ने भी रुचिकर योगदान दिया है उनमें से विनोदिनी नीलकण्ठ का उल्लेख पहले हो चुका है। उनके अतिरिक्त लाभुवेन मेहता, कुन्दनिका कापड़िया, घीरूबेन पटेल और गीता परीख (कुमारी कापड़िया) आदि नाम विशेष उल्लेखनीय हैं।

अनुवाद

समकालीन गुजराती साहित्य का बहुत बड़ा भाग अनुवाद और रूपान्तर है। विदेशी लेखकों में शेक्सपियर, इब्सन, टॉलस्टॉय, विक्टर ह्यूगो, मोपासाँ, चेकव, गोर्की, इमर्सन, प्लेटो, शॉ और भारतीय लेखकों में रवीन्द्रनाथ ठाकुर, बंकिमचन्द्र, शरत् चटर्जी, प्रेमचन्द, खांजेकर, साने गुरुजी, आत्रे तथा कई अन्य लेखक अनुवादों द्वारा गुजराती पाठकों को परिचित कराये गये हैं।

टॉल्स्टॉय के सब महत्त्वपूर्ण ग्रन्थ गुजराती में अनूदित हुए हैं, कई वर्ष पूर्व विश्वनाथ भट्ट ने इनका अनुवाद किया था। इधर जयन्तीदयाल ने 'युद्ध और शान्ति' का बहुत बड़ा अनुवाद प्रस्तुत किया है। टॉल्स्टॉय को छोड़कर और कोई दूसरा विश्व-प्रसिद्ध लेखक पूरी तरह और

अच्छी तरह गुजराती में अनूदित नहीं हुआ। होमर, वर्जिल, दान्ते, मिल्टन, गेटे और यूनान के क्लासिकल नाटकों का अनुवाद होना अभी भी बाकी है।

आलोचना के सैद्धान्तिक पक्ष पर किसी सुयोग्य विद्वान् ने एक भी पुस्तक नहीं लिखी कि जिसमें इस विषय का पूरा विवेचन हो। संस्कृत या अंग्रेजी व्याकरणों पर आधारित न होकर इस भाषा के प्रयोग के अध्ययन पर आधारित स्वतन्त्र सर्वव्यापी व्याकरण भी अभी तक गुजराती में नहीं लिखा गया। नरसिंहराव दिवेटिया के दो भागों में प्रकाशित 'गुजराती भाषा और साहित्य' पुस्तक के पहले अब तक ऐसी एक भी पुस्तक नहीं लिखी गयी, जिसमें इस विषय की आधुनिकतम और पूरी वैज्ञानिक छानबीन का सार हो। दिवेटिया की पुस्तक कई वर्ष पूर्व लिखी गयी थी और अब इस क्षेत्र में बहुत-सी नयी शोधें हुई हैं।

वस्तुतः स्वतन्त्रता के बाद के युग में ही साहित्य के विकास और निर्माण के लिए समुचित वातावरण पैदा हुआ है। केन्द्रीय और प्रादेशिक सरकारें उत्तम साहित्यिक गुणों की पहचान के चिह्न-स्वरूप इनाम या पुरस्कार देने लगी हैं। प्रादेशिक विश्वविद्यालय भी स्थापित हुए हैं, जिनमें भाषा और साहित्य का व्यवस्थित वैज्ञानिक अध्ययन बढ़ने लगा है। विविध भाषा के क्षत्रों में—राष्ट्रीय तथा अन्तरराष्ट्रीय—सम्पर्क बढ़ते जा रहे हैं, गुजरात के साहित्यिक वातावरण पर उसका प्रभाव दिखायी दे रहा है। आज का औसत गुजराती लेखक केवल गुजराती और गुजराती साहित्य की भाषा में अब नहीं सोचता, उसके सामने अब नये और व्यापक क्षितिज खुलते जा रहे हैं।

3. पंजाबी साहित्य का इतिहास

पंजाबी भारतीय आर्यभाषा का ऐसा केन्द्र है जहाँ प्राचीन काल से सभ्यताओं का उत्थान-पतन होता रहा है। प्राचीन सप्तसैन्धव प्रदेश पंजाब है। पंचनद से पंजाब का विकास हुआ। भौगोलिक दृष्टि से स्पष्ट है कि आर्य संस्कृति का प्रारम्भिक केन्द्र पंजाब था। अतः वेद-वाणी का प्रस्फुटन पंजाब में ही हुआ है। आधुनिक काल तक पंजाब की भाषा में विविधता है। पंजाब में हिन्दी, उर्दू और पंजाबी का विकास साथ-साथ हुआ है। स्वतन्त्रता के पूर्व लाहौर हिन्दी और उर्दू का साहित्यिक केन्द्र रहा है। इसीलिए पंजाबी का साहित्यिक विकास उस सीमा तक नहीं हुआ जितना हो सकता था। पंजाब के अधिकांश लेखक हिन्दी और उर्दू साहित्य के लेखन से जुड़े रहे। इससे उन्हें पंजाब और वहाँ से बाहर सम्मान मिला। पंजाबी और हिन्दी भाषा में भी पर्याप्त समानता है। कुछ ध्वनि परिवर्तनों और कारक परसर्गों के रूपों में अन्तर के अलावा कोई भेद नहीं है। हिन्दी पंजाबी संवाद सीधे किये जा सकते हैं। हिन्दी की हरियाणवी बोली तथा खड़ीबोली में भी ऐसे ध्वनि-परिवर्तन मिल जाते हैं। अतः पंजाबी और पश्चिमी हिन्दी में सामान्य अन्तर है। पंजाबी की एक बोली लहँदा अवश्य अलग है परन्तु उसका सीमा-क्षेत्र अब पाकिस्तान है। जहाँ तक पंजाबी के विकास का प्रश्न है यह अपभ्रंश के बाद आधुनिक आर्यभाषाओं के साथ ही विकसित हुई है। पंजाब नाम फारसी से जुड़ा

है। सम्भवतः मुसलमानों ने यह नाम दिया हो पर इसका आधार पंचनद ही है। कालक्रमानुसार पंजाबी साहित्य को भी आदिकाल, मध्यकाल और आधुनिक काल में वर्गीकृत किया जाता है।

आदिकाल

पंजाबी साहित्य का आदिकाल स्पष्ट नहीं है। नाथों और सिद्धों की बानियों में पंजाबी का प्रभाव है। नाथों का प्रभाव पंजाब की जनता पर रहा है और यहाँ दिये गये उपदेशों में पंजाबी प्रभाव है पर पंजाबी में लिखनेवाले रचनाकार शेख फरीद हैं। शेख फरीद की भाषा मिश्रित है परन्तु उसे पंजाबी कहा जा सकता है। अतः शेख फरीद ही पंजाबी के पहले रचनाकार माने जाते हैं।

मध्यकाल

शेख फरीद के बाद सूफी सन्तों का भारत में आगमन हुआ। सूफियों को पंजाब में ऐसी कहानियाँ मिलीं जो उनकी प्रेमकथाओं से मिलती हैं। अतः मध्यकाल में पंजाबी की दो परम्पराएँ विकसित हुईं—1. सूफी परम्परा और 2. गुरु नानक और सिख परम्परा।

पंजाबी साहित्य का उद्भव

यदि आर्यों के सप्तसैन्धव प्रदेश को स्वीकार करें और उनका प्रारम्भिक क्षेत्र सरस्वती नदी तक मानें तो यह स्पष्ट हो जाता है कि पूर्व वैदिक काल और वैदिक काल तक आर्यभाषा का केन्द्र था और इस प्रकार वैदिक वाङ्मय पंजाब में निवास करनेवाले ऋषियों की भाषा है तथा सम्पूर्ण वेद इसी भूमि पर रचे गये। किन्तु जब पंजाब के वर्तमान स्वरूप की बात की जाती है तो पंजाबी को हम आर्यभाषा का आधुनिक रूप मान सकते हैं और पंजाबी का प्रारम्भ अन्य आधुनिक आर्यभाषाओं के साथ स्वीकार कर सकते हैं। हिन्दी की खड़ीबोली का जो खड़ापन है, वह वास्तव में पंजाब से प्रारम्भ हुआ और पंजाब, हरियाणा होते हुए मेरठ तक आया। इसलिए आधुनिक आर्यभाषाओं में सर्वाधिक कड़ापन पंजाबी में है। एक भाषा के रूप में पंजाबी पंजाब की भाषा है और पूरे पंजाब में बोली जाती है किन्तु साहित्यिक दृष्टि से पंजाबी क्षेत्र में पंजाबी की अपेक्षा हिन्दी और उर्दू के विकास की प्रक्रिया पंजाब में पहले प्रारम्भ हुई। कड़ेपन के साथ यह पंजाब की उदारता का परिचायक है। जिन सिख गुरुओं की वाणी ने पंजाबी साहित्य की श्रीवृद्धि की वे उतने ही हिन्दी के कवि भी हैं, चाहे वे नानक हों या गुरु गोविन्दसिंह। इस प्रकार पंजाब हिन्दी, उर्दू और पंजाबी का साहित्यिक केन्द्र रहा और आदिकाल से पंजाब में यह परम्परा बनी रही। विलक्षणता यह है कि जहाँ कलकत्ता में हिन्दी का विकास करनेवाले मूलतः हिन्दी क्षेत्र के लोग थे, वहीं पंजाब में हिन्दी साहित्य की सर्जना करनेवाले हिन्दी प्रदेश के नहीं पंजाब के ही निवासी थे। पंजाब हिन्दी का विरोधी कभी नहीं रहा। स्वतन्त्रता के बहुत बाद खालिस्तान समर्थकों ने अवश्य हिन्दी के बहिष्कार का अभियान चलाया परन्तु इसके पूर्व अभेद स्थिति रही और इसका मूल कारण यही था कि पंजाब पर आर्यसमाज का गहरा प्रभाव था। अविभाजित भारत में लाहौर हिन्दी और उर्दू कविता का प्रमुख केन्द्र था। अतः मध्यकाल में धार्मिक भाषा पंजाबी और साहित्यिक भाषा

हिन्दी रही। इसीलिए आदिकाल में पंजाबी में साहित्य तो नहीं मिलता किन्तु तत्कालीन नाथों की वाणी पर पंजाबी का व्यापक प्रभाव सिद्ध होता है।

मुस्लिम सत्ता के बाद भारत में सूफियों का आगमन प्रारम्भ हुआ और आने का मार्ग पंजाब था। अतः मध्यकाल में सूफी सन्तों का प्रभाव बढ़ने और सूफी प्रेम के अनुरूप पंजाबी लोक-कथाओं की बहुतायत ने सूफियों को पंजाब और वहाँ की प्रेमकथाओं से जुड़ने के लिए विवश कर दिया। इस परम्परा के आने के पूर्व ही पंजाब के एक फकीर ने अपना कलाम कहा। वे फकीर थे हज़रत फरीदोद्दीन मसऊद शकरगंज, जो शेख फरीद के नाम से प्रसिद्ध थे। शेख फरीद ही पंजाबी के पहले कवि हैं जिनका जन्म 1173 ई. में हुआ। फरीद की कविता पर फारसी का प्रभाव है पर उन्होंने लहँदी में ही रचना की है। फरीद की यही परम्परा सूफियों की प्रेरणा बनी। फरीद ने श्लोक लिखे हैं—

फरीदा चलिएं चिक्कड़ दूर घर नाल प्यारे नेहं।
चलां तां भिजै कम्बली राहां तां तुटै मेहं।।
भिज्जो सिज्जो कम्बली अल्ह बरसौ मेहं।
जाय मिलां तिन्हा सजना तुटीह नाहि नेहं।।

मध्यकाल

पंजाबी का साहित्य मध्यकाल में भक्ति आन्दोलन से प्रभावित था। पंजाब में इसी काल में गुरुनानक का प्रवर्तन हुआ। मध्यकालीन सन्तों की जो परम्परा पूरे देश, विशेषतः हिन्दी प्रदेश में विकसित हो रही थी गुरुनानक पंजाब में उसके प्रणेता थे। राम-रहीम की एकता, धार्मिक रूढ़ियों का विरोध, जाति-पाँति का खण्डन, सामाजिक समन्वय की भावना सन्त काव्य की सामान्य विशेषताएँ हैं। सन्त कवियों की दूसरी विशेषता यह है कि उन्होंने लोकभाषा, लोकछन्द और लोकजीवन से अप्रस्तुतों का चयन किया। पंजाबी में इस प्रकार की रचनाओं का प्रणयन सिख गुरुओं ने किया और उनके अनुयायियों और शिष्यों ने इसे पुरस्सर किया। दूसरी ओर इसी क्रम में सूफी कविता का विकास भी हुआ और उन्होंने प्रेम का प्रचार पंजाब में किया। सूफी सन्तों में बुल्लेशाह, शाह हुसेन, सुलतान बाहुअली हैदर, करम अली शाह, शेख शरफ, गुलाम जिलानी, हाशिम हदायतुल्ला और गुलाम रसूल प्रसिद्ध पंजाबी रचनाकार हुए। इनमें बुल्लेशाह जनसाधारण के कवि होते हुए भी साधारण भाषा में गम्भीर अर्थबोध भरने में समर्थ रहे हैं। सांसारिक प्रेम को ईश्वरीय प्रेम में परिवर्तन करने में बुल्लेशाह अप्रतिम थे—

राँझा राँझा करदी नी मैं आवै राँझा होई।
सद्दी नो मैनूं धोदो राँझा हीर न आखै कोई।।

पंजाब की लोकप्रचलित प्रेमकथा के माध्यम से सूफी प्रेम का यह वर्णन बुल्लेशाह की विशेषता है। एक ओर सूफी सन्त पंजाबी प्रेम कहानियों में इश्कहकीकी वर्णित कर रहे थे तो दूसरी ओर कुछ कवियों ने इन्हीं कथाओं को इश्कमिजाजी के रूप में चित्रित किया और हीर राँझा, मिर्जा-साहिबां, सोहनी-महिवाल, सस्सी-पुन्नू की कहानियाँ लिखी गयीं। इनमें दामोदर का नाम अग्रणी है। दामोदर हीर का समकालीन था। कालान्तर में वारिस शाह ने इसे ही नया

रूप दिया, जो पंजाबी की प्रसिद्ध रचना है। हीर के सौन्दर्य का वर्णन करते हुए वारिस शाह लिखता है—

नैन नरगिसी भिरग ममोलड़े दे
गल्हां टहकियां फुल गुलाब दा जी।

हाशिम ने शीरीं-फरहाद, लैला-मजनूँ आदि की कथाओं को पंजाबी में लिखा। इस प्रकार भक्तिकाल से सत्रहवीं-अठारहवीं सदी तक पंजाबी प्रेमकथाओं की ही साहित्यिक भाषा बनी रही।

उन्नीसवीं सदी तक आते-आते पंजाब में सिखों में राष्ट्रीय भावना पनपी। उन्हें सिख धर्म के प्रचार की आवश्यकता का अनुभव हुआ। इसी काल में सिंह सभा बनी जिसका उद्देश्य सिख मत और सिख सभ्यता का प्रसार था। सिख मत के प्रसार के लिए लेख लिखे गये। इस प्रकार पंजाबी गद्य का विकास हुआ।

आधुनिक कविता

उन्नीसवीं शती में जहाँ सिख मत के प्रचार के लिए गद्य-लेख लिखे जा रहे थे वहीं आधुनिक विचारधारा तथा अंग्रेजी शिक्षा से प्रभावित दो कवियों भाई वीरसिंह और भाई मोहनसिंह वैद्य ने अपना साहित्यिक जीवन प्रारम्भ किया। आधुनिक पंजाबी के पहले कवि भाई वीरसिंह हैं। वीरसिंह ने न केवल कविताओं का प्रणयन किया वरन् सिख इतिहास लिखकर पंजाबी गद्य को भी विकसित किया। वीर सिंह ने पंजाबी में युक्तक कविता प्रारम्भ की। 'राणा सुरत सिंह', 'बिजलियाँ दे हार', 'लहराँ दे हार', 'मटक हुलारे' वीरसिंह के काव्य-संग्रह हैं। वीरसिंह पश्चिमी विचारधारा से प्रभावित थे। अतः उन्होंने परम्परागत रचना-पद्धति में भी परिवर्तन किया और सिख गुरुओं के समय से चली आती परिपाटी को तोड़ा। इस प्रकार भाई वीरसिंह पंजाबी के क्रान्तिकारी कवि सिद्ध हुए। इस काल के दूसरे रचनाकार मोहनसिंह वैद्य एक गद्य लेखक थे। उन्होंने गद्य की हर विधा में रचनाएँ ही नहीं लिखीं, अन्य भाषाओं की कृतियों का अनुवाद भी पंजाबी में कराया। इस प्रकार भाई वीरसिंह और भाई मोहनसिंह आधुनिक पंजाबी साहित्य के प्रवर्तक हैं। इन दोनों के प्रभावस्वरूप पंजाबी में आधुनिक बोध के साथ गद्य और पद्य का विकास हुआ और परवर्ती रचनाकार फिरोजदीन शरफ, विधाता सिंह तीर और ज्ञानी गुरुमुख सिंह 'मुसाफिर' के नाम सामने आये। यहीं से पंजाबी साहित्य का विकास साहित्य की विभिन्न विधाओं में विभक्त हो गया और सबकी पृथक् परम्परा बनी।

काव्य

पंजाबी काव्य में भाई वीरसिंह की परम्परा कविता की थी लेकिन यहाँ एक बात ध्यातव्य है कि वीरसिंह प्राचीन परम्परा के कवि थे। उनकी कविता 'कम्बद्दी कलाई' प्राचीन भावभूमि पर है किन्तु पंजाब शिक्षा के क्षेत्र में अग्रणी होने तथा विश्वयुद्ध में पंजाबी सैनिकों के विदेश जाने के कारण वहाँ अंग्रेजी साहित्य का प्रभाव प्रारम्भ से ही रहा। अतः परवर्ती पंजाबी साहित्य पर रचना और आलोचना-दोनों दृष्टियों पर अंग्रेजी या यूरोप का प्रभाव अधिक रहा। इसमें

जोधासिंह, तेजासिंह, गुरुवचन सिंह 'तालिब', सन्तसिंह सेखों और मोहन-सिंह का मुख्य योगदान रहा। इसी काल में लाला किरपा सागर ने 'लक्ष्मीदेवी' प्रबन्धकाव्य दो खण्डों में लिखा, जो 'लेडी ऑफ द लेक' से प्रभावित है। उसी काल में 1935 में लन्दन में मुल्कराज आनन्द दुनिया भर के लेखकों के लिए हुई सभा में सम्मिलित हुए और प्रगतिशील आन्दोलन की नींव पड़ी। सन् 1936 ई. में प्रगतिशील साहित्यिकों की एक सभा लखनऊ में हुई और भारत में प्रगतिवाद का सूत्रपात हुआ। उल्लेखनीय है कि इस नये आन्दोलन में सज्जाद ज़हीर और मुल्कराज आनन्द ही अग्रणी रहे। मुल्कराज आनन्द के कारण पंजाबी साहित्य भी कला को जीवन के निकट लाने में सफल रहा। पंजाबी कविता की भक्ति और प्रेम की धारा ही बदल गयी। भाई मोहनसिंह ने 'लिखारी' नामक मासिक पत्रिका निकाली। प्रगतिशील रचनाओं की यह प्रमुख पत्रिका बन गयी। इस युग के रचनाकारों में सन्तसिंह सेखों, प्रतिमसिंह 'सफीर', फिरोजदीन 'शरफ' प्रमुख हैं। यद्यपि ये कविताएँ प्रगतिशीलता के दायरे में मानी जाती हैं किन्तु पराधीनता के कारण प्रतीकात्मकता अधिक है। सपाटबयानी और सीधी चोट इन कविताओं में नहीं मिलती। यद्यपि लोकजीवन और भारतीय अतीत को नये रूप में प्रस्तुत करने का प्रयास इन कवियों ने किया है पर अस्पष्टता और उलझाव के कारण वे दुर्बोध हो गये हैं। प्रीतम सिंह ने किया है पर अस्पष्टता और उलझाव के कारण वे दुर्बोध हो गये हैं। प्रीतम सिंह की पंक्तियाँ देखिये–

इक मिट्टी दी मुट्ठी भर के
नैनां नाल नीझ णा तकी
नक्स गवाचे हुए न दिस्से
होंठ हँसा न सक्की
लभ-लभ चमकी लियाँ घुँघरालियाँ
नज़र सैहक के थक्की
केरे-केर उजला चौं भौं ते
कूक अन्त में उट्ठी

समग्र रूप से प्रथम विश्वयुद्ध के पूर्व आधुनिक पंजाबी साहित्य वीरसिंह का ऋणी है। प्रख्यात समीक्षक खुशवन्त सिंह के अनुसार–''जिस तरह का जीवन वे (वीरसिंह) जीते थे और जैसी कविता लिखते थे, दोनों ही शुद्धतावादी परम्परा में रहे–भाषा साफ, विचार पवित्र और व्यंजना हार्दिक। निश्चय ही वही ज्यादा दिन टिकनेवाली चीज है।'' उनकी कृति 'मेरे सैयाँ जिओ' भारतीय साहित्य की अमूल्य निधि है। वीरसिंह के युग के दूसरे महत्त्वपूर्ण कवि हैं धनीराम चात्रिक, जिनके चार काव्य-संग्रह 'चानन वारी', 'केसर क्यारी', 'नवाँ जहान' और 'सूफीखाना' प्रकाशित हुए हैं।

अमृता प्रीतम : राष्ट्रीय महत्त्व

पंजाबी साहित्य जब प्रगतिशील आन्दोलन से जुड़ रहा था और पूरे पंजाब में कविताओं, विशेषतः प्रगतिशील कविताओं का दौर था, एक ऐसा नाम उभरा, जिसने किसी आन्दोलन

से जुड़े बिना अपनी रचनाओं से पंजाब और पश्चिमी पंजाब (पाकिस्तान) ही नहीं पूरे भारतीय साहित्य को प्रभावित किया। हिन्दी साहित्य में उन्हें इतनी ख्याति मिली कि उन्हें प्रमादवश हिन्दी कवयित्री ही लोग मान बैठते हैं। यह नाम है—अमृता प्रीतम। अमृता प्रीतम की कविताएँ प्रतीकात्मक हैं और नारी-मन की अभिव्यक्ति में वे सर्वाधिक समर्थ हैं। सादगी, सहजता, लोकनिष्ठता, पीड़ा और वेदना की यह कवयित्री भारत-विभाजन की विभीषिका से उपजे दर्द को झकझोरती है। उनकी कविताओं को विभाजन की मर्सिया माना जाता है। भावप्रवण कवयित्री जिसने न केवल राजनीतिक विभाजन वरन् अपनी आत्मा और भावनाओं के विभाजन को भी सहन किया है अपनी कविताओं से नारी- मन को झकझोरती है। आर्थिक विवशता के कारण एक नारी किसी की हो गयी। सारे जीवन के लिए वह बलात् ऐसे व्यक्ति से बाँध दी गयी जिसके प्रति उसके हृदय में कोई भावना नहीं। एसे युग में जब वह विद्रोह भी नहीं कर सकती, आवाज तक नहीं निकाल सकती। कटाक्ष भी करना है तो ओट चाहिए। अमृता कहती हैं—

अन्नदाता
कामें माँ बाप
दिते कामे ने जम
कामे दा कम है
सिर्फ कम
बाकी वी तां कम
कर दे एहोई चम
ए वी इदकम
अन्नदाता

अमृता प्रीतम दोनों देशों और समुदायों के मध्य उसी प्रकार प्रिय हैं जैसे कभी वारिस शाह थे। स्त्री की विवशता है, उसके जन्मदाता जो झोली देखते हैं, उसी में डाल देते हैं—(जेहड़ी झोली तक्कन, ओ हो हो परवाण)। अमृता ने पंजाबी साहित्य को समृद्ध केवल कविताओं से नहीं किया है उपन्यास, लेख, आत्मकथा, कहानी सभी विधाओं में लिखा है और अमृता प्रीतम के बिना पंजाबी साहित्य अधूरा रह जाता है। अमृता प्रीतम 1947 के विभाजन के बाद अधिक सक्रिय रहीं।

भारत-विभाजन की पीड़ा का सर्वाधिक दंश पंजाब ने ही सहा। शरणार्थियों की समस्या, जन्मभूमि छूटने का दुःख पंजाबी भाषाभाषियों को सहना पड़ा। यह पीड़ा और आक्रोश पंजाबी साहित्य का परवर्ती स्वर है। एक ओर पंजाबी, विशेषतः पाकिस्तानी क्षेत्र की पंजाबी का केन्द्र दिल्ली बन गया तो दूसरी ओर पंजाब को नये सिरे से अपनी अर्थ संरचना विकसित करनी पड़ी। पंजाब के लोकप्रिय साहित्यकार, जो पंजाबी साहित्य में समरसता का आदर्श सिखाते थे, अचानक मुस्लिम लीगी हो गये। सआदत हसन मण्टो अब पंजाब के नहीं रहे। लाहौर

पंजाबी विरासत का प्रतिनिधि न रहकर उर्दू का केन्द्र बन गया। इस परिवर्तन ने पंजाबी साहित्य को झकझोरा, जिसका प्रभाव पंजाबी कविता और उससे अधिक कथा साहित्य पर पड़ा। स्वातन्त्र्योत्तर पंजाबी कविता पर हिन्दी का प्रभाव भी पड़ना स्वाभाविक था। अधिकांश पंजाबी साहित्यकारों ने हिन्दी में लेखन भी प्रारम्भ कर दिया। स्वातन्त्र्योत्तर पंजाबी कवियों में डॉ. हरभजन सिंह चर्चित हुए। हरभजन सिंह पंजाबी के समीक्षक के रूप में भी प्रख्यात हैं।

उपन्यास

पंजाबी गद्य में सर्वाधिक महत्त्वपूर्ण विधा उपन्यास है। पंजाबी में वीरसिंह और मोहनसिंह दोनों प्रारम्भिक लेखकों ने उपन्यास लिखे। वीरसिंह उपन्यास-लेखन में उतने सफल नहीं रहे परन्तु मोहनसिंह को पर्याप्त प्रतिष्ठा मिली। नानकसिंह अपने उपन्यासों के कारण जाने जाते हैं। उन्होंने 40 के लगभग उपन्यास लिखे हैं, जिनमें 'चिट्टा बहू' और 'आदमखोर' को विशेष प्रसिद्धि मिली। नानकसिंह के उपन्यासों में समाज-सुधार की भावना मिलती है। पंजाबी उपन्यासकारों में सुरिन्दर सिंह नरूला, जसवन्त सिंह कँवल भी चर्चित नाम हैं। अमृता प्रीतम ने अनेक उपन्यास लिखे जिनमें पिंजर, नागमणि यात्री, आक के पत्ते, कोई नहीं जानता, यह सच है, तेरहवाँ सूरज, उनचास दिन प्रसिद्ध हैं पर उन्हें विशेष ख्याति मिली 'कोरे कागज' और आत्मकथात्मक कृति 'रसीदी टिकटा' से। गुरुदयाल सिंह पंजाबी के ख्यातिलब्ध उपन्यासकार हैं, जिन्हें ज्ञानपीठ सम्मान मिला। उनका उपन्यास 'रेत की इक्क मुट्ठी' एक ऐसे आदमी की संघर्ष कथा है जो मानसिक ऊहापोह के कारण उलझकर अपना सब-कुछ खो देता है। उनके अतिरिक्त बलदेव सिंह (अन्नदाता) सनोख सिंह धीर (नया जन्म), मित्तर सेम भीत (कौरव सभा) जगजीत बराड (धूप और दरिया) चर्चित उपन्यासकार हैं, जिन्होंने पंजाबी उपन्यास-साहित्य को समृद्धि प्रदान की है। उपन्यास के साथ कहानियों और लघु कथाओं के क्षेत्र में भी आधुनिक पंजाबी साहित्य में प्रगति हुई है। करतारसिंह दुग्गल कहानी-लेखन के क्षेत्र में महत्त्वपूर्ण रचनाकार हैं। अमृता प्रीतम ने 'सात सौ बीस कदम' कहानी-संग्रह लिखा है। महिन्दर सिंह सरना, जसवन्त विरदी, कुलवन्त सिंह विर्क, प्रमुख कहानीकार हैं। करतार सिंह दुग्गल सन्तोष सिंह सेखों की परम्परा के कहानीकार हैं। दुग्गल ने लगभग 100 कहानियाँ लिखीं। उनके प्रतिनिधि संग्रह 'लबेरे सर' और 'नवाँ घर' प्रसिद्ध है। करतार सिंह दुग्गल ने विभाजन की समस्या को उठाया है। उनका 'नहूं ते मांस' पंजाबी उपन्यासों में मील का पत्थर है। इस उपन्यास में कृषक जीवन का चित्रण है, जो सहज जीवन बिताते-बिताते शान्तिपूर्ण ढंग से रहता है किन्तु साम्प्रदायिकता की आँच में यह शान्ति नष्ट हो जाती है। 'लड़ाई नहीं' उपन्यास में दुग्गल ने एक बार फिर साम्प्रदायिक संघर्ष को चित्रित किया है। उनकी कृतियों का अन्त करुणापूर्ण है क्योंकि वे साम्प्रदायिक घृणा के विरोधी है।

अन्य गद्य विधाएँ

पंजाबी में आज गद्य की अन्य विधाओं का विकास हो रहा है। निबन्ध-लेखन की परम्परा तो भाई मोहनसिंह से ही प्रारम्भ हो गयी थी। दूसरे उस काल के महान् लेखक वीरसिंह ने

भी कविता, कहानी और उपन्यास के साथ अन्य गद्य विधाओं में भी रचनाएँ की हैं। विभिन्न धर्मग्रन्थों के अनुवादों से भी उन्होंने पंजाबी साहित्य को समृद्ध किया है। पंजाबी गद्यकारों में प्रमुख हैं गुरुबख्श सिंह। शिक्षा और समाज-सुधार के क्षेत्र में उनका अप्रतिम योगदान रहा है और इसी उद्देश्य की पूर्ति के लिए उन्होंने पंजाबी में लेखन भी प्रारम्भ किया जिससे आधुनिक विचारों और ज्ञान-विज्ञान का प्रचार पूरे पंजाब में हो सके। 'साँवी पथरी जिन्दगी' उनका निबन्ध-संग्रह है जो पंजाबी निबन्ध साहित्य की अनुपम रचना माना जाता है। उनकी प्रेरणा से सामाजिक प्रवृत्ति से जुड़े अनेक गद्य लेखक पंजाबी में उभरे, जिनमें नवतेजसिंह भी हैं, जो गुरुबख्श सिंह के पुत्र हैं। पिता-पुत्र दोनों को गहरा जीवनानुभव और यात्रा का अनुभव रहा है अतः ज्ञान की दृष्टि से उनके निबन्ध श्रेष्ठ और लोकप्रिय रहे हैं। 'प्रीत लड़ी' नाम से उन्होंने पत्रिका का प्रकाशन किया और भारत-पाकिस्तान की सीमा पर प्रीतनगर नाम से एक सामुदायिक केन्द्र स्थापित किया। प्रीतनगर पंजाब में शिक्षा और संस्कृति का अद्भुत केन्द्र है। ईश्वरचन्द्र नन्दा तथा गुरुदयाल सिंह खोखला नाटककार हैं। बलवन्त गार्गी प्रसिद्ध नाटककार और गद्यकार हैं जिन्हें अपनी पुस्तक 'रंगमंच' पर साहित्य अकादमी पुरस्कार प्राप्त हुआ है। पंजाबी में अनेक पत्र-पत्रिकाएँ प्रकाशित हो रही हैं और पंजाबी के शिक्षा माध्यम होने और पंजाबी साहित्य अकादमी की स्थापना होने से समकालीन पंजाबी साहित्य की निरन्तर वृद्धि हो रही है। शिक्षा-माध्यम होने के कारण पाठ्य-पुस्तकें तथा ज्ञान-विज्ञान की पुस्तकें भी पंजाबी में लिखी जा रही हैं 'पंजदरिया', 'पंजाबी साहित्य', पंजाबी की प्रसिद्ध पत्रिकाएँ हैं जिनका साहित्यिक स्तर श्रेष्ठ है।

इन सारी स्थितियों के बावजूद पंजाबी की विडम्बना यह है कि पंजाबी क्षेत्र भाषा के रूप में दिल्ली, जम्मू और हिमाचल को ही नहीं पूरे विश्व को प्रभावित कराता है। लन्दन और कनाडा में पंजाबी बोलनेवालों की संख्या भी बहुत अधिक है किन्तु पंजाब प्रान्त जो अब तीन भागों—पश्चिमी पंजाब, पूर्वी पंजाब और हरियाणा में विभक्त है, उस पर हिन्दी और उर्दू का प्रभाव प्रारम्भ से ही रहा है। इन तीन भाषाओं की संगम-स्थली है पंजाब, जहाँ आम आदमी भी तीनों भाषाओं को मिलाकर बोलता है। हिन्दी और उर्दू पंजाब की आमफहम भाषाएँ हैं, जिसके परिणामस्वरूप पंजाब के उच्चकोटि के साहित्यकारों ने हिन्दी और उर्दू को साहित्य का माध्यम बना लिया। सआदत हसन मण्टो से राजेन्द्र सिंह बेदी और भीष्म साहनी से रवीन्द्र कालिया, मोहन राकेश, उपेन्द्रनाथ अश्क, यशपाल तक यह प्रवृत्ति विद्यमान है। भारतीय चित्रपट-जगत् तो पंजाब के बिना शून्य हो जाता है। पृथ्वी थियेटर जैसा थियेटर पंजाब की देन है। चतुरसेन शास्त्री से चन्द्रधर शर्मा गुलेरी तक हिन्दी पंजाब की ऋणी है। अतः पंजाबी की बड़ी बिडम्बना है कि भौगोलिक पंजाब जितना पंजाबी साहित्य से समृद्ध है, उससे कहीं अधिक समृद्धि, हिन्दी और उर्दू को प्रदान की है। अतः पंजाब में साहित्यिक ऊर्जा का अक्षय स्रोत है किन्तु वह पंजाबी में कितना है? यह सोचना होगा। उसका शायद सबसे बड़ा कारण यही है कि पंजाब के रचनाकार पंजाबी में न लिखकर भी पंजाब में उतने ही पढ़े जाते हैं जितने पाकिस्तान या हिन्दी प्रदेश में। वे हिन्दी या उर्दू में लिखकर भी पंजाबी जनमानस में प्रतिष्ठित रहते हैं अतः व्यापक जन-समूह की भाषा से जुड़ने में उन्हें कठिनाई नहीं होती

जबकि अन्य भाषा-क्षेत्रों की समस्या है कि वे अपने भाषा-समूह से जुड़ने के लिए अपनी भाषा में ही लिखते हैं। वास्तविकता यह है कि पंजाब में यह तय करना कठिन है कि हिन्दी और पंजाबी में किस भाषा को पंजाब में अधिक समझा जाता है। यदि लिप्यन्तर न हो तो पंजाबी और हिन्दी में समरूपता बनी रहती है। यही कारण है कि आज पंजाबी गायन हिन्दी क्षेत्र में अधिक लोकप्रिय हो रहा है।

4. कश्मीरी साहित्य का इतिहास

वर्तमान भारत में जिसे कश्मीर के नाम से जाना जाता है, उसके तीन प्रखण्ड हैं—जम्मू, कश्मीर और लेह-लद्दाख। जम्मू प्रखण्ड की भाषा डोंगरी है। उसके अतिरिक्त वहाँ पंजाबी और हिन्दी का प्रभाव है। लेह-लद्दाख की भाषा भोटिया या तिब्बती है। अतः कश्मीरी को हम जम्मू के उत्तर और लेह-लद्दाख के दक्षिण दोनों के मध्य की भाषा मानते हैं जिसका केन्द्र श्रीनगर है। प्रारम्भ में यहाँ की भाषा को दरदी माना जाता था जो भारोपीय परिवार की भारत-ईरानी शाखा की एक भाषा थी। दरदी का अर्थ होता है पहाड़ी। कश्मीर प्राचीन काल में संस्कृत पण्डितों का गढ़ था। संस्कृत ग्रन्थों के लेखन की परम्परा वहाँ प्राचीन काल से थी। वहाँ शारदा लिपि में लेखन होता था, जो ब्राह्मी लिपि का ही संस्करण थी। इसलिए कश्मीरी का प्राचीन साहित्य संस्कृत में है और शारदा लिपि में लिखा गया है। विल्हण, कल्हण, शितिकण्ठ, गुणाढ्य, श्रीधर आदि कश्मीरी पण्डितों में प्रख्यात रचनाकार हुए। चौदहवीं शती से कश्मीर में मुसलमानों का प्रवेश हुआ। प्रारम्भ में सूफी आये और कालान्तर में मुस्लिम शासन भी स्थापित हो गया और राजभाषा फारसी हुई, जिसके परिणामस्वरूप शारदा लिपि केवल पण्डितों की या धर्म की भाषा रह गयी तथा कश्मीरी भी फारसी की भाँति लिखी जाने लगी जिससे अन्य भाषाओं के लिए दुर्बोध हो गयी। इस प्रकार प्रशासन और सामाजिक अन्तर्विरोध के कारण कश्मीर में संस्कृत, हिन्दी और उर्दू का संघर्ष बना रहा लेकिन इस संघर्ष के बावजूद कश्मीरी का अस्तित्व बचा रहा तो उसका कारण वहाँ का लोकमानस था जिसमें असंख्य लोकगीत बसे थे जो कश्मीरी में थे।

रचनात्मक दृष्टि से कश्मीरी की पहली रचना तेरहवीं शती में लिखित 'महानय प्रकाश' है, जिसके रचनाकार शितिकण्ठ ने शैव सिद्धान्त को लोक तक पहुँचाने के लिए इस ग्रन्थ की रचना कश्मीरी में की— अयोचितरुचितां नुति सर्वगोचरया देशभाषया विरचयितुमाह। कश्मीर प्रारम्भ से ही शैव मत का केन्द्र रहा है और कश्मीरी शैव दर्शन की अपनी एक शाखा है, जिसे जनसुलभ करने के लिए शैव दर्शन के परवर्ती आचार्यों ने भी इसी भाषा को अपनाया। चौदहवीं शती में कश्मीरी की सर्वप्रिय और सार्वकालिक कवयित्री ललद्यद का उदय हुआ। ललद्यद के वाख कश्मीरी साहित्य की अमर निधि हैं। ललद्यद को हिन्दू और मुसलमान नहीं समस्त कश्मीरी समाज का गौरव माना जाता है। और आज भी कश्मीरी उन पर गर्व करते हैं। ललद्यद के युग में कश्मीर में पारम्परिक शैव दर्शन और सूफियों के कारण

संघर्ष का दौर चल रहा था पर ललद्यद ने सबसे हटकर कश्मीर को केन्द्र में रखा और वे सर्वाधिक लोकप्रिय वर्तमान काल तक बनी हैं। ललद्यद की लोकप्रियता इतनी अधिक है कि आज भी कश्मीरी भारत नहीं विश्व के किसी भूभाग में हो, किसी सम्प्रदाय को हो उसे जितना अपने कश्मीर पर गर्व है, उतना ही ललद्यद या लल्लेश्वरी पर। उनमें सर्वधर्म समभाव था—

श्येवय छुय थलि थलि रोजान
मो जान ह्योंद त मुस्लमान।
त्रुखय छुख पनुन पान परजान
स्वय छय साहिबस सूत्य जाज जान।।
(शिव ही कण-कण में विद्यमान
भिन्न न हिन्दू मुस्लिम जान।
निपुण है तो आपा पहचान
साहिब का सच्चा वह ज्ञान।।)

ललद्यद साधिका थीं। बाह्याडम्बरों की विरोधी और सबमें एक ईश्वर का दर्शन करनेवाली कवयित्री थीं। उन्होंने वाख कहे जो जन-जन की वाणी बन गये। वे कहती हैं—

शुन्युक मोदान कोडुमे पानस।
म्य ललि रुदुम न ब्वद न होश
व्येजय सयजिस पानी पानस
अद क्याह गिलि फोल ललि पम्पोश।
(शून्य का मैदान पार कर चुकी तो
मैं ललद्यद सुध-बुध खो बैठी
अपने-आपको जान सकी तो
कीच में रो कमल जैरी उल्लरित हुई।)

ललद्यद के दो वाख यह बताने के लिए पर्याप्त हैं कि वे लोक की कवयित्री थीं और धार्मिक अन्तर्विरोध और संस्कृत और फारसी के द्वन्द्व के मध्य शुद्ध कश्मीरी भाषा का आस्वाद कराने में सफल रहीं। सामाजिक-राजनीतिक संघर्ष के उस युग में ललद्यद ने आध्यात्मिक चेतना जगाकर कश्मीर को एक सूत्र में बाँधा और ललद्यद की इस परम्परा को पूर्णतया मिली नुन्द ऋषि के द्वारा जो ललद्यद से तीस वर्ष बाद हुए। नुन्द ऋषि अर्थात् नूर उद्दीन कश्मीर के हिन्दू और मुसलमान दोनों में इतने लोकप्रिय हुए कि उन्हें नुन्द ऋषि की उपाधि लोक ने दी। नुन्द ऋषि ने भौतिक और आध्यात्मिक दोनों दृष्टियों से सन्तुलन पर बल दिया। बन्धुत्व, सामाजिक समरसता और आध्यात्मिक चेतना की दृष्टि से लल्ल और नुन्द ऋषि कश्मीरी समाज को बाँधने में सफल रहे।

प्रबन्धकाव्य

मुक्तक या गीतिकाव्य की परम्परा की भाँति कश्मीरी में प्रबन्धकाव्य की रचनाएँ भी पन्द्रहवीं शती से प्रारम्भ हुईं। कश्मीर जब भीषण संघर्ष से गुजर रहा था और वहाँ पर मुस्लिम

शासनकाल से स्थानीय जनता पर अत्याचार हो रहे थे, बलात् धर्म परिवर्तन कराये जा रहे थे और कश्मीरी पण्डित निर्वासित हो रहे थे, उसी समय जैनुल आबदीन कश्मीर का बादशाह हुआ, जिसने एक बार फिर घाटी में शान्ति और सद्भाव का वातावरण बनाया और कश्मीरी पण्डितों को घाटी में प्रतिष्ठित किया। जैनुल आबदीन को बड़शाह के नाम से जाना जाता है। बड़शाह ने एक बार फिर कश्मीर और कश्मीरी को वही सम्मान दिलाया और कश्मीरीयत को जिन्दा किया। उसके दरबार में कश्मीरी कवियों को सम्मान मिला और कश्मीरी के पहले महाकाव्य 'बाणासुर वध' की रचना महावतार ने की। उस काल के दो अन्य कवि महसोम और योधभट्ट ने भी कश्मीरी साहित्य की रचना की। पन्द्रहवीं शती के बाद सत्रहवीं शती में साहिब कौल ने 'कृष्णावतार' की रचना की। इस काल में राम और कृष्ण के चरित पर अनेक काव्य लिखे गये। उन्नीसवीं शती में परमानन्द ने 'सुदामा वर्चस्व' नामक ग्रन्थ की रचना कर कृष्ण और सुदामा के माध्यम से जीव और ब्रह्म का स्वरूप और सम्बन्ध वर्णित किया है। परमानन्द ने अनेक चरितकाव्य लिखे जिनमें 'सुदामा वर्चस्व' के अतिरिक्त 'गदा स्वयंवर' और 'शिव लगन' प्रमुख हैं। 'गदा स्वयंवर' जहाँ प्रेम की भावप्रवण रचना है, वहीं 'शिव लगन' में शिव-पार्वती के दिव्य प्रेम के माध्यम से जीव और ईश्वर का अभेद निरूपित किया गया है। परमानन्द प्रतिभाशाली कवि हैं। भाव एवं भाषा की दृष्टि से उनकी कविता मनोरम और अलंकृत है। परमानन्द के शिष्य कृष्णदास ने भी शिव और कृष्णलीला पर काव्य लिखे। परमानन्द के ही एक अन्य शिष्य लक्ष्मण भट्ट ने 'नलदमयन्ती' के कथानक पर 'नलदमन' प्रबन्धकाव्य की रचना की। कश्मीरी साहित्य में एक करुण कथा अकुनन्दन की है। इस कथा में एक दम्पति अपने ही पुत्र को वचन की रक्षा के लिए मारते हैं और उसका मांस पकाकर खाते हैं। इस प्रकार वचन की रक्षा की परीक्षा में सफल होकर पुनः उसे प्राप्त कर लेते हैं। कथा यद्यपि सुखान्त है पर बीच में यह अत्यधिक करुणापूर्ण है, जिस पर आधा दर्जन काव्यकृतियाँ लिखी गयी हैं किन्तु सर्वाधिक महत्त्वपूर्ण ग्रन्थ है रमजान भट्ट का जिन्होंने इस कथा को अमर कर दिया है। अठारहवीं शती में रामकथा पर पहला महाकाव्य 'रामावतारचरित' है, जिसके रचनाकार दिवाकर प्रकाश हैं। 'रामावतारचरित' की रचना फारसी शैली में की गयी है। इसके बाद उन्नीसवीं शती में अनेक रामकाव्य लिखे गये, जिनमें 'शंकर रामायण' और 'विष्णुप्रतापरामायण' प्रमुख हैं। रामकथा और कृष्णकथा के अतिरिक्त सूफी प्रेमाख्यानों की भी प्रशस्त परम्परा कश्मीरी में मिलती है। इन सूफी प्रेमाख्यानों में लैला-मजनूँ, यूसुफ-जुलेखा और शीरी-खुसरो की प्रेमकथाओं के माध्यम से आध्यात्मिक प्रेम का सन्देश दिया गया है। इस दृष्टि से मकबूल कालमारी के गुलरोज और वली उल्लाह तथा शरीफ के ही माल प्रसिद्ध हैं। कश्मीरी में अन्य भाषाओं के प्रेमाख्यानों के अनुवादों की भी एक प्रशस्त परम्परा विद्यमान है।

कश्मीरी साहित्य में एक परम्परा उन व्यंग्यकाव्यों की है, जिनमें सामाजिक जीवन को व्यंग्यात्मक प्रस्तुति के साथ शिक्षा दी गयी है। ऐसे खण्डकाव्यों में मकबूल कृत 'ग्रीस्तिनामा' (किसान चरित) महत्त्वपूर्ण है, जिसमें किसानों की खिल्ली उड़ाकर उनके जीवन की विवशताओं और विडम्बनाओं का वर्णन किया गया हैं। 'ग्रीस्तिनामा' की भाँति 'मुकदमानामा'

भी एक लोकप्रिय रचना है। मकबूल ने 'ग्रीस्तिनामा' के अतिरिक्त 'पीरनामा' और 'मल्लानामा' भी लिखा है, जिसमें पीरों और मौलवियों का मज़ाक उड़ाया गया है। यह परम्परा बीसवीं शती तक मिलती है। बीसवीं शती में बहाव परे ने 'शहर-आशोब' में तद्‌युगीन वातावरण पर व्यंग्य किया है।

आधुनिक काल

कश्मीर घाटी की स्थिति आधुनिक काल में शेष भारत से भिन्न रही है। कश्मीर आबादी के हिसाब से मध्यकाल में ही मुस्लिमबहुल क्षेत्र हो गया था परन्तु मुस्लिम-बहुल होने के बावजूद सद्‌भाव बना हुआ था। राज्य महाराजा रणजीत सिंह के युग तक सिखों के शासन में रहा पर इसके बाद डोंगरों के शासन में आ गया। स्वतन्त्रता के पूर्व वहाँ अंग्रेजों का रेजीडेण्ट रहने लगा किन्तु लोकतन्त्र और प्रजा आन्दोलन प्रारम्भ हो गया था जो राजशाही और कश्मीरी पण्डितों के विरुद्ध था। 1938 से 1947 तक राजा और प्रजापरिषद् के मध्य संघर्ष चलता रहा। 1947 में कश्मीर को अंग्रेजों ने अलग से स्वतन्त्रता दी। कश्मीर विभाजित तो नहीं हुआ पर न वह भारत का अंग था, न पाकिस्तान का। राजशाही को सत्ता सौंप दी गयी थी। 1947 के पश्चात् कबायली आक्रमण हुआ। यह आक्रमण पाकिस्तान प्रायोजित था। अचानक हुए इस आक्रमण से त्रस्त राजा ने भारत से समझौता किया और भारत में विलय की प्रक्रिया प्रारम्भ हुई लेकिन तब तक कुछ हिस्सों पर पाकिस्तान का नियन्त्रण हो गया था। भारत में सशर्त विलय के बाद एक लम्बे अर्से तक कश्मीर अशान्त क्षेत्र बनता गया। राजशाही का स्थान लोकशाही ने तो ले लिया परन्तु बहुसंख्यक मुस्लिमों के दबाव में हिन्दुओं का पलायन प्रारम्भ हो गया। उसके बाद से कश्मीर एक अन्तहीन संघर्ष की ओर बढ़ा, जिसका समाधान आज तक नहीं हो सका और कश्मीर अशान्त क्षेत्र होता चला गया, जिसका प्रभाव साहित्य पर पड़ना स्वाभाविक था। कश्मीरी साहित्य में इन परिवर्तनों को देखा जा सकता है। बीसवीं शती के प्रारम्भ में जिस कवि ने आधुनिकता की लहर पैदा की वे थे पीरजादा गुलाम अहमद महजूर। महजूर ने प्रतीकों के माध्यम से कविता में जागरण की भावना भरी। 'गुलरेजा', 'ग्रीस्तिकूर' और 'कोशिर जनान' जैसी कविताओं में कश्मीरी जनता को जगाने का कार्य किया। महजूर की कविताओं का प्रभाव है कि रवीन्द्रनाथ टैगोर कश्मीरी जीवन से प्रभावित हुए। महजूर की सबसे बड़ी विशेषता यह है कि उन्होंने हिन्दू-मुस्लिम एकता पर बल दिया और उन्हें दूध और शक्कर की तरह माना। इस प्रकार महजूर कश्मीर में जनजागरण और स्वदेश के प्रति प्रेम की भावना भरी। यहाँ उल्लेखनीय है कि कश्मीर की स्वाधीनता का राग भारत के अन्य भागों से भिन्न था। वहाँ प्रजामण्डल का विद्रोह राजा के विरुद्ध था। एक प्रकार से राजा और प्रजामण्डल, जिसमें मुस्लिमबहुल लोग थे का संघर्ष था। राजशाही के विरुद्ध हुए इस संघर्ष में घाटी के पण्डितों के विरुद्ध एक ज़हर फैल रहा था और सदियों की लल्ल और नुन्द की परम्परा विनष्ट हो रही थी। महजूर उन कवियों में थे जो इस विरासत को बचाने का प्रयास कर रहे थे जिससे कश्मीर की साँझी विरासत बची रहे। उल्लेखनीय है कि सदियों से कश्मीर घाटी साँझी विरासत का केन्द्र रही। हिन्दू और मुसलमानों का रहन-सहन,

खान-पान, रीति-रिवाज, सामाजिक सम्बन्ध यथावत् था, केवल उपासना भिन्न थी। अधिकांश कश्मीरियों ने अपनी हिन्दू पहचान को भी नहीं छोड़ा था और वे जातीय उपनाम बनाये हुए थे परन्तु 1938 से यह विरासत छिन्न-भिन्न होने लगी थी और कश्मीरी पण्डित घाटी से पलायन कर रहे थे या उन्हें मार-पीटकर मुस्लिम होने को विवश किया जा रहा था। वह कश्मीरियत पर हमला था। महजूर को परम्परा में 1938 में जो कवि इस विरासत को बचाने के लिए आये, उनमें अब्दुल अहद 'आजाद' प्रमुख हैं। आजाद ने लिखा–

कल्हण, गनी और सर्फी जिस जता से पनप उठे
वही जल हमारे लिये हलाहल क्यों।

'आजाद' की कविता में स्वतन्त्रता, सहिष्णुता, मानवता और विश्वबन्धुत्व की भावना है। उनकी परम्परा में फानी, ग़फूर, नाज और आसी के नाम आते हैं। इन कवियों ने नयी विचारधारा, नयी चेतना के साथ साँझी विरासत की रक्षा को कविता का विषय बनाया। इस काल में आजादी की कविताएँ ही नहीं, वीरगाथाएँ भी लिखी गयीं। लम्बी कविताओं में कश्मीर की दुर्दशा का वर्णन 'आरिफ' ने किया है। किसान, मजदूर, हस्तशिल्पकारों की दुर्दशा का चित्रण आरिफ ने कौशल से किया है।

गद्य साहित्य

कश्मीरी गद्य का विकास मूलतः 1947 के बाद हुआ। आजादी के बाद लोक रंगमंच के संवादों और कश्मीरी रेडियो का इस क्षेत्र में महत्त्वपूर्ण योगदान है। 'कुंगपोश' पत्रिका के प्रकाशन से निबन्ध और वैचारिक लेख लिखे जाने लगे। कश्मीर वैसे तो लोककथाओं की भूमि है पर कहानी कविताओं का तत्त्व थी गद्य में 1947 के बाद ही लिखी गयी। कश्मीरी कहानीकार उर्दू में ही लिखते रहे और बाद में हिन्दी या अंग्रेजी में उन लेखकों ने लिखा, जो कश्मीर से हट गये थे पर 1947 के पश्चात् कश्मीरी में कहानी लिखने का प्रारम्भ कुछ लेखकों ने स्फुट रूप में किया, जिनमें प्रेमनाथ परदेशी प्रमुख हैं। अन्य कहानीकारों में सोमनाथ जुत्सी, मुहीउद्दीन, उमेश कौल, रोशन और नादिम का नाम तद्‌युगीन कहानी में लिया जा सकता है। इसके बावजूद कश्मीरी साहित्य में कविता ही प्रभावी है। परवर्ती साहित्यकारों में जो नाम प्रमुख हैं और जिन्होंने वर्तमान कश्मीरी साहित्य की अभिवृद्धि की है उनमें दीनानाथ 'नादिम', नूर मुहम्मद रोशन, मजबूर, अलमस्त, फिराक प्रमुख हैं। रहमान राही कश्मीरी के राष्ट्रीय महत्त्व के कवि हैं जिनकी प्रतिनिधि कविताओं का संकलन गौरीशंकर रैणा ने किया है। इन सारी स्थितियों के बाद भी हम कह सकते हैं कि कश्मीरी गद्य अभी शैशव में है। दशकों से कश्मीर में विषाक्त वातावरण के कारण साहित्यिक वातावरण नहीं बन पा रहा है, जो रचनाकार कश्मीर से बाहर हैं उनके साहित्य में कश्मीर की पीड़ा और चिन्ता है पर वे दूसरी भाषाओं विशेषतया हिन्दी में लिख रहे हैं। कश्मीर में साहित्यकारों की कमी नहीं है परन्तु उन्हें कश्मीर से दूर रहने के कारण पीड़ा को राष्ट्रीय अभिव्यक्ति देने में ही भविष्य दृष्टिगोचर होता है। 'कश्मीर सन्देश' जैसी पत्रिकाएँ इस दिशा में सक्रिय हैं।

अभी कुछ समय पहले तक कश्मीरी प्राइमरी स्कूलों में भी नहीं पढ़ायी जाती थी। इससे स्पष्ट है कि कश्मीरी में पत्रकारिता के अविकसित रहने और श्रेष्ठ गद्य का उदय न हो पाने

के कारण क्या हैं। यह नहीं कि रचनात्मक प्रतिभा की कोई कमी है; वास्तव में बात यह है कि प्रकाशन की सुविधाओं का भयंकर अभाव है और उसी अनुपात में पाठकों के मन में भी कश्मीरी के प्रति घोर अरुचि है क्योंकि कश्मीरी के ज्ञान से न तो उन्हें कोई बढ़िया नौकरी मिल सकती है और न भविष्य के ही सुधरने की कोई आशा रहती है।

सोमनाथ खुत्ली, उमेश कौल, रोशन, नादिम और हारवोन के प्रारम्भिक प्रयत्नों के पश्चात् अख्तर मोहिउद्दीन की 'सतसंगर' एक सराहनीय उपलब्धि है, और इधर हाल में कामिल, अली मोहम्मद लोन तथा अन्य लेखकों (जैसे ताज बेगम) ने उन आशाओं की पुष्टि की है जो इस क्षेत्र में उनके पूर्ववर्तियों की रचनाओं द्वारा उत्पन्न हुई थीं। इसी प्रकार जगन्नाथ वली ने हब्बा खातून पर अपने नाटक 'जून' और मोहिउद्दीन हजीनी ने 'ग्रिस्त सुन्दगरा' के द्वारा जो समारम्भ किया था, उसे बाद में पुष्करमान, अली मोहम्मद लोन, कामिल, जुत्शी और रोशन के नाटकों से समुचित बढ़ावा मिला। कश्मीरी रंगमंच की स्थापना का प्रयत्न करते हुए आज से लगभग तीस साल पहले नन्दलाल कौल मण्डालू ने हरिश्चन्द्र पर 'खताच कहावत' नामक जो पौराणिक नाटक लिखा था, उससे कहीं अधिक विकसित वे सामाजिक नाटक हैं जो अभी सिर्फ तीन साल पहले 'कुणीकथ' शीर्षक से प्रकाशित हुए हैं। लेकिन दुर्भाग्यवश, प्रथम कश्मीरी उपन्यास अभी भी पुस्तक रूप में प्रकाशित नहीं हो सका है। इस विधा के अन्तर्गत जो भी लेखन-कार्य हुआ, वह अभी पाण्डुलिपियों की ही शक्ल में हैं। इनमें से कम-से-कम तीन उपन्यास, जिनके लेखक हैं—अख्तर, कामिल और लोन—और जो प्रकाशन-सम्बन्धी बाधाओं पर विजय प्राप्त करने में संघर्षरत हैं, निश्चय ही इस दिशा में एक अच्छी शुरुआत साबित होंगे।

इन रचनाओं में कोई नयी शैली या रचनाओं की दृष्टि से उन्नति तो नहीं दृष्टिगत होती, पर उनकी विषय-वस्तु में धरती की वह सोंधी बास है जो उस नयी जिन्दगी की ओर अचूक निर्देश करती है जो कि कश्मीर में जाग रही है। गतिशील राजनैतिक कार्यकर्त्ता, बेदार किसान, ढुलमुल मध्यवर्गीय मेहनती कारीगर, तेज माँझी, पसीने से लथपथ मजदूर, पागल क्लर्क, मनमौजी सैलानी और गरीब दयनीय स्त्रियाँ—ये सब मानो एक नये सवेरे की ताजगी में साँस लेते हुए बदलती हुई दुनिया की नयी समस्याओं में प्रवेश कर रहे हैं। इसमें वे बुहुत-सा लेखन, निस्सन्देह एक प्रकाशमय विहान की आशा से भरा हुआ है; लेकिन उसमें से बहुत बड़ा हिस्सा आज की कठोर वास्तविकता से उलझा हुआ है। और वही सुखद धारा है, जो आज के कश्मीरी पद्य में सर्वाधिक मुखरित हुई है।

उगते हुए कश्मीरी गद्य ने भी सुखद आरम्भ कर दिया है। जिन्दगी जैसी है उसके साथ उसका घना सम्पर्क है और जैसी वह होनी चाहिए उस आदर्श व्यवस्था की प्राप्ति के लिए वह प्रयत्नशील है। यह आशा की जा सकती है कि कश्मीरी भाषा में पत्रकारिता के विकास के साथ-साथ निबन्ध, समालोचना इत्यादि उपेक्षित विभाग भी धीरे-धीरे विकसित होंगे। अब राजनीतिक अनिश्चय और आर्थिक अव्यवस्था की निराशा उत्पन्न करनेवाली मनःस्थिति मिट चुकी है, अब ऐसा कोई कारण नहीं कि कश्मीरी साहित्य फिर से उठकर कलात्मक व्यंजना

के नये क्षेत्र न खोज सके। कला के जीवन में सामाजिक उद्देश्य की बढ़ती हुई चेतना में चैतन्य, यथार्थवाद की धारा अब कश्मीरी साहित्य में प्रत्यक्ष उपलब्धियों के रूप में अधिकाधिक परिमार्जित हो रही है।

5. उर्दू साहित्य का इतिहास

'उर्दू' आधुनिक भारतीय आर्यभाषाओं में से एक है। 'उर्दू' मूलतः तुर्की भाषा का शब्द है जिसका आशय है 'वह बाजार जो शाही सेना के साथ-साथ एक स्थान से दूसरे स्थान पर चलता रहता था।' उसमें जिस मिली-जुली भाषा का प्रयोग होता था उसे उर्दूवालों (अर्थात् बाजारवालों) की भाषा कहा जाता था। इस आशय में इस शब्द का प्रयोग 17वीं शती के अन्तिम दशकों में मिलता है। उर्दू के विकास का आधार वह शौरसेनी प्राकृत और शौरसेनी अपभ्रंश थी जिससे भारत की अन्य भाषाएँ और बोलियों यथा—खड़ीबोली, ब्रजभाषा, हरियाणवी और पंजाबी का भी जन्म हुआ।

मुसलमानों के भारत में आने और पंजाब तथा दिल्ली में बस जाने के कारण इस स्थल की बोलचाल की भाषा में अरबी और फारसी शब्दावलियों का प्रयोग होने लगा और क्रमशः उसने अपना एक अलग रूप धारण कर लिया। खड़ीबोली का मूलाधार होते हुए भी उर्दू पर अन्य क्षेत्रीय बोलियों का भी प्रभाव पड़ा। भाषा के विकास-क्रम के आधार पर उर्दू भाषा के विकास में पंजाबी का प्रभाव सर्वप्रथम (15वी-16वीं शताब्दी) पड़ा। 17वीं और 18वीं शती में ब्रजभाषा का गहरा प्रभाव उर्दू पर पड़ा और ख्यातिलब्ध विद्वान् इस 'ग्वालियरी भाषा' को कविता में अधिक शुद्ध मानने लगे। उर्दू पर अन्य बोलियों का प्रभाव पड़ना परिस्थिति की आवश्यकता थी क्योंकि आरम्भ में इसको बोलनेवाली या तो बाजार की जनता थी या वे सूफी-फकीर, सन्त आदि थे जो अपने विचारों को घूम-घूमकर देश के विविध भागों में प्रचारित करते थे। यही कारण है कि इस भाषा को कई नामों से सम्बोधित किया गया। अमीर खुसरो के लिए यह भाषा यदि—'हिन्दी', 'हिन्दवी', 'ज़बाने देहलवी' थी तो दक्षिण में पहुँचकर 'दकिनी' या 'दक्खिनी' कहलायी। गुजरात में 'गुजरी' (गुजराती उर्दू) हुई और दक्षिण के लेखकों द्वारा 'ज़बाने-अहले हिन्दुस्तान' (उत्तरी भारत के लोगों की भाषा) कही गयी। कविता और ग़ज़ल के लिए जब यह प्रयुक्त हुई तो 'रेख्ता' (मिली-जुली बोली) कही गयी और कालान्तर में यही बोली 'उर्दू-ए-मुउल्ला' और 'ज़बाने उर्दू' भी कहलायी।

यद्यपि उर्दू साहित्य का मुख्य विकास उत्तर भारत में हुआ किन्तु उसकी रचना के प्राचीन चिह्न दक्षिण में मिलते हैं। दक्षिण में मुसलमान राज्यों की स्थापना का प्रारम्भ अलाउद्दीन खिलजी से हुआ तत्पश्चात् मुहम्मद तुगलक ने अपनी राजधानी दिल्ली के बजाय दौलदाबाद बनायी जिससे उत्तर भारत का प्रभाव तत्काल प्रभाव से दक्षिण में पहुँचा। दिल्ली के सुल्तान तो फिर वापस दिल्ली आ गये किन्तु उनके साथ गये अनेक सेना, अधिकारी, सामान्य जनता तथा सन्त फकीर वहीं बस गये और इन लोगों ने दक्षिण में बहमनी राज्य की स्थापना की।

दक्षिणी राज्यों में महत्त्वपूर्ण पदों पर अधिकांशतः तो हिन्दू थे और उनमें भी ब्राह्मण विशेष रूप से। गंगू ब्राह्मण के नाम पर स्थापित बहमनी राज्य का भी नामकरण किये जाने का यह भी एक सम्भवतः कारण रहा हो। इसीलिए दक्षिण के राजाओं ने हिन्दी को जो तत्कालीन उर्दू की ही भाँति थी उसे अधिक महत्त्व देना प्रारम्भ किया।

भाषावैज्ञानिक दृष्टि से यह प्रमाणित है कि किसी अन्य प्रदेश में पनपनेवाली भाषा अपने पूर्ववर्ती रूप में न रहकर क्षेत्रीय बोलियों से अवश्य प्रभावित होती है अतः दक्षिण की उर्दू पर भी तेलुगु, कन्नड़ और महाराष्ट्रीय भाषाओं का भी कुछ प्रभाव पड़ने से उसके उत्तरी भारत रूप में भिन्नत्व आ गया। उर्दू के साहित्यिक रूप का विकास सबसे पहले दक्षिण भारत और गुजरात में दिखायी पड़ता है। गेसू दराज, मीरान जी शमशुल उश्शाक, बुरहानुद्दीन जानम, निज़ामी, फिरोज़, महमूद, अमीनुद्दीन आला की रचनाएँ उर्दू इतिहास में अविस्मरणीय गिनी जा सकती हैं। बहमनी राज्य के पतन के पश्चात् दक्षिण में जिन पाँच राज्यों की स्थापना हुई उनमें बीजापुर और गोलकुण्डा साहित्यिक और कला की उन्नति की दृष्टि से उभरे। यहाँ के बादशाहों ने जनता से सम्पर्क बनाये रखने हेतु दिल्ली से नाता तोड़ने और अपने स्वाधीन अस्तित्व को बनाये रखने हेतु भाषा सजगता का परिचय देते हुए फारसी के विरुद्ध इसी आमोफहम की देसी भाषा को बढ़ावा देने हेतु रचनाकारों को प्रोत्साहित किया जिसका श्रेष्ठ उदाहरण बीजापुर के इब्राहीम आदिलशाह की ख्यात 16वीं शताब्दी के अन्त की रचना 'नौ रस' है जिसका पूरा ढाँचा उस हिन्दुस्तानी पर खड़ा है जिसमें ब्रज और खड़ीबोली का मेल है तथा स्वाद के लिए कहीं-कहीं फारसी-अरबी के शब्द भी आ गये हैं। दक्खिनी के इन कवियों में—आतशी, गुकीमी, शाही, अमीन, रुसतमी, खुशनूद, हाशमी, मोमिन, दौलत शाह तथा उर्दू के महान् कवि 'नुसरती' के नाम उल्लेख्य हैं। गोलकुण्डा में भी बीजापुर की भाँति बादशाह स्वयं कवि भी थे और उन्हें संरक्षण भी देते थे। यहाँ भी अधिकतर काव्य की भाषा उर्दू ही रही। इस समय के प्रसिद्ध कवियों और लेखकों में वजही, गौव्वासी, इब्ने निशाती, मोहम्मद कुली कुतबशाह (मृ. 1911 ई.), गुलाम अली गिने जाते हैं।

17वीं शती के अन्तिम दौर में उर्दू का प्रसार गुजरात, मद्रास, मैसूर और अरकाट तक फैल चुकी थी। इस दौरान के प्रमुख रचनाकार शाह अलोज्यु, शेख बाजन, खूब मोहम्मद चिश्ती थे। 1687 में दक्षिण को मुगलों द्वारा अपने राज्य में मिला लिये जाने पर भी उर्दू साहित्य रचना में पर्याप्त क्रियाशीलता रही। वली, दक्किनी बहरी, वली, वेलोरी, सेराज, दाऊद, उजलत इस काल के (18वीं शती के आरम्भ) श्रेष्ठ रचनाकार माने गये हैं। 'वली' का नाम उत्तरी भारत की उर्दू और दक्षिणी भारत की उर्दू के सेतु के रूप में इसलिए उल्लेख्य है कि इनकी रचना ने यह सिद्ध कर दिया कि दिल्ली में प्रयुक्त होनेवाली फारसीबहुल उर्दू ही अपने सांस्कृतिक स्वरूप के अक्षुण्ण नहीं रख सकती है अपितु उर्दू भी इसमें पूर्णतः सक्षम है। इस सोच ने भाषायी क्षेत्र में एक साहित्यिक क्रान्ति ला दी।

18वीं शती के आते-आते मुगल साम्राज्य के कमजोर होने पर उस पर बाहरी आक्रमण होने लगे। नादिरशाह ने दिल्ली पर चढ़ाई कर उसे लूटा। जिसका परिणाम हुआ कि दिल्ली

की फ़ारसीबहुल उर्दू का स्थान जनता की भाषा उर्दू ने ले लिया और इसी भाषा में साहित्य सृजन हुआ। इस दौर के प्रसिद्ध रचनाकार आबरू, हातिम (1783 ई.), यकरंग, नाज़ी, मज़मून, फ़ुगाँ (1722), मज़हर ज़ाने जाना, ताबाँ (1748 ई.), 'फायेज़', आरज़ू आदि प्रमुख थे।

चूँकि इस काल की दिल्ली में जो उर्दू पनप रही थी वह भाषायी दृष्टि से हृदय के सूक्ष्म भावों को बड़ी शिद्दत के साथ बयाँ करने में समर्थ थी यही कारण है कि यह काल ग़ज़ल के मिजाज के लिए उपयुक्त था अतः ग़ज़ल विधा पर्याप्त उन्नत हुई किन्तु 18वीं शती के अन्त तक आते-आते दिल्ली में मुगल शासन के कमजोर होने पर उर्दू कविता राजदरबार तक पहुँच गयी। इस युग के उर्दू के कवियों ने भाषा और शिल्प दोनों ही पक्षों को पर्याप्त ऊँचाई प्रदान की। मीर दर्द (1784 ई.), सौदा (1785 ई.), मीर तकी 'मीर' (1810 ई.) तथा मीर सोज़' जैसे कवियों ने उर्दू कविता के नये क्षितिज खोले।

तत्पश्चात् ईस्ट इण्डिया कम्पनी के फैलते ही दिल्ली का यह रचना केन्द्र विकेन्द्रित हो गया। नये राजबार स्थापित हुए। दिल्ली स्कूल की जगह अवध के लखनऊ स्कूल ने ली। मौके की नजाकत समझकर-सौदा, मीर, हसन, फुगाँ, इन्शा, मुसहफी आदि लखनऊ के स्कूल आ गये। अब साहित्यिक उर्दू लेखन का केन्द्र अवध की राजधानी लखनऊ हुई और यहाँ जो भाषा उर्दू बनी उस पर बाहरी साज-सम्भार अधिक था। वह भावों की अपेक्षा कलेवर की पच्चीकारी पर अधिक केन्द्रित थी। इस समय के कवियों में सौदा, मीर, इन्शा के अतिरिक्त नासिख, आतिश, दबीर, रक्षक, सबा, रिन्द, रश्क, नसीम, अनोस, बजीर आदि प्रसिद्ध कवि हुए। इसी समय राजदरबारों और इन भाषायी स्कूलों से दूर जो स्वतन्त्र साहित्य सृजन हो रहा था वह जनता के दिलों के अधिक करीब था। भावों और शैली दोनों ही दृष्टि से यह साहित्य रूढ़िगत सोच पर कुठाराघात करते हुए नये सोच और नयी वैचारिक दृष्टि का आगाज कर रहा था। नजीर अकबराबादी मिसाल बनकर उभरे। अब अन्य भाषाओं की तरह उर्दू पर भी पाश्चात्य प्रभाव पड़ने लगा था अतः उर्दू में भी नव्य चेतना का संचार हुआ। इस काल के प्रसिद्ध कवियों—जौक (1852 ई.), मोमिन, अख्तर, सीम, ग़ालिब, जफ़र, शेफता ने उर्दू साहित्य को अत्यधिक समर्थ और सम्पन्न बनाया।

उर्दू गद्य लेखन

उन्नीसवीं शती के पूर्वार्द्ध में फोर्ट विलियम कालेज के नेतृत्व में उर्दू गद्य लेखन की शुरुआत अंग्रेजी रुचि पर हुआ और उस समय की गद्य रचनाएँ प्रायः अनुवाद हैं किन्तु इस शती के उत्तरार्द्ध में मौलिक गद्य लेखन का सूत्रपात हुआ। उर्दू गद्य में भाषान्तरित करने के लिए अंग्रेजी से भी गम्भीर विषयों का चयन किया गया। उर्दू में यह नव जागृति दिल्ली कालेज की स्थापना के फलस्वरूप हुई। 1832 ई. में कम्पनी की सरकार द्वारा फारसी की जगह उर्दू को अदालती भाषा की घोषणा ने उर्दू को बढ़ावा दिया। साथ ही 1837 ई. में कानपुर फिर दिल्ली और उसके बाद लखनऊ में लीथो प्रेस खुलने से उर्दू पुस्तकों के प्रकाशन ने सोने में सुहागे का काम किया। फोर्ट विलियम कालेज द्वारा लिखवायी गयी पुस्तकों में मीर अम्मन की 'बागोबहार', जवान की 'सिंहासन बत्तीसी', निहालचन्द की 'मज़हबे इश्क' उच्चकोटि की

रचनाएँ है। 19वीं शती के आरम्भ में इन्शा अल्ला खाँ की 'रानी केतकी की कहानी' और 'दरियाए लताफत' लिखीं। उर्दू गद्य के प्रारम्भिकों में सर सैय्यद अहमद खाँ, प्रोफेसर रामचन्द्र तथा उनके शिष्य नजीर अहमद, ज़काउल्ला और मुहम्मद हुसैन आजाद थे। इनमें नजीर अहमद का नाम उर्दू के प्रथम उपन्यासकारों में प्रसिद्ध है। इस दौर के दो लेखक आलंकारिक भाषा लिखने में प्रसिद्ध हुए हैं—मौलाना गुलाम इमाम 'शहीद' तथा मुन्शी गुलाम गौस 'बेख़बर'। शहीद की पुस्तकें 'मजमूअ-ए-मीलादे-शरीफ' और 'बहारे बेखिजाँ' तथा 'बेख़बर' की दो पुस्तकें-'खूनाब-ए-जिगर' और 'फ़ुगाने-बेख़बर' प्रसिद्ध हैं।

उर्दू पर अंग्रेजी के मेल-जोल से सर सैय्यद और उनके साथियों द्वारा गद्य के क्षेत्र में ही अभिव्यक्ति शैली और विषयवस्तु का प्रभाव नहीं पड़ा, पद्य क्षेत्र भी इस आधुनिक प्रवृत्ति के प्रभाव से अछूता न रहा। मौलाना मुहम्मद हुसैन 'आजाद' तथा 'मौलाना अलताफ हुसैन 'हाली' गद्य एवं पद्य दोनों में लिखते थे। 'आजाद' का 'आबे हयात' के रूप में उर्दू काव्य का इतिहास तथा हाली की 'मुक़दमए-शेरो-शायरी' आलोचना के क्षेत्र में बेशकीमती ग्रन्थ है, जिसमें उन्होंने परम्परा से प्राप्त प्राचीन काव्य-मूल्यों को उखाड़कर रूढ़िवादी निष्प्राण कविता पर हल्ला बोलकर उसे कट्घरे में खड़ा कर दिया। सर सैय्यद ने अपने सहयोगियों के साथ उर्दू गद्य के विकास हेतु जो अथक परिश्रम किया उसके फलस्वरूप आगे की पीढ़ी ने आलोचना और कथा-क्षेत्र में मजबूती से कदम रखे। इस पीढ़ी ने उर्दू को शिबली, शरर और सैय्यद अली बिलग्रामी जैसे आलोचक दिये वहीं दूसरी ओर 'सरशार' और सज्जाद हुसैन जैसे उपन्यासकार भी दिये। शिब्ली ने 15 गद्य ग्रन्थ लिखे और 4 पद्य ग्रन्थ लेकिन उनकी प्रसिद्धि के कारण उनके गद्य ग्रन्थ रहे।

पण्डित रत्ननाथ 'सरशार' उर्दू के ख्यातिलब्ध उपन्यासकार थे। उनका प्रसिद्ध उपन्यास 'फ़सान-ए-आज़ाद' मील का पत्थर साबित हुआ। वे उर्दू के पहले यथार्थवादी उपन्यासकार थे। उनकी प्रसिद्धि का आधार उनकी लेखन-शैली थी जिसमें यदि एक ओर दुरूह अरबी-फारसी भाषा का प्रयोग मिलता वहीं दूसरी ओर कथोपकथन में अति सरल, चलताऊ, सामान्य जनोचित भाषा तथा मुहावरों का प्रयोग उनकी प्रसिद्धि का कारण थी। मो. सैय्यद अली बिलग्रामी की प्रसिद्धि उनके साहित्यिक मूल्यों से मुक्त अनुवाद के कारण विशेषतः थी। सज्जाद हुसैन की प्रसिद्धि उनके हास्य उपन्यास 'हाजी बग़लोल' के कारण हुई किन्तु वे 'अवध पांच' पत्र के सम्पादक के साथ-साथ हास्य रस निरूपण में दक्ष थे। उन्हें उर्दू का प्रथम हास्य लेखक होने का गौरव प्राप्त है। उपन्यास के क्षेत्र में चरित्रों के विकास की परम्परा का सूत्रपात किया। इसी शृंखला में अब्दुल हलीम 'शरर' बहुमुखी प्रतिभा से सम्पन्न रचनाकार आते हैं। वे अपने समय के नाटककार, इतिहासकार, उपन्यासकार सभी थे। उन्होंने विपुल उर्दू गद्य साहित्य की रचना की 42 उपन्यास, 15 इतिहास-ग्रन्थ, 21 जीवन चरित आदि थे। मिर्जा मो. हादी रुसवा भी उपन्यासकार के साथ-साथ ज्योतिष और रसायनशास्त्र के लेखक थे। उनका प्रसिद्ध उपन्यास 'उमराव जान अदा' उर्दू साहित्य की अनमोल निधि है।

बीसवीं शती तक उर्दू गद्य जिसका वृक्षारोपण शिब्ली, शरर और रुसवा द्वारा किया गया था वह अब प्रौढ़ता को प्राप्त हो चला था। उसके पास जहाँ उर्दू और हिन्दी में समान

अधिकार रखनेवाले प्रेमचन्द, सुदर्शन और बालमुकुन्द गुप्त जैसे रचनाकार और पत्रकार थे वहीं ख़्वाजा हसन निजामी, राशिदुल खैरी (कथाकार), नियाज फतेहपुरी, मौलाना अबुल कलाम आजाद, माजिद दरियाबादी, जफर अली खाँ, मजनूँ गोरखपुरी जैसे गद्य लेखक और आलोचक भी मौजूद थे।

चूँकि उन्नीसवीं शती के पूर्वार्द्ध में दिल्ली के बादशाहों को ईस्ट इण्डिया कम्पनी के रेजीडेण्ट की इच्छा से कार्य करने की विवशता हो गयी थी और शुजाउद्दौला तथा आसिफउद्दौला के समय में दिल्ली से बड़े-बड़े कवि लखनऊ चले गये फिर भी दिल्ली की उर्वरा शक्ति कम न हुई थी। दिल्ली के सभी बादशाह लगभग स्वयं कवि और कविता मर्मज्ञ थे। बहादुरशाह जफर, शाह आलम आफताब, अकबर शाह द्वितीय (शुआ) ने अपनी उर्दू रचनाओं से इस भाषा को पर्याप्त समृद्ध किया। चूँकि दिल्ली के कवि पहले का समृद्धि काल देख चुके थे इसलिए यह उनका अवसाद काल था अतः सूफी दर्शन का उन पर प्रभाव देखा जाता है जबकि नये राज्य अवध के सामन्तों ने समृद्धि और उल्लास को देखा था। साथ ही उनकी काव्यपरम्परा को न तो आध्यात्मिक विरासत प्राप्त थी और न ही बौद्धिक सरणि। यही कारण है कि दिल्ली और लखनऊ की कविता के मूल स्वर भिन्न हो गये। दिल्ली की कविता में जहाँ भावों की प्रधानता और आध्यात्मिकता का पुट मिलता है वहीं लखनवी कविता में करुणा और आध्यात्मिकता का विलोप मिलता है। दिल्ली की इसी शैली के कवियों में गालिब, जौक, मोमिन, जफर कवियों का नाम उल्लिखित किया जा चुका है। इस काल के कवियों (ग़ालिब आदि) ने उर्दू कविता की संकुचित भूमि को विस्तृत कर उसमें अनेक सम्भावनाओं को जन्म दिया। क्लिष्टता को छोड़कर ग़ालिब नें कल्पना की उन्मुक्त उड़ान भरी। वे अपनी ख्याति से देश की सरहदों को पार कर गये। जफ़र ने भी अपनी सूफीवादी, सादगी पसन्द कविता से पुनः मीर की परम्परा को स्थापित कर दिया था। आगे चलकर विषयवस्तु के क्षेत्र में 'हाली' और 'आजाद' तथा शिल्प (भाषा-विन्यास) के क्षेत्र में जो नया विहान 'दाग़' द्वारा लाया गया उसकी पृष्ठभूमि निर्माण में जफ़र का योगदान माना जा सकता है।

दुर्गा सहाय 'सुरूर', 'हाली' और 'आजाद' द्वारा डाली गयी सामाजिक चेतना की नींव पर खड़ी होकर उर्दू कविता की यात्रा अत्यन्त क्षिप्र गति से आगे बढ़ गयी। 1857 ई. के विद्रोह के पश्चात् से उर्दू साहित्य में भी नव जागृति के चिह्न मिलने लग गये थे जिसके अपने ऐतिहासिक, राजनैतिक, सामाजिक कारण थे। लार्ड कर्जन की नीति के कारण राष्ट्रीय चेतना का शासन-सत्ता से टकराव शुरू हो गया था। इस राजनीतिक विरोध के स्वर 'अकबर इलाहाबादी', 'चकबस्त लखनवी' और 'डॉ. इकबाल' की रचनाओं में मिलते हैं। इन कवियों की रचनाओं में नयी स्थिति के अनुकूल नयी चेतना के स्वर प्रभूत मात्रा में उभरे हैं। काव्य की नयी अभिव्यक्ति, नये सामाजिक परिवर्तनों की पुरातनवादी प्रतिक्रिया का रूप तथा प्रगतिशील चेतना पर नये परिवर्तन की प्रतिक्रिया भी अब दिखायी पड़ने लगी। नये विषयों पर कविताएँ लिखी जाने लगीं। अनूदित के साथ-साथ मौलिक कविताओं का भी नये विषयों

पर लेखन हुआ। देशभक्ति और राष्ट्रीयता की अभिव्यक्ति प्रधान स्वर था। चकबस्त (1882 ई.-1926 ई.) 'बेन और शाह', वहीउद्दीन सलीम, शौक किदवई और नादिर की कविताओं में 1924 ई. के पहले की चेतना की पूर्णतः सटीक अभिव्यक्ति मिलती है। इस काल में इकबाल और चकबस्त दोनों ने ही एक अलग ढंग की कविताई की नींव डाली थी। चकबस्त न तो ग़ालिब की भाँति काल्पनिक पेंगें भरते थे और न ही किसी परम्परावादी दार्शनिक सिद्धान्त के प्रचारक। उनके काव्य में मानव प्रेम, समाज प्रेम और जीवन के प्रति निष्ठा, ईमानदारी से अपने हृदय की कोमलतम अनुभूतियों का रंग देकर उर्दू साहित्य भण्डार की श्रीवृद्धि तो की ही साथ ही एक नयी दृष्टि भी कविता को दी। अकबर इलाहाबादी, इकबाल और चकबस्त के बाद 'शाद' अज़ीमाबादी, 'आसी' गाजीपुरी, 'असगर' गोण्डवी, 'फानी' बदायूँनी, 'ज़िगर' मुरादाबादी ने ग़ज़ल क्षेत्र को नयी संजीवनी प्रदान की। 19वीं शती के अन्त तक उर्दू की पूर्व प्रचलित दिल्ली और लखनऊ की शैलियाँ गडमड हो गयीं और एक ही भावभूमि पर कवि प्रतिष्ठित हुए। अली हैदर 'नज्म' तबातबाई, मुन्शी नौबतराय 'नज़र' लखनवी, मिर्जा ज़ाकिर हुसैन 'साक़िब' किजिल बाश, सैय्यद अनवर हुसैन आरज़ू' लखनवी, लब्भूराम 'जोश' भल्सियानी, तिलोकचन्द 'महरूम', जगत मोहन लाल 'रवाँ' ने भी अपनी रचनाओं से उर्दू भण्डार को भरा।

पश्चिमी साहित्य के प्रभाव से नवीनता का जो आग्रह आया उसने उर्दू की पुरानी शायरी को उसकी जड़ों से ही हिलाकर रख दिया। सामाजिकता के प्रचण्ड आवेग तथा पश्चिमी यथार्थवाद के झकोरों ने ग़ज़ल जैसी कोमल कल्पना एवं वैयक्तिक चेतना से लबरेज विधा को उसके मूल स्वरूप से विच्छिन्न कर दिया था किन्तु ग़ज़ल की व्यक्तिवादी चेतना का आधार अत्यन्त मजबूत था जिसे सूफ़ीवादी चेतना ने सँभाला। उसने ग़ज़ल को और निखारा। कविता में दार्शनिक तत्त्वों को सँजोये रखा। प्रेम को अन्य जन्मजात प्रवृत्तियों—भूख-प्यास, नींद के ऊपर रखकर परिष्कृत अनिवार्य मानवीय मूल्य के रूप में प्रतिस्थापित किया।

बीसवीं शती के आरम्भ काल में सामाजिक महत्त्वहीनता और निष्क्रियता के विरुद्ध आक्रोश तो जोरों पर था किन्तु दिशाविहीन। इधर विश्व आर्थिक संकट के प्रभाव के कारण भारत की राजनीतिक चेतना का विश्वास पूँजीवाद पर न रहा अतः वे प्रकारान्तर से समाजवादी दृष्टिकोण की ओर उन्मुख हो गये। इस राजनीतिक चिन्तन का प्रभाव साहित्य पर भी पड़ा। फलस्वरूप अन्य भाषाओं की भाँति उर्दू में भी इस प्रगतिवादी चेतना के स्वर प्रखरता से उभरे। बीसवीं शती के चौथे-पाँचवें दशक के रचनाकारों में उनकी यह प्रवृत्ति उनकी कृतियों में स्पष्टतः प्रमुखता से परिलक्षित होती है। इस प्रगतिवादी चेतना के प्रमुख प्रवर्तकों में 'जोश' मलीहाबादी, 'अख्तर' शीरानी, फ़ैज अहमद 'फ़ैज', असरारुल हक़ 'मजाज़', मुईन अहसन 'जज़्बी', अली सरदार 'जाफरी', एहसान दानिश, अख्तरुल ईमान, अहमद नसीम कांसिमी, हसन मण्टो, किश्न चन्दर, ख़्वाजा अहमद अब्बास, राजेन्द्र सिंह वेदी, सआदत इस्मत चुग़ताई, खदीजा मस्तूर, हाजरा मसरूर जैसे कवि, कथाकार प्रसिद्धि प्राप्त किये।

साहित्य के प्रगतिशील आन्दोलन ने कथा-लेखन को बढ़ावा दिया। प्रेमचन्द की उर्दू में ही लिखित कहानी 'कफ़न' से उर्दू कथा इतिहास में एक नयी क्रान्ति आयी। किश्न चन्दर और

मण्टो के अलावा हयातुल्लाह, बलवन्त सिंह, अहमद नसीम कासमी, हसन अस्करी, गुलाम अब्बास, मुमताज शीरी, इब्राहीम जलीस जैसे कथाकारों ने नयी प्रगतिवादी चेतना से लबरेज होकर परम्परागत रूढ़ियों, मान्यताओं, सामाजिक तानों-बानों को तोड़ते हुए वैचारिक स्तर पर आन्तरिक द्वन्द्वों के चित्रण को अधिक महत्त्व दिया। इनके अतिरिक्त तसनीम, महेन्द्रनाथ सुहैल, कुर्तुलह-ऐन, आबिदि हुसैन, हिजाब इम्तियाज, मुमताज मुफ्ती, आगा बाबर, शफीकुर्रहमान आदि रचनाकारों ने भी बड़ी संजीदगी और ईमानदारी से मानुषी स्वभाव को अपने कथा-साहित्य में अंकित किया है। सन् 1947 के भारत-पाक विभाजन से उपजी त्रासदी पर भी उर्दू कहानीकारों ने अपनी लेखनी चलायी। इस्मत ने अपनी कहानी 'सोने का अण्डा' और 'चौथी का जोड़ा' जैसी प्रसिद्ध कहानियों में इस विभाजनजन्य त्रासदी एवं भड़के हुए दंगों के दंश का मार्मिक चित्रण किया है। अहमद नदीम कासमी की कहानी 'आतिशेगुल', 'लहमदुलिल्लाह', की 'नया फरहाव' में कला के ढाँचेगत परिवर्तन द्वारा जीवन के नये अर्थ तलाशने की कोशिश की गयी है। परवर्ती कथा-लेखकों में—देवेन्द्र इस्सर, अनवर, अज़ीम, अशफ़ाक अहमद, जमीरुद्दीन, इब्नुल हसन, शौकत सिद्दीकी, इन्तज़ार हुसैन, खलील अहमद आदि उल्लेख्य हैं। इन कथाकारों में शिल्पगत नवीनता के प्रति आग्रह तथा यथार्थ व्यंजना के प्रति व्यामोह दिखलायी पड़ता है चूँकि उर्दू के इस कालखण्ड (1936-46) में उर्दू कहानी मुख्य विधा रही यही कारण है कि किशन चन्दर के एकमात्र श्रेष्ठ उपन्यास 'शिकस्त' के अलावा किन्हीं विशेष उल्लेखनीय उपन्यासों का सृजन नहीं हुआ।

वर्तमान उपन्यासकारों में इस्मत चुग़ताई, अज़ीज अहमद की 'टेढ़ी लकीर' तथा अज़ीज की 'ऐसी बुलन्दी ऐसी पस्ती' तथा 'शबनम' पठनीय बन पड़े हैं। एहसन फ़ारूकी, फ़य्याज अली, इन्तजार हुसैन, आदिल रशीद, रसीद अख्तर, जमुनादास अख्तर एवं शौकत थानवी मानवतावादी दृष्टिकोण से पूरित उपन्यासकार हैं।

नाटक

उर्दू साहित्य में यूँ तो नाटक का आरम्भ 'अमानत' लखनवी की इन्दर सभाओं से माना जाता है किन्तु उसकी वास्तविक प्रगति 19वीं शती के अन्त से मिलती है। प्रारम्भिक अवस्था में हिन्दू देव यात्रा की कथाएँ नाटकों में अभिनीत की जाती थीं। पाश्चात्य नाटकों के देखने से फारसी कलाकारों के मन में ईरान की सुहराब, रुस्तम की कथाओं को भी मंच पर लाने की योजना बनी अतः वाजिदअली शाह के गद्दी से उतार दिये जाने के बाद कुछ पारसी सेठों ने व्यापारिक ढंग की थियेट्रिकल कम्पनियाँ खोलीं। सबसे पहली कम्पनी 'ओरिजिनल थियेट्रिकल कम्पनी (सैठ पिस्टन जी फ्राम जी की) थी। सेठ पिस्टन जी के देहान्त के बाद इसी कम्पनी के दो प्रमुख अभिनेताओं ने अपनी अलग-अलग कम्पनी—विक्टोरिया नाटक कम्पनी (खुर्शीद जी बालीवाला) तथा एल्फ्रेड थियेट्रिकल कम्पनी (काउस जी) बनायी। इस एल्फ्रेड कम्पनी के लिए नाटक नारायण प्रसाद 'बेताब' देहलवी लिखते थे। इनके द्वारा लिखा गया 'कत्ले नजीर' नाटक को अत्यन्त प्रसिद्धि मिली। 1913 ई. मे 'बेताब' ने 'महाभारत' लिखा जिसका अभिनय सबसे पहले दिल्ली में किया गया और इसकी प्रसिद्धि दो दशकों तक

दूर-दूर तक हुई। और यह उर्दू मंच का तब तक का सर्वश्रेष्ठ नाटक माना जाता रहा। उर्दू में 'महाभारत' जैसी धार्मिक रचना के लिए हिन्दू-संस्कृति का वातावरण के लिए अनुकूल परिवेश सृजन करनेवाली संस्कृत शब्दावली के प्रयोग का यह प्रथम प्रयास था साथ ही अपनी पूर्ववर्ती परम्परा से हटकर टेकनीक और भाषा में एक अलग राह का निर्माण भी इसमें देखा गया।

जनता के मनोरंजन हेतु खेले जानेवाले इन नाटकों के तत्कालीन प्रसिद्ध नाटककारों में मो. मियाँ बनारसी, रौनक बनारसी, तालिब और अहसन लखनवी पारसी थियेट्रिकल कम्पनी के बड़े नाटककार थे। और इसी कम्पनी में आगा 'हश्र' कश्मीरी भी काम करने लगे और दौरान इनके लिखे चार नाटकों—'मुरीदे शक', मारे आस्ती, मीठी छुरी और 'असीरे-हिर्स' ने 'हश्र' को नाटक-संसार में एकदम आगे ला खड़ा कर दिया और सभी कम्पनियों के मालिकों के चहेते बन गये। 'आँख का नशा' नामक नाटक ने तो उर्दू रंगमंच को एक नयी दिशा दी। आगा हश्र को उनके नाटकों में तीव्रता तथा पात्रों में मारलो की भाँति भावुकता और आवेग के कारण उर्दू का 'मारलो' कहा जाता है।

आगा 'हश्र' के बाद भी कई कम्पनी बनीं, बिगड़ीं और उनके नाटककार भी किन्तु कोई भी नाटक साहित्यिक प्रसिद्धि प्राप्त न कर सका फिर भी हाफिज मोहम्मद अब्दुल्ला, नाज़िर बेग, मो. इब्राहीम 'महशर', मुन्शी रहमत अली, द्वारिका प्रसाद 'उफ़ुक़', मिर्जा अब्बास, लाल कुँवर सेन एम. ए. (हाईकोर्ट के मुख्य न्यायाधीश) तथा विश्वम्भर सहाय 'व्याकुल' इस काल-खण्ड के उल्लेखनींय नाटककार हैं। सैय्यद इम्तियाज़ अली 'ताज' का नाटक 'अनारकली' को आग़ा हश्र के बाद ख्याति प्राप्त हुई। इसमें नाटकीय एकता के तीनों तत्त्वों (Time, Place and Action) का पूरा समावेश मिलता है तथा इनमें नाटकीय संघर्ष भी अपने चरम पर विद्यमान है। किन्तु स्टेज सेटिंग्स पर अभी अधिक सुधार की अपेक्षा थी।

यह तो थी तत्कालीन कलात्मक नाटकों की उर्दू में स्थिति लेकिन बीसवीं शती में शुद्ध साहित्यिक, सामाजिक और राजनीतिक दृष्टिकोण से भी उर्दू में काफी नाटक लिखे गये जिन्हें हम सोद्देश्य नाटक कह सकते हैं। साहित्यिक नाटकों की श्रेणी में शौक़ किदवई के 'मेकफ़रसन' और 'लूसी', अब्दुल हलीम 'शरर' का शहीदे वफ़ा, अज़ीज़ मिर्ज़ा का 'विक्रमोर्वशी' थे। ये नाटक अंग्रेजी गा संस्कृत नाटकों के अनुवाद थे। राजनीतिक नाटकों में ज़फ़र अली खाँ (रूसो-जापान) किशन चन्दर 'ज़ेबा' (ज़ख्मी पंजाब), मुहम्मद उमर और नूर इलाही की 'नाटक सागर' (नाटकों का इतिहास), अली सरदार जाफ़री तथा किशन चन्दर का 'भूखा बंगाल' विशेष हैं। सामाजिक कुरीतियों के विरुद्ध लिखे गये तत्कालीन सामाजिक नाटकों की भी पर्याप्त संख्या है। इन नाटककारों में मौलवी अब्दुल माजिद दरियाबादी, अब्दुल हलीम 'शरर', डॉ. आबिद हुसैन तथा पं. बृजमोहन दत्तात्रेय 'कैफ़ी' के नाम उल्लेख्य हैं। ये नाटक सामाजिक कुरीतियों के उन्मूलन तथा स्वतन्त्रता की राष्ट्रीय चेतना के आग्रह के उद्देश्य से लिखे गये थे।

उर्दू नाटकों का विकास अन्य उर्दू गद्य विधाओं की भाँति क्षिप्र गति से नहीं हुआ। उनमें श्रेष्ठ बड़े नाटकों का अभाव खटकता है। इश्तियाक हुसैन कुरैशी, सैय्यद इम्तियाज अली

'ताज' प्रो. मो. मुजीब, अहमद शुजा, के. एल. कपूर, सौक़त थानवी, मोहम्मद हुसैन, आबिद अली आबिद, फ़ज़्ल हक़ कुरैशी के नाटकों ने उर्दू नाट्य साहित्य को विस्तार के साथ नया आयाम दिया। एकांकी और रेडियो नाटक भी लिखे जा रहे हैं। किन्तु नाटकों के अभिनय हेतु उसका अपना थियेटर होना भी आवश्यक है जो उसी देश की पारिस्थितिकी के अनुकूल हो। उर्दू का अभी अपना कोई स्थानीय थियेटर नहीं है अतः वह पारसी रंगमंच के प्रभाव से उन्मुक्त न सका था। वर्तमान समय में हबीब तनवीर के रूप में उर्दू नाटकों को कुछ समृद्धि प्राप्त हो सकी है।

हास्य-व्यंग्य

हास्य और व्यंग्य दिलोदिमाग़ से दुरुस्त मानव की पहचान है। साहित्य में मानवीय अनुभूतियों की सशक्त, सप्राण अभिव्यंजना हेतु हास्य और व्यंग्य मुफीद टॉनिक है। यह मानने में कोई आपत्ति नहीं है कि हास्य-व्यंग्य की प्रवृत्ति उर्दू में प्रारम्भ से ही अच्छी खासी रही है। अपने प्रारम्भिक काल में हास्य 'सौदा' और 'मीर' की परस्पर एक-दूसरे पर किये गये निन्दात्मक हास्य कविताओं द्वारा कटाक्ष के माध्यम से मिलता है। इसके बाद 'इन्शा' और 'रंगीन' के हास्य में फक्कड़ाना हास्य मिलता है। किन्तु व्यवस्थित उर्दू हास्य साहित्य की सृष्टि अंग्रेजी के सम्पर्क में आने से हुई। हास्य रस का स्पष्ट प्रकाशन 'अवध पंच' के समय से मिलता है। बीसवीं शती के दूसरे दशक में 'मुन्शी सज्जाद हुसैन', 'अवध पंच' और 'सरशार' के गद्य में हास्य-व्यंग्य का स्तर अकबर इलाहाबादी के काव्य के व्यंग्य-सा स्तरीय मिलता है। ग़ज़ल के हास्यात्मक (पैरोडी) रूप हजल में 'जरीफ़ लखनवी' और 'अहमद फफूँदवी' का नाम उल्लेखनीय है। इन्होंने अपने हास्य के माध्यम से सामाजिक-राजनीतिक स्थितियों को लक्षित किया है। बीसवीं शती में हास्य उत्पन्न करने हेतु रचे गये चरित्रों की सृष्टि में स्वाभाविकता और वास्तविकता का ध्यान रखा गया तथा कथा-वितान ऐसा रचा गया जिससे क़दम-दर-क़दम हास्य रस की वर्षा हो सके। बीसवीं शती के प्रमुख हास्य-व्यंग्य प्रणेताओं में अजीमबेग चुगताई, पतरस, मुल्ला रमू जी, फ़रहतुल्ला बेग, शौकत थानवी, रशीद अहमद सिद्दीकी, इम्तियाज अली 'ताज', काजी अब्दुल गफ्फ़ार, डॉ. आबिद हुसैन, कन्हैयालाल कपूर का नाम गिना जाता है। अहमद शाह बुखारी 'पतरस' नाम से हास्यात्मक निबन्धों के माध्यम से हास्य वर्षा करते थे। उनके हास्य केवल शब्दों के बल पर उत्पन्न होते थे। दैनिक जीवन की सामान्य वस्तुओं के माध्यम से हास्य-व्यंग्य करने का उनका अन्दाज अकेले में भी हँसने को मजबूर कर देता है। जीवन की निसंगतियों पर इस ढंग से हास्यव्यंग्यात्मक प्रहार करना जिससे उसकी प्रभावान्विति पैनी हो 'पतरस' का वैशिष्ट्य है। फरहतुल्ला बेग का हास्य और व्यंग्य आवरण की ओट का है। उसका आनन्द समझनेवाला ही उठा पाता है। उनकी 'नजीर अहमद का हुलिया' इसकी मिसाल है। अजीम बेग चग़ताई जो कहानी लेखिका इस्मत चग़ताई के भाई थे उन्होंने उपन्यास और कथा-लेखन द्वारा हास्य साहित्य को सम्पन्न किया उनके हिन्दी में भी अनूदित उपन्यास 'शरीर बीबी' और 'कोलतार' चर्चित रहे हैं। उन्होंने अपने हास्य को चुटीला बनाने के लिए 'हाजी बग़लोल' या 'खोजी' जैसे चरित्रों की सृष्टि नहीं करनी पड़ी

अपितु जीवन के सामान्य परिदृश्यों में ही उन्हें अपने हास्य-व्यंग्य की घटनाएँ और चरित्र मिल जाते जो भरपूर हास्य-व्यंग्य की सृष्टि करने में सक्षम होते हैं। हास्य-व्यंग्य के क्षेत्र में इम्तियाज अली 'ताज' का नाम बुलन्दियों पर है। उनकी चारित्रिक सृष्टि 'चचा छक्कन' उर्दू संसार में यादगार चरित्र बनकर उभरे हैं। शोख, चलती हुई और क्षिप्र प्रवाही भाषा की रवानगी से 'ताज' के व्यंग्य और पैने तथा सफल हो जाते हैं।

पत्र-साहित्य

पत्र-साहित्य क्षेत्र में उर्दू साहित्य अपनी विविधता और व्यापकता के कारण अत्यन्त समृद्ध है। एक ओर ये पत्र यदि एक ओर अनौपचारिक बातों की सूचना देते हैं तो दूसरी ओर साहित्यिक हलचलों के मध्य भी मन की बात कहनेवाले पत्र मिलते हैं। महत्त्वपूर्ण व्यक्तियों द्वारा लिखे गये इन खतूतों में विचारों और भावनाओं का द्वन्द्व, संवेदनशील भाषा-शैली के माध्यम से व्यक्त हुआ है। ये खत जल्दीबाजी, आवेग या त्वरा में लिखे नहीं लगते अपितु विचारों की परिपक्वता और गाम्भीर्य के भी परिचायक हैं। उर्दू के साहित्यिक इतिहास में वाजिद अली शाह, रज्जब अली बेग 'सुरूर', ग़ालिब, हाली, शिबली, मेंहदी अफ़ादी, मौलाना अबुल कलाम आजाद जैसे प्रसिद्ध व्यक्तियों के पत्र उपलब्ध हैं। पत्र-साहित्य में नियाज अपनी नाजुकता, डॉ. इकबाल और सैय्यद सुलेमान नदबी पत्रों के माध्यम से मन के समस्त भावों, चिन्ताओं और साहित्यिक हलचलों को व्यक्त करने के लिए प्रसिद्ध हुए। अबुल कलाम आजाद की साहित्यिक दृष्टि से उल्लेखनीय पुस्तक 'गुबरे-खातिर' है। इसमें उनके विविध 'इम्प्रेशन' या छवियाँ हैं। उर्दू को उनकी अमर देन उनके अभिभाषण और अपने पत्रों में लिखे लेख हैं जिनकी एक-एक पंक्ति भाषा, अभिव्यंजना एवं विचारों की परिपक्वता के कारण बेशकीमती साहित्यिक दस्तावेज बन गये हैं। ये पत्र उन्होंने जेल के दौरान लिखे थे। इसी कड़ी में सज्जाद जहीर और साफिया अख्तर के पत्रों को भी नज़रन्दाज नहीं किया जा सकता। उनकी अपनी एक विशिष्ट शैली है जिससे वे सबके बीच अकेले भी पहचान लिये जाते हैं।

आलोचना

उर्दू आलोचना साहित्य प्रारम्भ से ही अपने विकास का मार्ग ढूँढ़ रहा था : आलोचना के क्षेत्र में नियाज फतेहपुरी, सज्जाद ज़हीर, डॉ. अब्दुल्ला, डॉ. अब्दुल हक, प्रो. हामिद हसन कादरी, प्रो. कलीमुद्दीन, प्रो. मसूद हसन रिज़वी, मजनूँ गोरखपुरी, इवादत्त बरेलवी, फ़िराक, असकरी एवं मुमताज हुसैन के नाम लिये जा सकते हैं। वैज्ञानिक दृष्टिकोण से आलोचना करनेवाले आलोचकों में आले अहमद सरूर और एहतिशाम हुसैन उल्लेखनीय हैं। साहित्यिक इतिहास रचनाकारों में मो. शेरानी, गुलाम रसूल मेहर, हामिद हसन कादरी, नसीरुद्दीन हाशमी, अब्दुस्सलाम नदवी, डॉ. रामबाबू सक्सेना, डॉ. जोर वक़ार अजीम, प्रो. सरवरी ने अपनी गवेषणाओं से पूर्ववर्ती मान्यताओं को नयी दिशा दी।

'मुहम्मद हुसैन आजाद' का 'आबे हयात' नाम से उर्दू काव्य का इतिहास सर्वप्रथम उर्दू का प्रसिद्ध इतिहास ग्रन्थ है, अलताफ़ हुसैन 'हाली' का 'मुक़दमए शेरो शायरी' आलोचना क्षेत्र का नगीना है। जिसमें उन्होंने काव्य क्षेत्र में मान्यता प्राप्त समस्त मूल्यों को उखाड़ फेंका

और आकारवादी प्राणरहित कविता की धज्जियाँ उड़ा दी हैं। उर्दू के शिब्ली, शरर और सैय्यद अली बिलग्रामी नामी तत्कालीन आलोचक हुए शिब्ली के अल फ़ारूक़, अलमामून, सीरतुमोमान, अलग़ज़ाली, अलकलाम इस्लामी इतिहास की तथा मवाज़नए अनीसो—दबीर (मरसियों पर आलोचनात्मक ग्रन्थ) चर्चित ग्रन्थ हैं। शिब्ली ने वैज्ञानिक ढंग से साहित्यालोचन किया। शरर की 15 ऐतिहासिक पुस्तकें इस क्रम में उल्लेखनीय हैं।

वर्तमान दशक में आलोचनात्मक साहित्य प्रभूत मात्रा में सृजित किया गया है जो अपनी गम्भीरता में क्रमशः बढ़ रहा है।

उपन्यास

उपन्यासकारों में सबसे ऊँचे प्रेमचन्द थे। वे यथार्थवादी और गरीब-दलितों के दुःख-दर्द का सही चित्रण करनेवाले थे। वस्तुतः उन्होंने हाँके जानेवाले गूँगे पशुओं को भी वाणी दी और उनमें सरल मानवीयता की भव्यता भर दी। भारत की जनता के आर्थिक संघर्ष और आत्मिक जागरण की झाँकी हमें प्रेमचन्द में देखने को मिलती है। वे कहानी-लेखक और उपन्यासकार के लिए पथ-निर्देशक प्रकाश की तरह थे। उनका उपन्यास 'मैदाने-अमल' शरर रुसवा और राशिदुल खेरी के उपन्यासें से इतना भिन्न है कि वह आधुनिक उर्दू उपन्यासों का आरम्भ है। उनका 'गोदान' एक शाहकार है। ग्रामीण जनता की ज़िन्दगी यहाँ उपन्यास के रूप में बड़ी स्पष्टता से नाट्यमय ढंग से अंकित की गयी है। इसमें इतनी विविधता की रंगीनी है कि जो पहले उर्दू उपन्यास में कमी नहीं दिखायी दी थी।

'प्रगतिशील आन्दोलन' मुख्यतः कहानियों पर जोर देता रहा, उपन्यास पर उतना नहीं। 1936 से 1946 के कालखण्ड में उर्दू में कहानी ही प्रमुख विधा रही। इस दशक में सिर्फ कृश्न चन्दर का 'शिकस्त' एकमात्र पठनीय उपन्यास लिखा गया, जोकि उसमें कोई विशेषता नहीं है।

आज के प्रसिद्ध उपन्यासकारों में इस्मत चुगताई, अज़ीज अहमद, कुर्रतुल-ऐन-हैदर और खालिहा आबिद हुसैन का उल्लेख किया जा सकता है। इस्मत की 'टेढ़ी लकीर' की कल्पना मौलिक नहीं है, लेकिन उसका शिल्प और ढंग नया है। उसने इस उपन्यास में एक मध्यमवर्गीय मुस्लिम परिवार का गहन चित्रण करके उसकी सामाजिक पृष्ठभूमि में सेक्स की भावना का अध्ययन प्रस्तुत किया है। अज़ीज अहमद का 'गुरेज' बड़े चमकीले ढंग से लिखा गया है। मगर सेक्स की समस्या को उन्होंने जिस तरह से प्रस्तुत किया है उसके नंगेपन और स्थूलता मे कई पाठक चौंकते हैं। अज़ीज अहमद की 'ऐसी बुलन्दी ऐसी पस्ती' और 'शबनम' बस पढ़ने ही योग्य हैं, और कुछ नहीं।

'कुर्रतुल-ऐन-हैदर' ने अनेक महत्त्वपूर्ण उपन्यास लिखे हैं, जिनमें 'मेरे भी सनमखाने', 'फ़मानाएँ-गमे-दिल', 'आग का दरिया' और 'चाँदनी बेगम' प्रसिद्ध हैं। उन्होंने जेम्स जॉयस की नकल करने का प्रयत्न किया है, और कभी-कभी सफलतापूर्वक अचेतन मन के प्रवाह को अंकित करने का शिल्प अपनाया है।

सालिहा आबिद हुसैन के अतिरिक्त आज के प्रायः सभी उपन्यासकार श्रद्धा शून्य हैं। वह भी बहुत चैतन्यमय या गहरी लेखिक नहीं हैं, मगर उन्हें कुछ कहना है। एहसन फ़ारूकी

में आधुनिक जीवन के ढकोसलों पर पैना व्यंग्य है। उनकी 'आशनाई' और 'शामे-अवध' आकर्षक हैं, लेकिन उनमें गहराई नहीं है। फय्याज अली के उपन्यास 'अनवर' और 'शमीम' मनोरंजक हैं। शायद उन जैसे लेखक बहुत कोई हैं, जो कि जन-रुचि को सही-सही समझते हैं। रामानन्द सागर का उपन्यास 'और इन्सान मर गया' पहले पृष्ठ से अन्तिम पृष्ठ तक पाठक का ध्यान खींचकर रखता है। 1949 के साम्प्रदायिक दंगों में एक संवेदनशील आत्मा की क्या दशा होती है और उसमें कैसे उद्वेलन मचते हैं, इसका यह एक सुन्दर अध्ययन है। इस उपन्यास में सुदृढ़ सशक्त मानवतावादी दृष्टिकोण संव्याप्त है।

उर्दू उपन्यास में कई कमियाँ है। उर्दू में ऐसे बहुत थोड़े कलाकार हैं जिन्होंने दुनिया के बड़े साहित्य का अध्ययन किया हो और जो कि मानवीय चेतना की जटिलता में गहरे घुस सके हों या सजीव अनुभव का प्रामाणिक स्पर्श पाठक को दे सके हों। अहमद अली, कृश्न चन्दर, इस्मत, अज़ीज अहमद, ख्वाजा अहमद अब्बास, सालिहा आबिद हुसैन, कुर्रतुल-ऐन-हैदर, ए. हमीद, इन्तजार हुसैन, आदिल रशीद, रशीद अख्तर, जमुनादास अख्तर और शौक़त थानवी प्रभावशाली तथा उदीयमान उपन्यासकार हैं। कुल मिला करके उर्दू के मानवतावादी परम्पराओं के प्रति पूर्ण आस्था रखते हैं।

रेखाचित्र और रिपोर्ताज

रेखाचित्र-लेखकों के फरहतुल्ला वेग, रशीद अहमद सिद्दीकी, काज़ी अब्दुल ग़फ़्फ़ार, मौलाना अब्दुल मजीद दरियावादी, नियाज फ़तेहपुरी, डॉ. आबिद हुसैन और ख्वाजा हसन निजामी के नाम बहुत महत्त्वपूर्ण हैं। हिन्दुस्तानी जीवन और रिवाजों की बहुत रंगीन झाँकी उनके स्केचों में मिलती है और उन्हें पढ़कर पाठकों को आनन्द आता है।

उर्दू साहित्य में रिपोर्ताज अभिव्यंजना का नया माध्यम है। कृश्न चन्दर के 'पौधे', 'सुबह होती है', आदिल रशीद के 'खिजां के फूल', फिक्र तौंसबी का 'छठा दरिया', ताज़वर सामरी का 'जब बन्धन टूटे' और इब्राहीम जलील का 'दो मुल्क एक कहानी' पत्रकारिता की विजय दिखलाकर यही सिद्ध करते हैं कि विभाजन के बाद भी उर्दू के लेखकों ने अपना मानवतावादी दृष्टिकोण कैसे दृढ़ रखा।

नाटक

उर्दू में सबसे पहला नाटक 'अमानत' की 'इन्दर-सभा' था। यह संगीतमय सुखान्त नाटक अवध के अन्तिम शाह वाजिद अली के जमाने में खेला गया। 1856 में उन्हें गद्दी से उतार देने के बाद, फारसी थियेट्रिकल कम्पनी ने जनता के मनोरंजन के लिए नाटक खेले। मोहम्मद मियाँ रौनक बनारसी, तालिब और एहसान लखनवी इस कम्पनी के प्रसिद्ध नाटककार थे। आगा हश्र कश्मीरी को 'उर्दू का मार्लो' कहा जाता है। इस युग के अधिकतर नाटक बड़े ही कठिन और लययुक्त गद्य में लिखे गये हैं।

उर्दू में बड़े नाटकों का बहुत अभाव है। इश्तियाक हुसैन कुरैशी, सैय्यद इम्तियाज अली 'ताज', प्रोफेसर मोहम्मद मुजीब, डॉ. आबिद हुसैन, अहमद शुजा, शाहित अहमद देहलवी,

आबिद अली आबिद, फ़ज़ल हक कुरैशी, मिर्जा अदीब, उपेन्द्रनाथ अश्क, मोहम्मद हुसैन, के.एल. कपूर और सौक़त थानवी ने उर्दू नाटक के क्षेत्र को काफी प्रसिद्धि दी। देश की स्वतन्त्रता और विश्व-संस्कृति को अपनाने के साथ-साथ उर्दू नाटक भी आगे बढ़कर पहले की कमियों को पूरा करने का प्रयत्न कर रहा है। एकांकी नाटक और रेडियो नाटक भी बहुत लोकप्रिय हैं। 'फिल्म-संवादों की भी बाढ़-सी आयी है मगर ये साहित्य के लिए देन न होकर जनता की अभिरुचि पर टिप्पणी हैं।

भारत में उर्दू थियेटर विकसित करने की गहरी कोशिश हो रही थी। आधुनिक थियेटर देशज नहीं है। पश्चिम रंगमंच के प्रभाव से करीब एक सदी से उनका विकास हो रहा है। न नाट्य के पुराने रूप जो अभी बचे हैं वे गाँवों और मेले-ठेलों के घूमन्तू अभिनेताओं तथा मण्डलियों के रूप में हैं और वे भी अब खोते जा रहे हैं। यह जोरों से कोशिश की जा रही है कि इस पुरानी परम्परा को भी जीवित रखा जाय। हबीब तनवीर का 'आगर बाज़ार' पुराने और नये ढंग के नाटकों का एक सुखद मिश्रण है, जो उर्दू नाटक के उज्ज्वल भविष्य का संकेत है।

1

खण्ड-ग

दाक्षिणात्य भाषा वर्ग

(1) तमिल भाषा और हिन्दी

दक्षिणी वर्ग की भाषाएँ द्रविड़ परिवार के अन्तर्गत आती हैं। द्रविड़ परिवार की सबसे प्राचीन भाषा तमिल है। तमिल साहित्य का विकास संस्कृत के युग से प्रारम्भ हो गया था। वर्तमान भारतीय जनभाषाओं में तमिल सबसे प्राचीन है। दक्षिण की अन्य भाषाओं का विकास आधुनिक भारतीय भाषाओं के समानान्तर हुआ। अतः उस पर संस्कृत का व्यापक प्रभाव पड़ा है पर तमिल में आदान-प्रदान की स्थिति अपेक्षाकृत कम है। वास्तव में तमिल, द्रविड़ परिवार में संस्कृत की भाँति महत्त्वपूर्ण है। तमिल का पहला व्याकरण ग्रन्थ 'तोलकाप्पियम्' है, जिसकी रचना ईसा से 1000 वर्ष पूर्व मानी जाती है। 'तोलकाप्पियम्' के लेखक तुलुकाधियनार ने स्वयं यह माना है कि वे पहले वैयाकरण नहीं हैं। उनसे पहले भी अनेक व्याकरण लिखे गये हैं। तोलकाप्पियम् से ही प्राचीन साहित्य का भी पता चलता है। तगिल पहले मद्रास की भाषा थी। मद्रास प्रान्त का भाषावार पुनर्गठन के बाद तमिलनाडु नाम रखा गया। इस प्रकार तमिल वहाँ की भाषा के रूप में प्रतिष्ठित हुई। तमिल को वास्तव में द्रविड़ परिवार की प्रतिनिधि भाषा मानते हैं क्योंकि जिसे द्रविड़ परिवार कहा जाता है, उसका वास्तविक रूप नहीं मिलता। जो प्राचीन तमिल साहित्य है, वही द्रविड़ भाषा का स्वरूप है। कुछ लोग द्रविड़ से ही तमिल की व्युत्पत्ति मानते हैं। पौराणिक कथाओं के अनुसार संस्कृत और तमिल के जनक-भगवान् शिव माने गये हैं तथा तमिल के प्रथम आचार्य अगत्तियार कहे जाते हैं, अगत्तियार का वही महत्त्व है जो पाणिनि का। अगत्तियार अगस्त्य मुनि का ही तमिल नाम है। तमिल भाषियों की संख्या 6 करोड़ के लगभग है जो लगभग 6 प्रतिशत माना जाता है। तमिल का मुख्य क्षेत्र तमिलनाडु के अतिरिक्त श्रीलंका का उत्तरी और पूर्वी क्षेत्र है।

तमिल दक्षिण भारतीय भाषाओं में सबसे प्राचीन है। अतः इसके ऊपर हिन्दी का प्रभाव कम पड़ा है। एक युग में संस्कृत और तमिल का साथ विकास होने के कारण संस्कृत से कुछ आदान-प्रदान हुआ था। संस्कृत में आये द्रविड़ तत्त्व तमिल से आये हैं। प्राचीनकाल में कुछ विद्वानों ने तमिल के स्थान पर संस्कृत को ही तमिलनाडु में महत्त्व दिया था जिसके विरुद्ध परिष्कृत तमिल का आन्दोलन चलाया गया। तमिल और हिन्दी के वर्तमान स्वरूप में भी पार्थक्य है, इसका कारण ध्वनि समूह है। तमिल के भाषावैज्ञानिक स्वरूप को देखने से यह स्पष्ट हो जाता है।

ध्वनियाँ—भारत की प्रायः सभी भाषाओं में ध्वनियों में समानता है। केवल तमिल का ध्वनि समूह भिन्न है। तमिल में महाप्राण ध्वनियाँ ख छ ठ थ नहीं हैं। स्वर बारह हैं—अ इ उ ए ओ आ ई ऊ ए ओ, ए, औ। एँ, ऑ (ह्रस्व) और ए ओ (दीर्घ) दोनों प्रयुक्त होते हैं। क, च, ट, त, प, र में छह अक्षर हैं जिन्हें वल्लेतु कहा जाता है, क, च, ट, त, प ही स्थान भेद से ग, ज, ड, द, ब के रूप में उच्चरित होते हैं। इनमें ध्वनि भेद से अधिक स्थान भेद होता है। अनुनासिक ध्वनियाँ ङ, ञ, ण, न, म तथा य, र, ल, व, व, ळ ध्वनियाँ तमिल में प्रयुक्त होती हैं। इस प्रकार तमिल की वर्णमाला में 18 अक्षर हैं।

क च ट त प र

ङ् ञ म न म न

य र ल व ळ ळ्

शब्द रचना—संज्ञा, क्रिया और सहायक शब्द—तीन प्रकार के शब्द तमिल में प्रयुक्त होते हैं। प्राचीन तमिल में मूल शब्दों को मिलाकर चार श्रेणियाँ होती थीं। संज्ञा शब्दों के दो वर्ग होते हैं मानव वर्ग (उपर्तिणै) और मानवेतर वर्ग (अह्रिणै)। मानव वर्ग में पुंल्लिग, स्त्रीलिंग और बहुलिंग इस प्रकार तीन लिंग माने जाते हैं जबकि मानवेतर में स्त्रीलिंग नहीं होता। तमिल में एकवचन और बहुवचन दो वचन ही होते हैं तथा उत्तम पुरुष, मध्यम पुरुष और अन्य पुरुष तीन पुरुष होते हैं। तमिल में शब्द रचना मूल शब्द में प्रत्ययों के योग से होती है। तमिल के मूल शब्द प्राचीन काल से अपरिवर्तित या अत्यल्प परिवर्तित हुए हैं। प्रत्ययों से नये शब्दों की सरंचना होती रही है। यही कारण है कि प्राचीन तमिल और आज की तमिल में विशेष अन्तर नहीं मिलता।

आदान-प्रदान—तमिल प्राचीन भाषा है। अतः तमिल पर संस्कृत का प्रभाव अधिक पड़ा है। एक समय तो तमिलनाडु के कुछ विद्वानों ने तमिल की अपेक्षा संस्कृत को ही वरीयता दी। आलवार सन्तों के युग में तमिल पर संस्कृत का प्रभाव अधिक पड़ा। कालान्तर में तमिल की मणि प्रवाल शैली में संस्कृत शब्दों का व्यापक प्रयोग किया गया। उन्नीसवीं शती में परिष्कृत तमिल शैली का विकास होने पर संस्कृत के विरुद्ध आन्दोलन चला और तमिल शब्दों का प्रयोग किया गया। अंग्रेजी और हिन्दी के आज के प्रशानिक शब्द तमिल में प्रयुक्त हो रहे हैं पर उनके तमिल रूप भी प्रचलित हैं जैसे वे स्टेशन तो कहते हैं पर उसके लिए 'पुकैवण्डि निलयम्' शब्द भी है। इस प्रकार तमिल ने अन्य भाषाओं के शब्द लिये भी हैं तो उनका तमिल रूप भी विद्यमान है।

हिन्दी-तमिल सम्बन्ध

पहले कहा जा चुका है कि तमिल संस्कृत की समकालीन प्रौढ़ भाषा है। उसमें संस्कृत के बिना अभिव्यक्ति की सामर्थ्य विद्यमान है। जहाँ तक हिन्दी-तमिल का प्रश्न है दोनों की ध्वनि व्यवस्था में पर्याप्त अन्तर है। हिन्दी पर तमिल का प्रभाव अवश्य पड़ा है। एक विलक्षण समानता विभक्तियों के स्थान पर कारक परसर्गों से वाक्य रचना है। यह तमिल की विशेषता है। आधुनिक भारतीय आर्यभाषाओं में भी यही प्रवृत्ति मिलती है जैसे—

तमिल – नान विट्टुक्कु पोरिकेन।
हिन्दी – मैं घर को जाता हूँ।
तमिल – अवन बन्दान्।
हिन्दी– वह आया है।

हिन्दी और तमिल शब्दों में एक साम्य यह है कि हजारों वर्ष पूर्व जो शब्द तमिल में संस्कृत से चले गये थे, वे आज हिन्दी और तमिल दोनों में विद्यमान हैं, जैसे वलैयम् (वलय), पखं (पक्षी), गरुडन् (गरुड), कागम् (कौआ), कुविल (कोयल)।

तमिल और हिन्दी में शब्दों की समानता न भी हो तो भावों और विचारों की समानता है। इसका उदाहरण लोकोक्तियाँ हैं जो समान रूप से दोनों भाषाओं में प्रयुक्त होती हैं। जैसे–

1. आले इल्ला अरिल इलययु सक्करै–अन्धों में काना राजा।

2. अरूइन ओन्तु वाव–जैसा देश वैसा भेष।

इस बात का कोई प्रत्यक्ष प्रमाण नहीं है कि तमिल पर हिन्दी का प्रभाव पड़ा हो अथवा हिन्दी पर तमिल का प्रभाव पड़ा हो। तमिल इतनी पुरानी और दूरस्थ भाषा है कि उस पर हिन्दी का प्रभाव पड़ नहीं सकता था। इन्हीं कारणों से वह स्वयं भी हिन्दी पर कोई प्रभाव नहीं डाल सकती थी। फिर भी दो बातें ध्यान देने योग्य हैं। तमिल के आलवारों में पेरियाल्वार एक हैं। इन्हीं के यहाँ 'आण्डाल' नामक प्रसिद्ध कवयित्री पली। आण्डाल की गिनती भी आलवारों में है।

पेरियाल्वार ने श्रीकृष्ण पर गीत रचे हैं। कनक-आँगन में घुटनों से चलते हुए अपने प्रतिबिम्ब को पकड़ने का प्रयत्न करनेवाले बाल-कृष्ण का चित्र सूरदास के पद के साथ 'पेरियाल्वार के एक गीत' में है।

सन् 1937 में हिन्दी साहित्य सम्मेलन की एक बैठक में महात्मा गाँधी, राजर्षि टण्डन जी, स्वर्गीय जमनालाल जी बजाज आदि पधारे थे। वहाँ स्वर्गीय महामहोपाध्याय उ. वें. स्वामिनाथ अय्यर ने अपना यह विचार प्रकट किया था कि तुलसीदास पर कम्ब का प्रभाव पड़ा होगा। इसमें कोई सन्देह नहीं कि कम्ब का काल तुलसीदास से सैकड़ों वर्ष पूर्व था।

श्री अय्यर का यह कहना था कि उत्तर भारतीय काव्य-परम्परा में स्वयंवर के पूर्व नायक-नायिकाओं के मिलने का वर्णन नहीं रहता है। तमिल-काव्य परम्परा में यह पाया जाता है। तुलसीदास के रामचरितमानस में भी यह पाया जाता है–यह सम्भवतः कम्ब का ही प्रभाव रहा हो। स्वयं तुलसीदास ने **'नानापुराणनिगमागमसम्मतम्'** कहा है। कम्ब रामायण नाना पुराणों में एक रहा हो। सुदूर काशीवासी तुलसी पर तमिल रामायण का प्रभाव कैसे पड़ा होगा? इसके सम्बन्ध में यह कहा गया–दक्षिण भारत के कई शैवमठ हैं, जो कई सदियों से धर्म और भाषा की सेवा करते आ रहे हैं। तंजाऊर जिले में 'तिरुप्पनन्दाल' नामक एक स्थान है, जहाँ एक ऐसा मठ है। उसके स्थापक अकबर और जहाँगीर के समय के थे। वे काशी में जाकर

बहुत दिनों तक रहे थे; इसलिए मठ का नाम ही काशीवासी मठ पड़ा। उनके यहाँ काशी में प्रतिदिन तमिल कम्ब रामायण पर प्रवचन हुआ करता था।

इधर तमिल प्रदेश में 'हरि कथा' नामक कथा-वाचन का क्रम चलता है। हरिश्चन्द्रोपाख्यान, रुक्मिणीपरिणय आदि कथाओं का प्रवचन होता है। बीच-बीच में गीत भी गाये जाते हैं। ऐसी हरि कथा को सामान्यतः कालक्षेपण कहते हैं। ऐसे कालक्षेपों में कबीरदास, तुलसीदास, मीराँबाई आदि की कथाओं का भी प्रवचन होता आया है। यह क्रम करीब सौ-दो सौ वर्षों से चला आ रहा है; पर इन प्रवचनों में इन साहित्यकारों को केवल भक्तों के रूप में चित्रित किया जाता रहा। इनकी दो-चार रचनाएँ सुनायी जाती थीं।

शिवाजी महाराज के एक वंशज ने दक्षिण में अपना प्रभाव बढ़ाया और तंजौर नगर में अपनी राजधानी स्थापित की। उनके वंशजों ने तमिल साहित्य और कला को प्रोत्साहन दिया और साथ-साथ महाराष्ट्र और कुछ अंश तक हिन्दी-साहित्य को प्रोत्साहन दिया। तंजाऊर नगर में 'सरस्वती महल लाइब्रेरी' नामक वृहत् पुस्तकालय है। उसमें कई हस्तलिखित ग्रन्थ हैं।

इस सदी के आरम्भ में कुछ पारसी नाटक मण्डलियाँ दक्षिण भारत में हिन्दुस्तानी नाटक प्रदर्शित करती थीं। दक्षिण के लोगों को हिन्दी या हिन्दुस्तानी का परिचय प्राप्त करने के ये ही अवसर थे।

मद्रास के श्री वी. कृष्णस्वामी अय्यर बड़े देशभक्त थे। वे महामना मालवीय जी के खास मित्र थे। सन् 1901 में उन्होंने काशी में एक भाषण देते हुए कहा था कि हिन्दी ही भारत की राष्ट्रभाषा हो सकती है।

आर्यसमाज का दक्षिण में भी कुछ प्रचार हुआ। उसके कारण हिन्दी का भी कुछ प्रचार हुआ, पर वह राष्ट्रभाषा का प्रचार नहीं था—आर्यभाषा का था। मदुरा नगर में ठाकुर खाँ चन्द्र वर्मा नामक सज्जन 1915-16 में ही हिन्दी-वर्ग चलाते थे। उन दिनों श्री ऐनी बेसेण्ट का तमिल प्रदेश में बड़ा प्रभाव था।

सन् 1918 में दक्षिण भारत में जब से हिन्दी का प्रचार शुरू हुआ, तब से कुछ आदान-प्रदान का काम शुरू हुआ। शरीमती अम्बुजम अम्माल ने रामचरितमानस के अयोध्याकाण्ड का तमिल में सरल गद्यानुवाद किया है। आपने प्रेमचन्द के 'सेवा सदन' का भी अनुवाद किया और इस अनुवाद के आधार पर तमिल बोलपट भी तैयार हुआ। अनेक उपन्यास और कहानियों का तमिल में अनुवाद हुआ है। श्री जमदग्नि नामक हिन्दी-प्रचारक ने स्वर्गीय जयशंकर प्रसाद की 'कामायनी' का तमिल में पद्यानुवाद किया है। ऐसे ही 'आँसू' का भी तमिल में पद्यानुवाद हुआ है।

तमिल से हिन्दी में भी कई ग्रन्थों का अनुवाद हुआ है। स्वर्गीय सुब्रह्मण्य भारती के 'ज्ञानरथम' नामक गद्य-काव्य का हिन्दी में अनुवाद हुआ है। तमिल वैष्णव कवि आलवारों की कृतियों का अनुवाद हिन्दी में हुआ है।

स्वतन्त्रता के पश्चात् हिन्दी को राजभाषा के रूप में मान्यता मिलने पर सर्वाधिक विरोध तमिलनाडु में हुआ। यह विरोध शुद्ध राजनीतिक था। तमिलनाडु में क्षेत्रीय दलों के

अभ्युदय द्वारा तमिल जनता में यह भ्रम पैदा किया गया कि हिन्दी को तमिलनाडु पर लादकर पराधीन बनाया जा रहा है। तमिलनाडु के अनेक प्राचीन नगरों को तमिल नाम दिया गया। वहाँ संस्कृत की शताब्दियों पुरानी पहचान मिटायी गयी। संस्कृत विद्वानों का भी विरोध हुआ। तमिलनाडु के स्वामी वेदाचलम् ने अपना नाम परिवर्तित कर मरैमलै अडिग कर लिया। इस प्रकार वैष्णव काव्य से हिन्दी तमिल में जो सामंजस्य था, उसे फिर परिवर्तित किया गया। इसके बावजूद आज तमिलनाडु में हिन्दी जाननेवालों की संख्या बढ़ी है। अनुवाद के माध्यम से साहित्य का आदान-प्रदान निरन्तर हो रहा है। स्वतन्त्रता के पश्चात् हिन्दीतर प्रदेशों में शिक्षा के क्षेत्र में हिन्दी का प्रसार बढ़ा है तथा सभी विश्वविद्यालयों में हिन्दी में उच्च शिक्षा एवं शोध की व्यवस्था उपलब्ध है। तुलनात्मक अध्ययन से भी दोनों भाषाओं के साहित्य के अध्ययन की प्रवृत्ति बढ़ी है। साहित्य अकादमी, भारतीय ज्ञानपीठ तथा अन्य अनेक प्रकाशनों से तमिल कथा-साहित्य, नाटक और काव्य-संकलन अनूदित होकर आये हैं। तमिल कथाकार अखिलन् हिन्दी पाठकों में लोकप्रिय हैं उनके चित्रप्रिया और 'कहाँ जा रहे हैं हम' को हिन्दी पाठक वर्ग में लोकप्रियता मिली है। कम्ब रामायण के अनेक अनुवाद हिन्दी में उपलब्ध हैं। कल्कि और जानकीरामन् के उपन्यास हिन्दी में तमिल संस्कृति को रूपायित कर रहे हैं।

हिन्दी और तमिल पर शोध के सन्दर्भ में अनेक ग्रन्थ सामने आये हैं। 'हिन्दी-तमिल' की समान शब्दावली (डॉ. सुरेन्द्र कुलश्रेष्ठ), हिन्दी-तमिल की समान स्रोतीय भिन्नार्थी शब्दावली (डॉ. बी.रा. जगन्नाथ) के अतिरिक्त अनेक शोध प्रबन्ध हिन्दी-तमिल के सम्बन्ध का अनुसन्धान कर रहे हैं।

(2) तेलुगु भाषा और हिन्दी

भारत की बाह्य विभिन्नता में आन्तरिक एकता को प्रतिष्ठित करनेवाली मूल शक्तियों में भाषा और साहित्य का महत्त्वपूर्ण स्थान है। भारत की प्रायः सभी भाषाओं का साहित्य एक ही प्रकार की सांस्कृतिक विचारधारा से अनुप्राणित है। इसका प्रधान कारण है, यहाँ की विविध भाषाओं के बीच में निरन्तर चलनेवाला पारस्परिक आदान-प्रदान। विदेशी शासन के पहले आदान-प्रदान का यह सांस्कृतिक कार्य संस्कृत के माध्यम से सम्पन्न हुआ करता था। बाद में पालि, प्राकृत जैसी भाषाओं के द्वारा भी यह कार्य बहुत हद तक सम्पन्न हुआ करता था। बाद में अंग्रेजी जैसी विदेशी भाषा—भारत के मस्तिष्क मात्र का पोषण करने में समर्थ रही; अतः उसके हृदय की अवहेलना-सी हो गयी और फलतः भारत की सांस्कृतिक एकता तनिक शिथिल होने लगी। पर इधर खड़ीबोली (हिन्दी) ने अपना सिर उठाया है और अब इसी के माध्यम से भारतीय साहित्य की एकरूपता का पुनरुत्थान सम्भव हो रहा है।

आदान-प्रदान के इस महान् कार्य में आन्ध्र का पहले से ही महत्त्वपूर्ण सहयोग रहा है। आपस्तम्ब हाल, वल्लभाचार्य, पण्डिराज जगन्नाथ आदि महर्षियों, मनीषियों तथा मनस्वियों की दूरदर्शिता ने आन्ध्र को समग्र भारत के साथ मिला दिया है। हाल की 'गाथा सप्तशती' ने हिन्दी में 'सतसई' की सरस परम्परा को प्रचलित किया था। हिन्दी साहित्य को स्वर्णिम शोभा प्रदान करनेवाली 'कृष्णभक्तिशाखा' को ऊर्जस्वित करने का श्रेय श्रीवल्लभाचार्य की 'नखचन्द्र

छटा' को ही है, जिसके बिना कविवर सूरदास को 'सब जग माँझ अँर्नरौ' ही दिखायी पड़ा था। सूरदास ने हिन्दी साहित्य को हृदय दिया था, तो श्री वल्लभाचार्य ने पवित्र गोदावरी से अभिमिश्रित स्निग्ध एवं स्फीत बुद्धि प्रदान करके ब्रज को सर्वथा परिशुद्ध किया था। इसके पश्चात् अठारहवीं शती के अन्तिम चरण में तैलंग ब्राह्मण 'पद्माकर' भी इसी परम्परा के प्रवर्तक के रूप में अपना नाम अमर कर गये हैं।

उपर्युक्त महानुभावों ने जिस काय को सांस्कृतिक दृष्टिकोण से सम्पन्न किया था, उसी को सन् 1918 में महात्मा गाँधी ने राष्ट्रीय रूप प्रदान किया और भारत की पतनोन्मुख सांस्कृतिक चेतना को भाषा के सहारे खड़ा कर दिया था। सन् 1918 में हिन्दी साहित्य सम्मेलन का अधिवेशन इन्दौर में हुआ था। गाँधी जी ने इस अधिवेशन के अध्यक्षीय भाषण में हिन्दी को अखिल भारतीय रूप प्रदान करके उसका राष्ट्रीय महत्त्व समझाया था। उस समय तक नागरी प्रचारिणी सभा, काशी तथा हिन्दी साहित्य सम्मेलन, प्रयाग का दृष्टिकोण हिन्दी भाषी प्रान्तों तक ही सीमित था। आगे चलकर दक्षिण में भी हिन्दी का प्रचार आरम्भ हो गया और मई, सन् 1918 में साहित्य सम्मेलन का कार्यालय मद्रास में स्थापित हो गया। महात्मा गाँधी जी के पुत्र देवदास के द्वारा ही राष्ट्रवाणी की आराधना दक्षिण में शुरू हुई थी। इसी समय से राष्ट्रभाषा हिन्दी के साथ आन्ध्र ने भी अपना यथाधिक सम्पर्क स्थापित कर लिया है। देवदास गाँधी, रामभरोसे, रामानन्द शर्मा आदि के साथ-साथ हृषीकेश शर्मा, मोटूरि सत्यनारायण जैसे उत्साही आन्ध्र युवकों ने भी राष्ट्र के इस स्पृहणीय कार्य में स्तुत्य योग दिया था।

इस राष्ट्रीय धारा के साथ-साथ सांस्कृतिक चेतना से प्रेरित साहित्यिक साधना भी जाग उठी। सर्वश्री जन्ध्याल शिवन्न शास्त्री, ओरुगण्टि वेंकटेश्वर शर्मा आदि उदीयमान लेखकों ने राष्ट्रवाणी में लिखने का प्रशंसनीय प्रयास किया था। इस समय को 'जागरण काल' अथवा 'प्रबोध युग' माना जा सकता है। सन् 1918 से 1935 तक यह प्रबोध आन्ध्र के हिन्दी-आन्दोलन में दृष्टिगोचर होता है। सांस्कृतिक समरसता को भारत में पुनः प्रतिष्ठित करने के लिए आन्ध्र ने एक सामान्य भाषा की आवश्यकता महसूस की और यहाँ के प्रतिभाशाली लेखकों ने तुरन्त उस कार्य में सक्रिय तथा रचनात्मक योगदान देना आरम्भ किया था।

सन् 1936 तक हिन्दी का प्रचार आन्ध्र की शिक्षित जनता में किया गया और इसके फलस्वरूप सरकार ने भी इनको मान्यता प्रदान कर विद्यालयों में भी हिन्दी का प्रवेश कराया। इस प्रकार सन् 1937 से हिन्दी अध्ययन-अध्यापन का भी विषय बन गयी है। अब प्रचारकों, शिक्षकों तथा लेखकों की संख्या बढ़ने लगी है। सन् 1937 से सन् 1949 तक प्रचार की लहर आन्ध्र के कोने-कोने में फैल गयी, जिसने हजारों युवकों को हिन्दी पढ़ने और हिन्दी में लिखने की ओर प्रेरित किया है। तेईस साल की इस अवधि को 'प्रचार युग' अथवा 'साधना-युग' माना जा सकता है। इसी छोटी अवधि में सर्वश्री राममूर्ति 'रेणु', आरिगपूडि, रमेश चौधरी, हनुमच्छास्त्री अयाचित; नरसिंहमूर्ति राचरॉड, सूर्यनारायण चार्वाल आदि कई उदीयमान लेखक आन्ध्र में तैयार हो गये। इनकी साधना ने आन्ध्र का मुख उज्ज्वल किया है और सिद्ध किया

कि हिन्दी केवल उत्तर भारत की एक साधारण प्रान्तीय भाषा नही है; बल्कि यह सारे राष्ट्र की सम्पत्ति है।

सन् 1950 में हिन्दी में भारत के संविधान में आदरणीय स्थान प्राप्त कर लिया है और तब से उसका विकास पहले से कई गुना अधिक होने लगा है। गद्य-लेखक, समालोचक, कवि, नाटककार, कहानीकार और पत्रकार अधिकाधिक संख्या में अपनी प्रतिभा के बल पर राष्ट्रवाणी को समृद्ध करने लगे हैं; अतः सन् 1950 से अब तक का यह दशक 'विकास युग' माना जा सकता है।

इस प्रकार आन्ध्र प्रदेश में हिन्दी साहित्य की व्याप्ति को चार युगों में विभाजित किया जा सकता है–

प्राचीन युग	–	सन् 1918 से पहले।
प्रबोध युग	–	सन् 1918 से सन् 1935 तक।
साधना युग	–	सन् 1937 से सन् 1949 तक।
विकास युग	–	सन् 1950 से सन् 1960 तक।

इससे यह नहीं समझना चाहिए कि प्रत्येक युग के लेखक अलग-अलग हैं और उनकी प्रवृत्तियाँ एक-दूसरे से भिन्न हैं। केवल विकास की दृष्टि से यह विभाजन किया गया है। वास्तव में 'प्रबोध युग' की ही प्रवृत्तियाँ 'साधना युग' में और इसी प्रकार 'साधना युग' की प्रवृत्तियाँ 'विकास युग' में परिवर्तित एवं परिष्कृत हुईं। प्रत्येक युग अपने पूर्ववर्ती युग का पूरक तथा परवर्ती युग का पोषक होता है। कभी-कभी यह भी देखा जाता है कि एक ही लेखक 'प्रबोध युग' में अपनी साधना का आरम्भ करके 'साधना युग' और 'विकास युगों' में अपनी रचना का कार्य जारी रखता है; अतः यह विभाजन तत्कालीन प्रवृत्तियों पर अधिक आधारित है, लेखकों पर नहीं।

प्रबोध युग (1918-1935)

अब आगे चलकर प्रत्येक युग के प्रमुख लेखकों की साहित्यिक सेवा का परिचय दिया जायगा। यहाँ पर इस बात को स्पष्ट कर देना आवश्यक है कि इसमें केवल उन्हीं लेखकों के नाम दिये जा रहे हैं, जो आन्ध्र प्रदेश के निवासी अथवा तेलुगु भाषी होकर हिन्दी में लिखते हैं। आन्ध्र में कई अन्य भाषा-भाषी हैं, जो विविध प्रान्तों से यहाँ आकर बसे हुए हैं और जो राष्ट्रवाणी में साहित्य-सर्जन कर रहे हैं। विस्तार के भय से इनका उल्लेख इस निबन्ध में नहीं किया जा रहा है, यद्यपि इन सहृदय लेखकों की सेवा अत्यन्त स्तुत्य है।

सन् 1918 के मार्च महीने में गाँधी जी ने हिन्दी को राष्ट्रभाषा का रूप मौलिक रूप से दिया था और दो ही तीन महीनों में दक्षिण में इसका प्रचार शुरू कर दिया था। बापू की इस आत्मीय प्रेरणा ने कई प्रतिभाशाली आन्ध्र युवकों का मन हिन्दी पढ़ने और हिन्दी में लिखने की ओर आकृष्ट किया। आन्ध्र से सर्वश्री जन्ध्याल शिवन्न शास्त्री, पीसपाटि वेंकट सुब्बाराव, रामकृष्ण शास्त्री आदि उत्तर भारत जाकर हिन्दी का अध्ययन करके वापस आये। इनमें से श्री जन्ध्याल शिवन्न शास्त्री का व्यक्तित्व बड़ा जबरदस्त था। राष्ट्रीय दृष्टिकोण से

श्री मोटूरि सत्यनारायण ने हिन्दी प्रचार के बीज जिस प्रकार बोये, उसी प्रकार शास्त्री जी आन्ध्र में हिन्दी साहित्य के सर्जन की संजीवनी प्रेरणा संचरित कर गये थे।

उपर्युक्त विवेचन से यह नहीं समझना चाहिए कि सन् 1918 के पहले आन्ध्रों का ध्यान हिन्दी साहित्य की ओर आकृष्ट ही नहीं हुआ था। पिछले पृष्ठों में स्पष्ट कर दिया गया है कि आन्ध्र का हिन्दी भाषा और साहित्य के साथ दो प्रकार का सम्बन्ध रहा है—राष्ट्रीय और सांस्कृतिक। राष्ट्रीय सम्बन्ध सन् 1918 के बाद ही दृष्टिगत होता है। उसके पहले सांस्कृतिक दृष्टिकोण से आन्ध्र ने हिन्दी को भली-भाँति अपनाया था और उसका उज्ज्वल प्रमाण है पद्माकर की प्राभातिक काव्य-माधुरी। इसी परम्परा में श्री कृष्णमूर्ति शिष्टु, पुरुषोत्तम नादेल्ल आदि महानुभावों ने अपनी सांस्कृतिक तथा साहित्यप्रवण प्रकृति का परिचय दिया था। श्री कृष्णमूर्ति शिष्टु ने तुलसीदास के 'रामचरितमानस' का पद्यानुवाद तेलुगु में किया है। अब तक प्राप्त अनुवादों में यही 'मानस' का पहला आन्ध्रानुवाद है। दोहे, चौपाई, छन्दों में यह अनुवाद किया गया है और इस दृष्टि से यह तेलुगु के छन्दोवैभव को भी बढ़ानेवाला सिद्ध हुआ है। यद्यपि इन छन्दों का प्रयोग बाद के आन्ध्र के लेखकों ने नहीं किया है। कृष्णमूर्ति ने इसका अनुवाद अरण्यकाण्ड में 'मारीच वध' तक किया था। शेषांग का अनुवाद मण्डनहरि नाम के सज्जन ने पूरा किया। इसका रचनाकाल सन् 1880 के लगभग है, जबकि उत्तर भारत में नागरी प्रचारिणी सभा, काशी की स्थापना तक नहीं हुई थी। इसी प्रकार श्रीनिवासराव पसुमतीं का गद्यानुवाद और नरसिंह शर्मा, भागवतुल का पद्यानुवाद भी उल्लेखनीय है। यह बड़ी प्रसन्नता की बात है कि आन्ध्र के कवियों की दृष्टि सबसे पहले 'मानस' की ओर गयी और आज भी कई ऐसे तेलुगु भाषी हैं, जो केवल 'मानस' का अध्ययन करने के लिए हिन्दी सीखना चाहते हैं। 'मानस' के मधुर वाचक नामुल आपाराव इसके ज्वलन्त उदाहरण हैं।

'मानस' के अनुवाद की ओर आन्ध्र के लेखकों का ध्यान जिस समय आकृष्ट हुआ था, उसी समय के लगभग हिन्दी नाटकों का भी प्रदर्शन आन्ध्र में होने लगा, जिसकी ओर कई कलाप्रिय युवकों का मन आकृष्ट हुआ। इनमें नादेल्ल पुरुषोत्तम नाम के नाटककार का नाम विशेष उल्लेखनीय है। आपने सन् 1884 और 1886 के बीच हिन्दी में कई नाटक लिखकर रंगमंच पर उनका प्रयोग कराया था। आपके द्वारा रचित तेरह हिन्दी नाटक आज मिलते हैं। उन नाटकों की पाण्डुलिपियाँ इस समय वरंगल आर्ट्स कॉलेज के प्राध्यापक श्री भीमसेन 'निर्मल' के पास हैं, जो इनका अनुशीलन कर रहे हैं। कहा जाता है कि आपने कुल मिलाकर 32 नाटक लिखे। अगर सब प्रकाशित हो जायँ, तो अतीत का बहुत-सा अन्धकार आलोकित हो सकता है।

यह सारा कार्य प्रबोध-काल के (अर्थात् सन् 1918) पूर्व हुआ था। इसी आधार पर आलोच्य काल की साहित्यिक रचना आगे बढ़ी। आपस्तम्ब के समय से चली आती हुई इस सांस्कृतिक भागीरथी ने बीच में प्राप्त राष्ट्रीय यमुना को अपने में मिला लिया और अब वह इस समय भारत को पावन कर रही है।

शोध-कार्य

जब से आन्ध्र के उत्साही विद्यार्थियों की दृष्टि हिन्दी के अध्ययन की ओर आकृष्ट हुई, तब से हिन्दी में शोध-कार्य का भी आरम्भ हुआ। आन्ध्र विश्वविद्यालय के हिन्दी विभाग के प्रथम आचार्य श्री ओरुगण्टि वेंकटेश्वर शर्मा ने पहली बार तुलनात्मक अध्ययन का महत्त्व तेलुगु भाषी विद्वानों के सामने स्पष्ट कर दिया था और इसी बीज का पल्लवित रूप हमें 'रेणु' जी जैसे दूरदर्शी लेखकों की रचनाओं में मिला है। इन दोनों की साहित्यिक साधना ने हिन्दी और तेलुगु की तुलना तथा हिन्दी में शोध-कार्य की ओर कई युवकों को प्रेरित किया है। फलतः हनुमच्छास्त्री अयाचित, पाण्डुरंगराव, इलयापुलूरि, नरसिंहाचार्य, एस.टी. राजन राजू, वेंकट रमण, भीमसेन निर्मल, सूर्यनारायण 'धवल' आदि ने अपनी रुचि के अनुकूल विषय चुनकर हिन्दी में शोध-कार्य करना शुरू कर दिया है। राष्ट्रवाणी के विकास में आन्ध्र के द्वारा प्रवर्तित शोध-कार्य तथा तुलनात्मक अध्ययन की इस परम्परा ने बहुत महत्त्वपूर्ण योग दिया है। उपर्युक्त शोधकर्त्ताओं में पाण्डुरंगराव 'मुरली' ने सन् 1957 में तेलुगु और हिन्दी के नाटक-साहित्य की तुलना करके नागपुर विश्वविद्यालय से पी-एच.डी. की उपाधि प्राप्त की है।

शेष शोधकर्त्ताओं में से नरसिंहाचार्य और वेंकटरमण क्रमशः 'साहित्य और अनुभूति' तथा 'भक्ति साहित्य का सामाजिक मूल्यांकन' पर अपने शोध प्रबन्ध तैयार कर चुके हैं।

राजन राजू ने हिन्दी और तेलुगु के आधुनिक काव्य-साहित्य की तुलना और सूर्यनारायण 'धवल' ने दोनों भाषाओं के प्रबन्धों के काव्य-शिल्प की तुलना की है। भीमसेन 'निर्मल' नादेल्ल पुरुषोत्तम द्वारा लिखित हिन्दी नाटकों का अनुशीलन कर रहे हैं। हनुमच्छास्त्री का हिन्दी और तेलुगु के भक्ति-साहित्य का तुलनात्मक अध्ययन पूर्ण हो चुका है। वर्तमान में आन्ध्र के समस्त विश्वविद्यालयों में हिन्दी का अध्ययन और शोध हो रहा है साथ ही तेलुगु साहित्य की समस्त प्रमुख कृतियाँ हिन्दी में अनूदित होकर उपलब्ध हैं।

इस प्रकार हिन्दी साहित्य की अनेक रूपात्मक साधना आज जो आन्ध्र में दिखायी दे रही हैं, उसका भविष्य आशा से आप्लावित है। इस विवेचन में आन्ध्र के उन सभी लेखकों का उल्लेख नहीं हो पाया है, जिनकी मातृभाषा तेलुगु नहीं है। वास्तव में हृषीकेश शर्मा, रामानन्द शर्मा, ब्रजनन्दन, रामभरोसे, डॉ. तेजनारायण लाल, श्रीराम शर्मा, वंशीधर विद्यालंकार, गयाप्रसाद शास्त्री, डॉ. रामनिरंजन पाण्डेय, ऋषभचरण जैन, डॉ. गोरखनाथ तिवारी आदि कई ऐसे विद्वान् हैं, जिन्होंने आन्ध्र में हिन्दी को प्रतिष्ठित करने में चिरस्मरणीय योग दिया है।

इधर आधुनिक कवियों की कई काव्य-प्रतिभाएँ भी आन्ध्र में सुन्दर काव्य-साहित्य का सर्जन कर रही हैं। करीब 43 कवियों की, उनके परिचय सहित रचनाएँ, 'आन्ध्र के हिन्दी कवि' नामक पुस्तक में संगृहीत की गयी हैं। यह पुस्तक भी मगनचन्द वेदी, 'सहकारी जन-साहित्य-प्रकाशन समिति, हैदराबाद' की ओर से प्रकाशित की गयी है। इस पुस्तक में श्री आर्येन्द्र शर्मा, गयाप्रसाद शास्त्री, रामजीवन लाल, भीष्मदेव शास्त्री, मधुसूदन चतुर्वेदी आदि के अलावा बी.वी. सुब्बाराव तथा श्री चक्रवर्ती की भी कविताएँ हैं। हिन्दी में प्रकाशित

'कल्पना' का अपना महत्त्व रहा। 'संकल्प' विगत अनेक वर्षों से प्रकाशित पत्रिका है। समग्रतः आन्ध्र क्षेत्र आज हिन्दी से सम्बन्ध की दृष्टि से दक्षिण में सर्वाधिक निकट है।

(3) कन्नड़ भाषा और हिन्दी

कर्नाटक की प्राचीनता

'कन्नड़' (कर + नाड < कारु नाडु = काली मिट्टी-प्रधान भूमि) शब्द काफी प्राचीन है। वैसे ही कन्नड़ देश या कर्नाटक या कर्णाटक देश भी काफी प्राचीन है। कर्णाटक शब्द महाभारत में प्राप्त होता है। प्राचीन काल में संस्कृत-काव्यों के पाठन की शैलियों का वर्णन करते हुए किसी प्राचीन संस्कृत कवि ने कहा है कि कर्णाटकी लोग टंकार के साथ संस्कृत-श्लोकों का उच्चारण करते हैं। इन दिनों भी संस्कृत-पण्डित कर्नाटक में संस्कृत श्लोक टंकार के साथ ही पढ़ते हैं। उडुपि से लगे हुए मालवे बन्दरगाह में परशुराम द्वारा स्थापित एक ईश्वर मन्दिर है। इसके बारे में कहा जाता है कि सारी पृथ्वी कश्यप ऋषि को दान में दे डालने के बाद परशुराम ने समुद्र को सुखाकर अपने लिये थोड़ी-सी जगह बना ली थी, जहाँ वे तपस्या करते रहे। रामायण में वर्णित किष्किन्धा हम्पै के पास कर्नाटक में ही है। ऋष्यमूक पर्वत भी यहीं है। कहते हैं कि कावेरी (मैसूर नगर से उत्तर की ओर 37 मील की दूरी पर चुंचनकट्टे) में सीता ने स्नान किया था, बीजापुर जिले में स्थित महाकूट में अगस्त्य ने तपस्या की थी। और इधर ऐतिहासिक काल तक पहुँचते-पहुँचते हम यह पाते हैं कि चन्द्रगुप्त (ई. पू. 297) मौर्य श्रावण बेलगोल के पहाड़ पर अपने धर्मगुरु से जैन धर्म ग्रहण करके भद्रबाहु की गुफा में तपस्या करते रहे और वहीं उनका देहावसान भी हुआ था। अशोक के (ई. पू. 282-277) तीन शिलालेख चित्र दुर्ग जिले में विद्यमान हैं। कहते हैं कि जैन और बौद्ध धर्मों का कर्नाटक देश में प्रचार था।

कन्नड़ भाषा का इतिहास

भारत की वर्तमान भाषाएँ मुख्यतः भारतीय आर्यभाषा परिवार, आस्ट्रिक परिवार (या मुण्डा परिवार), द्राविड़ी परिवार तथा तिब्बती-बर्मी परिवार के अन्तर्गत आ जाती है। द्राविड़ भाषाएँ न केवल दक्षिण भारत में ही (आन्ध्र प्रदेश, मद्रास, मैसूर तथा केरल राज्यों में) बोली जाती हैं, बल्कि उत्तर भारत में भी गोण्डवाना के प्रदेश में कहीं-कहीं और बलूचिस्तान में ब्राहुई नामक बोली के रूप में प्रचलित हैं। गोंडवाना के आस-पास गोण्डी, बंगाल के पश्चिम भाग में कुरुल, सन्थाल परगना जिले में माल्तो (राजमहल की पहाड़ियों पर बोली जानेवाली राजमहली) उड़ीसा की पहाड़ियों पर खोण्ड (या कूई) पूर्व बराबर में कोलामी, पुसद तालुका में चलनेवाली भीली और चाँदा के आस-पास रहनेवाले गोण्डों की बोली नायकी, प्रधानतया उत्तर भारत की द्राविड़भाषाओं के अन्तर्गत मानी जाती हैं। वे बोलियाँ आस-पास की आर्यभाषाओं से इतनी प्रभावित हैं कि इन्हें पहचानना भी भाषाविज्ञानियों के अध्ययन का फल है। इधर डॉ. सिद्धेश्वर वर्मा का निष्कर्ष है कि कश्मीर में कुछ व्यापारी लोग वाणिज्य-जगत् में परस्पर एक द्राविड़ बोली काम में लाते हैं। यह कुछ इसी प्रकार होगा जैसा कि पुणे

के आस-पास के महाराष्ट्र के बच्चे गुल्ली-डण्डा या गोली खेलते समय कन्नड़ के आँकड़ों का प्रयोग करते हैं। तात्पर्य यह है कि द्राविड़भाषाएँ दक्षिण भारत तक ही सीमित नहीं हैं। भारत—भारत के बाहर भी—अन्यत्र भी यत्र-तत्र प्रचलित हैं। देश के अन्य सब प्रदेशों में आर्यभाषाएँ चलती हैं। केवल मुण्डा के रूप में आस्ट्रिक भाषा का चिह्न देश में शेष रह गया है। असम एवं बर्मा की सरहद पर तिब्बती-बर्मी भाषाएँ बोली जाती हैं।

क्षेत्रफल और बोलनेवालों की संख्या की दृष्टि से द्राविड़भाषाओं का काफी महत्त्व है। भारत की आबादी की करीब एक चतुर्थांश जनता द्राविड़ भाषा-भाषी है।

भारतीय आर्यभाषाएँ सदियों से द्राविड़भाषाओं के द्वारा प्रभावित हैं। आज की ईरानी भाषा में वर्त्स्य ध्वनियों का नितान्त अभाव है; किन्तु भारतीय आर्यभाषाओं में (जो इण्डो-ईरानी कुल से सम्बद्ध हैं।) अत्यन्त प्राचीन काल से ही—यहाँ तक कि ऋग्वेद की भाषा में भी—वर्त्स्य ध्वनियों का प्रयोग मिलता है। सिन्ध के आसपास ब्राहुई भाषा (द्राविड़ी) का बोला जाना इस बात की तरफ संकेत करता है कि वह भाषा मोहनजोदड़ो के आस-पास की किसी जमाने में प्रचलित द्राविड़भाषाओं का अवशेष है। मोहनजोदड़ो की सभ्यता आर्य-सभ्यता से कहीं प्राचीन है, यह बात निर्विवाद है। फलतः निष्कर्ष यह निकलता है कि द्राविड़ लोग यहाँ आर्यों के भारत में बाहर से आने के पहले (यदि आर्य बाहर से आये हों तो) या यहाँ व्यापक प्रदेश में बस जाने के पहले से रहे और उनकी अपनी सभ्यता थी। तात्पर्य यह है कि एकदम प्रारम्भिक काल से ही वर्त्स्य-ध्वनिबहुला द्राविड़भाषाओं का आर्यभाषाओं पर प्रभाव पड़े बिना देश में न रहा। केवल भाषा की बात नहीं है। शिव, पशुपति या रुद्र की कल्पना भी द्राविड़ी मानी जाती है। यह सारा प्रभाव ग्रहण सदियों में जाकर कुछ इस प्रकार से हुआ कि जनता को पता ही न चला कि ये परिवर्तन हो रहे हैं।

भक्ति का प्रादुर्भाव और उसका साहित्य पर प्रभाव

बारहवीं शती में शैव भक्ति और वैष्णव भक्ति की ऐसी धारा कर्नाटक में बही कि जनता उससे अछूती न रही। इससे चार सौ वर्ष पहले की आठवीं सदी में श्री आदि शंकराचार्य (788 ई. जन्मकाल) ने शिवभोग्गा जिले में तुंगा नदी के किनारे शृंगेरी नामक स्थान में शंकर मठ की स्थापना की थी। आप अद्वैतमत प्रतिष्ठापनाचार्य हुए। नागार्जुन इनके पहले हुए थे। वे शून्यवादी थे। इन्होंने माना था कि जगत् सत्य नहीं है। वसुबन्धु (शंकराचार्य जी के गुरु) ने भी यही गाना था। इरी तत्त्व को शंकर ने पल्लवित किया और उपनिषदों की नयी व्याख्या की। वास्तव में शंकराचार्य जी के द्वारा (इनका जन्म केरल में हुआ था) भारत में ब्राह्मण धर्म का पुनरुत्थान हुआ।

बारहवीं शती में शंकर के शुष्क ज्ञानवाद के प्रत्यावर्तन के रूप में रामानुजाचार्य का भक्तिमार्ग निकला। आपने 'प्रपत्ति' मार्ग चलाकर शूद्रों को (यहाँ तक कि 'अस्पृश्य' कहलानेवालों को) भी प्रपत्ति-मार्ग में दीक्षित कर दिया। इन्होंने अपने पूर्ववर्ती आलवार लोगों के भक्ति-पथ को आगे बढ़ाया और जनता में चलाया। श्री रामानुजाचार्य जी ने मैसूर राज्य के मेलकोटे नामक स्थान में रहकर उपदेश दिये। प्रसिद्ध बेलूर-मन्दिर का निर्माता विष्णुवर्द्धन वैष्णव (रामानुजीय) था।

कर्नाटक के वर्तमान हिन्दी साहित्यकार

कर्नाटक में हिन्दी साहित्य की प्राचीन परम्परा है। डॉ. सरगु कृष्णमूर्ति, वी.जी. ब्रज भट्टी, वापुगौज पाटील, पी.जी. प्रभाशंकर प्रेमी, डॉ. विष्णु हेब्बार, कलैवाणन, नागलक्ष्मी, डॉ. जयलक्ष्मी, एम.एस. कृष्णमूर्ति जैसे रचनात्मक साहित्यकारों के अतिरिक्त तुलनात्मक अध्ययन की दृष्टि से डॉ. टी.जी. प्रभाशंकर, डॉ. वी. वेंकटेश, डॉ. पी.एच. सेडमाधवराज, डॉ. एम. राजेश्वरैया, डॉ. एम.एस. रामचन्द्र स्वामी, डॉ. वी. कृष्ण स्वामी आयंगर, डॉ. हिरण्मय, डॉ. सिद्धलिंग पट्टणशेट्टी, डॉ. टी.आर. भट्ट के शोध महत्त्वपूर्ण हैं। हिन्दी-कन्नड़ कोश (डा. एम.वी. मंजुनाथन), कन्नड़-हिन्दी कोश (गुरुनाथ जोशी) कन्नड़-हिन्दी कोश (जे.सी. मैसारोली) हिन्दी और कन्नड़ व्याकरणों की तुलना (कण्ठमूर्ति) ने भाषिक निकटता लाने का प्रयास किया है।

(4) मलयालम भाषा और हिन्दी

प्राचीन काल में भारत के अन्य प्रान्तों तथा यूरोप, अरब आदि विदेशों से जो लोग विभिन्न समय पर केरल में आकर आबाद हुए थे, उनको इतिहास के विद्वान् 'अभ्यागत लोग' के नाम से पुकारते हैं। ऐसे अभ्यागत लोगों में 'नम्पूतिरी' और 'नायर' जाति के लोग सबसे प्राचीन और प्रमुख माने जाते हैं। 'नम्पूतिरी' शुद्ध आर्य रक्त के ब्राह्मण समझे जाते हैं, तो 'नायर' आर्य और द्राविड़ के मिश्रित रक्त के शूद्र। केरल के प्राचीन इतिहास से पता लगता है कि यहाँ पहले कई शताब्दियों तक 'नम्पूतिरी' और 'नायर' लोगों की विशेष प्रधानता और प्रतिष्ठा रही थी और उनके अधीन 'पुलयर', 'चेरुमर' आदि आदिम निवासी लोग किसान और मजदूर बनकर गुलामों की तरह दिन काटते थे।

केरल के 'नम्पूतिरियों' के विषय में कहा जाता है कि पौराणिक काल में भगवान् परशुराम ने क्षत्रिय-हत्या के पापों से स्वयं मुक्ति पाने के इरादे से समुद्र के भीतर से अपने परशु को फेंककर केरल प्रदेश को बाहर निकाल लिया और ब्राह्मणों को उसे दान में दे दिया। जिन ब्राह्मणों को केरल की भूमि प्राप्त हुई, उनको 'नम्पूतिरी' ब्राह्मण का नाम भी दिया था। परशुराम ने केरल भूमि पर शासन करने का सम्पूर्ण अधिकार भी उन्हीं 'नम्पूतिरी ब्राह्मणों को दिया था। केरल में उनको स्थायी रूप से अधिवसित करने के उद्देश्य से भगवान् परशुराम ने 'नम्पूतिरी' ब्राह्मणों की चोटी सामने की ओर बढ़ाने की एक नयी रीति भी प्रचलित कर डाली थी, जिससे यदि वे कभी केरल छोड़कर अपने पुराने देश या अन्यत्र कहीं चले जाते, तो वहाँ से एकदम जाति-भ्रष्ट लोगों की तरह लाचार होकर उनको केरल की ही तरफ लौट आना पड़ता था। ब्राह्मण होने पर भी 'नम्पूतिरियों' में कुछ खास खानदानों के लोगों को राज्य-रक्षा के लिए आवश्यक क्षत्रियोचित सैनिक शिक्षा और शस्त्र-विद्या की शिक्षा पाने की विशेष अनुमति और सुविधा भी पहले दी गयी थी, अतः केरल में आज भी 'यात्रा नम्पूतिरी' नामक कुछ विशेष प्रकार के ब्राह्मण हैं, जिनमें आज भी 'आयुध मेटुक्कल' (शस्त्र-ग्रहण) नाम का एक खास रिवाज प्रचलित है। यह प्रथा उनकी पुरानी युद्ध-यात्रा की प्रतीक मानी जाती है। 'यात्रा नम्पूतिरियों' को पहले अन्य नम्पूतिरियों की तरह वैदिक शिक्षा पाना अनिवार्य नहीं

था। वे केवल 'सन्ध्यानुष्ठान' करने मात्र की साधारण-सी शिक्षा पाकर अपना शेष समय शस्त्राभ्यास और राजनीति के कार्य में लगाते थे।

केरल की भाषा और साहित्य

केरल के अधिकांश लोगों की मातृभाषा मलयालम है। मलयालम को अपनी जन्मभूमि के नाम के आधार पर लोग 'केरली' भी कहते हैं। यद्यपि 'केरली' अपनी बड़ी बहन 'तमिल' भाषा के बराबर अत्यधिक पुरानी अथवा प्राचीनतम भाषा नहीं मानी जाती है और उसका स्वतन्त्र अस्तित्व केवल 900 ईस्वी के करीब ही साबित किया जा सकता है। तो भी, उसका व्याकरण और शब्द-समूह तमिल की अपेक्षा अधिक वैज्ञानिक एवं सर्वाङ्गपूर्ण है। दक्षिण भारत की प्राचीन द्राविड़ भाषा के कुल में जन्म लेने पर भी मलयालम पर अपनी जननी की अपेक्षा धात्री संस्कृत-भाषा का बहुत अधिक प्रभाव दीख पड़ता है। प्राचीन मलयालम में भी उत्तर भारत की कई प्रमुख भाषाओं की तरह संस्कृत के सैकड़ों शब्द अपने तत्सम और तद्भव रूपों में पाये जाते हैं।

मलयालम की वर्णमाला संस्कृत के समान ही है। दो-चार वर्ण अधिक भी मिलते हैं। मलयालम की अपनी अलग लिपि भी है, जो अत्यन्त सुन्दर और सम्पूर्ण है। यद्यपि नागरी लिपि में मलयालम की सम्पूर्ण ध्वनियाँ नहीं हैं, तो भी उसके सहारे से मलयालम भाषा अच्छी तरह लिखी और पढ़ी जा सकती है। लेकिन, दो-चार वर्णों के लिए मलयालम के हेतु नागरी-लिपि में कुछ विशेष प्रकार के चिह्नों का उपयोग भी करना पड़ेगा। केरल के कई वर्तमान प्रगतिशील, विकासोन्मुख विचारकों, साहित्यकारों तथा भाषा-प्रेमियों ने भारत की सामान्य लिपि के रूप में नागरी लिपि को स्वीकार करने के उपयोगी एवं महत्त्वपूर्ण प्रस्ताव का दिल से समर्थन भी किया है।

मलयालम का प्राचीन साहित्य 'लोकगीतों' का माना जाता है। लोकगीतों की भाषा आधुनिक मलयालम से भिन्न थी। उस समय की भाषा का नाम ही दूसरा था, क्योंकि मलयालम का स्वतन्त्र, सुन्दर रूप उन गीतों में पूर्ण रूप से प्रकट नहीं हुआ था। उन दिनों की उस भाषा को 'मलयालम-तमिल' कहते थे। कुछ लोगों का कहना है कि वह तमिल भाषा की एक प्रादेशिक बोली मात्र थी; लेकिन वास्तव में 'मलयालम-तमिल' में रचे हुए उन प्राचीन गीतों में तमिल भाषा से बहुत-कुछ भिन्न एक स्वतन्त्र प्रकार की बोली का विकासोन्मुख रूप अवश्य प्राप्त होता है, इसका नाम ही आगे चलकर 'मलयालम' पड़ा था। अतः उन लोकगीतों को, यदि मलयालम के प्रेमी ऐतिहासिक विद्वान्, मलयालम की प्राचीन सम्पत्ति बताते हैं, तो तमिल के अनन्य आराधक उन्हें अपनी भाषा की पुरानी पूँजी मानने का दावा भी अवश्य करते हैं। वे लोकगीत तत्कालीन किसान रमणियों के गाने के लिए रचे गये थे, जिनमें केरल के प्रकृति-सौन्दर्य, प्रेम, विरह, विनोद आदि के मनोज्ञ एवं मधुर वर्णन मिलते हैं; लेकिन उन गीतों का कोई अच्छा प्रामाणिक संग्रह अभी तक प्रकाशित नहीं हुआ है। केवल देहाती लोग गाया करते हैं।

मलयालम के गद्य-साहित्य में सबसे पहले पाठ्य-पुस्तकों की बारी ही आती है। आरम्भ में कई ईसाई पण्डितों ने इस उपयोगी कार्य में थोड़ी-बहुत सफलता अवश्य पायी है; लेकिन

'केरल वर्मा वलियकोयितम्पुरान' और उनके भानजे 'राजराज वर्मा कोयितम्पुरान' के प्रयत्नों से मलयालम में जो पाठ्य-पुस्तकें लिखी गयी थीं, उनकी बराबरी करनेवाली रचनाएँ, शायद ही किसी भाषा में अन्यत्र प्रकाशित हुई होंगी। वे दोनों राज-परिवार के प्रतिष्ठित विद्वान् और अच्छे कवि तथा साहित्यकार भी थे। मलयालम के अभिनव साहित्य के निर्माताओं में ये दोनों कोयितम्पुरान अत्यन्त आदरणीय साहित्य-सेवी माने जाते हैं। उन्होंने अथक परिश्रम करके गद्य-साहित्य की बड़ी उन्नति की है। उनमें राजराज वर्मा ने स्वयं पाठ्य-पुस्तकों के अलावा अच्छे-अच्छे रीति ग्रन्थों, व्याकरण आदि की रचना भी की है। उनके लिखे हुए लक्षण-ग्रन्थों में 'साहित्य साह्यम्' तथा 'मध्यम-व्याकरण', 'वृत्त मंजरी', 'भाषा-भूषण', 'केरल पाणिनीयम्' आदि प्रामाणिक रचनाएँ मानी जाती हैं। करेल वर्मा ने 'अकबर' नामक एक उपन्यास लिखा है। 'विज्ञान मंजरी' और 'महच्चरितम्' उनकी दूसरी श्रेष्ठ गद्य रचनाएँ हैं। वे गद्य की अपेक्षा पद्य ज्यादा लिखते थे। उनके काव्यों में 'पद्मनाभ पद पद्म शतकम्', 'मयूर सन्देशम्', 'अभिज्ञान शाकुन्तलम्' नाटक (अनुवाद), 'ध्रुव चरितम्', 'हनुमदुत्सवम्' आदि बहुत श्रेष्ठ एवं प्रसिद्ध माने जाते हैं। उन दोनों 'कोयितम्पुरानों' की प्रेरणा से कितने ही गद्य-लेखक तथा कवि मलयालम साहित्य की उन्नति करने में तत्पर होने लगे। उन सबके अथक प्रयत्न से आधुनिक काल में मलयालम साहित्य की सर्वतोन्मुखी उन्नति हो रही है।

जैसे हिन्दी साहित्य का आधुनिक काल भारतेन्दु से शुरू होता है, वैसे ही मलयालम में भी उपर्युक्त दोनों 'कोयितम्पुरानों' से आधुनिक पद्य और गद्य-साहित्य का आरम्भ होता है। वे आधुनिक युग के पथ-प्रदर्शक एवं प्रवर्तक माने जाते हैं। उनके समकालीन कवियों में के. सी. केवल पिल्ला, कोण्डु गल्लूर कुजिकुट्टन तम्पुरान, चाततुकुट्टि मन्नटियार, पन्तलम् केरल वर्मा, नटुवम् नम्पूतिरी, कुण्टूर नारायण मेनन आदि के नाम विशेष उल्लेखनीय हैं।

आधुनिक पद्य-साहित्य की नवीन धारा के अग्रदूतों के रूप में कुमारन् आशान्, बल्लातोल और उल्लूर के नाम लिये जाते हैं। ये दोनों महाकवि इस समय जीवित नहीं हैं। इनमें कुमारन् आशान् मलयालम के दुःखवादी दार्शनिक कवि हैं। उनकी कविता में पीड़ा और निराशा की मार्मिक गूँज है। वे बड़े तत्त्वान्वेषी, जीवनदर्शी कवि थे; अतः उनकी रचनाएँ दार्शनिक और दयनीय दुर्दशा पर मार्मिक प्रकाश डालते हुए 'चण्डाल भिक्षुकि' नामक खण्ड-काव्य लिखा है। इसके अलावा 'बुद्ध चरितम्', 'बीणपूवू', 'नलिनी', 'चिन्तामग्ना सीता', 'लीला', 'करुणा' आदि बीसों उत्कृष्ट काव्य लिखे हैं।

मलयालम के आधुनिक पद्य-साहित्य में ऐसे अनेक उदीयमान प्रतिभा-सम्पन्न कवि हैं, जो अपनी अमूल्य, सुन्दर, भावपूर्ण, क्रान्तिकारी एवं मधुरतम कविताओं से साहित्य की निरन्तर श्रीवृद्धि करते रहे हैं। उनमें नालप्पाडु बालामणि अम्मा और नारायण मेनन, के. राजा कुट्टिप्पुरत्तु, केशवन नायर, वेण्णिक्कुलम्, गोपाल कुरुप, वेलोप्पिल्लि श्रीधर मेनन, ओलप्पमण्ण, पी. भास्करन्, अन.वी. कृष्ण वारियर, पाला नारायणन नायर आदि कुछ प्रमुख कवियों के नाम विशेष उल्लेखनीय हैं।

मलयालम के गद्य-साहित्य में उपन्यास, गद्य-काव्य, नाटक, एकांकी, कहानी, जीवनी, निबन्ध, आलोचना आदि सब प्रकार की रचनाएँ मिलती हैं। उपन्यास-साहित्य के क्षेत्र में

संस्कृत, अंग्रेजी और बंगाल के उपन्यासों तथा आख्यायिकाओं का प्रभाव मलयालम पर खूब पड़ा है। अंग्रेजी और बँगला के उत्तम उपन्यासों का अनुवाद मलयालम में काफी हो चुका है। उनके प्रभाव में पड़कर कई स्वतन्त्र मौलिक उपन्यासों की रचना भी हुई है। उपन्यासों में सर्वप्रथम मौलिक उपन्यास 'कुन्दलता' के रचयिता 'अप्पु नेटुंगाडी' माने जाते हैं। चन्तु मेनन के 'शारदा', 'इन्दुलेका', सी.वी. रामपिल्लै के 'मार्तण्ड वर्मा', 'रामराज बहादुर', 'प्रेमामृतम्', टी.के. वेलु पिल्लै के 'हेमलता', सरदार के.एस. पणिक्कर के 'परंकिप्पटयालि', 'पुणोरकोट्टु स्वरूपम्', 'केरल सिंहम्', एन.के. कृष्ण पिल्लै के 'कनक मंगलम्', नारायण गुरुवकल के 'सत्याग्रही', रामकृष्ण पिल्लै के 'पारपुरम्', गोपिनाथन नायर के 'सुधा', पोट्टकाट्ट तकषी तथा उरुव के दसों उपन्यास उच्चकोटि के उपन्यास हैं। मलयालम में उपन्यास-साहित्य की ईर्ष्याजनक उन्नति अवश्य हो रही है, इसकी प्रशंसा भारत की केन्द्र सरकार भी कर चुकी है। तकषी के 'चम्मीन' नामक मौलिक उपन्यास को सरकार पाँच हजार रुपये से पुरस्कृत कर चुकी है।

कहानी-साहित्य का भी अच्छा विकास मलयालम में हो रहा है। इधर सैकड़ों श्रेष्ठ कहानियाँ प्रकाशित हो चुकी हैं। प्रायः सभी उपन्यास-लेखकों ने कहानियाँ भी लिखी हैं। उनके अलावा पोनकुन्नुं वर्की, पोट्टक्काटु, मुहम्मद वशीर, कारूर, कोवूर, तकषी, सरस्वती अम्मा, ललिताम्बिका अन्तर्जनम्, केसवदेव, के.टी. मुहम्मद, पी.सी. कुट्टिकृष्णन् आदि सैकड़ों कहानी-लेखकों के नाम भी अवश्य उल्लेखनीय हैं।

नाटक और एकांकियों का साहित्य भी मलयालम में काफी उन्नति कर रहा है। ई.वी. कृष्ण पिल्लै ने नाटक-साहित्य के विकास में सराहनीय काम किया है। पुराने संस्कृत एवं तमिल नाटकों के अनुवाद के बाद स्वतन्त्र मौलिक नाटकों की रचना करने का क्षेत्र उन्हीं के कारण सुगम हो गया। 'शाकुन्तलम्', 'मालविकाग्निमित्रम्', 'चारुदत्तम्', 'उत्तररामचरितम्' जैसे पद्यमय अनूदित नाटकों के बाद ई. वी. कृष्ण पिल्लै के गद्य नाटकों ने विशेष लोकप्रिगता पायी। रंगमंच की दृष्टि से उनके नाटक अत्यधिक सफल हुए। 'सीता देवी', 'इरविकुट्टि पिल्लै', 'राजा केशवदास', बी. ए. मायावी 'पेण्णरसुनाटु' आदि उनके प्रसिद्ध नाटक हैं। पोनकुन्नं वर्की, कौन्निक्करा कुमार पिल्लै और पद्मनाभ पिल्लै, सी. माधवन पिल्लै, टी.एन. गोपिनाथन नायर, एन.पी. चेल्लप्पन नायर, बी.टी. भट्टतिरि, के. रामकृष्ण पिल्लै, के.टी. मुहम्मद, एन. कृष्ण पिल्लै, कापन कृष्ण मेनन आदि कई सज्जन आधुनिक युग के प्रमुख नाटककार हैं। आर.सी. शर्मा जैसे कुछ लेखकों ने बँगला के डी. एल. राय, गिरीश घोष आदि का नाटकों के अनुवाद भी किया है।

हिन्दी और मलयालम में सम्बन्ध

इतिहास से इस बात का पता लगता है कि बहुत पुराने जमाने से भी केरल में कहीं-कहीं हिन्दुस्तानी भाषा का थोड़ा-बहुत अध्ययन हो रहा था। यहाँ के प्राचीन एवं प्रसिद्ध देव-मन्दिरों के पास पहले 'गोसाईं-मठ' नामक खास प्रकार की सरायें अथवा मुसाफिरखाने बने हुए थे। उन मठों में 'द्विभाषी' नामक कर्मचारी नियुक्त होते थे, इनका मुख्य काम उत्तर भारत से,

समय-समय पर केरल आनेवाले साधु-सन्तों तथा तीर्थ-यात्रियों का समुचित स्वागत-सत्कार करना था। 'द्विभाषी' अपने यहाँ आनेवाले अतिथियों को बड़े आदर-सम्मान के साथ ठहराते थे और उन्हें अपने यहाँ के प्रधान दर्शनीय स्थान आदि दिखाते थे। 'द्विभाषी' के पद पर नियुक्त होने के लिए हिन्दी या हिन्दुस्तानी का कामचलाऊ ज्ञान आवश्यक माना जाता था; अतः उसके उम्मीदवार को, किसी-न-किसी प्रकार थोड़ी हिन्दी की जानकारी हासिल करनी पड़ती थी। इसके लिए वे लोग अपने सत्संग और साधु-सेवा के फलस्वरूप प्राप्त होनेवाले हिन्दी ज्ञान को मलयालम लिपि में लिख लिया करते थे। उन पुस्तकों की सहायता से 'द्विभाषी' तथा उनके बन्धु-मित्र एक प्रकार की टूटी-फूटी हिन्दी सीख लेते थे। उन्हीं हिन्दी को पहले, 'गोसाईं-भाषा' अथवा 'हिन्दुस्तानी' के नाम से लोग पुकारते थे। 'द्विभाषी' की नियुक्ति तत्कालीन राजाओं की सरकार की तरफ से होती थी; इसलिए साधारणतः राजाओं के आश्रय में रहनेवाले सेवक लोग ही ज्यादातर इस पद पर नियुक्त होते थे। सरकार की तरफ से उन साधु-सन्तों तथा मेहमानों को मुफ्त में बाँट देने के लिए गेहूँ, आटा, दाल, नमक, चावल, तरकारी, लकड़ी, बर्तन आदि चीजें दी जाती थीं। उनको समुचित रूप से तीर्थ-यात्रियों में बाँट देने का भार 'द्विभाषियों' का था। इस प्रकार के द्विभाषियों के वंशज कई लोग इस वक्त भी केरल के प्रसिद्ध तीर्थों के किनारे पाये जाते हैं। उनमें कुछ सज्जनों के पास 'हिन्दुस्तानी' भाषा सीखने के लिए उन दिनों मलयालम में लिखी हुई प्राचीन पुस्तकें भी मिलती हैं। उन हस्तलिखित पुस्तकों से यह प्रमाणित होता है कि केरल में बहुत प्राचीन काल से हिन्दी का अध्ययन हो रहा था। इसी प्रकार प्राचीन 'गोसाईं-मठों' और 'द्विभाषी' ज्यादातर तिरुवितांकुर और कोचीन में ही पाये जाते हैं, क्योंकि वहाँ के राजाओं की सरकार बहुत दिनों तक कायम रही और वही द्विभाषियों की नियुक्ति भी जारी रही।

प्राचीनकाल से तिरुवितांकुर राज्य के राजा लोग बड़े धर्मनिष्ठ, कला-कुशल, साहित्यानुरागी एवं बहु-भाषा प्रेमी रहते थे। अतः वे स्वयं अपने यहाँ आनेवाले साधु-सन्तों का सत्संग पाने के लिए बड़े उत्सुक रहा करते थे। वे अपने दरबारों में भी हिन्दी-विद्वानों तथा कवियों का विशेष रूप से स्वागत-सम्मान किया करते थे। अपने प्रयत्न में बहुत से राजा लोगों को काफी सफलता मिली थी। उनमें एक राजा ऐसे थे, जिन्होंने केवल हिन्दी सीखी ही नहीं, बल्कि हिन्दी में अच्छी-अच्छी कविताएँ भी लिखी थीं। उनका नाम 'स्वाति नक्षत्रज राजवर्मा राजा' था। वे गर्भ-श्रीमान् और स्वाति-तिरुनाल के नाम से अधिक प्रसिद्ध हुए थे। उनका जन्म 16 अप्रैल, सन् 1813 को हुआ था। वे संस्कृत, तमिल, हिन्दी, अंग्रेजी, मलयालम, कन्नड़, तेलुगु आदि विविध भाषाएँ जानते थे। उन्होंने प्रायः उन सभी भाषाओं में अच्छे-अच्छे गीत, कीर्त्तन और पद भी रचे हैं। दक्षिण भारत के सुविख्यात संगीताचार्य त्यागराज के कीर्त्तनों और गीतों के समान महाराज 'स्वाति-तिरुनाल' की रचनाएँ भी संगीत-मर्मज्ञों के बीच में बहुत प्रसिद्ध मानी जाती हैं। 'गर्भ-श्रीमान्' के हिन्दी-पद और गीत, भक्त कवि सूरदास, मीराँ आदि के पदों के समान कर्ण-मधुर एवं भावपूर्ण हुए हैं।

राजा 'गर्भ-श्रीमान्' भी बड़े कृष्णभक्त थे। उन्होंने हिन्दी में कुल चालीस के करीब पद और गीत रचे हैं। पहले वे गीत और पद मलयालम लिपि में ही लिखे गये थे। अभी तक

नागरी अक्षरों में छपी एक पुस्तक के रूप में उनकी हिन्दी कविताएँ प्रकाशित नहीं हुई हैं। इन पंक्तियों के देखने से सन् 1936 में काशी नागरी प्रचारिणी सभा की मुख्य-पत्रिका 'नागरी प्रचारिणी पत्रिका' में उन गीतों का एक संग्रह कवि की जीवनी के साथ प्रकाशित कराया था। उस प्रकाशन में 'गर्भ श्रीमान्' के जितने हिन्दी पद और कीर्त्तन तब तक उपलब्ध हुए थे, उन सबका संग्रह किया गया था।

महाराज 'गर्भ-श्रीमान्' के हिन्दी पदों और कीर्त्तनों की भाषा में खड़ीबोली और ब्रजभाषा का सुन्दर सम्मिश्रण हुआ है। उनमें असीम श्रीकृष्णभक्ति के सूक्ष्म तथा मार्मिक भावों का अभिव्यंजन हुआ है। समुचित स्थानों पर सार्थक शब्द-रत्नों का सुन्दर चयन करके अपने पदों और गीतों की गति और योग्यता में कमनीयता और कर्म-प्रियता पैदा करने की कला ही 'गर्भ-श्रीमान्' की लेखनी की सबसे बड़ी विशेषता है। हिन्दी तथा अन्य भाषाओं में रचे हुए उनके तमाम पदों और कीर्त्तनों में हम एक सच्चे भक्त के सम्पूर्ण आत्म-समर्पण और तल्लीनता की अनुभूति का अभिव्यंजन पा सकते हैं। वे एक महान् तत्त्ववेत्ता, दार्शनिक, विद्वान् अथवा महान् उपदेशक नहीं थे। वे मुख्यतः एक रसिक भावुक भक्त-कवि और सफल गायक मात्र थे। अपने इष्टदेव तथा कुलदेव 'श्रीपद्मनाभ' के प्रति अपनी अपार एवं अकलंक भक्ति को अभिव्यक्त करना, उनके प्रेम में मस्त होकर अपने-आपको भूल जाना, उनके प्रति होनेवाली भक्ति के सामने समस्त संसार को तुच्छ मानना, 'श्रीपद्मनाभ' को छोड़कर दूसरे देवों की गौणता दिखाना आदि कई बातें हम 'गर्भ-श्रीमान्' की प्रत्येक कविता में पाते हैं।

राष्ट्रपिता महात्मा गाँधी ने दक्षिण भारत में हिन्दी-प्रचार का काम करने के लिए मद्रास में 'दक्षिण भारत हिन्दी प्रचार सभा' नामक संस्था की स्थापना करके वास्तव में एक बड़ा भारी राष्ट्रनिर्माण का कार्य पूरा किया है। अब इस बड़ी संस्था की चार प्रान्तीय शाखाएँ अथवा सभाएँ स्थापित हो चुकी हैं। इन्हीं प्रान्तीय सभाओं की तरफ से प्रत्येक प्रान्त में गत चालीस सालों से हिन्दी-प्रचार का कार्य बड़ी सफलता के साथ किया जा रहा है। सबसे पहले सन् 1922 में 'दक्षिण भारत हिन्दी प्रचार सभा' ने एक केरलीय हिन्दी विद्वान् श्री एम. दामोदरन उण्णि को उत्तर भारत से बुलाकर केरल में हिन्दी-प्रचार का कार्य करने तथा उसके लिए आवश्यक संगठन आदि की व्यवस्था करने का आदेश दिया। श्रीमान् दामोदरन उण्णि, केरल के एट्टुमानूर नामक गाँव के निवासी थे। उत्तर भारत में संस्कृत भाषा का विशेष अध्ययन करने के लिए गये हुए थे। वहाँ कई सालों तक आर्यसमाजी गुरुकुलों में अध्ययन और अध्यापन का कार्य करते हुए उन्होंने संस्कृत और हिन्दी का अच्छा पाण्डित्य प्राप्त किया था; इसलिए उन्होंने हिन्दी-प्रचार-सभा का आदेश सहर्ष स्वीकार किया और केरल में आकर राष्ट्रभाषा का प्रचार करने लगे। श्री दामोदरन उण्णि ने केरल के कई प्रधान केन्द्रों में भ्रमण करके यहाँ लोगों को हिन्दी सीखने की जरूरत समझायी। वे स्वयं प्रत्येक केन्द्र में पाँच-छह महीनों तक रहकर वहाँ के उत्साही स्त्री-पुरुषों को पढ़ाने लगे। उनके हिन्दी-वर्ग के किसी होनहार विद्यार्थी को वे हिन्दी वर्ग चलाने का कार्य भी सौंप देते थे। उनकी सलाह और सहायता से प्रोत्साहित होकर कई नये हिन्दी-प्रचारक इस क्षेत्र में काम करने लगे, इसलिए अब कभी वे अपने किसी एक केन्द्र का काम बीच में छोड़कर अन्यत्र चले जाते थे, तब वहाँ का

काम पूर्ववत् जारी रखने की जिम्मेदारी उन विद्यार्थियों पर छोड़ देने में कामयाब होते थे। उनके द्वारा संगठित हिन्दी-केन्द्रों में कभी कार्यकर्त्ताओं का अभाव नहीं रहा है। उनकी इस सफल नीति के कारण नये-नये हिन्दी-प्रचारक अलग-अलग केन्द्रों में आकर स्वतन्त्र रूप से हिन्दी का प्रचार करने लगते। इस तरह श्री दामोदरन उण्णि ने अकेले ही बहुत-से हिन्दी-केन्द्रों का संगठन मात्र नहीं किया, बल्कि संचालन भी खूब किया। वे संस्कृत, हिन्दी और मलयालम के प्रकाण्ड विद्वान् थे; अच्छे वक्ता, सफल संगठक और सरल अध्यापक थे। इसलिए, उनके व्यक्तित्व और प्रवचनों से प्रभावित होकर बहुत-से लोग हिन्दी पढ़ने और पढ़ाने में बड़ी दिलचस्पी दिखाते थे। उनकी मजेदार बातें सुनने के लिए कई प्रतिष्ठित सज्जन उनके वर्गों में शामिल हुआ करते थे। वे वास्तव में एक आदर्श हिन्दी-प्रचारक थे। केरल के हजारों आधुनिक हिन्दी-प्रचारकों में बहुत-से लोग ऐसे हैं, जो या तो श्री दामोदरन उण्णि के शिष्यों में से हैं अथवा उनके शिष्यों की परम्परा के विद्यार्थी हैं। इन पंक्तियों का लेखक भी उनके शिष्यों में से एक है। स्वर्गीय श्री दामोदरन उण्णि जी ही केरल के प्रथम 'हिन्दी-प्रचारक' माने जाते हैं।

सन् 1925 से मद्रास की हिन्दी-प्रचार-सभा की तरफ से केरल में श्री दामोदरन उण्णि के अलावा श्री के. केशवन नायर, श्री के.आर. शंकरानन्द जैसे दो-चार नये हिन्दी-प्रचारक भी नियुक्त हुए। उन प्रथम प्रचारकों के अथक परिश्रम से केरल के कतिपय केन्द्रों में संगठित रूप से हिन्दी-प्रचार का काम बढ़ने लगा। कितने ही नये हिन्दी-वर्गों का संगठन हुआ। हिन्दी-प्रचार-सभा की परीक्षाओं के लिए नये-नये केन्द्र खोले गये। जगह-जगह हिन्दी-प्रचार की आवश्यकता और महत्त्व को समझाने के लिए प्रचारक-सम्मेलन होने लगे। केरल के उत्साही युवकों को हिन्दी-प्रचार-सभा की तरफ से संचालित प्रचारक विद्यालयों में शामिल होकर, पढ़ाने के लिए छात्रवृत्ति देकर बुलाया गया। उन विद्यालयों में बीसों युवक पढ़ने के लिए गये और अपनी शिक्षा पूरी करके वापस आने पर केरल के किसी-न-किसी केन्द्र में हिन्दी-प्रचार का कार्य करने में लीन हो गये। इस प्रकार ज्यों-ज्यों केरल के हिन्दी केन्द्रों की संख्या बढ़ने लगी, त्यों-त्यों नये-नये उत्साही एवं निःस्वार्थ हिन्दी-प्रचारक भी इस महान् आन्दोलन में स्वेच्छा से भाग लेने लगे।

सन् 1922 से सन् 1932 तक केरल में हिन्दी-प्रचार का जो कार्य हुआ, उसका पूरा उत्तरदायित्व सीधे 'दक्षिण भारत हिन्दी-प्रचार-सभा' का ही रहा था। इस बीच, सन् 1922 में दक्षिण भारत हिन्दी-प्रचार-सभा के प्रचार-मन्त्री के पद पर कोचिन निवासी डब्ल्यू.पी. इग्नेशियस की नियुक्ति हुई। उन्होंने केरल के हिन्दी-प्रचार कार्य को पूर्वाधिक संगठित एवं व्यवस्थित रूप प्रदान करने में सफलता पायी। उनके प्रयत्नों के फलस्वरूप सन् 1928 में कोचिन राज्य की विधानसभा में हिन्दी-प्रचार के सम्बन्ध में एक महत्त्वपूर्ण प्रस्ताव स्वीकृत हुआ। इसका आशय यह था कि कोचिन रियासत के तमाम हाईस्कूलों में अनिवार्य रूप से राष्ट्रभाषा हिन्दी पढ़ायी जाय। उन्हीं दिनों में कोचिन के महाराज के परिवार के स्त्री-पुरुष भी हिन्दी पढ़ने लगे थे। अतः महाराजा ने भी उपर्युक्त का विरोध नहीं किया। उस समय के शिक्षा-निदेशक (डी.पी.आय.), श्री सी. मत्ताई ने उस प्रस्ताव से प्रेरित होकर कोचिन राज्य

के कुछ प्रमुख हाईस्कूलों में ऐच्छिक रूप से हिन्दी पढ़ाने की व्यवस्था की। उन स्कूलों में हिन्दी पढ़ाने के लिए आवश्यक अध्यापकों को सभा ने ही हिन्दी पढ़ाने की व्यवस्था की। उन स्कूलों में हिन्दी पढ़ाने के लिए आवश्यक अध्यापकों को सभा ने ही प्रदान किया था, जिनमें सभा के सवैतनिक एवं सहायक प्रचारक श्री पी. के. केशवन नायर, श्री पी. के. नारायण, श्री के.आर. शंकरानन्द, श्री के. केशवन नायर, श्री के.वी. नायर, श्री जी. नीलकण्ठन नायर, श्री कृष्णदेव, श्री एम. नारायण मेनन, श्री राघवन इलयिटम, श्री के. माधवकैमल, के.जी. पणिक्कर आदि पुराने हिन्दी सेवी महाशय भी शामिल थे। इस तरह दक्षिण भारत में सबसे पहले हाईस्कूलों में हिन्दी पढ़ाने की व्यवस्था करने का श्रेय कोचिन के महाराजा की ही सरकार को प्राप्त हुआ।

धीरे-धीरे केरल में हिन्दी का प्रचार पूर्वाधिक बढ़ने लगा, तो सन् 1932 में दक्षिण भारत हिन्दी-प्रचार-सभा ने, यहाँ का काम सुचारु रूप से चलाने के लिए अपनी एक प्रादेशिक शाखा एरनाकुलम् शहर में स्थापित की। उस शाखा के मन्त्री के पद पर श्री ए. चन्द्रहासन नियुक्त हुए। उनके नेतृत्व में हिन्दी-प्रचार में बड़ी प्रगति होने लगी। थोड़े ही दिनों के बाद तिरुवितांकूर रियासत में हिन्दी-प्रचार कार्य को संगठित रूप से चलाने के लिए सभा की एक नवीन शाखा तिरुवनन्तपुरम् शहर में भी खोलनी पड़ी। उस शाखा के मन्त्री पण्डित देवदूत विद्यार्थी बनाये गये थे। एरनाकुलम् में स्थापित शाखा की देख-रेख में कोचिन राज्य और मालवार के हिन्दी प्रचार कार्य सम्पन्न होने लगे और तिरुवितांकूर रियासत मात्र का काम तिरुवनन्तपुरम् की शाखा की तरफ से संचालित एवं संगठित होने लगा। इन दोनों नवीन शाखाओं के निरन्तर प्रयत्न के कारण केरल के कोने-कोने में नये-नये हिन्दी-केन्द्रों का संगठन बहुत शीघ्र हो गया। हिन्दी-प्रचारकों और हिन्दी-वर्गों की संख्या भी बेहद बढ़ गयी। विभिन्न परीक्षाओं में हजारों की तादाद में परीक्षार्थी शामिल होने लगे। सभा के इने-गिने सवैतनिक प्रचारकों के अलावा कई उत्साही स्वतन्त्र प्रचारक भी निःस्वार्थ भाव से हिन्दी-प्रचार का कार्य करने में तन-मन से लग गये। इस प्रकार सन् 1932 से 1936 तक केरल के हिन्दी-प्रचार कार्य में जो प्रशंसनीय प्रगति हुई, उसका पूरा श्रेय सभा की इन दोनों शाखाओं को दिया जा सकता है।

सन् 1936 के बाद दक्षिण भारत हिन्दी प्रचार सभा के आदेशानुसार उसी के तत्त्वावधान में आन्ध्र, तगिलनाडु, केरल और कर्नाटक की प्रान्तीय भाषाओं के आधार पर उन चारों, भाषावार प्रान्तों में हिन्दी-प्रचार का काम स्वतन्त्र रूप से चलाने की प्रेरणा देने के उद्देश्य से अलग-अलग चार प्रान्तीय हिन्दी-प्रचार सभाएँ स्थापित हो गयीं। उनमें केरल की प्रान्तीय सभा का संविधान सन् 1936 के जुलाई मास में सभा के सदस्यों का जो विराट् सम्मेलन एरनाकुलम् में बुलाया गया था, उसमें सर्वसम्मति से स्वीकृत हुआ। उसी सम्मेलन में सभा के तत्कालीन पदाधिकारियों का चुनाव भी किया गया। कोचिन राज्य के अवकाश-प्राप्त शिक्षा-निदेशक स्वर्गीय श्री सी. मत्ताई ही सर्वसम्मति से सभा के प्रथम अध्यक्ष चुने गये। देश के कुछ प्रमुख नेताओं की एक कार्यकारिणी समिति भी उसी दिन बनायी गयी। दक्षिण भारत हिन्दी प्रचार सभा ने अपने सुयोग्य एवं महान् कार्यकर्त्ता पण्डित देवदूत विद्यार्थी को केरल की नवीन प्रान्तीय सभा के मन्त्री के पद पर नियुक्त किया। इस तरह सन् 1936 में इस

प्रान्तीय हिन्दी प्रचार सभा का जन्म केरल में हुआ था, वही अब तक वहाँ का हिन्दी-प्रचार कार्य बड़ी दक्षता और सफलता के साथ करती आ रही है।

मद्रास की 'दक्षिण भारत हिन्दी प्रचार सभा' के मार्गदर्शन के अनुसार उपर्युक्त प्रान्तीय सभा अपने प्रजातन्त्रात्मक संविधान के आधार पर हिन्दी-प्रचार सम्बन्धी बहुमुखी कार्य-कलाप करती है। हिन्दी-प्रचार के महान् कार्य में सहयोग और सहायता देने की इच्छा रखनेवाले सभी बालक, स्त्री-पुरुष नियत चन्दा देकर इस संस्था के सदस्य बन सकते हैं। सदस्यों के विराट् सम्मेलन में सभा की व्यवस्थापिका समिति के सदस्य चुने जाते हैं। उसके बाद व्यवस्थापिका समिलि अपनी एक कार्यकारिणी समिति का चुनाव करती है। सभा के अध्यक्ष, उपाध्यक्ष, कोषाध्यक्ष, कार्यकारिणी समिति के सदस्य आदि पदाधिकारी भी नियमानुसार चुने अथवा मनोनीत हो जाते हैं; लेकिन प्रान्तीय सभा के मन्त्री की नियुक्ति दक्षिण भारत हिन्दी प्रचार सभा स्वयं करती है। इस प्रकार इस प्रान्तीय सभा की जो कार्यकारिणी समिति बनती है, वही व्यवस्थापिका समिति के निर्देशानुसार इस संस्था को सुचारु रूप से चलाने का काम सँभालती है। यद्यपि प्रत्येक प्रान्तीय सभा अपने बहुमुखी कार्यों के लिए अपने प्रान्त के लोगों से समय-समय पर चन्दा, दान आदि वसूल करती है, तो भी इनकी मातृसंस्था दक्षिण भारत को हिन्दी प्रचार सभा ही आवश्यकतानुसार अनुदान आदि देकर उसको अपना आर्थिक उत्तरदायित्व पूरा करने का मौका देती है; इसलिए प्रत्येक प्रान्तीय सभा का अभेद सम्बन्ध 'दक्षिण भारत हिन्दी प्रचार सभा' से अवश्य बना रहता है।

केरल प्रान्तीय हिन्दी प्रचार सभा अपने प्रान्त के हिन्दी-प्रचार कार्य को बढ़ाने के लिए बीसों सवैतनिक एवं सैकड़ों सहायक हिन्दी-प्रचारकों को नियुक्त करती है। अपने सुयोग्य एवं अनुभवी संगठकों के द्वारा नये-नये हिन्दी-केन्द्रों का संगठन करके, हिन्दी-प्रचार-मण्डल और शाखा समितियाँ कायम करना भी सभा के कार्यक्रम में प्रधान माना जाता है। हिन्दी की प्रारम्भिक तथा उच्च शिक्षा प्रदान करने के लिए विभिन्न केन्द्रों में प्रारम्भिक हिन्दी विद्यालयों तथा महाविद्यालयों का संचालन भी सभा करती है। प्रमुख केन्द्रों में हिन्दी-मुसलमानों और वाचनालयों की स्थापना करके हिन्दी पढ़े-लिखे लोगों की जानकारी बढ़ाने की व्यवस्था भी यही संस्था करती है। इसी प्रकार समय-समय पर हिन्दी-सप्ताह, हिन्दी मेला, हिन्दी शिविर, हिन्दी स्पर्द्धाएँ, हिन्दी प्रचारक सम्मेलन, सार्वजनिक हिन्दी-प्रचार सम्मेलन, हिन्दी नाटक-प्रदर्शन, हिन्दी-पत्रिका प्रकाशन आदि विविध कार्य-कलापों के लिए, केरल की जनता में हिन्दी सीखने की अभिरुचि बढ़ाने में यह प्रान्तीय सभा काफी सफल हो रही है। विविध हिन्दी-परीक्षाओं के द्वारा केरल के लोगों में हिन्दी की जानकारी को सुदृढ़ एवं विकासोन्मुख बनाये रखने का प्रयत्न करना सभा का सबसे प्रधान कार्य माना जाता है। केरल के स्कूलों और कॉलेजों में हिन्दी की पढ़ाई का प्रबन्ध करने में भी प्रान्तीय सभा को बड़ी सफलता प्राप्त हो गयी है, जिसका प्रत्यक्ष प्रमाण यह है कि आज दक्षिण भारत में केरल ही एक ऐसा अहिन्दी प्रदेश है जहाँ के सभी स्कूलों और कॉलेजों में हिन्दी अनिवार्य रूप से पढ़ायी जाती है।

आधुनिक केरल में हिन्दी का प्रसार समस्त दक्षिणी राज्यों में सर्वाधिक है। डॉ. चन्द्रशेखर नायर, डॉ. एन. रामन्, डॉ. एन.ई. विश्वनाथ अय्यर, डॉ. के.जी. बालकृष्णन्, डॉ. अरविन्दाक्षन्,

डॉ. आर. सुरेन्द्रन् (आरसु), डॉ. तंकमणियम्मा, डॉ. सुधाबलाकृष्णन्, प्रो. पी. कृष्णन्, प्रो. पी. श्री धरन् नम्बियार, गोविन्द शेनाय, डॉ. कोवप्रत, श्री बाबू जे. हर्षे केरल के वर्तमान हिन्दी उन्नायक हैं और उनकी एक प्रशस्त परम्परा शोध के द्वारा विकसित हो रही है। डॉ. आरसु ने कानपुर से प्रकाशित नवनिकष का केरल विशेषांक निकालकर केरल के हिन्दी लेखकों और अनुवादकों को एक मंच पर लाने का सराहनीय प्रयास किया है।

2

पूर्वाञ्चल भाषा वर्ग

(1) बाँग्ला भाषा एवं साहित्य और हिन्दी

प्राकृत भाषाओं में मागधी प्राकृत का नामकरण मगध के आधार पर हुआ था। मगध क्षेत्र की भाषा को मागधी कहा जाता है। प्राचीनकाल में मगध जनपद का क्षेत्र व्यापक था। मगध के अन्तर्गत वर्तमान पूर्वोत्तर भारत समाहित था। सम्राट् अशोक ने कलिंग (वर्तमान उड़ीसा) को जीता था। गुप्त काल में मगध साम्राज्य का विस्तार सम्पूर्ण मध्य भारत और पश्चिमोत्तर भारत था। साम्राज्य का विस्तार होने के बावजूद मागधी प्राकृत का साहित्य में प्रयोग कम मिलता है। साहित्यिक प्राकृत मूलतः महाराष्ट्री प्राकृत थी। प्राकृत साहित्य के रचनाकार अधिकांशतः पश्चिमी भारत के थे। इसी मागधी से पूर्वोत्तर भारत की आर्यभाषाओं का विकास हुआ। आधुनिक आर्यभाषाओं में वर्तमान बिहार, बंगाल और उड़ीसा की भाषाएँ मगध से विकसित हुईं । बिहारी भाषाएँ अर्द्धमागधी के निकट रहीं जिनसे हिन्दी की तीन बोलियों का विकास हुआ। बंगाल में मागधी का जो रूप विकसित हुआ उसे बाँग्ला कहा गया। बाँग्ला, उड़िया और असमिया नाम आधुनिक क्षेत्रों के आधार पर विकसित हुए। इन तीनों भाषाओं में पर्याप्त साम्य है। विद्यापति के गीत बाँग्ला और मैथिली में समान रूप से लोकप्रिय हैं।

आधुनिक बाँग्ला वर्तमान बंगाल प्रान्त और बाँग्लादेश की भाषा है। बाँग्ला का आधुनिक स्वरूप विकसित होने के पूर्व साहित्य और दर्शन का केन्द्र होने के कारण बंगाल संस्कृत का केन्द्र था। प्राचीन काल में मिथिला नदिया (बंगाल) और काशी संस्कृत विद्वानों के केन्द्र थे। इसीलिए बाँग्ला में तद्भव शब्दों के स्थान पर संस्कृत के तत्सम शब्द अधिक मिलते हैं। इस दृष्टि से बाँग्ला आधुनिक भारतीय भाषाओं में संस्कृत के सर्वाधिक निकट है।

भाषावैज्ञानिक विशेषताएँ

1. ध्वनियाँ—बाँग्ला ध्वनियों का विकास संस्कृत से हुआ है। अतः हिन्दी और बाँग्ला की ध्वनिगत विशेषताएँ समान हैं। कुछ ध्वनियों के अलावा दोनों की वर्णमाला समान है। बाँग्ला-हिन्दी की समान वर्णमाला इस प्रकार है—

समान स्वर—अ, आ, इ, ई, उ, ऊ, ए, ऐ, ओ, औ, अं, अः

अन्तर—बाँग्ला में और विशेष स्वर है तथा इन वृत्ताकार होंठों से बोला जाने के कारण ओ जैसा सुनायी पड़ता है।

व्यंजन ध्वनियाँ

समान व्यंजन—

क्	ख्	ग्	घ्	ङ्
च्	छ्	ज्	झ्	ञ्
ट्	ठ्	ड्	ढ्	ण्
त्	थ्	द्	ध्	न्
प्	फ्	ब्	भ्	म्
य्	र्	ल्	व्	

अन्तर—1. बाँग्ला में य़ का उच्चारण य से कुछ भिन्न है।

2. बाँग्ला में व् का उच्चारण 'ब्' रूप में होता है।

3. स् के स्थान पर 'श्' का उच्चारण होता है।

व्याकरण—संज्ञा पदों के रूप समान हैं। बाँग्ला में तत्सम शब्दों की प्रमुखता है। सर्वनामों में वह के लिए वय्, वन्, ओन्, उहाँ का रूप प्रचलित है। प्रश्नवाचक सर्वनामों में केवल उच्चारणगत अन्तर है यथा—

हिन्दी		बाँग्ला
मूल	कौन, क्या	कहा, के, कौन
विकारी	किस	का, कॉ

शब्दावली

हिन्दी-बाँग्ला की शब्दावली में भी पर्याप्त समानता है। कुछ उदाहरण इस तथ्य की पुष्टि करते हैं, यथा—

हिन्दी	बाँग्ला
अँगूठी	आण्टी
गहना	गहना
कंगन	कंकण
कर्णफूल	कोरनफूल
चूड़ी	चुड़ि
टीक (टिकुली)	टिक्ली
नथ	नथ
नूपुर	नूपुर
कोयल	कोयेल
कौआ	काक
चिड़िया	चड़ाई
परेवा	पारवो
तोता	तोता
पपीहा	पापिया

साहित्य

आदिकाल—साहित्यिक दृष्टि से हिन्दी और बाँग्ला साहित्य में अत्यधिक समानता है। हिन्दी और बाँग्ला साहित्य का विकास लगभग एक ही काल में हुआ और प्रारम्भिक हिन्दी साहित्य को मूल रूप से बाँग्ला साहित्य की प्रारम्भिक रचना माना जाता है। बौद्ध सहजिया सम्प्रदाय के जिन कवियों को हिन्दी का प्रारम्भिक कवि माना गया है, वही बाँग्ला के भी कवि माने जाते हैं। वस्तुतः नालन्दा विश्वविद्यालय बौद्ध दर्शन का केन्द्र था। वहाँ के अनेक आचार्य कालान्तर में सिद्धों में सम्मिलित हुए। उन सिद्धों की रचनाओं पर मागधी अपभ्रंश का प्रभाव था। प्रारम्भिक रचनाएँ अपभ्रंश प्रभावित हिन्दी में हैं जिस अपभ्रंश से बिहारी तथा बाँग्ला का जन्म हुआ। अतः उन रचनाओं में बाँग्ला और हिन्दी में भेद नहीं है। उन कवियों ने भी अपनी भाषा को केवल देशी नाम दिया है। इस प्रकार बाँग्ला की प्रारम्भिक रचनाएँ सिद्ध-साहित्य के रूप में उपलब्ध हैं, जिनका सर्वप्रथम उल्लेख हरिप्रसाद शास्त्री ने किया है। उन्हें 'चर्यापद' कहा जाता है। 'चर्यापद' पदात्मक हैं। सिद्धों ने दोहा में जो रचना की है, वह हिन्दी के निकट है परन्तु पदों में बाँग्ला का रूप मिलता है। इस प्रकार हिन्दी और बाँग्ला के विकास में सिद्धों और नाथों की समान भूमिका मानी जाती है। इस प्रकार बाँग्ला साहित्य का आदिकाल चर्यापदों से प्रारम्भ होता है। नाथ-साहित्य के सन्दर्भ में एक तथ्य महत्त्वपूर्ण है कि बाँग्ला साहित्य में हिन्दी के नाथ-साहित्य की भाँति नाथों की रचनाओं की अपेक्षा उनके चरित्र से सम्बन्धित कथात्मक गीतों की परम्परा मिलती है जो लोक साहित्य से प्रभावित और परवर्ती प्रतीत होती है।

वैष्णव काव्य परम्परा—हिन्दी साहित्य का पूर्व मध्यकाल भक्तिकाल कहा जाता है। भक्तिकालीन कृष्णकाव्य पर जिन तीन रचनाओं का प्रभाव पड़ा है, वे हैं, श्रीमद्भागवत, गीतगोविन्द और विद्यापति की पदावली। गीतगोविन्द के रचनाकार जयदेव हैं। जयदेव बंगाल के सेन राजा लक्ष्मण सेन के आश्रय में थे। वस्तुतः बंगाल में साहित्य को राज्याश्रय लक्ष्मण सेन के युग में मिला। लक्ष्मण सेन के दरबार में संस्कृत कवियों का वर्चस्व था। वैष्णव राजा लक्ष्मण सेन (1175 से 1200 ई.) ने वैष्णव साहित्य को प्रोत्साहन दिया। जयदेव के प्रभावस्वरूप 14वीं सदी में बाँग्ला के प्रसिद्ध कवि चण्डीदास का उदय हुआ। विद्यापति, जयदेव और चण्डीदास कृष्ण भक्तिकाव्य के परवर्ती विकास के आधार हैं। जयदेव की संस्कृत, विद्यापति की हिन्दी और चण्डीदास की बाँग्ला ने भाषागत गतिरोध नहीं रखा। उनकी भाषा इतनी मिलती-जुलती और भावप्रवण है कि उसे अलग-अलग करके देखा ही नहीं गया। तीनों कवियों की रचनाएँ लोक कण्ठ पर रहीं। इनमें बाँग्ला काव्य पर चण्डीदास का विशेष प्रभाव है। चण्डीदास के पदों का संकलन 'श्रीकृष्ण कीर्त्तन' के रूप में हुआ है। हिन्दी कृष्णकाव्य में प्रबन्धात्मकता के स्थान पर मुक्तक पद शैली के प्रयोग की प्रवृत्ति पर इन कवियों के प्रभाव को अस्वीकार नहीं किया जा सकता। चण्डीदास के गीत बंगाल के लोक-जीवन में उसी तरह प्रविष्ट हो गये जैसे विद्यापति के मिथिला में।

15वीं सदी में बाँग्ला में देवी गीतों की रचना हुई। बाँग्ला प्रदेश मूलतः शाक्त रहा है। बाँग्ला देवी गीतों को मंगल काव्य कहा जाता है। बाँग्ला का मंगल काव्य उसकी निजी विशेषता है। लेकिन इस काल में बाँग्ला में एक विलक्षण कार्य यह हुआ कि संस्कृत के तीन महत्त्वपूर्ण ग्रन्थों--रामायण, महाभारत और भागवत का बाँग्ला में अनुवाद हुआ। कृत्तिवास ओझा ने कृत्तिवास रामायण की रचना की। इसी काल में एक मुस्लिम सामन्त के आश्रय में मालाधर बसु ने 'गोविन्द विजय' नामक ग्रन्थ के रूप में भागवत पुराण का अनुवाद बाँग्ला में किया।

चैतन्य काल

बाँग्ला साहित्य में एक नये युग का सूत्रपात महाप्रभु चैतन्य देव से हुआ। वस्तुतः चैतन्य युग से बाँग्ला काव्य प्रौढ़ता को प्राप्त हुआ। चैतन्य के पूर्व तक बाँग्ला में लोक से जुड़ा साहित्य तो लिखा गया किन्तु शिष्ट साहित्यिक भाषा के रूप में संस्कृत का ही समादर था। चैतन्य नवद्वीप या नदिया के रहनेवाले थे जो न्यायशास्त्र के विद्वानों का भारत विश्रुत केन्द्र था। यहाँ दूर-दूर से विद्यार्थी नव्य-न्याय की शिक्षा के लिए आते थे। इसी संस्कृत के केन्द्र से चैतन्य ने वैष्णव भक्ति का मन्त्र दिया। इस प्रकार चण्डीदास से प्रारम्भ वैष्णव काव्य को चैतन्य ने पूर्णता प्रदान की। चैतन्य का प्रभाव सम्पूर्ण उत्तर भारत पर पड़ा और वृन्दावन में सनातन गोस्वामी, रूप गोस्वामी और जीव गोस्वामी ने चैतन्य मत को सैद्धान्तिक आधार दिया। चैतन्य के परवर्ती काल में वैष्णव काव्य चैतन्य तक सीमित हो गया। पूरा बाँग्ला वैष्णव साहित्य चैतन्य को केन्द्र में रखकर लिखा गया। चैतन्य चरित और उनकी लीला का गायन पूरे बंगाल में ही नहीं हिन्दी प्रदेश विशेषतः वृन्दावन में हुआ। इस प्रकार कृष्णलीला और गौरांग लीला पर्याय बन गये। समग्रतः हिन्दी वैष्णव काव्य और बाँग्ला वैष्णव काव्य में पर्याप्त समानता लक्षित होती है और हिन्दी कृष्ण काव्य का बाँग्ला पर इतना प्रभाव विद्यापति के कारण पड़ा कि वैष्णव बाँग्ला काव्य न तो हिन्दी है न बाँग्ला। इसे ब्रजबुलि साहित्य कहा जाता है।

आधुनिक काल का उदय--जिसे हम हिन्दी साहित्य का आधुनिक काल कहते हैं उसका प्रारम्भ मूलरूप से बंगाल में कलकत्ता से हुआ। 1757 में प्लासी के युद्ध में लार्ड क्लाइव की विजय के बाद अंग्रेज केवल व्यापारी नहीं शासक की भूमिका में आ गये और यहीं से इतिहास ने करवट बदली। कलकत्ता अंग्रेजों का केन्द्र बना। इस प्रकार पश्चिमी शासन का प्रभाव सबसे पहले बंगाल, बिहार और उड़ीसा पर पड़ा। आधुनिक युग को हिन्दी में गद्य के विकास का काल माना जाता है। जिन ईसाई मिशनरियों को हिन्दी गद्य के विकास में योग के लिए महत्त्व दिया जाता है, उन्होंने बाँग्ला गद्य को भी विकसित किया। कालान्तर में कलकत्ता में ही फोर्ट विलियम कॉलेज की स्थापना हुई और वहाँ के अध्यापकों ने बाँग्ला और हिन्दी गद्य को विकसित किया। विलियम कैरे जो प्राच्य विद्या विभाग के अध्यक्ष थे उन्होंने बाँग्ला, उर्दू और हिन्दी में अनेक ग्रन्थों की रचना करायी। स्वयं कैरे ने बांग्ला का व्याकरण तथा अंग्रेजी-बाँग्ला कोश लिखा। इस प्रकार हिन्दी और बाँग्ला के आधुनिक गद्य का विकास एक साथ हुआ। इसी काल में सीरामपुर मिशन ने भी बाँग्ला गद्य में बाइबिल का अनुवाद छापा और

बाँग्ला की प्राचीन कृतियों कृत्तिवास रामायण, काशीरामदास का महाभारत भी यहीं से प्रकाशित हुआ। 1818 से मिशन ने 'दिग्दर्शन' पत्रिका प्रकाशित की। दिग्दर्शन और समाचार दर्पण मिशन के दोनों पत्रों में हिन्दी और बाँग्ला का समावेश है। इस प्रकार बंगाल में हिन्दी और बाँग्ला गद्य का समान रूप से विकास हुआ। क्योंकि कलकत्ता में हिन्दी भाषियों की संख्या बहुत अधिक थी।

राजा राममोहन राय बंगाल के आधुनिक जीवन के अग्रदूत माने जाते हैं। उनके ब्रह्मसमाज का व्यापक प्रभाव भारतीय पुनर्जागरण पर पड़ा। उन्होंने बाँग्ला गद्य को विकसित किया। हिन्दी गद्य का विकास भी राजा राममोहन राय ने किया। उल्लेखनीय है कि प्रारम्भिक काल में हिन्दी की दो गद्य शैलियाँ थीं—

1. राजा लक्ष्मण सिंह की संस्कृतनिष्ठ गद्य शैली।
2. शिवप्रसाद 'सितारेहिन्द' की फारसीप्रधान गद्य शैली।

हिन्दी गद्य की भाँति बाँग्ला गद्य में भी इन दोनों शैलियों की प्रधानता एक विलक्षण संयोग है। राजा राममोहन राय के पूर्व यह भाषागत शैथिल्य बाँग्ला में भी विद्यमान था परन्तु जैसे हिन्दी में भारतेन्दु के युग से समन्वय प्रारम्भ हुआ बाँग्ला में यह समन्वय राजा राममोहन राय और ईश्वरचन्द्र विद्यासागर से प्रारम्भ हुआ।

स्पष्ट है कि हिन्दी और बाँग्ला साहित्य में परम्परागत समानता रही है और आरम्भिक काल से हिन्दी और बाँग्ला में समान प्रवृत्तियों का विकास हुआ है। प्राचीन काल में बंगाल का क्षेत्र संस्कृत का केन्द्र था और पूर्वाञ्चल में होने के कारण संस्कृत का प्रभाव वहाँ बना रहा आज भी संस्कृत शब्दों की दृष्टि से बाँग्ला साहित्य सबसे समृद्ध है। बंगाली समुदाय में मध्यकाल से आधुनिक काल के प्रारम्भिक चरण में दो मुख्य तीर्थ थे—काशी और वृन्दावन। वृन्दावन वैष्णव तीर्थ और काशी शैवशाक्त परम्परा का। संस्कृत पण्डितों की परम्परा जहाँ काशी से जुड़ी रही, वहीं वैष्णव भक्ति परम्परा वृन्दावन से। दोनों स्थलों की भाषाओं का प्रभाव बाँग्ला पर पड़ा है। इसके अतिरिक्त बाँग्ला पर मैथिली का काव्यात्मक प्रभाव है और अनेक भाषावैज्ञानिक बाँग्ला की एक बोली मैथिली को मानते हैं। आधुनिक भारत के विकास में कलकत्ता का विशेष योगदान है। अंग्रेजों के शासनकाल का प्रारम्भ कलकत्ता से हुआ। 1858 में ब्रिटिश उपनिवेश घोषित होने के पश्चात् केन्द्र दिल्ली बना किन्तु उद्योग की राजधानी कलकत्ता ही रहा। कलकत्ता में बंगाली समुदाय के अतिरिक्त सर्वाधिक जनसंख्या हिन्दी प्रदेश के निवासियों की है। अतः बंगाल के नगरों में मुख्य भाषा बाँग्ला के अतिरिक्त हिन्दी का प्रभाव है। इसीलिए बंगाल में न केवल हिन्दी बोलनेवाले वरन् हिन्दी साहित्यकार भी बहुत हुए। हिन्दी के प्रथम पत्र उदन्त मार्तण्ड का प्रकाशन कलकत्ता से हुआ। 'विशाल भारत' का प्रकाशन केन्द्र कलकत्ता रहा। दैनिक विश्वमित्र कलकत्ता से प्रकाशित हुआ। इसके साथ ही प्रारम्भिक चरण में बाँग्ला के अधिकांश पत्र द्विभाषिक होते थे जो हिन्दी और बाँग्ला दोनों भाषाओं में प्रकाशित होते थे। इतनी निकटता के कारण हिन्दी और बाँग्ला में शब्दों, भाषा-शैली और प्रवृत्तियों का साम्य स्वाभाविक है।

राष्ट्रीय साहित्य

स्वतन्त्रता के पूर्व बाँग्ला में पुनर्जागरण आन्दोलन और उसके पश्चात् राष्ट्रीय आन्दोलन को गति मिली। बाँग्ला के दो प्रमुख कवि मधुसूदन दत्त और रवीन्द्रनाथ ठाकुर स्वतन्त्रता-पूर्व के कवि हैं। मधुसूदन दत्त पहले भारतीय कवि हैं जिन्होंने पाश्चात्य काव्य प्रवृत्तियों को ग्रहण किया। मधुसूदन दत्त का 'मेघनाद वध' बाँग्ला का प्रथम महाकाव्य है जो पाश्चात्य लक्षणों से प्रभावित है। गुरुदेव रवीन्द्रनाथ टैगोर बाँग्ला के ही नहीं भारतीय साहित्य के शिखर हैं। रवीन्द्रनाथ ठाकुर की रचनाओं पर कबीर के रहस्यवाद का प्रभाव अब सर्वविदित है। वैदिक दर्शन और कबीर के रहस्यवाद से गुरुदेव ने अपनी रचनाओं में प्रभाव ग्रहण किया है। हिन्दी में महाप्राण निराला पर गुरुदेव का प्रभाव है। 'राम की शक्ति-पूजा' निराला की श्रेष्ठ लम्बी कविता है, जिस पर बंगाल की शाक्त परम्परा का प्रभाव है। निराला का सम्बन्ध बंगाल से प्रारम्भ से ही रहा है। आचार्य हजारीप्रसाद द्विवेदी पर गुरुदेव रवीन्द्रनाथ टैगोर का व्यापक प्रभाव पड़ा तो सुमित्रानन्दन पन्त, अरविन्द दर्शन से प्रभावित रहे। इस प्रकार बाँग्ला साहित्य और हिन्दी साहित्य आधुनिक काल से जुड़े रहे। स्वातन्त्र्योत्तर भारत में प्रगतिवादी आन्दोलन भी बंगाल में चला। नक्सलवादी आन्दोलन, साम्यवादी आन्दोलन बंगाल के केन्द्र में रहे, जिनका प्रभाव न केवल बाँग्ला साहित्य वरन् हिन्दी साहित्य पर भी पड़ा है।

हिन्दी को बाँग्ला की देन उपन्यास विधा है। बाँग्ला में उपन्यासों की रचना हिन्दी से पहले प्रारम्भ हुई। बाँग्ला में उपन्यास की रचना यद्यपि कुछ अनुवादों के माध्यम से प्रारम्भ हुई किन्तु प्रथम उपन्यासकार के रूप में बंकिमचन्द्र चट्टोपाध्याय को ही महत्त्व मिला है। बंकिमचन्द्र चटर्जी के प्रथम उपन्यास 'दुर्गेश नन्दिनी' (1865 ई.) को बाँग्ला का प्रथम उपन्यास माना जा सकता है। कालान्तर में बाँग्ला उपन्यास का विकास हुआ। बंकिमचन्द्र ने उपन्यास 'आनन्द मठ' में संन्यासी विद्रोह के बहाने क्रान्ति का उद्घोष किया। उनका गीत 'वन्दे मातरम्' क्रान्तिकारियों का प्रेरणा स्रोत बना। बाँग्ला उपन्यासों में क्रान्ति शरच्चन्द्र चट्टोपाध्याय के युग में आयी। शरच्चन्द्र न केवल बंगाली समाज के वरन् सम्पूर्ण भारतीय समाज के प्रिय लेखक बन गये। बंकिम और शरद् के उपन्यासों के अनुवाद सभी भाषाओं में हुए।

बाँग्ला उपन्यास अन्य भारतीय भाषाओं में उपन्यास लिखे जाने के पूर्व ही शिखर पर थे। आज हिन्दी में बाँग्ला कथा-लेखकों के उपन्यासों का पाठक वर्ग हिन्दी लेखकों से कम नहीं है। बंकिम, शरद्, बिमल मित्र, शंकर, आशापूर्णा देवी, ताराशंकर बन्द्योपाध्याय, महाश्वेता देवी, समरेश बसु के पाठक हिन्दी में बाँग्ला पाठकों से कम नहीं हैं। महाश्वेता देवी और बिमल मित्र के उपन्यास हिन्दी में इतने लोकप्रिय हैं कि सहसा विश्वास नहीं होता है कि ये हिन्दी के मौलिक कथाकार नहीं हैं।

स्वतन्त्रता के पश्चात् हिन्दी और बाँग्ला के शोध और अध्ययन की परम्परा विकसित हुई। शान्तिनिकेतन में गुरुदेव ने ही हिन्दी शिक्षा की व्यवस्था की। हिन्दी और बाँग्ला के तुलनात्मक अध्ययन का विकास भी निरन्तर हुआ।

विष्णुकान्त शास्त्री, डॉ. कल्याणमल लोढ़ा, श्री विष्णुकान्त शास्त्री, डॉ. रामसिंह तोमर, डॉ. सियाराम तिवारी, डॉ. हरिश्चन्द्र मिश्र, डॉ. श्रीनारायण पाण्डेय, डॉ. प्रेमशंकर त्रिपाठी, बंगाल में हिन्दी अध्ययन एवं शोध के क्षेत्र में समकालीनों में महत्त्वपूर्ण कार्य किया है।

(2) असमिया भाषा और हिन्दी

भारत की पूर्वोत्तर सीमा पर अवस्थित असम आज अनेक लघु प्रान्तों का समूह है जिसमें असम, नागालैण्ड, मणिपुर, मेघालय, अरुणाचल जैसे क्षेत्र आते हैं, लेकिन प्रारम्भ में यह असम ही था। असम का अधिकांश भाग सुरम्य प्रकृति और पर्वतों से घिरा है किन्तु सामरिक दृष्टि से इसका विशेष महत्त्व है क्योंकि चीन, तिब्बत, म्याँमार और बाँग्ला देश से यह क्षेत्र घिरा है तथा यात्रा भी दुर्गम है। यह क्षेत्र जनजातियों का माना जाता है। वनसम्पदा और खनिज के साथ चाय बागानों के लिए यह क्षेत्र प्रसिद्ध रहा है। अ+सम अर्थात् जो समतल न होने के कारण ही इसे असम कहा जाता है, वैसे इस क्षेत्र का प्राचीन नाम कामरूप प्रसिद्ध रहा है। अति प्राचीन काल में इसे प्राग्ज्योतिषपुर भी कहा जाता था जो इस इस क्षेत्र की प्राचीनता और भारतीय संस्कृति में वैशिष्ट्य निरूपित करता है। प्राचीन संस्कृत ग्रन्थों में इस क्षेत्र का उल्लेख सम्मानपूर्वक हुआ है। रामायण, भागवत तथा पुराणों में इस क्षेत्र की महिमा वर्णित है तथा शक्तिपीठ कामाख्या के कारण यह क्षेत्र तान्त्रिकों और साधकों की तपोभूमि रहा है। चूँकि यह क्षेत्र अनेक जनजातियों का रहा, अतः यहाँ उनकी अपनी भाषा थी तथा संस्कारानुरूप उनका विशिष्ट साहित्य रहा जिसे हम लोक साहित्य के रूप में स्वीकार करते हैं। बोडो, भिशिड़, कार्बी आदि अनेक भाषाएँ भिन्न-भिन्न क्षेत्रों में बोली जाती हैं और उनका अपना लोक साहित्य है। इसके बावजूद यहाँ की मुख्य भाषा असमिया है जो बाँग्ला से मिलती-जुलती है और प्रारम्भिक साहित्य उसी असमिया में मिलता है जबकि अन्य भाषाओं के मानक साहित्य की रचना स्वतन्त्र प्रान्त बनने से प्रारम्भ हुई है। इसके बावजूद असमिया पर मुख्यतः बाँग्ला और हिन्दी का प्रभाव रहा है।

असम में हिन्दी साहित्य की परम्परा सिद्धों के युग से प्रारम्भ हुई है। तन्त्रपीठ होने के कारण सिद्धों और नाथों का यहाँ प्रभाव था। मीनपा और लुइपा जैसे सिद्ध असम से जुड़े रहे। पन्द्रहवीं शती में कन्नौज से शंकरदेव के पूर्वज आये और उन्होंने हिन्दी में रचना की। शंकरदेव ही असम में हिन्दी के प्रथम कवि हैं। उन्होंने असमिया, ब्रज और संस्कृत में रचनाएँ कीं। शंकरदेव लिखते असमिया में थे पर भाषा ब्रजबुलि थी। उनकी पदावली विद्यापति से मिलती है। शंकरदेव की परम्परा में माधवदेव, गोपाल आता, रामचरण ठाकुर, भूषण द्विज आते हैं। इन कवियों की रचनाओं पर असमिया का प्रभाव है पर वे मूलतः ब्रज में हैं। अंग्रेजों के आगमन के पश्चात् 1832 में हिन्दी शिक्षण की आवश्यकता का अनुभव कर यज्ञराम खारघरिया ने हिन्दी व्याकरण पर बल दिया पर हिन्दी शिक्षा की व्यवस्था 1926 में शिवसागर में हुई। 1934 ई. में महात्मा गाँधी की प्रेरणा से बाबा राघवदास असम आये। बाबा राघवदास ने हिन्दी प्रचार का अभियान प्रारम्भ किया और पूरे असम में हिन्दी शिक्षण की व्यवस्था की, हिन्दी शिक्षण और हिन्दी-प्रचार में असम के लोग जुड़े। स्वतन्त्रता के पश्चात् सरकारी स्तर पर यह प्रयास हुआ तथा पाँचवीं कक्षा से हिन्दी को अनिवार्य कर दिया गया। आज पूरे असम में विश्वविद्यालय स्तर तक हिन्दी शिक्षा हो रही है।

जहाँ तक असम में हिन्दी साहित्य का प्रश्न है, मीनपा से शंकरदेव की परम्परा प्राचीन है लेकिन आधुनिक साहित्य का विकास स्वतन्त्रता के बाद हुआ। उनमें कृष्ण नारायण प्रसाद 'मागध', लोकनाथ भराली, 'परेशचन्द्रदेव शर्मा, हीरालाल तिवारी, तरुण आजाद डेका, नवारुण वर्मा, भूपेन्द्रराय चौधरी का नाम स्मरणीय है। इन विद्वानों और रचनाकारों ने न केवल हिन्दी में साहित्य लिखा वरन् असमिया साहित्य का हिन्दी में अनुवाद कर हिन्दी को भी समृद्ध किया है। रजनीकान्त बरदले, सीतादेवी, वीरेन्द्रकुमार भट्टाचार्य, नवकान्त बरुवा, इन्दिरा गोस्वामी की असमिया कृतियों का हिन्दी अनुवाद हिन्दी में भी लोकप्रिय है।

आज असम में हिन्दी में जहाँ नाटक, उपन्यास, कविता, कहानी लिखी जा रही है, वहीं असमिया का अपना साहित्य भी प्रशस्त है और उसे हिन्दी में लाया जा रहा है। असमिया साहित्य में रामकथा खोजनेवाले डॉ. रमानाथ त्रिपाठी ने हिन्दी में 'कामरूपा' उपन्यास लिखकर असम की संस्कृति को जीवन्त बनाया है। 1942 से असम में हिन्दी पत्र-पत्रिकाएँ भी प्रकाशित हो रही हैं। पूर्व ज्योति का प्रकाशन छगनलाल जैन ने किया।

समग्र रूप से हम कह सकते हैं कि असम हिन्दी विरोधी प्रान्त कभी नहीं रहा। प्रारम्भ से ही हिन्दी के प्रति वहाँ के लोकमानस में आकर्षण रहा। असम के अधिकांश क्षेत्रों में हिन्दी प्रदेश से आये लोगों की संख्या अधिक है अतः हिन्दी का प्रचार-प्रसार बाजार और तीर्थ क्षेत्र के रूप में भी होता रहा है। आज असम में अनेक विश्वविद्यालय हैं। सामरिक दृष्टि से महत्त्वपूर्ण होने के कारण केन्द्रीय स्तर पर भी वहाँ शिक्षा की व्यवस्था है और प्रत्येक क्षेत्र में हिन्दी भाषी हैं अतः हिन्दी में निरन्तर सृजन हो रहा है। एक प्रकार से हम कहें तो हिन्दी और असमिया घुल-मिल गयी हैं।

(3) उड़िया भाषा और हिन्दी

आज जिसे ओडिशा कहा जाता है, प्राचीन काल में इस भूभाग को कलिंग, उड्र, उत्कल कहा जाता था। प्राचीन काल में यह शबरों का क्षेत्र था। इसके पश्चात् यहाँ द्रविड़ और पुनः आर्य आये। इस प्रकार आदिवासी शबरों, द्रविड़ों और आर्यों के संगम से यहाँ एक नयी संस्कृति पनपी जिसे हम ओडिशा के पूज्य जगन्नाथ के नाम पर जगन्नाथ संस्कृति कह सकते हैं। उत्कलवासियों के आराध्य जगन्नाथ जी हैं जो किसी विशेष सम्प्रदाय के देवता नहीं हैं। महाप्रभु जगन्नाथ जैसे सबके आराध्य हैं वैसे ही ओडिशा की जनचेतना भी समन्वयवादी है। अतः ओडिशा में आर्य संस्कृति का प्रसार अधिक हुआ और इस सांस्कृतिक चेतना के विस्तार में महत्त्वपूर्ण भूमिका संस्कृत और कालान्तर में हिन्दी की रही। इस प्रकार उड़िया और हिन्दी का सम्बन्ध बहुत घनिष्ठ है। आधुनिक आर्यभाषा से उत्पन्न होने के कारण जहाँ शब्दावली संस्कृत से ली गयी है, वहीं झारखण्ड और छत्तीसगढ़ जैसे हिन्दी प्रदेश के सीमावर्ती होने के कारण हिन्दी का प्रभाव भी व्यापक रूप से पड़ा। महात्मा गाँधी के आह्वान पर कटक में उत्कल प्रान्तीय राष्ट्रभाषा प्रचार सभा की स्थापना हुई। पं. अनुसूया प्रसाद पाठक प्रचारक होकर मध्य प्रदेश से गये और ओडिशा के ही होकर रह गये। उनकी प्रेरणा से अनेक हिन्दी प्रचार संस्थाएँ बनीं, जिनमें ओडिशा राष्ट्रभाषा प्रचार परिषद् जगन्नाथधाम पुरी, हिन्दी शिक्षा समिति ओडिशा, कटक, पुरुषोत्तमपुर हिन्दी प्रचार सभा गंजामा माँ सबला हिन्दी शिक्षाश्रम पाटशाणी पुण प्रमुख हैं। ओडिशा में आठवीं कक्षा से हिन्दी पढ़ाने की व्यवस्था है।

ओडिशा में हिन्दी का प्रसार हिन्दी के प्रारम्भिक काल से रहा है। सिद्ध साहित्य के अनेक रचनाकार ओडिशा के रहे हैं। अठारहवीं शती में कवि ब्रजनाथ बड़जेश ने 'गुंडिचा बीजे' नामक रचना हिन्दी में की। रामदास, जगबन्धु, हरिचन्दन आदि ने वैष्णव भक्तिकाव्य ब्रजभाषा में रचा। इसके बावजूद प्रशस्त परम्परा बीसवीं शती से प्रारम्भ हुई। 1936 में उड़िया की कवयित्री कुन्तलाकुमारी सावत ने 'सपना' और 'वरमाला' नामक दो काव्य-संग्रह हिन्दी में लिखे। स्वतन्त्रता के पश्चात् ओडिशा में हिन्दी और उड़िया के मध्य मौलिक और अनुवाद दोनों रूपों में आदान-प्रदान प्रारम्भ हुआ। हिन्दी में रचना करनेवालों में जहाँ अनुसूया प्रसाद पाठक, तारिणीचरण दास 'चिदानन्द', डॉ. अर्जुन शतपथी, डॉ. राजेन जयपुरिया, डॉ. राधाकान्त मिश्र, डॉ. शंकरलाल पुरोहित, डॉ. अजयकुमार पटनायक, डॉ. रघुनाथ महापात्र, अमूल्यरत्न महान्ति, डॉ. वनमालीदास, स्मरप्रिया मिश्रा आदि प्रमुख हैं, वहीं ओडिशा की प्रमुख रचनाएँ अनुवाद के माध्यम से हिन्दी में लोकप्रिय हुईं। उड़िया कथाकार फकीर मोहन सेनापति से लेकर प्रतिभा राय तक उड़िया कथा-साहित्य को हिन्दी में लोकप्रियता मिली। ब्रजनाथ रथ, सीताकान्त महापात्र की कविताएँ हिन्दी और उड़िया में समान रूप से लोकप्रिय हैं। ओडिशा से वार्त्तावाहक, राष्ट्रभाषा पत्र, कलिंग ज्योति, विश्वमुक्ति, पैगाम, उत्कल दर्शन आदि हिन्दी पत्र-पत्रिकाएँ नियमित रूप से निकल रही हैं।

आदान-प्रदान—अनुवाद कला के विकास के साथ हिन्दी और उड़िया आज अत्यधिक निकट हैं। उड़िया साहित्य की अधिकांश महत्त्वपूर्ण रचनाएँ हिन्दी में उपलब्ध हैं। अनुसूया प्रसाद पाठक ने डॉ. हरेकृष्ण मेहताब के उपन्यास प्रतिमा का अनुवाद हिन्दी में किया और उसके पश्चात् यह परम्परा विकसित हो गयी। अनुवाद करनेवालों में डॉ. शंकरलाल पुरोहित, डॉ. राजेन्द्रप्रसाद मिश्र, वनमालीदास, राधाकान्त मिश्र, विजयकुमार महान्ति ने अनुवाद के माध्यम से न केवल हिन्दी को अनेक कृतियाँ दीं, वरन् हिन्दी उड़िया के अनुवाद द्वारा उड़िया साहित्य को राष्ट्रीय स्तर पर प्रसारित करने में योगदान किया।

जिस प्रकार उड़िया साहित्य हिन्दी में आया, उसी प्रकार हिन्दी साहित्य का अनुवाद भी उड़िया में हुआ और हिन्दी के अनेक रचनाकार आज ओडिशा में लोकप्रिय हैं। प्रेमचन्द, फणीश्वरनाथ रेणु, भगवतीचरण वर्मा, हरिवंशराय बच्चन, धर्मवीर भारती, हजारीप्रसाद द्विवेदी, मैथिलीशरण गुप्त की रचनाएँ उड़िया में उपलब्ध हैं।

समग्र रूप से हम कह सकते हैं कि उड़िया और हिन्दी का घनिष्ठ सम्बन्ध प्रारम्भ से रहा है। महाप्रभु जगन्नाथ और सप्त पुरियों में प्रसिद्ध मोक्षदायिनी जगन्नाथ पुरी तथा कोणार्क हिन्दी प्रदेश के श्रद्धा केन्द्र रहे हैं। बाँग्ला के प्रभाव और हिन्दी प्रदेश से जुड़े रहने के कारण उड़िया हिन्दी के निकट भी है। लिपि के अतिरिक्त अन्य समानताएँ हिन्दी से हैं। भाषिक स्तर पर हिन्दी ओडिशा में सर्वत्र समझी जाती है। युगों से हिन्दी भाषी क्षेत्र के तीर्थयात्रियों और कथावाचकों के कारण उड़िया और हिन्दी साहित्य का सम्पर्क बना रहा है। अतः ओडिशा में भारतीय भाषाओं में सर्वाधिक निकटता हिन्दी से बनी हुई है।

●

3

पश्चिमोत्तर भाषा वर्ग

(1) मराठी भाषा और हिन्दी

'मराठी' वर्तमान महाराष्ट्र की भाषा है। महाराष्ट्र भौगोलिक दृष्टि से दक्षिण भारत का भाग है किन्तु मराठी भाषा आर्य परिवार की होने के कारण महाराष्ट्र को दक्षिण भारत का भाग नहीं माना जाता। मराठी का विकास महाराष्ट्री प्राकृत से माना जाता है। प्राकृत का अधिकांश साहित्य महाराष्ट्री में है। अतः अनेक विद्वान् महाराष्ट्री को पूरे आर्य क्षेत्र की भाषा मानते हैं। वैसे भी प्राकृत वैयाकरणों ने भाषाओं का विभाजन उनके परिवार के आधार पर नहीं किया है। मराठी का क्षेत्र उत्तर में नर्मदा, दक्षिण में कृष्णा और तुङ्गभद्रा तक माना जाता है। इस प्रकार मराठी का सम्बन्ध उत्तर भारत और दक्षिण भारत से समान रूप से है जिसका प्रभाव भाषा पर भी पड़ा है। मराठी में द्रविड़ भाषा के शब्द बहुलता से आ गये हैं। हिन्दी-मराठी वर्णमाला में साम्य है। मराठी में ळ का प्रयोग होता है। देवनागरी और मराठी लिपि का अन्तर है, जो तालिका में स्पष्ट है। (देखिये—देवनागरी और मराठी तालिका)

साहित्यिक दृष्टि से हिन्दी और मराठी दोनों समृद्ध भाषाएँ हैं, व्यापारिक केन्द्र होने के कारण मराठी पर विदेशी भाषाओं का भी प्रभाव रहा है लेकिन उनके प्रयोग की पद्धति मराठी है। दकन से सीधा सम्बन्ध होने के कारण मराठी पर अरबी, फारसी का प्रभाव है। मुम्बई महानगर की भाषा पर हिन्दी भाषा का व्यापक प्रभाव है। इसलिए मुम्बई की हिन्दी-मराठी मिश्रित भाषा की एक नयी शैली विकसित हो गयी है, जिसका प्रयोग साहित्य में भी होने लगा है। भाषिक दृष्टि से मराठी और हिन्दी में समानता के तीन रूप मिलते हैं—

1. वर्तनी और उच्चारण की समानता—तत्सम शब्दों में यह स्थिति विद्यमान है।

2. वर्तनी में समान किन्तु उच्चारण में अन्तर—तद्भव शब्दों में यह स्थिति मिलती है। दीर्घ को लघु करने की प्रवृत्ति मराठी में मिलती है।

3. उच्चारण में समान किन्तु वर्तनी में अन्तर।

समान शब्द—कण्ठा, काँख, कसरत, काजू, कुटुम्ब, कोटि, कर्म, कर्ण, कौतुक, खबर, खोटा, खुशी, गणना, गरजना, गजरा, घण्टा, गाँव, गरम आदि।

उच्चारण या वर्तनी में भेद अर्थ समान—खोल-खोळ, गला-गळा, कली-कळी, कंजूस-कूंजूष, केसर-केशर, कठिन-कठिण, कवायद-कवायत, खुशामद-खुशामत, कसौटी-कसोटी।

साहित्य—हिन्दी और मराठी साहित्य में व्यापक समानता मिलती है। मराठी का साहित्य प्राचीन काल से समृद्ध है और हिन्दी मराठी का सम्पर्क भी निरन्तर रहा है। मराठी पण्डितों ने संस्कृत साहित्य को भी समृद्ध किया था। काव्य मीमांसा के लेखक राजशेखर मराठी भाषी थे। मराठी साहित्य का विकास मूलतः यादव शासकों से प्रारम्भ हुआ जो 1189 से 1320 तक माना जाता है। यादव काल में धार्मिक साहित्य ही लिखा गया। कालान्तर में मराठी पर गोरखनाथ का प्रभाव पड़ा। मराठी की सन्तकाव्य धारा पर गोरखनाथ का प्रभाव है। मराठी सन्तकाव्य का विकास ज्ञानदेव से हुआ। वस्तुतः सन्त ज्ञानदेव ने मराठी साहित्य को व्यापक बनाया। धार्मिक कट्टरता और रूढ़िवाद के विरुद्ध ज्ञानदेव ने ही साहित्य का सृजन किया जिसका हिन्दी सन्त काव्य पर प्रभाव पड़ा। उनकी ज्ञानेश्वरी और अनुभवामृत मराठी की पवित्र रचनाएँ हैं। ज्ञानदेव ने स्वामी रामानन्द की भाँति धर्म का द्वार सबके लिए खोल दिया। उनके शिष्यों में नामदेव (दर्जी), सावत माली, गोरा कुम्हार, नरहरि सुनार जैसे निम्नवर्गों के लोग थे। नामदेव आगे चलकर महान् सन्त हुए जिन्होंने वारकरी पन्थ चलाया। अलाउद्दीन खिलजी के आक्रमण और देवगिरि के यादव साम्राज्य की समाप्ति के बाद भी मराठी जनता को इस्लाम से रोकनेवाला पन्थ वारकरी ही था। आगे चलकर एकनाथ ने भागवत का अनुवाद कर वैष्णव धर्म की प्रतिष्ठा की। इस प्रकार सन्त ज्ञानेश्वर से सन्त तुकाराम तक मराठी में सन्तकाव्य की परम्परा ने मराठी जनता को भक्ति के प्रवाह से जोड़ा जिसमें जाति, वर्ण का भेद नहीं था और रूढ़ियों का निषेध था। हिन्दी में इसी काल में सन्तकाव्य का विकास हो रहा था। मराठी सन्त कवियों से हिन्दी कवियों ने बहुत प्रेरणा ली है।

मराठी में महाराष्ट्र धर्म का उद्घोष समर्थ गुरु रामदास ने किया। समर्थ शिवाजी के गुरु थे। मराठा काल में साहित्य का विकास तो हुआ ही हिन्दी का प्रसार भी बढ़ा। हिन्दी के प्रसिद्ध कवि भूषण शिवाजी के आश्रय में रहे। इस प्रकार आधुनिक काल से पूर्व यद्यपि मराठी और हिन्दी का निकट सम्बन्ध रहा किन्तु मराठी साहित्य में सन्तकाव्य और दार्शनिक चेतना ही प्रमुख रही। आधुनिक काल में मराठी गद्य का विकास तीव्र गति से हुआ। आज मराठी उपन्यासों और नाटकों की प्रशस्त परम्परा विद्यमान है। कट्टर धार्मिकता और रूढ़िवादिता के विरुद्ध जिस प्रकार सन्तों ने आवाज उठायी और जिसका प्रभाव समस्त हिन्दी प्रदेश पर पड़ा उसी प्रकार राष्ट्रीय स्वाधीनता की गूँज भी महाराष्ट्र में सुनायी पड़ी। लोकमान्य तिलक, गोपाल कृष्ण गोखले, महादेव गोविन्द रानाडे ने पुनर्जागरण और राष्ट्रीय स्वाभिमान की भावना को दीप्त किया। फलतः महाराष्ट्र में गद्य का विकास हुआ। मराठी गद्य में 1874 से निबन्धों का लेखन हुआ। इस परम्परा में सर्वप्रिय हुए लोकमान्य तिलक। मराठी का पहला मौलिक उपन्यास बाबा पदमन जी का यमुना पर्यटन (1857) लिखा गया। मराठी के प्रारम्भिक लेखकों पर बाण की कादम्बरी का प्रभाव था। इसीलिए मराठी में उपन्यास को कादम्बरी कहा जाता है। कालान्तर में मराठी उपन्यासों में नया आयाम आया। उसमें सामाजिक, ऐतिहासिक

और दलित चेतना विकसित हुई। मराठी की नयी प्रवृत्तियों का प्रभाव हिन्दी पर पड़ा क्योंकि मुम्बई हिन्दी लेखकों का केन्द्र बन गया था। कालान्तर में हिन्दी और मराठी के तुलनात्मक अध्ययन की जो परम्परा चली उससे हिन्दी और मराठी के निकट आने में सहयोग मिला। हिन्दी-मराठी शोध 1956 ई. से प्रारम्भ हुआ। सर्वप्रथम डॉ. विनय मोहन शर्मा ने हिन्दी को मराठी सन्तों की देन शोध प्रस्तुत किया। वर्तमान समय में हिन्दीतर प्रदेशों में सर्वाधिक शोध और अध्ययन हिन्दी के सन्दर्भ में महाराष्ट्र में हो रहे हैं। मराठी से हिन्दी में अनुवाद की भी प्रशस्त परम्परा है। मराठी का लगभग सम्पूर्ण श्रेष्ठ साहित्य हिन्दी में उपलब्ध है। मराठी उपन्यास और मराठी नाटक हिन्दी पाठक वर्ग में अत्यन्त लोकप्रिय हैं। मराठी-नाटककारों विजय तेन्दुलकर, शंकर शेष को हिन्दीतर प्रदेश का लेखक होने पर भी हिन्दी रंगमंच पर सम्मान प्राप्त है।

तुलनात्मक शोध के क्षेत्र में हिन्दी और मराठी में व्यापक कार्य आज भी हो रहा है। महाराष्ट्र के हर क्षेत्र में हिन्दी साहित्य और उसके विविध आयामों की तुलना मराठी साहित्य से की जा रही है। इसके अतिरिक्त मराठी लेखकों ने हिन्दी साहित्य पर सहस्रों की संख्या में शोध किये हैं और अनवरत यह प्रक्रिया चल रही है। आज महाराष्ट्र के हर क्षेत्र में हिन्दी पाठकों का एक बड़ा वर्ग है। साथ ही मृत्युंजय, छावा, युगन्धर जैसी नयी कृतियाँ भी हिन्दी समूह में पाठकों के मध्य लोकप्रिय हैं।

समकालीन मराठी लेखन के अन्तर्गत दलित चेतना का स्वर अधिक मुखर हुआ है। मराठी में दलित लेखन का प्रारम्भ वैसे तो 1945 से ही प्रारम्भ हो गया था लेकिन समकालीन दलित लेखक वर्ग ने आत्मकथात्मक उपन्यासों के माध्यम से दलित साहित्य को एक आन्दोलन का रूप दिया। इसका प्रभाव हिन्दी पर स्पष्ट देखा जा सकता है। इस क्रम में जयवन्त दलवी का चक्र, लक्ष्मण भावे का उपरा और लक्ष्मण गायकवाड़कृत उचल्या का उल्लेख किया जा सकता है। इनमें दलितों ने आत्मकथात्मक शैली में अपने जीवन के अनुभवों को व्यक्त किया है। हिन्दी में दलित-विमर्श की नयी चेतना पर मराठी के दलित लेखन का प्रभाव है। हिन्दी में मराठी लेखकों की संख्या बढ़ी है। प्रभाकर माचवे, मुक्तिबोध, चक्रकान्त बान्दिवडेकर, राजमल बोरा, राजूरकर, शंकर पुणताम्बेकर, मु.प. शहा, माधव सोनटक्के, डॉ. मधुकर खराटे, डॉ. ईश्वर पवार, डॉ. उर्वशी, जे. सुरती, डॉ. हणमन्त राव पाटिल, डॉ. कृष्ण दिवाकर, डॉ. तसनीम पटेल, डॉ. के.पी. बहेती आदि वर्तमान पीढ़ी के शोध समीक्षकों ने हिन्दी को समृद्ध किया है।

(2) गुजराती भाषा और हिन्दी

हिन्दी और गुजराती भारतीय आर्यभाषा परिवार से सम्बन्धित होने के कारण तो निकट हैं ही, पर सांस्कृतिक तथा भाषायी आदान-प्रदान के कारण पर्याप्त निकट हैं। हिन्दी की एक प्रमुख उपभाषा तथा साहित्यिक दृष्टि से अत्यन्त समृद्ध भाषा-ब्रजभाषा हिन्दी क्षेत्र तथा गुजरात को एकजुट किये हुए हैं क्योंकि श्रीकृष्ण मथुरा से चलकर द्वारिका में बसे। इस पर पृथक् से कह दिया गया है। हिन्दी एक विशाल प्रदेश की भाषा होने के साथ-साथ भारत की राजभाषा

और सम्पर्क भाषा भी है। स्वयं गुजरात राज्य ने केन्द्र के साथ इस भाषा को पत्राचार के लिए स्वीकार किया है। 'गुजराती' का विकास गुर्जर अपभ्रंश से माना जाता है। वस्तुतः यह अपभ्रंश गुजराती-राजस्थानी या कहें गुजरात-मेवाड़ क्षेत्र की थी। इसमें कालान्तर में सौराष्ट्र और कच्छ भी सम्मिलित कर लिये गये। देखा जाय तो गुजराती-राजस्थानी का मिला-जुला रूप पन्द्रहवीं शताब्दी तक मिलता है। जिन जातियों ने उत्तर से आकर पाँचवी-छठीं शताब्दी में यहाँ प्रवेश किया उनमें से गुर्जर भी एक थे। राजस्थान होते हुए यह यहाँ आकर बसे। यह भी दोनों क्षेत्रों में साम्य का बहुत बड़ा कारण है। बारहवीं से सोलहवीं शती तक गुजरात-मारवाड़ राजस्थान में प्रचलित भाषा के स्वरूप को डॉ. टेसीटेरी ने 'प्राचीन पश्चिमी राजस्थानी' कहा है और श्री नरसिंह राव देवरिया ने 'अन्तिम अपभ्रंश' की संज्ञा दी है। श्री के. का. शास्त्री गुर्जर अपभ्रंश को ही प्राचीन गुजराती मानते हैं। यहाँ गुजराती का उद्‌भव और विकास स्पष्ट करना उद्‌देश्य नहीं है, बस इस ओर संकेत करना मात्र है कि दोनों भाषाओं में ऐतिहासिक दृष्टि से इतनी अधिक निकटता है कि पं. चन्द्रधर शर्मा गुलेरी ने हेमचन्द्र के व्याकरण के कुछ अंशों के आधार पर 'पुरानी हिन्दी' को उत्तरकालीन अपभ्रंश से इतर भाषा की मात्र कल्पना ही नहीं की वरन् उसका पृथक् अस्तित्व सिद्ध किया। गुजराती-हिन्दी के इस पारस्परिक सम्बन्ध को अब न केवल ऐतिहासिक सन्दर्भ में हेमचन्द्र के ग्रन्थों के आधार पर देखा जा सकता है, वरन् आवश्यकता है कि कोई उत्तरकालीन ग्रन्थों का तत्कालीन हिन्दी साहित्य के ग्रन्थों से तुलनात्मक अध्ययन करे। भाषिक साम्य की विलक्षण सामग्री इन ग्रन्थों में भरी पड़ी है। अब ये सभी ग्रन्थ 'गुर्जर रासावली' शीर्षक से प्रकाशित है।

उक्त विवेचन से इतना स्पष्ट हो चुका है कि दोनों भाषाएँ भगिनी भाषाएँ हैं। ऐसी स्थिति में दोनों भाषाओं में अधिक साम्य दृष्टिगोचर होता है। दोनों की प्रकृति व प्रवृत्ति में पर्याप्त समानता है। दोनों भाषाओं में सभी दृष्टियों से अद्‌भुत साम्य है। समस्रोतीय शब्दावली में अरबी-फारसी तथा अंग्रेजी की बहुत बड़ी संख्या में शब्दावली समान है। शब्दावली की संख्या सहस्रों में है। भारत सरकार के शिक्षा मन्त्रालय की हिन्दी-गुजराती की समान सूची शिक्षामन्त्री के सचिव श्री मोहम्मद अफजल खाँ के प्रयत्नों से तैयार हुई और प्रकाशित हुई जिसमें लगभग पाँच हजार शब्द हैं।

कुछ तुलनात्मक शोध कार्य भी हुए हैं, जैसे पश्चिमी भोजपुरी और गुजराती की क्रियाएँ (डॉ. रामकुँव्हर सिंह)। डॉ. रजनीकान्त जोशी ने यह अनुभव किया कि कुछ शब्दावली समान होते हुए भी अर्थ की दृष्टि से भिन्न हैं। हिन्दी का 'समाज' शब्द-मिलना, एकत्र होना, संघटित, संस्था आदि अर्थों में प्रयुक्त होता है जब कि गुजरात में समुदाय, मण्डली, सभा, सम्प्रदाय आदि अर्थों में। संस्कृत का 'राग' शब्द हिन्दी में प्रेम के अर्थ में प्रयुक्त होता है तो वही बंगाली, मराठी में 'क्रोध' के अर्थ में व्यवहृत होता है और गुजराती में 'प्रेम' के साथ दूसरे अर्थ में भी।

1. हिन्दी-गुजराती के समान स्रोतीय भिन्नार्थी शब्द—

	हिन्दी	गुजराती
कातर	दुःखी, बेचैन	कैची
ओला वर्षा	के साथ शीत में गिरनेवाले बर्फ के टुकड़े	हरे बुने हुए चने

2. हिन्दी-गुजराती के समोच्चरित, समानार्थी लिंग भेदवाले शब्द—

अग्नि	पुं.	स्त्री.
घबराहट	स्त्री.	पुं.

3. हिन्दी-गुजराती के समानार्थी किन्तु ध्वनि में साधारण अन्तर—

अँधेरा	पुं.	अन्धारुम्
कमल	पुं.	नपुं.

4. हिन्दी-गुजराती के समोच्चरित एवं भिन्नार्थी लिंग भेदवाले—

वट बरगद	(पुं.)	प्रतिज्ञा (स्त्री.)
वार प्रहार	(पुं.)	देर (स्त्री.)

5. हिन्दी-गुजराती के समानार्थी किन्तु ध्वनि में सामान्य अन्तरवाले—

अमानत	अमानत	अमानत
किवाड	किवाड़	कमाड

6. गुजराती-हिन्दी के समानार्थी किन्तु ध्वनि में सामान्य अन्तरवाले—

अचम्भा	अचम्बो
गुंजाइश	गुंजाश

संस्कृत, अरबी-फारसी और अंग्रेजी के अतिरिक्त अन्य कई भाषाओं के तद्भव-तत्सम शब्दों का भण्डार है।

धरम (धर्म), करम (कर्म), शरम (शर्म) जैसे तद्भव तथा केश, द्वार, अमीर, आवाज़, आफिस, किस्मत, कारीगर, स्टेशन, हजामत, दोस्त आदि सहस्रों शब्द समान हैं। इसके ठीक विपरीत गुजराती की शब्दावली हिन्दी की उपभाषाओं में विद्यमान है।

साहित्यिक स्वरूप

गुजराती और हिन्दी भाषा में सम्बन्ध होने के कारण प्रारम्भिक रचनाओं से ही गुजराती और हिन्दी की रचना-प्रक्रिया में समानता द्योतित होती है। प्राचीन गुजराती रचनाओं पर राजस्थानी का प्रभाव है। रणमल्ल छन्द, कान्हड़ दे प्रबन्ध, वसन्त विलास, आदिकालीन फागु काव्य गुजराती और राजस्थानी की प्रारम्भिक रचनाओं में मानी जाती हैं। ये पंक्तियाँ हिन्दी से कितनी दूर हैं यह विचारणीय है—

तिल कुसुमोपम नाकु रे, लांकु रे लीजइ मूंठि।
किशलय कोमल पाणि रे, जाणि रे चोल मंजीठि।।

पूर्वमध्यकालीन काव्य में गुजराती के दो प्रतिनिधि कवि हैं—नरसिंह मेहता और मीराँबाई। मीराँबाई की भाषा राजस्थानी है। अतः मीराँबाई हिन्दी-गुजराती में समानरूप से लोकप्रिय हैं। नरसी के भजन हिन्दी-गुजराती में प्रसिद्ध हैं। उनका प्रिय भजन है—

वैष्णव जन तो तेणै कहिये जे पीर पराई जाणै रे।

नरसी मेहता ने हिन्दी-गुजराती में भी नहीं किया है। गुजराती की मध्यकालीन रचनाओं पर संस्कृत कथानकों का प्रभाव है। दर्शन, भजन, फागु और आख्यन में शैली, लोक की रही है पर कथाएँ परम्परित। गुजराती सन्तकाव्य पर रामानन्द और कबीर का प्रभाव अधिक पड़ा है। गुजरात में हिन्दी प्रदेश के सन्त निरन्तर उपदेश करते रहे हैं और आज भी रामकथा सर्वाधिक प्रचार है। अतः हिन्दी-गुजराती का मिश्रित साहित्य हर युग में प्रचलित रहा है।

आधुनिक गुजराती के सबसे बड़े निर्माता नर्मदा शंकर है। नर्मदा शंकर भारतेन्दु के समकालीन ही नहीं उनसे जुड़े भी थे। नर्मदा शंकर उच्चकोटि के कवि और गुजराती गद्य के प्रवर्तक हैं। आधुनिक काल के द्वितीय चरण से गुजरात पर महात्मा गाँधी का प्रभाव पड़ा। उसके पूर्व आनन्द शंकर ध्रुव, रमणभाई और गोवर्द्धनराम—गुजराती के तीन आचार्य हुए। आनन्द शंकर ध्रुव संस्कृत के प्रकाण्ड विद्वान् थे। गोवर्द्धनराम ने चार भागों में 'सरस्वती चन्द्र' उपन्यास लिखा। 'सरस्वती चन्द्र' भारत की श्रेष्ठ कृतियों में है। 1920 ई. के बाद महात्मा गाँधी के प्रभाव से गुजरात में राष्ट्रीय भावना और राष्ट्रभाषा का महत्त्व बढ़ा। गाँधी जी ने राष्ट्रभाषा प्रचार समिति की स्थापना की। आर्यसमाज और महात्मा गाँधी के कारण हिन्दी-गुजराती का समन्वय बढ़ा। के. एम. मुन्शी जैसे साहित्यकारों ने गुजरात के अतीत को केन्द्र में रखकर गौरव गान किया तो गाँधी जी ने राजनीतिक चेतना जगायी। झबेर चन्द्र मेघाणी ने गुजरात के लोक साहित्य के क्षेत्र में योगदान किया। ये सभी लेखक गुजराती के कथाकार तो थे लेकिन हिन्दी के समर्थक थे। इस युग के रचनाकार स्वयं महात्मा गाँधी, काका कालेलकर, कन्हैयालाल मुन्शी ने गुजराती गद्य को नया आयाम दिया। इन रचनाकारों का साहित्य हिन्दी में लोकप्रिय हुआ जिनमें गाँधी जी की आत्मकथा बहुत महत्त्वपूर्ण है।

वर्तमान में गुजरात में हिन्दी-लेखन ही नहीं हिन्दी का प्रयोग व्यापक रूप में हो रहा है। शोध, लेखन, पत्रकारिता के क्षेत्र में गुजराती के साथ हिन्दी गुजरात प्रान्त में विकसित हो रही है। कथावाचकों के माध्यम से गुजरात में रामकथा और भागवत कथा का व्यापक प्रचार है। डोंगरे जी, मुरारी बापू, आशाराम बापू मूलतः गुजराती हैं लेकिन लोक माध्यम से हिन्दी का प्रचार सम्पूर्ण भारत में हो रहा है। वास्तव में गुजरात में हिन्दी का प्रचार मध्यकाल से सन्तों के माध्यम से ही हुआ था जो परम्परा आज भी विद्यमान है।

(3) पंजाबी भाषा और हिन्दी

पंजाब की भाषा को पंजाबी कहा जाता है। पंजाब भारत का ऐसा क्षेत्र है, जिसकी सीमाओं का संकुचन और विस्तार होता रहा है। भारत में आर्य संस्कृति का विकास पंजाब से हुआ। अतः कुछ विद्वान् वैदिक साहित्य को पंजाब की देन मानते हैं। पंजाब की भौगोलिक स्थिति भी उसे मिश्रित बोलियों का क्षेत्र बनाती है। बाह्य आक्रमणों का प्रभाव सबसे अधिक पंजाब पर पड़ा है। इसलिए मुस्लिम शासनकाल में पंजाबी पर फारसी का व्यापक प्रभाव पड़ा। पंजाब के एक ओर डोंगरी और कश्मीरी का क्षेत्र है। दूसरी ओर हिन्दी की राजस्थानी और हरियाणवी का प्रभाव है। पश्चिम में उर्दू का प्रभाव रहा है। प्रारम्भ में पंजाब का क्षेत्र विस्तृत

था। अपभ्रंश कवि अब्दुर्रहमान मुलतान का निवासी था। इसीलिए पंजाबी को मुलतानी भी कहा जाता था। पंजाबी की एक बोली लहँदा (पश्चिमी पंजाब) अब पाकिस्तान में है। भारतीय क्षेत्र में स्थित पंजाब का सीमा-क्षेत्र भी बदला है। स्वतन्त्रता के बाद पंजाब की सीमा दिल्ली से मिलती थी। पंजाब और वर्तमान हरियाणा एक प्रान्त थे। इसी आधार पर पंजाबी को जाटवी भी कहा जाता था। वर्तमान पंजाब की भाषा पंजाबी है, जिसका सीमा-क्षेत्र भाषावार प्रान्तों के गठन से सीमित हो गया है। इसके बावजूद पंजाबी प्रभावित क्षेत्र दिल्ली और जम्मू भी है। भाषा की दृष्टि से हरियाणवी और पंजाबी में पर्याप्त समानता है। इसके साथ ही खड़ीबोली से भी पर्याप्त साम्य है। दिल्ली की बोली में पंजाबी पुट अधिक है। वर्तमान में पंजाबी अम्बाला से लाहौर, हिमाचल प्रदेश और जम्मू तक विस्तृत है लेकिन लाहौर, अम्बाला और पंजाब में भी यह मिश्र भाषा है। हिन्दी-पंजाबी, उर्दू-पंजाबी का मिश्रण अधिक मिलता है।

भाषागत विशेषताएँ

पंजाबी और हिन्दी में व्यापक समानता है। इसलिए दोनों के मिश्र प्रयोग में बाधा नहीं आती। खड़ीबोली और पंजाबी का संरचनात्मक स्वरूप समान है। केवल सघोष महाप्राण ध्वनियों घ, झ, ढ, ध, भ, में महाप्राणता अधिक हो जाती है। अल्पप्राण ध्वनियों में भी महाप्राणता है जैसे क, च, ट, त, प को क्ह, च्छ, ट्ह, त्ह, प्ह् बोला जाता है। संयुक्त व्यंजकों में स्वर भक्ति मिलती है यथा—क्रोध-करोध, प्रेम-परेम, मित्र-मित्तर, इन्द्र-इन्दर। इस प्रकार पंजाबी में संयुक्त व्यंजन नहीं मिलते पर संयुक्त व्यंजनों के विलोप के बावजूद दीर्घीकरण नहीं गिलता जैसे हिन्दी में अक्षि का अँख नहीं आँख हो जाता है पर पंजाबी में दीर्घ नहीं होता और अक्ख हो जाता है। पंजाबी में लिंग भेद हिन्दी की भाँति है। स्त्री प्रत्यय में इनकी जगह अन का प्रयोग होता है। जैसे—नाई-नाइन, नाअन। हिन्दी में बहुवचन के ओं के स्थान पर बहुवचन के मूल और विकारी दोनों रूपों में आ मिलता है जैसे लड़का-लड़कों की जगह पंजाबी में लड़को मिलता है। कारक चिह्नों में ने के स्थान पर नूँ तथा का, के, की के स्थान पर दा, दे दी का प्रयोग होता है। पंजाबी में विशेषणों का बहुवचन संज्ञा के समान बदलता है, जैसे अच्छी लड़कियाँ के स्थान पर अच्छियाँ लड़कियाँ क्रियापदों में भी ता, ते, ती के स्थान पर दा, दे, दी का प्रयोग होता है चलत.ा-चलदा, पंजाबी में न के स्थान पर ण मिलता है तथा व्यंजन द्वित्व का प्रयोग खड़ीबोली की तरह होता है, जैसे—गाड़ी-गड्डी।

पंजाबी और हिन्दी में भाषा, भाव और विचार की इतनी समानता है कि केवल ध्वन्यात्मक परिवर्तनों के लोकोक्तियाँ और कहावतें भी समान हैं, यथा—

हिन्दी	पंजाबी
चोर की दाढ़ी में तिनका	चोर दी दाड़ी बिच तीला
खोदा पहाड़ निकली चुहिया	खोदूरया पहाड निकली चूही
ऊँट के मुँह में जीरा	ऊँट दे मुह बिच जीरा
ऊँची दुकान फीका पकवान	ऊँची दुकान फिक्का पकवान

पंजाबी और हिन्दी की यह समानता ही हिन्दी और पंजाबी की एकतानता का प्रतीक है। इसका प्रभाव यह अवश्य पड़ा कि पंजाब के अधिकांश साहित्यकारों ने मिश्रित प्रयोग किये हैं या फिर हिन्दी में ही लेखन किया है। पंजाबी के पहले कवि शेख फरीद से यह मिश्रण हिन्दी या उर्दू के साथ बना रहा है। गुरु नानक स्वयं मिश्रित भाषा के प्रयोक्ता थे। उनके साहित्य में हिन्दी शब्दावली का व्यापक मिश्रण है। गुरु नानक से गुरु गोविन्दसिंह तक पंजाबी का यही रूप मिलता है। गुरु गोविन्दसिंह तो ब्रजभाषा के भी श्रेष्ठ कवि हैं। पंजाबी में मध्यकाल में दो काव्यधाराएँ प्रवाहित हुई हैं–

1. सिख गुरुओं की पंजाबी-हिन्दी
2. सूफी सन्तों की फारसी प्रभावित पंजाबी

पहली शैली से जहाँ पंजाबी का शुद्ध साहित्य विकसित हुआ, वहीं दूसरी शैली से परवर्ती उर्दू का सम्बन्ध बढ़ा है। सिख गुरुओं का काव्य आदि ग्रन्थ है तो पंजाब में सूफ़ी काव्य परम्परा भी व्यापक है जिसमें वारिस शाह, दामोदर, मुकबिल, हामिद, बुधा सिंह, अहमद यार की रचनाएँ प्रमुख हैं।

आधुनिक काल में हिन्दी साहित्य में पंजाबी लेखकों का प्रभाव बढ़ा है। पुनर्जागरण काल में लाहौर हिन्दी और उर्दू का केन्द्र था। आर्यसमाज के व्यापक प्रभाव के कारण पंजाब में हिन्दी लेखकों ने महत्त्वपूर्ण योगदान किया। इस काल के लेखकों में चन्द्रधर शर्मा गुलेरी, स्वामी श्रद्धानन्द, भाई परमानन्द, सत्यदेव परिव्राजक, इन्द्र विद्यावाचस्पति प्रमुख हैं। भारत विभाजन के पश्चात् साहित्य का केन्द्र दिल्ली बना। यहाँ भी पंजाबी हिन्दी लेखकों का वर्चस्व रहा। यशपाल, उपेन्द्रनाथ अश्क, देवेन्द्र सत्यार्थी, भीष्म साहनी, मोहन राकेश, कृष्णा सोबती, कृष्ण बलदेव वैद, सुदर्शन चोपड़ा, त्रिलोक दीप, सतीश जमाली, देवेन्द्र इस्सर, महीप सिंह, रवीन्द्र कालिया, द्रोणवीर कोहली, कुलदीप बग्गा, बलदेव वंशी, नरेन्द्र कोहली, राजी सेठ, मणिका मोहिनी, इन्द्रनाथ मदान, डॉ. हरदेव बाहरी प्रभृति साहित्यकारों के अभाव में वर्तमान हिन्दी साहित्य की क्या स्थिति होगी? यह समझा जा सकता है। पंजाबी का वर्तमान स्तर हिन्दी में उसी प्रकार उपलब्ध है जिस प्रकार पंजाबी में। अमृता प्रीतम का साहित्य हिन्दी में पंजाबी से अधिक लोकप्रिय है। नये संचार माध्यमों ने पंजाबी साहित्य को घरों तक पहुँचा दिया है। अब पंजाबी देवी गीत, लोकगीत, भजन और संगीत केवल पंजाब के नहीं रहे। पंजाबी गीतों का प्रचार हिन्दी क्षेत्रों में इतना अधिक है कि उन्हें हिन्दी से पृथक् नहीं किया जा सकता। हिन्दी रंगमंच का विकास और हिन्दी चित्रपट पंजाबियों की देन है। पृथ्वीराज कपूर, बलराज साहनी, देव आनन्द, विनोद खन्ना से लेकर वर्तमान के अधिकांश निर्माता, निर्देशक, अभिनेता, अभिनेत्री हिन्दी चित्रपट के माध्यम से पंजाब से आये हैं। वस्तुतः पंजाब ने हिन्दी को इस तरह आत्मसात् कर लिया है कि पंजाबी हिन्दी की एक शैली बनकर उभरी है। चन्द्रधर शर्मा की 'तेरी कुड़माई हो गयी' का प्रयोग वर्तमान साहित्य में व्यापक रूप से हिन्दी पंजाबी के मिश्रण के रूप में आया है। अतः अब हिन्दी साहित्य में पंजाब एक आंचलिकता का पुट देता है। अकाली आन्दोलन में शुद्ध पंजाबी ने हिन्दी का विरोध अवश्य किया था किन्तु उसे

व्यापक जन समर्थन नहीं मिला। आज हिन्दी और पंजाबी साहित्य एक-दूसरे के पूरक होकर उभरे हैं।

(4) उर्दू भाषा और हिन्दी

हिन्दी ने मध्यकाल में सार्वदेशिक भाषा का रूप लिया। जो भाषाएँ सार्वदेशिक होती हैं उनका प्रभाव भिन्न-भिन्न क्षेत्रों में बदलता रहता है। कुछ ऐसा ही बदलाव हिन्दी में मुस्लिम साम्राज्य की स्थापना के बाद आया और दिल्ली की भाषा ने नया रूप लिया। जब पूरे भारत में ब्रजभाषा साहित्य की भाषा के रूप में प्रतिष्ठित थी तब दक्षिण भारत में स्थापित मुस्लिम साम्राज्यों में हिन्दी का एक नया रूप विकसित हो रहा था। इस नये रूप के विकास का कारण वे मुसलमान थे जो दिल्ली में कुछ दिनों रहने के बाद दौलताबाद में बस गये थे। ब्रजभाषा उनके सम्पर्क में नहीं थी। अतः उन्होंने अपनी बोलचाल की हिन्दी में साहित्य का सृजन कि॰। अतः दिल्ली में सैन्य भाषा के रूप में प्रसिद्ध हिन्दुस्तानी जिसे केवल कामचलाऊ माना जाता था, दक्षिण में साहित्यिक भाषा बन गयी। इसे उन कवियों ने देहलवी या हिन्दुस्तानी नाम दिया। कुछ लोगों ने इसे रेख्ता कहा। दक्षिण में यह हिन्दी की प्रतिनिधि थी। इसी हिन्दुस्तानी के कवि वली, दकनी जब दिल्ली आये तो यहाँ दिल्ली दरबार में उन्हें फारसी कवियों से लोहा लेना पड़ा। मुगल दरबारों में फारसी और ब्रज का प्रभाव था। दिल्ली में उनकी भाषा आमफहम भाषा थी जो हिन्दुओं और मुसलमानों के मध्य सेतु का कार्य करती थी। मुगल सम्राट् शाह आलम तक फारसी का प्रभाव कम हो चुका था। अब इस देहलवी के कवि समादृत होने लगे थे। वली ने इसे प्रेरणा दी और इस नयी भाषा के तीन कवि प्रसिद्ध हुए जिनमें सौदा और मीर प्रमुख हैं। दिल्ली में इसे उर्दू नाम दिया गया क्योंकि यह मूलतः उर्दू या सेना की भाषा थी। दिल्ली की सामान्य भाषा हिन्दी और मुस्लिम परिवारों की फारसी ही थी। सौदा और मीर ने इस उर्दू का साहित्यिक संस्कार किया चूँकि उर्दू साहित्य का विरोध फारसी से था अतः शाह आलम के दरबार में यह फारसीमय हुई—शैली और संस्कार दोनों दृष्टियों से। इस प्रकार दक्षिण की हिन्दुस्तानी ने जब उत्तर की उर्दू का रूप ग्रहण किया तो इसकी आत्मा तो नहीं बदली लेकिन आकार बदल गया। अरबी लिपि और वर्णमाला ने इसके रूप को अलग कर दिया। दक्खिनी की कविताओं में जहाँ हिन्दुस्तानी का बाहुल्य है, वहीं उत्तर में फारसी का। इस प्रकार उर्दू का लेखन और उच्चारण तो बदला लेकिन शब्द नहीं बदले। इसीलिए उर्दू को हिन्दी से व्युत्पन्न या हिन्दी की एक शैली ही माना गया। इसका कारण है। हिन्दी की बोलियों की भाँति उर्दू ने भी क्षेत्रीय स्वरूप ग्रहण किया है। यदि बिहारी हिन्दी हरियाणवी से भिन्न है तो बिहारी उर्दू भी हरियाणवी से भिन्न है। इसके बावजूद साहित्यिक उर्दू और साहित्यिक हिन्दी का स्वरूप समान है। हिन्दी की अपनी शब्दावली, क्रियापदों आदि को उर्दू ने पूरी तरह ग्रहण कर लिया है लेकिन तत्सम शब्दावली से उसे परहेज है। दोनों भाषाओं का व्याकरण, शब्दकोश और साहित्यिक विकास एक है। हिन्दी ने तत्सम शब्दों को ग्रहण कर जब भारतीयता का वरण किया तो उर्दू ने फारसी से शब्द लेकर अपनी पृथक् पहचान बनायी। यह पहचान प्रारम्भ हुई अंग्रेजों द्वारा साम्प्रदायिक विभाजन से। जब प्रेमचन्द

उर्दू के पहले कहानीकार बन रहे थे तब अंग्रेज उर्दू को मुसलमानों की भाषा घोषित कर रहे थे। यह संघर्ष राजनैतिक था। वास्तविक धरातल पर हिन्दी और उर्दू का साहित्य समान्तर रूप में समान प्रवृत्तियों के आधार पर विकसित हो रहा था। राष्ट्रीय आन्दोलन की लड़ाई समान रूप से चल रही थी और काव्य रूपों का आदान-प्रदान भी समान था। राष्ट्रीय आन्दोलन में हिन्दी उर्दू की भूमिका से यह तथ्य स्पष्ट हो जाता है।

अतीत का गौरवगान

भारत में स्वतन्त्रता-आन्दोलन की अभिव्यक्ति का एक शान्तिमय माध्यम 'अतीत का गौरवगान' था। उन दिनों भारत में विद्या, कला-कौशल, सभ्यता के साथ-साथ देश-प्रेम व देशभक्ति की भावनाओं का शोचनीय अभाव था। इस अभाव की पूर्ति में युगीन हिन्दी-उर्दू के कवियों ने भारत के स्वर्णिम अतीत का गौरवगान कर भारतीयों को स्वतन्त्रता-आन्दोलन के प्रति अनुप्राणित किया। कवियों का यह भी विचार था कि– "पतित जातियों को उनके उत्थान में उनके अतीत गौरव का स्मरण बहुत बड़ा सहायक होता है।" (सियारामशरण गुप्त– मौर्य विजय भूमिका)। अतः अतीत से प्रेरणा लेकर वर्तमान को एक नयी शक्ति व स्फूर्ति प्रदान करना युगीन कवियों का एक लक्ष्य रहा है।

डॉ. मुहम्मद इकबाल ने 'सारे जहाँ से अच्छा हिन्दोस्ताँ हमारा' का तराना सुनाकर भारत की अनन्त महिमा का गुणगान करते हुए लिखा है–

'यूनानो-मिस्रों-रूमां सब मिट गये जहाँ से
अब तक मगर है बाकी नामो-निशां हमारा।'

भारत माता के प्रथम महागायक पं. श्रीधर पाठक ने भी भारत की अपार ज्ञान-सम्पदा का परिचय दिया।(सम्पादक अज्ञेय, पुष्करिणी) युग-नेता महावीरप्रसाद द्विवेदी ने भी लिखा है–

जलवा तेरा जग में छाया
जो जिसने माँगा सो पाया
गैरों को भी सभ्य बनाया।

('मेरे प्यारे हिन्दुस्तान', सरस्वती, नवम्बर, 1920)

पं. ब्रजनारायण 'चकबस्त' ने–"अय खाके-हिन्द तिरी ज़मत में क्या गुमां है।" (खाके वतन) लिखकर भारत की महानता को उजागर किया। इतिहास इस बात का साक्षी है कि भारत अपने प्राचीन काल में संसार का गुरु (शिक्षक) था। भारत के गुरुत्व का प्रतिनिधित्व करते हुए पं. आनन्दनारायण शुक्ल ने लिखा है–

लिये ग़ैर-मुल्कों ने तुझसे सबक
तिरी दास्तां के उड़ाये वरक़।

('ज़मीने वतन', हिन्दोस्ताँ हमारा, भाग-1)

जन-जागरण

हिन्दी-उर्दू कवियों ने अपने काव्य के माध्यम से अपने-अपने पाठकों में 'जन-जागरण' का पुनीत कार्य भी किया, जो तत्कालीन स्वतन्त्रता-आन्दोलन के लिए परम आवश्यक था। कवियों का जागरण-स्वर, कहीं प्रार्थना के रूप में तो कहीं उद्बोधनात्मक शैली में व्यक्त हुआ।

जन-जागरण के क्षेत्र में मैथिलीशरण गुप्त का स्थान अग्रगण्य रहा है। उनकी 'भारत-भारती' जागरण का उद्घोष करती हुई अवतरित (सन् 1912) हुई—

"हे भाइयो! सोये बहुत, अब तो उठो जागो अहो।"

आचार्य महावीरप्रसाद द्विवेदी ने 'भारत-भारती' के सम्बन्ध में लिखा है—इसमें वह संजीवनी शक्ति है जिसकी प्राप्ति हिन्दी के और किसी भी काव्य से नहीं हो सकती। इससे हम लोगों की मृतप्राय नसों में शक्ति का संचार हो सकता है।" (सम्पादकीय, सरस्वती, अगस्त, 1914)।

.ख़्वाजा अल्ताफ़ हुसैन हाली ने सामाजिक जागरण पर जोर देते हुए नारा लगाया कि "बस बहुत सोये, उठो होश में आओ" ('हुब्बे वतन', हिन्दोस्तां हमारा, भाग-2)। जफ़रअली खां अपने समय के एक जागरूक शायर होने के नाते कुछ कर दिखाने की आवश्यकता पर बल देते हुए लिखते हैं—

"हो तुम जिसके ज़र्रे वह है खाके-हिन्द
छुपे हैं जो इसमें वह जौहर दिखाओ"

('दावते अमल', हिन्दोस्ताँ हमारा, भाग-2)

मुहम्मद हुसैन महवी लखनवी ने 'समय' से आग्रह किया कि—

"तिरी बरबादियाँ देखी नहीं जाती हैं अब हम से
खुद के वास्ते उठ और हो आज़ाद इस ग़म से"

('वक्ते-बेदारी'—हिन्दोस्ताँ हमारा, भाग-2)

महमूद इसराईली ने बुल-बुल के आर्त्तनाद को शब्दबद्ध करते हुए लिखा है—

"इन्किलाब आया, नये सैयारे अब गर्दिश में हैं
अपनी आँखें खोल, वह रफ़्तारे-दौरां हो चुकी"

('नाल-ए-अन्दलीब', हिन्दोस्ताँ हमारा, भाग-2)

साग़र निज़ामी ने अधिकारों की रक्षा हेतु पैगाम देते हुए लिखा है—

"उठ अय मश्तिक और अपने हक्के-फ़ितरत की हिफ़ाजत कर"
जो आज़ादी तिरा मक़सूम है उसकी हिमायत कर"

('पैगामे अमल', हिन्दोस्ताँ हमारा, भाग-2)

इस प्रकार हिन्दी-उर्दू कविगों ने भारत की सुप्त जनता को जगाने में अपना विशेष योगदान दिया। तत्कालीन शासन के विरुद्ध जन-मानस को तैयार करने में जागरणधर्मी उद्गारों का अत्यधिक महत्त्व है।

आलोच्यकालीन भारत में, विदेशी वस्तुओं का बेहद प्रचलन था, अर्थात्—"जो वस्तु देखो, 'मेड इन' इंग्लैण्ड, इटली, जर्मनी, जापान, फ्रांस, अमरीका व अन्य देशों की बनी (भारत-भारती) थी। उर्दू शायर अहमक़ फफूंदवी ने 'अहदे-फिरंग' कविता में इस स्थिति पर करारी चोट करते हुए लिखा है—

"या यह आलम है कि जापान अगर रहम न खाये
अपनी मैयत को कफ़न के भी मिलने में दरंग।"

(हिन्दोस्ताँ हमारा, भाग-2)

स्वदेशी आन्दोलन के परिणामस्वरूप देश में स्वदेशी वस्तुओं का प्रचलन बढ़ा और विदेशी व्यापारियों की काफी हानि हुई। (मासिक 'लक्ष्मी', सितम्बर, 1908)। इस स्थिति का समर्थन उर्दू-शायर लाला लालचन्द फ़लक की 'वेदरिये हिन्द' की इन पंक्तियों से भी हो जाता है–

"तरक्क़ी पर है इन रोज़ों 'फ़लक' परचार देसी का।
पराये देश की चीज़ों से नफ़रत होती जाती है।"

(हिन्दोस्ताँ हमारा, भाग-2)

हिन्दी-उर्दू काव्य ने भारतीय स्वतन्त्रता आन्दोलन में मिला-जुला रोल अदा किया है। दोनों की काव्यप्रवृत्तियाँ लगभग एक-सी चली हैं। इससे स्वतन्त्रता आन्दोलन को सम्बल मिला है। हिन्दी-काव्य की भाँति उर्दू-शायरी भी भारत की महानता को आरम्भ से ही उजागर करती हुई आयी है। युगीन कवियों के अनुसार देशभक्ति का तात्पर्य देश के प्रति प्रेम-भाव को रखना या अभिव्यक्त करना मात्र नहीं है, अपितु देश के महान् कार्यों पर गर्व करना तथा देश की मिट्टी के कण-कण से प्रेम करना और उसकी हर मुसीबत में अपनी कुर्बानी के लिए तैयार रहना है। यह कहना अतिशयोक्ति नहीं होगी कि हिन्दी-उर्दू काव्य भारतीय इतिहास को अपने सीने में समाये हुए हैं। दोनों काव्यों ने युग की राजनीतिक घटनाओं का यथार्थ चित्रण कर अपेक्षित राजनीतिक चेतना को तीव्रतर बनाने में कोई कसर बाकी नहीं रखा। स्वतन्त्रता के बाद प्रगतिशील आन्दोलन में भी उर्दू साहित्य हिन्दी से अलग नहीं है। उर्दू का ग़ज़ल काव्य-रूप आज हिन्दी का लोकप्रिय काव्यरूप है। आज हिन्दी उर्दू का भेद केवल लिपि है या नागरी में सभी उर्दू कृतियाँ उपलब्ध हैं।

(5) कश्मीरी भाषा और हिन्दी

कश्मीरी तो प्राचीन काल से संस्कृत के मनीषियों-विचारकों का स्थल रहा है। नवीं शताब्दी से बारहवीं शती तक कश्मीर में उत्कृष्ट कोटि का संस्कृत साहित्य लिखा गया।

भारत सरकार के शिक्षा मन्त्रालय की सूची के अतिरिक्त 'हिन्दी-कश्मीरी समान शब्दावली' पर कश्मीरी के विद्वान् तथा लोक साहित्य विशेषज्ञ डॉ. जवाहरलाल हण्डू (भारतीय भाषा संस्थान, मैसूर) ने कार्य किया जिसको संस्थान ने प्रकाशित किया। कश्मीरी की शब्दावली संस्कृत के इतनी निकट है कि जार्ज ग्रियर्सन द्वारा स्थापित मान्यता–कश्मीरी भाषा दरद गोत्रजा है– को सहज की चुनौती दी जा सकती है। अब किसी ऐसे शोधार्थी की आवश्यकता है जो कश्मीरी से पूर्व की स्वतन्त्र अपभ्रंश की खोज करे।

हिन्दी	कश्मीरी
पुष्ट	पअठ
मोटा	व्यअठ
हड्डी	(हनु) हुंगन्य
चूल्हा	(चरु) चोअर
पथ	वअथ
वर सामन का वस्त्र (वायुपट)	वावपट

जीभ (जिह्वा)	जिह्व
नभ	नभ

'हिन्दी-कश्मीरी' का व्यतिरेकी विश्लेषण डॉ. ओंकारनाथ कौल ने प्रस्तुत किया है। (शाराजा—मई 1987)

कश्मीरी की ध्वन्यात्मक प्रवृत्ति के अनुसार शब्दों के रूप परिवर्तित हो जाते हैं—

हिन्दी	कश्मीरी
ऐनक	एनक—स्वर का अभाव
औरत	अवरत "
सौ	सव "
मौन	मोन—विशिष्ट स्वर
छल	छल—विशिष्ट ध्वनि
छाया	छ़ाया "
धन	दन—महाप्राणता का लोप
ढोल	डोल "
घर	गर "
पढ़ना	पड़ना "
रात	राथ—महाप्राणता
सात	साथ
सूर	सूठ
पाथ	पाख
अदरक	अदरख

इस प्रकार औलाद, आदत, इज़ाज़त, कीमत, कण्टीन, कौम, किस्म, मिज़ा, चोट, झील, जान, जरूरत, टीम, ताकत तमन्ना, तारीख, तबीयत, दुनिया, दुकान, पैन्सल, पततून, पौज, बहार, मेज, मोटर, मुबारक, शाम, शाल, शबनम, सुबह, सैर, हवा, साइकिल, हड़ताल आदि सहस्रों आगत शब्दावली भी समान हैं।

दोनों भाषाओं में समरूपी और समानार्थी शब्दों के होते हुए भी सही लिंग में प्रयोग करना भी समस्या है।

आज कश्मीर में हिन्दी साहित्य ही नहीं कश्मीर की सांस्कृतिक परम्परा पर हिन्दी रचनाएँ उपलब्ध हैं। डॉ. मजहर अहमद खान, हरिकृष्ण कॉल, चन्द्रकान्ता, डॉ. रतनलाल थाना, जानकीनाथ कॉल, अवतारकृष्ण, बीना बुदकी कश्मीर की ऐसी प्रतिभाएँ हैं जो हिन्दी को समृद्ध कर रही हैं। कश्मीर विश्वविद्यालय और जम्मू विश्वविद्यालय कश्मीर में हिन्दी की शोध स्तर तक की शिक्षा प्रदान कर रहे हैं।

1

खण्ड-घ

अग्निगर्भ (उपन्यास)

–महाश्वेता देवी

परिचय

स्वातन्त्र्योत्तर बाँग्ला कथा लेखिकाओं में महाश्वेता देवी ऐसी लोकप्रिय कथा लेखिका हैं जिनकी कृतियों को न केवल बाँग्ला वरन् हिन्दी पाठक वर्ग में समान रूप से लोकप्रियता मिली है। साम्यवादी विचारधारा से प्रभावित महाश्वेता देवी ने स्वतन्त्रता के पश्चात् का राजनीतिक परिवेश और राजनेताओं के छल-छद्म को केन्द्र में रखकर सरकारी योजनाओं और घोषणाओं की व्यर्थता और निर्धनों की समस्याओं को अपने साहित्य के केन्द्र में रखा है। आजादी के बाद जिस प्रकार कांग्रेस सहित सभी राजनीतिक दलों और प्रशासन ने जनता, विशेषतः शोषितों को छलावे में रखा है, और उसके कारण जो आक्रोश धीरे-धीरे हिंसक होता गया है, उसका जीवन्त वर्णन करनेवाली महाश्वेता देवी का जन्म 1926 ई. में ढाका (अब बाँग्लादेश में) में हुआ था। उनके पिता श्री मनीष घटक बाँग्ला के सुप्रसिद्ध लेखक थे। साहित्यिक वातावरण में विकसित महाश्वेता देवी की प्रारम्भिक शिक्षा शान्ति निकेतन में हुई। उसके पश्चात् कलकत्ता विश्वविद्यालय से अंग्रेजी में एम. ए. करने के उपरान्त आपने अंग्रेजी साहित्य का अध्यापन किया।

महाश्वेता देवी ने ग्रामीण बाँग्ला समाज और आदिवासी जनजीवन को केन्द्र में रखकर अपना साहित्य लिखा है। शिक्षिका के साथ समाज सेवा और उपेक्षित वर्गों की आवाज को उठाना उनका लक्ष्य रहा है। वे लिखती हैं कि इस धधकते वर्ग-संघर्ष को अनदेखा करने और इतिहास के संविधान में शोषितों का पक्ष न लेनेवाले लेखकों को इतिहास माफ नहीं करेगा।

रचनाएँ

महाश्वेता देवी ने अपने कथा-साहित्य में आदिवासी समाज की समस्याओं को ही नहीं स्वतन्त्रता के बाद उभरते वर्ग-संघर्ष को चित्रित किया है। नक्सलवादी आन्दोलन की पृष्ठभूमि कृषि से जुड़े निर्धन समूह और शोषक जमींदारों के विरुद्ध पनपते कृषि मजदूरों के विद्रोह को उन्होंने पूरे साहित्य में आधार बनाया है। उनकी कृतियों का अनुवाद हिन्दी सहित अनेक भाषाओं में हुआ है। हिन्दी में उपलब्ध कृतियों में जंगल के दावेदार, घहराती घटाएँ, नील-छवि,

टेरोडैक्टिल, 1084वें की माँ, ईंट के ऊपर ईंट, भटकाव, दौलति, शालगिरह की पुकार पर, श्री श्रीगणेश महिमा, अक्लान्त कौरव, अग्निगर्भ, चोट्टि मुण्डा और उसका तीर, मूर्ति, ग्राम बाँग्ला, मास्टर साहब कृष्ण द्वादशी, झाँसी की रानी, जली थी अग्निशिखा, अमृत संचय, बनिया बहू, उनकी प्रख्यात कथा-कृतियाँ हैं। जंगल के दावेदार पर उन्हें साहित्य अकादमी पुरस्कार से सम्मानित किया गया है। इसके अतिरिक्त महाश्वेता देवी को भारतीय ज्ञानपीठ सम्मान और मैग्सेसे सम्मान जैसे राष्ट्रीय, अन्तरराष्ट्रीय सम्मान प्राप्त हुए हैं। उपर्युक्त कथा-कृतियों के अतिरिक्त उनका एक शोधपरक ग्रन्थ 'भारत में बँधुआ मजदूर' भी प्रकाशित हुआ है।

अग्निगर्भ

'अग्निगर्भ' महाश्वेता देवी की पूर्व प्रकाशित दो कहानियों का बड़ा रूप है। 'आपरेशन बसाई टूडू' तथा 'द्रौपदी' दो कहानियों के माध्यम से महाश्वेता देवी ने खेत मजदूर यूनियन और उसके आन्दोलन का जो चित्रण किया था, उसी का व्यापक रूप 'अग्निगर्भ' है जिसमें सम्पूर्ण भारत के खेत मजदूरों की समस्याओं का आकलन किया गया है।

1967 में मई-जून में दार्जिलिंग जिले के गाँवों नक्सलबाड़ी, खड़ीबाड़ी आदि में एक संगठित आन्दोलन चला जिससे सशस्त्र आन्दोलन को एक नया नाम मिला नक्सलवाद। आज नक्सलवाद एक व्यापक शब्द है जो पूरे भारत में प्रचलित है तथा युवकों के हिंसक वर्ग को नक्सली कहा जाता है। मूल रूप से पिछड़े इलाकों में उपजते शोषित वर्ग के युवा विद्रोही नक्सली माने जाते हैं। एक छोटे-से गाँव को इतने बड़े आन्दोलन से जोड़ने की पृष्ठभूमि ही अग्निगर्भ का उद्देश्य है। महाश्वेता देवी ने भारत के बँधुआ मजदूरों के विद्रोह का चित्रण ही इस उपन्यास में किया है। कथा नायक बसाई टूडू और नायिका द्रौपदी है। इस उपन्यास में बसाई टूडू की कहानी का वर्णन है। बसाई टूडू की कहानी खेत मजदूरों के संगठनकर्त्ता की कहानी है। भारत में बटाईदारी प्रथा या अधिया के माध्यम से भूस्वामियों द्वारा मजदूरों के शोषण और उससे पनपते विद्रोह का नायक है बसाई टूडू। बसाई जाति का सन्थाल है। बंगाल में जहाँ एक ओर बड़े-बड़े भूस्वामी और जमींदार हैं, वहीं दूसरी ओर भारी जनसंख्या उन लोगों की है जिनके पास जोतने के लिए जमीन तो नहीं है पर उनकी जीविका कृषि पर निर्भर है। ऐसे भूमिहीन कृषकों को खेतिहर मजदूर कहा जाता है। ये भूस्वामियों से खेती बँटाई या अधिया पर ले लेते हैं अधिया या बटाई में भूमिहीन किसानों को बीज, हल-बैल, खाना और थोड़ी मजदूरी देकर काम लिया जाता है और बदले में भूस्वामी के खेतों पर काम करते हैं। इनको जो जमीन दी जाती है फसल कटने के बाद उससे भूस्वामी अपना हिस्सा बीज आदि को निकाल लेते हैं और केवल एक चौथाई उपज उन मजदूरों के पास पहुँचती है। इसके साथ ही उन पर भूस्वामियों का ऋण रहता है। थोड़ा-सा विद्रोह करने पर भूस्वामी अगले वर्ष उन्हें बटाईदारी से अलग कर देता है। उनकी नित्य की मजदूरी भी बहुत कम होती है और अधिकांशतः, मोटा अनाज देकर काम लिया जाता है। अधिकांश आदिवासी क्षेत्रों के निर्धन वर्ग का आश्रय यही अधिया प्रथा है। इन भूमिहीन कृषकों को जमीन देने के नाम पर सरकार की ओर से कई कानून बने जिससे बड़े भूस्वामियों की अतिरिक्त भूमि लेकर इन्हें दे दी जाय लेकिन बड़े जमींदारों के छल के कारण उन्हें कभी जमीन नहीं मिली क्योंकि सभी बड़े भूस्वामी

ही राजनीतिक और प्रशासनिक व्यवस्था से जुड़े हुए थे। सरकार ने भूमिहीनों की स्थिति को सुधारने के लिए न्यूनतम मजदूरी कानून बनाया फिर भी उसका प्रभाव नहीं पड़ा क्योंकि मजदूरी दिलाने का दायित्व सरकार पर नहीं था। सरकारें चाहें कम्युनिस्टों की हों या कांग्रेस की कानून बनते गये पर अमल नहीं हुआ। इसका परिणाम ही विद्रोह है, जिसका नायक बनकर उभरा है बसाई।

बसाई परिवारविहीन है। वह पहले कम्युनिस्ट आन्दोलन से जुड़ता है। कम्युनिस्टों के किसान-मजदूर आन्दोलन में सामन्त, काली और बसाई साथ कार्य करते हैं लेकिन जब कम्युनिस्ट सत्ता में आते हैं तो वे भी बड़े किसानों का ही समर्थन करते हैं क्योंकि उनका वर्चस्व रहता है। उससे अलग होकर बसाई किसान-मजदूर यूनियन को भी छोड़ देता है और खेतिहर मजदूरों को विद्रोह के लिए तैयार करता है। शासन और प्रशासन उसके आतंक से काँपता है। खेतिहर मजदूर सन्थालों के परिवारों में उसे शरण मिलती है। उच्चवर्ग के लोग प्रशासन पर प्रभाव बनाकर पुलिस और सेना के द्वारा उसके आन्दोलन का दमन करते हैं। बसाई को मारे जाने की खबर फैलती है। बसाई भूमिगत रहकर आन्दोलन करता है। बार-बार प्रशासन बसाई के मारे जाने का समाचार उड़ाता है और थोड़े समय बाद बसाई पुनः सक्रिय हो जाता है। बसाई मर-मरकर जीता है किन्तु अन्त में आपात्काल लागू होने के बाद वह मारा जाता है उसकी आवाज खत्म हो जाती है। लेखिका कहती है कि क्या बसाई मर सकता है। लेखिका कहती है कि जब तक यह व्यवस्था है बसाई मरता रहेगा और फिर जी उठेगा। अग्निगर्भ का सन्थाल किसान बसाई टूडू किसान-संघर्ष में मरता है। लाश जलने के बावजूद उसके फिर से सक्रिय होने की खबर आती है। वह फिर मारा जाता है। वह अग्निबीज है सामन्ती कृषि-व्यवस्था।''

अग्निगर्भ की समीक्षा

'अग्निगर्भ' उपन्यास मूलतः एक राजनीतिक-आर्थिक उपन्यास है। इस उपन्यास में सामन्तवादी कृषि व्यवस्था से जुड़े बड़े भू-स्वामियों और खेतिहर मजदूरों की संघर्ष-कथा है। यह कथा वैसे तो पूरे भारत की कृषि व्यवस्था पर प्रश्नचिह्न है तथा लेखिका ने स्थान-स्थान पर पूरे भारत का उल्लेख भी किया है जिनमें बिहार और असम के नील और चायबागानों तथा आन्ध्र के आन्दोलनों का उल्लेख है किन्तु मूलतः यह कथा सन्थालों की है। इसकी पृष्ठभूमि में है 1967 का नक्सलवाड़ी का संगठित आन्दोलन। यह आन्दोलन केवल नक्सलवाड़ी में नहीं आन्ध्र, केरल, तमिलनाडु और उड़ीसा में भी हुआ। नक्सलवाड़ी से प्रारम्भ होने के कारण इस आन्दोलन के नेता नक्सली कहे गये। नक्सली ही भारत में हिंसा की राजनीति के जन्मदाता हैं। महाश्वेता देवी ने इस हिंसा की पृष्ठिभूमि में रहे कारणों का उल्लेख करते हुए सिद्ध किया है कि इस हिंसक आन्दोलन का दायित्व हमारी सामाजिक-आर्थिक व्यवस्था, सामन्ती मनोवृत्ति और राजनीतिक दलों की उदासीनता और प्रशासन से मिली भगत है। महाश्वेता देवी के अनुसार इस मनोवृत्ति में पूरे देश के किसान-मजदूरों का यह आक्रोश है जिसके पीछे युगों से चले आ रहे शोषण को कारण माना जा सकता है। यह अलग बात

है कि इस आन्दोलन की चरम परिणति एक विशेष स्थान पर हुई और उसे समय और स्थान नाम दिया गया।

खेतिहर-मजदूर समस्या

'अग्निगर्भ' उपन्यास में बसाई और द्रौपदी केवल संकेत हैं जिन्होंने असन्तोष को संग्राम में बदला है। वास्तव में खेत-मजदूर की समस्या पूरे भारत की समस्या है जिसमें केवल भूमिहीनता ही कारण नहीं है। वास्तविक तथ्य यह है कि ये किसान अपने श्रम द्वारा प्राप्त प्राप्य से भी वंचित हैं। पानी, बीज, खाद के लिए दूसरे पर निर्भर अनाहार और गरीबी में उनके दिन कटते हैं। देश की आर्थिक प्रगति के बावजूद उन भूमिहीन सन्थालों के जीवन में कोई परिवर्तन नहीं आया है। वे आज भी अशिक्षित, असभ्य जीवन व्यतीत कर रहे हैं। इतना ही नहीं सन्थालों में जो पढ़े-लिखे हैं उन्हें भी हेय दृष्टि से देखा जाता है। कम्युनिस्ट जो भेदभाव न करने का दम्भ भरते हैं उनकी आलोचना करता हुआ बसाई कहता है– "ऐसा देश गढ़ दो जिसमें सन्थाल काउरा में, ऊँचे घर के कामरेडों में अन्तर न रहे। कर सकते हो? गाड़ी चढ़ना, लाइलन पहनाना! कर सकोगे?"

इन किसान-मजदूरों की समस्या को हल करने के लिए साम्यवादियों ने किसान-मजदूर यूनियन का गठन किया। बसाई इसका उपहास उड़ाता हुआ कहता है–"कमनिस्ट किसान-सभा जिनके लिए है, वे मँझोले किसान हैं, है न? वे भी खेत-मजदूर लगाते हैं, नहीं? उनके हक पर चोट लगती है, नहीं?

राजनीतिज्ञों का पर्दाफाश–'अग्निगर्भ' उपन्यास में महाश्वेता देवी ने वर्तमान राजनीतिक व्यवस्था का वास्तविक चेहरा उभारा है। दल चाहे कांग्रेस हो या कम्युनिस्ट वास्तविक चेहरा एक है। भारतीय राजनीति का स्वरूप उद्घाटित करते हुए बसाई काली से कहता है–"भारत में धर्म में, राजनीति में, रोजगार में, शिक्षा के क्षेत्र में, संस्कृति के क्षेत्र में, व्यक्तिगत जीवन में– ऊपर उठने का एक ही नियम है–सीढ़ी का नियम। इस परम्परा का नाम भारतवर्ष है। गोली खाते हैं सामान्य कार्यकर्त्ता, नाम होता है जेल में आराम से बैठे प्रथम श्रेणी में बन्दी लीडरों का–यह भारतीय ऐतिहासिकता है।"

'अग्निगर्भ' उपन्यास में कांग्रेसी संस्कृति और कम्युनिस्ट दलों को ही केन्द्र में रखा गया है। कांग्रेस राज्य में आन्दोलन करनेवाले कम्युनिस्ट जब खेतिहरों और मजदूरों को आश्वासन देकर सत्ता में आये तो उन्होंने भी मजदूरों की उपेक्षा की क्योंकि अधिकांश किसान नेता ही कम्युनिस्ट बन गये थे। खेतिहर मजदूर उनके लिए वोट बैंक थे जिसकी आलोचना बसाई ने कटु शब्दों में की है।

मुख्य पात्र

'अग्निगर्भ' उपन्यास के मुख्य पात्रों में बसाई टूडू, काली सान्तरा और द्रौपदी हैं। बसाई टूडू सन्थाल है। प्रारम्भ से ही परिवारिक जीवन से विहीन रहा। बचपन में ही माता-पिता के स्नेह से वंचित बसाई का पालन 6 वर्ष तक बुआ ने किया, उसके बाद उसे मिशन को दे दिया गया। मिशन में ही उसे शिक्षा मिली। वहाँ से निकलकर वह किसान-मजदूर यूनियन के कार्यकर्त्ता के रूप में कम्युनिस्ट पार्टी का कामरेड बना किन्तु थोड़े दिनों में ही उसका मोहभंग

हो गया क्योंकि वहाँ किसानों की बात तो होती थी लेकिन खेती से जुड़े मजदूरों का पक्ष कोई नहीं लेता था। बसाई ने सन्थालों की बस्तियों में रहना, उन्हें संगठित करना और अधिकारों के लिए सशस्त्र संघर्ष के लिए तैयार करना प्रारम्भ किया। उसके प्रयासों से अनेक क्षेत्रों में सशस्त्र विद्रोह हुए। किसानों के विरुद्ध आक्रमण हुए और यहाँ से बसाई सरकार की निगाह में अवांछित तत्त्व हो गया। उसके दमन के प्रयास होते रहे। उसे पुलिस मरा सिद्ध करती और वह बार-बार जीवित होकर संगठन को शक्ति देता रहा। बसाई ने सारे जीवन खेतिहर मजदूरों के लिए कार्य किया और भूमिहीन सन्थालों में देवता के समान पूजा जाने लगा।

'अग्निगर्भ' उपन्यास में भूमिहीन सन्थालों की तीन कड़ियाँ बसाई के अतिरिक्त और हैं इनमें प्रमुख हैं—द्रौपदी। द्रौपदी माँझिन, जो नक्सली आन्दोलन में पूरी तरह कार्यरत रही और जिसके दमन के लिए सेना की सहायता ली गयी, की दर्दनाक कहानी स्वतन्त्र भारत के सरकार के अधिकारियों की कंलक कथा है जहाँ एक स्वतन्त्र नागरिक और महिला के साथ न केवल अमानुषिक अत्याचार किया जाता है, वरन् उसका सामूहिक यौन शोषण सरकारी निगरानी में किया जाता है।

शिल्प विधान

'अग्निगर्भ' उपन्यास मूलतः बाँग्ला भाषा में लिखी गयी रचना है लेकिन उसका शिल्प विधान आंचलिक होने के कारण आदिवासी सन्थालों की भाषा के शब्द, गीत और कहावतों का प्रयोग तो हुआ है अंग्रेजी के शब्द विशेषतः सरकारी कानूनों और राजनीतिक शब्दावली के रूप में बहुलता से आये हैं। अंग्रेजी तथा बाँग्ला के शब्दों के सन्थाली में बने शब्द भी बहुलता से प्रयुक्त हुए हैं इसलिए यह कृति शिल्प विधान की दृष्टि से आंचलिक है। आंचलिकता की मुख्य विशेषता लोकतत्त्व की प्रधानता है। लेखिका ने आदिवासी लोकजीवन और उससे जुड़ी शब्दावली का भरपूर प्रयोग किया है। लोकोक्तियों और मुहावरों में न केवल बाँग्ला, वरन् सन्थाली और पूर्वी हिन्दी का भी प्रयोग किया है। आदिवासी जन-जीवन के रहन-सहन, खान-पान, वेश-भूषा, अस्त्र-शस्त्र के प्रयोग तथा वनवासी जीवन में प्रकृति के सुरम्य दृश्यों की परिकल्पना आकर्षक है। सन्थालों के प्रयुक्त शब्दों के कुछ उदाहरण द्रष्टव्य हैं—

1. **देशज**—खेसारी, आमनि, माड़, मूड़ी, बोड़ा, केउट, हँसुआ, डोमना, गोठ आदि।

2. **अंग्रेजी शब्दों के प्रयोग**—कमरेट (कामरेड), कमनिस (कम्युनिस्ट), मिटिन (मीटिंग), टेररिस (टेररिस्ट), जेहल (जेल), चैलेन (चैलेंज), निसपेट्टर (इन्स्पेक्टर)।

3. **कहावतें**—पट्टी पढ़ाना, लोहा गरम होना, छाती फटना, जो काटे डोमना बुलाओ बाम्हना।

'अग्निगर्भ' उपन्यास में शासन एवं प्रशासन और उनके विरुद्ध लड़नेवाले सन्थाल मजदूरों की कहानी है। इसलिए लेखिका ने शासन और कानून की भाषा का प्रयोग उसी शैली में किया है और मूल अंग्रेजी शब्दों का प्रयोग अधिक हुआ है यथा—एम.डब्लू., मिनिमम वेज, थाट प्रोसेस, वेल रेकार्डेड आइडेण्टिटी, चेकर्ड केरियर, आर्मी आपरेशन, कामन प्वाइण्ट आफ एग्रीमेण्ट आदि।

'अग्निगर्भ' में कुछ भावगत प्रयोगों में विशिष्ट आलंकारिकता है। महाश्वेता देवी ने प्रकृति चित्रण में सौन्दर्य बिम्ब प्रस्तुत किये हैं, जिनमें काव्यमयता है तो वीभत्स या मार्मिक दृश्यों में प्रकृति का रंग भी बदला है। नंगी पड़ी क्षत-विक्षत द्रौपदी के शरीर पर चाँदनी पड़ती है तो लेखिका का सौन्दर्यबोध विकृत हो जाता है। वे लिखती हैं–"चाँद कुछ चाँदनी को उलटी कर सोने चला गया।" चन्द्रमा का यह बिम्ब निश्चित रूप से समयानुकूल है। इसके विपरीत कहीं-कहीं प्रकृति के बिम्ब सुन्दर बन पड़े हैं, यथा–"भोर का प्रकाश फूट रहा था। चराचर तर हो रहे थे। वर्षा और धरती के आकुल और भूखे मिलन के बाद भोर की शीतलता में धरती सो रही थी।"

इसी प्रकार 'चरसा' नदी का यह वर्णन बहुत स्वाभाविक है–

"चरसा नदी का स्वभाव भूखे आदमी की तरह था। दो दिन खा-पीकर भूखों मरते बाल-बच्चों के चेहरों पर चिकनाई आ जाती। कई दिन बरसात होने से चरसा की शकल बदल गयी। इस बार भी उसके चेहरे पर भराव आ गया।"

समग्र रूप से 'अग्निगर्भ' उपन्यास वर्तमान कृषि मजदूरों की आर्थिक स्थिति का जीवन्त दस्तावेज है। भारतीय कृषि व्यवस्था में बड़े किसानों के शोषण और उसमें पिसते छोटे किसानों, खेतिहर मजदूरों और बटाईदारों की व्यथा-कथा ही नहीं उसके विरुद्ध उपजते आक्रोश और संघर्ष तथा आजादी के बाद की सरकारों की दमन नीति और किसान-मजदूरों के शोषण के विरुद्ध खोखली नारेबाजी करनेवाले कम्युनिस्टों की मनोवृत्ति का उद्घाटन ही लेखिका का उद्देश्य है। जब तक इन भूमिहीनों को समाज की मुख्यधारा में नहीं लाया जाता तब तक सामन्ती समाज के दहकते गर्भ से बसाई टूडू जैसे अग्निबीज उत्पन्न होते रहेंगे। इसी का संकेत महाश्वेता देवी जी ने इस कालजयी कृति में दिया है।

2

वर्षा की सुबह (कविता-संग्रह)

—सीताकान्त महापात्र

कवि परिचय

समकालीन उड़िया कवियों में ज्ञानपीठ से सम्मानित सीताकान्त महापात्र विशिष्ट स्थान रखते हैं। भारतीय एवं पाश्चात्य साहित्य के अध्येता, लोकतत्त्व और नृतत्त्वशास्त्र के विद्वान् सीताकान्त महापात्र मूलतः कवि हैं। डॉ. सीताकान्त महापात्र का जन्म उड़ीसा के ग्रामीण परिवेश में हुआ था। सीताकान्त महापात्र का जन्म एक सामान्य वैष्णव परिवार में 1937 ई. में हुआ। प्रारम्भिक शिक्षा और धार्मिक संस्कार गाँव में ग्रहण करने के पश्चात् 1953 में वे कटक के राबेनशाँ महाविद्यालय में शिक्षा के लिए आये। वे स्वयं लिखते हैं—

''वर्ष 1953 की बात है। मैं अपना गाँव, अपने माता-पिता, आत्मीय परिजन, मित्र, अपने गाँव की कल-कल निनाद करती चित्रोत्पला नदी और अक्षितिज फैले धान के अन्तहीन खेत—सबको छोड़कर कटक स्थित राबेनशाँ महाविद्यालय के छात्रावास में आ गया। कटक के पश्चात् उन्होंने इलाहाबाद विश्वविद्यालय और कैम्ब्रिज में शिक्षा प्राप्त की और सामाजिक नृतत्व विज्ञान में डॉक्टरेट की उपाधि प्राप्त की। 1975-77 में 'होमीभाभा फेलोशिप' पाकर सीताकान्त महापात्र ने 'भारतीय आदिम समुदायों की आधुनिकीकरण प्रक्रिया' का अध्ययन किया। इस प्रकार उनके अध्ययन-क्षेत्र में आदिम संस्कृति और लोक तत्त्व प्रमुख रहे। 1953 में ही उनकी पहली कविता लिखी गयी। वहाँ से प्रारम्भ उनकी लेखनी अविराम चल रही है तथा उन्हें विभिन्न पुरस्कारों से सम्मानित किया गया है। 1961 में वे भारतीय प्रशासनिक सेवा में आये।

डॉ. सीताकान्त महापात्र को साहित्य अकादमी पुरस्कार, सोवियत लैण्ड अवार्ड, सारला पुरस्कार, कुमारन आशान् पुरस्कार तथा उड़ीसा राज्य साहित्य अकादमी पुरस्कार तो मिले ही, वर्ष 1933 में उन्हें साहित्य के विशिष्ट पुरस्कार ज्ञानपीठ पुरस्कार से भी सम्मानित किया गया है। इस प्रकार डॉ. सीताकान्त महापात्र न केवल उड़िया वरन् भारतीय साहित्य के अग्रणी रचनाकार के रूप में समादृत होकर सृजन में संलग्न हैं।

रचनाएँ

डॉ. सीताकान्त महापात्र के अब तक 12 कविता-संग्रह, 4 निबन्ध-संग्रह तो प्रकाशित ही हुए हैं, उन्होंने आदिवासी लोक साहित्य को अंग्रेजी में अनूदित कर आदिवासी संस्कृति को विदेशों तक पहुँचाया है। उनके प्रकाशित कविता-संग्रह इस प्रकार हैं–

1. दीप्ति ओ द्युति–1963 ई.
2. अष्टपदी–1967 ई.
3. शब्दर आकाश–1971 ई. (शब्दों का आकाश)
4. समुद्र (1977 ई.)
5. चित्रनदी (1979 ई.)
6. आरदृश्य (1981 ई.) (दूसरा दृश्य)
7. समयर शेष नाम (1984 ई.)
8. काहाकु पुछिता कह (1987 ई.)
9. चढ़ेइ रे तू किजाणु (1990 ई.) (चिरई री! तूं क्या जाने)
10. फेरि आसिवार बेळ (1991) (लौट आने का समय)
11. वर्ष सकाल (1993) (वर्षा की सुबह)
12. तीस कविता वर्ष (1994 ई.)

मौलिक कविताओं के अतिरिक्त उन्होंने भारतीय जनजातियों के मौखिक काव्य का अनुवाद नौ कविता-संग्रहों में कविता है। इसके अतिरिक्त साहित्य समीक्षा और ललित कलाओं पर समीक्षात्मक ग्रन्थ भी उन्होंने लिखे हैं।

सीताकान्त महापात्र की अधिकांश कविताओं का अनुवाद हिन्दी तथा अन्य भारतीय भाषाओं में उपलब्ध है। भारतीय भाषाओं के अतिरिक्त उनकी कविताओं के अनुवाद अंग्रेजी, स्पेनिश, फ्रेंच, जर्मन, रूसी, रोमानियन, डेनिश आदि भाषाओं में भी प्रकाशित हुए हैं। इस प्रकार सीताकान्त महापात्र उड़िया ही नहीं भारतीय एवं वैश्विक साहित्यिक वातावरण से जुड़े कालजयी रचनाकार हैं। डॉ. सीताकान्त महापात्र यूनेस्को की सांस्कृतिक मामलों की अन्तरराष्ट्रीय समिति के अध्यक्ष भी रह चुके हैं। उनके तीस कविता वर्ष पर भारतीय ज्ञानपीठ सम्मान प्राप्त हुआ है। इस संग्रह में उनकी सभी रचनाओं की प्रमुख कविताओं का संचयन है।

वर्षा की सुबह

'वर्षा की सुबह' सीताकान्त महापात्र के उड़िया काव्य संग्रह 'वर्षा सकाल' का अनुवाद है। मूल उड़िया में इसका प्रकाशन 1993 ई. में हुआ था जिसका हिन्दी अनुवाद 1995 में प्रकाशित हुआ। इस संग्रह में सीताकान्त जी की 56 कविताओं का संकलन है। इन कविताओं में अधिकांश प्रकृति से जुड़ी हैं। "गहरे उद्वेगों, सूक्ष्म संवेदनों और शब्दों के माधुर्य तथा संगीत से फूटती हैं, सीताकान्त महापात्र की कविताएँ।" सीताकान्त महापात्र की कविताओं के सन्दर्भ में कही गयी यह उक्ति 'वर्षा की सुबह' संग्रह में पूरी तरह चरितार्थ होती है। वे प्रकृति चित्रों और पौराणिक आख्यानों में भी आधुनिक जीवन बोध और मानवीय संवेदना को देखते हैं। सहानुभूति और संवेदना की निःशब्द अभिव्यक्ति उनकी कविता का मूल स्वर है।

संग्रह की 'वर्षा की सुबह' कविता में 'वर्षा की सुबह' का प्राकृतिक वर्णन भी मानवीय संवेदना और करुणा से ओत-प्रोत है। प्रकृति का उद्दीपनपरक वर्णन इनकी कविता में नहीं है। उसके स्थान पर वे प्रकृति के प्रभाव को देखते हैं। वे वर्षा की सुबह के सुहावनेपन के स्थान पर एक भीगे स्कूली बालक की मनोदशा का चित्रण करते हैं। वे लिखते हैं—

''सोया है घर में कौन?
उदास माँ-बाप? निश्चिन्त समय?
गाढ़ी काली मृत्यु का भय?
देख घटा मोर की तरह है अधीर
मुझे और बालक के मन।''

बालक के मन की तुलना मोर की अधीरता से करना एक सार्थक प्रतीक है। 'वर्षा की सुबह' की अधिकांश कविताओं में यह करुणा विगलित संवेदना मिलती है। जब वे कहते हैं— ''हमारा काम है केवल जोड़ते चले जाना सान्त्वना भरे सरल शब्द'' तो उनकी कविता का वास्तविक रूप उभर आता है जहाँ जीवन बोध की गहराई है। मृत्यु की उस पर छाया मात्र है किन्तु अन्ततः जीवन बोध के समक्ष पराजित ही होती है।

जीवनानुभूति—सीताकान्त महापात्र की कविताओं में जीवनानुभूति अधिक है। वे कठोर परिस्थितियों में जीनेवालों में भी जीवन के प्रति यह अनुराग खोज लेते हैं—

''क्या तू नहीं जानता, रे पगले
आज जिसे चाहने लगा है इतना
लगता है जिसके बिना
पल भर आसार जीवन
कल जीना होगा
उसके बिना दीर्घकाल
असंख्य अर्पण पल, अन्तहीन रातें और दिन।''

'हरसिंगार' को प्रतीक बनाकर कवि कहता है कि—बिना एक शब्द कहे हरसिंगार धूल की सेज पर झड़ जाता है क्योंकि उसकी कोई कामना नहीं है। वह हँसते-खेलते चला जाता है—

'स्वप्न है उसका सारा प्रेम
सारी हँसी-खुशी पीछे छोड़
टहनी से विदा ले
धूल की सेज पर झड़ जाना
बिना बोले एक शब्द तक।

प्रकृति चित्रण—सीताकान्त महापात्र की कविताओं में प्रकृति जीवन की अनन्य सहचरी है। कहीं भी प्रकृति से वे मुक्त नहीं हैं। प्रकृति के माध्यम से ही वे बिना जीवन के प्रति कुछ कहे, बहुत-कुछ कह देते हैं। उनके साहित्य में प्रकृति का जो चित्र उभरता है, वह भी

लोक जीवन का चित्र है। ग्रामीण जीवन की सोंधी गन्ध से युक्त उन्मुक्त प्रकृति का चित्रण ही कवि को प्रिय है। गाँव, मिट्टी, चिड़िया, धान के खेत ही उनके प्रकृति चित्रण में वर्णित हुए हैं—

मिट्टी के गर्भ में, सीने के हाड़ तले
तमास अँधेरा लबालब भर जाने पर
तमाम काली रातें, तमाम दुःख
और सन्ताप की आँच उखड़ पड़ने पर
हरा पत्ता बोल उठता है, अर्थ गुनगुनाता है।

सीताकान्त महापात्र के काव्य में प्रकृति गाथा ही जीवन गाथा है। बालक, किशोर, युवक, वृद्ध, अधेड़ सबको उन्होंने प्रकृति के माध्यम से चित्रित किया है। उन्होंने प्रकृति एवं जीवन में तादात्म्य स्थापित किया है। कविता चाहे वर्षा की सुबह हो या आधी रात या प्रान्तर या दिन, सूरज, आकाश कवि ने प्रकृति के किसी पक्ष को नहीं छोड़ा है पर उससे चित्रित होता है—मनुष्य-मनुष्य प्रकृति से पृथक् नहीं है। इस प्रक्रिया में प्रकृति का मानकीकरण कहीं होती है तो कहीं प्रकृति ही मानव की कहानी बन जाती है। जाड़े की साँझ, समुद्र तट कविता में समुद्र का मानवीकरण करते हुए कवि कहता है—

झिझक से, स्नेह से
नींद में या सपने में
मुग्ध प्रेमी समुद्र बढ़ाता है हाथ
और अपनी काँपती अँगुली से छू लेता है
निद्रित रूपवान शुभ्र तट

इसी प्रकार प्रकृति के माध्यम से जीवन को रेखांकित करते हुए वे 'अधेड़' कविता में लिखते हैं—

'सीढ़ी-दर-पीढ़ी
दृढ़ विश्वासी हो पग बढ़ाता है।
नीले आकाश शीर्ष को ताकता
सीढ़ियाँ-चढ़ना खत्म हो आने पर
है अब खीझ या शून्य समतल।

भाषा एवं शिल्प—सीताकान्त महापात्र की कविताओं में मानव और प्रकृति के मध्य जो सेतु है, वह है भाषा का। शब्दों के प्रयोग में कवि इतना निष्णात है कि वे मात्र संकेत से बहुत-कुछ कह जाते हैं। उनकी कविता में बिम्ब योजना में गहराई है। प्राकृतिक बिम्ब ही नहीं मिथकीय बिम्बों के द्वारा जीवनानुभव को प्रस्तुत करने में महापात्र पटु हैं। वस्त्र-हरण कविता में महाभारत और रामायण के प्रतीक साथ आये हैं। आकाश का वर्णन करते हुए कवि की यह कल्पना अवलोकनीय है—

गहरे खेत के एकाकी ताड़ वृक्ष को
इतनी सुन्दर शून्यता के प्रेम में
बाँधे रखता है जो

माँ यशोदा बन
बाल कृष्ण को
भींच कर अपनी गोद में
उसी अनुभूति स्नेहमयी
विभूति का नाम है आकाश।

रक्त पुते आकाश-सा है रंग, मृत्यु है लम्बी छुट्टी पर, बच्चों के सुलेख से तारे, सूर्यस्नात माटी, अँधेरा गुटरगूँ कर रहा है कबूतर-सा जैसे उपमानों ने भाषा को नयी अर्थवत्ता प्रदान की है। वस्तुतः सीताकान्त महापात्र की कविताओं में शब्द को विशेष महत्त्व मिला है। उनकी अधिकांश कविताओं में शब्दबद्ध समय का वर्णन है। उनकी कविताओं में प्रकृति, आख्यान और लोक संस्कृति के तत्त्व मिलकर मनुष्य की संरचना करते हैं जो जीवन एवं मृत्यु के चक्र में उलझकर भी वहीं समाप्त नहीं होता वरन् वह उनके बीच रास्ता तलाश करता है। वह न अतीत है, न वर्तमान, न भविष्य, वह एक शाश्वत सत्य है, जैसे प्रकृति। वे लिखते हैं—

हम किसी पर दोष मढ़ कर बैठे तो नहीं रहे।
उदास आकाश तले, मृत्यु शोक वेदना की भीड़ में
हमारा भाग्य हम खुद ही हैं भाई।

इसी प्रकार सीताकान्त महापात्र निःशब्द में शाश्वत सत्य की तलाश करते हैं। शब्दों के खोखलेपन का अहसास करते हुए महापात्र प्रकृति की वाणी को ही सत्य मानते हैं जहाँ निःशब्दता में भी एक अर्थ है—

कई बार तलाश न सका शब्द
अर्थहीन शब्दों की भीड़ में चुप्पी साधे
मन-ही-मन ढूँढ़ रहा हूँ वही
निष्कपट, निरुद्विग्न आश्चर्य-भाषा
जिस भाषा में सूर्य उगने के पहले था आकाश
बतियाता है बादल-चिड़िया-पेड़-पौधों से।

सीताकान्त महापात्र की उपर्युक्त विशेषताओं को लक्ष्य में रखकर ही डॉ. नामवर सिंह ने कहा है—

"कोई चाहे तो कह सकता है कि सीताकान्त समय और शब्द के कवि हैं। समय को शब्द में और शब्द को समय में बदलना ही कवि की काव्य-साधना है। जिसकी अन्तिम परिणति सम्भवतः एक नयी शब्दहीनता है।"

कविता में शब्द के इस महत्त्व को स्वयं कवि ने स्वीकार किया है। सीताकान्त समय को शब्द से जोड़ने की चर्चा करते हुए कहते हैं कि जोड़ना कविता का एक धर्म है पर अन्तिम नहीं है। कवि के शब्दों में—"यह सच है कि कविता अलगाती नहीं, पर केवल जोड़ती भी नहीं। भला किससे जोड़ेगी वह? काव्य-पुरुष को घटना से। अन्य मनुष्य से? मनुष्य को प्रतिबिम्ब से, परछाईं से? समय को शब्द से, उच्चारण से? किन्तु समस्त घटनाएँ तो काव्य-पुरुष की आत्मा में हैं।"

●

3

हयवदन (नाटक)

—गिरीश कार्नाड

कन्नड़ नाटककार गिरीश कार्नाड भारतीय साहित्य, नाटक और रंगमंच के अप्रतिम कलाकार हैं। गिरीश कार्नाड का जन्म 1938 ई. में माथेरान (महाराष्ट्र) के कन्नड़ प्रभावित क्षेत्र में हुआ था। आपकी उच्च शिक्षा ऑक्सफोर्ड में हुई। गणित में स्नातकोत्तर करने के पश्चात् आप रहोड्स स्कॉलर के रूप में ऑक्सफोर्ड गये और 1963 में मद्रास के ऑक्सफोर्ड यूनिवर्सिटी प्रेस में सेवा प्रारम्भ की। 1970 में आपको भाभा फैलोशिप मिली। इसके बाद नौकरी से त्यागपत्र देकर स्वतन्त्र लेखन प्रारम्भ किया। कालान्तर में आप एक नाटककार के रूप में स्थापित हुए। नाटक और अभिनय से जुड़ाव के कारण गिरीश कार्नाड पूना के फिल्म इन्स्टीट्यूट में प्रधानाचार्य और कालान्तर गें संगीत नाटक अकादमी दिल्ली के अध्यक्ष हुए। इसके साथ ही आपका सम्बन्ध चित्रपट से रहा। अव्यावसायिक फिल्मों के निर्देशन और अभिनय से आपको राष्ट्रीय ही नहीं अन्तरराष्ट्रीय ख्याति मिली। आप द्वारा अभिनीत/निर्देशित फिल्मों में—संस्कार, वंशवृक्ष, काड़ू, अंकुर, निशान्त, स्वामी और गोधूलि उल्लेखनीय हैं। मृच्छकटिक पर आधारित पटकथा लेखन तथा दूरदर्शन धारावाहिक के अभिनेता के रूप में भी आप चर्चित हैं।

रचनाएँ

गिरीश कार्नाड मूलतः नाटककार हैं। आपका पहला नाटक 'ययाति' 1968 में प्रकाशित हुआ। इसके बाद 'तुगलक' का प्रकाशन हुआ। 'तुगलक' से आप कन्नड़ ही नहीं भारतीय साहित्य के नाटककारों में प्रतिष्ठित हुए। विभिन्न भाषाओं में इसके न केवल अनुवाद हुए वरन् प्रायः सभी भाषाओं में इसका चयन हुआ और रंगमंच का यह महत्त्वपूर्ण नाटक सिद्ध हुआ। 1971 में हयवदन का प्रकाशन हुआ और इसका मंचन अनेक भाषाओं में हुआ। इसके अलावा अग्नि और बरखा तथा रक्त कल्याण आपके उल्लेखनीय नाटक हैं। गिरीश कार्नाड को तुगलक के लिए संगीत नाटक अकादमी सम्मान, हयवदन के लिए कमला देवी चट्टोपाध्याय सम्मान और रक्त कल्याण को साहित्य अकादमी सम्मान प्राप्त हुआ। इसके साथ ही आपको ज्ञानपीठ पुरस्कार से भी सम्मानित किया गया है।

हयवदन

गिरीश कार्नाड का नाटक 'हयवदन' एक प्रयोगधर्मी नाटक है। इसमें लोकोपाख्यान और आधुनिकता का अद्भुत मिश्रण है। 'हयवदन' नाम से ही स्पष्ट है 'घोड़े का मुख'। इस नाम की कल्पना एक प्राचीन उपाख्यान से की गयी है। कहानी है कर्नाटक की एक राजकुमारी की जो अपूर्व सुन्दरी थी। उसके पिता ने राजकुमारी के विवाह के लिए स्वयंवर रचा जिसमें दूर-दूर के राजकुमार आये। राजकुमारी को कोई वर पसन्द नहीं आया। अन्त में सौराष्ट्र का एक राजकुमार सफेद घोड़े पर सवार होकर आया। राजकुमार के स्थान पर राजकुमारी ने घोड़े को पसन्द किया और उससे ही विवाह सम्पन्न हुआ। वह घोड़ा एक गन्धर्व था। 15 वर्ष बाद वह घोड़े के शाप से मुक्त हुआ तो राजकुमारी को इन्द्रपुरी ले जाने के लिए कहा। राजकुमारी के न जाने पर गन्धर्व ने उसे शाप देकर घोड़ी बना दिया और इन्द्रपुरी को चला गया। हयवदन उन्हीं का पुत्र है। जिसका शरीर मनुष्य का और मुख घोड़े का है। इस उपाख्यान के माध्यम से गिरीश कार्नाड ने आधुनिक स्त्री-पुरुष की आधी-अधूरी त्रासदी का वर्णन किया है। स्त्री-पुरुष के उलझावपूर्ण सम्बन्धों और पूर्णता की तलाश में असह्य यातनापूर्ण परिणति ही इस नाटक का उद्देश्य है। इस नाटक की नायिका पद्मिनी है। कपिल और देवदत्त के मध्य पद्मिनी अधूरी रहती है। कपिल और देवदत्त दो पुरुष मात्र हैं जिनके दो और रूप हो जाते हैं कपिल देही देवदत्त और देवदत्त देही कपिल। पद्मिनी इन चार पुरुषों के साथ रहकर सुहागिन होकर भी अभागिन रहती है और अतृप्त जीवन ही रह जाता है। डॉ. जयदेव तनेजा के अनुसार—"यह नाटक मानव-जीवन के बुनियादी अन्तर्विरोधों, संकटों और दबावों-तनावों को अत्यन्त नाटकीय और कल्पनाशील रूप में अभिव्यक्त करता है।"

कथासार—'हयवदन' के माध्यम से नाटककार ने एक ऐसी स्त्री की कहानी को प्रस्तुत किया है, जो दो पुरुषों के मध्य झूलती रहती है। नाटक में मुख्य भूमिका पद्मिनी की है। चंचल, बुद्धिमती और वैभव में पली पद्मिनी का विवाह सरस्वती पुत्र देवदत्त से होता है। विवाह में मुख्य भूमिका देवदत्त के मित्र कपिल की है। विवाह के उपरान्त पद्मिनी को लेकर देवदत्त और कपिल उज्जयिनी की यात्रा करते हैं। मार्ग में देवदत्त पद्मिनी को कपिल के प्रति आकर्षित देखता है और एक देवी मन्दिर में अपने प्राणों का उत्सर्ग कर देता है। पद्मिनी और कपिल रुद्र मन्दिर से लौटकर देवदत्त को खोजते हैं। कपिल को देवदत्त का मृत शरीर देवी मन्दिर में मिलता है। कपिल मित्र का वियोग सह नहीं पाता और वहीं अपना प्राणाहुति दे देता है। कपिल के न लौटने पर अँधेरे में भटकती पद्मिनी देवी मन्दिर में पहुँचती है और दोनों को मृत देखकर अपने प्राण भी त्याग देना चाहती है। देवी उसे रोकती है और दोनों का सिर जोड़ने के लिए कहती है। भ्रमवश पद्मिनी देवदत्त का सिर कपिल के धड़ में और कपिल का सिर देवदत्त के धड़ में लगा देती है। दोनों जीवित तो हो जाते हैं परन्तु उनकी भूमिकाएँ बदल जाती हैं। भागवत प्रश्न उठाता है, पद्मिनी किसकी है? अगर सिर को प्रमुखता दें तो पद्मिनी अब देवदत्त रूपी कपिल की है और अगर धड़ को प्रमुखता दें तो कपिल रूपी देवदत्त की। सिर को महत्त्व देकर पद्मिनी पुराने कपिल और नये देवदत्त के साथ चली जाती है और कपिल अकेला रह जाता है। धीरे-धीरे देवदत्त की आदतें कपिल को आ जाती हैं। अब वह हृष्ट-पुष्ट

कपिल नहीं देवदत्त की क्षीण काया है। पद्मिनी उससे सन्तुष्ट नहीं होती और कपिल रूपी देवदत्त के पास जाती है। वह उसे बताती है कि उसका पुत्र देवदत्त का ही पुत्र है। कपिल का सिर पाकर देवदत्त हृष्ट-पुष्ट हो जाता है। देवदत्त पद्मिनी से कहता है कि अब वह कपिल है और जिसका पद्मिनी से कोई सम्बन्ध नहीं। पद्मिनी ऐसा नहीं मानती और कहती है कि अपने पुत्र को देखो यह तुम्हारा ही अंश है। कपिल रूपी देवदत्त के मन में पद्मिनी के प्रति अनुराग जगता है। वह कहता है न सिर ही पूरा है, न धड़ ही दोनों मिलकर मनुष्य पूरा होता है। उसी समय पद्मिनी को खोजते देवदत्त रूपी कपिल वहाँ आता है, दोनों एक-दूसरे से युद्ध करते हुए मर जाते हैं। पद्मिनी अपने बच्चे को शिकारियों को सौंपकर सती हो जाती है।

समीक्षा

'हयवदन' कहानी मनुष्य की अपूर्णता की कहानी है। पद्मिनी स्त्री-पुरुष के आधे-अधूरेपन की त्रासदी है। स्त्री-पुरुष के उलझे हुए सम्बन्ध और सम्पूर्णता की तलाश में निरन्तर लगे रहकर अन्त में यातनापूर्ण पटाक्षेप ही मानव की नियति है। इस उलझावपूर्ण सम्बन्ध का कारण है देह और आत्मा की पृथक् सत्ता। हयवदन नाटक में इन उलझावपूर्ण सम्बन्धों का विचित्र वर्णन हुआ है। एक स्त्री-दो पुरुष और फिर दोनों पुरुषों के परिवर्तित रूप और वही स्त्री। पद्मिनी के सामने पहला त्रिकोण पद्मिनी और कपिल का है। इसमें वह देवदत्त की पत्नी है और दूसरे त्रिकोण में भी वह कहने को तो देवदत्त की ही पत्नी है किन्तु मुखौटा बदल जाने के कारण वह कपिल की पत्नी है। दिमाग देवदत्त का और शरीर कपिल का भोगती है। इस प्रकार वह कपिल और देवदत्त की सहचारिणी बनकर भी किसी की नहीं है। अपनी इस हीन स्थिति का चित्रण करते हुए पद्मिनी कहती है—

"तुम जीत गये, कपिल। देवदत्त भी जीत गया। लेकिन मैं दो शरीरों की अर्धाङ्गिनी मेरे लिये न जीत है, न हार।"

दूसरी ओर देवदत्त जो मस्तिष्क को महत्त्व देता था कहता है—"इस शरीर को चाहे जितना दबाओ पर इसमें छिपी यादें नहीं मिटतीं। आश्चर्य की बात है न कि शरीर की भी अपनी अलग यादें होती हैं—अपने अलग प्रेत। कुछ छूने की याद—किसी एक स्पर्श की याद—किसी की बाँहों में भरने की, इस हथेली से दबी किसी गरम देह की याद—यादें जो पहचानी नहीं जातीं, समझ में नहीं आतीं, जिन्हें नाम तक नहीं दिया जा सकता—क्योंकि जब यह सब हुआ, तब यह सिर नहीं था।"

जिस प्रकार सिर और धड़ की युति शरीर है उसी प्रकार देह और आत्मा की युति ही जीवन है और स्त्री-पुरुष की युति ही संसार। इनमें से एक में बिखराव जीवन का बिखराव है। द्विशरीरी घोड़े के माध्यम से नाटककार ने इसी पूर्णता की ओर संकेत किया है।

'हयवदन' नाटक की सबसे बड़ी विशेषता उसका शिल्प विधान है। 'हयवदन' लोकनाट्य प्रवृत्तियों से जुड़ा है। कन्नड़ की प्राचीन लोकनाट्य परम्परा यक्ष गान है। 'हयवदन' में नाटककार ने यक्ष गान की शैली को नये रूप में प्रस्तुत किया है। स्त्री-पुरुष के आधे-अधूरे सम्बन्धों को लेकर वर्तमान साहित्य में अनेक नाट्यकृतियाँ चर्चित और मंचित हुई हैं। लेकिन परम्परा, आख्यान और शिल्प विधान की दृष्टि से 'हयवदन' नाटक एक नया प्रयोग

है, जिसका कथानक परीकथाओं की भाँति है जिसमें लोकनाट्य एवं लोकजीवन का प्रयोग हुआ है किन्तु नाटक की मुख्य समस्या आधुनिक है। भागवत के रूप में नाटककार ने ऐसे पात्र की कल्पना की है जो पूरे नाटक में समस्याओं को प्रस्तुत भी करता है और पाठकों से संवाद भी बनाये रहता है।

डॉ. जयदेव तनेजा के अनुसार—"विलक्षण प्रसंग, रोचक चरित्र, जटिल सम्बन्ध तथा रोमांचक नाट्य-मोड़ों के साथ-साथ दर्शन, मनोविज्ञान, हिंसा, हास्य, प्रेम और रहस्य के इतने और ऐसे आयाम मौजूद हैं, जो प्रत्येक प्रतिभावान् रंगकर्मी को हमेशा नयी चुनौतियों से चमत्कृत करते हैं।"

समग्रतः प्रसंगानुकूल कथानक और आकर्षक शिल्प विधान की संगति हयवदन की मूल विशेषता है। हयवदन में गीतों का प्रयोग भी बहुलता से हुआ है। परम्परागत नाट्य शिल्प, लोकनाट्य और आधुनिक रंगमंच—तीनों दृष्टियों से यह एक सफल नाट्य कृति है। इसीलिए 'हयवदन' का मंचन जहाँ एक चुनौती रहा है, वहीं मंच पर अभिनीत होने के बाद दर्शकों को प्रभावित करने में पूरी तरह सफल रहा है।

'हयवदन' नाटक में कथ्य एवं शिल्प की दृष्टि से नाटककार ने जो प्रयोग किये हैं पहला प्रयोग है सिरों की अदला-बदली का जो प्राचीन परीकथाओं या बैतालपचीसी की कहानियों की तरह आज के युग में अविश्वसनीय प्रतीत होती है किन्तु इस परिवर्तन से लेखक ने जो वैचारिक परिवर्तन दिखाया है, वह विश्वसनीय है। लेखक ने इसके माध्यम से देवदत्त, कपिल और पद्मिनी के प्रेम-त्रिकोण को हयवदन की समान्तर कथा के साथ जोड़ दिया है। इस प्रकार मनुष्य की पूर्णता की कथा में शरीर और मस्तिष्क की श्रेष्ठता की कामना आधुनिक बोध है। इस नाटक में नारी शरीर और मस्तिष्क के मध्य झूलती है। देवदत्त की विद्वत्ता से प्रभावित है पर कपिल की देहयष्टि के प्रति आकर्षित। बुद्धि और शरीर की अलग-अलग माँग है। दोनों को एक साथ प्राप्त करना चाहती है पद्मिनी, पर एक समय में एक ही मिल पाता है उसे। अन्ततः वह अधूरी रह जाती है। यही स्थिति देवदत्त और कपिल की भी है। इससे सिद्ध होता है कि इस जीव-दृष्टि में जब मनुष्य अपूर्ण है तो अन्य प्राणियों की क्या स्थिति होगी जिनका प्रतीक हयवदन है।

'हयवदन' का चरित्र हास्यपूर्ण दर्द हा अहसास कराता है। नाटक में भागवत का चरित्र और अर्द्धपरी का प्रयोग यक्षगान शैली का प्रतीक है। संगीत, लोक धुनें, यक्षगान, हास्य आदि लोक तत्त्वों ने नाटक को लयात्मक गति प्रदान की है।

4

घासीराम कोतवाल (नाटक)

–विजय तेन्दुलकर

मराठी रंगमंच आज भारतीय नाट्य परम्परा में सर्वाधिक समृद्ध माना जाता है। मराठी नाट्यमंच के अनेक कलाकार सिनेमा और दूरदर्शन में आये और आते जा रहे हैं। इसके बावजूद मराठी नाट्य परम्परा का वास्तविक विकास हिन्दी से पुराना नहीं है। हिन्दी में भारतेन्दु से नाट्य परम्परा का क्रमिक विकास हुआ तो मराठी में अन्ना साहेब किर्लोस्कर से जिनका काल 1843 से 1885 है, प्रारम्भ हुआ। इसके पूर्व नाटक अपनी विशिष्ट शैली में लोकनाट्य के रूप में संगीत के साथ नाट्य मण्डलियों द्वारा प्रस्तुत होते थे जिन्हें पौराणिक गाथाओं पर आधारित लीला माना जा सकता है।

मराठी नाटकों के प्राचीन रूपों पर तमिल प्रभाव था तो प्रारम्भिक नाटक अंग्रेजी या संस्कृत के अनुवाद को किर्लोस्कर का शाकुन्तल कालिदास के अभिज्ञान शाकुन्तलम् का अनुवाद मात्र प्रतीत होता है लेकिन यहीं से किर्लोस्कर ने 'सौभद्र' नाटक पौराणिक कथानक से लिया और स्वतन्त्र नाटक परम्परा चली। किर्लोस्कर नाटककार ही नहीं निर्देशक और अभिनेता भी थे अतः नाटक और रंगमंच दोनों का विकास उनके द्वारा हुआ। किर्लोस्कर से प्रारम्भ परम्परा संगीतमय थी। बीसवीं शती के प्रारम्भ तक मराठी रंगमंच तो समृद्ध होता गया किन्तु नाट्य परम्परा पर पौराणिक प्रभाव बना रहा। रंगमंच को सजीव बनाने के लिए अभिनव प्रयोग होते रहे।

मराठी नाटकों का वर्तमान काल जिन नाटककारों के नाम से जाना जाता है उनमें प्रमुख विजय तेन्दुलकर, शंकर शेष, मामा वरेटकर, मुक्ताबाई, पी.एल. देशपाण्डे, अनन्त काणेकर जैसे नाटककार हैं।

विजय तेन्दुलकर (7 जनवरी, 1928) मराठी के आधुनिक नाटककारों में तो अग्रगण्य हैं ही, हिन्दी रंगमंच पर भी उनका व्यापक प्रभाव है। इसलिए तेन्दुलकर को मराठी नाटककार न कहकर भारतीय नाटककार कहना अधिक श्रेयस्कर होगा। उन्होंने 50 से अधिक नाटकों का सृजन किया है जिनकी चर्चा सम्पूर्ण भारतीय रंगमंच पर होती है।

तेन्दुलकर के प्रमुख नाटकों में घासीराम कोतवाल, खामोश, आदलत जारी है, सखाराम बाइण्डर, जाति ही पूछो साधु की, गिद्ध, अंज्जी, जमीर, कन्यादान, कमला, चार दिन, नया

आदमी, बेबी, मीता की कहानी, राजा माँगे पसीना, सफ़र, हत्तेरी किस्मत, दम्भद्वीप, आह, पंछी ऐसे आते हैं, काम विद्यालय, कागजी कारतूस, नोटिस, पटेल की बेटी का ब्याह, पसीना-पसीना, महँगासुर का वध, कुत्ते, मैं जीता मैं हारा, श्रीमन्त आदि प्रमुख हैं।

विजय तेन्दुलकर के नाटकों के शीर्षकों से ही स्पष्ट है कि उन्होंने ऐतिहासिक, पौराणिक या मनोरंजनप्रधान नाटकों के स्थान पर आम आदमी की समस्याओं को नाटकों का विषय बनाया है और उनके नाटकों के नायक साधारण इन्सान हैं। इसी प्रकार उन्होंने सरल भाषा और लोक शैली का प्रयोग अपने नाटकों में किया है जिससे वे मंच पर सहजता और प्रभावान्विति के साथ प्रस्तुत किये जा सकते हैं। कथ्य और शिल्प की यह नवीनता उन्हें अन्य मराठी नाटककारों से अलग करती है और समग्र भारतीय जनचेतना को प्रभावित भी करती है इसीलिए हिन्दी के रंगमंच पर भी उन्हें पूरा सम्मान और लोकप्रियता प्राप्त है। हिन्दी रंगमंच पर तो उनके पचास से अधिक नाटक मंचित हो चुके हैं और घासीराम कोतवाल, सखाराम बाइण्डर, खामोश अदालत जारी है तथा गिद्ध जैसे नाटक मराठी से अधिक हिन्दी में प्रसिद्ध हैं।

विजय तेन्दुलकर मराठी के ऐसे नाटककार हैं जिन्होंने अपने नाटकों के केन्द्र में मानव-जीवन की विसंगतियों, विषमताओं और मानव-समाज की विकृतियों को केन्द्र में रखा है। सामान्य रूप से कहा जा सकता है कि उन्होंने मानव-मन की गहराई में उतरकर सुविचारों और कुविचारों के बीच मनुष्य को उभारा है। वह सेक्स, समाज, जाति, अन्धविश्वास, हिंसा, अप्राकृतिक सम्बन्धों को जीता भी है और उनसे भागता भी है। मनुष्य केवल आदर्शों का पुतला नहीं है। उसमें सारी कमजोरियाँ हैं लेकिन इसके बावजूद भी वह मनुष्य इसलिए है क्योंकि उसका एक समाज है और उसके हृदय में कहीं-न-कहीं भावनाएँ हैं जो उसे सचेत करती रहती हैं। विजय तेन्दुलकर की यही विशेषता उन्हें समकालीन नाटककारों से अलग पहचान बनाती है क्योंकि वे समकालीन जन-जीवन से विषय चुनते हैं और उसे पूरी सादगी के साथ बिना लाग-लपेट के मंच पर प्रस्तुत कराते हैं। लोक शैली उन्हें जनता के निकट ले जाती है।

घासीराम कोतवाल

'घासीराम कोतवाल' विजय तेन्दुलकर का चर्चित और सर्वाधिक मंचित नाटक है। सामान्य रूप से यह ऐतिहासिक नाटक प्रतीत होता है क्योंकि नाना फड़नवीस जो मराठा शासकों में शिवाजी के पश्चात् सर्वाधिक शक्तिशाली शासक हुआ उसकी कहानी है किन्तु जैसा कि नाटककार ने स्वयं कहा है—' 'घासीराम कोतवाल' ऐतिहासिक नाटक नहीं है। यह एक नाटक है, सिर्फ नाटक।'

वस्तुतः वर्तमान को चित्रित करने के लिए इस नाटक की कथावस्तु में इतिहास की कल्पना मात्र की गयी है। शिवाजी के पश्चात् महाराष्ट्र में पेशवाओं का राज्य आया और नाना फड़नवीस पेशवाओं के प्रधान बने। नाना फड़नवीस अपने युग का प्रसिद्ध शासक था और मराठा राज्य को बढ़ाने में उसकी प्रमुख भूमिका थी। पूना पेशवा साम्राज्य का गढ़ था। वहाँ का कोतवाल घासीराम था। घासीराम औदीच्य ब्राह्मण था जो जीविका की तलाश में पूना आया

था। यहाँ उसे दुर्भाग्य का सामना करना पड़ा। पहले अंक में पूना के ब्राह्मणों द्वारा घासीराम अपमानित होता है। उसे जेल जाना पड़ता है और वह पूना के ब्राह्मणों से बदला लेने की प्रतिज्ञा करता है। इसी बीच उसका सम्पर्क नाना फड़नवीस से होता है। नाटक में नाना का चित्रण एक विलासी, कामुक शासक के रूप में किया गया है। घासीराम अपनी शीरी जुबान से नाना को प्रसन्न करता है। नाना उसकी लड़की को देखकर मुग्ध हो जाता है और उसे पाने के लिए घासीराम की हर शर्त कुबूल कर लेता है। घासीराम पूना का कोतवाल बन जाता है और उसकी लड़की नाना के अन्तःपुर में पहुँच जाती है। इस प्रकार नाना और घासीराम दोनों के चारित्रिक पतन की पराकाष्ठा पूर्वार्द्ध में दिखायी गयी है।

नाटक के उत्तरार्द्ध का प्रारम्भ घासीराम के कोतवाल बनने से प्रारम्भ होता है। पूना में अब घासीराम का शासन चलता है। नाना भोग विलास में रहता है। घासीराम की पुत्री गौरी ही अब नाना का जीवन है। इधर घासीराम का अत्याचार बढ़ता जाता है। पूरा पूना शहर त्राहि-त्राहि करने लगता है। घासीराम कहता है—"हमने पूना शहर की कोतवाली हासिल की। यां की हर शै, जन्नत में दाखिल की। हम बादशाह शहर पूना के बेताज बादशाह—ये नाबदान में कुलबुलाते कीड़ा का शहर हमसे माँगता पनाह।" घासीराम के अत्याचार बढ़ते जाते हैं और उधर नाना गौरी से पीछा छुड़ाता है और दूसरा विवाह करता है। नाना गौरी की हत्या कर देता है। घासीराम को पता चलता है तो वह नाना के पास जाता है। इधर नाना घासीराम को मृत्युदण्ड देता है। इस प्रकार घासीराम के अत्याचारों से पूना को मुक्ति मिल जाती है। घासीराम को पूना की जनता के बीच खुले छोड़ दिया जाता है और जनता उसे पीट-पीटकर मार डालती है। इस प्रकार एक अत्याचारी शासक द्वारा पैदा किया गया राक्षरा जब स्वयं भस्मासुर बनकर जन्मदाता को ही नष्ट करना चाहता है तो उसका दुःखद अन्त हो जाता है।

इस संक्षिप्त कथावस्तु को ऐतिहासिक इसलिए नहीं कहा जा सकता क्योंकि इतिहास में नाना फड़नवीस का जो वर्णन मिलता है वह इसमें नहीं है। नाना फड़नवीस अपने कठोर शासन और सुधारों के लिए प्रसिद्ध हैं किन्तु इस नाटक में वह एक कामुक, लम्पट और विलासी चरित्र है। मंच पर वह नाचते-गाते आता है और केवल विलास की बात करता है। नाना ही नहीं पेशवाकाल में पूना के ब्राह्मणों की लम्पटता का पूरा उपहास किया गया है।

जैसा कि लेखक ने स्वयं स्पष्ट किया है कि इसे इतिहास नहीं दन्तकथा कहा जा सकता है जिसका आधार नाटक में लिया गया है। "घासीराम कोतवाल एक किंवदन्ती, एक जनश्रुति, एक दन्तकथा है और दन्तकथा का एक अपना रचना विधान होता है। झीने यथार्थ को जब हम अपनी नैतिकता से रंजित कर कल्पना की सहायता से पुनरुज्जीवित करते हैं तो एक दन्तकथा बन जाती है। दन्तकथा गप भी है और देखने की दृष्टि हो तो एक दाहक अनुभव भी।"

समीक्षा

'घासीराम कोतवाल' की समीक्षा के सन्दर्भ में मुख्य बात यह है कि इस नाटक के बीज भारतेन्दु हरिश्चन्द्र की अन्धेर नगरी से लिये गये हैं। अन्धेर नगरी और घासीराम कोतवाल की कल्पनाएँ सामाजिक-राजनीतिक विसंगतियों की देन है। राजा-रानी इसमें गौण हैं जनता

और सत्ता का चरित्र कितना भिन्न होता है और शासक क्रूर और निरंकुश होकर समाज को कितने पतन की ओर ले जाता है दोनों नाटक इसके प्रतीक हैं। घासीराम कोतवाल के विषय में तेन्दुलकर जी स्वयं कहते हैं—"मेरी निगाह में 'घासीराम कोतवाल' एक विशिष्ट समाज-स्थिति की ओर संकेत करता है। यह समाज-स्थिति न पुरानी है और न नयी। न वह किसी भौगोलिक सीमा-रेखा में बँधी है न समय से ही। वह स्थल कालातीत है।"

तेन्दुलकर के इस कथन से यह स्पष्ट है कि घासीराम कोतवाल हर देश, काल, परिस्थिति और युग में होते रहे हैं और होते रहेंगे। इतिहास के नाना फड़नवीस बौद्धिक प्रखरता और शास्त्र प्रणाली के रूप में प्रसिद्ध हैं पर इस नाटक में उनका विकृत रूप मिलता है और उनके व्यक्तित्व का जनप्रचलित पक्ष गायब है। नाना घासीराम का प्रयोग करता है जब घासीराम नाटक में नाना को ही चुनौती देता है तो नाना उसे नष्ट कर देता है। इसलिए यदि नायकत्व पर विचार किया जाय तो यह नाटक नाना फड़नवीस का ही व्यक्तित्व उभारता है फिर नाटक का नामकरण घासीराम कोतवाल क्यों किया? यह विचारणीय है।

वास्तव में घासीराम वर्ग चरित्र है। नाना जैसे शक्तिशाली पुरुष को अपनी प्रतिष्ठा, मर्यादा बेचकर चाटुकारिता के बल पर उच्च पद पर पहुँचते और दूसरे के द्वारा प्राप्त शक्ति पर अपने ही समूह को सतानेवाले घासीराम जैसे व्यक्ति ही तेन्दुलकर की दृष्टि में रहे हैं। नाना कोई एक होता है पर घासीराम सदैव हजारों-लाखों होते हैं जो सत्ता की कठपुतली बन जाते हैं। अतः वर्ग चरित्र होने के कारण घासीराम सार्थक है।

घासीराम कोतवाल में एक अन्य चरित्र गौरी है। गौरी का चरित्र उभरकर सामने नहीं आया है पर घासीराम और नाना के मध्य गौरी ही मुख्य भूमिका में है जो मूक रहकर भी बहुत-कुछ कह देती है। आज के नारी सशक्तीकरण के युग में गौरी केवल देह है जिसका उपभोग केवल पायदान के रूप में किया गया है। गौरी की कथा अत्यन्त मार्मिक है जिसके पतन के कारण उसके पिता की स्वार्थ लिप्सा और तथाकथित पवित्रता की हवस है। नारी का यह दुःखद-रूप भी सार्वकालिक है।

समग्रतः घासीराम कोतवाल के ये तीनों चरित्र भिन्न-भिन्न सन्देश देते हुए भी सामाजिक विसंगति के प्रतीक हैं।

'घासीराम कोतवाल' की एक अन्य विशेषता उसमें वर्णित सामाजिक विसंगतियों का है। पूना को ब्राह्मणों के पतन के माध्यम से पतनोन्मुख समाज का वर्णन लेखक ने किया है। पूना अर्थात् पुण्य नगर कहकर लेखक ने पूना की प्राचीन संस्कृति और विरासत का संकेत किया है जिसे वैदिक संस्कृति एवं धर्म का केन्द्र माना गया है किन्तु इस पुण्य नगरी में पाप की पराकाष्ठा दिखलाना लेखक का सामाजिक जीवन में आयी गिरावट को दर्शाना है। विजय तेन्दुलकर ने प्रस्तुत नाटक में पात्रों की अपेक्षा समाज को महत्त्व दिया है। सामाजिक पतन ही नाटक का उद्देश्य है और पात्र केवल प्रतीक रह गये हैं। इसीलिए पात्रों की अपेक्षा नाटक के प्रारम्भ से अन्त तक भीड़ को ही या समूह को ही महत्त्व दिया गया है।

शिल्प और अभिनेयता

'घासीराम कोतवाल' नाटक निस्सन्देह अभिनेयता को केन्द्र में रखकर लिखा गया है। छोटे-छोटे संगीतमय संवाद और लोकरूप से जुड़ा अभिनय लोकनाट्य की याद दिलाता है। लोकभाषा और लोकनाट्य की सारी विशेषताएँ इस नाटक में हैं। मंचीय सज्जा की दृष्टि से इस नाटक में सहजता है। पर्दा के स्थान पर मानवीय पर्दे का विधान किया गया है। एक साथ सारे चरित्र पर्दे पर आते हैं और वही पर्दे का काम करते हैं। उसी में से निकलकर संवाद प्रसारित करते हैं और पुनः अपने स्थान पर वापस स्थिर हो जाते हैं।

नाना फड़नवीस और घासीराम कोतवाल भी केवल संवादों से और प्रतीकों से अपनी पहचान बनाते हैं। नाना फड़नवीस की ऐतिहासिक कल्पना एक शक्तिशाली शासक भी है किन्तु इस नाटक में चित्रित चरित्र और नाचते-गाते मंच पर अवतरण उसकी ऐतिहासिकता को बाधित करते हैं और अटपटा बनाते हैं परन्तु लेखक यहाँ चरित्र की महानता को नहीं समाज की विसंगति को प्रस्तुत करना चाहता है और उसकी दृष्टि में नाना नहीं समाज की विकृत स्थिति और मनोदशा है अतः अभिनेयता एवं प्रभावान्विति की दृष्टि से यह एक सफल नाटक है और इसीलिए सभी शहरों में विभिन्न भाषाओं में मंचित हुआ है।

5

गीतांजलि (काव्य)

रवीन्द्रनाथ टैगोर

बाँग्ला साहित्य की अमरकृति गीतांजलि विश्वकवि रवीन्द्रनाथ टैगोर की रचना है। गीतांजलि की गणना भारतीय साहित्य की अनुपम और कालजयी रचनाओं में होती है। 'गीतांजलि' के रचनाकार रवीन्द्रनाथ टैगोर हैं। उन्हें 1913 में इस कृति पर साहित्य का नोबेल पुरस्कार प्राप्त हुआ।

रवीन्द्रनाथ ठाकुर (टैगोर) बंगाल के सम्भ्रान्त परिवार में जन्मे जिसकी वहाँ के सामाजिक जीवन में प्रतिष्ठा रही है। रवीन्द्रनाथ टैगोर के पितामह द्वारिकानाथ ने परिवार की समृद्धि की नींव रखी। द्वारिकानाथ के पुत्र देवेन्द्रनाथ उदारवादी हिन्दू समाज सुधारक रहे और ब्रह्मसमाज के नेता तथा आध्यात्मिक सन्त के रूप में चर्चित हुए। रवीन्द्रनाथ टैगोर उनकी चौदहवीं सन्तान थे जिनका जन्म 7 मई, 1861 को इस परम्परागत वैभवशाली परिवार में हुआ। साहित्य, संगीत और आध्यात्मिक चेतना ठाकुर परिवार को विरासत में मिली थी। समृद्धि और संस्कार से जुड़े राजसी वैभववाले परिवार में बालक रवीन्द्रनाथ टैगोर को प्रारम्भिक संस्कार वहीं से मिले और उनकी रुचि साहित्य में हुई। किशोरावस्था में ही उन्होंने भानुसिंहेर पदावली नामक रचना की। 1877 में भारती नामक रचना लिखी गयी। उसके पश्चात् उनके लेखन का क्रम निरन्तर चलता रहा। एक ओर उनका लेखन था तो दूसरी ओर पारिवारिक जमींदारी का दायित्व और देश-प्रेम तथा सामाजिक सुधार की भावना। शैक्षिक विकास के लिए उन्होंने 1901 में बच्चों के लिए शान्ति निकेतन स्कूल की स्थापना की। कुछ समय के लिए वे ब्रह्मसमाज से जुड़े और उसके सचिव भी रहे। 1883 ई. में उनका विवाह हुआ। रवीन्द्रनाथ टैगोर ने जीवन के इस क्रम को जारी रखते हुए देश की स्वतन्त्रता के लिए सहयोग दिया। इसके साथ ही विश्व के विभिन्न देशों का भ्रमण करते हुए भारतीय जन की आवाज वहाँ तक पहुँचायी। उन्होंने यूरोप, अमरीका, एशिया, अरब, ईरान में व्याख्यान देकर भारतीय संस्कृति का महत्त्व रेखांकित किया। 1905 में बंग विभाजन के आन्दोलन में वे सम्मिलित हुए। उनकी 'सोनार बाँग्ला' रचना उसी समय लिखी गयी। 1991 के कलकत्ता कांग्रेस के अधिवेशन में लिखा गया जन गण मन भारत की स्वतन्त्रता के पश्चात् राष्ट्रगान बना। रवीन्द्रनाथ ऐसे एकमात्र कवि हैं जिनके दो गीत दो पृथक् राष्ट्रों के राष्ट्रगीत हैं। जन गण मन जहाँ भारत का राष्ट्रगान है। वहीं 'सोनार बाँग्ला' बाँग्ला देश का।

साहित्य के अतिरिक्त रवीन्द्रनाथ टैगोर ने सर्वाधिक योगदान शिक्षा के क्षेत्र में किया। वे प्राकृतिक वातावरण में तथा मातृभाषा में शिक्षा के समर्थक थे। अंग्रेजों की शिक्षा नीति के वे घोर विरोधी थे। 1892 में उन्होंने 'शिक्षार हेरफेर' में ब्रिटिश शिक्षा नीति की कटु आलोचना की। उन्होंने स्वयं शान्ति निकेतन स्कूल की स्थापना की। 1921 में विश्वभारती का उद्घाटन हुआ पर 1926 में उसे कलकत्ता विश्वविद्यालय के अधीन कर दिया गया। विश्वभारती रवीन्द्रनाथ टैगोर की शिक्षा नीति की परिकल्पना का साकार रूप थी। शिक्षा, संस्कृति और साहित्य को अविस्मरणीय योगदान देनेवाले रवीन्द्रनाथ टैगोर का देहावसान 7 अगस्त, 1941 को हुआ।

रचनाएँ—रवीन्द्रनाथ टैगोर मूलतः कविमना थे। सौन्दर्य और अध्यात्म उनकी कविता के केन्द्र में थे। साहित्यकार होने के कारण उन्हें जीवन के व्यावहारिक क्षेत्रों में समस्याओं से संघर्ष करना पड़ा पर उनका सृजन जारी रहा। उन्होंने किशोरावस्था से ही सृजन प्रारम्भ किया और साहित्य की प्रत्येक विधा में रचनाएँ कीं। लगभग 50 काव्य-संग्रहों, 42 कहानियों और अनेक नाटकों और उपन्यासों के सृजन का श्रेय उन्हें है।

कविताएँ—सान्ध्य संगीत, बलाका, शेष लेखा, मानसी, सोनारतरी क्षणिका, प्रभातसंगीत, गीतांजलि आदि 50 काव्य संग्रहों की रचना की है।

कथा-साहित्य—रवीन्द्रनाथ टैगोर काव्य-जगत् के अतिरिक्त कथाकार के रूप में ख्यात हैं। उनका कथा-साहित्य मनोवैज्ञानिक एवं सामाजिक परिप्रेक्ष्य को आधार बनाकर सृजित हुआ है। उनके प्रमुख उपन्यासों में बहूरानी का हार (1883), राजर्षि (1887), आँख की किरकिरी (1903), नौका डूबी (1906), गोरा (1909), चतुरंग (1916), घरे बाहरे, योगायोग (1926), शेषेर कविता (1930), दो बहनें (1933), उपवन (1934), चार अध्याय (1934) प्रतिनिधि कथाकृतियाँ हैं। इनमें गोरा और शेषेर कविता का बाँग्ला कथा-साहित्य में महत्त्वपूर्ण स्थान है। रवीन्द्रनाथ टैगोर की प्रतिनिधि कहानियों में काबुलीवाला, क्षुधित गाषाण चित्रपट पर भी प्रदर्शित हुईं, परन्तु एक रात्रि, कन्यादान, शास्ति, महामाया प्रेम कहानियाँ हैं तो दीदी, देन-लेन सामाजिक यथार्थ से जुड़ी हैं। अन्य चर्चित कहानियों में क्षुधित पाषाण, निशीथ, गुप्तधन, सम्पत्तिदान, कादम्बिनी का उल्लेख किया जा सकता है।

नाटक—रतीन्द्रनाथ टैगोर आधुनिक भारत के श्रेष्ठतम नाटककारों में हैं। उन्होंने नाटकों के माध्यम से लोकजीवन की समस्याओं को बेबाकी से उठाया है। जात्रा और संस्कृत नाटकों के संयोजन से उनके नाटक शास्त्रीयता और लोकतत्त्व दोनों से अनुप्राणित हैं। उनके प्रमुख नाटकों में वाल्मीकि प्रतिभा (1881), कालमृगया (1882), रुद्रचन्द (1881), राजा और रानी (1889), विसर्जन (1890), चित्रांगदा (1892), विदाई-अभिशाप (1894), गान्धारी का आवेदन (1897), नरक-वास, सती, मुकुट (1901), प्रायश्चित्त (1907), शरदोत्सव(1908), राजा (1910), अचलायतन(1912), डाकघर (1912), फाल्गुनी (1916), रक्तकरणी के अतिरिक्त सामाजिक परिपार्श्व एवं नये शिल्प प्रयोग की दृष्टि से गृह प्रवेश चण्डालिका, ताराघर तथा व्यंग्य नाटकों में हास्य कौतुक (1909), व्यंग्य कौतुक (1907) प्रमुख हैं।

गीतांजलि : काव्य-वैशिष्ट्य—'गीतांजलि' रवीन्द्रनाथ टैगोर की ऐसी कृति है, जिसने उन्हें विश्व कवि बनाया। 'गीतांजलि' की रचना बाँग्ला में हुई जिसका अनुवाद अंग्रेजी में हुआ और यूरोपीय जगत् में धूम मच गयी। अंग्रेजी के रचनाकार विलियम बटलर येट्स ने इस रचना की प्रशंसा ही नहीं की इस पर विमुग्ध हो गये। ब्रैडले ने अंग्रेजी पाण्डुलिपि पढ़कर कहा—"ऐसा लगता है अन्ततः एक महाकवि हमारे बीच पैदा हो ही गया है।" रवीन्द्रनाथ टैगोर को 1910 का साहित्य का नोबेल पुरस्कार गीतांजलि पर मिला और वे विश्वकवि के रूप में समादृत हुए। विश्व की अनेक भाषाओं में गीतांजलि के अनुवाद हुए और होते जा रहे हैं। विश्वभारती द्वारा बाँग्ला में प्रकाशित गीतांजलि में कुल 157 गीतों का संग्रह है। गीतांजलि का अंग्रेजी अनुवाद स्वयं कवि तथा अनेक पाश्चात्य अनुवादकों ने किया है। रवीन्द्रनाथ टैगोर की अधिकांश रचनाएँ बाँग्ला और अंग्रेजी में मिलती हैं। इसीलिए रवीन्द्रनाथ टैगोर के व्यक्तित्व के दो आयाम हैं। एक अंग्रेजी के टैगोर और दूसरे बांग्ला के। गीतांजलि को लेकर यही विवादास्पद स्थिति रही है। बाँग्ला में रचित गीत देश की माटी की महक से ओत-प्रोत हैं पर अंग्रेजी संस्करण को लेकर कभी मध्यकालीन सन्तों का प्रभाव उन पर खोजा गया और कभी पाश्चात्य स्वच्छन्दतावाद का। आलोचकों के दो वर्ग टैगोर को लेकर हमेशा रहे, गीतांजलि के प्रकाशन से लेकर आज तक। इसके बावजूद रवीन्द्रनाथ टैगोर और गीतांजलि का महत्त्व कम नहीं हुआ। वह आज भी भारतीय साहित्य अंग्रेजी और बाँग्ला के सर्वश्रेष्ठ कवियों में हैं।

गीतांजलि की चर्चा करने के पूर्व रवीन्द्रनाथ टैगोर के जीवन और उनकी अन्य कृतियों पर ध्यान देना आवश्यक है। गुरुदेव का जन्म वैभवशाली ज़मींदार परिवार में हुआ किन्तु स्वयं रवीन्द्रनाथ टैगोर एकान्तप्रिय और वेदना से परिपूर्ण रहे। राष्ट्रीय चेतना उनमें व्याप्त थी और भारतीय पुनर्जागरण का उन पर पूरा प्रभाव था। राष्ट्रीयता की भावना के कारण वे अपने युग से सम्पृक्त थे। दो राष्ट्रगीतों की रचना इसका उदाहरण है। इन सारी सामाजिक, राजनीतिक दृष्टियों के बावजूद अपनी कविताओं में रवीन्द्रनाथ प्रकृति के निकट एकान्तप्रिय और एकाकी रहना चाहते हैं। प्रकृति, प्रेम और अध्यात्म उनकी कविता के केन्द्र में हैं। प्रारम्भिक रचनाओं से लेकर अन्तिम रचना तक वे प्रकृति से जुड़े रहे। अध्यात्म की दृष्टि से रवीन्द्रनाथ को चाहे जिस परम्परा में रखा जाय पर उनकी कविता केवल हिन्दू संस्कृति से प्रभावित नहीं है। इस दृष्टि से वे विश्वात्मवादी कवि हैं। रवीन्द्रनाथ टैगोर की अन्य रचनाओं की भाँति गीतांजलि पर भी इन तीनों का प्रभाव है।

गीतांजलि में भक्ति भावना—रवीन्द्रनाथ टैगोर के प्रशंसक येट्स ने उनकी तुलना सन्तों से की है। उनके ऊपर वैष्णव बाउलों का प्रभाव माना जाता है। गीतांजलि के अधिकांश गीतों में प्रेम की स्थिति रहस्यात्मक है। विस्मय, जिज्ञासा, प्रकृति के माध्यम से अलौकिक सत्ता से मिलन की कामना जैसे तत्त्वों के होते हुए भी समर्पण की भावना उन्हें भक्त सिद्ध करती है। उनके अनेक गीतों में भक्तों की भाति मिलनोत्कण्ठा और ईश्वर की कृपा की याचना है। गीतांजलि में वे लिखते हैं—

सब कुछ छोड़ तुम्हें पा जाऊँ जिससे
चाह रहा है सतत तुम्हें मन मेरा।।

या फिर—

छिपे आड़ में रह जाने से यों अब नहीं चलेगा;
आ जाओ इस अन्तस्तल में आ करके छिप बैठो।।

प्रश्न यह है कि रवीन्द्रनाथ टैगोर की भक्ति किस कोटि की है। कुछ आलोचक उन्हें धार्मिक मानते हैं जबकि आलोचकों का एक वर्ग उन्हें मध्ययुगीन रहस्यवादी कवियों से प्रभावित मानता है। रवीन्द्रनाथ टैगोर की कविताओं में अज्ञात से मिलने की कामना नहीं है। वे निरन्तर विरह को ही महत्त्व देते हैं क्योंकि अव्यक्त सत्ता को सम्पूर्ण विश्व में देखते हैं। उनकी अधिकांश कविताओं में विरह को महत्त्व मिला है। वे लिखते हैं—

सुचिर जन्म की वेदना
चिर जीवन की साधना
धधक उठे अब आग तुम्हारी
दुर्बल समझ कृपा मत करना
ताप सहन करना है मुझको
क्षार-क्षार हो वासना।।

जहाँ टैगोर विरह को चिर सहचर मानते हैं, वहीं मध्यकालीन सन्तों की भाँति कहीं-कहीं बाह्याडम्बरों का खण्डन करते हैं—

भजन कीर्त्तन कण्ठी माला सब बेकार
किसे पूजते हो अँधियारे मन्दिर में तुम
बन्द किये सब द्वार।

'नैवेद्य' कविता में रवीन्द्रनाथ टैगोर अटूट आस्था व्यक्त करते हुए लिखते हैं—

त्याग में नहीं मुक्ति मेरी, आलिंगन मुक्ति का
दस सहस्र बन्धनों की गोद में
पूजा की वेदी के आगे रखूँगा मैं
ज्योति से तुम्हारी सिंचित
दीप सहस्र विश्व के।

प्रकृति—रवीन्द्रनाथ टैगोर के गीतों की एक प्रमुख विशेषता है प्रकृति से निकटता। प्रारम्भिक कविताओं से अन्त तक प्रकृति उनकी कविता में केन्द्रीय रूप में विद्यमान है। उनकी कविताओं में ईश्वर प्रकृति से अलग नहीं है। कहीं-कहीं ईश्वर की प्रतीक्षा में ही वे ईश्वर की प्रतीक्षा करते हैं—

सुना नहीं तुमने उसका पदचाप मौन
आता है, वह देखो, देखो-आता है
खिली धूप सुरभित वसन्त हो तो
बारिश की काली रातों में
बिजली बादल के रथ से
दुखानुदुख उसके ही पैरों की

आहट मेरे मन को
भर देती है।

बादल से वे कहते हैं—

आओ, सजल जलद, आओ
आओ, जल बरसा जाओ।
विपुल स्नेह श्यामल शीतल
जीवन में सरसा जाओ।

सारी प्रकृति चेतना के बावजूद टैगोर इतिहास और समाज से विमुख नहीं थे। उन्होंने विस्तारवाद, साम्राज्यवाद और हिंसा का पुरजोर विरोध अपनी कविताओं में किया है। गीतों की अंजलि देनेवाला कवि राष्ट्रीय एवं अन्तरराष्ट्रीय घटनाओं, विशेष रूप से मानवता को समाप्त करनेवाली नीतियों के विरुद्ध निरन्तर लिखता रहा। युद्ध के विरुद्ध वे लिखते हैं—

युद्ध के नगाड़े बज उठे हैं
और बुद्ध मन्दिर की ओर
करुणा के सागर, बुद्ध से लेने को आशीष
प्रयाण करती हैं सेनाएँ
धक्-धक्-धक्
धरती की काँप रही छाती।

दो राष्ट्रगानों जन गण मन, और सोनार बाँग्ला के रचनाकार का मातृभूमि के प्रति प्रेम सर्वविदित है। महात्मा गाँधी के स्वदेशी आन्दोलन के समय वे पूरी तरह राष्ट्रवादी हो गये और देश प्रेम का स्वर इतना मुखर हो गया कि वे राष्ट्रकवि की भूमिका में आ गये। सार्थक जनम है मेरा, जन्मा इसी देश में, बंगाल की माटी बंगाल का जल जैसी कविताएँ उन्होंने रचीं। अकेले चलने का गौरवबोध उन्हें हुआ। वे लिखते हैं—

सुनकर पुकार तुम्हारी
आये नहीं पास कोई तो क्या
चल दो अकेले।

स्पष्ट है कि मानवता का उपासक यह विश्वकवि विश्वात्मवाद के बावजूद अपने राष्ट्र की अस्मिता और जातीय गौरव को सर्वोपरि मानता था। शायद इसीलिए उन्होंने भारत को महामानव समुद्र कहा है। धर्म और साम्प्रदायिकता से परे उनका अध्यात्म पाश्चात्य सेमेण्टिसिज्म की अपेक्षा, मध्यकालीन सन्तों विशेषतः कबीर और बंगाल के बाउल वैष्णव कवियों से प्रभावित रहा है। रवीन्द्रनाथ टैगोर बचपन से ही बाउल कवियों से प्रभावित रहे। उनकी भानुसिंहेर पदावली इसका प्रमाण है।

रवीन्द्रनाथ टैगोर के काव्य की उपर्युक्त विशेषताओं के साथ उनके काव्य की उन निजी स्थितियों की परख आवश्यक है जो उन्हें एक सहज और सर्वप्रिय गीतकार बनाती है। टैगोर के गीतों की प्रमुख विशेषता है—मृत्यु और विरह। मृत्यु का सन्दर्भ उनके अनेक गीतों में मिलता है। शिशिर कुमार घोष ने इसे ही रवीन्द्रनाथ, विशेषतः 'गीतांजलि' का मूल स्वर माना है।

वे लिखते हैं–" 'गीतांजलि' की दूसरी महत्त्वपूर्ण विषयवस्तु है--मृत्यु और विरह। इस धारा की एक प्रतिनिधि रचना निम्नांकित है, जहाँ आह्लाद, 'पीड़ा के रक्त कमल' से ऐसा अनुस्यूत है कि पश्चिमी पाठकों को प्रतीक-ग्रहण में कठिनाई होती है।"

हर स्वर मेरे आह्लाद का एक सूत्र हो लेने दो में वे कहते हैं–

आह्लाद जो तृण-तृण में बहता है उच्छल
जुड़वाँ भाई-जीवन-मृत्यु
जिसके स्पर्श से नृत्यलीन है निरन्तर
आँधी से आता है जो छनकर
पीड़ा के रक्त कमल पर
आँसू-सा स्थिर

मृत्यु का उल्लेख उनकी अनेक कविताओं में हुआ है। मृत्यु के समय सब-कुछ यहीं छूट जाता है, ऐसी धारणा है परन्तु टैगोर यह नहीं मानते। वे कहते हैं कि साथ ले जाने लायक बहुत-कुछ है परन्तु तुम्हें अपने कर्मों की गठरी से मुक्त होकर मृत्यु की तैयारी निरन्तर करनी चाहिए–

आये हो इस पृथ्वी पर तो
यहीं तुम्हें सज लेना होगा,
राजा-जैसे, हँसते-हँसते,
चल देना उस पार मृत्यु के।

यहाँ मृत्यु भय नहीं है। शर्त यह है कि मनुष्य अपने-आपको पूर्ण कर चुका हो। वे लिखते हैं–

मरण जिस दिवसान्त में
द्वार तुम्हारे आ पहुँचेगा
उस दिन तुम क्या दोगे उसको?
भरा हुआ यह प्राण समुद्र
उसके सम्मुख रख दूँगा
खाली हाथ न उसको विदा करूँगा।

यह वही कर सकता है जिसने जीवन को अच्छी तरह जिया है। जो नियति के सहारे केवल कर्म करता रहता है वही ऐसा कर सकता है। रवीन्द्रनाथ कहते हैं–

जो-कुछ तुमने मन-भर मुझे दिया है
खेद रहेगा नहीं अगर मर जाऊँ मैं।

समग्रतः हम कह सकते हैं कि रवीन्द्रनाथ टैगोर के गीतों में प्रकृति के अप्रतिम सौन्दर्य और जीवन के द्वन्द्वात्मक संघात से उत्पन्न होनेवाले कोमल और कठोर भावों का अजस्र प्रवाह है। इस प्रवाह से स्नात पाठक लोकोत्तर आनन्द प्राप्त करता है और विस्मित और विमुग्ध हो जाता है। उनकी गीतिप्रधान रचनाएँ विशेषतः गीतांजलि का यह जादू सम्पूर्ण विश्व पर है। यह उनके गीतिकाव्य का ही प्रभाव है कि बाँग्ला में 'रवीन्द्र संगीत' को विशिष्ट

अधिमान मिला। गीतांजलि, बलाका, सोनार तरी, चित्रा, उर्वशी जैसी रचनाएँ 'रवीन्द्र संगीत' की आधारशिला हैं। 1913 में नोबेल पुरस्कार प्राप्त गीतांजलि की इसी विशेषता को केन्द्र में रखकर डब्ल्यू. बी. यीट्स ने गीतांजलि को सर्वोच्च सांस्कृतिक कार्य माना था।

यदि भारत को उन्होंने मानव का महासमुद्र कहा है तो रवीन्द्रनाथ उस समुद्र के जहाज हैं। रवीन्द्रनाथ टैगोर भारतीय पुनर्जागरण युग के ऐसे प्रकाशपुंज हैं, जिन्होंने जीवन के हर क्षेत्र को प्रकाशित किया है। 'गीतांजलि' के रूप में उन्होंने भारतीय साहित्य को ऐसी कृति दी जिसने विश्व में भारतीय जीवन-दृष्टि और औपनिषदिक दर्शन को पहुँचाया है। विभिन्न विधाओं में लिखने और जीवन के हर क्षेत्र को प्रभावित करनेवाले रवीन्द्रनाथ स्वयं को केवल कवि मानते थे—आमिकवि। शिशिर कुमार घोष ने उनका मूल्यांकन करते हुए ठीक ही लिखा है—"उसकी निष्ठा किसके प्रति अधिक प्रगाढ़ थी। आकाश के प्रति कि नीड़ के, पंखों के प्रति कि जड़ों के? 'अतिरेक' और 'सुदूर' का अन्वेषक यह कवि पृथ्वी का कवि भी था—दुनिया से जुड़ा हुआ पर दुनियावी नहीं। धार्मिक कम, प्रकृतिपूजक अधिक।"

वास्तव में रवीन्द्रनाथ टैगोर और गीतांजलि को समझने के लिए सम्पूर्ण भारतीय संस्कृति को या यों कहें कि मनुष्य को समझना होगा या फिर मनुष्य को समझने के लिए रवीन्द्रनाथ को समझना होगा क्योंकि इस विश्वकवि के भीतर सम्पूर्ण विश्व समाहित रहा है।

●

6

संस्कार (उपन्यास)

यू. आर. अनन्तमूर्ति

'संस्कार' ज्ञानपीठ सम्मान से विभूषित कन्नड़ लेखक यू. आर. अनन्तमूर्ति की प्रसिद्ध कृति है। यू. आर. अनन्तमूर्ति का पूरा नाम उडुपी राजगोपालाचार्य है। उनका जन्म 21 दिसम्बर, 1932 को कर्नाटक के तीर्थहल्ली तालुका के छोटे-से गाँव मेलिज में एक अग्रहार में हुआ था। अग्रहार कर्नाटक में उसे कहा जाता है, जहाँ केवल कर्मकाण्डी ब्राह्मण ही रहा करते हैं। स्वाभाविक है कि अनन्तमूर्ति का जन्म एक कर्मकाण्डी परिवार में हुआ था। उनके पिता मठाधीश थे। कर्मकाण्डी परिवार में जन्म लेने के कारण उनकी प्रारम्भिक शिक्षा पारम्परिक संस्कृत स्कूल में हुई। इसके पश्चात् वे कामनवेल्थ स्कॉलरशिप प्राप्त कर इंग्लैण्ड चले गये और वहाँ से पी-एच.डी. की उपाधि बर्मिंघम विश्वविद्यालय से प्राप्त कर स्वदेश लौटे और 1970 में मैसूर विश्वविद्यालय में अंग्रेजी के प्राध्यापक हो गये। कालान्तर में वह कोट्टायम (केरल) में महात्मा गाँधी विश्वविद्यालय के कुलपति नियुक्त हुए। नेशनल बुक ट्रस्ट तथा साहित्य अकादमी के भी वे अध्यक्ष रहे। कालान्तर में वे पुणे फिल्म इन्स्टीट्यूट के निदेशक रहे। जीवन में विभिन्न संगठनों के साथ जुड़े उडुपी को 1994 में ज्ञानपीठ सम्मान प्राप्त हुआ तथा अनेकानेक सम्मानों से वे विभूषित होते रहे। उनका नाम 'मैन बुकर इण्टरनेशनल प्राइज' के लिए भी अन्तिम सूची में रहा। शुद्ध संस्कृत से लेकर अंग्रेजी के प्रकाण्ड पाण्डित्य तक की जीवन-यात्रा में अनन्तमूर्ति विशुद्ध भारतीय लेखक थे तथा भारतीयता, भारतीय संस्कृति और भारतीय भाषाओं के प्रति वे केवल समर्पित ही नहीं उसके लिए सतत संघर्षशील रहे। संस्कृति के प्रति निष्ठा रखते हुए भी अनन्तमूर्ति रूढ़ियों के विरोधी थे। कर्नाटक में कन्नड़ साहित्य के नव्या आन्दोलन के वह प्रवक्ता रहे तथा परिवर्तन और सुधारवादी छवि के कारण भारतीय साहित्य में उनकी अलग पहचान बनी।

अनन्तमूर्ति ने इस दृष्टि से अनेक निबन्ध अंग्रेजी में लिखे जिनका ऐतिहासिक महत्त्व है। इन निबन्धों में 'दि फैग्मेण्टेड विजन', 'ट्रेडिशन एण्ड क्रिएटिविटी' और 'ह्वाई नाट वरशिप इन द न्यूड' प्रमुख हैं। निबन्धों के अतिरिक्त उनकी अन्य रचनाएँ कन्नड़ में हैं। अन्तिम वर्षों में उन्हें आक्सफोर्ड विश्वविद्यालय ने राधाकृष्णन व्याख्यानमाला में वक्ता के रूप में आमन्त्रित किया। पूरी व्याख्यानमाला उन्होंने अलिखित भाषण के रूप में दी जो उनकी विद्वत्ता

का परिचायक है। 1998 में यू.आर. अनन्तमूर्ति को भारत सरकार ने पद्मभूषण सम्मान प्रदान किया और 1994 में केरल के राज्योत्सव सम्मान से वह सम्मानित हुए। रुजुवथु का उन्होंने सम्पादन किया। अनन्तमूर्ति की अनेक रचनाओं पर फिल्में बनीं। भारतीय भाषाओं के प्रति अनुराग के कारण वह 'कम्पेरेटिव लिटरेचर एसोसिएशन ऑफ इण्डिया' के पहले अध्यक्ष चुने गये। वे भाषा को केवल भारतीय भाषा जिसमें अंग्रेजी न हो, के पक्षधर थे। यू. आर. अनन्तमूर्ति भाषा के प्रति इतने जागरूक थे कि वह संविधान के आठवें अनुच्छेद के इस अर्थ में विरोधी थे क्योंकि उसमें सभी भाषाओं को समानता नहीं मिली है। वे सभी भाषाओं को समान महत्त्व देते थे। अनन्तमूर्ति की राजनीति से भी रुचि थी। उन्होंने एक बार लोकसभा और एक बार राज्यसभा का चुनाव लड़ा था। कन्नड़ के इस कालजयी रचनाकार का देहावसान 22 अगस्त, 2014 को हुआ।

रचनाएँ—यू. आर. अनन्तमूर्ति बहुआयामी रचनाकार हैं। उन्होंने उपन्यास, कहानी, कविता और निबन्ध विधा को समृद्धि प्रदान की है तथापि उनकी प्रसिद्धि कथाकार के रूप में अधिक है। उनकी कविताओं में 15 पद्ग्यालु मिथुना, अज्जाना टेगला सुक्कुगलु प्रमुख हैं। उनकी कहानियों में घटश्राद्ध, मौनी और अक्कय्या महत्त्वपूर्ण हैं। उन्होंने छोटे-छोटे पाँच उपन्यास लिखे जो चर्चित हुए जिनमें भव और संस्कार प्रसिद्ध हुए। संस्कार के प्रकाशन तक उन्हें उतनी ख्याति नहीं मिली थी किन्तु जब शिकागो विश्वविद्यालय के प्रोफेसर ए.के. रामानुजन ने इसका अनुवाद किया और उपन्यास आक्सफोर्ड यूनिवर्सिटी प्रेस से प्रकाशित हुआ तो अनन्तमूर्ति को विश्वस्तर पर प्रसिद्धि मिल गयी। उनकी सभी कृतियाँ हिन्दी में अनूदित हैं। अनन्तमूर्ति उदारमना, मनस्वी, विद्वान् होने के साथ सरल और विनम्र थे। विनम्रता ही उनकी महानता रही।

कथासार—'संस्कार' उपन्यास यू.आर. अनन्तमूर्ति का ऐसा उपन्यास है जिसमें परम्परागत रूढ़ियों और अन्धविश्वासों पर प्रहार किया गया है। अनन्तमूर्ति ने उपन्यास में जिस वर्ग को केन्द्र में रखा है उसी परिवेश में उनका लालन-पालन हुआ और उन्होंने उन सारी स्थितियों को निकट से देखा-परखा था। 'संस्कार' के प्राणेशाचार्य में उन्हें अपने पिता की छवि मिली है जो स्वयं अग्रहार के मठाधीश थे। स्वयं अनन्तमूर्ति को भी प्राणेशाचार्य की भाँति प्रारम्भ में परम्परागत संस्कृत और कर्मकाण्ड की शिक्षा दी गयी थी। कर्नाटक में अग्रहार ऐसे गाँवों को या ग्राम के उस टोले को कहा जाता है जहाँ कर्मकाण्डी ब्राह्मणों का निवास रहता है। पूजा-पाठ कराना या कर्मकाण्ड कराना उन ब्राह्मणों की जीविका का साधन होता है। अग्रहार के ये ब्राह्मण माध्वमत के समर्थक थे। उसी अग्रहार और उससे अलग पारिजातपुर में जो ब्राह्मण थे वे स्मार्त थे। माध्व कट्टरपन्थी थे और स्मार्त उदार। उदार इस अर्थ में कि वे केवल कर्मकाण्ड से नहीं जुड़े थे। माध्व कर्मकाण्डी ब्राह्मणों में सर्वाधिक विद्वान् प्राणेशाचार्य थे। प्राणेशाचार्य अग्रहार के विद्वान् ही नहीं धर्मसूत्रों के ज्ञाता थे और उनकी बात अन्तिम होती थी। पारिवारिक रूप से प्राणेशाचार्य दुःखी मनुष्य थे। चालीस की आयु में ही रुग्ण पत्नी की सेवा और जटिल कर्मकाण्ड तथा धर्मबन्धन ने उन्हें वृद्ध कर दिया था। सिद्धान्त और आदर्श ही उनकी पूँजी थी। प्राणेशाचार्य के कारण दुर्वासापुर नाम का यह गाँव जहाँ प्रख्यात

था, वहीं नारणप्पा के कारण कुख्यात भी था। नारणप्पा भी उसी अग्रहार का माध्व ब्राह्मण था लेकिन वह जीवन को सहजता से जीता था। संस्कारों का विरोध करके उसने अग्रहार के ब्राह्मणों की मर्यादा का उल्लंघन किया था। नारणप्पा के आचारहीन जीवन से वहाँ के ब्राह्मण रुष्ट तो थे पर वह ब्राह्मण तो था ही, वह भी माध्व। उसी नारणप्पा की अचानक मृत्यु हो जाती है। नारणप्पा के परिवार में कोई नहीं था। समस्या उसके मृत्यु के उपरान्त संस्कार की थी। उसका संस्कार कौन करे? नियमतः अग्रहार के ब्राह्मणों को ही संस्कार करना था क्योंकि ब्राह्मण होने के कारण उसका शव अन्य कोई नहीं छू सकता था। दूसरी ओर अग्रहार के ब्राह्मण उसे भ्रष्ट मानते थे और उसके संस्कार से बचना चाहते थे। नारणप्पा की रखैल चन्द्री ने प्राणेशाचार्य को सूचना दे दी। उनका निर्णय ही अन्तिम निर्णय होता। प्राणेशाचार्य धर्मसंकट में थे। नारणप्पा कुलीन नहीं रह गया था लेकिन उसे ब्राह्मणत्व से वंचित नहीं किया गया था। भ्रष्ट होने पर भी वह ब्राह्मण ही था। ऐसे में एक अकुलीन ब्राह्मण का संस्कार कैसे हो। दूसरी समस्या यह थी कि यदि उसका संस्कार नहीं होगा तो पूरे अग्रहार में तब तक कोई अन्न-जल भी ग्रहण नहीं कर सकता। शव का संस्कार होना आवश्यक भी था। प्राणेशाचार्य के समक्ष यह संकट रखा गया और उन्हें ही यह निर्णय करना था।

पूरी कथा नारणप्पा के शव और प्राणेशाचार्य के संकट पर केन्द्रित है। अग्रहार के लालची ब्राह्मण नारणप्पा के शव का संस्कार करके उसकी सम्पत्ति तो चाहते थे पर धर्मभय और लोकभय उन्हें आगे आने से रोकता था। वे चाहते कि प्राणेशाचार्य उन्हें आज्ञा दें दें तो वे संस्कार कर दें जिससे उनका ब्राह्मणत्व बचा रहे पर प्राणेशाचार्य व्यावहारिक व्यक्ति नहीं थे। वे धर्मशास्त्रों के अधीन थे। पूरी कहानी धर्मशास्त्र के अधीन रहनेवाले प्राणेशाचार्य और शव रूप विद्यमान धर्मशास्त्र विरोधी नारणप्पा के जीवन से जुड़ी है। नारणप्पा ब्राह्मणत्व का अर्थ कर्मकाण्ड और अन्धविश्वास नहीं सहज जीवन को मानता था और प्राणेशाचार्य धर्मशास्त्र को। नारणप्पा शराब पीता था, वेश्यागमन करता, मांस का सेवन करता, एक अन्य जाति की स्त्री को घर में रखे था। उन सारी वृत्तियों को मानता था जो ब्राह्मणों की दृष्टि में त्याज्य थीं। वह जो करता खुलकर करता। स्वयं प्राणेशाचार्य ने उसे धर्मविरुद्ध कार्य से रोका पर उसके तर्क के सामने निरुत्तर हो गये।

प्राणेशाचार्य मठ के महन्त और विद्वान् होने के बावजूद लौकिक व्यवहार से अनभिज्ञ रुग्णा पत्नी के पति हैं। वे शास्त्रों से बँधे हैं जबकि अग्रहर के अन्य ब्राह्मण कर्म से पतित एवं केवल जन्मना ब्राह्मण हैं। नारणप्पा इस ढोंग का विरोधी है। वह इसे ब्राह्मणत्व का अपमान मानता है। प्राणेशाचार्य उसे सुधारने के प्रयास में असफल हो जाते हैं। उसकी मृत्यु के पश्चात् प्रश्न संस्कारहीन ब्राह्मणों का उठता है। प्राणेशाचार्य एकमात्र धर्मशास्त्रों के ज्ञाता हैं। चन्द्री के स्वर्णाभूषणों को देख नारणप्पा से सम्बन्ध न करनेवाले लालची ब्राह्मण लोभवश नारणप्पा से अपना सम्बन्ध बताने लगते हैं। प्राणेशाचार्य संस्कारच्युत, ब्राह्मण को ब्राह्मण मानें या न मानें इसी विचार में शास्त्रों का मन्थन करते-करते हनुमान् मन्दिर में देवरसा के लिए जाते हैं। नारणप्पा की रखैल चन्द्री प्राणेशाचार्य के सान्निध्य में एक दिन रहकर उन्हें देवता मानती है। वह भागकर जंगल में चली जाती है। मारुति की पूजा से लौटते प्राणेशाचार्य की भेंट जंगल

में चन्द्री से अकस्मात् हो जाती है। चन्द्री उनसे अपराधों की क्षमा माँगती है पर प्राणेशाचार्य उसके रूप, यौवन और अंगस्पर्श से शास्त्र से संसार में लौटकर देह सुख प्राप्त करते हैं। वह स्वयं उसी स्थिति में पहुँच जाते हैं जिसमें नारणप्पा था। वे स्वयं शास्त्रों को बन्धन मानते हैं। वे चन्द्री के साथ वापस लौटते हैं और यह निर्णय करते हैं कि अग्रहार में अपने पतित होने की सूचना चन्द्री के साथ स्वयं देंगे। चन्द्री उनका सामाजिक अपमान नहीं चाहती। अतः वह बीच रास्ते से नारणप्पा के घर जाती है और उसके क्षत-विक्षत शरीर को मुसलमानों से गाड़ी माँगकर नदी किनारे ले जाकर जला देती है और स्वयं चली जाती है। इधर प्राणेशाचार्य घर आते हैं और धर्मशास्त्र पर निर्णय देने में स्वयं को असमर्थ मानकर माध्वपीठ के मुख्य आचार्य के पास जाने की सलाह देते हैं। सभी लोभी ब्राह्मण जाने को तैयार हो जाते हैं क्योंकि अग्रहार में उन्हें नारणप्पा के शव के कारण भोजन से वंचित रहना पड़ रहा था। इसी बीच गाँव में प्लेग की महामारी फैलती है जिसके लिए सब नारणप्पा को दोषी मानते हैं। प्राणेशाचार्य की पत्नी की प्लेग से मृत्यु हो जाती है। प्राणेशाचार्य शवदाह के पश्चात् घर नहीं लौटते। वे बिना श्राद्ध किये अज्ञात राह पर चन्द्री की खोज में निकल पड़ते हैं। रास्ते में उनकी मुलाकात नारणप्पा के मित्र और वाचाल पुट्टु से होती है। पुट्टु के साथ वे चलते हुए अपने संस्कार भूल जाते हैं। मन्दिरों और मठों में भोजन करते हैं। जिन्दगी के नये-नये रूप देखते हैं। उन्हें अपनी पहचान की चिन्ता मिट जाती है। वह यह मानते हैं कि ब्राह्मणत्व के अहंकार में जीने से अच्छा है संस्कारहीन जीवन। कभी उन्हें ग्लानि होती है और वे सोचते हैं कि धर्मशास्त्र उन्हें मनुष्य नहीं रहने देते। दूसरी ओर प्राणेशाचार्य को यह भी भय रहता है कि अग्रहार के ब्राह्मणों में जब यह बात उठेगी कि प्राणेशाचार्य धर्मभ्रष्ट हो गये तो उनकी क्या प्रतिक्रिया होगी? वे इसी दुविधा में वापस लौटते हैं। वे जिसे जीवन मानते हैं, वह शास्त्र नहीं है पर शास्त्र बन्धन को तोड़ने से उनकी प्रतिष्ठा समाप्त हो जायगी, यह भी भय है तो क्या धर्मशास्त्रों को मानना ब्राह्मणत्व का अहंकार है जो जीवन के वास्तविक आनन्द से वंचित करता है। प्राणेशाचार्य इसी द्वन्द्व में वापस लौटते हैं।

संस्कार का नायकत्व–'संस्कार' उपन्यास में ब्राह्मणत्व और ब्राह्मणत्व विरोध का संघर्ष है। जन्म और संस्कार के इस संघर्ष में दो प्रमुख चरित्र सामने आते हैं। पहले व्यक्ति हैं मठाधीश प्राणेशाचार्य जिनके लिए शुष्क, नीरस धर्मशास्त्र के नियमों से बँधा जटिल जीवन ही संसार है और दूसरा चरित्र नारणप्पा का है जो जीवन को आनन्द, सुख और स्वच्छन्दता का पर्याय मानता है। वह पुराणों की भी अपनी तरह से व्याख्या करता है। दो विरोधी विचारों के इस उपन्यास में विजय किसकी होती है और कथानायक कौन है यह विवादास्पद रहा है। उपन्यास के नायकत्व पर यह विवाद कन्नड़ कथा-साहित्य में आलोचकों के समक्ष आया है। प्रथम प्राणेशाचार्य जीवित पात्र के रूप में आदि से अन्त तक उपन्यास में हैं और उनके जीवन में परिवर्तन ही उपन्यास में संस्कारों की पराजय का संकेत है। इस प्रकार पूरा उपन्यास प्राणेशाचार्य को केन्द्र में रखकर लिखा गया है। अतः स्वाभाविक रूप से वही नायक हैं किन्तु प्राणेशाचार्य के विरुद्ध नारणप्पा की कथा भी पूरे उपन्यास में व्याप्त है। नारणप्पा की कथा प्रारम्भ में शव रूप में आती है किन्तु उसके विचारों की कथा उपन्यास के अन्त तक चलती है और कथानायक प्राणेशाचार्य भी उसी राह पर चल पड़ते हैं जिस पर नारणप्पा चला। अतः

नायक कौन है यह विवादास्पद हो गया है। वस्तुतः, यह उपन्यास हिन्दी उपन्यास चित्रलेखा की भाँति है जिसमें दो भिन्न परिस्थितियों में रहनेवाले चरित्र पाप और पुण्य की परिभाषा भिन्न रूप में करते हैं। फिर भी उपन्यास के नियमों के आधार पर प्राणेशाचार्य ही कथानायक सिद्ध होते हैं जिनके जीवन का परिवर्तन ही उपन्यास के केन्द्र में है। प्राणेशाचार्य के माध्यम से लेखक ने ऐसे चरित्र की परिकल्पना की है जो विद्वान्, धर्मशास्त्रों का ज्ञाता, धर्मनिष्ठ और परिवार रहते हुए भी एकाकी है। प्राणेशाचार्य धर्म के प्रतिनिधि हैं। दूसरी ओर नारणप्पा उसी वंश में पला-बढ़ा युवक है, जो प्राणेशाचार्य से ही शिक्षा प्राप्त करता है और उनके माध्यम से पुराण कथाओं को सुनता है। पुराणों को सुनकर वह देवों और ऋषियों के जीवन की नयी व्याख्या करता है। प्राणेशाचार्य जहाँ ऋषियों के तप को महत्त्व देते हैं नारणप्पा उनमें छिपे गूढ़ार्थ को न मानकर स्पष्ट अर्थ को महत्त्व देता है। आगे चलकर प्राणेशाचार्य को लगता है कि पुराणों में जो भी लिखा है वह मेरे लिये क्यों नहीं। वे कहते हैं—"पहली बार उनकी आँखों में सुन्दर और असुन्दर का भेद दिखायी देने लगा। आज तक उन्होंने काव्यों में वर्णित सौन्दर्य को स्वयं अपने जीवन में पाने की इच्छा नहीं की थी। दुनिया की सारी सुगन्ध केवल प्रभु प्रतिमा की केशराशि को सजानेवाले फूलों में ही होती है।...सारा रति सुख कृष्ण के लिए ही है जबकि वे स्नान कर रही स्त्रियों के वस्त्र चुरा ले गये और पानी में उन्हें नंगा छोड़ दिया। आज इन सबसे एक अंश अपने लिये भी प्राप्त करने की इच्छा उनमें जगी।"

ब्राह्मणत्व और आचार्यत्व का उनका अहंकार टूट गया लेकिन प्रतिष्ठा के व्यामोह में वे नारणप्पा की भाँति उसे स्वीकार करने में हिचक रहे थे। उनमें एक गम्भीर अन्तर्द्वन्द्व था। अपने नये जीवन में उन्हें रस मिल रहा था, वे जीवन को नयी दृष्टि से देख रहे थे पर उन्हें यह भी भय था कि उनकी प्रतिष्ठा का क्या होगा। लोग उन्हें देवता समझते हैं। देश में उनकी ख्याति है। वे कहते हैं—"जन्म से ही मेरी प्रकृति सात्त्विक है। यह रोग-ग्रस्त पत्नी मेरे त्याग और उत्सर्ग की वेदी है। इन्हीं विचारों और निश्चय की राह से वे मुक्तिमार्ग की ओर बढ़ रहे हैं।"

प्राणेशाचार्य क्या इस शास्त्रीय परम्परा का निर्वाह कर सके। चन्द्री को देखकर विचलित होना, संस्कारच्युत होना और उसके पश्चात् उसकी खोज, पुट्टु का साथ और उसके द्वारा दुनिया को देखने की दृष्टि जिसमें संस्कार नहीं देह, मन और पेट की भूख प्रमुख है उन्हें यह सोचने को विवश करती है कि नारणप्पा ने जीवन जिया था, अपनी तरह जबकि प्राणेशाचार्य अपना जीवन नहीं जी पाये। वे संस्कारों से बँधे पराधीनता का जीवन जीते रहे।

प्राणेशाचार्य की इसी सोच का परिणाम नायक के रूप में नारणप्पा की प्रतिष्ठा है। नारणप्पा का प्रवेश उपन्यास में शव के रूप में हुआ है और शव, भूत के रूप में चर्चा और दुर्वासापुर में आये संकट का कारण वही बनता है। जहाँ उसका भौतिक शरीर शव रूप में पूरी कथा को प्रभावित करता है, वहीं प्राणेशाचार्य तथा अन्य चरित्र उसके जीवित रहने की कथा को विस्तार देते हैं। इस प्रकार पूरी कथा का ताना-बाना नारणप्पा को लेकर बुना गया है। इससे इस तथ्य की पुष्टि होती है कि प्राणेशाचार्य धार्मिक रूढ़ियों, बाह्य आडम्बरों, अन्धविश्वासों के विरुद्ध जिस चरित्र को खड़ा करते हैं, वह प्राणेशाचार्य का नहीं नारणप्पा

का है और स्वयं प्राणेशाचार्य उसके तर्कों के अनुसार व्यवहार करते हैं। अतः उपन्यास का केन्द्रीय चरित्र नारणप्पा है।

नारणप्पा भी अग्रहार के उन्हीं कुलीन ब्राह्मणों में है जिनमें प्राणेशाचार्य हैं। पूरा अग्रहार प्राणेशाचार्य के निर्देशों और माध्व सम्प्रदाय के आचार्य की आज्ञा को मानता है। यद्यपि यह मानना केवल दिखावा है। दुनियादारी में वे छल-प्रपंच और लोभ से पीड़ित हैं। नारणप्पा इस छद्म का विरोध करता है और दिखावे के ब्राह्मणत्व की निन्दा करते हुए स्वयं को चार्वाक दर्शन का अनुयायी सिद्ध करता है। जीवन के प्रति उसका दृष्टिकोण खाने-पीने और आनन्द मनाने का है। वह अग्रहार के सम्पन्न ब्राह्मणों में है किन्तु उसने कभी स्वयं को ब्राह्मण नहीं माना जो अग्रहार के अन्य ब्राह्मणों की निन्दा का कारण बना। च्युत ब्राह्मण का संस्कार कौन करे यही उपन्यास की केन्द्रीय कथा है। नारणप्पा ने इस तर्क को जीवन-भर नहीं माना। उसने अग्रहार के ब्राह्मणों का विरोध किया। प्राणेशाचार्य के समझाने पर वह कहता है—"देखते हैं आचार्य जी, अन्त में आप जीतते हैं या मैं? कितने दिन तक आपका ऐसा ब्राह्मणत्व चलेगा? जी में आये तो ब्राह्मणत्व का यह सारा गौरव मैं एक औरत से मिलनेवाले सुख पर लुटा दूँ?" पुराणों की वह निन्दा करता है। उसका मत है कि पुराणों में वर्णित ऋषियों में काम को जीतने के कारण क्रोध का आवेश हो गया। "कहते हैं, जो काम को जीत लेता है उसका क्रोध नाक के अग्रभाग पर आ जाता है। दुर्वासा, पराशर, भृगु, बृहस्पति, कश्यप—सभी ऋषि तो महाक्रोधी थे।...हाँ, आचार्य जी, साथ ही कैसे कामुक लोग थे वे? उन्हीं के चरण चिह्नों पर चल रहा हूँ।"

प्राणेशाचार्य नारणप्पा को नहीं समझा पाते परन्तु उसकी बातें उन्हें व्यथित करती हैं, मथती हैं और अन्त में वे उसी चन्द्री के साथ देह सुख का अनुभव करते हैं, जो नारणप्पा की रखैल थी। "इस प्रकार नारणप्पा ही जीतता है। पर नारणप्पा को कहीं-न-कहीं प्राणेशाचार्य की विद्वत्ता पर विश्वास था, श्रद्धा थी। जीवन-भर का नास्तिक मरते समय ईश्वर को पुकारता है और वेदान्त शिरोमणि प्राणेशाचार्य अन्त में चन्द्री को खोजकर नयी जिन्दगी जीना चाहते हैं। यह भी संस्कारों का ही परिणाम है। उपन्यास के अन्य पात्र केवल कथा के विकास के लिए हैं।"

'संस्कार' उपन्यास का वैशिष्ट्य—'संस्कार' को प्रारम्भ में कुछ आलोचकों ने धार्मिक उपन्यास कहा। 1965 में प्रकाशन के पश्चात् ही इस प्रतीकात्मक उपन्यास में धर्म को लेकर जो बहस हुई उसे लेकर विवाद भी हुए। स्वयं ब्राह्मणवादी चेतना से जुड़े रचनाकार द्वारा ब्राह्मणत्व और संस्कारों पर परस्पर विरोधी विचारों से विवाद भी हुए। एक ओर ब्राह्मणश्रेष्ठ प्राणेशाचार्य हैं तो दूसरी ओर विद्रोही नारणप्पा। 1970 में इस उपन्यास पर फिल्म बनायी गयी और दोनों माध्यमों से इस कृति की व्यापक चर्चा हुई क्योंकि यह उपन्यास सहस्रों वर्षों से चली आती परम्परा पर चोट पहुँचाता है। प्रश्न यह है कि इसे संस्कार विरोधी माना जाय या संस्कारों का रक्षक। सामान्यतया इसे संस्कार की प्रतिष्ठा का उपन्यास ही कहा जा सकता है। नारणप्पा के माध्यम से ईश्वर का नाम जप यही सिद्ध करता है कि वह संस्कृति और धर्म का विरोधी और नास्तिक नहीं था लेकिन उन संस्कारों का विरोधी था जिनके नाम पर समाज का एक वर्ग दूसरों को नीच कहता है जबकि उसका जीवन पाखण्ड में बीतता है। नारणप्पा अग्रहार के लोभी, दम्भी और पाखण्डी ब्राह्मणों का विरोधी है। वह कहता है कि

प्राचीन ग्रन्थों को केवल मन्त्र मानकर पढ़ना जीवन की रस धारा का अपमान है। हमारे ऋषियों ने सौन्दर्य को सौन्दर्य माना है मन्त्र नहीं। नारणप्पा और श्रीपति दोनों ने माना है कि भागवत यदि केवल धर्मग्रन्थ है तो व्यास ने सौन्दर्य का जो कामुक चित्रण किया है और जिसकी रसिक व्याख्या आचार्यगण करते हैं, वह किसके लिए है। श्रीपति कहता है कि नीरस ब्राह्मणों के लिए यह केवल मन्त्र है, धन्धा कमाने का एक रास्ता।

'संस्कार' उपन्यास का प्रतिपाद्य—संस्कार उपन्यास की कथा शवदाह के लिए अग्रहार के ब्राह्मणों के मध्य उठा विवाद है कि एक ऐसा ब्राह्मण जो ब्राह्मणोचित संस्कारों का परित्याग कर चुका है उसे अग्निसंस्कार ब्राह्मण दें या न दें। प्राणेशाचार्य अग्रहार के ही नहीं सम्पूर्ण क्षेत्र के सर्वमान्य आचार्य हैं और अग्रहार के समस्त ब्राह्मण उनके निर्णय को ही मानते रहे हैं। अतः धर्मशास्त्र के आधार पर निर्णय माँगते हैं। प्राणेशाचार्य धर्मशास्त्र में कोई उत्तर नहीं पाते और इष्टदेव से आज्ञा माँगने जाते हैं और स्थिति ऐसी बनती है कि वे उसी चन्द्री से सम्बन्ध स्थापित करते हैं जिसके कारण नारणप्पा के ब्राह्मणत्व का विरोध था। प्राणेशाचार्य स्वयं भ्रष्ट हो जाते हैं। उनमें और नारणप्पा में केवल इतना अन्तर है कि नारणप्पा इसे स्वीकार कर लेता है पर प्राणेशाचार्य अपराध स्वीकार करने का साहस नहीं जुटाते। वे तय नहीं कर पाते कि वे समाज के समक्ष अपने गुप्त अपराध को स्वीकार करें या प्रतिष्ठित बने रहें। इस प्रकार संस्कार उनके अहं का कारण बनता है और यहीं वे नारणप्पा से पराजित अनुभव करते हैं। इस सामान्य घटना को केन्द्र में रखकर यू. आर. अनन्तमूर्ति ब्राह्मणत्व के अहंकार को पाखण्ड सिद्ध करते हैं, और इस परिप्रेक्ष्य में समस्त सामाजिक कुरीतियों, पाखण्डों और अन्धविश्वासों को वे व्यर्थ सिद्ध कर जीवन को एक प्रवाह मानते हैं। कथा के माध्यम से इस उपन्यास में चली आती परम्परा को नये परिप्रेक्ष्य में स्वीकार करने पर बल दिया गया है। अतः यह एक धार्मिक उपन्यास न रहकर सामाजिक और कर्नाटक के लोकजीवन का उपन्यास बन जाता है। लेखक ने प्रतीक रूप से पात्रों का चयन करके कर्नाटक की लोक-रांस्कृति, रीति-रिवाज, व्रत-पर्व, त्योहार-उत्सव, मेलों का वर्णन उपन्यास में किया है। इस प्रकार इस उपन्यास को दक्षिण भारतीय लोक-संस्कृति का उपन्यास कहा जा सकता है। लेखक ने वहाँ की सामाजिक, राजनीतिक, आर्थिक और धार्मिक स्थिति के साथ विभिन्न जातियों, उनकी प्रथाओं और उन रूढ़ियों का भी वर्णन किया है जिनसे जन-जीवन प्रभावित रहा है। इसके साथ ही उपन्यासकार ने इस कृति के माध्यम से तथाकथित उच्चवर्ग के पतन, मठों की स्थिति, ब्राह्मणों के धन लोभ और उनकी मूर्खता का भी वर्णन किया है। जातीय अन्तर्विरोध, माध्व और स्मार्त के विवाद, मठों की धनलोलुपता और ब्राह्मणों की अकर्मण्यता के साथ उस सामाजिक बदलाव का भी वर्णन उपन्यास में है जिसमें युवा पीढ़ी अपने प्रतीकों को नये रूप में समझना चाहती है और विश्वास के लिए तर्क का आश्रय लेती है। एक प्रकार से युवा पीढ़ी और पुरानी पीढ़ी का संघर्ष भी उपन्यास में है। प्राणेशाचार्य जैसे मध्य पीढ़ी के व्यक्ति प्रतिष्ठा और स्वतन्त्रता के मध्य त्रिशंकु बने रहते हैं।

समग्र रूप से 'संस्कार' उपन्यास भारतीय साहित्य की अनूठी कृति है जिसका सार्वकालिक महत्त्व है।

खण्ड-ङ भारतीय साहित्य : वस्तुनिष्ठ अध्ययन

भारतीय भाषाएँ

1. **आर्यभाषाएँ**—हिन्दी, संस्कृत, उर्दू, पंजाबी, कश्मीरी, गुजराती, मराठी, असमी, उड़िया, बंगाली, सिन्धी

2. **द्रविड़भाषाएँ**—तमिल, तेलुगु, कन्नड़, मलयालम

भारतीय भाषाओं में रामायण

ग्रन्थ का नाम	लेखक	भाषा
कम्ब रामायण	कम्बन	तमिल
पम्प रामायण	नागचन्द्र (पम्प द्वितीय)	कन्नड़
मोल्लु रामायण	कुम्मरिमोल्ल	तेलुगु
रंगनाथ रामायण	गोनबुद्धा रेड्डि	तेलुगु
अध्यात्म रामायण	तुणकट रामानुजन इलेतक्कन	मलयालम
माधवकन्दली रामायण	माधवकन्दलि	असमी
कृत्तिवास रामायण	कृत्तिवास ओझा	बँगला
रामायण	भागु भक्त	नेपाली
भास्कर रामायण	भास्कर	तेलुगु
कण्णश्श रामायणम्	राम पणिक्कर	मलयालम
गिरिधर रामायण	गिरिधर	गुजराती
विलंका रामायण	सारळादास	उड़िया
रामायण	बलरामदास	उड़िया

भारतीय साहित्य के ज्ञानपीठ पुरस्कार से सम्मानित साहित्यकार एवं रचनाएँ

रचना	लेखक	भाषा	विधा
माटीमटाल	गोपीनाथ महान्ती	उड़िया	उपन्यास
निशीथ	उमाशंकर जोशी	गुजराती	कविता
गणदेवता	ताराशंकर बन्द्योपाध्याय	बँगला	उपन्यास
ओटक्कुषळ	जी. शंकर कुरुप	मलयालम	कविता (प्रथम ज्ञानपीठ)

श्रीरामायण दर्शनम्	के. वेंकटप्प कुटप्प	कन्नड़	महाकाव्य
गुल-ए-नग्मा	रघुपति सहाय 'फ़िराक'	उर्दू	काव्य
रामायण कल्पवृक्षमु	विश्वनाथ सत्यनारायण	तेलुगु	महाकाव्य
स्मृति सत्ता भविष्यत्	विष्णु दे	बाँग्ला	कविता
नाकुतत्ति दत्तात्रेय	रामचन्द्र बेन्द्रे	कन्नड़	कविता
ययाति	विष्णु सखाराम खाण्डेकर	मराठी	उपन्यास
चित्तिपावै	अखिलन्	तमिल	उपन्यास
प्रथम प्रतिश्रुति	आशापूर्णा देवी	बाँग्ला	उपन्यास
मुकज्जिय कत्तसुगतु	के. शिवराम कारन्त	कन्नड़	उपन्यास
मृत्युञ्जय	वीरेन्द्र कुमार भट्टाचार्य	असमिया	उपन्यास
ओरु देशन्तिते कथा	शंकरन् कुट्टी पोट्टेकाट	मलयालम	उपन्यास
कागज ते कैनवास	अमृता प्रीतम	पंजाबी	कविता
चिक्कवीर राजेन्द्र	मास्ति वेंकटेश आयंगार	कन्नड़	उपन्यास
समग्र साहित्य	तकषी शिवशंकर पिल्लै	मलयालम	कथा साहित्य
समग्र साहित्य	पन्नालाल पटेल	गुजराती	कथा साहित्य
समग्र साहित्य	सच्चिदानन्द राउतराय	उड़िया	काव्य
समग्र सहित्य	विष्णुवामन शिखाडकर 'कुसुमाग्रज'	मराठी	काव्य
समग्र साहित्य	एस. नारायण रेड्डी	तेलुगु	काव्य
समग्र साहित्य	कुर्रतुले-ऐन-हैदर	उर्दू	उपन्यास
समग्र साहित्य	गुरदयाल सिंह	पंजाबी	उपन्यास
	गिरीश कार्नाड	कन्नड़	नाटक
	इन्दिरा गोस्वामी	असमिया	उपन्यास
	अली सरदार जाफरी	उर्दू	कविता
	महाश्वेता देवी	बाँग्ला	उपन्यास
	एम.टी. वासुदेवन् नायर	मलयालम	उपन्यास
	यू. आर. अनन्तमूर्ति	कन्नड़	उपन्यास
	सीताकान्त महापात्र	उड़िया	उपन्यास
	सुभाष मुखोपाध्याय	बाँग्ला	काव्य
	सुमित्रानन्दन पन्त	हिन्दी	काव्य
	रामधारी सिंह 'दिनकर'	हिन्दी	काव्य
	सच्चिदानन्द वात्स्यायन अज्ञेय	हिन्दी	काव्य
	महादेवी वर्मा	हिन्दी	काव्य
	नरेश मेहता	हिन्दी	काव्य
	निर्मल वर्मा	हिन्दी	कथा साहित्य
	शहरयार	उर्दू	ग़ज़ल
	श्रीलाल शुक्ल	हिन्दी	कथा साहित्य
	अमरकान्त	हिन्दी	कथा साहित्य

नोबेल पुरस्कार प्राप्त भारतीय साहित्य

गीतांजलि	रवीन्द्रनाथ टैगोर	बाँग्ला	काव्य

भारतीय साहित्य के अमर रचनाकार

हिन्दीतर भक्त कवि

तमिल सन्त कवि	भाषा	परम्परा	सम्प्रदाय
		आलवार	वैष्णव
		नायनमार	शैव

आलवारों की संख्या—12 आचार्य

12 आलवारों के नाम—पोइगें, पूदत्ता, पेया, तिरुमलिसै, निरुप्पन, टोण्डरडिप्पडि, तिरुमंगै, कुल शेखर, पेरिया, आण्डाल, नम्मा, मधुर कवि

नायनमार शैव भक्तों की परम्परा—4 आचार्य

4 नायनमारों के नाम—तिरुज्ञान सम्बन्धर, तिरुतावरकरसर, सुन्दर, मणिक्यवाचगर

मराठी सन्त कवि—तुकाराम, नामदेव, सन्त ज्ञानेश्वर, समर्थ रामदास

गुजराती सन्त कवि—नरसिंह मेहता, मीराँबाई, भालण, विष्णुदास, अखो

तेलुगु सन्त कवि—बम्मेरा पोतना, अन्नमाचार्य, श्रीनाथ

कन्नड़ सन्त कवि—वसवेश्वर, अक्क महादेवी, देवरदासिमय्य, कुमार व्यास

बँगला सन्त कवि—चण्डीदास, चैतन्य महाप्रभु, गोविन्ददास, मुकुन्ददास

उड़िया सन्त कवि—सारलादास, बलरामदास, जगन्नाथदास

असमिया भक्ति काव्य—शंकरदेव, माधवकन्दली, माधवदेव, अवन्तकम्पलि

पंजाबी सन्त काव्य—बाबा फरीद, गुरु नानक, गुरु अर्जुनदेव, गुरु गोविन्दसिंह

कश्मीरी—लल्लेश्वरी, नुन्द गूपि

राष्ट्रीय आन्दोलन के भारतीय साहित्यकार

रामलिंग स्वामीगल	-	तमिल
सुब्रह्मण्य भारती	-	तमिल
वीरेशलिंगम्	-	तेलुगु
बल्लात्तोल	-	मलयालम
विनायक दामोदर सावरकर		मराठी
बंकिमचन्द्र चट्टोपाध्याय	-	बँगला
रवीन्द्रनाथ टैगोर	-	बँगला
आनन्दराम फूकन	-	असमिया
राधानाथ	-	उड़िया
गुरुमुखसिंह मुसाफिर	-	पंजाबी
इकबाल	-	उर्दू
जोश मलीहाबादी	-	उर्दू

भारतीय साहित्य के प्रसिद्ध कथाकार

1. **बँगला**–बंकिमचन्द्र चटर्जी, शरच्चन्द्र चटर्जी, रवीन्द्रनाथ टैगोर, बिमल मित्र, ताराशंकर बन्धोपाध्याय, बलाइ चाँद मुखोपाध्याय (वनफूल), गजेन्द्र कुमार मित्र, समरेश बसु।

   कथालेखिकाएँ–आशापूर्णा देवी, महाश्वेता देवी
2. **उड़िया**–फकीर मोहन सेनापति, गोपीनाथ महान्ती, नित्यानन्द महापात्र।
3. **असमी**–वीरेन्द्र कुमार भट्टाचार्य, इन्दिरा गोस्वामी, नवकान्त बरुआ।
4. **उर्दू**–रतननाथ 'सरशार', प्रेमचन्द, किश्न चन्दर, ख्वाजा अहमद अब्बास, कुर्रतुल-ऐन-हैदर, सआदत हसन मण्टो, इस्मत चुगताई।
5. **गुजराती**–गोवर्द्धन राम, कन्हैयालाल मुन्शी, रमणलाल देसाई, पन्नालाल पटेल।
6. **मराठी**–विष्णु सखाराम खाण्डेकर, रणजीत देसाई, गंगाधर गाडगिल, शिवाजी सावन्त, विश्वास पाटिल।
7. **पंजाबी**–गुरदयाल सिंह, कर्तारसिंह दुग्गल, सन्त सिंह 'सेखो', अमृता प्रीतम।
8. **तमिल**–अखिलन्, वरदराजन, जानकारामन्।
9. **तेलुगु**–विश्वनाथ सत्यनारायण, महाधर राममोहनराय, वी. सीतादेवी।
10. **कन्नड़**–के. शिवराम कारन्त, यू.आर. अनन्तमूर्ति।
11. **मलयालम**–परप्पुरट्टु, के.एम. पणिक्कर, तकषी शिवशंकर पिल्लै, एस.के. पोट्टेक्काट।

साहित्य अकादमी द्वारा सम्मानित कृतियाँ

उपन्यास

कृति	रचनाकार	भाषा
अवधेश्वरी	शंकर मोकाशी पुणेकर	कन्नड़
अमृता संत्यन	गोपीनाथ महान्ती	उड़िया
अग्निकुण्ड मां उगेलूं गुलाब	नारायण देसाई	गुजराती
अग्निसाक्षी	ललिताम्बिका अन्तर्जन	मलयालम
असूर्यलोक	भगवती कुमार शर्मा	गुजराती
चाट्रयुवु नारकाली	तोटियल मोहम्मद मीरान	तमिल
उचाल्या	लक्ष्मण गायकवाड़	मराठी
उपरवास कथात्रयी	रघुवीर चौधरी	गुजराती
ओरु कावेरिया पोतो	त्रिपुर सुन्दरी 'लक्ष्मी'	तमिल
कलकतार काछे	गजेन्द्र कुमार मित्र	बाँग्ला
कार्मेलीन	दामोदर मावजो	कोंकणी
हरवलेले दिवस	प्रभाकर वामन ऊर्ध्वरेवे	मराठी

तिस्ता पाटेर वृत्तान्त	देवेश राय	बाँग्ला
घरडीह	नित्यानन्द महापात्र	उड़िया
अगलवि लक्क़	मु. वरदराजन	तमिल
बेरि पैझूठापाला	समुत्तिरम्	तमिल
दुर्गास्तमान	टी.आर. सुब्बाराव	कन्नड़
सत पागलां आकाशमां	कुन्दनिका कापडीआ	गुजराती
दो गज जमीन	अब्दुस्समद	उर्दू
अयलम्कर	पी. केशवदेव	मलयालम
उपारा	लक्ष्मण माने	मराठी
इयाक् इंगम	वीरेन्द्र कुमार भट्टाचार्य	असमिया
पण्डित परमेश्वर शास्त्री वलूनमा	त्रिपुरेनि गोपीचन्द	तेलुगु
पुन-ते-पाप	गुलामनबी गौहर	कश्मीरी
पाताल बैरवी	लक्ष्मीनन्दन बोरा	असमिया
काका देउतार टर	नवकान्त बरुआ	असमिया
चेम्मीन	तकषी शिवशंकर पिल्लै	मलयालम
मानब जमिन	शीर्षेन्दु मुखोपाध्याय	बाँग्ला
समुदाया वीथि	ना. पाथसिगृथी	तमिल
अधारी आतमार काहिनी	सैय्यद अब्दुल मलिक	असमिया
कुरूथी पुनल	इन्दिरा पार्थसारथी	तमिल
ओरू संकृतनम पोल	पेरूम्पटवम् श्रीधरन्	मलयालम
शाहजादा दाराशिकोह	श्यामल गंगोपाध्याय	बाँग्ला
स्मारका शिलाकल	पुगत्तिल कुंजब्दुल्ला	मलयालम
बारीबदले जाये	रमापद चौधुरी	बाँग्ला
सादा खाग	मति नन्दी	बाँग्ला
काव्य		
अय्यप्प पाणिकरूडे कृतिकल	अय्यप्प पणिक्कर	मलयालम
अनुनय	जयन्त पाठक	गुजराती
आह्निक	जगन्नाथ प्रसाद दास	उड़िया
आकाशपारी निबिडा	सौरीन्द्र पारीक	उड़िया
उनींदा वर्तमान	मंजीत टिवाणा	पंजाबी
ख्वाब का दर बन्द है	शहरयार	उर्दू
चौथा आसमान	मोहम्मद अल्वी	उर्दू

जाता दुरेई जाय	सुभाष मुखोपाध्याय	बाँग्ला
न धुपे न छावें	हरभजन सिंह	पंजाबी
नंगा राजा	नीरेन्द्रनाथ चक्रवर्ती	बाँग्ला
पब्बी	प्रभजोत कौर	पंजाबी
मेरे साइयाँ जीओ	भाई वीर सिंह	पंजाबी
शब्दों का आकाश	सीताकान्त महापात्र	उड़िया
सलाम	मंगेश पडगाँवकर	मराठी
द्वा सुपर्णा	सौभाग्य कुमार मिश्र	उड़िया

भारतीय भाषाओं के प्रतिनिधि समाचार-पत्र (प्रसारण संख्या की दृष्टि से)

1. **उर्दू** — प्रताप, मिलाप, हिन्द समाचार
2. **मलयालम** — मलयालम मनोरमा, मातृभूमि, केरल कौमुदी
3. **कन्नड़** — प्रजावाणी, नवभारत
4. **उड़िया** — समाज, मातृभूमि
5. **मराठी** — लोकसत्ता, समीक्षा, महाराष्ट्र टाइम्स
6. **तमिल** — डेली थान्थी, दिनमानी, मलाई मोरासू
7. **तेलुगु** — आन्ध्रप्रभा, आन्ध्र ज्योति
8. **बाँग्ला** — अवकाशे, आनन्द बाजार पत्रिका, युगान्तर

भारतीय अमर साहित्य (हिन्दीतर परम्परा)

नाम	रचनाकार	भाषा
तिरक्कुरल	तिरुवल्लुवर	तमिल
शिप्पदिकारम्	इलंगो अडिगल	तमिल
मणिमेखलै	छात्तनार	तमिल
कण्णन पाट्टु	सुब्रह्मण्य भारती	तमिल
भागवतम्	बम्मेरा पोतना	तेलुगु
कण्णशन् पाट्टुकल	निरणम् कवि	मलयालम
किलिप्पाट्टु	एजुत्तचन	मलयालयम
सरस्वती चन्द्र	गोवर्द्धनराम	गुजराती
ज्ञानेश्वरी	सन्त ज्ञानेश्वर	मराठी
श्रीकृष्ण कीर्त्तन	चण्डीदास	बाँग्ला
गीतांजलि	रवीन्द्रनाथ टैगोर	बाँग्ला
आनन्दमठ	बंकिमचन्द्र चट्टोपाध्याय	बाँग्ला

देवदास	शरच्चन्द्र चट्टोपाध्याय	बाँग्ला
चरित्रहीन	शरच्चन्द्र चट्टोपाध्याय	बाँग्ला
छमान आठ गुण्ठे	फकीर मोहन सेनापति	उड़िया
कीर्त्तन	शंकरदेव	असमिया
आग का दरिया	कुर्रतुल-ऐन-हैदर	उर्दू
दशम ग्रन्थ	गुरु गोविन्दसिंह	पंजाबी
बाख	लल्लेश्वरी	कश्मीरी
रसीदी टिकट	अमृता प्रीतम	पंजाबी